刑法学 下
（第三版）

主　编　刘艳红　　夏　伟
副主编　欧阳本祺　王　俊　储陈城
撰稿人　（以撰写章节先后为序）

刘艳红　陈家林　王　俊
冀　洋　欧阳本祺　行　江
赵　龙　刘双阳　刘建利
储陈城　杨　柳　李立众
车　浩　李　琳　夏　伟
黄明儒　梁云宝　魏　超
杨志琼　杨　楠　李　川
孟　红

CRIMINAL LAW

北京大学出版社
PEKING UNIVERSITY PRESS

图书在版编目(CIP)数据

刑法学.下/刘艳红,夏伟主编.—3版.—北京：北京大学出版社，2024.1
ISBN 978-7-301-34751-5

Ⅰ.①刑… Ⅱ.①刘… ②夏… Ⅲ.①刑法—法的理论—中国—高等学校—教材 Ⅳ.①D924.01

中国国家版本馆 CIP 数据核字(2023)第 242951 号

书　　名	刑法学（下）（第三版）
	XINGFAXUE(XIA)(DI-SAN BAN)
著作责任者	刘艳红　夏　伟　主编
责任编辑	徐　音
标准书号	ISBN 978-7-301-34751-5
出版发行	北京大学出版社
地　　址	北京市海淀区成府路 205 号　100871
网　　址	http://www.pup.cn　新浪微博：@北京大学出版社
电子邮箱	zpup@pup.cn
电　　话	邮购部 010-62752015　发行部 010-62750672
	编辑部 021-62071998
印 刷 者	北京圣夫亚美印刷有限公司
经 销 者	新华书店
	730 毫米×1020 毫米　16 开本　36 印张　716 千字
	2014 年 6 月第 1 版　2016 年 3 月第 2 版
	2024 年 1 月第 3 版　2024 年 1 月第 1 次印刷
定　　价	108.00 元

未经许可，不得以任何方式复制或抄袭本书之部分或全部内容。
版权所有，侵权必究
举报电话：010-62752024　电子邮箱：fd@pup.cn
图书如有印装质量问题，请与出版部联系，电话：010-62756370

主 编 简 介

刘艳红,湖北武汉人,法学博士,中国政法大学刑事司法学院院长,教育部"长江学者奖励计划"特聘教授、"全国十大杰出青年法学家"、享受国务院政府特殊津贴专家、国家"百千万人才工程"入选者、国家级"有突出贡献中青年专家"。兼任国务院学位委员会学科评议组委员、教育部高等学校法学类专业教学指导委员会委员、最高人民检察院企业合规检察研究基地主任等。主持国家重点研发计划项目1项("社会治理与智慧社会科技支撑"重点专项2021年度"揭榜挂帅"项目)、国家社科基金重大项目2项,以及其他国家级、省部级等各类项目30余项。科研成果曾获教育部人文社会科学优秀成果奖一等奖、第八届钱端升法学研究成果奖一等奖、江苏省哲学社会科学优秀成果奖一等奖、第一届韩德培法学奖青年原创奖等奖项。在《中国社会科学》《法学研究》《中国法学》等期刊发表论文200余篇,出版学术专著"实质刑法系列"《开放的犯罪构成要件理论研究》《实质刑法观》《实质犯罪论》《实质出罪论》,出版 On Substantive Decriminalization (Routledge, 2023),著作《网络犯罪的法教义学研究》入选国家哲学社会科学成果文库,另出版《网络暴力治理法治化研究》《大数据与审判体系和审判能力现代化研究》《企业合规中国化的民行刑体系性立法》《法律人的谋生与谋道》《行政刑法一般理论研究》《预惩协同型反腐败国家立法体系战略问题研究》《中国反腐败立法研究》《企业管理人员刑事法律风险防控研究》等著作10余部。

夏伟,中国政法大学刑事司法学院副教授、中国政法大学青年拔尖人才、最高人民检察院(中国政法大学)企业合规检察研究基地研究员、北京高校青年教师创新教研工作室研究员、四川省法学教师专家智库首批专家成员、《法学杂志》兼职编辑、北京市律师协会刑民交叉委员会外聘专家、北京市通州区人民检察院理论指导专家。主持国家社科基金青年项目1项,主持或参与其他省部级项目10余项。科研成果获得第九届董必武青年法学研究成果奖二等奖。在《中国法学》《比较法研究》《法学评论》等刊物发表学术论文30余篇,出版学术专著《刑民交叉的理论构造》1部,参编学术著作6部。

第三版说明

本书由中国政法大学、北京大学、东南大学、武汉大学、中国人民大学、西安交通大学、中南财经政法大学、北京理工大学、西安交通大学、湘潭大学、华中师范大学、苏州大学、安徽大学、烟台大学等高校的刑法学教学研究人员合作完成。本书以法学及非法学专业的本科生为读者对象，同时适用于法学专业的研究生，对于司法工作者、法学理论工作者和其他法学爱好者也具有参考价值。

在刑法总论的体系上，本书采取刑法概论—犯罪论—刑事责任论的体例，刑法概论重点阐述刑法的基础性问题、刑法基本原则、效力范围等，犯罪论重点阐述我国刑法的犯罪构成体系、正当化事由、犯罪形态、共同犯罪、罪数等，刑事责任论亦即犯罪的法律后果论部分，重点阐释刑罚的概念、体系与种类等，从而形成对刑法学的系统论述。本书虽然是编写而非独著性教材，但是仍然尽量贯彻结果无价值论的学术立场。

本书第二版于2016年面世。在出版后，曾于2017年再次印刷时，补充了新出的立法解释与司法解释。2020年12月26日全国人民代表大会常务委员会通过了《中华人民共和国刑法修正案(十一)》，2023年12月29日第十四届全国人民代表大会常务委员会第七次会议通过了《中华人民共和国刑法修正案(十二)》，两部修正案对于刑法总则与分则的许多规定进行大幅的修改，在这种情况下，继续对本书进行细节上的修订已不可能，因而必须结合《中华人民共和国刑法修正案(十一)》和《中华人民共和国刑法修正案(十二)》的规定进行再版更新。

近年来，随着"马工程"《刑法学》教材的出版，全国各法律院校都将此作为指定教材，客观上也降低了对于其他教材的市场需求，在这样的背景下，其他教材是否仍有必要出版与更新便是一个问题。从学术的角度而言，体现不同观点的教材的出版与更新对于中国刑法教义学深入发展、对于刑法学派之争的形成具有重要意义。考虑到这一点，在北京大学出版社的支持下，我们仍然决定继续更新本教材，为我国刑法教材的多元化尽绵薄之力。

本书的编写分工如下(以撰写章节先后为序)：

刘艳红(中国政法大学刑事司法学院教授)：绪论、第一章、第四章第一节。

陈家林(武汉大学法学院教授)、王俊(苏州大学王健法学院副教授)、冀洋(东南大学法学院副教授)：第二章。

欧阳本祺(东南大学法学院教授)、王俊、行江(安徽大学法学院副教授)、赵龙(烟台大学法学院讲师)、刘双阳(中国政法大学刑事司法学院讲师)：第三章第一、二、五、六、七、九节,《刑法修正案(九)》20个新增罪名。

刘建利(东南大学法学院副教授)、行江、储陈城(安徽大学法学院副教授)、杨柳(中南财经政法大学刑事司法学院副教授):第三章第三、四、八节,第四章第五节(侮辱罪、诽谤罪)、第六节(侵犯通信自由罪,私自开拆、隐匿、毁弃邮件、电报罪,侵犯公民个人信息罪)。

李立众(中国人民大学法学院副教授):第四章第二节、第四节(雇用童工从事危重劳动罪、刑讯逼供罪、暴力取证罪、虐待被监管人罪)、第七节(虐待罪、遗弃罪)。

车浩(北京大学法学院教授)、王俊、李琳(西安交通大学法学院副教授):第四章第三节、第四节(非法拘禁罪、绑架罪、拐卖妇女、儿童罪、收买被拐卖的妇女、儿童罪、聚众阻碍解救被收买的妇女、儿童罪、诬告陷害罪、强迫劳动罪、非法搜查罪、非法侵入住宅罪)、第五节(煽动民族仇恨、民族歧视罪、出版歧视、侮辱少数民族作品罪)、第六节(非法剥夺公民宗教信仰自由罪,侵犯少数民族风俗习惯罪、报复陷害罪、打击报复会计、统计人员罪、破坏选举罪)、第七节(暴力干涉婚姻自由罪,重婚罪、破坏军婚罪、拐骗儿童罪、组织残疾人、儿童乞讨罪、组织未成年人进行违反治安管理活动罪)。

夏伟(中国政法大学副教授):第四章第七节(虐待被监护、看护人罪)。

黄明儒(湘潭大学法学院教授):第五章。

梁云宝(东南大学法学院教授)、魏超(苏州大学王健法学院讲师)、刘双阳、赵龙:第六章第一、二、三、六节。

杨志琼(东南大学法学院副教授)、魏超、杨楠(北京理工大学法学院助理教授)、杨柳:第六章第四、五、七、八、九、十节,第七章。

李川(东南大学法学院教授)、杨柳、夏伟:第八章、第九章。

孟红(东南大学法学院教授):第十章。

本书由主编确定编写大纲,并负责对全书进行统稿。本书收录的立法与司法解释截至2023年12月1日,所有司法解释的日期是指其颁发日期或最新修订日期,特此说明。

需要说明的是,本次修改并非由相应章节的原作者进行,而是由其他老师协力完成,并经原作者审定。具体人员包括:王俊、李琳、杨柳、行江、魏超、杨楠、赵龙、刘双阳、刘浩(中南财经政法大学讲师),最后由夏伟进行统稿。本书第三版主要根据《中华人民共和国刑法修正案(十一)》和《中华人民共和国刑法修正案(十二)》的内容进行修改,同时反映最新的立法与司法解释。

由于编者水平有限,本书定会存在不足和缺陷,衷心欢迎并感谢读者诸君不吝赐教。

刘艳红

2023年12月31日

第二版说明

本书自 2014 年 6 月出版以来,以其编写体系的新颖性、内容的深浅适当性、理论与实务的兼容性,受到广泛欢迎和好评,并产生了良好的学术影响。鉴于 2015 年 8 月 29 日全国人民代表大会常务委员会通过的《中华人民共和国刑法修正案(九)》对刑法典修订幅度较大,加之一年多的时间内,新颁布的立法解释与司法解释也比较多,刑法学理论研究亦有诸多新的进展,而且本书第一版也已售罄,为此,在出版社的大力支持下,有了本书的第二版。

当今中国刑法学界,老一辈刑法学者高铭暄、马克昌教授主编的红封皮《刑法学》教材地位坚实而稳固,中年刑法学者张明楷教授独著的黄封皮《刑法学》地位超然而强劲。在"红色"与"黄色"教科书当道、其他各位刑法学者独著或主编的刑法教科书林立的情况下,本套"蓝色"刑法学教科书(本套教材初版于 2004 年)历经十余年而继续生长,并有了一定的学术地位与市场。相信在努力吸收前辈刑法学者经验的基础上,在参加本书编写的各位学界同仁的努力下,"蓝色"教科书未来会有更美好的前景,因为,蓝色正代表着"希望"。随着中国刑法学派之争的形成,如同中国刑法学理论的百花齐放、百家争鸣一样,中国的刑法学教科书的发展无疑将是在多元化基础上的个性化。本套教材的编写内容和体例均体现了此种努力。

由于时间仓促,此次修改并非由相应章节的原作者进行,主要由主编、副主编及其他东南大学刑法团队各位老师协力完成。相对于第一版,本书第二版的突出变化有如下几点:

1. 刑法各论体系:放弃了第一版从个人法益到社会法益及至国家法益的编排顺序,根据刑法典分则十章犯罪的顺序进行编写,以方便读者诸君的讲授与学习。

2. 犯罪论体系:放弃了第一版的平面三要件说,采用了递进式的三阶层体系,以通过个罪的出罪而充分实现刑法的人权保障机能。

3. 刑法基本立场:改变了第一版的"派别无意识",贯彻并体现了实质刑法观以及结果无价值论,体现了鲜明的东南刑法学派特色。

4. 编写风格:详略得当、深入浅出;理论与实践相结合,实务案例异常丰富;结合国家司法考试,服务教学与教辅。

5. 编写内容:完整体现《中华人民共和国刑法修正案(九)》,反映最新立法解释与司法解释(截至 2016 年 1 月 31 日);吸收刑法理论研究最新成果,纠正了以往各种疏漏甚至错误。

  对于其中仍然存在的种种不足,欢迎学界同仁赐教、读者诸君指正。对于北京大学出版社的鼎力支持,责任编辑的敦促及辛勤劳动,在此一并致以衷心感谢。

主编

2016 年 1 月 31 日

编 写 说 明

《刑法学》(下)为 21 世纪法学系列教材之一种,为"十二五"江苏省高等学校重点立项建设教材。本教材由教育部直属的几所国家重点大学的部分刑法学教授合作编著,由北京大学出版社出版。全书体系完整、内容丰富、知识新颖,根据犯罪认定的科学规律,以犯罪构成的客观要件、主体要件及主观要件为标准,以刑法典分则以及国家立法机关颁发的单行刑法和刑法修正案[已涵盖至《中华人民共和国刑法修正案(八)》]中的刑法各论规范为对象,并以我国最高司法机关颁发的刑法司法解释等为依据,系统地介绍了刑法各论的一般原理,并按照侵犯个人法益的犯罪(侵犯公民人身权利罪、侵犯财产罪)、侵犯社会法益的犯罪(危害公共安全罪、破坏社会主义市场经济秩序罪、妨害社会管理秩序罪、贪污贿赂罪、渎职罪)、侵犯国家法益的犯罪(危害国家安全罪、危害国防利益罪、军人违反职责罪)的次序对刑法中的罪名作了细致分析。限于篇幅,本书对那些疑难且常见的重点犯罪作了较为详细的阐释,而对其他犯罪只作了简要叙述。本书既可供高等院校法律与非法律专业的本科生、研究生使用,也可供刑法理论研究者与爱好者使用,也是各级司法机关等实务工作者的理想读本。

本教材共分十二章,第一章至第四章为侵犯个人法益的犯罪,第五章至第九章为侵犯社会法益的犯罪,第十章至第十二章为侵犯国家法益的犯罪。本书中的观点兼及通说与其他新说,注意吸收刑法理论研究的新动向和新成果,注意衔接国家司法考试的新要求与新进展,同时也力图克服技术规范等方面的种种问题,力求提高教材的学术性与应用性。

本书由主编、副主编统改定稿。北京大学出版社邓丽华编辑为本书及时而高质量的出版给予了全力帮助和支持,在此表示衷心感谢。

主编
2014 年 6 月 1 日

目　录

绪论　刑法各论概述 …………………………………………………… (1)
　第一节　刑法各论的研究对象 …………………………………… (1)
　第二节　刑法各论体系与犯罪论体系 …………………………… (2)
　第三节　刑法各论规范的基本结构 ……………………………… (5)
　第四节　法条竞合 ………………………………………………… (14)
第一章　危害国家安全罪 ……………………………………………… (19)
　第一节　危害国家安全罪概述 …………………………………… (19)
　第二节　本章各罪名 ……………………………………………… (20)
第二章　危害公共安全罪 ……………………………………………… (27)
　第一节　危害公共安全罪概述 …………………………………… (27)
　第二节　以危险方法危害公共安全的犯罪 ……………………… (29)
　第三节　破坏公用工具、设施危害公共安全的犯罪 …………… (40)
　第四节　实施恐怖、危险活动危害公共安全的犯罪 …………… (45)
　第五节　违反枪支、弹药、爆炸物及危险物质管理规定危害
　　　　　公共安全的犯罪 ………………………………………… (55)
　第六节　造成重大事故危害公共安全的犯罪 …………………… (62)
第三章　破坏社会主义市场经济秩序罪 ……………………………… (86)
　第一节　破坏社会主义市场经济秩序罪概述 …………………… (86)
　第二节　生产、销售伪劣商品罪 ………………………………… (89)
　第三节　走私罪 …………………………………………………… (107)
　第四节　妨害对公司、企业的管理秩序罪 ……………………… (117)
　第五节　破坏金融管理秩序罪 …………………………………… (136)
　第六节　金融诈骗罪 ……………………………………………… (166)
　第七节　危害税收征管罪 ………………………………………… (178)
　第八节　侵犯知识产权罪 ………………………………………… (186)
　第九节　扰乱市场秩序罪 ………………………………………… (201)
第四章　侵犯公民人身权利、民主权利罪 …………………………… (219)
　第一节　侵犯公民人身权利、民主权利罪概述 ………………… (219)
　第二节　侵犯生命、健康的犯罪 ………………………………… (220)

第三节　侵犯性的自我决定权的犯罪……………………………（236）
　　第四节　侵犯自由的犯罪…………………………………………（249）
　　第五节　侵犯人格、名誉的犯罪…………………………………（279）
　　第六节　侵犯民主权利的犯罪……………………………………（285）
　　第七节　妨害婚姻家庭关系的犯罪………………………………（295）
第五章　侵犯财产罪……………………………………………………（312）
　　第一节　侵犯财产罪概说…………………………………………（312）
　　第二节　暴力、胁迫型财产犯罪…………………………………（317）
　　第三节　窃取、骗取财产型犯罪…………………………………（343）
　　第四节　侵占、挪用型财产犯罪…………………………………（365）
　　第五节　毁坏、破坏型财产犯罪…………………………………（380）
第六章　妨害社会管理秩序罪…………………………………………（387）
　　第一节　妨害社会管理秩序罪概述………………………………（387）
　　第二节　扰乱公共秩序罪…………………………………………（390）
　　第三节　妨害司法罪………………………………………………（428）
　　第四节　妨害国(边)境管理罪……………………………………（441）
　　第五节　妨害文物管理罪…………………………………………（444）
　　第六节　危害公共卫生罪…………………………………………（447）
　　第七节　破坏环境资源保护罪……………………………………（456）
　　第八节　走私、贩卖、运输、制造毒品罪………………………（469）
　　第九节　组织、强迫、引诱、容留、介绍卖淫罪………………（480）
　　第十节　制作、贩卖、传播淫秽物品罪…………………………（484）
第七章　危害国防利益罪………………………………………………（490）
　　第一节　危害国防利益罪概述……………………………………（490）
　　第二节　本章重点罪名……………………………………………（491）
　　第三节　本章其他罪名……………………………………………（493）
第八章　贪污贿赂罪……………………………………………………（495）
　　第一节　贪污贿赂罪概述…………………………………………（495）
　　第二节　贪污犯罪…………………………………………………（496）
　　第三节　贿赂犯罪…………………………………………………（511）
　　第四节　违反申明义务和私分公共财产的犯罪…………………（528）
第九章　渎职罪…………………………………………………………（533）
　　第一节　渎职罪概述………………………………………………（533）
　　第二节　一般国家机关工作人员渎职罪…………………………（537）

第三节　司法机关工作人员渎职罪……………………（543）
　　第四节　其他国家机关工作人员渎职罪………………（549）
第十章　军人违反职责罪……………………………………（558）
　　第一节　军人违反职责罪概述…………………………（558）
　　第二节　本章各罪名……………………………………（559）

绪论　刑法各论概述

第一节　刑法各论的研究对象

刑法各论,又称为刑法分论、罪刑各论、罪刑分论。刑法各论以规定了具体犯罪及其刑事责任的分则性规范为研究对象。因此,本书研究对象是《中华人民共和国刑法》(以下简称《刑法》)第102条至第451条规定的犯罪,以及1998年12月29日全国人民代表大会常务委员会(以下简称全国人大常委会)《关于惩治骗购外汇、逃汇和非法买卖外汇犯罪的决定》(以下简称《外汇犯罪决定》)中的罪刑规范。刑法典颁布之后,全国人大常委会通过了12个刑法修正案,依次是:1999年12月25日《中华人民共和国刑法修正案》[以下简称《刑法修正案》]、2001年8月31日《中华人民共和国刑法修正案(二)》[以下简称《刑法修正案(二)》]、2001年12月29日《中华人民共和国刑法修正案(三)》[以下简称《刑法修正案(三)》]、2002年12月28日《中华人民共和国刑法修正案(四)》[以下简称《刑法修正案(四)》]、2005年2月28日《中华人民共和国刑法修正案(五)》[以下简称《刑法修正案(五)》]、2006年6月29日《中华人民共和国刑法修正案(六)》[以下简称《刑法修正案(六)》]、2009年2月28日《中华人民共和国刑法修正案(七)》[以下简称《刑法修正案(七)》]、2011年2月25日《中华人民共和国刑法修正案(八)》[以下简称《刑法修正案(八)》]、2015年8月29日《中华人民共和国刑法修正案(九)》[以下简称《刑法修正案(九)》]、2017年11月4日《中华人民共和国刑法修正案(十)》[以下简称《刑法修正案(十)》]、2020年12月26日《中华人民共和国刑法修正案(十一)》[以下简称《刑法修正案(十一)》]、2023年12月29日《中华人民共和国刑法修正案(十二)》[以下简称《刑法修正案(十二)》]。这12个刑法修正案对刑法典中的有关内容作了修改,本书包括这12个修正案的罪刑规范。

与刑法典总则和刑法典分则相适应,刑法学体系由刑法学总论和刑法学各论两大部分构成。刑法学总论以《刑法》第一编总则为研究对象,以适用于刑法学各论为前提;刑法学各论以《刑法》第二编分则所规定的具体罪行为研究对象,是对总论的具体运用。刑法学总论为各论认定具体犯罪的构成要件及法律后果,提供关于犯罪和刑事责任的一般原理、原则和制度;刑法学各论则是将总论的刑法基础理论、犯罪理论、刑事责任论等具体应用到各种各样具体犯罪的认定和处理之中。

在整个刑法学理论中,刑法学各论具有极其重要的地位和意义。对此,日本刑法学者前田雅英指出,在过去的刑法学中,往往以为在理论上仅仅只有刑法学总论是重要的,因此,如果将从刑法学总论中的原理运用于各论之中,那么各论中各个具体犯罪类型也将自然获得具体的解决。"但是,实际思考的顺序恰好与此相反,因此只有将各论中每个犯罪类型的解释累积起来,那么总论的理论才能具有内涵。"①没有总论的各论虽然不稳定,但是仍然能够得以存在,而没有各论的总论则不能独自存在。前田雅英还指出,近来的日本刑法学研究总算从偏重总论的桎梏中解脱出来了。因此,似乎可以说"各论的时代"正在实质化。支持这一趋势的有日本学者平川忠信的《名誉毁损罪与表现自由》、川端博的《伪造文书罪的理论》、曾根威彦的《表现自由与刑事规则》、林干人的《财产犯的保护法益》、木村光江的《财产犯论的研究》等所代表的优秀成果。

第二节 刑法各论体系与犯罪论体系

一、本书理论上(应然层面)的刑法各论体系

刑法各论体系是一种刑法各论理论研究上的体系,因此应称为刑法学各论体系,它与刑法学总论体系一起,组成完整的刑法学理论体系。刑法学各论体系是建立在刑法典规定的分则体系基础之上的,它以刑法规范为前提。但是,刑法学各论体系又不完全局限于刑法规范本身,而是在考虑犯罪发生的内在规律及与人们生活的密切程度基础之上,有所超越和突破。具体而言,刑法学各论体系,是指刑法学各论由哪些犯罪组成,以及它们之间按照什么样的顺序排列。

(一)刑法学各论体系的组成内容

刑法学各论是以各个具体犯罪为研究对象的,由于任何犯罪都是对刑法所保护的社会生活中共同利益即法益的侵害,因此,各国刑法典分则的立法以及刑法学各论体系通常以法益为标准对犯罪进行分类。我国刑法典分则就是以法益为标准进行分类的。详言之,根据犯罪对法益侵害的内容不同而分为十类。但是,刑法典分则依据法益内容所进行的分类过于细致,如果刑法学各论采用与刑法典分则立法同样的体系,既不便于学习者掌握,也缺乏学科理论体系的概括性。为此,本书根据大陆法系通行的对法益的分类标准,即根据法益的持有者(法益主体)的不同,将法益分为个人法益、社会法益、国家法益,并以此来建立本书刑法学各论的体系。具体来说,本书根据刑法典分则的十章犯罪所侵犯的

---

① 〔日〕前田雅英:《刑法各论讲义》(第五版),日本东京大学出版会2011年版,序论第6页。

法益属于个人、社会还是国家法益之不同,将这十章犯罪分为侵犯个人法益的犯罪、侵犯社会法益的犯罪、侵犯国家法益的犯罪三大类。侵犯个人法益的犯罪大体上可分为危害生命、身体的犯罪,侵犯自由、安宁的犯罪,侵害名誉、秘密的犯罪,以及侵犯财产的犯罪;侵犯社会法益的犯罪包括危害公共安全犯罪、破坏社会主义市场公共信用及交易安全的犯罪、危害社会管理秩序与善良风俗的犯罪、贪污贿赂罪以及渎职罪;侵犯国家法益的犯罪包括危害国家安全罪、危害国防利益罪、军人违反职责罪。

(二) 刑法学各论的排列顺序

我国刑法教科书基本上是按照刑法典第二编的分则十章体系的顺序排列的。即由第一章危害国家安全罪顺次到第十章军人违反职责罪。这样的各论体系存在着如下问题:

一是使我国的刑法学各论的理论体系仍然沿袭了刑法典分则的体系所突出的国家本位精神,没有突出对公民个人权利的保障。从法哲学思潮来看,自西方启蒙运动以来,个人权利和个人本位的旗帜得到张扬,社会本位逐步为个人本位所取代,权利保障观念深入人心;从刑法基本原则观察,法治国的基本原则——罪刑法定主义在现行刑法中作为刑法基本原则地位得到确立,而且是刑法三项基本原则的首项,更加充分证明保障公民个人权利是刑法的首要任务;从刑法机能分析,人权保障是刑法最为重要且首要的机能。因此,刑法学各论的理论体系就应该在犯罪的排列顺序上顺应法哲学发展的潮流,并充分体现刑法的首要基本原则和机能,将侵害公民个人权利的犯罪作为研究的重点置于首位。

二是不利于刑法学各论的讲授。现行刑法典分则的条文众多、罪名繁杂,一般来讲,法学本科学生对如此之多的犯罪不可能在短短的一个学期之内全部掌握,老师也难以全部讲授。通常的做法只能是挑选常见多发的犯罪即重点犯罪予以讲授,而一般常见多发的犯罪往往是诸如杀人、抢劫等侵害公民个人权利的犯罪。如果按照刑法典分则体系的排列,从第一章危害国家安全罪讲起,再到第二章危害公共安全罪及至第三章破坏社会主义市场经济秩序罪,然后才是第四章侵犯公民人身权利、民主权利罪和第五章侵犯财产罪,接着依次是妨害社会管理秩序罪等后五章的犯罪。这样的体系既无法突出刑法学各论的讲授重点,还会因先讲授危害国家安全罪、危害公共安全罪等章的犯罪占用大量时间,从而既无法保障对侵害公民个人权利犯罪的讲授,也使第四章之后的各章犯罪在讲授上受到影响。

三是与侵犯个人法益犯罪在犯罪现象中的重要性不相一致。虽然当今很多国家的刑法典对犯罪的规定是从对国家法益的犯罪开始,以对个人法益的犯罪终了,但是刑法理论和司法实践一般都认为对于个人法益的犯罪,在犯罪之现象上是极其重要的,对此并无异议。而且,"最近大多数教科书也从对个人法益的犯罪开始加以阐述","侵犯个人法益在现代是犯罪的最基本之类型"①,予以先行讲解既便于学习也便于宣扬对公民人权保障的思想。因此,在理论上,我们主张将刑法中的犯罪按照侵犯个人法益的犯罪、侵犯社会法益的犯罪、侵犯国家法益的犯罪的顺序讲授。

二、本书编写中(实然层面)的刑法各论体系

现行刑法典分为两编,第一编为"总则",第二编为"分则";"分则"中,将各类犯罪分为了十章,依次是:第一章"危害国家安全罪"、第二章"危害公共安全罪"、第三章"破坏社会主义市场经济秩序罪"、第四章"侵犯公民人身权利、民主权利罪"、第五章"侵犯财产罪"、第六章"妨害社会管理秩序罪"、第七章"危害国防利益罪"、第八章"贪污贿赂罪"、第九章"渎职罪"、第十章"军人违反职责罪"。这十章犯罪的顺序是按照我国刑法长期以来形成的打击犯罪的需要依次排列的,也是我国社会传统文化中国家利益高于个人利益的体现。这种排列无可厚非,因为一国的立法与一国的文化必然是相适应的。因此,在应然层面,可以从理论上探讨并对刑法中所有犯罪按照从个人法益到社会法益及至国家法益的顺序排列,但在实然层面,还需从实际上遵循刑法典对十章犯罪的顺序排列。也因此,本书刑法各论的编写体系,将严格按照刑法典十章犯罪的顺序安排。同时,这样也可以方便读者对刑法各章各罪的学习。

三、本书的犯罪论体系:三阶层

本书在具体个罪的编写上,采用的是构成要件符合性、违法性与有责性三阶层的体系。虽然在《刑法学》(上)即刑法总论中,仍然主张的是传统三要件说,即主张犯罪客体不是犯罪构成要件而只是指导犯罪构成要件的解释,犯罪的成立只需具备犯罪客观方面、主体与主观方面。平面式四要件与递进式三阶层作为晚近十余年来我国刑法所关注并争论的话题,目前基本尘埃落定,且绝大部分刑法学者对此作出了自己的选择。我们认为,刑法总论所主张的三要件说,与我国刑法通说的四要件说在实质上并无根本差别;基于三阶层的方法论优势、出罪优势与逻辑优势,②本书采用三阶层犯罪论体系,而彻底放弃了在四要件说基础上发展出来的三要件说。

---

① 〔日〕前田雅英:《刑法各论讲义》(第七版),日本东京大学出版会2020年版,第4页。
② 有关"四要件"与"三阶层"的优劣问题及相关争论,可参见高铭暄:《论四要件犯罪构成理论的合理性暨对中国刑法学体系的坚持》,载《中国法学》2009年第2期;赵秉志:《论犯罪构成要件的逻辑顺序》,载《政法论坛》2003年第6期;陈兴良:《犯罪构成论:从四要件到三阶层——一个学术史的考察》,载《中外法学》2010年第1期;张明楷:《构建犯罪论体系的方法论》,载《中外法学》2010年第1期;等等。

同时,在犯罪成立的判断上,为贯彻并体现三阶层的出罪优势,本书采取了实质的刑法立场以及结果无价值论:前者的主要主张是,基于实质可罚性亦即值得处罚的法益侵害性,来判断构成要件符合性、违法性与有责性;后者的核心观点是,反对极端(纯粹)的结果无价值论,主张基于对法益的侵害或威胁来判断违法性的结果无价值论。借此,通过个罪的出罪来实现刑法的人权保障机能。①

第三节 刑法各论规范的基本结构

刑法各论规范也就是刑法分则性规范。刑法分则性规范通常由罪状、罪名和法定刑构成。例如,《刑法》第 202 条规定,"以暴力、威胁方法拒不缴纳税款的,处三年以下有期徒刑或者拘役,并处拒缴税款一倍以上五倍以下罚金……"该条前半部分是罪状,其中包含了罪名;后半部分是法定刑。

一、罪名

(一)罪名的概念和种类

罪名是指犯罪行为的名称,是根据罪状对犯罪行为本质特征的高度概括。根据不同的标准,可以将罪名作如下分类:

1. 根据罪名的法律效力不同,可将罪名分为立法罪名、司法罪名和学理罪名

(1)立法罪名,是指由立法机关对刑法分则条文所明确规定的罪名。例如《刑法》第 382 条贪污罪、第 384 条挪用公款罪等。

(2)司法罪名,是指由最高司法机关通过司法解释所确定的罪名。在我国,即是指由最高人民法院和最高人民检察院(以下简称"两高")通过司法解释所规定的罪名。现行刑法颁布之后,"两高"就刑法典分则条文的罪名确定颁发了 9 部司法解释。

现行刑法施行后,1997 年 12 月 16 日最高人民法院(以下简称"最高法")《关于执行〈刑法〉确定罪名的规定》共确定了 413 个罪名,1997 年 12 月 25 日最高人民检察院(以下简称"最高检")发布《关于适用刑法分则规定的犯罪的罪名的意见》共确定了 414 个罪名,多出的一个罪名是《刑法》第 397 条第 2 款国家机关工作人员徇私舞弊罪。

---

① 参见〔日〕松宫孝明:《"结果无价值论"与"行为无价值论"的意义对比》,张晓宁译,载《法律科学》2012 年第 3 期;〔日〕山口厚:《日本刑法学中的行为无价值论与结果无价值论》,金光旭译,载《中外法学》2008 年第 4 期。

2002年3月26日"两高"《关于执行〈刑法〉确定罪名的补充规定》,结合《外汇犯罪决定》《刑法修正案》《刑法修正案(二)》《刑法修正案(三)》的内容,确定了增设5个罪名名称:资助恐怖活动罪[《刑法修正案(三)》第4条],隐匿、故意销毁会计凭证、会计账簿、财务会计报告罪(《刑法修正案》第1条),骗购外汇罪(《外汇犯罪决定》第1条),投放虚假危险物质罪和编造、故意传播虚假恐怖信息罪[《刑法修正案(三)》第8条],同时将《刑法》第168条徇私舞弊造成破产、亏损罪修改为2个罪名:国有公司、企业、事业单位人员失职罪和国有公司、企业、事业单位人员滥用职权罪,并取消了2个罪名:奸淫幼女罪和国家机关工作人员徇私舞弊罪。从而,截至2002年3月,刑法罪名总数为418个。

2003年8月21日"两高"《关于执行〈刑法〉确定罪名的补充规定(二)》,根据《刑法修正案(四)》的内容,确定了4个增设罪名名称:走私废物罪(第2条),雇用童工从事危重劳动罪(第4条),执行判决、裁定失职罪和执行判决、裁定滥用职权罪(第8条第3款)。同时将《刑法》第344条非法采伐、毁坏珍贵树木罪修改为2个罪名:非法采伐、毁坏国家国家重点保护植物罪和非法收购、运输、加工、出售国家重点保护植物、国家重点保护植物制品罪。

2007年10月25日"两高"《关于执行〈刑法〉确定罪名的补充规定(三)》,根据《刑法修正案(五)》的内容,确定了3个增设罪名名称:妨害信用卡管理罪(第1条),窃取、收买、非法提供信用卡信息罪(第1条),过失损坏武器装备、军事设施、军事通信罪(第3条);根据《刑法修正案(六)》的内容,确定了11个增设罪名名称:强令违章冒险作业罪(第1条第2款),大型群众性活动重大安全事故罪(第3条),不报、谎报安全事故罪(第4条),虚假破产罪(第6条),背信损害上市公司利益罪(第9条第1款),骗取贷款、票据承兑、金融票证罪(第10条),背信运用受托财产罪(第12条第1款),违法运用资金罪(第12条第2款),组织残疾人、儿童乞讨罪(第17条),开设赌场罪(第18条第2款),枉法仲裁罪(第20条)。同时取消了一个罪名:违法向关系人发放贷款罪。

2009年10月16日"两高"《关于执行〈刑法〉确定罪名的补充规定(四)》,根据《刑法修正案(七)》的内容,确定了9个增设罪名名称:利用未公开信息交易罪(第2条第2款),组织、领导传销活动罪(第4条),出售、非法提供公民个人信息罪(第7条第1款),非法获取公民个人信息罪(第7条第2款),组织未成年人进行违反治安管理活动罪(第8条),非法获取计算机信息系统数据、非法控制计算机信息系统罪(第9条第1款),提供侵入、非法控制计算机信息系统的程序、工具罪(第9条第2款),伪造、盗窃、买卖、非法提供、非法使用武装部队专用标志罪(第12条第2款),利用影响力受贿罪(第13条)。

2011年4月27日"两高"《关于执行〈刑法〉确定罪名的补充规定(五)》,根据《刑法修正案(八)》的内容,确定了7个增设罪名名称:危险驾驶罪(第22条),对外国公职人员、国际公共组织官员行贿罪(第29条第2款),虚开发票罪

(第33条)、持有伪造的发票罪（第35条）、组织出卖人体器官罪（第37条第1款）、拒不支付劳动报酬罪（第41条）、食品监管渎职罪（第49条）。从而，截至《刑法修正案（八）》，我国刑法罪名总数为451个。

2015年10月30日"两高"《关于执行〈刑法〉确定罪名的补充规定（六）》（以下简称《确定罪名的补充规定（六）》），根据《刑法修正案（九）》的内容，确定了20个增设罪名名称：准备实施恐怖活动罪（第7条），宣扬恐怖主义、极端主义、煽动实施恐怖活动罪（第7条），利用极端主义破坏法律实施罪（第7条），强制穿戴宣扬恐怖主义、极端主义服饰、标志罪（第7条），非法持有宣扬恐怖主义、极端主义物品罪（第7条），虐待被监护、看护人罪（第19条），使用虚假身份证件、盗用身份证件罪（第23条），组织考试作弊罪（第25条第1款和第2款），非法出售、提供试题、答案罪（第25条第3款），代替考试罪（第25条第4款），拒不履行信息网络安全管理义务罪（第28条），非法利用信息网络罪（第29条），帮助信息网络犯罪活动罪（第29条），扰乱国家机关工作秩序罪（第31条第2款），组织、资助非法聚集罪（第31条第3款），编造、故意传播虚假信息罪（第32条），虚假诉讼罪（第35条），泄露不应公开的案件信息罪（第36条第1款），披露、报道不应公开的案件信息罪（第36条第3款），对有影响力的人行贿罪（第46条）。此外，《刑法修正案（九）》对原有罪名还作了如下修改：将原《刑法》第253条之一出售、非法提供公民个人信息罪和非法获取公民个人信息罪两个罪名合为一个罪名，即侵犯公民个人信息罪（第17条）；将原《刑法》第350条走私制毒物品罪和非法买卖制毒物品罪两个罪名合为一个罪名，即非法生产、买卖、运输制毒物品、走私制毒物品罪（第41条）；废除了原《刑法》第360条第2款的嫖宿幼女罪（第43条）。从而，截至《刑法修正案（九）》，我国刑法罪名总数为468个。

2021年2月26日"两高"《关于执行〈刑法〉确定罪名的补充规定（七）》根据《刑法修正案（十）》的内容，将原《刑法》第299条侮辱国旗、国徽罪修改为侮辱国旗、国徽、国歌罪；根据《刑法修正案（十一）》的内容确定了17个增设罪名名称：妨害安全驾驶罪（第2条），危险作业罪（第4条），妨害药品管理罪（第7条），为境外窃取、刺探、收买、非法提供商业秘密罪（第23条），负有照护职责人员性侵罪（第27条），袭警罪（第31条），冒名顶替罪（第32条），高空抛物罪（第33条），催收非法债务罪（第34条），侵害英雄烈士名誉、荣誉罪（第35条），组织参与国（境）外赌博罪（第36条），非法采集人类遗传资源、走私人类遗传资源材料罪（第38条），非法植入基因编辑、克隆胚胎罪（第39条），非法猎捕、收购、运输、出售陆生野生动物罪（第41条），破坏自然保护地罪（第42条），非法引进、释放、丢弃外来入侵物种罪（第43条），妨害兴奋剂管理罪（第44条）。此外，《刑法修正案（十一）》对原有罪名还作了如下修改：将原《刑法》第134条第2款强令违章冒险作业罪改为强令、组织他人违章冒险作业罪（第3条）；原《刑法》第141条生产、销售假药罪修改为生产、销售、提供假药罪（第5条）；将原《刑法》第 142 条生产、销售劣药罪修改为生产、销售、提供劣药罪(第 6 条);将原《刑法》第 160 条欺诈发行股票、债券罪修改为欺诈发行证券罪(第 8 条);将原《刑法》第 408 条食品监管渎职罪改为食品、药品监管渎职罪(第 45 条)。同时,该规定将《刑法》第 341 条第 1 款非法猎捕、杀害珍贵、濒危野生动物罪和非法收购、运输、出售珍贵、濒危野生动物、珍贵、濒危野生动物制品罪两个罪名合并为一个罪名,即危害珍贵、濒危野生动物罪;将《刑法》第 344 条非法采伐、毁坏国家重点保护植物罪和非法收购、运输、加工、出售国家重点保护植物、国家重点保护植物制品罪两个罪名合并为一个罪名,即危害国家重点保护植物罪。从而,截至《刑法修正案(十一)》,我国刑法罪名总数为 483 个。

以上司法解释所确定的这些罪名即为司法罪名,它们具有普遍的约束力,司法部门办理刑事案件时须以此为依据。本书中所有罪名均以上述"两高"关于罪名的司法解释为依据。

(3) 学理罪名,是指刑法理论上根据刑法分则条文的具体规定所概括出的罪名。学理罪名没有任何法律效力,对于司法机关办理刑事案件并不具有约束力,但是它对于确定立法罪名或司法罪名具有理论指导意义。

2. 根据罪名所包含的内容广度不同,可分为类罪名、小类罪名和个罪名

(1) 类罪名,又叫章罪名,是某一类或某一章犯罪的总名称。在我国刑法中,类罪名是以犯罪的同类客体为标准进行概括的。刑法典分则根据犯罪的同类客体将犯罪划分为十章,共十个类罪名,即危害国家安全罪、危害公共安全罪、破坏社会主义市场经济秩序罪、侵犯公民人身权利、民主权利罪、侵犯财产罪、妨害社会管理秩序罪、危害国防利益罪、贪污贿赂罪、渎职罪、军人违反职责罪。

(2) 小类罪名,又叫节罪名,是指类罪名之下某一小类犯罪的名称,或说某一节犯罪的名称。刑法典中的小类罪名主要为第三章"破坏社会主义市场经济秩序罪"和第六章"妨害社会管理秩序罪"之下共 17 节犯罪的标题。

(3) 个罪名,又叫具体罪名,是各个具体犯罪的名称。个罪名是以某一个具体的刑法分则条文所规定的构成要件为对象进行概括、抽象得出的犯罪的名称。每一个个罪名都有其定义、构成要件与法定刑,规定个罪名的分则条文是最典型的罪刑规范。因此,通过个罪名,能够充分了解每一个具体犯罪的构成要件,将刑法中的 484 个罪名区分开来;司法实践中适用刑法典分则条文以及刑法修正案定罪量刑,主要就是适用规定了个罪名的分则条文,它是定罪时得以直接引用的罪名。

3. 根据罪名是否为刑法典总则的有关规定所补充,可分为基本罪名和补充罪名

(1) 基本罪名,是指刑法分则条文所规定的、反映了具备完整的犯罪构成要件状态的罪名。这种罪名没有为刑法总则的有关规定所修正,而保持在刑法分

则条文中所表现出来的罪名的原始状态,如故意杀人罪、故意伤害罪等。

(2) 补充罪名,是指以基本罪名为基础,根据犯罪行为的不同表现形态,而对基本罪名加以补充所形成的罪名,如故意杀人(预备)罪、故意杀人(未遂)罪、放火(教唆)罪等。

4. 根据罪名是否可以选择适用,可分为单一罪名和选择罪名

(1)单一罪名是指只描述一个构成要件并反映一种犯罪行为的罪名,如虐待罪、伪造货币罪等。行为触犯一个单一罪名的,就定一个罪;行为触犯两个单一罪名的,就定两个罪,依此类推。

(2)选择罪名是指所包含的构成要件的具体内容复杂,反映出多种犯罪行为,既可概括使用,又可分解拆开使用的罪名。例如,劫持船只、汽车罪,它是一个罪名,但它包括了劫持船只和劫持汽车两种行为,因此,可以分解为劫持船只罪与劫持汽车罪。当行为人只劫持船只的,定劫持船只罪;当行为人只劫持汽车时,定劫持汽车罪;当行为人既劫持船只又劫持汽车的,并不实行数罪并罚,仍然只定一个罪即劫持船只、汽车罪。

选择罪名包括行为选择(如非法制造、销售非法制造的注册商标标识罪等)、对象选择(如虚开增值税专用发票、用于骗取出口退税、抵扣税款发票罪等)、行为与对象同时选择(如窝藏、转移、隐瞒毒品、毒赃罪等)。

另外,为了更好地理解和运用单一罪名和选择罪名,还应该掌握排列式罪名。排列式罪名,又叫并列式罪名,是指将数个犯罪构成要件不同的犯罪,规定在一个刑法分则条文中,只能单独使用,不能概括使用。例如,《刑法》第114条、第115条规定的放火罪、决水罪、爆炸罪、投毒罪;第246条规定的侮辱罪和诽谤罪等。这些条文就是将几个不同的犯罪规定在一起,这几个罪名都具有各自不同的犯罪构成要件,当行为人实施其中的一个行为时,只能定一罪如放火罪或爆炸罪;当行为人实施了两个或两个以上的行为时,则应该对行为人实行数罪并罚,而不能以一罪论处。由于这些犯罪的社会危害性大致相当,法定刑也因此相同。立法时为了简练起见,就将这些犯罪规定在同一条文之中。

(二) 罪名的功能

罪名的功能是指罪名本身所具有的性能或作用。具体来说,是指罪名对于刑事立法、刑事司法、刑法理论以及刑法制度所产生的积极作用与影响。

(1) 概括功能。罪名作为犯罪的名称,正是通过对罪状进行概括、浓缩而产生的。因此,概括功能是罪名最基本的功能。《刑法》第306条规定:"在刑事诉讼中,辩护人、诉讼代理人毁灭、伪造证据,帮助当事人毁灭、伪造证据,威胁、引诱证人违背事实改变证言或者作伪证的,处……"该罪状所描述的都是辩护人、诉讼代理人作伪证的行为,故将其概括为辩护人、诉讼代理人毁灭证据、伪造证据、妨害作证罪。

（2）个别化功能。它又叫识别功能或区分功能。由于不同的罪名是对不同犯罪行为的概括，每一个罪名都有其独特的含义，因此，凭借罪名能够区分罪与非罪、此罪与彼罪。例如，《刑法》第389条的行贿罪与第393条的单位行贿罪，通过罪名可以发现此二罪的主要区别在于犯罪主体不同。

（3）评价功能。罪名表明国家对某种危害行为所给予政治上、法律上的否定评价以及对触犯该罪名的犯罪主体的谴责。如果一个人的行为被定为某种罪名，就说明国家对这种行为所给予的评价是否定性的，应当被禁止。例如，假冒注册商标罪，就是国家对未经注册商标人许可，在同一种商品上使用与他人注册商标相同的商标，情节严重的行为的否定评价，同时也表明国家对实施该种犯罪行为的犯罪主体的谴责。

（4）威慑功能。罪名的否定评价功能决定了罪名具有威慑的功能。当行为人的行为一旦被定为某种具体犯罪时，行为人的心理自然会产生恐惧，这便是罪名威慑力的反映。犯罪分子被定了罪名之后必定要被追究刑事责任，而刑事责任的主要实现方式就是刑罚，在绝大多数情况下，一旦被确定了罪名，就要受到刑罚的制裁；刑罚又是具有威慑功能的，因而罪名也就相应具有威慑功能。

（5）教育功能。通过罪名人们就能大致知道刑法中有哪些犯罪，什么犯罪要受到刑罚的处罚，从而建立起刑法的规范意识，并进而影响到人们的观念和行为。于是，刑法的教育功能便得到了更为充分的发挥。

（三）罪名确定

罪名确定，是指对刑法分则有关条文规定的具体犯罪确定名称，即如何运用恰当的概念表现刑法分则有关法条所规定、描述的具体犯罪的本质特征。它具有以下几个特点：需要确定罪名的是刑法分则条文规定的基本罪状；罪名确定所确定的是个罪名而非类罪名或小类罪名，是基本罪名而非修正罪名；罪名确定的性质是运用概念表述罪状。

根据罪名确定过程所体现出来的两个不同阶段，罪名确定可分为罪名个数的确定和罪名名称的确定两类。罪名个数的确定是在对刑法分则条文的犯罪构成要件个数进行辨别之后进行的，称为罪名辨定；罪名名称的确定就是一个取名问题，可称为罪名取定。罪名辨定和罪名取定于是成为罪名确定的两个种类。根据它们各自的特点，可以作如下定义：罪名辨定，又称罪名个数的确定，是指对刑法分则条文规定的犯罪行为是否独立一罪、是一罪还是数罪进行辨别厘定；罪名取定，又称罪名表述的确定，是指对刑法分则条文规定的具体犯罪的罪状进行概括以确定适当的名称。

对于刑法修改新增的罪名之确定，目前我国的做法是，一律由最高司法机关颁布司法解释确定。"两高"有关罪名确定的系列司法解释中，有的解释对罪名确定不尽合理，比如，《确定罪名的补充规定（六）》把第284条规定的"为他人组织考试作弊提供作弊器材或者其他帮助"的行为与"组织考试作弊"一样,规定为组织考试作弊罪,这种罪名的规定是否合适值得商榷。因此,结合有关罪名司法解释的规定并对罪名个数与名称加以深入研究,无疑有助于深化刑法理论。但是,因本书篇幅所限,以及考虑到罪名确定的实际意义,本书对罪名确定的问题不再详论。①

二、罪状

罪状是罪刑规范对犯罪具体状况(构成特征)的描述,指明适用该罪刑规范的条件。行为只有符合某罪刑规范的罪状,才能适用该规范。罪状是刑法分则最重要、最基本的组成部分。罪刑法定原则的实现在很大程度上依赖于对罪状的规定。离开罪状,刑法分则也就失去了存在的意义。

罪状可以分为基本罪状和加重、减轻罪状。前者是对具体犯罪构成要件特征进行描述,后者是对加重或减轻法定刑的适用条件进行描述。基本罪状可分为以下几种:

(1)简单罪状。简单罪状是对犯罪的具体构成特征作出的简单描述,是罪名的提示。例如,《刑法》第232条规定:"故意杀人的,处……"该条规定的罪状就是简单罪状。从理论上来说,不能认为简单罪状就是罪名,这样的看法容易混淆罪名与罪状的关系,而简单罪状是罪名提示的提法则更科学。

(2)叙明罪状。叙明罪状是对某种犯罪的构成特征作了较为详细描述的罪状。例如,《刑法》第343条规定:"违反矿产资源法的规定,未取得采矿许可证擅自采矿,擅自进入国家规划矿区、对国民经济具有重要价值的矿区和他人矿区范围采矿,或者擅自开采国家规定实行保护性开采的特定矿种,情节严重的,处……"该条罪状详细地指出了犯罪的行为、行为的对象等特征,因而是叙明罪状。

(3)引证罪状。引证罪状是引用刑法分则中的其他条款来说明和确定某一犯罪构成要件的罪状。在引证罪状的条文中并没有将引证条款规定的犯罪特征再描述一遍,适用时参看被引用的条款即可。使用引证罪状是为了避免文字的啰唆重复,以求条文简练。从《刑法》中的规定来看,使用引证罪状的条文主要有以下两种类型:一是不创设新罪的引证罪状。例如,《刑法》第175条第1款规定了高利转贷罪以及对自然人犯罪主体适用的法定刑;该条第2款则规定:"单位犯前款罪的,对单位判处罚金,并对直接负责的主管人员和其他直接责任人员,处三年以下有期徒刑或者拘役。"这一条文就不涉及新罪名的创设,只是规定了单位犯罪主体和自然人犯罪主体所不同的法定刑而已。二是创设新罪的引

---

① 对此问题,可参见刘艳红:《罪名研究》,中国方正出版社2000年版,第92—108页。

证罪状。这种引证罪状主要在某一犯罪的过失犯罪的规定中适用。例如,《刑法》第115条第1款规定了放火、决水、爆炸、投毒以及以其他危险方法危害公共安全罪,该条第2款规定:"过失犯前款罪的,处三年以上七年以下有期徒刑;情节较轻的,处三年以下有期徒刑或者拘役。"第2款的规定就创设了不同于第1款的新罪,即失火罪、过失决水罪、过失爆炸罪等。这种创设新罪的引证罪状条款在《刑法》中并不多。

刑法理论通说认为,基本罪状除了简单罪状、叙明罪状、引证罪状之外,还有一种空白罪状,它是指罪刑规范中没有直接地说明某一犯罪构成要件的特征,而是仅仅指明确定该罪构成要件需要参照的法律、法规的规定。但是,所谓空白罪状的法律条文毕竟对该种犯罪的构成要件作了规定,而不是真正的空白;与之相比,简单罪状对构成要件的描述要更为粗略,后者一般都只是极其简约地描述了犯罪的构成特征,如"故意杀人的""拐卖妇女、儿童的"等,这种描述与空白罪状中的"进行走私""盗伐、滥伐森林或其他林木,情节严重"等如出一辙;但是,空白罪状比简单罪状还多了一个"违反……法规"的表述。因此,不宜将对犯罪构成要件的描述较之简单罪状更为详细的罪状视为"空白"罪状。

三、法定刑

法定刑,是刑法分则条文对某一种具体犯罪所规定的适用刑罚的规格和标准,包括量刑的种类和量刑的幅度。法定刑与罪状紧密联系,没有罪状就没有法定刑,法定刑都是针对具体犯罪而规定。法定刑不同于宣告刑。宣告刑是审判机关对具体案件中的犯罪人依法判处并宣告的应当执行的刑罚。法定刑是宣告刑的前提,宣告刑是对法定刑的具体应用。法定刑可分以下几种:

(一)绝对确定的法定刑

即刑法对某种犯罪或对具备某种情节的犯罪规定的应当判处的刑种和刑度,审判机关没有自由裁量的余地。例如,我国1951年颁布的《中华人民共和国惩治反革命条例》第5条规定,"持械聚众叛乱的主谋者、指挥者及其他罪恶重大者处死刑",这就是绝对确定的法定刑。绝对确定的法定刑对于审判机关而言容易操作,但是它缺乏灵活性,不能根据犯罪性质和情节决定犯罪人所适用的刑罚,影响刑罚一般预防和特殊预防的实际效果。因此,现代各国刑法一般都不采用这种法定刑。我国现行刑法少数条文仍保留了针对某种犯罪的某种特定情节,规定绝对确定的单一的死刑。例如《刑法》第240条第1款规定,"拐卖妇女、儿童的……情节特别严重的,处死刑,并处没收财产"。

(二)绝对不确定的法定刑

即刑法只规定对某种犯罪应予惩处,却不规定具体的刑种和刑度。例如,笼统规定对某种犯罪行为"依法制裁""依法严惩"等。在法制不完备的条件下,需采用这种方式。因其仅抽象地表现犯罪与刑罚的联系,对具体量刑起不到规制作用,不利于法制的统一,难以避免量刑畸重现象,因此,在刑法典上不能采用这种法定刑。

(三) 相对确定的法定刑

即刑法针对不同犯罪的不同性质和不同社会危害性,分别规定一个或数个主刑、一个或数个刑罚幅度。审判机关可以根据具体情节,在法定的幅度内选择判处轻重适当的刑罚。这是当代各国刑法普遍采用的法定刑。其优点是既对审判机关量刑具有约束作用,又为其提供一定的灵活性,有利于贯彻区别对待的政策,实现罪责刑相适应原则。

相对确定的法定刑在我国刑法分则条文中有以下几种具体规定方式:

(1) 规定最高限度的法定刑。即分则条文只规定刑罚的最高期限,其最低期限依据刑法总则的有关规定确定。例如《刑法》第 429 条规定:"在战场上明知友邻部队处境危急请求救援,能救援而不救援,致使友邻部队遭受重大损失的,对指挥人员,处五年以下有期徒刑。"

(2) 规定最低限度的法定刑。即分则条文只规定刑罚的最低期限,其最高期限依据刑法总则的有关规定确定。例如《刑法》第 115 条第 1 款规定:"放火……致人重伤、死亡或者使公私财产遭受重大损失的,处十年以上有期徒刑、无期徒刑或者死刑。"

(3) 同时规定最高限度与最低限度的法定刑。即分则条文既规定刑罚的最高期限,又规定刑罚的最低期限。例如《刑法》第 172 条规定:"明知是伪造的货币而持有、使用,数额较大的,处三年以下有期徒刑或者拘役,并处或者单处一万元以上十万元以下罚金……"

(4) 规定固定刑度的法定刑。例如《刑法》第 347 条第 2 款规定,"走私、贩卖、运输、制造毒品,有下列情形之一的,处十五年有期徒刑、无期徒刑或者死刑,并处没收财产……"这种刑罚规定方式规定了两种以上主刑,其中对有期徒刑则规定了固定刑度。它不同于绝对确定的法定刑,后者并无可供选择的法定刑种类。

以上四种相对确定的法定刑规定方式主要是针对有期徒刑而言,少数情况下也针对罚金刑。因为无期徒刑和死刑不存在刑度,而拘役和管制刑的刑罚幅度本身又不长,所以一般在刑法分则中规定适用这两种主刑时,不需要再单独规定其最高或最低限度。

(5) 援引法定刑。即刑法分则条文规定对某种犯罪援引其他条文或同条另一款的法定刑处罚。例如,《刑法》第 174 条第 2 款规定:"伪造、变造、转让商业银行、证券交易所、期货交易所、证券公司、期货经纪公司、保险公司或者其他金融机构的经营许可证或者批准文件的,依照前款的规定处罚。"采用这种形式的法定刑,是为了简化分则条文,避免立法上的重复。但是,被援引的条文所规定的犯罪,必须与本罪的性质近似。

第四节　法条竞合

一、法条竞合的概念

法条竞合,是指行为人实施一个犯罪行为,同时触犯数个刑法条款规定的犯罪构成要件,但只能适用其中之一,而排除其他法条适用的情况。

"竞合"一词非汉语固有词汇,而是舶来品,其德语为"Konkurrenz"。规范竞合(Normenkonkurrenz)作为法律学专门术语,是指同一事实符合数个规范之要件,致该数个规范皆得适用的现象。① 换言之,即数个不同的法律规范竞相适用于同一法律事实。根据法律规范间关系的不同,规范竞合分为冲突性竞合与非冲突性竞合两类。冲突性竞合是指数个法律规范不能同时并用,司法机关只能从中择用其一。非冲突性竞合是指数个法律规范可以同时适用,根据不同法律规范产生的数个法律后果,可以共存,如故意伤害他人身体构成犯罪时,可以同时适用民法规范和刑法规范追究行为人的民事责任和刑事责任。②

刑法中的法条竞合是刑事实体法内部不同法律规范之间的竞合,它也是最典型的冲突性竞合,因为刑法禁止对同一犯罪事实作重复评价。刑法中的法条竞合是随着刑事立法的发展,特别是刑法分则条文的细密化而出现的法律现象,是刑法罪名体系逻辑上非严密性的反映。法条竞合的存在导致同一犯罪行为同时符合数个罪名的犯罪构成要件,从而给司法机关准确定罪造成障碍。例如,行为人使用诈骗方法非法集资的,既触犯了《刑法》第192条集资诈骗罪,又触犯了第266条诈骗罪,究竟适用哪一个条文定罪量刑,正是研究法条竞合所要解决的问题。法条竞合具有如下特征:

(1) 行为人只实施了一个犯罪行为,这是法条竞合的事实特征。实施了数个犯罪行为触犯数个法条的不是法条竞合。如上述集资诈骗罪与诈骗罪之间的竞合,行为人就只实施了以诈骗方法非法集资这一个行为。

(2) 行为人所实施的一个犯罪行为触犯了规定不同犯罪构成要件的数个刑法条款,这是法条竞合的法律特征。换言之,法条竞合是法律条文的竞合,属于法条形态,而非罪数形态。

(3) 数个刑法条款之中只能选择适用一个法条而排斥其他相竞合法条的适用。

---

① 参见王泽鉴:《民法学说与判例研究》(第一卷),中国政法大学出版社1998年版,第371页。
② 参见刘士心:《法规竞合论争分析与概念重构》,载《国家检察官学院学报》2002年第2期。

一个犯罪行为同时触犯的数个法条之中只有一个法条能最恰当最全面地评价该行为，换言之，触犯数个法条并导致其竞合的犯罪行为，归根结底只与其中一个法条的犯罪构成要件完全相符。因此，法规竞合的处理原则是，只能适用其中一个法律条文而排斥其他法律条文的适用。这是法条竞合与想象竞合最重要的区别。想象竞合虽然也是一行为符合数个法条的构成要件，但是，无论适用哪一个法条的构成要件，都无法全面地对导致想象竞合的犯罪行为进行评价，而且数个法条的构成要件也都可以适用于导致不同罪名竞合的犯罪行为。例如，乙正在某电影院看电影，甲以杀害乙的故意，向乙所坐的方位投放炸弹，导致乙以及电影院的其他数名观众被炸死。如果对甲以《刑法》第232条的故意杀人罪定罪，就不能涵盖将电影院其他不特定的观众炸死的事实；如果对甲以第114条的爆炸罪定罪，就不能涵盖甲故意杀乙的事实。可见，想象竞合必须由多个构成要件进行多重评价。也正因如此，想象竞合的处理原则是在比较数个罪名的法定刑轻重之后才择一重者处之。而法条竞合只有一个犯罪的构成要件能最全面、最恰当地评价行为人的犯罪行为，如上述以诈骗方法非法集资的，虽然同时触犯《刑法》第266条诈骗罪和第192条集资诈骗罪，但只有第192条集资诈骗罪才能够最全面最恰当地反映此种行为的犯罪构成要件。

二、法条竞合的竞合关系

数个竞合的法条之间应当体现为何种竞合关系？

刑法理论上有观点认为，法条竞合的竞合关系可分为四种类型：①

（1）独立竞合。是指一个法条所包含的构成要件在范围上为另一个法条所包括。例如，《刑法》第198条保险诈骗罪与第266条诈骗罪，所竞合的法条之间是特别法与普通法的关系。

（2）包容竞合。是指一个法条所包含的构成要件在内容上为另一个法条构成要件所包容。例如，《刑法》第239条规定杀害被绑架人的应定绑架罪，这与第232故意杀人罪之间是包容竞合关系，此时，所竞合的法条之间是整体法（如第239条）与部分法（如第232条）的从属关系。

（3）交互竞合。是指两个法条之间各有一部分外延相互交叉重合，所竞合的正是法条间交叉重合部分的情形。例如《刑法》第266条诈骗罪与第279条招摇撞骗罪，行为人冒充国家机关工作人员骗取他人财物的，就既符合诈骗罪的规定，又符合招摇撞骗罪的规定，二者之间就是交互竞合关系。

（4）偏一竞合。是指两法条交叉重合，"具体竞合的内容超出法条交叉重

---

① 参见陈兴良：《陈兴良刑法学教科书之规范刑法学》，中国政法大学出版社2003年版，第107—109页。

合部分而偏向于其中内涵较丰富的法条"①的情形,只有一个法条可对行为予以全面评价。如拐骗儿童并予以出卖的,就同时触犯了《刑法》第240条拐卖儿童罪与第262条拐骗儿童罪,这两个条文之间就是偏一竞合关系,换言之,只有第240条才能全面评价拐骗儿童并出卖的行为。

上述法条竞合的各种类型,除了独立竞合外,其他三种法条竞合实际上也是特别法与普通法的关系。

(1) 分析以第239条与第232条为例所体现的包容竞合。第239条之所以能成为整体法,正是因为在绑架杀人的场合,能够最完整、最恰当地评价该种行为的不是故意杀人罪,而是绑架罪。因为绑架罪在故意杀人罪这一所谓部分法的基础上附加了特别适用条件——绑架他人。整体法所规定的构成要件既然包含了部分法的犯罪成立的全部要件,那就表明它是在另一犯罪构成要件的基础上,附加了特别要件,相对于部分法而言,整体法无疑就是特别法。因此,整体法与部分法的关系实际上就是普通法与特别法的关系。同理,偏一竞合也是普通法与特别法的关系。因为诸如第240条等"内涵较丰富的法条",正是在第262条等"内涵不丰富的法条"规定的构成要件基础上,附加了特别要件(如出卖行为)。相对于内涵不丰富的法条而言,内涵丰富的法条无疑是特别法。因此,诸如第240条与第262条的偏一竞合,也是特别法与普通法的关系。

(2) 分析以第266条与第279条为例所体现的交互竞合。这两个法条主要是因犯罪手段不同而形成的竞合,在同是骗取财物的情况下,第266条诈骗罪对于骗取财物的具体手段没有任何特殊要求,而第279条招摇撞骗罪只能是冒充国家机关工作人员骗取财物,相对于第266条来说,第279条对于诈骗手段有特殊的要求,所以第279条与第266条也是特别法与普通法的关系。

将法条竞合都概括为普通法与特别法的关系,不但在理论上简单明了,而且在实践上便于掌握、切实可行。国外刑法理论上,也有学者针对刑法理论上将法条竞合分为若干种类并分别采取不同处理原则的观点,提出了颇有价值的异议。例如,日本著名刑法学家平野龙一,针对日本刑法理论将法条竞合分为特别关系、补充关系、择一关系和吸收关系的情形,一针见血地指出,特别关系、补充关系、择一关系和吸收关系之间并无理论上的不同,补充关系、择一关系和吸收关系也可以说是一种特别关系(即特别法与普通法的关系)。②

---

① 陈兴良主编:《刑法学》(第三版),复旦大学出版社2016年版,第339页。
② 参见刘明祥:《论法条竞合的范围和适用原则》,载《中国刑事法杂志》1996年第4期。

三、法条竞合的适用原则

1. 一行为同时符合不同法律之间的普通刑法和特别刑法时，根据特别法优于普通法的原则，适用特别刑法

例如，如果一行为既符合刑法典的某一条文，又符合刑法典施行以后立法机关颁布的特别刑法的条文的，那么，就应适用特别刑法的规定。例如，行为人骗购外汇的，既符合《刑法》第225条非法经营罪，又符合《外汇犯罪决定》规定的骗购外汇罪。相对于刑法典而言，全国人大常委会的决定就属于特别刑法，具体而言，是单行刑法。根据特别法优于普通法的原则，应适用《外汇犯罪决定》第1条骗购外汇罪的规定。

2. 一行为同时符合同一法律之中的普通条款与特别条款

第一，一般情况下，根据特别法优于普通法的原则，适用特别条款。例如，国家机关工作人员滥用职权，非法批准征用、占用土地的，既符合《刑法》第397条规定的滥用职权罪，又符合第410条规定的非法批准征用、占用土地罪。但由于第397条滥用职权罪是对一般职务管理行为适用的刑法条款，而第410条是在征用、占用土地的职务管理活动中适用的刑法条款，它是将第397条规定进一步具体化作了特殊的规定，此时，根据特别法优于普通法的原则，应该按照第410条的犯罪定罪处理。

第二，特殊情况下，根据重法优于轻法的原则处理。特殊情况是指在法律有特别规定的情况。如果法律并没有规定按照重法处理的，司法机关不得擅自突破法条竞合的一般适用原则（即特别法优于普通法的原则），按照重法处理。

例如，《刑法》第140条规定的生产、销售伪劣产品罪，它是一般法，其法定最高刑是无期徒刑。第141条至第148条规定的是八种生产、销售各种特殊的伪劣产品的犯罪，它们是特别法，它们的法定最高刑有的高于第140条的规定，如第141条的法定最高刑是死刑；有的却低于第140条的规定，如第146条的法定最高刑是有期徒刑，第148条的法定最高刑是3年有期徒刑。这就有可能造成生产、销售某些特定伪劣产品的行为，在同时构成第140条之罪和第141条至第148条中的某条之罪时，如果按照特别法优于普通法条的原则，反而对行为人处罚较轻，不利于惩治犯罪分子，这与规定特别法条的立法旨意相悖。为此，《刑法》第149条规定，在下述情况下，可以实行重法优于轻法的原则：

（1）生产、销售第141条至第148条所列产品，不构成各该条规定的犯罪，但是销售金额在5万元以上的，依照第140条的规定定罪处罚。

（2）生产、销售第141条至第148条所列产品，构成各该条规定的犯罪，同时又构成第140条规定之罪的，依照处罚较重的规定定罪处罚。

本来，法条竞合中所竞合的数个法条之间是特别法与普通法的关系，特别法

在普通法的基础之上附加了特别的构成要件,因此,符合特别法所规定的犯罪构成要件的行为,是普通法条的犯罪构成要件所不能全面评价的,只有适用特别法的规定定罪量刑才最恰当。但是,重法优于轻法原则却导致排斥特别法的适用,反而适用不能全面评价该行为的普通法,这显然与制定特别法的宗旨相违背。由此可见,对法条竞合采用重法优于轻法的原则本身缺乏科学性。为了改变这一问题,最好的办法是在刑法的制定中,对于特别法规定的犯罪提高其法定刑,从而既能贯彻罪刑相适应原则,又能使法条竞合的处理更为科学。① 当然,在刑事立法中仍然存在特别法的法定刑轻于普通法的情况下,应以法律有明文规定适用重法者为限。对于法律没有明文规定应该适用重法的,即使适用特别法存在明显的罪刑不相适应的情况,也应该禁止司法机关随意根据重法优于轻法的原则处理法条竞合。否则,就是由刑事司法改变刑事立法的罪刑规定,显然有破坏罪刑法定原则之嫌。

---

① 参见刘明祥:《论法条竞合的范围和适用原则》,载《中国刑事法杂志》1996年第4期。

第一章　危害国家安全罪

第一节　危害国家安全罪概述

一、危害国家安全罪的概念及构成要件

危害国家安全罪是指故意以背叛国家、分裂国家等特定行为危害中华人民共和国国家安全的行为。本章犯罪侵犯的法益是中华人民共和国的国家安全，具体是指中华人民共和国的主权、领土完整和安全，国家的统一，国家政权和社会主义制度，以及国家在政治、经济、国防、外交等领域的安全和利益。行为在形式上似乎符合相关条文的规定，但确实不会危害国家安全的，不能构成本章犯罪。本章犯罪的构成要件如下：

（1）行为。本章犯罪客观上表现为行为人实施了危害中华人民共和国国家安全的行为。

（2）主体。本章犯罪的主体多为一般主体，即对于大多数危害国家安全罪来说，不论是中国公民，还是外国公民或是无国籍人，只要行为人年满16周岁、具有刑事责任能力，均可成为本章犯罪主体。少数危害国家安全罪的主体为特殊主体。

（3）罪过。本章犯罪的罪过为故意，即行为人明知自己的行为会危害国家安全，并且希望或放任危害国家安全结果的发生。

二、危害国家安全罪的种类

危害国家安全的犯罪规定在刑法分则第一章，共计12个条文，包括12个罪名。具体可分为以下三类：

（1）危害国家政权、分裂国家的犯罪。包括：背叛国家罪，分裂国家罪，煽动分裂国家罪，武装叛乱、暴乱罪，颠覆国家政权罪，煽动颠覆国家政权罪，资助危害国家安全犯罪活动罪。

（2）叛变、叛逃的犯罪。包括：投敌叛变罪，叛逃罪。

（3）间谍、资敌的犯罪。包括：间谍罪，为境外窃取、刺探、收买、非法提供国家秘密、情报罪，资敌罪。

第二节 本章各罪名

一、背叛国家罪

本罪是指勾结外国或与境外机构、组织、个人相勾结,危害中华人民共和国的主权、领土完整和安全的行为。

(1) 行为。本罪行为表现为勾结外国或与境外机构、组织、个人相勾结,危害中华人民共和国的主权、领土完整和安全。国家主权,是指国家独立自主地处理自己的内外事务、管理自己国家的权力,包括:对内的最高权,即国家对其领土内的一切事务以及领土外的本国人实行管理的权利(国际法中另有规定的除外);对外的独立权,即国家行使权力的自主性和排他性;防止侵犯的自卫权,即国家为维护政治独立和领土完整而对外来侵略或威胁进行防卫的权力。领土是国家赖以存在的物质条件,领土完整是国家主权的重要组成部分。所谓领土完整,不完全是地理上的概念,主要是指国家领土的完整性,即凡属国家领土,均不能丢失,不能被分裂、肢解,不能被侵占。"境外机构、组织"包括境外机构、组织在我国境内设立的分支(代表)机构和分支组织。"境外个人"包括居住在我国境内但不具有我国国籍的人。"勾结"是指联络、沟通形成合力。行为人与外国政府、外国政党、外国政治集团以及境外机构、组织、个人进行秘密联络、沟通,共同策划或进行危害我国的主权、领土完整和安全的活动,或接受这些主体的指使或取得支持、帮助,进行危害我国的主权、领土完整和安全的活动,均属于勾结外国或与境外机构、组织、个人相勾结,危害中华人民共和国的主权、领土完整和安全。

(2) 主体。叛国罪的实质是破坏对国家的忠诚,因此,本罪主体只能是中国公民。通常情况下,能够实施本罪的,是具有相当重要的社会地位、职务或掌握国家重要权力的人。外国人和无国籍人不能独立构成本罪,只能构成本罪的共犯。

(3) 罪过。本罪罪过为故意。即行为人明知自己的行为会造成危害中华人民共和国的主权、领土完整和安全的结果,并且希望或放任危害结果的发生。

犯本罪的,根据《刑法》第102条、第113条和第56条的规定处罚。

二、分裂国家罪

本罪是指组织、策划、实施分裂国家、破坏国家统一的行为。本罪行为表现为组织、策划、实施分裂国家、破坏国家统一的行为。所谓分裂国家、破坏国家统一,是指将我国领土的一部分分离出去,脱离中央政府领导,另立政府,制造地方独立的割据局面,或分裂我国统一的多民族国家,破坏民族团结,制造民族分裂的行为。所谓组织,是指招募、纠集、拉拢、收买分裂国家的犯罪分子等活动。所谓策划,主要指秘密谋划分裂国家、破坏国家统一的活动。所谓实施,主要指已着手进行分裂国家、破坏国家统一的活动。行为人只要具有上述组织或策划、实施分裂国家、破坏国家统一的行为之一,即具备本罪的客观要件。与境外机构、组织、个人相勾结或与外国相勾结的,也只构成本罪,而不是构成背叛国家罪。本罪主体为一般主体。本罪罪过为故意,即行为人明知自己的行为会造成分裂国家、破坏国家统一的结果,并且希望或放任危害结果的发生。犯本罪的,根据《刑法》第103条第1款的规定处罚。

三、煽动分裂国家罪

本罪是指向不特定或多数人鼓吹、宣传分裂国家、破坏国家统一的行为。本罪行为表现为煽动他人实施分裂国家、破坏国家统一的行为。煽动,是指向不特定或多数人鼓吹、宣传。煽动的核心内容是分裂国家、破坏国家的统一。煽动的方式多种多样,如散发标语、传单、撰写、印发文章、刊物,当众发表演讲、呼喊口号等。行为人明知出版物中载有煽动分裂国家、破坏国家统一的内容而予以出版、印刷、复制、发行、传播的,或组织和利用邪教组织,组织、策划、实施、煽动分裂国家、破坏国家统一的,或利用突发传染病疫情等灾害,制造、传播谣言煽动分裂国家、破坏国家统一,利用新型冠状病毒感染疫情,制造、传播谣言,煽动分裂国家、破坏国家统一的,或煽动颠覆国家政权、推翻社会主义制度的都应以本罪论处。[①] 本罪罪过是故意。犯本罪的,根据《刑法》第103条第2款的规定处罚。

四、武装叛乱、暴乱罪

本罪是指组织、策划、实施武装叛乱或者武装暴乱的行为。本罪行为表现为组织、策划、实施武装叛乱或者武装暴乱。组织,是指以拉拢、收买、策动等各种方法使分散的人员形成一个准备武装叛乱或者武装暴乱的整体的行为。策划,是指制订计划、准备物资、训练人员等一切筹划武装叛乱或者武装暴乱的行为。实施,是指参与实行武装叛乱或者武装暴乱的行为。行为人组织、策划、实施的核心内容是进行武装叛乱或者武装暴乱。所谓武装叛乱,是指以投靠境外组织或境外敌对势力为背景,或意图投靠境外组织或境外敌对势力,而采取武装对抗的形式,反叛国家和政府。所谓武装暴乱,是指采取武装的形式,进行暴力骚乱,

---

① 参见1998年12月17日最高法《关于审理非法出版物刑事案件具体应用法律若干问题的解释》第1条、2003年5月14日"两高"《关于办理妨害预防、控制突发传染病疫情等灾害的刑事案件具体应用法律若干问题的解释》第12条第2款。

与国家和政府对抗。在武装叛乱或者武装暴乱的过程中实施故意杀人、故意伤害或放火、抢劫等行为的,以本罪一罪论处,因为武装叛乱或者武装暴乱包含这些行为在内。本罪主体是一般主体。本罪罪过为故意,行为人具有以武力推翻或脱离现行政权的目的。因政府有关部门对某事处理不当,导致群众持械与警察或防暴人员相对抗,甚至发生诸如砸毁警车等暴力冲突的,不能轻易认定为本罪。犯本罪的,根据《刑法》第104条的规定处罚。

五、颠覆国家政权罪

本罪是指组织、策划、实施颠覆国家政权、推翻社会主义制度的行为。本罪行为表现为行为人组织、策划、实施颠覆国家政权、推翻社会主义制度。颠覆国家政权,是指推翻、消灭国家现行政权(包括中央政权和地方政权),建立新政权的行为。只要行为人以颠覆国家政权、推翻社会主义制度为目的实施了组织、策划、实施行为之一的,即构成本罪,且是既遂。行为人明知出版物中载有煽动颠覆国家政权、推翻社会主义制度的内容,而予以出版、印刷、复制、发行、传播的,或组织和利用邪教组织,颠覆国家政权、推翻社会主义制度的,或利用突发传染病疫情等灾害,制造、传播谣言煽动颠覆国家政权、推翻社会主义制度的,都应以本罪论处。本罪主体为一般主体,本罪罪过为故意。犯本罪的,根据《刑法》第105条第1款的规定处罚。

六、煽动颠覆国家政权罪

本罪是指向不特定或多数人鼓吹、宣传颠覆国家政权、推翻社会主义制度的行为。本罪行为表现为煽动颠覆国家政权、推翻社会主义制度,即行为人向不特定或多数人鼓吹、宣传颠覆国家政权、推翻社会主义制度。其煽动方式通常是造谣、诽谤、印发反对人民民主专政政权和社会主义制度的宣传品等。煽动的核心内容是颠覆国家政权、推翻社会主义制度。行为人明知出版物中载有煽动颠覆国家政权、推翻社会主义制度的内容而予以出版、印刷、复制、发行、传播的,或组织和利用邪教组织煽动颠覆国家政权、推翻社会主义制度的,或利用突发传染病疫情等灾害,制造、传播谣言,煽动颠覆国家政权、推翻社会主义制度的,利用新型冠状病毒感染疫情,制造、传播谣言,煽动分裂国家、破坏国家统一,或者煽动颠覆国家政权、推翻社会主义制度的都应以本罪论处。本罪主体为一般主体,罪过是故意。犯本罪的,根据《刑法》第105条第2款的规定处罚。

七、资助危害国家安全犯罪活动罪

本罪为《刑法修正案(八)》所修订。本罪是指境内外机构、组织或个人资助他人实施背叛国家罪、分裂国家罪、煽动分裂国家罪、武装叛乱、暴乱罪、颠覆国家政权罪、煽动颠覆国家政权罪的行为。1997年《刑法》将本罪的资助对象限定为"境内组织或者个人",《刑法修正案(八)》废除了这一限制。本罪行为表现为资助他人实施背叛国家罪、分裂国家罪、煽动分裂国家罪、武装叛乱、暴乱罪、颠覆国家政权罪、煽动颠覆国家政权罪。构成本罪,资助的对象仅限于实施上述6种犯罪的人,对除此之外的其他危害国家安全的犯罪进行资助的,应按相应犯罪的共同犯罪加以处理。"资助"是指提供物质帮助,如提供经费、物资、活动场所等。被资助的对象、时间没有限定。本罪主体为境内外机构、组织或个人。当境内外机构、组织资助他人实施上述6种危害国家安全的犯罪时,认定本罪属于单位本罪,这样有利于从刑事政策上抑制境内外机构、组织实施上述行为。仅是考虑到相当部分的机构、组织位于境外,对其难以实际执行罚金,为维护刑事判决的严肃性,故《刑法》规定本罪只处罚"直接责任人员"。当本罪主体为个人时,无疑个人即属于直接责任人员。本罪罪过为故意。犯本罪的,根据《刑法》第107条的规定处罚。

八、投敌叛变罪

本罪是指中国公民投奔敌对营垒,或在被捕、被俘后投降敌人,实施危害我国国家安全活动的行为。本罪行为表现为行为人投敌叛变。投敌叛变一般有两种情况:一是主动投奔国内或国外敌对营垒,为敌人效力,危害国家安全;二是被敌人逮捕或俘虏后,投降敌人,实施危害国家安全的活动。无论行为人采取何种方式,只要加入敌对营垒,与我国为敌,危害我国国家安全,就是投敌叛变行为。本罪主体仅限于中国公民。本罪罪过为故意。犯本罪的,根据《刑法》第108条的规定处罚。

九、叛逃罪

本罪为《刑法修正案(八)》所修订。本罪是指国家机关工作人员在履行公务期间,擅离岗位,叛逃境外或在境外叛逃的行为。本罪法益为国家安全。1997年《刑法》明文要求构成本罪必须"危害中华人民共和国国家安全",《刑法修正案(八)》删除了这一规定。"危害中华人民共和国国家安全"属于本罪保护的法益,本身就不属于构成要件的内容,因此,《刑法修正案(八)》对本罪并未进行实质性的修改。

本罪行为表现为行为人在履行公务期间,擅离岗位,叛逃境外或在境外叛逃。首先,构成本罪有时间限定,即行为人只有在履行公务期间叛逃的,才构成本罪。所谓履行公务期间,是指在没有被停职调查、因病休假等情形时,具有履行公务的可能的期间。下班期间叛逃境外的,能够构成本罪。其次,行为人必须是擅离岗位,即未经批准,私自离开工作岗位。最后,要有叛逃行为,即行为人叛变出逃,既可以是从境内叛逃境外,也可以是在境外叛逃。本罪主体是特殊主体,主要由国家机关工作人员构成,同时也包括掌握国家秘密的国家工作人员。根据《刑法》第109条第2款,掌握国家秘密的国家工作人员叛逃境外或在境外叛逃的,无须具备"在履行公务期间,擅离岗位"的要件,即构成本罪。本罪罪过为故意。

(1) 本罪与背叛国家罪的界限。第一,行为表现不同。本罪为叛逃行为,即在履行公务期间擅离岗位,叛逃境外或在境外叛逃危害国家安全;背叛国家罪则是叛国行为,即表现为勾结外国或与境外机构、组织、个人相勾结,危害国家主权、领土完整和安全。第二,主体不同。本罪是特殊主体,只能由国家机关工作人员或掌握国家秘密的国家工作人员构成;背叛国家罪的主体为一般主体的中国公民。

(2) 本罪与投敌叛变罪的界限。第一,行为表现不同。首先,本罪必须发生在履行公务期间;而在投敌叛变罪中,当行为人投奔敌对营垒时,没有时间上的限定,既可发生在履行公务期间,也可以发生在平时。其次,本罪要求行为人擅离岗位,而投敌叛变罪则不要求行为人必须擅离岗位。最后,本罪必须是叛逃境外或在境外叛逃,而投敌叛变罪只需行为人投奔敌对营垒,或在被捕、被俘后投降敌人,并不与境外发生必然的联系。第二,主体不同。本罪主体限于国家机关工作人员或掌握国家秘密的国家工作人员,而投敌叛变罪的主体则是一般主体的中国公民。

犯本罪的,根据《刑法》第109条的规定处罚。

十、间谍罪

本罪是指参加间谍组织或接受间谍组织及其代理人的任务,或为敌人指示轰击目标的行为。1979年《刑法》除规定间谍罪外,还规定了特务罪。实际上,间谍罪与特务罪并无本质差别,因此,现行刑法将间谍、特务行为统一规定为间谍罪。本罪行为表现为参加间谍组织或接受间谍组织及其代理人的任务,或为敌人指示轰击目标。本罪主体是一般主体,既包括中国公民,也包括外国公民与无国籍人。本罪罪过为故意。犯本罪的,根据《刑法》第110条的规定处罚。

十一、为境外窃取、刺探、收买、非法提供国家秘密、情报罪

本罪是指为境外机构、组织、人员窃取、刺探、收买、非法提供国家秘密或情报的行为。本罪行为表现为为境外的机构、组织、人员窃取、刺探、收买、非法提供国家秘密或情报。首先,本罪的对象为国家秘密或情报,其范围根据《中华人民共和国保守国家秘密法》(以下简称《保守国家秘密法》)第2条、第8条的规定确定。其次,本罪的服务对象为境外的机构、组织、人员。当境外的机构、组

织、人员为间谍机构、组织、人员，行为人接受其任务为其窃取、刺探、收买、非法提供国家秘密或情报时，本罪与间谍罪存在法条竞合的关系，对此按照重法优于轻法原则按本罪论处较为合适。最后，行为人实施了为境外的机构、组织、人员窃取、刺探、收买、非法提供国家秘密或情报的行为。本罪主体是一般主体，中国公民、外国公民、无国籍人均可成为本罪主体。罪过是故意。犯本罪的，根据《刑法》第111条、第113条和第56条的规定以及2001年1月17日最高法《关于审理为境外窃取、刺探、收买、非法提供国家秘密、情报案件具体应用法律若干问题的解释》的规定处罚。

十二、资敌罪

本罪是指战时供给敌人武器装备、军用物资资敌的行为。本罪行为必须是发生在战时，客观表现为给敌人提供武器装备、军用物资，对敌人进行帮助。本罪主体仅限于中国公民。本罪罪过为故意。犯本罪的，根据《刑法》第112条的规定处罚。

> **拓展阅读**
>
> **反革命罪的立法沿革**
>
> 反革命罪的罪名最早出现于1922年《苏俄刑法典》。在我国最早规定反革命罪定义的是1927年武汉国民政府制定的《反革命罪条例》。其第1条规定："凡意图颠覆国民政府，或推翻国民革命之权力，而为各种敌对行为者，以及利用外力，或勾结军阀，或使用金钱，而破坏国民政府之政策者，均认为反革命行为。"1979年《刑法》采用反革命罪的罪名。随着历史发展与社会进步，阶级斗争已经不是我国的主要矛盾，经济建设成为中心工作，改革开放成为基本国策，在这种形势下刑法学界开始了反革命罪罪名存废的讨论。现行刑法修订时，立法机关采纳了多数学者的意见，用危害国家安全罪的名称取代了反革命罪的罪名，并对一些具体犯罪的归类进行了调整。这一修改具有如下积极意义：第一，将反革命罪名修改为危害国家安全罪，适应了我国政治形势和阶级关系的变化。第二，反革命是一个政治概念，难以作为严格的法律概念来适用。这一修改符合法学研究的需要。第三，将反革命罪名改为危害国家安全罪，也是为了适应"一国两制"的需要。

延伸思考

如何从刑法教义学的角度理解危害国家安全罪[①]

危害国家安全罪不仅是刑法中最危险的犯罪,也是需要特别讲究规格与标准的犯罪。从保护国家安全的实质意义出发,危害国家安全罪在概念上有历史概念、政治概念、学术概念与法律概念之分,不同概念对理解与界定危害国家安全罪有各自不同的意义。依托中国的刑法规定,中国的危害国家安全罪不仅是一类犯罪的总称,而且是一组封闭的法律概念。它有三个鲜明的主要特点:第一,只能由故意构成。第二,只能是以侵害中华人民共和国的国家安全作为犯罪的法益。虽然刑法分则第七章危害国防利益罪及第十章军人违反职责罪明显地具有危害国家安全的性质,但是,中国刑法学界并没有人主张这两章中的犯罪也属于危害国家安全罪的范畴。更准确地说,今天中国的危害国家安全罪保护的主要是国家主权与领土完整以及国家政权的巩固。第三,有着明确的客观行为要件,即暴力方式、叛变方式、间谍方式和煽动方式等。纵观危害国家安全罪的历史与现状,我国危害国家安全罪的发展具有以下几点明显的趋势:第一,我国的危害国家安全罪正日益变得更加精确;第二,危害国家安全罪仍然是我国刑法的重点防范对象;第三,保护国家安全的任务不可能单独依靠刑法规定危害国家安全罪来完成。

案例分析

2007年7月至2012年3月,陈平福在网易、搜狐、新浪等多家网站,利用博客或微博发表、转载《向埃及人民学习,我们不想再忍受花言巧语的愚弄》《不当奴化教育的帮凶》《抗拒民主和法制,全民族都是输家》等34篇文章。[②]

问题:陈平福的行为是否构成煽动颠覆国家政权罪?

[①] 参见王世洲:《危害国家安全罪的信条学考察》,载《中国刑事法杂志》2012年第8期。
[②] 参见宋识径:《陈平福发帖被控颠覆国家政权案撤诉》,载《新京报》2012年12月18日第A12版。

第二章　危害公共安全罪

第一节　危害公共安全罪概述

一、危害公共安全罪的概念及构成要件

危害公共安全罪，是指故意或过失地实施危及不特定或多数人的生命、健康或重大公私财产安全的行为。

本章犯罪侵犯的法益是公共安全。何谓公共安全，理论上有不同理解：第一种观点认为，公共安全是指不特定多数人的生命、健康、重大公私财产安全以及公共生产、生活的安全。① 这种观点曾长期处于我国通说的地位，但现在受到不少学者的质疑。第二种观点认为，公共安全是指多数人的生命、身体或财产安全，不问是特定还是不特定，只要是对多数人的生命、身体或财产造成威胁，就是危害公共安全。② 第三种观点认为，公共安全是指不特定人的生命、健康、财产安全。③ 第四种观点认为，公共安全是指不特定或多数人的生命、身体或财产的安全。④ 这种观点在日本等大陆法系国家处于通说地位，20世纪90年代以来在我国也得到较多学者的支持，逐渐成为我国的通说。

公共安全的概念实际上包含两个方面的内容：其一是"公共"，其二是"安全"。安全指的是生命、身体或财产"没有危险，不受威胁"，这一点为上述各种观点所公认。然而，刑法对于生命、身体、财产的保护不限于分则第二章"危害公共安全罪"，刑法还设有专章来惩治侵犯公民人身权利、民主权利以及侵犯财产的犯罪，这就意味着公共安全必须具有不同于单纯的人身安全或财产安全的性质。换言之，公共安全的本质特征在于"公共"，强调的是"社会性"与"公众性"。通常情况下，"社会性"与"公众性"是通过"多数"来体现的。而至于"不特定"，由于其蕴含着向"多数"发展的可能性，会导致社会成员产生不安全感，这种不安全感随时可能转化为多数人遭受侵害的现实。因此，"公共安全"应是

---

① 参见高铭暄主编：《中国刑法学》，中国人民大学出版社1989年版，第369页。
② 参见高格：《定罪与量刑》（上册），中国方正出版社1999年版，第342页。
③ 参见郭立新、黄明儒主编：《刑法分则适用典型疑难问题新释新解》（第二版），中国检察出版社2010年版，第3页。
④ 参见〔日〕山中敬一：《刑法各论》（第三版），成文堂2015年版，第538页。

指不特定或多数人的生命、健康或重大公私财产的安全。

所谓不特定，是指行为人对其行为可能侵害的对象与可能造成的后果事先无法具体预料，也难以控制。实施危害公共安全犯罪的行为人，有的往往有特定的意图侵害的对象，行为人对损害的可能范围也有所估计和认识。但行为一旦实施，实际侵害的对象和造成或可能造成的后果却具有不确定性，经常超出行为人先前"意图"的范围，是行为人难以控制的。因此，不能将"不特定"理解为没有特定的侵犯对象或目标。"多数"，是相对于其他犯罪只能危害到单个或少数对象而言，难以用具体数字说明。"多数"既可以是"不特定的"，也可以是"特定的"。只要行为使较多的人感受到生命、健康和重大公私财产有危险，就应认定为危害了公共安全。

（1）行为。本类犯罪的行为表现为实施危及公共安全的各种举动。既包括对公共安全已经造成严重后果的行为，也包括具有足以造成严重后果的危险的行为。行为方式既可以是作为，也可以是不作为。具体表现为：以危险方法实施的危害公共安全的行为、危害交通运输安全的行为、破坏重要公共设施的行为、违反安全规则造成重大责任事故的行为、实施恐怖活动的行为，以及针对具有极大杀伤性的枪支、弹药、爆炸物及危险物质的行为等。本类犯罪的行为必须具有危害公共安全的性质，即必须具有使不特定或多数人的生命、健康或公私财产的安全遭受侵害的重大危险性。对于过失危害公共安全的行为，刑法明文规定必须以造成严重后果作为犯罪成立的必备条件。而故意实施危害公共安全行为的，即使尚未造成严重后果，只要造成足以危害公共安全的危险状态，就构成犯罪。

（2）主体。本类犯罪的主体，既有一般主体，又有特殊主体。其中大多数犯罪的主体为一般主体。例如，放火罪、爆炸罪以及投放危险物质罪等。少数犯罪要求由从事特定业务或具有特定职务的人员构成。例如，非法出租、出借枪支罪，重大飞行事故罪等。有些犯罪既可由单位构成，也可由自然人构成。例如，资助恐怖活动罪，非法制造、买卖、运输、储存危险物质罪等。而有的犯罪却只能由单位构成，例如，违规制造、销售枪支罪等。根据《刑法》第 17 条第 2 款的规定，已满 14 周岁不满 16 周岁的人，犯放火、爆炸、投放危险物质罪的，应当负刑事责任。

（3）罪过。本类犯罪的罪过形式，既有故意，也有过失。过失犯罪的数量居刑法分则规定的各类犯罪之首，是本类犯罪的一大特点。

二、危害公共安全罪的种类

危害公共安全的犯罪规定在刑法分则第二章，共计 37 个条文，包括 54 个罪名。具体可分为以下五类：

（1）以危险方法危害公共安全的犯罪。包括：放火罪，决水罪，爆炸罪，投放危险物质罪，以危险方法危害公共安全罪，失火罪，过失决水罪，过失爆炸罪，过失投放危险物质罪，过失以危险方法危害公共安全罪。

（2）破坏公用工具、设施危害公共安全的犯罪。包括：破坏交通工具罪，破坏交通设施罪，破坏电力设备罪，破坏易燃易爆设备罪，破坏广播电视设施、公用电信设施罪，过失损坏交通工具罪，过失损坏交通设施罪，过失损坏电力设备罪，过失损坏易燃易爆设备罪，过失损坏广播电视设施、公用电信设施罪。

（3）实施恐怖、危险活动危害公共安全的犯罪。包括：组织、领导、参加恐怖组织罪，帮助恐怖活动罪，准备实施恐怖活动罪，宣扬恐怖主义、极端主义、煽动实施恐怖活动罪，利用极端主义破坏法律实施罪，强制穿戴宣扬恐怖主义、极端主义服饰、标志罪，非法持有宣扬恐怖主义、极端主义物品罪，劫持航空器罪，劫持船只、汽车罪，暴力危及飞行安全罪。

（4）违反枪支、弹药、爆炸物及危险物质管理规定危害公共安全的犯罪。包括：非法制造、买卖、运输、邮寄、储存枪支、弹药、爆炸物罪，非法制造、买卖、运输、储存危险物质罪，违规制造、销售枪支罪，盗窃、抢夺枪支、弹药、爆炸物、危险物质罪，抢劫枪支、弹药、爆炸物、危险物质罪，非法持有、私藏枪支、弹药罪，非法出租、出借枪支罪，丢失枪支不报罪，非法携带枪支、弹药、管制刀具、危险物品危及公共安全罪。

（5）造成重大事故危害公共安全的犯罪。包括：重大飞行事故罪，铁路运营安全事故罪，交通肇事罪，危险驾驶罪，妨害安全驾驶罪，重大责任事故罪，强令、组织他人违章冒险作业罪，危险作业罪，重大劳动安全事故罪，大型群众性活动重大安全事故罪，危险物品肇事罪，工程重大安全事故罪，教育设施重大安全事故罪，消防责任事故罪，不报、谎报安全事故罪。

第二节 以危险方法危害公共安全的犯罪

一、放火罪

（一）概念及构成要件

本罪是指故意放火焚烧公私财物，危害公共安全的行为。本罪法益是公共安全，即不特定或多数人的生命、健康或重大公私财产的安全。通常情况下，放火罪不仅危及不特定或多数人的生命、健康安全，同时它还会危及重大公私财产的安全。

1. 行为

本罪行为表现为实施了放火焚烧，危及公共安全的行为。放火，是指使用各种引火材料,点燃目的物,或利用既存的火种(引起火灾的危险因素),引起公私财物燃烧,制造火灾的行为。关于放火罪的对象,《刑法》第114条曾规定为工厂、矿场、油田、港口、河流、水源、仓库、住宅、森林、农场、谷场、牧场、重要管道、公共建筑物或其他公私财产,但《刑法修正案(三)》删除了对具体对象的规定。通说将放火罪的对象概括为公私财物,其实放火罪的对象还可能是财物以外的对象。例如,自焚行为足以危害公共安全的,也成立放火罪。燃烧自己或他人的财物,如果足以危及公共安全,就构成放火罪。燃烧自己的财物不足以危及公共安全的,不构成犯罪;燃烧他人财物不足以危及公共安全的,则可能构成故意毁坏财物罪。

放火的方法没有限制,既可以是作为,如直接将对象物点燃,使其燃烧,制造火灾的行为;也可以是不作为,如负有防止火灾发生特定义务的人,发现面临火灾的危险,能够采取防止措施避免火灾发生而不采取,以致发生火灾。因放火行为社会危害性极大,所以,只要放火行为存在足以使人身、财产遭受重大损失的危险,即使尚未发生实际的危害结果,也构成放火罪。如果放火行为"致人重伤、死亡或使公私财产遭受重大损失的",通说认为属于放火罪的结果加重犯。① 如果放火行为对公共安全没有形成上述危险的,则不构成放火罪,但可能构成其他犯罪。

2. 主体

放火罪的主体为一般主体。已满14周岁不满16周岁、具有刑事责任能力的人,也能够成为本罪主体。

3. 罪过

本罪罪过是故意。

(二) 本罪的认定

1. 本罪与以放火方法实施其他犯罪的界限

在司法实践中,行为人通常采用放火的方法达到其他犯罪目的,例如,为杀人而对他人住宅放火;为破坏交通工具、交通设施、电力设备以及易燃易爆设备而放火等。对此,应以放火行为是否具有公共危险性质决定犯罪的性质。如为其他目的而实施放火行为危及公共安全,行为人对此也明知,应认定为放火罪;反之,如果放火行为不可能危及公共安全,则应按相应的犯罪处理。至于是否具有公共危险性质,则应综合考察对象物的性质、特点以及作案的时间、地点等具体情况。

2014年3月初,山东省平度市凤台街道办事处杜家疃村部分村民因对土地增值收益款分配不满,在一房地产项目施工工地南侧搭建帐篷,昼夜有多名村民

---

① 参见马克昌主编:《刑法》(第二版),高等教育出版社2010年版,第327页。

轮流看守,以阻止施工。3月21日1时50分许,李青等人在明知帐篷内有人值守情况下,手持砍刀,将汽油浇在帐篷外侧沙发及帐篷上并用打火机点燃。见帐篷起火,李青、刘长伟、李显光遂上车逃离现场。帐篷内的耿付林被烧死,杜永军、李崇暖、李德连被烧伤,帐篷及其内外物品被烧毁。① 本案中,被告人李青等人明知帐篷内有人值守仍放火焚烧,用汽油点燃杜家疃村村民搭建的帐篷,以此恐吓村民离开,其行为已造成严重危害公共安全的严重后果,构成放火罪。虽然李青等人的放火行为导致了被害人耿付林死亡及多人重伤,但由于李青等人并非以故意杀害或者伤害他人为目的,因而不构成故意杀人罪或故意伤害罪。

2. 既遂与未遂的界限

一般认为,放火行为导致目的物烧毁时就是放火罪的既遂。但是国内外刑法理论对"烧毁"有四种学说:独立燃烧说、丧失效用说、重要部分燃烧说(燃起说)及毁弃说。独立燃烧说认为,当放火行为导致对象物在离开媒介物的情况下能够独立燃烧时,就是烧毁。该说重视放火罪的危害公共安全的性质,是德国与法国的通说,也是日本判例的通说。但也有学者批评该说忽视了放火罪的财产犯罪性质,并且使得对难燃性建筑物的放火行为几乎只能成为未遂。丧失效用说认为,目的物的重要部分由于被燃烧而失去效用时,就是烧毁。该说强调放火罪的财产犯罪的性质,被认为忽视了放火罪的公共危险罪的性质。重要部分燃烧说认为,对象物的重要部分起火开始燃烧时,就是烧毁。毁弃说认为,由于火力而使目的物达到了毁弃罪(故意毁坏财物罪)中的损坏程度时,就是烧毁。重要部分燃烧说与毁弃说同时考虑了放火罪危害公共安全的性质和财产犯罪的性质,但如何判断重要部分燃烧起来的时间,如何判断单纯由火力所造成的损坏,都是难题。②

究竟采用何种学说来认定放火罪的既遂取决于多种因素,其中最重要的是各国的具体国情,即各国建筑物的结构。欧洲国家的建筑物多为砖石结构,放火行为要使目的物独立燃烧需要相当长的时间,要使之丧失效用则更不容易,因而这些国家多采取独立燃烧说。而日本以往的建筑物多为木质结构,极易燃烧,如果采用独立燃烧说将使放火罪难以成立未遂和中止,因而日本学者多不赞成独立燃烧说。但随着第二次世界大战后日本建筑物结构的变化,赞成独立燃烧说的学者也在增多。

值得研究的是,随着各国不燃性、难燃性建筑物的增加,对这些建筑物的放火行为是否仍应采用独立燃烧说?例如,火力虽然无法使建筑物独立燃烧,但导

---

① 参见张旭光、吴书光:《山东平度"3·21"纵火案二审宣判》,载《检察日报》2016年2月2日第1版。

② 参见张明楷:《未遂犯论》,法律出版社、成文堂1997年版,第164页以下。

致煤气泄漏,此时应认定为放火罪的既遂还是未遂?对此,国外有的学者提出新丧失效用说,主张如果媒介物的火力导致建筑物丧失效用,就是既遂;有的学者则立足于毁弃说,认为只要火力造成不燃性建筑的一部分损坏,有释放有毒瓦斯的公共危险时,就是既遂。还有的学者主张继续坚持独立燃烧说。①

我国的通说为"独立燃烧说"。根据通说的观点,犯罪既遂的标准是行为人所实施的行为具备刑法分则所规定的某一犯罪的全部构成要件,而非行为人犯罪目的的实现。我国刑法将放火罪规定在危害公共安全的犯罪中,可见对其公共危险性质的强调。根据刑法分则的具体规定,只要行为人实施了放火行为,并足以危及公共安全就构成既遂。具体而言,行为人实施放火行为将对象物点燃后,达到在离开媒介物的情况下也能够独立燃烧的程度,即使没有造成实际的危害结果,也应视为放火罪的既遂。如果行为人的放火行为尚未实施完毕,例如,正要点火时被抓获,或虽然当时已经点燃对象物,但过后因为客观方面的原因即熄灭,例如,下雨或他人的行为使对象物未形成独立燃烧的状态,则应视为放火罪未遂。通说的这种观点能否适用于不燃性、难燃性建筑物还需要进一步研究。

3. 一罪与数罪的界限

在司法实践中,一个放火行为所造成的结果往往不止一个。但是,只要这一个放火行为是在一个放火故意支配下实施的,即使造成了多个结果,也只能认定成立一个放火罪。而如果行为人在实施了其他犯罪行为以后,为毁灭罪证进而实施放火行为,例如,行为人在实施了杀人、抢劫、盗窃、强奸等犯罪后,为毁灭罪证而放火,应以故意杀人罪、抢劫罪、盗窃罪、强奸罪等与放火罪实行数罪并罚。此外,为了骗取保险金而放火并实施了骗取保险金的行为,对此也应实行数罪并罚。当然,上述结论的得出,是以放火行为足以危害公共安全为前提的。

(三) 本罪的处罚

犯本罪的,根据《刑法》第114条和第115条的规定,尚未造成严重后果的,处3年以上10年以下有期徒刑;致人重伤、死亡或者使公私财产遭受重大损失的,处10年以上有期徒刑、无期徒刑或者死刑。

二、失火罪

本罪是指因过失引起火灾,致人重伤、死亡或使公私财产遭受重大损失,危害公共安全的行为。本罪法益是公共安全。即不特定或多数人的生命、健康或重大公私财产的安全。本罪行为表现为行为引起火灾发生,并且造成致人重伤、死亡或公私财产重大损失的严重后果,危害了公共安全。本罪主体是一般主体,本罪罪过是过失。这里的"过失",是针对造成致人重伤、死亡或公私财产重大

---

① 参见〔日〕山中敬一:《刑法各论》(第三版),成文堂2015年版,第522页。

损失的严重后果而言,而非针对引起火灾行为本身的有意无意。

2013年12月31日上午,刘雪妹到开荒耕作的农田劈铲田坎草。刘雪妹在田中堆烧竹杂、稻草和田坎草的过程中,火星被风吹到附近山壁上引起森林火灾。经鉴定,此次森林火灾造成有林地过火面积1256亩,损失林木总价值23万余元。① 本案中,行为人在烧稻草等的过程中,当然是不希望发生森林失火的结果,亦即其对损害结果的发生本身持一种否定态度,但由于过于自信,轻信"烧稻草等不会导致火星蔓延至森林"的错误判断,因而在烧稻草时没有采取任何防护措施,从而造成了火灾,已经危害了公共安全,构成失火罪。

2017年4月27日最高检、公安部《关于公安机关管辖的刑事案件立案追诉标准的规定(一)》(以下简称《公安机关立案标准(一)》)第1条规定,本罪立案标准为具有下列情形之一的:导致死亡一人以上,或者重伤3人以上的;造成公共财产或者他人财产直接经济损失50万元以上的;造成10户以上家庭的房屋以及其他基本生活资料烧毁的;造成森林火灾,过火有林地面积2公顷以上,或者过火疏林地、灌木林地、未成林地、苗圃地面积4公顷以上的;其他造成严重后果的情形。

犯本罪的,根据《刑法》第115条第2款的规定,处3年以上7年以下有期徒刑;情节较轻的,处3年以下有期徒刑或者拘役。

三、决水罪

本罪是指故意破坏水利设施,造成水灾,危害公共安全的行为。本罪法益是公共安全。本罪的对象为正在使用中的水利设施。它包括直接涉及人民群众生活与生产活动的水利设施,以及直接关系到人民群众生命、财产安全的水利设施。本罪行为表现为实施了危害公共安全的决水行为。决水是指破坏水利设施,造成水灾的行为。破坏水利设施,是指故意使水利设施的供给和预防水灾的功能丧失。决水行为既可以是作为,也可以是不作为。决水的手段可以多种多样,无论行为人采取何种手段均不影响本罪的成立。但决水行为必须危害到公共安全,否则不构成本罪。本罪主体是一般主体,罪过是故意。本罪的处罚与放火罪相同。

四、过失决水罪

本罪是指过失损坏水利设施,造成水灾,致人重伤、死亡或使公私财产遭受重大损失,危害公共安全的行为。本罪法益是公共安全。本罪行为表现为过失

---

① 参见丁荣贞、包国辉:《失火烧山已涉罪 顶替包庇累亲人》,载《检察日报》2014年9月22日第2版。

引起决水,造成水灾,致人重伤、死亡或使公私财产遭受重大损失,危害公共安全的行为。本罪主体为一般主体,罪过是过失。本罪的处罚与失火罪相同。

五、爆炸罪

本罪是指故意引起爆炸,危害公共安全的行为。本罪法益是公共安全,即不特定或多数人的生命、健康或重大公私财产的安全。本罪对象主要是人身或财产,或同时包含两者。本罪行为表现为引起爆炸,危害公共安全的行为。所谓引起爆炸,是指用各种方法引起爆炸物或其他装置、设备爆炸。所谓爆炸物,是指能通过化学反应引起爆炸现象的物品,例如炸药、炸弹、手榴弹、雷管等。所谓其他装置、设备,是指通过物理引起爆炸的装置、设备,例如,锅炉、高压设备等。无论行为人以何种手段取得爆炸物,均不影响本罪的成立。爆炸行为必须足以危害公共安全,即不特定或多数人的生命、健康或重大公私财产的安全,否则不成立本罪。成立本罪不要求发生具体的危害结果。如果行为人采用爆炸的方法引发火灾,因火灾危害了公共安全的,则应成立放火罪。如果行为人采用爆炸的方法造成水灾,因水灾危害了公共安全的,则应认定为决水罪。但是,上述情况下,爆炸行为本身也足以危害公共安全时,应认定为想象竞合犯,从一重罪处断。本罪主体为一般主体,罪过是故意。本罪的处罚与放火罪相同。

六、过失爆炸罪

本罪是指过失引发爆炸,致人重伤、死亡或使公私财产遭受重大损失,危害公共安全的行为。本罪法益是公共安全。本罪主体为一般主体,罪过为过失。本罪的处罚与失火罪相同。

七、投放危险物质罪

(一)概念及构成要件

本罪是指故意投放毒害性、放射性、传染病病原体等物质,危害公共安全的行为。本罪法益是公共安全,即不特定或多数人的生命、健康或重大公私财产的安全。

1. 行为

本罪表现为投放毒害性、放射性、传染病病原体等物质,危害公共安全的行为。具体包括以下三点:(1)行为人投放的必须是危险物质。危险物质是指能够致人死亡、严重危害人体健康,或对公私财产造成重大损失的毒害性、放射性、传染病病原体等物质。毒害性物质是指基于化学作用,含有毒质,能够致有机体死亡或伤害的有机物或无机物的总称,如砒霜、氰化钾、各种剧毒农药等有毒的物质;放射性物质,是指能发出放射线辐射的物质,人如果受大剂量照射会引起肌体损伤甚至死亡;传染病病原体,亦称为"病原物""病原生物",是指能够引起疾病的菌种、毒种的统称,包括致病微生物和寄生虫。由于能够引起疾病的微生物、寄生虫的范围非常广泛,因此,本罪所涉的"传染病病原体",应以《中华人民共和国传染病防治法》(以下简称《传染病防治法》)规定的甲、乙、丙类传染病病原体为限。如果投放的传染病病原体不在《传染病防治法》规定的范围内,则不能以犯罪论处。除上述毒害性、放射性、传染病病原体物质外,本罪的危险物质还应包括足以对公共安全造成危害的其他物质。(2) 必须有投放行为。投放行为既可以是作为,也可以是不作为。从司法实践看,行为人既可能将危险物质投放到供人、畜等使用的水井、池塘、河流等能够危害到公共安全的场所,也可能将危险物质投入供不特定或多数人饮食的食品或饮料中。(3) 投放危险物质行为必须危害公共安全。本罪属于危险犯。因此,成立本罪不需要发生不特定或多数人的中毒或公私财产的重大损失的危害结果,只要行为人投放危险物质的行为足以危害公共安全即可。而对行为是否具有危害公共安全性质的判断,必须结合具体的客观情况进行考察。例如,对行为实施的地点、时间、所投放的危险物质的性质以及破坏能力等进行考察。

甲曾向乙借款9000元,后不想归还借款,便预谋毒死乙。甲将注射了"毒鼠强"的白条鸡挂在乙家门上,乙怀疑白条鸡有毒未食用。随后,甲又趁去乙家串门之机,将"毒鼠强"投放到乙家米袋内。后乙和其妻子、女儿喝过米汤中毒,乙死亡,其他人经抢救脱险。投放危险物质罪与故意杀人罪的区别在于是否危害公共安全。如果投放危险物质的行为不仅是为了杀人,还危害了公共安全,则构成故意杀人罪与投放危险物质罪的想象竞合,通说认为要按照投放危险物质罪处罚。本案中,行为人仅仅是向被害人家里投放危险物质,危害的是特定人的生命安全,而没有危害公共安全,所以仅构成故意杀人罪一罪。

2. 主体

本罪主体是一般主体,即已满14周岁、具有刑事责任能力的自然人。

3. 罪过

本罪罪过是故意,即行为人明知自己投放危险物质的行为会发生危害不特定或多数人的生命、健康或重大公私财产的结果,并且希望或放任这种结果发生。至于动机如何,不影响本罪的成立。

(二) 本罪的认定

1. 罪与非罪的界限

考察投放危险物质罪与非罪行为的界限,主要包括以下两点:(1) 对是否为危险物质的认定。即考察所投放的物质是否属于毒害性、放射性、传染病病原体以及其他足以危害公共安全的危险物质。(2) 考察投放行为是否具有危害公共安全的性质。如投放的不属于毒害性、放射性、传染病病原体等危险物质,或投放行为不具有危害公共安全性质的,不能以本罪论处。

2. 本罪的既遂与中止

本罪属于危险犯,而对危险犯的既遂与中止问题,理论上一直存在很大的争议。关于危险犯的既遂标准存在犯罪目的实现说、危险状态发生说、犯罪结果说以及脱离自力控制说等多种学说。我们认为危险状态发生说更为可取,它以造成某种危害结果的危险状态是否发生作为判断标准,较为客观。只要行为人着手实施了投放危险物质的行为,即使尚未造成实际的人员伤亡和财产损失,只要危害到公共安全,就成立本罪既遂。即以投放行为具备危害公共安全性质为既遂标准。另外,在发生法定危险状态后,行为人自动采取有效措施消除了危险状态的,可以成立中止,即成立实害犯的犯罪中止。

3. 一罪与数罪的界限

关于一罪与数罪的区分标准,我国的通说是犯罪构成要件标准说。即行为符合一个犯罪构成要件的为一罪,符合两个以上的为数罪。据此,如果行为人主观上基于杀害或伤害特定的个人或少数人的目的,实施了一个投放危险物质的行为,危及公共安全,则投放危险物质的行为构成故意杀人罪或故意伤害罪与投放危险物质罪的想象竞合。类似这种情况的还有,行为人以投放危险物质的方法毁坏公私财物,危及公共安全的;行为人基于报复泄愤或其他个人目的,以投放危险物质的方法破坏生产经营(残害耕牛),危及公共安全的。上述情况分别成立故意毁坏财物罪与投放危险物质罪的想象竞合、破坏生产经营罪与投放危险物质罪的想象竞合,而对于想象竞合犯应适用"从一重处断"的原则处理。

对于行为人基于牟利的目的,以投放危险物质的方法将畜禽毒死,然后收购出卖的情况,首先应考察投放危险物质的行为是否危及公共安全,如果不危害公共安全,上述情况属于故意毁坏财物罪或破坏生产经营罪与销售有毒食品罪的牵连犯,按牵连犯的处断原则处理。如果危及公共安全,则应先处理投放危险物质罪与故意毁坏财物罪或破坏生产经营罪的想象竞合犯问题,再处理与销售有毒食品罪的牵连犯问题。

甲为获利于某日晚向乙家的羊圈内(共有29只羊)投放毒药,待羊中毒后将羊运走,并将羊肉出售给他人。因为甲投毒的对象是特定的,没有危及不特定或多数人的人身和财产安全,不属于危害公共安全犯罪,甲构成盗窃罪与生产、销售有毒、有害食品罪。

(三) 本罪的处罚

犯本罪的,根据《刑法》第114条和第115条的规定,尚未造成严重后果的,处3年以上10年以下有期徒刑;致人重伤、死亡或者使公私财产遭受重大损失的,处10年以上有期徒刑、无期徒刑或者死刑。

八、过失投放危险物质罪

本罪是指过失投放毒害性、放射性、传染病病原体等危险物质,致人重伤、死亡或使公私财产遭受重大损失的行为。本罪法益是公共安全。本罪主体为一般主体,罪过为过失。由于本罪是过失犯,因此,只有发生了法定的严重后果,即致人重伤、死亡或使公私财产遭受重大损失的,才能构成本罪。而且,投放行为与造成严重后果之间必须具有刑法上的因果关系。本罪处罚与失火罪相同。

2008年4月8日,赵某、刘某、李某听说当地陈某所开店里有自制的药酒,系神奇药方配制,能健体、治病,遂去购买。陈某爽快地将自制的药酒1.2斤卖给了三人。中午,三人就餐时饮用后,均感到口舌麻木、上吐下泻。赵、刘感觉身体不适遂去医院就诊,经治疗脱险,而李某不幸身亡。经鉴定,李某饮用过的酒中,心血、胃及胃内容物中均含有乌头碱成分,李某系乌头碱中毒死亡。本案中,作为经营者的陈某应该保证其商店出售的商品质量安全,尤其对于关系人的生命和健康的商品更应慎重,而陈某却为牟利将该补酒出售,致使赵、刘身体不适,李中毒死亡,其主观存在(疏忽大意的)过失;客观上损害了不特定多数人的身体健康和生命安全,已经危害了公共安全,陈某的行为构成过失投放危险物质罪。[1]

九、以危险方法危害公共安全罪

(一)概念及构成要件

本罪是指使用与放火、决水、爆炸、投放危险物质等危险性相当的其他方法,危害公共安全的行为。本罪法益是公共安全,即不特定或多数人的生命、健康或重大公私财产的安全。

1. 行为

本罪表现为以其他危险方法危害公共安全的行为。所谓其他危险方法是指与放火、决水、爆炸、投放危险物质的危险性相当,足以危害公共安全的危险方法。即一经实施,就可能造成不特定或多数人的伤亡或致使公私财产遭受重大损失的方法。以其他危险方法危害公共安全的行为,包括作为和不作为。但是如果危险性不相当,就不能认定为本罪行为,具体应把握以下几点:(1)必须是除放火、决水、爆炸、投放危险物质以外的危险方法,如在行人众多的十字路口焚烧汽车的,盗窃马路上正在使用中的窨井盖等;(2)必须具有与放火、决水、爆炸、投放危险物质相同或相当的危险性;(3)必须危害公共安全。如邪教组织人

---

[1] 参见曹向荣:《泡制药酒售卖,当心构成过失投放危险物质罪》,载《检察日报》2009年5月16日第3版。

员以自焚、自爆等方式危害公共安全的,即构成本罪。

2009年3月5日,驾驶货车的闫某从连霍高速公路郑州惠济站下站时,一辆黑色桑塔纳轿车快速从左边超车并慢行在货车前。此时,道路前方有辆三轮车停在路上,闫某想从三轮车的外侧超过去,但桑塔纳轿车一直挡着他的车。急于赶路的闫某逆行到对面车道上准备超车,一辆捷达轿车突然迎面而来,两车相撞,此时,桑塔纳轿车却加速开走了。经查,这是一起5人联合"碰瓷"事件,桑塔纳轿车司机将货车逼得逆行,开三轮车的两人假装车坏了占住道路,再由另两人驾驶捷达车"碰瓷",然后以修车为由索要赔偿。本案中,行为人在高速公路这样的高速运动环境中碰撞对方车辆,对方为了避让,极易造成车毁人亡或危及其他车辆安全,这种行为严重危害公共交通安全;从行为来看,5人联合实施"碰瓷"的直接目的是骗取钱财,并为此采用了危害公共安全的"碰瓷"手段实施犯罪,5人均构成以危险方法危害公共安全罪。①

2. 主体

本罪主体为一般主体。

3. 罪过

本罪罪过为故意。

(二) 本罪的认定

近年来,在司法实务中对本罪的适用出现了扩大化的趋势。对此需要明确的是:第一,以危险方法危害公共安全罪,仅是同一条款中的放火罪等的兜底性规定,而不是危害公共安全罪整章的兜底性规定,否则刑法分则第二章中的其他罪名都没有存在的必要了。第二,以危险方法危害公共安全罪不仅要求在结果上危害了公共安全,还要求在方法上具有危害公共安全的危险,即兼具"方法危险"与"结果危险"。

(三) 本罪的处罚

犯本罪的,根据《刑法》第114条和第115条的规定,尚未造成严重后果的,处3年以上10年以下有期徒刑;致人重伤、死亡或者使公私财产遭受重大损失的,处10年以上有期徒刑、无期徒刑或者死刑。

根据2019年1月8日"两高"、公安部《关于依法惩治妨害公共交通工具安全驾驶违法犯罪行为的指导意见》的规定,乘客在公共交通工具行驶过程中,抢夺方向盘、变速杆等操纵装置,殴打、拉拽驾驶人员,或者有其他妨害安全驾驶行为,危害公共安全,尚未造成严重后果的,依照《刑法》第114条的规定,以以危险方法危害公共安全罪定罪处罚;致人重伤、死亡或者使公私财产遭受重大损失

---

① 参见张胜利、王瑞娟、邓红阳:《"碰瓷党"被认定"危害公共安全"缘由》,载《法制日报》2009年11月12日第12版。

的,依照《刑法》第115条第1款的规定,以以危险方法危害公共安全罪定罪处罚。驾驶人员在公共交通工具行驶过程中,与乘客发生纷争后违规操作或者擅离职守、与乘客厮打、互殴,危害公共安全,尚未造成严重后果的,依照《刑法》第114条的规定,以以危险方法危害公共安全罪定罪处罚;致人重伤、死亡或者使公私财产遭受重大损失的,依照《刑法》第115条第1款的规定,以以危险方法危害公共安全罪定罪处罚。当然在《刑法修正案(十一)》增设妨害安全驾驶罪以后,对于没有危害公共安全的行为应依法认定为妨害安全驾驶罪。

根据2019年10月21日最高法《关于依法妥善审理高空抛物、坠物案件的意见》的规定,故意从高空抛弃物品,尚未造成严重后果,但足以危害公共安全的,依照《刑法》第114条规定的以危险方法危害公共安全罪定罪处罚;致人重伤、死亡或者使公私财产遭受重大损失的,依照《刑法》第115条第1款的规定处罚。当然在《刑法修正案(十一)》增设高空抛物罪以后,对于没有危害公共安全的行为应依法认定为高空抛物罪。

根据2020年2月6日"两高"、公安部、司法部(以下简称"两部")《关于依法惩治妨害新型冠状病毒感染肺炎疫情防控违法犯罪的意见》的规定,故意传播新型冠状病毒感染病原体,具有下列情形之一,危害公共安全的,依照《刑法》第114条、第115条第1款的规定,以以危险方法危害公共安全罪定罪处罚:(1)已经确诊的新型冠状病毒感染病人、病原携带者,拒绝隔离治疗或者隔离期未满擅自脱离隔离治疗,并进入公共场所或者公共交通工具的;(2)新型冠状病毒感染疑似病人拒绝隔离治疗或者隔离期未满擅自脱离隔离治疗,并进入公共场所或者公共交通工具,造成新型冠状病毒传播的。

根据2020年3月16日"两高"、公安部《关于办理涉窨井盖相关刑事案件的指导意见》的规定,盗窃、破坏人员密集往来的非机动车道、人行道以及车站、码头、公园、广场、学校、商业中心、厂区、社区、院落等生产生活、人员聚集场所的窨井盖,足以危害公共安全,尚未造成严重后果的,依照《刑法》第114条的规定,以以危险方法危害公共安全罪定罪处罚;致人重伤、死亡或者使公私财产遭受重大损失的,依照《刑法》第115条第1款的规定处罚。

十、过失以危险方法危害公共安全罪

本罪是指行为人过失使用与放火、决水、爆炸、投放危险物质等危险性相当的其他危险方法,致人重伤、死亡或使公私财产遭受重大损失,危害公共安全的行为。本罪法益是公共安全。本罪在客观上表现为过失使用与放火、决水、爆炸、投放危险物质等危险性相当的其他危险方法,致人重伤、死亡,或使公私财产遭受重大损失,危害公共安全的行为。行为必须造成不特定或多数人的生命、健康或重大公私财产的损失的后果,否则,不成立本罪。本罪主体为一般主体。本罪罪过为过失。本罪处罚与失火罪相同。

2013年7月8日,薛某购买了一台升压机,准备用拉电网的方式去捕猎野猪。同月10日上午,薛某在某村王某家附近,拉好电网准备捕猎野猪,并告知附近居民。次日凌晨3时30分许,陈某路过王某家附近的小路时,被薛某私设在小路的电网电击死亡。① 本案中,被告人薛某告知附近居民其架设电网事宜,说明已经意识到其行为可能产生危害后果,但存在侥幸心理,轻信能够避免危害结果的发生,属于过失犯罪;薛某架设电网的位置选择在小路上,由于无法确定特定时间特定方位路经该小路的人,且农村小路具有公共设施性质,形成了特殊形态的公共场所,其行为针对的是不特定多数人的生命、健康权,因此薛某私拉电网致陈某死亡的行为构成过失以危险方法危害公共安全罪。

第三节　破坏公用工具、设施危害公共安全的犯罪

一、破坏交通工具罪

（一）概念及构成要件

本罪是指破坏火车、汽车、电车、船只、航空器,足以使火车、汽车、电车、船只、航空器发生倾覆、毁坏危险,尚未造成严重后果或已经造成严重后果的行为。本罪法益是交通运输安全。

1. 行为

本罪行为为破坏交通工具,足以使其发生倾覆或毁坏危险或造成严重后果。具体包括以下三点:(1)行为人实施了破坏行为。破坏是指对于上述交通工具的整体或重要部件的损坏。破坏行为的具体方式没有限制,既可以表现为作为,也可以是不作为。例如,汽车检修人员知道汽车的刹车系统出了问题,却不进行检修,而仅对其他部件进行了检修,然后即交付使用,即是以不作为构成本罪。(2)破坏行为的对象是关涉公共安全的、正在使用的火车、汽车、电车、船只、航空器。交通运输工具是实现客货空间转移的重要载体。本罪的交通工具以刑法的规定为限。具体包括:火车、汽车、电车、船只、航空器。我国很多地区往往使用大型拖拉机从事客货运输业务,对之进行破坏能否构成本罪,理论上有肯定说与否定说两种不同的观点。肯定说较为可取。该说将从事客货运输业务的大型拖拉机解释为汽车,仍是在"汽车"这一法律用语可能的词义范围之内,没有超出一般人的预测可能性,是一种扩大解释,而不是法律所禁止的类推。本罪危害公共安全的性质决定了并非所有状态下的火车、汽车、电车、船只、航空器都能成

---

① 参见覃辉:《过失以危险方法危害公共安全罪的认定》,http://www.chinacourt.org/article/detail/2014/04/id/1274039.shtml,2022年9月22日访问。

为本罪的对象,只有当火车、汽车等交通工具关涉公共安全时,即处于正在使用的状态时,才可以成为本罪的对象。"正在使用的状态"是指火车、汽车、电车、船只、航空器处于正在行驶(飞行)或检验、检修出厂交付随时使用的状态。对于破坏正在制造中的,或虽已制造完毕但尚未检验出厂,或未交付使用,或正在工厂修理的交通工具,不应认定为本罪,可以相应的犯罪论处。自行车、小型拖拉机、人力三轮车以及马车等非机动交通工具不属于本罪的对象,行为人破坏上述对象的行为,一般不足以危及公共安全,因而不构成本罪。(3)足以使火车、汽车、电车、船只、航空器发生倾覆、毁坏危险。所谓倾覆,是指火车出轨、车辆翻车、船只翻沉、航空器坠毁等;所谓毁坏,是指使火车、汽车、电车、船只、航空器的功能丧失,不能行驶或不能安全正常行驶。

如何判断破坏行为是否具有"足以发生倾覆、毁坏危险"性?一是看交通工具是否处于正在使用的状态,二是看破坏的方法和部位。只有破坏交通工具的重要部位,如针对车辆的传动、自动及刹车系统等的破坏行为,足以使其发生倾覆、毁坏危险的,才能构成本罪。

2. 主体

本罪主体是一般主体。

3. 罪过

本罪罪过为故意。

(二) 本罪的认定

1. 罪与非罪的界限

区分本罪与非罪行为的界限主要应把握以下两点:(1)破坏行为在客观上是否具有危害公共安全的性质。破坏行为只要足以使交通工具发生倾覆、毁坏危险,即使尚未造成严重后果的,也可以成立本罪。(2)主观上必须具有破坏交通工具的故意。以上两点同时具备的,构成破坏交通工具罪。反之,如果行为人破坏交通工具的行为不会使交通工具发生倾覆或毁坏的危险,或主观上是出于过失,则不构成本罪。

2. 本罪与放火罪、爆炸罪的界限

实践中,有些破坏交通工具的行为是通过放火、爆炸等具体手段实施的,因此,在行为的定性上易于混淆。区别在于:刑法对破坏交通工具罪的对象作了限制性规定,即正在使用中的火车、汽车、电车、船只、航空器。至于放火罪、爆炸罪的对象,刑法则没有作特别的规定,即不特定或多数人的生命、健康和重大公私财物。可见,破坏交通工具罪的对象为放火罪、爆炸罪的对象所包容,反映了我国刑法对交通运输安全这种公共安全的特殊保护。无论行为人采用何种具体手段破坏交通工具,足以使火车、汽车、电车、船只、航空器发生倾覆、毁坏危险的,均可认定构成破坏交通工具罪。如果行为人对并非处于正在使用状态的交通工具实施放火、爆炸等行为危及公共安全的,应以放火罪、爆炸罪论处。

3. 本罪与盗窃罪的界限

如果行为人以非法占有为目的,盗窃正在使用中的交通工具的重要部件,并且明知自己的盗窃行为所导致交通工具的破坏,足以使火车、汽车、电车、船只、航空器发生倾覆、毁坏危险,却仍然实施的,应以破坏交通工具罪论处。如果行为人以非法占有为目的,尽管盗窃的是正在使用中的交通工具,但却是交通工具上的一般部件,且数额较大或多次盗窃的,构成盗窃罪,因为其行为不足以使火车、汽车、电车、船只、航空器发生倾覆、毁坏危险。如果行为人以非法占有为目的,盗窃并非处于正在使用状态的交通工具的重要部件,因其行为并不关涉公共安全,应以盗窃罪论处。

4. 既遂与未遂的界限

由于在危险犯的既遂标准的问题上采取的是危险状态发生说,因此,对于本罪而言,根据《刑法》第116条的规定,破坏交通工具的行为,足以使火车、汽车、电车、船只、航空器发生倾覆、毁坏的危险时即构成犯罪既遂,这就意味着破坏行为即使"尚未造成严重后果的",也已经构成犯罪既遂。而对于行为人已经着手实施足以使交通工具发生倾覆或毁坏危险的破坏行为,因为其意志以外的原因而被迫停止的,则为未遂。另外,如果行为人以破坏交通工具危害公共安全为目的,对正在使用中的交通工具实施了破坏行为,但事实上其行为并不足以使交通工具发生倾覆、毁坏的危险,也应认定为未遂。

(三) 本罪的处罚

犯本罪的,根据《刑法》第116、119条的规定,尚未造成严重后果的,处3年以上10年以下有期徒刑;造成严重后果的,处10年以上有期徒刑、无期徒刑或者死刑。

二、过失损坏交通工具罪

本罪是指过失损坏火车、汽车、电车、船只、航空器,造成了严重后果,危害公共安全的行为。本罪法益是交通运输安全。本罪行为表现为损坏交通工具,造成了严重后果,危害公共安全。"造成了严重后果",是指损坏交通工具的行为已实际造成交通工具的倾覆、毁坏,或由此而造成不特定或多数人伤亡的后果。未造成严重后果的过失损坏交通工具的行为,不构成犯罪。本罪主体为一般主体。本罪罪过为过失。犯本罪的,根据《刑法》第119条第2款的规定处罚。

三、破坏交通设施罪

本罪是指故意破坏轨道、桥梁、隧道、公路、机场、航道、灯塔、标志或进行其他破坏活动,足以使火车、汽车、电车、船只、航空器发生倾覆、毁坏危险或造成严重后果的行为。本罪法益是交通运输安全。本罪行为表现为破坏轨道、桥梁、隧道、公路、机场、航道、灯塔、标志或进行其他破坏活动,足以使火车、汽车、电车、船只、航空器发生倾覆、毁坏危险或造成严重后果。具体理解时应注意以下三个方面:(1)破坏的对象是关涉公共安全的交通设施。本罪的交通设施包括正在使用中的轨道、桥梁、隧道、公路、机场、航道、灯塔、标志,以及与保障交通运输安全有关的其他交通设施。对于如何确定公路的范围,理论上存在不同的见解。有学者认为,这里的"公路",是指可供汽车、电车通行的道路。[①] 该观点较为合理。(2)必须实施了破坏交通设施的行为。破坏行为既可以表现为对交通设施本身的直接破坏,如拆卸铁轨、砸坏灯塔,也可以表现为使交通设施丧失其应有的功能。(3)必须足以使火车、汽车、电车、船只、航空器发生倾覆或毁坏危险。本罪主体为一般主体,罪过为故意。犯本罪的,根据《刑法》第117、119条的规定处罚。

四、过失损坏交通设施罪

本罪是指过失损坏轨道、桥梁、隧道、公路、机场、航道、灯塔、标志等交通设施,造成严重后果,危害交通公共安全的行为。本罪法益是交通运输安全。本罪行为为损坏上述交通设施,造成了严重后果,危害公共安全。"造成了严重后果",是指已实际造成交通工具倾覆、毁坏的重大公私财产的损失或人员伤亡的后果。虽有损坏交通设施的行为,但未造成严重后果的,不构成本罪。本罪主体为一般主体,罪过是过失。犯本罪的,根据《刑法》第119条第2款的规定处罚。

五、破坏电力设备罪

本罪是指故意破坏正在使用中的电力设备,危害公共供电安全的行为。本罪法益是公共供电中的公共安全。本罪行为表现为破坏正在使用中的电力设备,危害公共供电安全。本罪对象为正在使用中的电力设备。根据2007年8月15日最高法《关于审理破坏电力设备刑事案件具体应用法律若干问题的解释》第4条的规定,本罪中的"电力设备",是指处于运行、应急等使用中的电力设备;已经通电使用,只是由于枯水季节或电力不足等原因暂停使用的电力设备;已经交付使用但尚未通电的电力设备。不包括尚未安装完毕,或者已经安装完毕但尚未交付使用的电力设备。电务设备包括各种发电设备、供电设备以及输变电设备等。破坏并未处于使用中的电力设备的行为,因不可能危及公共安全,

---

[①] 参见张明楷:《刑法学》(第六版)(下),法律出版社2021年版,第896页。

不构成本罪。已经投入使用,因某种原因暂停使用,但处于随时可能恢复使用状态的电力设备,由于仍属于正在使用中的电力设备,因此,对其破坏行为应以本罪论处。至于破坏行为的方式则没有限制,既可以是作为,也可以是不作为。但是破坏电力设备的行为必须危害公共供电安全。本罪主体为一般主体,罪过是故意。犯本罪的,根据《刑法》第118、119条的规定处罚。

六、过失损坏电力设备罪

本罪是指过失损坏电力设备,造成严重后果,危害公共供电安全的行为。本罪法益是公共供电中的公共安全。行为表现为损坏正在使用中的电力设备,造成严重后果,危害公共供电安全的行为。本罪主体为一般主体,罪过是过失。犯本罪的,根据《刑法》第119条第2款的规定处罚。

七、破坏易燃易爆设备罪

本罪是指故意破坏燃气设备或其他易燃易爆设备,危害公共安全的行为。本罪法益是易燃易爆设备安全。本罪行为表现为破坏燃气设备或其他易燃易爆设备,危害公共安全。本罪对象是正在使用中且关涉公共安全的燃气设备或其他易燃易爆设备。破坏行为必须具有危害公共安全的性质。破坏行为可以是作为,也可以是不作为。根据2007年1月15日"两高"《关于办理盗窃油气、破坏油气设备等刑事案件具体应用法律若干问题的解释》第1条的规定,在实施盗窃油气等行为过程中,采用切割、打孔、撬砸、拆卸、开关等手段破坏正在使用的油气设备的,属于"破坏燃气或者其他易燃易爆设备"的行为;危害公安安全,尚未造成严重后果的,以本罪定罪处罚。根据2018年9月28日"两高"、公安部《关于办理盗窃油气、破坏油气设备等刑事案件适用法律若干问题的意见》的规定,在实施盗窃油气等行为过程中,破坏正在使用的油气设备,具有下列情形之一的,应当认定为《刑法》第118条规定的"危害公共安全":(1)采用切割、打孔、撬砸、拆卸手段的,但是明显未危害公共安全的除外;(2)采用开、关等手段,足以引发火灾、爆炸等危险的。本罪主体为一般主体,罪过是故意。犯本罪的,根据《刑法》第118、119条的规定处罚。

八、过失损坏易燃易爆设备罪

本罪是指过失损坏燃气设备或其他易燃易爆设备,造成严重后果,危害公共安全的行为。本罪法益是易燃易爆设备安全。本罪行为表现为损坏燃气设备或其他易燃易爆设备,危害公共安全。同时,损坏行为必须造成了危害公共安全的严重后果,否则不构成犯罪。本罪主体为一般主体,罪过是过失。犯本罪的,根据《刑法》第119条第2款的规定处罚。

九、破坏广播电视设施、公用电信设施罪

本罪是指故意破坏正在使用中的广播电视设施、公共电信设施,危害公共安全的行为。本罪法益是公共通讯、信息传播的安全。本罪表现为破坏正在使用中的广播电视设施、公共电信设施,危害公共安全的行为。破坏行为可以是作为,也可以是不作为。刑法对破坏行为的具体方式没有特别的限制规定,只要破坏行为危害公共安全,就成立犯罪。具体从以下三个方面把握:(1) 必须是正在使用中的广播电视设施和公共电信设施。广播电视设施和公共电信设施,是指以电信号传输、传递信息,以实现信息交换的设备和设施。具体说,主要是指发射无线电广播信号的发射台站,传播新闻信息的电视发射台、转播台、无线电发报设施、设备、电话交换局、台、站及无线电通信网络,用于航海、航空的公共无线电通讯、信息传输设备、设施等。(2) 实施了破坏行为。"破坏"具体可包括:一是对设施、设备整体或部件的物理性损坏,使之丧失信息、信号传输、传递等基本功能。二是对设施、设备施加物理性的影响,使之丧失应有的功能,如不能保障正常、安全地实现信息、信号的传输、接收。(3) 破坏行为必须危害公共通讯、信息传播的安全。本罪主体为一般主体,罪过是故意。犯本罪的,根据《刑法》第124条第1款的规定处罚。

十、过失损坏广播电视设施、公用电信设施罪

本罪是指过失毁坏广播电视设施、公共电信设施,造成严重后果,危害公共安全的行为。本罪法益是公共通讯、信息传播的安全。本罪表现为损坏广播电视设施、公共电信设施,造成严重后果,危害公共安全的行为。构成本罪要求损坏行为必须已经造成危害公共安全的严重结果。如果损坏的行为造成的后果尚未达到严重的程度,则不构成犯罪。本罪主体为一般主体,罪过是过失。犯本罪的,根据《刑法》第124条第2款的规定处罚。

第四节 实施恐怖、危险活动危害公共安全的犯罪

一、组织、领导、参加恐怖组织罪

(一) 概念及构成要件

本罪是指组织、领导、参加恐怖活动组织的行为。本罪法益为社会的公共安全,即不特定或多数人的生命、健康或重大公私财产的安全。恐怖组织犯罪是20世纪以来社会危害性极为严重的国际性犯罪,国际社会一直普遍关注打击恐怖组织活动,从而相继制定了一系列的反恐国际公约,如1997年12月15日联

合国《制止恐怖主义爆炸的国际公约》、1999年12月9日联合国《制止向恐怖主义提供资助的国际公约》、2001年6月15日中俄等六国《打击恐怖主义、分裂主义和极端主义上海公约》、2001年9月29日联合国安理会《关于防止和制止资助恐怖主义行为的第1373号决议》等。

1. 行为

本罪行为表现为组织、领导、参加恐怖活动组织。(1) 组织、领导、参加的必须是"恐怖活动组织"。根据《中华人民共和国反恐怖主义法》的规定，所谓恐怖活动组织，是指三人以上为实施恐怖活动而组成的犯罪组织。所谓恐怖活动，是指恐怖主义性质的下列行为：① 组织、策划、准备实施、实施造成或者意图造成人员伤亡、重大财产损失、公共设施损坏、社会秩序混乱等严重社会危害的活动的；② 宣扬恐怖主义，煽动实施恐怖活动，或者非法持有宣扬恐怖主义的物品，强制他人在公共场所穿戴宣扬恐怖主义的服饰、标志的；③ 组织、领导、参加恐怖活动组织的；④ 为恐怖活动组织、恐怖活动人员、实施恐怖活动或者恐怖活动培训提供信息、资金、物资、劳务、技术、场所等支持、协助、便利的；⑤ 其他恐怖活动。所谓恐怖活动人员，是指实施恐怖活动的人和恐怖活动组织的成员。(2) 必须实施组织、领导、参加的行为。所谓组织，是指组建恐怖活动组织，具体指实施招募、雇用、拉拢、鼓动多人成立恐怖活动组织的行为；所谓领导，是指对恐怖活动组织成立后的恐怖活动实施策划、指挥、布置和协调等的行为；所谓参加，是指加入恐怖活动组织，成为恐怖活动组织的一员。参加有积极参加和其他参加之分。所谓积极参加，是指明知恐怖活动组织的性质，仍积极加入的行为；所谓其他参加，是指明知恐怖活动组织的性质，仍然加入的行为。

根据2018年3月16日"两高""两部"《关于办理恐怖活动和极端主义犯罪案件适用法律若干问题的意见》(以下简称《办理恐怖案件意见》)的规定，具有下列情形之一的，应当认定为"组织、领导恐怖活动组织"，以组织、领导恐怖组织罪定罪处罚：(1) 发起、建立恐怖活动组织的；(2) 恐怖活动组织成立后，对组织及其日常运行负责决策、指挥、管理的；(3) 恐怖活动组织成立后，组织、策划、指挥该组织成员进行恐怖活动的；(4) 其他组织、领导恐怖活动组织的情形。具有下列情形之一的，应当认定为"积极参加"，以参加恐怖组织罪定罪处罚：(1) 纠集他人共同参加恐怖活动组织的；(2) 多次参加恐怖活动组织的；(3) 曾因参加恐怖活动组织、实施恐怖活动被追究刑事责任或者2年内受过行政处罚，又参加恐怖活动组织的；(4) 在恐怖活动组织中实施恐怖活动且作用突出的；(5) 在恐怖活动组织中积极协助组织、领导者实施组织、领导行为的；(6) 其他积极参加恐怖活动组织的情形。参加恐怖活动组织，但不具有前两款规定情形的，应当认定为《刑法》第120条规定的"其他参加"，以参加恐怖组织罪定罪处罚。

2. 主体

本罪主体是一般主体。

3. 罪过

本罪罪过是故意。

(二) 本罪的认定

1. 组织、领导、参加恐怖组织与组织、领导、参加一般犯罪组织(集团)的界限

二者在客观上都可以表现为组织、领导和参加的行为,罪过形式都是故意。区别主要表现在:(1)故意内容不同,即有无恐怖活动的目的。恐怖活动组织是以进行恐怖活动为目的的犯罪组织;一般的犯罪集团则是出于其他犯罪目的的组织,不以实施恐怖活动为目的。(2)客观上构成犯罪的条件不同。前者只要实施组织、领导、参加行为,就构成本罪,并以既遂论处;而组织、领导、参加一般的犯罪集团(不包括组织、领导、参加黑社会性质组织罪)不构成独立的犯罪,只能根据犯罪集团具体实施的行为确定罪名。

2. 既遂与未遂的界限

行为人只要实施了组织、领导、参加恐怖活动组织的行为,即满足了本罪的既遂条件,反之则是未遂。本罪的既遂不需要行为人实施具体的恐怖活动行为。换言之,实施恐怖活动行为是本罪构成要件以外的行为。行为人即使未实施恐怖活动行为,但只要实施了组织、领导、参加恐怖活动组织的行为,即成立本罪的既遂。

3. 一罪与数罪的界限

本罪属于典型的选择罪名,只要行为人实施上述行为之一,即可构成本罪。先后或同时实施两种或两种以上行为的,仍只构成一罪。但是,根据《刑法》第120条第2款的规定,在组织、领导、参加恐怖活动组织后,又具体实施杀人、爆炸、绑架等犯罪的,构成数罪,应当实行数罪并罚。需要注意的是,参加恐怖活动组织的犯罪分子只对其实施或参与实施的犯罪承担刑事责任,组织、领导恐怖活动组织的犯罪分子除对其亲自参加的犯罪活动承担刑事责任外,还要对恐怖活动组织所犯的所有罪行承担刑事责任。

(三) 本罪的处罚

根据《刑法》第120条的规定,组织、领导恐怖活动组织的,处10年以上有期徒刑或者无期徒刑,并处没收财产;积极参加的,处3年以上10年以下有期徒刑,并处罚金;其他参加的,处3年以下有期徒刑、拘役、管制或者剥夺政治权利,可以并处罚金。

二、帮助恐怖活动罪

本罪为《刑法修正案(三)》所增设,并为《刑法修正案(九)》修正。本罪是指个人或单位故意帮助恐怖活动的行为。本罪法益是公共安全,即不特定或多

数人的生命、健康或重大公私财产的安全。

1. 行为

本罪行为表现为:(1) 资助恐怖活动组织或者实施恐怖活动的个人。所谓恐怖活动组织,是指具有严密的组织性、相对的稳定性,旨在实施恐怖活动而由多人组成的严重危害社会安全的犯罪组织。所谓资助,是指为恐怖活动组织或实施恐怖活动的个人筹集、提供经费、物资、场所以及其他物质便利的行为。资助,应当限于物资资助,而不能包括在精神上予以鼓励。对于资助的具体方式与时间没有限制。所谓实施恐怖活动的个人,包括预谋实施、准备实施和实际实施恐怖活动的个人。(2) 资助恐怖活动培训,即为恐怖活动提供经费、物资、场所等物质帮助的行为。(3) 为恐怖活动组织、实施恐怖活动或者恐怖活动培训招募、运送人员的行为。

根据《办理恐怖案件意见》的规定,具有下列情形之一的,依照《刑法》第120条之一的规定,以帮助恐怖活动罪定罪处罚:(1) 以募捐、变卖房产、转移资金等方式为恐怖活动组织、实施恐怖活动的个人、恐怖活动培训筹集、提供经费,或者提供器材、设备、交通工具、武器装备等物资,或者提供其他物质便利的;(2) 以宣传、招收、介绍、输送等方式为恐怖活动组织、实施恐怖活动、恐怖活动培训招募人员的;(3) 以帮助非法出入境,或者为非法出入境提供中介服务、中转运送、停留住宿、伪造身份证明材料等便利,或者充当向导、帮助探查偷越国(边)境路线等方式,为恐怖活动组织、实施恐怖活动、恐怖活动培训运送人员的;(4) 其他资助恐怖活动组织、实施恐怖活动的个人、恐怖活动培训,或者为恐怖活动组织、实施恐怖活动、恐怖活动培训招募、运送人员的情形。实施恐怖活动的个人,包括已经实施恐怖活动的个人,也包括准备实施、正在实施恐怖活动的个人。包括在我国领域内实施恐怖活动的个人,也包括在我国领域外实施恐怖活动的个人。包括我国公民,也包括外国公民和无国籍人。

2. 主体

本罪主体为一般主体,包括自然人和单位。

3. 罪过

本罪罪过是故意,即明知自己的行为是在帮助恐怖活动,明知自己的帮助行为会发生危害公共安全的严重后果,并且希望或放任这种结果发生。根据《办理恐怖案件意见》的规定,帮助恐怖活动罪的主观故意,应当根据案件具体情况,结合行为人的具体行为、认知能力、一贯表现和职业等综合认定。明知是恐怖活动犯罪所得及其产生的收益,为掩饰、隐瞒其来源和性质,而提供资金账户,协助将财产转换为现金、金融票据、有价证券,通过转账或者其他结算方式协助资金转移,协助将资金汇往境外的,以洗钱罪定罪处罚。事先通谋的,以相关恐怖活动犯罪的共同犯罪论处。

犯本罪的,根据《刑法》第120条之一的规定处罚。

三、准备实施恐怖活动罪

本罪为《刑法修正案(九)》所增设,是指为实施恐怖活动进行准备的行为。本罪法益是公共安全,要处罚的对象不是恐怖活动本身,而是恐怖活动的准备行为,体现了刑事处罚的前置化。客观方面有四种表现形式:(1)为实施恐怖活动准备凶器、危险物品或者其他工具;(2)组织恐怖活动培训或者积极参加恐怖活动培训;(3)为实施恐怖活动与境外恐怖活动组织或者人员联络;(4)为实施恐怖活动进行策划或者其他准备。根据《办理恐怖案件意见》的规定,具有下列情形之一的,依照《刑法》第120条之二的规定,以准备实施恐怖活动罪定罪处罚:(1)为实施恐怖活动制造、购买、储存、运输凶器,易燃易爆、易制爆品、腐蚀性、放射性、传染性、毒害性物品等危险物品,或者其他工具的;(2)以当面传授、开办培训班、组建训练营、开办论坛、组织收听收看音频视频资料等方式,或者利用网站、网页、论坛、博客、微博客、网盘、即时通信、通讯群组、聊天室等网络平台、网络应用服务组织恐怖活动培训的,或者积极参加恐怖活动心理体能培训,传授、学习犯罪技能方法或者进行恐怖活动训练的;(3)为实施恐怖活动,通过拨打电话、发送短信、电子邮件等方式,或者利用网站、网页、论坛、博客、微博客、网盘、即时通信、通讯群组、聊天室等网络平台、网络应用服务与境外恐怖活动组织、人员联络的;(4)为实施恐怖活动出入境或者组织、策划、煽动、拉拢他人出入境的;(5)为实施恐怖活动进行策划或者其他准备的情形。

本罪的主体是一般主体的自然人,单位不能构成本罪。本罪的罪过是故意,片面的帮助故意也可以成立本罪,但是过失的帮助行为不构成本罪。

犯本罪的,根据《刑法》第120条之二的规定处罚。如果行为人实施本罪,同时又构成其他犯罪,则依照处罚较重的规定定罪处罚。

四、宣扬恐怖主义、极端主义、煽动实施恐怖活动罪

本罪为《刑法修正案(九)》所增设,是指以各种方式宣扬恐怖主义、极端主义,或者煽动实施恐怖活动的行为。本罪法益是公共安全,处罚的对象是恐怖活动的教唆行为,体现了刑事处罚的前置化。本罪客观方面有两种表现形式:(1)以制作、散发宣扬恐怖主义、极端主义的图书、音频视频资料或者其他物品,或者通过讲授、发布信息等方式宣扬恐怖主义、极端主义。这里的"宣扬行为",既可以是在现实场所进行,也可以是在网络空间进行。宣扬的方式包括制作、散发相关资料,以及讲授、发表信息,但不限于这些方式。(2)煽动实施恐怖活动。上述两种行为方式,实际上是恐怖活动的教唆行为,刑事立法将这种教唆行为规定为犯罪的实行行为。本罪主体是一般主体的自然人,单位不能构成本罪。本

罪的罪过是故意。根据《办理恐怖案件意见》的规定,实施下列行为之一,宣扬恐怖主义、极端主义或者煽动实施恐怖活动的,依照《刑法》第 120 条之三的规定,以宣扬恐怖主义、极端主义、煽动实施恐怖活动罪定罪处罚:(1) 编写、出版、印刷、复制、发行、散发、播放载有宣扬恐怖主义、极端主义内容的图书、报刊、文稿、图片或者音频视频资料的;(2) 设计、生产、制作、销售、租赁、运输、托运、寄递、散发、展示带有宣扬恐怖主义、极端主义内容的标识、标志、服饰、旗帜、徽章、器物、纪念品等物品的;(3) 利用网站、网页、论坛、博客、微博客、网盘、即时通信、通讯群组、聊天室等网络平台、网络应用服务等登载、张贴、复制、发送、播放、演示载有恐怖主义、极端主义内容的图书、报刊、文稿、图片或者音频视频资料的;(4) 网站、网页、论坛、博客、微博客、网盘、即时通信、通讯群组,聊天室等网络平台、网络应用服务的建立、开办、经营、管理者,明知他人利用网络平台、网络应用服务散布、宣扬恐怖主义、极端主义内容,经相关行政主管部门处罚后仍允许或者放任他人发布的;(5) 利用教经、讲经、解经、学经、婚礼、葬礼、纪念、聚会和文体活动等宣扬恐怖主义、极端主义、煽动实施恐怖活动的;(6) 其他宣扬恐怖主义、极端主义、煽动实施恐怖活动的行为。本罪的罪名是选择性罪名。犯本罪的,根据《刑法》第 120 条之三的规定处罚。

五、利用极端主义破坏法律实施罪

本罪为《刑法修正案(九)》所增设,是指利用极端主义煽动、胁迫群众破坏国家法律确立的婚姻、司法、教育、社会管理等制度实施的行为。本罪法益是我国法律确立的婚姻、司法、教育、社会管理等制度。本罪的客观行为包括目的行为与手段行为。目的行为是煽动、胁迫群众破坏法律实施。煽动、胁迫的对象是群众,"群众"具有不特定多数性的特征;如果煽动、胁迫的是特定的少数人,不应该构成本罪。手段行为是利用极端主义,如果没有利用极端主义也不能构成本罪。所谓"极端主义",是指为了达到个人或者小部分人的某些目的,而不惜一切后果地采取极端的手段对公众或政治领导集团进行威胁的一种思潮;这里的"极端主义"包括宗教极端主义、极端恐怖主义和民族极端主义。根据《办理恐怖案件意见》的规定,利用极端主义,实施下列行为之一的,依照《刑法》第 120 条之四的规定,以利用极端主义破坏法律实施罪定罪处罚:(1) 煽动、胁迫群众以宗教仪式取代结婚、离婚登记,或者干涉婚姻自由的;(2) 煽动、胁迫群众破坏国家法律确立的司法制度实施的;(3) 煽动、胁迫群众干涉未成年人接受义务教育,或者破坏学校教育制度、国家教育考试制度等国家法律规定的教育制度的;(4) 煽动、胁迫群众抵制人民政府依法管理,或者阻碍国家机关工作人员依法执行职务的;(5) 煽动、胁迫群众损毁居民身份证、居民户口簿等国家法定证件以及人民币的;(6) 煽动、胁迫群众驱赶其他民族、有其他信仰的人员离开居住地,或者干涉他人生活和生产经营的;(7) 其他煽动、胁迫群众破坏国家法律制度实施的行为。本罪主体是一般主体的自然人,单位不能构成本罪。本罪的罪过是故意,行为人同时具有破坏法律实施的目的。犯本罪的,根据《刑法》第120条之四的规定处罚。

六、强制穿戴宣扬恐怖主义、极端主义服饰、标志罪

本罪为《刑法修正案(九)》所增设,是指以暴力、胁迫等方式强制他人在公共场所穿着、佩戴宣扬恐怖主义、极端主义服饰、标志的行为。本罪法益既包括公共安全,也包括他人的人身自由。客观行为包括手段行为与目的行为。手段行为是暴力、胁迫等方式;这里的暴力、胁迫应该达到足以压制一般人反抗的程度。由于恐怖主义、极端主义服饰、标志能够对公众的心理造成严重威胁,因此穿着、佩戴的行为必须是在公共场所,不包括网络空间散布视频、图片等行为。他人,既包括成年人也包括未成年人,既可以是多数人,也可以是少数人,甚至个别人。根据《办理恐怖案件意见》的规定,具有下列情形之一的,依照《刑法》第120条之五的规定,以强制穿戴宣扬恐怖主义、极端主义服饰、标志罪定罪处罚:(1) 以暴力、胁迫等方式强制他人在公共场所穿着、佩戴宣扬恐怖主义、极端主义服饰的;(2) 以暴力、胁迫等方式强制他人在公共场所穿着、佩戴含有恐怖主义、极端主义的文字、符号、图形、口号、徽章的服饰、标志的;(3) 其他强制他人穿戴宣扬恐怖主义、极端主义服饰、标志的情形。本罪主体是一般主体的自然人,单位不能构成本罪。本罪的罪过是故意。

认定本罪时应注意区别恐怖主义、极端主义服饰、标志与少数民族的服饰、标志。这里的恐怖主义、极端主义服饰、标志只限于已经被国内外相关机构和组织定性为恐怖主义或极端主义的服饰和标志。犯本罪的,根据《刑法》第120条之五,处3年以下有期徒刑、拘役或者管制,并处罚金。

七、非法持有宣扬恐怖主义、极端主义物品罪

本罪为《刑法修正案(九)》所增设,是指明知是宣扬恐怖主义、极端主义的图书、音频视频资料或者其他物品而非法持有,情节严重的行为。本罪法益是公共安全。行为方式是持有,行为对象是宣扬恐怖主义、极端主义的图书、音频视频资料或者其他物品。这里的"其他物品",包括恐怖主义、极端主义服饰、标志。本罪主体是一般主体的自然人,单位不能构成本罪。本罪的罪过是故意,行为人必须明知持有的是宣扬恐怖主义、极端主义的图书、音频视频资料或者其他物品;过失不构成犯罪。根据《办理恐怖案件意见》的规定,非法持有宣扬恐怖主义、极端主义物品罪主观故意中的"明知",应当根据案件具体情况,以行为人实施的客观行为为基础,结合其一贯表现,具体行为、程度、手段、事后态度,以及

年龄、认知和受教育程度、所从事的职业等综合审查判断。具有下列情形之一，行为人不能作出合理解释的，可以认定其"明知"，但有证据证明确属被蒙骗的除外：(1)曾因实施恐怖活动、极端主义违法犯罪被追究刑事责任，或者2年内受过行政处罚，或者被责令改正后又实施的；(2)在执法人员检查时，有逃跑、丢弃携带物品或者逃避、抗拒检查等行为，在其携带、藏匿或者丢弃的物品中查获宣扬恐怖主义、极端主义的物品的；(3)采用伪装、隐匿、暗语、手势、代号等隐蔽方式制作、散发、持有宣扬恐怖主义、极端主义的物品的；(4)以虚假身份、地址或者其他虚假方式办理托运、寄递手续，在托运、寄递的物品中查获宣扬恐怖主义、极端主义的物品的；(5)有其他证据足以证明行为人应当知道的情形。

构成本罪需要达到情节严重；是否情节严重，可以根据行为人持有的数量、持有的时间、物品的内容等要素来认定。如果行为人持有宣扬恐怖主义、极端主义的图书、音频视频资料又加以散发的，或者制作宣扬恐怖主义、极端主义的图书、音频视频资料又持有的，按照本罪和宣扬恐怖主义、极端主义罪的牵连犯来处理。犯本罪的，根据《刑法》第120条之六，处3年以下有期徒刑、拘役或者管制，并处或者单处罚金。

八、劫持航空器罪

（一）概念及构成要件

本罪是指以暴力、胁迫或其他方法劫持航空器，危害航空运输安全的行为。本罪法益为航空运输的公共安全，即乘客、机组人员的人身、财产及航空器的安全。刑法分则虽然没有规定劫持航空器罪的行为对象是正在使用中的航空器，但从本罪行为的含义及犯罪法益来看，应该内含了该项要求。劫持航空器罪的对象为正在"使用中"的航空器。申言之，如果是劫持非使用中的航空器，因不可能危及航空运输安全，所以不能构成本罪。所谓使用中的航空器，根据《蒙特利尔公约》第2条第2款，是指"航空器从地面人员或机组人员为某一次飞行而进行航空器飞行前准备时起，到任何降落后24小时止"，而且"使用期在任何情况下都应延长到本条(甲)款所指定义的航空器在飞行中的整个期间"。"本条(甲)款"规定："航空器从装载完毕，机舱外部各门均已关闭时起，到打开任何一扇机舱门以卸载时止，均应被认为在飞行中。航空器被迫降落时，在主管当局接管该航空器及机上人员与财产责任以前，均应被视为仍在飞行中。"有关航空器的范围，理论上存在不同观点；一种观点认为航空器仅限于民用航空器。[①] 另一种观点认为国家航空器，如军事、海关或警察部门的国家航空器与民用航空器一

---

① 参见何秉松主编：《刑法教科书》(下卷)，中国法制出版社2000年版，第693页。

样,同属刑法的航空器范围。① 持第一种观点的学者认为将航空器限定为民用航空器,有利于与国际刑法接轨,符合现代刑法潮流,如国际上制定的关于航空器方面犯罪的三个国际公约——《东京公约》《海牙公约》《蒙特利尔公约》均规定公约不适用于军事、海关或警用航空器。而我国已经加入了这三个公约,我国刑法的规定应该与国际公约相一致。然而,解释国内刑法不能完全以国际刑法为准,而且第二种观点更有利于保护航空飞行安全,因为军事、海关或警察部门的国家航空器同样有被劫持的可能,将此种情况排除出本罪的范围,将人为地造成刑法适用上的漏洞,导致刑法的不正义。

1. 行为

本罪行为表现为以暴力、胁迫或其他方法劫持航空器,危害航空运输安全。所谓劫持,是指以暴力、胁迫或其他方法,强迫航空器驾驶、操作人员服从劫机者的意志,改变航空器原定航向,飞往劫持者指定的地方。劫持航空器的行为方法,包括暴力、胁迫或其他方法。所谓暴力,是指对驾驶、操作人员或机上其他人员实施如杀害、杀伤、殴打、捆绑、禁闭等使其无法反抗的行为。所谓胁迫,是指对驾驶、操作人员或机上其他人员实施的精神强制,即以毁坏飞机、杀害人质等暴力相威胁,使驾驶、操作人员或机上其他人员不敢反抗控制航空器的行为。行为人对物行使不法有形力,从而对机组人员产生精神压制的行为也属于胁迫行为。所谓其他方法,是指使用暴力、威胁方法以外的,但与暴力、胁迫危害程度相当的手段使驾驶、操作人员不能反抗、不知反抗、不敢反抗的行为。例如,使用麻醉药物麻醉、致昏的方法使机组人员不能抗拒或不知抗拒,从而控制航空器。采用诈骗方法使机组人员自愿改变航向或贿赂收买机组人员从而改变飞行方向的,则不包括在"其他方法"之内。

2. 主体

本罪主体为一般主体。

3. 罪过

本罪罪过是故意,即明知劫持航空器的行为会发生危害航空飞行安全的后果,并且希望或放任这种结果发生。犯罪目的与动机不影响本罪的成立。

(二)本罪的认定

1. 本罪与破坏交通工具罪的界限

劫持航空器罪与破坏交通工具罪在行为对象上存在交叉关系,破坏交通工具罪的行为对象也可能是民用航空器,两罪都可能造成航空器的破坏,而且都是故意犯罪。当行为对象是航空器时,两罪从以下两个方面区分:(1)犯罪目的不同。前者的犯罪目的是劫持航空器而不是破坏航空器,而后者的犯罪目的是要

---

① 参见张明楷:《刑法学》(第六版)(下),法律出版社 2021 年版,第 909 页。

将航空器本身加以毁坏。(2)客观行为的表现不同。本罪是使用暴力、胁迫或其他方法劫持航空器,而后者则是用一定的方法将航空器毁坏。因此,在劫持航空器过程中使航空器遭到破坏的,即使具有使航空器倾覆、毁坏的危险,也只能以本罪论处,不能实行数罪并罚。

2. 本罪与暴力危及飞行安全罪的界限

两罪都对航空器上的人员实施了暴力,都威胁到了航空飞行安全。两罪的主要区别在于:(1)犯罪目的不同。劫持航空器罪要求有特定的犯罪目的,即有劫持航空器的目的,而暴力危及飞行安全罪则没有该种目的。(2)客观行为不同。劫持航空器罪的客观行为不仅仅有暴力行为,还包括胁迫以及其他行为,而暴力危及飞行安全罪的行为手段则只有暴力手段。(3)行为对象不同。劫持航空器罪中的暴力可以针对人身,也可以针对航空器实施,而暴力危及飞行安全罪的暴力则只能对航空器上的人实施。

3. 既遂与未遂的界限

关于本罪的既遂与未遂的区分标准,理论上存在着不同观点:第一种是着手说,认为劫持航空器罪属于行为犯,只要行为人已开始着手实施劫机行为,即构成劫持航空器罪的犯罪既遂。第二种是离境说,认为行为人劫持的航空器飞离国境就成立劫持航空器罪的犯罪既遂。第三种是目的说,认为劫持航空器的目的得以实现时,才成立劫持航空器罪的犯罪既遂。第四种是控制说,认为,行为人实际控制航空器即构成劫持航空器罪的犯罪既遂。[①] 着手说有提前认定犯罪既遂之嫌,容易将预备行为作为犯罪未遂处理;目的说、离境说则将既遂的认定过于推迟,不利于对法益的保护。劫持航空器罪的本质是侵害了航空飞行安全,而只要实际控制航空器,就会对航空飞行安全造成威胁,过于提前或推后认定既遂都有悖于本罪法益保护目的,所以控制说较为合理。

(三)本罪的处罚

犯本罪的,根据《刑法》第121条的规定,处10年以上有期徒刑或者无期徒刑;致人重伤、死亡或者使航空器遭受严重破坏的,处死刑。

九、劫持船只、汽车罪

本罪是指以暴力、胁迫或其他方法劫持船只、汽车,危害公共安全的行为。本罪法益是公共安全,具体是指不特定或多数乘客与驾驶员的生命、财产及船只和汽车的安全。本罪的对象只限于正在使用中的船只和汽车,劫持其他交通工

[①] 参见王作富主编:《刑法分则实务研究》(第五版)(上),中国方正出版社2013年版,第101页。

具,不能构成本罪。本罪在客观上表现为以暴力、胁迫或其他方法劫持船只、汽车的行为。如果行为人以杀人的暴力手段劫持船只、汽车的,属于牵连犯,由于本罪的法定最高刑为无期徒刑,因此应以故意杀人罪论处。本罪主体为一般主体。犯本罪的,根据《刑法》第122条的规定处罚。

十、暴力危及飞行安全罪

本罪是指对飞行中的航空器上的人员使用暴力,危及飞行安全的行为。本罪法益是航空器的飞行安全与乘客、机组人员的人身、财产安全。本罪在客观上表现为行为人对飞行中的航空器上的人员使用暴力,危及飞行安全的行为。第一,必须是对飞行中的航空器上的人员使用暴力。可见本罪的对象,并不是指航空器本身,而是飞行中的航空器上的人员。航空器上的人员包括航空器上的机组人员、乘客以及其他人员。暴力是指非法对人身行使有形的物理力,表现为直接对人身实施打击或强制,且不包括致人重伤和死亡,只能是轻伤。单纯的威胁行为,不能构成本罪。第二,必须危及飞行安全,不危及飞行安全的暴力行为不构成本罪。行为人以暴力手段劫持航空器的行为,构成劫持航空器罪与本罪的想象竞合犯,应以劫持航空器罪论处。本罪主体为一般主体,罪过是故意。犯本罪的,根据《刑法》第123条的规定处罚。

第五节 违反枪支、弹药、爆炸物及危险物质管理规定危害公共安全的犯罪

一、非法制造、买卖、运输、邮寄、储存枪支、弹药、爆炸物罪

(一) 概念及构成要件

本罪是指违反国家有关枪支、弹药、爆炸物管理法规,擅自制造、买卖、运输、邮寄、储存枪支、弹药、爆炸物,危害公共安全的行为。

本罪法益是社会的公共安全与国家对枪支、弹药、爆炸物的管理秩序。刑法分则之所以将有关枪支、弹药、爆炸物的犯罪规定在危害公共安全的犯罪中,是因为枪支、弹药、爆炸物具有极大的杀伤性与破坏性,极易形成对公共安全的威胁。

1. 行为

本罪在客观上表现为违反国家有关枪支、弹药、爆炸物管理法规,擅自制造、买卖、运输、邮寄、储存枪支、弹药、爆炸物,危害公共安全的行为。具体应把握以下三个方面:

(1) 行为人制造、买卖、运输、邮寄、储存的必须是枪支、弹药、爆炸物。根据

《中华人民共和国枪支管理法》(以下简称《枪支管理法》)的规定,"枪支"是指以火药或者压缩气体等为动力,利用管状器具发射金属弹丸或者其他物质,足以致人伤亡或者丧失知觉的各种枪支。"弹药"是指用于上述枪支的弹药。根据《民用爆炸物品安全管理条例》的规定,"爆炸物"是指用于非军事目的、列入民用爆炸物品品名表的各类火药、炸药及其制品和雷管、导火索等点火、起爆器材。关于本罪的对象是否应该包括民用气枪、麻醉动物用的注射枪以及烟花、爆竹,还存在较大争议。虽然从表面上看应将民用气枪、麻醉动物用的注射枪以及烟花、爆竹归入枪支与爆炸物,但是其本身的性质决定了对这些物品进行制造、买卖、运输、邮寄、储存的行为不足以对公共安全构成较大威胁。另外,本罪为抽象危险犯,成立本罪不要求发生具体的危险。而刑法往往是将重大犯罪规定为抽象危险犯,这就要求行为本身具有极大的危险性。而制造、买卖、运输、邮寄、储存民用气枪、麻醉动物用的注射枪以及烟花、爆竹的行为,尽管具有一定的社会危害性,但是并未达到非常严重的程度,不符合本罪对抽象危险犯的要求。因而,本罪对象不宜包括民用气枪、麻醉动物用的注射枪以及烟花、爆竹。

(2) 行为人必须实施了非法制造、买卖、运输、邮寄、储存枪支、弹药、爆炸物的行为。"非法制造",是指未经国家批准,擅自制造枪支、弹药、爆炸物的行为。"制造"通常是指制作、组装、修理、改装和配装枪支、弹药、爆炸物的行为,既可以是大规模的成批生产,也可以是小规模的手工制作。"非法买卖",是指违反国家有关规定,以金钱或实物为对价,私自购买或销售枪支、弹药、爆炸物的行为。对于行为人介绍买卖枪支、弹药、爆炸物的,应以买卖枪支、弹药、爆炸物罪的共犯论处。"非法运输",是指违反国家有关规定,转移枪支、弹药、爆炸物存放地的行为,其形式可以是陆运、水运、空运,也可随身携带。但在空间范围上,只限于我国境内,因而不包括运输上述物品出入国(边)境的行为。"非法邮寄",是指违反国家相关规定,通过邮政部门以邮件形式寄递枪支、弹药、爆炸物的行为。"非法储存",是指明知是他人非法制造、买卖、运输、邮寄枪支、弹药而为其存放的行为,或非法存放爆炸物的行为。由于本罪为选择性罪名,因而行为人只要实施了上述行为之一,即可构成本罪;如果行为人同时实施了其中两种以上的行为,也只构成一罪,而非数罪。

(3) 本罪为抽象危险犯。即只要行为人实施了非法制造、买卖、运输、邮寄、储存枪支、弹药、爆炸物的行为,法律就认定存在公共危险,而无须要求发生具体的危险状态。

2. 主体

本罪主体为一般主体,即年满16周岁、具有刑事责任能力的自然人;同时,单位也可以成为本罪主体。

3. 罪过

本罪在主观上是故意,即明知是枪支、弹药、爆炸物而非法制造、买卖、运输、邮寄或储存。如果行为人不知是枪支、弹药、爆炸物而实施了上述行为,不能构成本罪。

(二) 本罪的认定

认定本罪,主要应注意对于区分本罪与非罪行为的标准的把握。对此,可参见2009年11月16日最高法《关于修改〈最高人民法院关于审理非法制造、买卖、运输枪支、弹药、爆炸物等刑事案件具体应用法律若干问题的解释〉的决定》的规定。

(三) 本罪的处罚

犯本罪的,根据《刑法》第125条第1款与第3款的规定,处3年以上10年以下有期徒刑;情节严重的,处10年以上有期徒刑、无期徒刑或者死刑。单位犯本罪的,对单位判处罚金,并对其直接负责的主管人员和其他直接责任人员,依照上述规定处罚。情节严重的标准,参见上述最高法的决定。

二、非法制造、买卖、运输、储存危险物质罪

本罪是指非法制造、买卖、运输、储存毒害性、放射性、传染病病原体等物质,危害公共安全的行为。本罪法益是公共安全。

1. 行为

本罪在客观上表现为违反有关危险物质管理规定,非法制造、买卖、运输、储存危险物质,危害公共安全的行为。本罪的对象,是毒害性、放射性、传染病病原体等危险物质。"非法买卖",是指违反法律和国家主管部门规定,未经有关主管部门批准许可,擅自购买或出售毒害性物质的行为,并不需要兼有买进和卖出的行为。本罪为选择性罪名,只要行为人实施了制造、买卖、运输、储存四种行为之一,对象属于毒害性、放射性、传染病病原体等危险物质之一,均成立本罪。

根据2018年3月8日"两高"《关于涉以压缩气体为动力的枪支、气枪铅弹刑事案件定罪量刑问题的批复》的规定,对于非法制造、买卖、运输、邮寄、储存、持有、私藏、走私以压缩气体为动力且枪口比动能较低的枪支的行为,在决定是否追究刑事责任以及如何裁量刑罚时,不仅应当考虑涉案枪支的数量,而且应当充分考虑涉案枪支的外观、材质、发射物、购买场所和渠道、价格、用途、致伤力大小、是否易于通过改制提升致伤力,以及行为人的主观认知、动机目的、一贯表现、违法所得、是否规避调查等情节,综合评估社会危害性,坚持主客观相统一,确保罪责刑相适应。对于非法制造、买卖、运输、邮寄、储存、持有、私藏、走私气枪铅弹的行为,在决定是否追究刑事责任以及如何裁量刑罚时,应当综合考虑气枪铅弹的数量、用途以及行为人的动机目的、一贯表现、违法所得、是否规避调查等情节,综合评估社会危害性,确保罪责刑相适应。

2. 主体

本罪主体为一般主体。

3. 罪过

本罪罪过为故意,即明知是毒害性、放射性、传染病病原体等危险物质而制造、买卖、运输、储存。这里所谓的"明知",并不要求必须是"确知",只要求具有认识到的可能性即可。如果行为人确实不知是上述危险物质而实施上述行为的,不构成本罪。

犯本罪的,根据《刑法》第125条第2款、第3款的规定处罚。

三、违规制造、销售枪支罪

本罪是指依法被指定、确定的枪支制造企业、销售企业,违反枪支管理规定,以非法销售为目的,超过限额或不按照规定的品种制造、配售枪支,或制造无号、重号、假号的枪支,或非法销售枪支,或在境内销售为出口制造的枪支的行为。本罪法益是公共安全以及国家对枪支制造、销售的管理秩序。本罪在客观上表现为违反枪支管理规定,制造、销售枪支的行为。具体表现如下:(1)超过限额或不按照规定的品种制造、配售枪支;(2)制造无号、重号、假号的枪支;(3)非法销售枪支或在境内销售为出口制造的枪支。本罪主体只能是单位,即依法被指定、确定的枪支制造、销售企业。本罪罪过为故意,即依法被指定、确定的枪支制造企业、销售企业明知自己违反枪支管理规定,私自制造、销售枪支的行为会发生危害公共安全的结果,并且希望或放任这种结果发生。其中,非法制造、配售枪支的行为必须以非法销售为目的。犯本罪的,根据《刑法》第126条的规定处罚。

四、盗窃、抢夺枪支、弹药、爆炸物、危险物质罪

本罪是指以非法占有为目的,窃取或抢夺枪支、弹药、爆炸物或毒害性、放射性、传染病病原体等危险物质的行为。本罪法益是公共安全,即不特定或多数人的生命、健康或重大公私财产的安全。

1. 行为

本罪在客观上表现为盗窃或抢夺枪支、弹药、爆炸物或毒害性、放射性、传染病病原体等危险物质的行为。"盗窃"是指采用自认为不被所有人、占有人、使用人发觉的方法,窃取枪支、弹药、爆炸物或毒害性、放射性、传染病病原体等危险物质的行为。"抢夺"是指公然夺取他人所有、占有、管理的枪支、弹药、爆炸物或毒害性、放射性、传染病病原体等危险物质的行为。至于他人的所有、占有是否合法,不影响本罪的成立。

鉴于枪支、弹药、爆炸物、危险物质罪本身的性质,刑法分则对本罪的成立没

有附加情节、数额等方面的规定。一般情况下,只要行为人明知是枪支、弹药、爆炸物或毒害性、放射性、传染病病原体等危险物质而故意实施盗窃、抢夺行为,即可构成本罪。当然,如果符合《刑法》总则第 13 条但书的规定,即情节显著轻微危害不大的,不认为是犯罪。

2. 主体

本罪主体是一般主体。

3. 罪过

本罪罪过为故意,即行为人明知盗窃、抢夺枪支、弹药、爆炸物或毒害性、放射性、传染病病原体等危险物质的行为会危害公共安全,并且希望这种结果发生。这里还要求行为人以非法占有为目的。对于"明知"则并不要求行为人对于盗窃、抢夺的对象必须非常清楚地知道,只要具备认识的可能性即可。对于行为人有盗窃、抢夺一般财物的故意,而实际盗窃、抢夺的却是枪支、弹药、爆炸物、危险物质的情况,不能构成本罪。

犯本罪的,根据《刑法》第 127 条第 1 款的规定处罚。

五、抢劫枪支、弹药、爆炸物、危险物质罪

本罪是指以非法占有为目的,以暴力、胁迫或其他方法,强行劫夺枪支、弹药、爆炸物或毒害性、放射性、传染病病原体等危险物质,危害公共安全的行为。本罪法益是公共安全以及枪支、弹药、爆炸物或毒害性、放射性、传染病病原体等危险物质所有人、占有人、使用人的人身权利。本罪行为表现为以暴力、胁迫或其他方法,强行劫夺枪支、弹药、爆炸物或毒害性、放射性、传染病病原体等危险物质,危害公共安全的行为。这里的"其他方法",是指使人不能反抗、不敢反抗、不知反抗的强制方法,如用酒灌醉、麻药麻醉等方法。本罪主体为一般主体,即已年满 16 周岁、具有刑事责任能力的自然人。本罪罪过是故意,即行为人主观上明知是枪支、弹药、爆炸物、危险物质而故意以暴力、胁迫或其他方法实施抢劫。犯本罪的,根据《刑法》第 127 条第 2 款的规定处罚。

六、非法持有、私藏枪支、弹药罪

(一) 概念及构成要件

本罪是指违反枪支、弹药管理的规定,非法持有、私藏枪支、弹药的行为。本罪法益是公共安全和国家对枪支、弹药的管理秩序。

1. 行为

本罪行为表现为违反枪支、弹药管理的规定,非法持有、私藏枪支、弹药的行为。根据 2009 年 11 月 16 日最高法《关于审理非法制造、买卖、运输枪支、弹药、爆炸物等刑事案件具体应用法律若干问题的解释》(以下简称《枪弹爆炸物刑案

解释》)的规定,"非法持有"是指不符合配备、配置枪支、弹药条件的人员,违反枪支管理法律、法规的规定,擅自持有枪支、弹药的行为。行为人接受枪支质押,继而对其实际占有与控制的行为,构成非法持有枪支罪。"私藏"是指依法配备、配置枪支、弹药的人员,在配备、配置枪支、弹药的条件消除后,违反枪支管理法律、法规的规定,私自藏匿所配备、配置的枪支、弹药且拒不交出的行为。如果行为人先通过实施盗窃、抢劫、抢夺枪支、弹药等犯罪而持有、私藏的,不构成本罪,也不实行并罚,而应以相应犯罪论处。

2. 主体

本罪主体为一般主体。

3. 罪过

本罪罪过为故意。

(二)本罪的认定

1. 本罪与盗窃、抢夺枪支、弹药罪的界限

尽管两罪的对象均为枪支、弹药,但仍存在一定的差别:非法持有、私藏枪支、弹药罪中的枪支、弹药,不能来源于非法持有、私藏的行为人非法制造、买卖、运输、盗窃、抢夺、抢劫等犯罪活动。如果是因非法制造、买卖、运输等犯罪活动而持有、私藏枪支、弹药的,则应以相应犯罪论处,而不构成非法持有、私藏枪支、弹药罪。

2. 本罪与非法储存枪支、弹药罪的界限

根据《枪弹爆炸物刑案解释》的规定,"非法储存"是指明知是他人非法制造、买卖、运输、邮寄的枪支、弹药而为其存放的行为。而除此之外的私自存放、持有、藏匿的行为,应以非法持有、私藏枪支、弹药罪论处。这主要缘于刑法对两罪配置的法定刑差别较大。

(三)本罪的处罚

犯本罪的,根据《刑法》第128条第1款的规定,处3年以下有期徒刑、拘役或者管制;情节严重的,处3年以上7年以下有期徒刑。情节严重的标准,参见《枪弹爆炸物刑案解释》的规定。

七、非法出租、出借枪支罪

本罪是指依法配备公务用枪的人员或单位,非法出租、出借枪支,或依法配置枪支的人员或单位,非法出租、出借枪支,造成严重后果的行为。本罪法益是公共安全和国家对枪支的管理秩序。本罪客观上表现为依法配备公务用枪的人员或单位,非法出租、出借枪支的行为;依法配置枪支的人员或单位,非法出租、出借枪支,造成严重后果的行为。"非法出租",是指违反枪支管理规定,擅自将配备的公务用枪在一段时间内有偿租给其他个人或单位使用的行为。"非法出

借",是指违反枪支管理规定,擅自将配置的枪支在一段时间内无偿地借给其他个人或单位使用的行为。对于依法配备公务用枪的人员或单位,只要具有违反枪支管理规定,非法出租、出借枪支的行为即构成犯罪。而对于依法配置枪支的人员或单位,非法出租、出借配置枪支的行为,只有造成严重后果的才能成立本罪。另外,根据1998年11月3日最高检《关于将公务用枪用作借债质押的行为如何适用法律问题的批复》的规定,依法配备公务用枪的人员,违反法律规定,将公务用枪用作借债质押物,使枪支处于非依法持枪人的控制、使用之下,严重危害公共安全,是《刑法》第128条第2款所规定的非法出借枪支行为的一种形式,应以非法出借枪支罪追究刑事责任。本罪主体是特殊主体,即依法配备公务用枪的人员或单位与依法配置枪支的人员或单位。本罪罪过为故意。犯本罪的,根据《刑法》第128条的规定处罚。

八、丢失枪支不报罪

本罪是指依法配备公务用枪的人员,违反枪支管理规定,丢失枪支不及时报告,造成严重后果的行为。本罪法益是公共安全和国家对枪支的管理秩序。本罪行为包括以下三个方面:(1)必须有丢失枪支的行为。丢失枪支的行为既可以是作为,也可以是不作为。这里的"丢失枪支",即遗失枪支,应包括被盗、被抢等情况。(2)不及时报告。是指行为人发现丢失枪支后,在有义务、有条件报告的情况下,没有履行及时报告的义务。不及时报告包括两种情况:第一种,行为人在丢失枪支后根本不报告;第二种,丢失枪支后报告了,但却拖延了报告的时间。(3)必须造成严重后果。所谓造成严重后果,主要是指丢失的枪支为他人所用进行犯罪活动,造成人员伤亡或财产损失等严重后果。本罪主体是特殊主体,即依法配备公务用枪的人员。依法配备公务用枪的单位与依法配置枪支的人员不是本罪主体。本罪罪过较为复杂,理论上存在着故意说、过失说以及过失与间接故意说等不同观点。刑法分则明确规定以发生严重后果作为本罪的成立条件,本罪罪过应当考察的是行为人对丢失枪支不及时报告造成的严重后果所持的心理态度,而行为人对于严重后果的发生,主观上只能是过失。犯本罪的,根据《刑法》第129条的规定处罚。

九、非法携带枪支、弹药、管制刀具、危险物品危及公共安全罪

本罪是指违反有关规定,非法携带枪支、弹药、管制刀具或爆炸性、易燃性、放射性、毒害性、腐蚀性物品,进入公共场所或公共交通工具,危及公共安全,情节严重的行为。本罪法益是公共安全。本罪行为表现为:(1)必须有非法携带的行为。"携带",是持有的一种具体表现形式,是指随身带有。(2)必须进入公共场所或公共交通工具。(3)必须危及公共安全,并且情节严重。所谓危及

公共安全,是指行为具有严重危及不特定或多数人的生命、健康安全或重大公私财产的安全的现实危险性。本罪主体为一般主体。本罪罪过为故意。犯本罪的,根据《刑法》第130条的规定处罚。

第六节　造成重大事故危害公共安全的犯罪

一、重大飞行事故罪

本罪是指航空人员违反规章制度,致使发生重大飞行事故,造成严重后果的行为。本罪法益是航空器的飞行安全,以及不特定或多数人的生命、健康或重大公私财产的安全。

本罪客观方面表现为行为人实施了违反规章制度的行为,致使发生重大飞行事故,造成严重后果。首先,行为人必须实施了违反规章制度的行为。所谓违反规章制度,是指违反国家有关部门制定的对航空器飞行安全进行管理的各种规章制度,如《中华人民共和国飞行基本规则》《中华人民共和国民用航空法》(以下简称《民用航空法》)等。具体而言,是上述这些规章制度中有关保障航空器飞行安全应当履行的注意义务的规定。违反规章制度的行为既可以是作为,也可以是不作为。其次,必须发生重大飞行事故,造成严重后果。所谓重大飞行事故,应当是指航空器在飞行中因航空人员违反规章制度的行为而发生的事故。所谓严重后果,是指使航空器或航空设施受到严重损坏,使航空器上的人员受重伤或死亡以及公私财产遭到重大损失等。最后,航空人员违反规章制度的行为与发生严重的后果具有刑法上的因果关系。本罪主体为特殊主体,即航空人员。根据《民用航空法》第39条的规定,航空人员包括空勤人员和地面人员。空勤人员包括驾驶员、飞行机械人员、乘务员;地面人员包括民用航空器维修人员、空中交通管制员、飞行签派员、航空电台通信员。非航空人员即使违反有关保障航空器飞行安全的规定,造成重大损失,也不能构成本罪,但可构成其他犯罪。本罪罪过为过失。

犯本罪的,根据《刑法》第131条的规定处罚。

二、铁路运营安全事故罪

本罪是指铁路职工违反规章制度,致使发生铁路运营安全事故,造成严重后果的行为。本罪法益是铁路运营安全。本罪行为表现为违反规章制度,致使发生重大铁路运营安全事故,造成严重后果。这里的"违反规章制度",是指违反国家有关部门制定的对铁路运营安全进行管理的各种规章制度。这里的"铁路运营安全事故",是指在铁路运输过程中因铁路职工严重违章的行为所导致的严重事故。虽然属于"运营安全事故",但事故发生并非因违反规章制度的行为所致的,不能构成本罪。而且,"造成严重后果"与"运营安全事故"之间必须具有刑法上的因果关系。根据2015年12月14日"两高"《关于办理危害生产安全刑事案件适用法律若干问题的解释》(以下简称《生产安全刑案解释》)第6条的规定,"严重后果"的标准是指:(1)造成死亡1人以上,或者重伤3人以上的;(2)造成直接经济损失100万元以上的;(3)其他造成严重后果或者重大安全事故的情形。本罪主体是特殊主体,即只能是铁路职工。"铁路职工"即直接从事铁路运营业务的人员或关涉铁路运营安全的其他直接责任人员,根据《中华人民共和国铁路法》第2条的规定,包括国家铁路、地方铁路、专用铁路和铁路专用线的职工,如驾驶员、指挥人员、调度人员、信号员、巡道工、扳道工等。本罪罪过表现为过失。

犯本罪的,根据《刑法》第132条的规定处罚;此外,根据《生产安全刑案解释》第12条的规定,具有以下情形之一的,从重处罚:(1)未依法取得安全许可证件或者安全许可证件过期、被暂扣、吊销、注销后从事生产经营活动的;(2)关闭、破坏必要的安全监控和报警设备的;(3)已经发现事故隐患,经有关部门或者个人提出后,仍不采取措施的;(4)一年内曾因危害生产安全违法犯罪活动受过行政处罚或者刑事处罚的;(5)采取弄虚作假、行贿等手段,故意逃避、阻挠负有安全监督管理职责的部门实施监督检查的;(6)安全事故发生后转移财产意图逃避承担责任的;(7)其他从重处罚的情形。

三、交通肇事罪

(一)概念及构成要件

本罪是指违反交通运输管理法规,因而发生重大事故,致人重伤、死亡或使公私财产遭受重大损失的行为。本罪法益是交通运输安全,主要为公路、水上交通运输安全。

1. 行为

本罪客观上表现为违反交通运输管理法规,因而发生重大事故,致人重伤、死亡或使公私财产遭受重大损失的行为。应注意把握以下三个方面:

(1)必须实施了违反交通运输管理法规的行为。行为违反交通运输管理法规是成立本罪的前提。如果行为人并未违反交通运输管理法规,即使因其他因素发生了重大事故,也不构成本罪。本罪所违反的交通运输管理法规,主要指公路、水上交通运输中的各种交通规则、操作规程、劳动纪律等,但不排除铁路、航空交通运输中的各种法规,如《中华人民共和国公路法》《中华人民共和国内河避碰规则》《中华人民共和国内河交通安全管理条例》等。尽管《刑法》第131条和第132条分别规定了重大飞行事故罪和铁路运营安全事故罪,交通肇事罪不再包括航空和铁路交通肇事行为,但非航空人员违反航空运输管理法规或非铁路职工违反铁路运输管理法规,因而发生重大飞行事故或重大铁路运营安全事故,致人重伤、死亡或使公私财产遭受重大损失,又不构成其他罪的,则仍应按本罪论处。本罪中行为人违反交通运输管理法规的行为,可以表现为作为,也可以表现为不作为。

（2）必须发生重大交通事故,致人重伤、死亡或使公私财产遭受重大损失。根据2000年11月15日最高法《关于审理交通肇事刑事案件具体应用法律若干问题的解释》(以下简称《交通肇事刑案解释》)第2条的规定,"重大交通事故"是指下列情形之一：① 死亡1人或者重伤3人以上,负事故全部或者主要责任的;② 死亡3人以上,负事故同等责任的;③ 造成公共财产或者他人财产直接损失,负事故全部或者主要责任,无能力赔偿数额在30万元以上的。交通肇事致1人以上重伤,负事故全部或者主要责任,并具有下列情形之一的,以交通肇事罪定罪处罚：① 酒后、吸食毒品后驾驶机动车辆的;② 无驾驶资格驾驶机动车辆的;③ 明知是安全装置不全或者安全机件失灵的机动车辆而驾驶的;④ 明知是无牌证或者已报废的机动车辆而驾驶的;⑤ 严重超载的;⑥ 为逃避法律追究逃离事故现场的。行为虽然违反了交通运输管理法规,但没有发生重大交通事故的,不成立本罪。

（3）违反交通运输管理法规的行为与发生重大事故之间必须存在刑法上的因果关系。《刑法》第133条在"违反交通运输管理法规"与"发生重大事故"之间用了"因而"一词,表明重大交通事故是违反交通运输管理法规的行为所直接导致的。如果行为人实施了违章行为,也发生了重大交通事故,但违章行为与重大交通事故之间不存在刑法上的因果关系,那么行为人对此重大交通事故不负刑事责任。

甲少量(未达到醉驾标准)饮酒后驾车,轧死了突然出现的、事先没有任何预兆突然左拐的骑自行车的乙。分析本案,甲虽然有酒后驾车的违章行为,但乙违反交通法规突然窜出是甲不可预见的,而且事后查明甲的少量饮酒根本未影响对乙突然出现这一事件的正常处理,所以甲酒后驾车的违规行为与乙死亡结果之间没有因果关系。甲的行为不构成交通肇事罪。①

（4）重大交通事故必须发生在实行公共交通管理的范围内。对此,有学者认为,交通事故必须由交通运输人员在交通运输过程中,违反交通运输法规而导致发生法定的危害后果;也有学者认为交通肇事罪不以肇事行为发生在交通运输过程中为要件;还有学者提出发生在街道、公路以外的场所的交通事故应具体

---

① 参见〔德〕冈特·施特拉腾韦特、洛塔尔·库伦:《刑法总论Ⅰ——犯罪论》,杨萌译,法律出版社2006年版,第406页。

情况具体分析，不能一概定为交通肇事罪。① 我们认为，交通肇事罪的时空范围应受到限制，既然是交通肇事，就应该是发生在交通运输中，至少也应该是与交通运输有关的活动中。在交通管理的范围外，驾驶机动车辆或使用其他交通工具致人死亡或致使公私财产遭受重大损失，行为构成犯罪的，应分别以重大责任事故罪、过失致人死亡罪等定罪处罚。

2. 主体

本罪主体是一般主体，即年满16周岁、具有刑事责任能力的自然人，包括从事交通运输的人员和非交通运输人员，通常情况下为交通运输人员。交通运输人员是指一切从事交通运输业务，与保障交通运输安全有直接关系的人员，并不是泛指与交通运输有关的人员。具体包括：（1）直接操纵各种交通工具的驾驶人员；（2）直接操纵各种交通设施的业务人员；（3）直接领导、指挥交通运输活动的领导、指挥人员；（4）交通运输安全的管理人员。非交通运输人员是指没有合法手续却从事正常交通运输的人员，主要包括：（1）无合法手续，但被借调或受委托从事交通运输的人员；（2）暂时没有合法手续，但为了从事交通运输工作，正准备取得合法手续的人员；（3）为了公共利益的需要，临时被指派或主动承担交通运输工作的人员；（4）为了保证主要职业的进行或维持个人及家庭成员的正常生活而驾驶交通运输工具的人员。

根据《交通肇事刑案解释》第7条的规定，单位主管人员、机动车辆所有人或者机动车辆承包人指使、强令他人违章驾驶造成重大交通事故，构成犯罪的，以交通肇事罪定罪处罚。

3. 罪过

本罪罪过为过失。

（二）本罪的认定

1. 罪与非罪的界限

（1）本罪与一般交通事故的界限。二者都是违反交通运输管理法规，造成交通事故的行为，其区别主要在于二者造成的危害后果的严重程度不同。构成交通肇事罪必须发生重大交通事故，致人重伤、死亡或使公私财产遭受重大损失；而一般交通事故虽然也是违章行为，但没有发生重大交通事故，危害后果没有达到刑法规定的标准。

（2）本罪与交通事故意外事件的界限。区别的关键在于查明行为人对所造成的重大事故在主观上是否有过失，本罪罪过为过失，如果不是由于行为人的过失，而是由于不能预见的原因造成重大事故的，则是意外事件。

---

① 参见王作富主编：《刑法分则实务研究》（第四版）（上），中国方正出版社2010年版，第183页。

2. 驾驶非机动车辆肇事的认定

驾驶非机动车辆肇事,发生严重交通事故,是否以交通肇事罪论处?理论上存在肯定与否定两种态度。肯定意见认为可以构成交通肇事罪。① 而否定意见认为驾驶非机动车辆发生交通事故致人重伤、死亡的,应按照过失致人死亡罪或过失伤害罪处罚,不能以交通肇事罪处罚。② 我们认为,如果这种行为发生在交通运输或与交通运输有关的活动中,且具有危及公共安全的性质,就应以交通肇事罪处理,否则只能认定为其他犯罪。

3. 本罪与过失损坏交通工具罪、过失损坏交通设施罪的界限

(1) 客观上的表现不同:前者是违反交通运输管理法规而造成重大交通事故的行为,后者是过失破坏交通工具或交通设施的行为,与交通运输管理法规没有任何关系;(2) 行为发生的时空范围不同:前者发生在交通运输活动以及与交通运输有直接关系的活动中,后者没有这方面的限制。

4. 本罪与过失致人重伤罪、过失致人死亡罪的界限

(1) 发生的时空范围不同。前者发生在交通运输活动以及与交通运输有直接关系的活动中,而后者通常发生在日常生活中。(2) 法益不同。前者侵犯的法益是公共安全,后者是侵犯公民人身权利的犯罪,其法益是他人的生命、健康权。交通肇事罪和与车辆有关的致人重伤、死亡罪的关键区别在于:行为是否违反交通运输管理法规以及是否危及交通运输安全。

5. 本罪与重大飞行事故罪、铁路运营安全事故罪的界限

本罪与重大飞行事故罪、铁路运营安全事故罪同属重大交通肇事的犯罪,法益均为交通运输安全,主观上也都出于过失,客观上也都以违反保障交通运输安全管理的规章制度并造成严重后果为要件。区别主要如下:(1) 法益的具体内容不尽相同。前者主要是公路、水上交通运输安全,后者分别是航空交通运输安全和铁路交通运输安全。(2) 犯罪主体不同。前者为一般主体,包括从事交通运输的人员和非交通运输人员。但在实践中,主要为交通运输人员。而后者只能是特殊主体,分别是航空人员和铁路职工。

6. 本罪向故意杀人罪或故意伤害罪的转化问题

根据《交通肇事刑案解释》第6条的规定,行为人在交通肇事后为逃避法律追究,将被害人带离事故现场后隐藏或者遗弃,致使被害人无法得到救助而死亡或者严重残疾的,应当分别按照《刑法》第232条、第234条第2款的规定,以故意杀人罪或者故意伤害罪定罪处罚。

2005年10月26日21时许,被告人韩某酒后驾驶苏GJ9××8"解放牌"货车,

---

① 参见王作富:《中国刑法研究》,中国人民公安大学出版社1988年版,第435页。
② 参见赵秉志:《刑法各论问题研究》,中国法制出版社1996年版,第713—714页。

行驶至连云港市连云区桃林社区岛山巷时,将在路边行走的妇女徐某撞倒。韩某发现撞伤人后,为逃避法律追究,将徐某转移到岛山巷10号楼2单元道口藏匿,致使徐某无法得到救助而死亡。当夜,韩某又借用苏M00××0"东风牌"货车,将徐某的尸体运至连云区板桥镇,将尸体捆绑在水泥板上,沉入烧香河中。法院认定被告人韩某驾车撞伤人,又将被害人隐藏导致其死亡,其行为已构成故意杀人罪。

7. 本罪的共犯问题

交通肇事罪是过失犯罪。按照我国刑法理论中过失犯罪与共同犯罪的相关理论,以及《刑法》第25条对共同犯罪概念的具体规定,过失犯罪是不可能存在共犯的。因此,本罪应当不存在共犯问题。但《交通肇事刑案解释》第5条第2款却规定:"交通肇事后,单位主管人员、机动车辆所有人、承包人或者乘车人指使肇事人逃逸,致使被害人因得不到救助而死亡的,以交通肇事罪的共犯论处。"

甲系某公司经理,乙是其司机。某日,乙开车送甲去洽谈商务,途中因违章超速行驶当场将行人丙撞死,并致行人丁重伤。乙欲送丁去医院救治,被甲阻止。甲催乙送其前去洽谈商务,并称否则会造成重大经济损失。于是,乙打电话给120急救站后离开肇事现场。但因时间延误,丁不治身亡。本案中,乙违章驾驶撞死一人,已经构成交通肇事罪。乙在交通肇事后又有逃逸的情节,而且由于逃逸而导致行人丁死亡。在交通肇事后,甲指使肇事人乙逃逸,致使被害人丁因得不到救助而死亡,应以交通肇事罪的共犯论处,因此,甲的行为同样构成交通肇事罪。

8. 一罪与数罪的界限

认定是构成交通肇事罪一罪还是数罪,应考察交通肇事行为与其他犯罪行为是否可以按照刑法总则理论中的实质的一罪、法定的一罪、断上上的一罪来处理,若不能,交通肇事行为应成立交通肇事罪,与其他犯罪实行数罪并罚。如行为人在盗窃他人的机动车辆后被发现,在逃逸的过程中,违反交通运输管理法规,造成重大交通事故的,应以交通肇事罪和盗窃罪实行并罚。

(三) 本罪的处罚

犯本罪的,根据《刑法》第133条的规定,处3年以下有期徒刑或拘役;交通运输肇事后逃逸或有其他特别恶劣情节的,处3年以上7年以下有期徒刑;因逃逸致人死亡的,处7年以上有期徒刑。

根据《交通肇事刑案解释》第3条的规定,"交通肇事后逃逸"是指行为人在发生了构成交通肇事罪的交通事故后,为逃避法律追究而逃跑的行为。根据该解释第4条的规定,交通肇事有下列情况之一的,属于"有其他特别恶劣情节":(1) 死亡2人以上或者重伤5人以上,负事故全部或者主要责任的;(2) 死亡6人以上,负事故同等责任的;(3) 造成公共财产或者他人财产直接损失,负事故全部或者主要责任,无能力赔偿数额在 60 万元以上的。"因逃逸致人死亡",是指行为人在交通肇事后为逃避法律追究而逃跑,致使被害人因得不到救助而死亡的情形。逃逸行为与致人死亡之间应具有因果关系。

四、危险驾驶罪

(一) 概念及构成要件

本罪为《刑法修正案(八)》所增设,并为《刑法修正案(九)》修正。本罪是指在道路上驾驶机动车危害公共安全的行为。本罪法益是道路的交通运输安全。从法条规定来看,本罪法益不包括水上以及空中交通运输安全。

1. 行为

本罪在客观上表现为在道路上驾驶机动车危害公共安全的行为。具体而言,首先,行为人的行为必须发生在道路上。根据《中华人民共和国道路交通安全法》第 119 条的规定,所谓道路,是指公路、城市道路和虽在单位管辖范围但允许社会机动车通行的地方,包括广场、公共停车场等用于公众通行的场所。其次,行为人所驾驶的必须是机动车。所谓机动车,是指以动力装置驱动或者牵引,上道路行驶的供人员乘用或者用于运送物品以及进行工程专项作业的轮式车辆。那些以人力或者畜力驱动,上道路行驶的交通工具,以及虽有动力装置驱动但设计最高时速、空车质量、外形尺寸符合有关国家标准的残疾人机动轮椅车、电动自行车等交通工具属于非机动车。驾驶非机动车的行为不构成本罪。

本罪有四种行为类型。(1) 追逐竞驶。是指行为人在道路上高速、超速行驶,随意追逐、超越其他车辆等危险驾驶行为。追逐竞驶的行为成立本罪必须符合情节恶劣的条件。是否情节恶劣,应结合追逐竞驶的时间、地点、车速、道路上车辆与行人的多少等因素综合判断。根据最高法指导案例,机动车驾驶人员出于竞技、追求刺激、斗气或者其他动机,在道路上曲折穿行、快速追赶行驶的,属于"追逐竞驶";追逐竞驶虽未造成人员伤亡或财产损失,但综合考虑超过限速、闯红灯、强行超车、抗拒交通执法等严重违反道路交通安全法的行为,足以威胁他人生命、财产安全的,属于"情节恶劣"。(2) 醉酒驾驶。是指行为人在醉酒状态下在道路上驾驶机动车的行为。2013 年 12 月 18 日"两高"、公安部《关于办理醉酒驾驶机动车刑事案件适用法律若干问题的意见》(以下简称《醉驾刑案解释》)第 1 条规定,血液酒精含量达到 80 毫克/100 毫升以上的,属于醉酒驾驶机动车,以危险驾驶罪定罪处罚。醉酒驾驶型危险驾驶罪是抽象的危险犯,只要行为人血液中的酒精含量达到上述标准,即构成本罪,不需要司法人员具体判断醉酒行为是否具有公共危险。该解释第 6 条规定,血液酒精含量检验鉴定意见是认定犯罪嫌疑人是否醉酒的依据。犯罪嫌疑人经呼气酒精含量检验达到醉酒标准,在抽取血样之前脱逃的,可以以呼气酒精含量检验结果作为认定其醉酒的依据。犯罪嫌疑人在公安机关依法检查时,为逃避法律追究,在呼气酒精含量检验或抽取血样前又饮酒,经检验其血液酒精含量达到醉酒标准的,应当认定为醉酒。(3) 从事校车业务或者旅客运输,严重超过额定乘员载客,或者严重超过规定时速行驶。(4) 违反危险化学品安全管理规定运输危险化学品,危及公共安全。

《醉驾刑案解释》第3条规定,醉酒驾驶机动车,以暴力、威胁方法阻碍公安机关依法检查,又构成妨害公务罪等其他犯罪的,依照数罪并罚的规定处罚。

2. 主体

本罪主体为机动车的驾驶人员。机动车所有人、管理人对于前述第三种、第四种行为负有直接责任的,与机动车的驾驶人构成本罪的共同犯罪。

3. 罪过

本罪罪过是故意。

(二) 本罪的处罚

犯本罪的,根据《刑法》第133条之一的规定,处拘役,并处罚金。"两高"2021年6月16日《关于常见犯罪的量刑指导意见(试行)》指出:(1) 构成危险驾驶罪的,依法在1个月至6个月拘役幅度内确定宣告刑。(2) 构成危险驾驶罪的,根据危险驾驶行为、实际损害后果等犯罪情节,综合考虑被告人缴纳罚金的能力,决定罚金数额。(3) 构成危险驾驶罪的,综合考虑危险驾驶行为、危害后果等犯罪事实、量刑情节,以及被告人主观恶性、人身危险性、认罪悔罪表现等因素,决定缓刑的适用。

《醉驾刑案解释》第2条规定,醉酒驾驶机动车,且具有下列情形之一的,从重处罚:(1) 造成交通事故且负事故全部或者主要责任,或者造成交通事故后逃逸,尚未构成其他犯罪的;(2) 血液酒精含量达到200毫克/100毫升以上的;(3) 在高速公路、城市快速路上驾驶的;(4) 驾驶载有乘客的营运机动车的;(5) 有严重超员、超载或者超速驾驶,无驾驶资格驾驶机动车,使用伪造或者变造的机动车牌证等严重违反道路交通安全法的行为的;(6) 逃避公安机关依法检查,或者拒绝、阻碍公安机关依法检查尚未构成其他犯罪的;(7) 曾因酒后驾驶机动车受过行政处罚或者刑事追究的;(8) 其他可以从重处罚的情形。该解释第3条规定:"醉酒驾驶机动车,以暴力、威胁方法阻碍公安机关依法检查,又构成妨害公务罪等其他犯罪的,依照数罪并罚的规定处罚。"第4条规定:"对醉酒驾驶机动车的被告人判处罚金,应当根据被告人的醉酒程度、是否造成实际损害、认罪悔罪态度等情况,确定与主刑相适应的罚金数额。"

五、妨害安全驾驶罪

(一) 概念及构成要件

本罪为《刑法修正案(十一)》所增设的罪名,是指对行驶中的公共交通工具的驾驶人员使用暴力或者抢控驾驶操纵装置,干扰公共交通工具正常行驶,危及公共安全以及驾驶人员在行驶的公共交通工具上擅离职守,与他人互殴或者殴打他人,危及公共安全的行为。

1. 行为

本罪根据主体的不同分别规定了两类不同的行为。当行为由一般主体实施时,客观表现为对行驶中的公共交通工具的驾驶人员使用暴力或者抢控驾驶操纵装置,干扰公共交通工具正常行驶,危及公共安全的行为;而由驾驶人员实施时,客观上则表现为擅离职守,与他人互殴或者殴打他人,危及公共安全的行为。

(1) 本罪的行为对象为行驶中的交通工具。其中需要明确的是何谓"行驶中"与"公共交通工具"的范围。根据《现代汉语词典》的解释,行驶指的是车船行进,而行进意指向前行走。但在这里若车辆遇红灯,只是临时刹车,并不能将其排除在"行驶中"的范围,可见只有当车辆完全熄火停车时,才无法符合本罪的行为对象要件。至于"公共交通工具",则包括了公共汽车、公路客运车、出租车等车辆,需要注意的是,2019 年 1 月 8 日"两高"、公安部《关于依法惩治妨害公共交通工具安全驾驶违法犯罪行为的指导意见》曾规定公共交通工具,是指公共汽车、公路客运车及大、中型出租车等车辆。但是这一规定并非对于本罪行为对象的解释,因而只具有参考意义,而不能完全照搬。从理论上而言,我们认为在本罪中,不能将小型出租车排除在这里的范围之外,因为对小型出租车实施妨害行为的,仍会有危害公共安全的可能性。

(2) 使用暴力的理解。在刑法理论上,"暴力"一词具有四种含义:最广义的暴力、广义的暴力、狭义的暴力和最狭义的暴力。本罪的暴力是指广义的暴力,因为本罪的构成要件明确限定暴力的对象为驾驶人员,故不能将最广义暴力中的对物暴力纳入其中,否则违反罪刑法定原则。而如果采取狭义的暴力含义,则规制的范围明显过窄,并不符合本罪作为轻罪设立的初衷。此外暴力危及飞行安全罪中的"暴力"明显是一种广义的暴力,如果将本罪的暴力解读为狭义暴力,也与上述罪名不相协调。关于"暴力"的具体程度,则没有必要作出限定,即便没有达到致人轻微伤的程度,也不影响本罪的成立。换言之,本罪只需要对人行使有形力即可,至于单纯的辱骂或者胁迫则无法构成本罪。

(3) 抢控驾驶操纵装置的理解。其中的抢控包括了抢夺和控制两种行为方式,"抢夺"在实践中经常表现为从司机手中争夺方向盘的行为,而"控制"一般针对的则是司机暂时没有使用的设备,例如变速器等,行为人试图对此进行控制,进而危及公共安全的行为。这里的"驾驶操纵装置"不能作广义解释,应将此限定为对汽车启停具有关键性作用的装置,包括方向盘、加速踏板、离合器踏板、变速杆等,否则容易过度扩张处罚的范围。

(4) 构成本罪还要求行为干扰公共交通工具正常行驶,危及公共安全。我们认为,这里的"干扰公共交通工具正常行驶"与"危及公共安全"是同一含义。因此,不能仅仅凭行为人实施了使用暴力或者抢控驾驶操纵装置的行为便直接认定本罪的成立,若行为性质过于轻微,并不影响公共交通工具正常行驶的,则不能构成本罪。另外"干扰公共交通工具正常行驶"是对行为性质的描述,而不是对结果要素的判断,因而也不能过于严格地限制,即并不能以车辆是否失控来作为这里的具体标准。

(5)驾驶人员构成本罪需要符合在行驶的公共交通工具上擅离职守,与他人互殴或者殴打他人。其中"与他人互殴"与"殴打他人"并非擅离职守的具体表现,换言之,"擅离职守"有其存在的独立意义。"擅离职守"指的是,擅自离开自己的岗位,没有履行安全驾驶的义务。因此,如果驾驶人员在停车熄火以后实施反击行为的,由于已经履行了相关义务,不能认为是"擅离职守"。此外,还需要注意的是,这里的"殴打"与前面分析的"暴力"含义并不等同。"殴打"本身即具有击打之意,需要造成他人暂时性的肉体疼痛或者神经受到轻微刺激,故推搡、拉扯行为虽然属于"暴力",但不能认为符合"殴打"的含义。

2. 主体

本罪第1款为一般主体,一般是指公共交通工具上的乘客,在个别情况下,车辆上的售票员或者安保员也可成为本罪主体。而本罪第2款的主体则为公共交通工具的驾驶人员。需要注意的是,并不能像有些观点那样将其限制解释为"处于被暴力或者抢夺驾驶操作装置的行为威胁状态"[1]。因为驾驶人员的职责是由其驾驶公共交通工具的地位产生的,而不是基于其处于被乘客行为威胁的状态。

3. 罪过

本罪的罪过为故意。行为人必须对其实施的行为危害公共安全具有认识。

(二)本罪的认定

1. 本罪的性质

本罪既不属于具体危险犯,也不属于抽象危险犯,而应该属于适格犯(准抽象危险犯)。如果将本罪理解为具体危险犯,则本罪无法与以危险方法危害公共安全罪进行有效区别,从而也使得设立本罪失去了立法意义。如果将本罪解释为抽象危险犯,则不能合理地说明构成要件中规定的"危及公共安全"的要素。因此司法机关在认定本罪时,既不能从结果的意义上解读"危及公共安全",从而不当地限制本罪的成立范围,也不能忽视这一要素的限定意义,而肆意扩张本罪的处罚范围。正确的做法是立足于行为时来具体判断妨害安全驾驶的行为本身是否危及公共安全。只有得出肯定的回答,才能作为本罪处罚。

2. 本罪与以危险方法危害公共安全罪的关系

本罪与以危险方法危害公共安全罪不属于想象竞合的关系,因为两罪都是

---

[1] 涂龙科:《以限缩方式界定危险驾驶罪中的"互殴"》,载《检察日报》2020年10月16日第3版。

对公共安全的保护,法益是相同的,不可能构成想象竞合。同时两罪也不是普通法条与特别法条的关系,因为本罪是公共交通领域的特殊罪名,而以危险方法危害公共安全罪则并不限于公共交通领域。因此,两罪应该是针对同一法益不同侵害程度的补充关系。立法者之所以设立本罪,主要是为了填补难以按以危险方法危害公共安全罪处罚的漏洞。基于这样的理解,在实践当中应该具体判断公共安全发生的危险是否具有紧迫性。如果行为发生在高速公路上,车速亦较快的话,应认定紧迫危险的存在,不应再构成本罪,而应该认定为以危险方法危害公共安全罪,否则明显不利于保护法益。换言之,本罪的设立并不意味着取代以危险方法危害公共安全罪的司法定性。只有当行为本身只存在抽象危险时,才能作为本罪处罚。因而司法机关应根据危险的性质,结合 2019 年 1 月 8 日"两高"、公安部《关于依法惩治妨害公共交通工具安全驾驶违法犯罪行为的指导意见》以及刑法的具体规定,来选择合适的构成要件。

3. 本罪与故意伤害罪的关系

当行为人对驾驶人员使用暴力时,行为有成立故意伤害罪的可能。具体而言,由于本罪的法定刑轻于故意伤害罪,故如果其暴力程度不到轻伤性质(轻微伤以下),则只以本罪论处即可。倘若行为造成了轻伤的结果,则构成故意伤害罪。但需要明确的是,不能人为地将本罪的暴力程度限定为轻微伤以下,即便造成了轻伤或重伤的结果,也不妨碍行为同时构成本罪。换言之,本罪与故意伤害罪在有些情况下属于想象竞合关系,应认定两罪同时成立。否则对法益的保护就不周全。

(三) 本罪的处罚

犯本罪的,根据《刑法》第 133 条之二的规定,处 1 年以下有期徒刑、拘役或者管制,并处或者单处罚金。需要注意的是,同时构成其他犯罪的,依照处罚较重的规定定罪处罚。

六、重大责任事故罪

(一) 概念及构成要件

本罪是指在生产、作业中违反有关安全管理的规章制度,因而发生重大伤亡事故或造成其他严重后果的行为。本罪法益是生产、作业的安全。这里所谓的"生产、作业安全",同样包含着从事生产、作业的不特定或多数人的生命、健康的安全,或重大公私财产的安全。

1. 行为

本罪客观上表现为在生产、作业中违反有关安全管理的规章制度,因而发生重大伤亡事故或造成其他严重后果的行为。"违反安全管理的规章制度",是指违反与生产、作业有关的法律、法规以及内部与生产、作业安全管理有关的规章制度。本罪行为既可以是作为,也可以是不作为。但是,本罪行为必须发生在生产、作业过程中或与生产、作业有直接关系的活动中。如果行为不是发生在生产、作业过程中或与生产、作业有直接关系的活动中,即使造成了严重后果,也不能成立本罪。这一点也是本罪与危害公共安全罪中的其他过失犯罪的重要区别之所在。根据《生产安全刑案解释》第 6 条的规定,发生矿山生产安全事故,具有下列情形之一的,应当认定"发生重大伤亡事故或者造成其他严重后果":(1) 造成死亡 1 人以上,或者重伤 3 人以上的;(2) 造成直接经济损失 100 万元以上的;(3) 造成其他严重后果的情形。《公安机关立案标准(一)》第 8 条规定,在生产、作业中违反有关安全管理的规定,涉嫌下列情形之一的,应予立案追诉:(1) 造成死亡 1 人以上,或者重伤 3 人以上的;(2) 造成直接经济损失 50 万元以上的;(3) 发生矿山生产安全事故,造成直接经济损失 100 万元以上的;(4) 其他造成严重后果的情形。这里的"直接经济损失"是指由于事故而造成的建筑、设备、产品等的毁坏损失(部分或全部丧失价值或使用价值),以及因人员伤亡而支付的医药费、丧葬费、死亡补偿费、抚恤费、误工费、住院伙食补助费、护理费、残疾者生活补助费、残疾用具费、被抚养人生活费、交通费、住宿费等。行为人在生产、作业过程中虽有违反规章制度的行为,但并未发生重大伤亡事故或造成其他严重后果的,不构成重大责任事故罪。

2. 主体

本罪主体是一般主体,但是,对于发生在矿山的重大责任事故罪,根据《生产安全刑案解释》第 1 条的规定,本罪主体应包括对矿山生产、作业负有组织、指挥或者管理职责的负责人、管理人员、实际控制人、投资人等人员,以及直接从事矿山生产、作业的人员。

3. 罪过

本罪在主观上只能是过失。

(二) 本罪的认定

1. 罪与非罪的界限

(1) 本罪与自然事故、技术事故以及技术革新和科学试验失败的界限。所谓自然事故,是指由于不能预见和不能抗拒的自然条件所引起的事故。所谓技术事故,是指由于技术条件或设备条件的限制而发生的无法避免的事故。而技术革新和科学试验本身就包含着失败的可能。区分的关键是看重大伤亡事故或其他严重后果的发生,对于行为人而言是否属于"不能预见"或"不能抗拒"。如果是,应认定为自然事故、技术事故或技术革新、科研工作的失败,不构成犯罪;如果不是"不能预见"或"不能抗拒"的原因造成的,而是由于行为人违反有关安全管理的规章制度的过失行为造成的,则应认定为重大责任事故罪。

(2) 本罪与一般责任事故的界限。二者的区别在于造成后果的程度。如果发生重大伤亡事故或造成其他严重后果,属于重大责任事故,可能构成重大责任事故罪。尽管造成了一定的后果,但是并不严重的,就属于一般责任事故。行为人在生产、作业中违反有关安全管理的规章制度,并因此造成一般事故的,不构成犯罪。

2. 本罪与失火罪、过失爆炸罪、过失投放危险物质罪的界限

本罪与失火罪、过失爆炸罪、过失投放危险物质罪在主观上均表现为过失,主要区别在于行为发生的场合不同。前者的行为是在生产、作业活动中,违反安全管理规章制度而发生重大伤亡事故或其他严重后果;而后几种罪,通常表现为在日常生活中,行为人由于违反相应的注意义务,忽视他人生命、健康、财产安全,缺乏必要的谨慎态度而导致火灾、爆炸、中毒事故的发生。如果行为人在生产、作业中违反有关安全管理的规章制度,导致引起火灾、爆炸、中毒事故的,应以重大责任事故罪论处。

3. 本罪与危险物品肇事罪的界限

二者的主要区别是:(1) 犯罪主体不同。重大责任事故罪的犯罪主体是一般主体;危险物品肇事罪的犯罪主体是从事生产、储存、运输、使用危险物品的工作人员。(2) 违反的规章制度不同。重大责任事故罪行为人违反的主要是有关安全管理的规章制度,具体是指与生产、作业有关的法律、法规以及内部与生产、作业安全管理有关的规章制度;危险物品肇事罪所违反的规章制度仅限于有关爆炸性、易燃性、放射性、毒害性、腐蚀性物品的管理规定。(3) 犯罪行为发生的场合不同。重大责任事故罪的行为发生在生产、作业活动中;危险物品肇事罪的行为发生在生产、储存、运输、使用的过程中。

(三) 本罪的处罚

犯本罪的,根据《刑法》第 134 条的规定,处 3 年以下有期徒刑或拘役;情节特别恶劣的,处 3 年以上 7 年以下有期徒刑。根据《生产安全刑案解释》第 7 条的规定,具有下列情形之一的,应当认定为本罪规定的"情节特别恶劣":(1) 造成死亡 3 人以上或者重伤 10 人以上,负事故主要责任的;(2) 造成直接经济损失 500 万元以上,负事故主要责任的;(3) 其他造成特别严重后果、情节特别恶劣或者后果特别严重的情形。此外,根据《生产安全刑案解释》第 12 条的规定,具有 7 种情形之一的,从重处罚,其具体内容参见《刑法》第 132 条铁路运营安全事故罪的相关内容。

七、强令、组织他人违章冒险作业罪

(一) 概念及构成要件

本罪为《刑法修正案(六)》所增设,其将强令违章冒险作业规定为单独的犯罪,并提高了法定刑。《刑法修正案(十一)》对强令违章冒险作业罪进行了修改,在《刑法》第 134 条第 2 款中增加了"明知存在重大事故隐患而不排除,仍冒险组织作业"的情形。本罪是指强令他人违章冒险作业或者明知存在重大事故隐患而不

排除,仍冒险组织作业,因而发生重大伤亡事故或其他严重后果的行为。

1. 行为

根据《刑法修正案(十一)》的修改,本罪的行为主要分为两种类型,一是强令他人违章冒险作业因而发生重大伤亡事故或其他严重后果的行为,二是明知存在重大事故隐患而不排除,仍冒险组织作业因而发生重大伤亡事故或其他严重后果的行为。第一种类型,强令的行为主要体现为在工人不愿意进行生产、作业的情形下,相关的管理人员利用职权或者其他手段强迫命令工人进行违章冒险作业。"这种强令不一定表现在恶劣的态度、强硬的语言或者行动,只要是利用组织、指挥、管理职权,能够对工人产生精神强制,使其不敢违抗命令,不得不违章冒险作业的,均构成强令。"①根据《生产安全刑案解释》第 5 条,"强令他人违章冒险作业"的情形主要包括四种:(1) 利用组织、指挥、管理职权,强制他人违章作业的;(2) 采取威逼、胁迫、恐吓等手段,强制他人违章作业的;(3) 故意掩盖事故隐患,组织他人违章作业的;(4) 其他强令他人违章作业的行为。第二种类型,明知存在重大事故隐患而不排除,仍冒险组织作业的行为表现为对重大事故隐患的认定、对存在重大事故隐患的明知以及不排除的做法、依旧冒险组织作业。应当按照相关法律、行政法规以及有关的国家与行业标准对重大事故隐患进行认定。

2. 主体

本罪的主体为一般主体。根据《生产安全刑案解释》第 2 条的规定,本罪的犯罪主体包括对生产、作业负有组织、指挥或者管理职责的负责人、管理人员、实际控制人、投资人等人员。在对本罪作出修改后,犯罪主体的范围变化不大,通常是负有生产、作业指挥和管理职责的人员,组织冒险作业的主体是冒险作业的组织者和指挥者。故本罪的犯罪主体主要是在生产、作业中负有指挥、管理职责或者违章冒险作业的组织者。本罪主体既可以是单位直接责任人员,也可以是个人、个体经营者等。

3. 罪过

本罪的罪过为过失。行为人应当对其实施的强令或者组织行为会危害生产、作业安全具有明确认识,但对于发生的后果则是过失的,即主观上并不希望该结果发生。

(二) 本罪的认定

1. 本罪的性质

本罪属于实害犯。行为人实施了强令违章冒险作业或者组织冒险作业的行为,还需要发生重大伤亡事故或其他严重后果的实害结果才成立本罪。如果只是造成了现实危险,且并不符合危险作业罪的构成要件,则不构成犯罪。本罪属

---

① 许永安主编:《中华人民共和国刑法修正案(十一)解读》,中国法制出版社 2021 年版,第 32 页。

于法定犯,具有行政违法的属性。行为存在违章或者存在相关行政规范所规定的重大事故隐患而不排除,从而构成行政违法,其属于刑事违法性的前置要件。本罪法益是生产、作业领域中的公共安全,与危险作业罪的法益相同。本罪的成立应当存在强令或者组织违章冒险作业的行为,此时的行为判断侧重行政违法性的判断,同时应当因之而发生重大伤亡事故或者造成其他严重后果,此时的行为结果判断侧重刑事违法性的判断。在本罪的两种基本行为类型中,强令违章作业与组织违章作业的区别主要在于是否存在"强令"式的命令行为,如果只是单纯的召集与组织行为,则属于组织违章作业;最终出现重大伤亡事故或其他严重后果的,均成立本罪。

2. 本罪与相关犯罪的界限

在生产、作业领域,行为可能还会构成危险作业罪、重大责任事故罪、重大劳动安全事故罪等。本罪与危险作业罪的区别主要在于二者分别属于实害犯与危险犯,除此之外,在具体的构成要件层面也存在一定区别,本罪的构成要件行为侧重于对生产、作业的冒险性,危险作业罪的构成要件行为侧重于对生产、作业的危险性以及躲避行政监管的特征。本罪与重大责任事故罪的区别主要在于是否存在强令或者组织冒险作业的行为,重大责任事故罪不存在类似行为,只是在违反有关安全管理规定的情形下从事生产、作业活动,因而发生重大伤亡事故或者造成其他严重后果。重大劳动安全事故罪与重大责任事故罪较为接近,前者是安全生产设施或者安全生产条件不符合国家规定,后者是在生产、作业中违反有关安全管理的规定。在行为同时成立不同犯罪时,应当按照想象竞合犯从一重罪处断。

(三) 本罪的处罚

犯本罪的,根据《刑法》第134条第2款的规定,处5年以下有期徒刑或者拘役;情节特别恶劣的,处5年以上有期徒刑。本罪的最高法定刑与最低法定刑之间存在一定差距,在5年以上有期徒刑、5年以下有期徒刑以及拘役之间的判处应当综合案件的事实与情节予以规范认定。

八、危险作业罪

(一) 概念及构成要件

本罪为《刑法修正案(十一)》所增设的罪名,是指在生产、作业中违反有关安全管理的规定,存在法定情形之一的,具有发生重大伤亡事故或者其他严重后果的现实危险的行为。

1. 行为

根据《刑法》第134条之一的规定,主要分为以下三种行为类型:

(1) 关闭、破坏直接关系生产安全的监控、报警、防护、救生设备、设施,或者篡改、隐瞒、销毁其相关数据、信息的。"该项针对的是生产、作业中已经发现危险,如瓦斯超标,但故意关闭、破坏报警、监控设备,或者修改设备阈值,破坏检测设备正常工作条件,使有关监控、监测设备不能正常工作,而继续冒险作业,逃避监管。"①关闭、破坏的设备、设施以及篡改、隐瞒、销毁的数据、信息应当与生产安全存在直接关系,关闭、破坏与生产安全无关的设备、设施以及篡改、隐瞒、销毁与生产安全无关的数据、信息不属于危险作业行为。除了积极的作为行为外,消极的不作为行为同样有可能属于危险作业行为。例如,在生产、作业中,按照有关安全管理的规定应当安装相应的设备、建造相应的设施或者准确记录相关的数据与信息,但却并未采取这些行为措施,而继续进行生产、作业的,同样属于危险作业行为。无论从危险作业罪的法益还是从当然解释的原理来看,负有责任的生产者不按照规定安装相关的设备而进行生产、作业的都属于危险作业行为,只是在具体的实践中应当根据事实情况进行具体认定。

(2) 因存在重大事故隐患被依法责令停产停业、停止施工、停止使用有关设备、设施、场所或者立即采取排除危险的整改措施,而拒不执行的。该项的入罪标准条件分为三个层次,一是生产、作业中存在重大事故隐患,二是相关监管部门已经责令整改,三是对责令整改的措施拒不执行。因此,该项的行为类型主要是拒不执行行政命令的行为。在生产、作业中存在重大事故隐患是客观存在的,并且在行政监管的过程中已经被发现,行政机关提出了相应的整改要求,通常伴随行政处罚的情形,但相关责任主体并未采取相应的整改措施。无论是生产、作业存在重大事故隐患的判断标准还是行政监管部门作出责令整改措施方面的内容等均存在《中华人民共和国安全生产法》等相关前置法的规定。该项的行为类型体现为一种不作为,这种不作为具有二次的行政违法性,并且由于对法益造成的现实危险而达至刑事不法的程度。

(3) 涉及安全生产的事项未经依法批准或者许可,擅自从事矿山开采、金属冶炼、建筑施工,以及危险物品生产、经营、储存等高度危险的生产作业活动的。从事一些特定领域的高危作业应当取得有关安全生产事项的批准,取得事先的行政许可或者审批对于确保相应领域的秩序以及安全等具有重要意义,毕竟,未取得安全生产许可或者审批的,由于安全生产条件不符合法定要求而极易导致一些重大事故的发生。故未经依法批准或者许可而实施高度危险的生产作业活动的属于典型的危险作业行为。

2. 主体

本罪为一般主体,包括一切对生产、作业安全能够施加影响的人员。

3. 罪过

本罪的罪过为故意。行为人应当对其实施的行为会危害生产、作业安全具

---

① 许永安主编:《中华人民共和国刑法修正案(十一)解读》,中国法制出版社2021年版,第40页。

有认识。

(二) 本罪的认定

1. 本罪的性质

危险作业罪属于法定犯,但危险作业罪的法益内容不包括行政管理秩序,本罪的法益内容具体为受生产、作业领域影响的公共安全。对于行为造成现实危险的判断应当围绕行为是否对受生产、作业领域影响的公共安全这一法益对象造成了具体的危险。在构成要件的立法规定方面,行政违法要件的设置反而有利于限缩危险作业罪的成立范围,因为单纯造成现实危险的行为如果没有违反相关的行政管理规定,那么就不能按照危险作业罪论处,这是从构成要件符合性的层面在立法上限缩了危险作业罪的成立范围。行政许可或者审批的意义除了可以对安全资质与作业条件进行事先把关外,还可以对主体范围进行有效控制,即至少应当与生产作业领域有关。但主体不是本罪的成立条件,本罪不具有身份犯的特征。本罪的成立需要具有发生重大伤亡事故或者其他严重后果的现实危险,这种现实危险的成立需要结合具体情形予以认定,对于涉及其他专业性的问题,有必要分情形进行不同的专业论证。危险作业行为是否造成现实危险属于危险作业罪成立与否的实质要件。

2. 本罪与相关犯罪的竞合

危险作业罪属于一个轻罪,但其行为类型相对多样,所涉范围较为广泛,可能在构成危险作业罪的同时成立其他犯罪,如非法采矿罪、非法运输、储存危险物质罪、重大责任事故罪、危险物品肇事罪等。对于想象竞合的情形,应当择一重罪处罚,对于数行为成立数个犯罪的情形,则应当予以数罪并罚。

(三) 本罪的处罚

犯本罪的,根据《刑法》第134条之一的规定,处1年以下有期徒刑、拘役或者管制。在给予刑事处罚的同时应当注意与行政处罚之间保持有效衔接,以防止不合理地扩大刑事处罚范围。

九、重大劳动安全事故罪

本罪是指安全生产设施或安全生产条件不符合国家规定,因而发生重大伤亡事故或造成其他严重后果的行为。本罪法益是生产、作业的安全。本罪行为表现为安全生产设施或安全生产条件不符合国家规定,因而发生重大伤亡事故或造成其他严重后果。具体包括:(1) 本单位的安全生产设施或安全生产条件不符合国家规定。"安全生产设施",是指确保生产安全,保障劳动者人身与健康安全的各种设施、设备等;"安全生产条件",是指关涉安全生产的各种设施、设备、场所与环境;"不符合国家规定",是指安全生产设施或安全生产条件不符合国家制定的确保生产安全、保障劳动者人身与健康安全的法律、法规所规定的标准。(2)发生重大伤亡事故或造成其他严重后果,其认定标准与前述重大责任事故罪相同。本罪主体为特殊主体,即主管和直接管理安全生产设施或安全生产条件的人员,如安全员、安全监察员等。本罪罪过是过失。犯本罪的,根据《刑法》第135条的规定处罚,本罪从重处罚的7种情形参见《生产安全刑案解释》第12条的规定。

十、大型群众性活动重大安全事故罪

本罪为《刑法修正案(六)》所增设。本罪是指举办大型群众性活动违反安全管理规定,因而发生重大伤亡事故或造成其他严重后果的行为。本罪法益是公共安全以及国家有关大型群众性活动安全的管理制度。本罪行为表现为举办大型群众性活动违反安全管理规定,因而发生重大伤亡事故或造成其他严重后果。"大型群众性活动",是指以不特定或多数的社会成员为参加对象,具有较大的活动空间、具有一定规模的社会活动。"违反安全管理规定",是指在举办大型群众性活动的过程中,没有按照国家有关安全管理法律法规之规定做好安全防护或施救处理工作的行为。另外,必须发生"重大伤亡事故或造成其他严重后果",其认定标准与前述重大责任事故罪相同。本罪主体为特殊主体,即举办大型群众性活动的直接主管人员和其他直接责任人员。本罪罪过为过失。犯本罪的,根据《刑法》第135条之一的规定处罚;本罪从重处罚的7种情形参见《生产安全刑案解释》第12条的规定。

十一、危险物品肇事罪

本罪是指违反爆炸性、易燃性、放射性、毒害性、腐蚀性物品的管理规定,在生产、储存、运输、使用中发生重大事故,造成严重后果的行为。本罪法益是公共安全和国家对危险物品的管理制度。本罪行为应从以下三点把握:(1)必须具有违反爆炸性、易燃性、放射性、毒害性、腐蚀性物品管理规定的行为。违反危险物品管理规定,是指违反国家颁布的,也包括企业、事业单位或上级管理机关制定的有关保障危险物品的生产、运输、储存、使用安全的各种规章制度。(2)必须发生在危险物品的生产、运输、储存、使用过程中或与危险物品的生产、运输、储存、使用有直接的联系。(3)必须发生重大事故,造成严重后果。"严重后果"的标准,根据《生产安全刑案解释》第6条的规定,是指具有下列情形之一的:(1)造成死亡1人以上,或者重伤3人以上的;(2)造成直接经济损失100万元以上的;(3)造成其他严重后果的情形。本罪主体为一般主体,主要是从事生产、储存、运输和使用危险物品的人。本罪罪过为过失。犯本罪的,根据《刑法》第136条的规定处罚;本罪从重处罚的7种情形参见《生产安全刑案解释》第12条的规定。

十二、工程重大安全事故罪

本罪是指建设单位、设计单位、施工单位、工程监理单位违反国家规定,降低工程质量标准,造成重大安全事故的行为。本罪法益是公共安全和国家对建筑工程的管理制度。本罪行为表现为违反国家规定,降低工程质量标准,造成重大安全事故。本罪行为应从以下三点把握:(1)必须实施了违反国家关于建筑工程质量管理制度的行为。所谓违反国家规定,是指违反国家关于建筑工程质量监督管理的法律、法规的规定。(2)必须降低工程质量标准。所谓降低工程质量标准,是指建设单位、勘察设计单位、施工单位、工程监理单位,没有按照工程质量的要求建设、设计、施工或予以监理,使工程质量没有达到国家所要求的标准。(3)必须造成重大安全事故。根据《生产安全刑案解释》,实施《刑法》第137条规定的行为,因而发生安全事故,造成死亡1人以上,或者重伤3人以上的,应当认定为"造成重大安全事故"。(4)违反规定,降低工程质量标准的行为必须与严重后果之间具有刑法上的因果关系。本罪主体是特殊主体,即建设单位、勘察设计单位、施工单位以及工程监理单位,但是刑法规定只处罚直接责任人员。本罪罪过是过失。犯本罪的,根据《刑法》第137条的规定处罚;本罪从重处罚的7种情形参见《生产安全刑案解释》第12条的规定。

十三、教育设施重大安全事故罪

本罪是指明知校舍或教育教学设施有危险,而不采取措施或不及时报告,致使发生重大伤亡事故的行为。本罪法益是教育教学活动的安全。本罪行为表现为在校舍或教育教学设施存在危险的情况下,不采取措施或不及时报告,致使发生重大伤亡事故。不采取措施或不及时报告,表现为不作为。所谓不采取措施,是指行为人有条件、有能力却不采取有效措施防止事故的发生。不采取既可以是根本没有采取任何措施,也可以是采取了一定的措施,但所采取的措施不足以防止事故的发生。所谓不及时报告,是指行为人不及时向有关的主管部门报告校舍或教育教学设施有危险。这里的"有关部门",既包括本教育机构的主管部门,也包括该教育机构的上级主管部门和其他相关机构,如公安消防部门等。"不采取措施"和"不及时报告",是构成本罪的客观行为的两种表现,行为人只要实施了其中一种行为,并因此发生重大伤亡事故的,即可成立本罪。本罪成立还要求不采取措施或不及时报告的行为必须与重大伤亡事故之间具有刑法上的因果关系。本罪中"重大伤亡事故"的认定标准与工程重大安全事故罪中的"重大安全事故"的认定标准相同。本罪主体为特殊主体,即对校舍、教育教学设施负有管理责任的人员,包括该教育机构中对校舍、教育教学设施的安全负有直接责任的人员,也包括该教育机构的上级主管部门中对校舍、教育教学设施的安全负有直接责任的人员。本罪罪过表现为过失。犯本罪的,根据《刑法》第138条的规定处罚;本罪从重处罚的7种情形参见《生产安全刑案解释》第12条的规定。

十四、消防责任事故罪

本罪是指违反消防管理法规,经消防监督机构通知采取改正措施而拒绝执行,造成严重后果的行为。本罪法益是社会的公共安全。本罪行为表现为违反消防管理法规,经消防监督机构通知采取改正措施而拒绝执行,造成严重后果发生。"消防管理法规",是指国家有关消防安全管理的法律、法规以及有关主管部门保障消防安全的各种规定,如《中华人民共和国消防法》《仓库防火安全管理规则》《高层建筑消防管理规则》。"拒绝执行",即当公安消防机构发现火灾隐患,经消防监督机构通知有关单位或个人采取措施,限期消除隐患时,行为人拒绝回应。"拒绝执行"是不作为,如果虽有违规的行为,具有发生火灾的隐患,但是,并没有公安消防机构通知其采取措施,限期消除隐患的,即使发生重大火灾,也不能成立本罪,不过并不影响行为人可能构成失火罪等其他犯罪。"严重后果",是指发生火灾,造成人员伤亡或使公私财产遭受严重损失,"严重后果"的认定标准与前述危险物品肇事罪相同。本罪还要求行为人的"拒绝执行"必须与严重后果之间具有刑法上的因果关系,否则,不能以本罪论处。本罪主体为一般主体,主要是负有防火安全职责的直接责任人员。罪过是过失。犯本罪的,根据《刑法》第139条的规定处罚;本罪从重处罚的7种情形参见《生产安全刑案解释》第12条的规定。

十五、不报、谎报安全事故罪

(一) 概念及构成要件

本罪为《刑法修正案(六)》所增设。本罪是指在安全事故发生后,负有报告职责的人员不报或谎报事故情况,贻误事故抢救,情节严重的行为。本罪法益是社会的公共安全以及安全事故报告处理制度。

1. 行为

本罪行为表现为在安全事故发生后,负有报告职责的人员不报或者谎报事故情况,贻误事故抢救,情节严重。理解本罪行为应注意:

(1) 必须是安全事故发生后。这是本罪成立的前提条件。"安全事故",是指关涉安全管理的重大人员伤亡或重大公私财产的灭失。刑法对这里的安全事故的类型没有作限制性规定,因此,只要是安全事故均符合本罪的前提条件。

(2) 必须是负有报告职责的人员不报或谎报事故。"不报事故"是指安全事故发生后,不向有关地方政府或政府具体职能部门汇报事故情况的行为。"谎报事故"是指安全事故发生后,向有关地方政府或政府具体职能部门报告非真实的事故情况的行为。

（3）必须贻误了抢救时机。行为人报告失职的行为贻误了事故抢救的最佳时机时，才能成立本罪。如果行为人不报或谎报安全事故的行为没有贻误抢救的时机，则不构成本罪。安全事故的发生往往具有突发性与损失扩大的不确定性，若不及时准确地报告，会贻误甚至失去抢救时机，造成更为严重的损害。

（4）必须达到情节严重的程度。根据《生产安全刑案解释》第8条的规定，其认定标准为具有下列情形之一的：① 导致事故后果扩大，增加死亡1人以上，或者增加重伤3人以上，或者增加直接经济损失100万元以上的；② 实施下列行为之一，致使不能及时有效开展事故抢救的：A. 决定不报、迟报、谎报事故情况或者指使、串通有关人员不报、迟报、谎报事故情况的；B. 在事故抢救期间擅离职守或者逃匿的；C. 伪造、破坏事故现场，或者转移、藏匿、毁灭遇难人员尸体，或者转移、藏匿受伤人员的；D. 毁灭、伪造、隐匿与事故有关的图纸、记录、计算机数据等资料以及其他证据的；③ 其他情节严重的情形。

2. 主体

本罪主体为特殊主体，即对安全事故负有报告职责的人，根据《生产安全刑案解释》第4条的规定，"负有报告职责的人员"，是指负有组织、指挥或者管理职责的负责人、管理人员、实际控制人、投资人，以及其他负有报告职责的人员。第9条规定，在安全事故发生后，与负有报告职责的人员串通，不报或者谎报事故情况，贻误事故抢救，情节严重的，依照本罪的规定，以共犯论处。

3. 罪过

本罪罪过为过失。

（二）本罪的处罚

犯本罪的，根据《刑法》第139条之一的规定，情节严重的，处3年以下有期徒刑或者拘役，情节特别严重的，处3年以上7年以下有期徒刑。这里的"情节特别严重"，根据《生产安全刑案解释》第8条的规定，是指具有以下情形之一的：（1）导致事故后果扩大，增加死亡3人以上，或者增加重伤10人以上，或者增加直接经济损失500万元以上的；（2）采用暴力、胁迫、命令等方式阻止他人报告事故情况，导致事故后果扩大的；（3）其他情节特别严重的情形。

拓展阅读

避免以危险方法危害公共安全罪沦落为"口袋罪"的适用规则[①]

司法实践中，有的判决将明显构成其他犯罪的行为也认定为(过失)以危险

---

① 参见张明楷：《论以危险方法危害公共安全罪——扩大适用的成因与限制适用的规则》，载《国家检察官学院学报》2012年第4期。

方法危害公共安全罪;有的判决将危害公共安全但不构成其他具体犯罪的行为,认定为(过失)以危险方法危害公共安全罪,导致本罪囊括了刑法分则没有明文规定的、具有危害公共安全性质的全部行为(使"以其他危险方法"的表述成为危害公共安全罪的兜底条款);有的判决还将并不危害公共安全的行为认定为以危险方法危害公共安全罪。于是,以危险方法危害公共安全罪,被学者们称为"口袋罪"。司法机关应当准确把握(过失)以危险方法危害公共安全罪的罪质与构成要件,限制本罪的适用范围。由此应当确立以下规则:采用放火、爆炸、决水、投放危险物质的行为方式,却又不能构成放火罪、爆炸罪、决水罪、投放危险物质罪的行为,也不可成立以危险方法危害公共安全罪;以危险方法危害公共安全罪足以造成或者已经造成的侵害结果,仅限于致人重伤、死亡或者使公私财物遭受重大损失;不足以造成这一结果的行为,不成立以危险方法危害公共安全罪;对于行为人以杀人、伤害、放火、破坏交通工具等其他方法实施犯罪危害了公共安全的,不宜一律根据想象竞合犯从一重罪处断的原则对待,而应分别情况具体处理。总之,对本罪的适用,应当限制适用,而不应当扩充适用,法谚云:"有利的应当扩充,不利的应当限制",不利于保障公民自由的条款不应当无节制地加以扩充适用。

《刑法修正案(九)》中有关恐怖主义、极端主义犯罪的刑事立法之评价[①]

在《刑法修正案(九)》中,对恐怖主义、极端主义犯罪主要采用了两种处罚方式:一是处罚的提前化,即将以前作为预备犯、帮助犯的行为作为单独犯加以处罚,如现行《刑法》第120条之一所规定的帮助恐怖活动罪、第120条之二所规定的准备实施恐怖活动罪、第120条之三所规定的宣扬恐怖主义、极端主义、煽动实施恐怖活动罪就是如此。二是处罚的扩张化,即改变原来的"结果犯"或者"情节犯"的立法模式,而将需要处罚的行为直接规定为行为犯即抽象危险犯。如《刑法》第120条之四所规定的利用极端主义破坏法律实施罪、第120条之五所规定的强制穿戴恐怖主义、极端主义服饰、标志罪就是如此。以上两种扩张处罚范围的方式虽然在形式上表现不同,但在实质上二者之间并无区别,即都是只要有行为,就应当受到刑法处罚。它们都规定在被称为"公共危险犯"的危害公共安全罪一章之中,以危害不特定多数人的生命、身体、财产的安全为成立要件,因此,属于典型的抽象危险犯。

《刑法修正案(九)》对待恐怖与极端主义犯罪这种以"风险社会观"为背景而提倡的不需要结果、不需要情节的犯罪规定模式,和以"侵害法益"为核心的

[①] 参见黎宏:《〈刑法修正案(九)〉中有关恐怖主义、极端主义犯罪的刑事立法——从如何限缩抽象危险犯的成立范围的立场出发》,载《苏州大学学报(哲学社会科学版)》2015年第6期。

传统刑法模式之间是否融合,尚需慎重考虑。一方面,风险社会的"风险"和传统刑法中的"危险"是两个不同的概念。在传统的、以法益保护为核心的刑法当中,将对"包含不确定性的风险控制"作为其中心内容的话,势必会侵蚀近代以来所确立的法益侵害原则。如强迫他人穿着恐怖主义标志的服饰的行为本身只是对他人行为自由的侵犯,绝不至于对公共安全即个人的生命、身体、财产有具体威胁,但现行法仍然将其作为危害公共安全罪之一种加以规定,按照目前的一般理解,难免有将"公共安全"理解为"人们的恐惧感或者说不安感"的嫌疑。这显然是对危害公共安全罪的法益理解的颠覆。另一方面,抽象危险犯的定罪模式所具有的负面作用也不容小觑。本来贝克所说的"风险社会"是针对现代科技当中所包含的无法预测、不为人知的危险,将其引入社会问题的领域之后,许多人为造成风险的原因(如产生恐怖主义、极端主义暴恐事件的社会原因)就有可能被以"无法预测、不为人知"为借口而搪塞过去,出现本次打击之后再次死灰复燃的"治标不治本"的情形;同时,不能排除安全刑法观本质上也是一种对恐怖活动的过度反应。"9·11"事件之后,几乎所有的西方国家都实质性地强化了刑事法律制裁并扩大了警察的强制执行方法,这种过度反应不仅引发了恐慌,还正中了恐怖主义者的下怀即造成公众的焦虑,对政府失去信心,从而"帮助"恐怖主义者将其恐怖活动的效果最大化了。

延伸思考

"毒驾"应否入刑[①]

自《刑法修正案(八)》将"醉驾"与"追逐竞驶"规定为危险驾驶犯罪后,很多民众要求"毒驾"入刑。对此,我们持反对立场。(1)毒驾行为尚不能被证明会显著增加交通事故的风险。澳大利亚的实践表明,毒驾与交通事故风险之间相关的证据稀少,在吸食毒品与驾驶风险之间的普遍联系尚未有充足的科学依据之时,盲目将毒驾入罪必然会给司法实践带来诸多难题,也将挑战刑法责任主义的根基。(2)毒驾入刑在司法实践中存在着很多问题。尽管有观点认为毒驾入刑已为欧盟、美国、加拿大等诸多国家和地区普遍实行,我国公安部门现已掌握了相关技术手段,但深入分析发现,毒驾入刑在司法实践中依然存在很多难题。其一,在确定毒驾入罪标准的问题上,"零容忍"的态度备受推崇。所谓零容忍,即指只要在驾驶者体内检测到毒品,不论含量大小,不论驾驶能力是否受损,一律入罪。但在我国一旦实施对毒驾的"零容忍",就意味着所有查处到的毒驾行为都将入罪,这就在实质上彻底架空了行政法的规定。其二,如果像醉驾

[①] 参见李琳:《新型危害行为入罪标准之确定——以质疑"毒驾入刑"为视角之分析》,载《法学评论》2014年第2期。

入刑一样设置一个客观的入罪标准，那么且不论针对每一种药物设定受损害标准之困难，即使确立了一个所谓的平均标准，也难以解决混合毒品和毒品代谢物的问题。其三，如果采用主客观标准也存在问题。为避免客观标准存在的实质不公问题，很多国家采用主观标准与客观标准相结合的方式来认定毒驾，但以不良驾驶行为的影像资料与警察对驾驶者进行的损害测试结果作为证据的主观标准也面临着可靠性的质疑。其四，毒驾入刑后测试操作性与准确性还很欠缺。其五，即使采用主客观标准，也与我国的犯罪治理法律体系不相符。

总之，毒驾未入刑并不是法律的缺失，而是由于我国有行政法规来分担对一般违法行为的处罚。行政处罚相对刑事处罚，既节约高效，又避免了监禁刑的交叉感染以及犯罪标签对行为人回归社会造成的阻碍。尤其在我国，大部分关涉职业资格的法律都有禁止犯罪人终身或一定期限内从事某种职业的规定，犯罪将使公务员、司法人员、教师等群体面临职业前途尽毁的严重后果，刑罚之恶的突出决定了我国对待入罪问题应当慎之又慎。

案例分析

1. 2009年，卢某购得一辆17座中型普通客车，并办理道路运输经营许可证开始载客经营。2011年1月中旬春运开始，卢某有事外出，临走时吩咐代理司机胡某："人员超载不要太多，交警查得很严。"但卢某未按规定对车辆轮胎进行检查、更换，将2只厂牌不同、花纹不同的轮胎安装在车的前左、右轮使用。当月17日上午10时许，胡某驾车到县城客运总站，候车的乘客争先恐后上车，30名乘客挤满了限载17人的小车，胡对此未予理会。车行驶半小时后，右前轮发生爆裂，车辆失控驶出山下，造成10人死亡、其余人不同程度受伤。①

问题：事发时并不在场的卢某是否构成交通肇事罪？

2. 2008年1月20日，位于温州市瓯海区梧田街道的一个加工厂突然坍塌，正在生产作业的7名民工当场死亡，十几人受伤，其中2名伤者经抢救无效死亡。加工厂直接负责主管人员即房屋承租人崔某，在未查看房屋相关产权证明的情况下，即租用存在严重安全隐患的违章建筑，同时未组织工人进行专门培训，并违反有关禁止"三合一"管理的规定，导致重大伤亡事故发生，构成重大劳动安全事故罪。②

问题：房东陈某将不符合国家规定的违章建筑出租给不具备安全生产条件的生产经营单位从事生产活动，是否也构成重大劳动安全事故罪？

---

① 参见王明建：《车主未在场，怎么就构成交通肇事罪？》，载《检察日报》2011年12月4日第3版。
② 参见利昌、标标：《房东也可构成重大劳动安全事故罪》，载《检察日报》2009年2月21日第2版。

第三章 破坏社会主义市场经济秩序罪

第一节 破坏社会主义市场经济秩序罪概述

一、破坏社会主义市场经济秩序罪的概念及构成要件

破坏社会主义市场经济秩序罪,是指违反国家经济管理法规,在市场经济运行或经济管理活动中进行非法经济活动,严重危害社会主义市场经济发展的行为。社会主义市场经济秩序,是国家通过法律对由市场资源配置的经济运行过程进行调节和实行管理所形成的正常、有序的状态。它包括正当竞争秩序、对外贸易秩序、对公司企业的管理秩序、税收征管秩序以及市场活动秩序等。因为经济秩序本质上是社会经济利益的表现,所以经济利益的任何调整和变动都将导致经济秩序状态的变化。本章犯罪所侵犯的法益是我国社会主义市场经济秩序中所体现的国家、社会的经济利益。例如,走私罪主要侵犯了对外贸易秩序所体现的经济利益;各种金融犯罪主要侵犯的是经济管理秩序中所体现的经济利益;危害税收征管的犯罪主要侵犯的是税收管理秩序中所体现的经济利益。

破坏社会主义市场经济秩序罪的构成要件如下:

1. 行为

本章犯罪的行为表现为违反国家经济管理法规,在市场经济运行或经济管理活动中进行非法的经济活动,严重危害了市场经济发展。具体言之,包括如下三个方面:

(1)违反国家经济管理法规。破坏社会主义市场经济秩序罪,基本上是以违反一定的市场经济管理法规为前提。例如,生产、销售伪劣产品罪违反《中华人民共和国产品质量法》(以下简称《产品质量法》)、《中华人民共和国药品管理法》(以下简称《药品管理法》)、《中华人民共和国食品安全法》(以下简称《食品安全法》)。

(2)在市场经济运行或经济管理活动中进行非法经济活动。破坏社会主义市场经济秩序罪都是在市场经济运行或经济管理活动中发生的,因而这类犯罪行为首先表现为一种经济活动。例如,生产、销售伪劣商品罪首先表现为商品的生产、销售;合同诈骗罪首先表现为经济合同的签订;虚报注册资本罪关键表现为申请公司登记。其次,这里所说的经济活动,是一种非法的经济活动,即违反

国家市场经济管理法规的经济活动。非法的经济活动不一定构成犯罪,但构成这类犯罪的行为必然是非法的经济活动。

(3) 严重危害市场经济发展。只有破坏市场经济秩序,严重危害市场经济发展的行为,才可能构成犯罪。所以,本章中许多犯罪,以"数额较大""情节严重""造成严重后果"以及其他情况为构成要件,这也是本章犯罪的一大重要特点。

2. 主体

本章犯罪的主体,可以分为个人和单位两大类。(1) 个人。有一般主体,也有特殊主体。本类犯罪的一般主体是年满16周岁、具有刑事责任能力的自然人。本类犯罪的特殊主体,除要求具备上述条件外,还必须具有一定的身份才能构成,如公司的发起人、股东、金融机构工作人员等。需要注意的是,2000年5月8日最高法《关于农村合作基金会从业人员犯罪如何定性问题的批复》规定,农村合作基金会从业人员,除具有金融机构现职工作人员身份的以外,不属于金融机构工作人员。(2) 单位。本章规定的大多数犯罪均可由单位构成。这是本章犯罪在主体上的重要特征。

3. 罪过

本章大多数犯罪的罪过是故意,一部分犯罪还具有牟利的目的、非法占有的目的或其他目的,如高利转贷罪的"以转贷牟利为目的"、金融诈骗罪的"以非法占有为目的"等。个别犯罪则只能由过失构成。

二、破坏社会主义市场经济秩序罪的种类

破坏社会主义市场经济秩序的犯罪,根据《刑法》分则第三章、《外汇犯罪决定》和几部刑法修正案的规定,共计103个条文,包括110个罪名。具体可分为以下八类:

(1) 生产、销售伪劣商品罪。包括:生产、销售伪劣产品罪,生产、销售、提供假药罪,生产、销售、提供劣药罪,妨害药品管理罪,生产、销售不符合安全标准的食品罪,生产、销售有毒、有害食品罪,生产、销售不符合标准的医用器材罪,生产、销售不符合安全标准的产品罪,生产、销售伪劣农药、兽药、化肥、种子罪,生产、销售不符合卫生标准的化妆品罪。

(2) 走私罪。包括:走私武器、弹药罪,走私核材料罪,走私假币罪,走私文物罪,走私贵重金属罪,走私珍贵动物、珍贵动物制品罪,走私国家禁止进出口的货物、物品罪,走私淫秽物品罪,走私废物罪,走私普通货物、物品罪。

(3) 妨害对公司、企业的管理秩序罪。包括:虚报注册资本罪,虚假出资、抽逃出资罪,欺诈发行证券罪,违规披露、不披露重要信息罪,妨害清算罪,隐匿、故意销毁会计凭证、会计账簿、财务会计报告罪,虚假破产罪,非国家工作人员受贿

罪、对非国家工作人员行贿罪、对外国公职人员、国际公共组织官员行贿罪、非法经营同类营业罪、为亲友非法牟利罪、签订、履行合同失职被骗罪、国有公司、企业、事业单位人员失职罪、国有公司、企业、事业单位人员滥用职权罪、徇私舞弊低价折股、出售公司、企业资产罪、背信损害上市公司利益罪。

（4）破坏金融管理秩序罪。包括：伪造货币罪，出售、购买、运输假币罪，金融工作人员购买假币、以假币换取货币罪，持有、使用假币罪，变造货币罪，擅自设立金融机构罪，伪造、变造、转让金融机构经营许可证、批准文件罪，高利转贷罪，骗取贷款、票据承兑、金融票证罪，非法吸收公众存款罪，伪造、变造金融票证罪，妨害信用卡管理罪，窃取、收买、非法提供信用卡信息罪，伪造、变造国家有价证券罪，伪造、变造股票或者公司、企业债券罪，擅自发行股票或者公司、企业债券罪，内幕交易、泄露内幕信息罪，利用未公开信息交易罪，编造并传播证券、期货交易虚假信息罪，诱骗投资者买卖证券、期货合约罪，操纵证券、期货市场罪，背信运用受托财产罪，违规运用资金罪，违法发放贷款罪，吸收客户资金不入账罪，违规出具金融票证罪，对违法票据承兑、付款、保证罪，逃汇罪，骗购外汇罪，洗钱罪。

（5）金融诈骗罪。包括：集资诈骗罪，贷款诈骗罪，票据诈骗罪，金融凭证诈骗罪，信用证诈骗罪，信用卡诈骗罪，有价证券诈骗罪，保险诈骗罪。

（6）危害税收征管罪。包括：逃税罪，抗税罪，逃避追缴欠税罪，骗取出口退税罪，虚开增值税专用发票、用于骗取出口退税、抵扣税款发票罪，虚开发票罪，伪造、出售伪造的增值税专用发票罪，非法出售增值税专用发票罪，非法购买增值税专用发票、购买伪造的增值税专用发票罪，非法制造、出售非法制造的用于骗取出口退税、抵扣税款发票罪，非法制造、出售非法制造的发票罪，非法出售用于骗取出口退税、抵扣税款发票罪，非法出售发票罪，持有伪造的发票罪。

（7）侵犯知识产权罪。包括：假冒注册商标罪，销售假冒注册商标的商品罪，非法制造、销售非法制造的注册商标标识罪，假冒专利罪，侵犯著作权罪，销售侵权复制品罪，侵犯商业秘密罪，为境外窃取、刺探、收买、非法提供商业秘密罪。

（8）扰乱市场秩序罪。包括：损害商业信誉、商品声誉罪，虚假广告罪，串通投标罪，合同诈骗罪，组织、领导传销活动罪，非法经营罪，强迫交易罪，伪造、倒卖伪造的有价票证罪，倒卖车票、船票罪，非法转让、倒卖土地使用权罪，提供虚假证明文件罪，出具证明文件重大失实罪，逃避商检罪。

第二节 生产、销售伪劣商品罪

一、生产、销售伪劣产品罪

(一) 概念及构成要件

本罪是指生产者、销售者故意在产品中掺杂、掺假,以假充真,以次充好或以不合格产品冒充合格产品,销售金额5万元以上的行为。关于本罪是否为选择性罪名,学界存在争议,关键在于如何理解"销售金额5万元以上"的性质。通说和司法解释认为,仅有生产而没有销售的,也可以成立本罪的未遂犯。据此,本罪属于选择性罪名。

本罪法益是国家对产品质量的监督管理制度、市场管理制度以及广大消费者的合法权益。从本罪与其他生产、销售伪劣商品罪之间的竞合关系来看,不能认为本罪所侵犯的个人法益仅限于财产权。

1. 行为

本罪行为表现为生产、销售伪劣产品,销售金额在5万元以上。

首先,行为对象是伪劣产品,包括伪产品(即以假充真的产品)和劣质产品(即掺杂、掺假的产品、以次充好的产品、冒充合格产品的不合格产品)。在一般的行政法规中往往使用"假冒伪劣产品"一词。例如,2011年2月23日国家质量监督检验检疫总局《关于实施〈产品质量法〉若干问题的意见》第8条规定,生产、销售假冒伪劣产品的行为包括:(1) 生产国家明令淘汰产品,销售国家明令淘汰并停止销售的产品和销售失效、变质产品的行为;(2) 伪造产品产地的行为;(3) 伪造或者冒用他人厂名、厂址的行为;(4) 伪造或者冒用认证标志等质量标志的行为;(5) 在产品中掺杂、掺假的行为;(6) 以假充真的行为;(7) 以次充好的行为;(8) 以不合格产品冒充合格产品的行为。根据刑法的规定,只有后五种行为方式属于生产、销售伪劣产品罪的客观表现。

其次,行为方式有四种类型:(1) 掺杂、掺假;(2) 以假充真;(3) 以次充好;(4) 以不合格产品冒充合格产品。所谓掺杂、掺假,是指在产品中掺入杂质或异物,致使产品质量不符合国家法律、法规或产品明示质量标准规定的质量要求,降低、失去应有使用性能的行为;所谓以假充真,是指以不具有某种使用性能的产品冒充具有该种使用性能的产品的行为;所谓以次充好,是指以低等级、低档次产品冒充高等级、高档次产品,或以残次、废旧零配件组合、拼装后冒充正品或新产品的行为;所谓不合格产品,是指不符合《产品质量法》第26条第2款规定的质量要求的产品。

王某在哈尔滨组织生产重油膨化剂、重柴油膨化剂,声称使用该产品可以使水变油,从而节油约20%—30%。王某先后向沈阳冶炼厂等七家单位销售重油膨化剂、重柴油膨化剂60余吨,所得393万元。经查,王某生产、销售的重油膨化剂、重柴油膨化剂不具有其许诺的节油性能。法院认为,对于被告人王某所生产、销售的重油膨化剂、重柴油膨化剂,由于没有国际标准、国家标准、行业标准和地方标准可供执行,应执行企业标准。根据企业标准,生产、销售的产品应具备其许诺的使用性能,否则就是不合格产品。法院判决被告人王某的行为成立生产、销售伪劣产品罪。

最后,构成本罪,要求销售金额在5万元以上。销售金额是指生产者、销售者出售伪劣产品后所得和应得的全部违法收入;多次实施生产、销售伪劣产品行为,未经处理的,销售金额累计计算。问题是伪劣产品尚未销售,或销售金额未达5万元的,能否以生产、销售伪劣产品罪的未遂犯处理?否定说认为,销售金额是对本罪行为程度的要求,没有销售或销售金额没有达到法定数额的,其行为程度不符合本罪的构成要件,不成立犯罪,不能以未遂犯论处。这个道理如同酒后驾驶行为并不成立醉酒驾驶罪的未遂犯一样。① 肯定说认为,如果生产者生产了伪劣产品,销售者购入了伪劣产品,且将来销售后的金额可能达到5万元,即使没有销售的也构成本罪的未遂犯。② 按照否定说,本罪只有生产、销售伪劣产品罪和销售伪劣产品罪两种情况;按照肯定说,则包括生产、销售伪劣产品罪、生产伪劣产品罪、销售伪劣产品罪三种情况。司法解释采取了折中的态度。2001年4月9日"两高"《关于办理生产、销售伪劣商品刑事案件具体应用法律若干问题的解释》(以下简称《伪劣产品刑案解释》)第2条第2、3款规定:伪劣产品尚未销售,货值金额达到《刑法》第140条规定的销售金额3倍以上的,以生产、销售伪劣产品罪(未遂)定罪处罚。货值金额以违法生产、销售的伪劣产品的标价计算;没有标价的,按照同类合格产品的市场中间价格计算。货值金额难以确定的,按照《扣押、追缴、没收物品估价管理办法》的规定,委托估价机构确定。据此,仅有生产而没有销售的,也可以成立本罪的未遂犯。

2. 主体

本罪主体是生产者和销售者,既可是自然人,也可是单位。本罪不是身份犯。生产者既包括产品的制造者,也包括产品的加工者;销售者既包括产品的批发者,也包括零售者。至于生产者、销售者是否取得了有关产品的许可证或营业执照,不影响本罪主体的认定。《伪劣产品刑案解释》第9条规定,知道或应当知道他人实施生产、销售伪劣商品犯罪,而为其提供贷款、资金、账号、发票、证明、许可证件,或者提供生产、经营场所或者运输、仓储、保管、邮寄等便利条件,

---

① 参见张明楷:《刑法学》(第六版)(下),法律出版社2021年版,第946页。
② 参见何秉松主编:《刑法教科书》(下卷),中国法制出版社2000年版,第742—743页。

或者提供制假生产技术的,以生产、销售伪劣商品犯罪的共犯论处。

3. 罪过

本罪罪过是故意,即行为人明知自己生产、销售的是伪劣产品,且明知自己生产、销售伪劣产品的行为会发生破坏社会主义市场经济秩序,侵害消费者合法权益的后果,并且希望或放任这种结果发生。至于是否需要牟利或营利目的,法律条文并没有明确规定。我们持否定态度。首先,不能认为所有的销售型犯罪都是目的犯,都需要具有牟利或营利目的。有的销售型犯罪明文规定"以营利为目的",如《刑法》第218条销售侵权复制品罪;有的明文规定"销售牟利",如《刑法》第154条走私普通货物、物品罪。大多数销售型犯罪没有明文规定牟利或营利目的。虽然事实上这些犯罪的行为人往往具有牟利或营利目的,但事实的归纳并不能等同于规范的目的,不能否认有的销售型犯罪不是为了牟利,而是出于破坏社会主义市场经济秩序的目的。其次,根据《刑法》第149条,如果是因为不成立其他的生产、销售伪劣商品罪而按照生产、销售伪劣产品罪处罚,则不要求具有牟利或营利目的。

(二) 本罪的认定

1. 罪与非罪的界限

罪与非罪的界限主要在于:(1) 生产、销售伪劣产品的销售金额是否达到5万元以上。销售金额达到5万元以上的,才构成本罪;不满5万元的,则不构成本罪,而属于一般违法行为,可以由工商行政管理部门适当给予行政处罚。(2) 生产、销售的产品是否确属能够严重损害消费者利益的伪劣产品。有的食品包装未注明保质期或生产日期,有的产品所附说明书不规范,但产品内在质量并非伪劣的,一般不宜以本罪论处。(3) 行为人主观上是否出于故意。生产者不知道使用的原材料被掺杂、掺假或不符合标准,销售者不知道其销售的商品是伪劣产品,而由于疏忽大意或过于自信所造成的,均不构成本罪。

2. 此罪与彼罪的界限

(1) 本罪与诈骗罪的界限。生产、销售伪劣产品罪中虽然也带有一些诈骗成分,但工商交易活动和交易标的物是客观存在的,并非凭空捏造,这些交易标的物具有一定的成本,并非毫无价值。对于诈骗罪而言,由于行为人并非真的履行交易合同,而是出于非法占有对方钱财的目的,往往不会履行交易合同、交付标的物,即使万不得已交付了标的物,该标的物与事先约定的标的物也没有多大关系,而且也是毫无价值的或几乎没有成本的东西。例如,把晒干的萝卜根当作人参进行交易即为诈骗。

(2) 本罪与销售假冒注册商标的商品罪的界限。这两种犯罪存在着互相交叉的情况:行为人为了顺利销售伪劣产品,往往假冒名牌产品的注册商标;而销售假冒注册商标的商品,也往往是将自己生产的质量差的产品冒充他人质量好的产品。销售伪劣产品罪与销售假冒注册商标的商品罪客观上都有销售的行为,主观上都是故意,并且是明知,一般都以营利为目的,但二者的犯罪对象明显不同。前者的犯罪对象是伪劣产品,即假货或质量低劣不合格的产品,后者则为假冒他人已注册商标的商品,从该商品的性质看,可能其质量是合格的。由于对象不同,二者的法益也不同。前者是国家对产品质量的监督管理与市场管理秩序以及广大用户、消费者的合法权益。后者是他人的注册商标专用权和国家的商标管理秩序。行为人生产、销售伪劣产品并假冒他人注册商标的,属于牵连犯,应从一重罪从重处罚,即按生产、销售伪劣产品罪定罪并从重处罚。

(3) 本罪与本节其他伪劣产品犯罪的界限。生产、销售伪劣产品罪与本节其他犯罪的区别主要在于:第一,犯罪对象是否特定。前者的犯罪对象是伪劣产品,《刑法》未作特别的限定;后者的犯罪对象是《刑法》规定的特别种类的伪劣产品,如假药、劣药等。第二,认定构成犯罪的结果要件不同。前者以"销售金额5万元以上"为构成犯罪的要件,后者以"足以严重危害人体健康"或"对人体健康造成严重危害"等为构成犯罪的要件。生产、销售特别种类的伪劣产品的犯罪,当然也触犯《刑法》第140条生产、销售伪劣产品罪,属于特别法与普通法的法条竞合,通常应依特别法即依规定生产、销售特别种类的伪劣产品犯罪的法条论处,但《刑法》第149条第2款却规定,"依照处罚较重的规定定罪处罚"。因而,生产、销售《刑法》第141条至第148条所列产品,不构成各该条规定的犯罪,但是销售金额在5万元以上的,依照生产、销售伪劣产品罪定罪处罚。

3. 一罪与数罪的界限

《伪劣产品刑案解释》第10条和第11条规定,实施生产、销售伪劣商品犯罪,同时构成侵犯知识产权、非法经营等其他犯罪的,依照处罚较重的规定定罪处罚。实施《刑法》第140条至第148条规定之罪,又以暴力、威胁方法抗拒查处,构成其他犯罪的,依照数罪并罚的规定处罚。

(三) 本罪的处罚

犯本罪的,根据《刑法》第140条和第150条的规定,销售金额5万元以上不满20万元的,处2年以下有期徒刑或者拘役,并处或者单处销售金额50%以上2倍以下罚金;销售金额20万元以上不满50万元的,处2年以上7年以下有期徒刑,并处销售金额50%以上2倍以下罚金;销售金额50万元以上不满200万元的,处7年以上有期徒刑,并处销售金额50%以上2倍以下罚金;销售金额200万元以上的,处15年有期徒刑或无期徒刑,并处销售金额50%以上2倍以下罚金或者没收财产。单位犯本罪的,对单位判处罚金,并对其直接负责的主管人员和其他直接责任人员,依照上述规定处罚。

二、生产、销售、提供假药罪

(一) 概念及构成要件

本罪为《刑法修正案（十一）》所修订。本罪是指故意生产、销售、提供假药的行为。

1. 法益

刑法理论针对修改前的本罪法益多有争论，主流观点将本罪法益分为两个层次——主要法益与次要法益，认为本罪的主要法益是民众的生命健康，而次要法益则为药品管理秩序。在《刑法修正案（十一）》删除了假药的援引条款以后，有观点主张这一立法将秩序法益从本罪中予以剥离，因而本罪只保护民众生命健康。① 但是否删除这一条款，其实并不影响本罪的行为对象参照《药品管理法》的规定。我们认为，本罪法益并未随着立法的修改而有所改变。具体而言，药品管理秩序是针对民众身体健康与生命安全的事前保护，二者其实并不存在冲突。因此，本罪作为行政犯，其保护的只是药品管理秩序，不能因为出现一个偶然的有益结果，便推翻这一法益保护的效力。

2. 行为

首先，行为人生产、销售、提供的必须是假药。《刑法修正案（十一）》删除了原刑法中"假药，是指根据《中华人民共和国药品管理法》的规定属于假药和按假药处理的药品、非药品"的条款。因而便需要回答《刑法》中的药品与《药品管理法》中的"药品"究竟是何关系？我们认为，药品概念的解读具有行政从属性，仍然应以《药品管理法》的规定作为基础，不然对于假药的理解便会失去统一的标准，必然会失去法律适用的安定性。按照《药品管理法》第98条第2款的规定，有下列情形之一的，为假药：(1) 药品所含成分与国家药品标准规定的成分不符；(2) 以非药品冒充药品或者以他种药品冒充此种药品；(3) 变质的药品；(4) 药品所标明的适应症或者功能主治超出规定范围。这也是本罪中所采用的假药概念。②

其次，行为人必须有生产、销售、提供假药的行为。生产假药，是指违反药品生产质量管理规范，非法加工、制造假药的行为。根据《药品安全刑案解释》第6条第1款的规定，以生产、销售、提供假药、劣药为目的，合成、精制、提取、储存、加工炮制药品原料，或者在将药品原料、辅料、包装材料制成成品过程中，进行配料、混合、制剂、储存、包装的，应当认定为《刑法》第141条、第142条规定的"生

---

① 参见杜宇：《〈刑法修正案（十一）〉中药品犯罪修订之得失》，载《法学》2021年第3期。
② 2022年3月3日"两高"《关于办理危害药品安全刑事案件适用法律若干问题的解释》（以下简称《药品安全刑案解释》）对此也作了明确，即假药和劣药，均依照《药品管理法》的规定。

产"。销售假药是指将自己生产或他人生产的假药非法出售(批发或零售)的行为。提供是指药品使用单位的人员明知是假药而提供给他人使用的行为。上述司法解释第6条第2款规定,药品使用单位及其工作人员明知是假药、劣药而有偿提供给他人使用的,应当认定为《刑法》第141条、第142条规定的"销售";无偿提供给他人使用的,应当认定为《刑法》第141条、第142条规定的"提供"。行为人只要实施了生产、销售、提供之一的行为即构成本罪。倘若同时实施以上三种行为,不实行数罪并罚。

3. 主体

本罪的主体包括自然人和单位。但需要注意的是,生产、销售假药的行为主体为药品的生产者和销售者,而提供假药的主体则为药品使用单位的人员。按照《药品安全刑案解释》第9条的规定,明知他人实施危害药品安全犯罪,而有下列情形之一的,以共同犯罪论处:(1) 提供资金、贷款、账号、发票、证明、许可证件的;(2) 提供生产、经营场所、设备或者运输、储存、保管、邮寄、销售渠道等便利条件的;(3) 提供生产技术或者原料、辅料、包装材料、标签、说明书的;(4) 提供虚假药物非临床研究报告、药物临床试验报告及相关材料的;(5) 提供广告宣传的;(6) 提供其他帮助的。

4. 罪过

本罪罪过为故意,即行为人必须明知自己生产、销售、提供的是假药,但不需要其主观上具有营利目的。

(二) 本罪的认定

在《刑法修正案(十一)》删除了假药援引条款以后,并不意味着刑法上的假药采取了实质假药的概念,即一切以是否对病人有实际疗效作为标准。《药品管理法》的修改并不意味着立法者放弃了药品的形式认定标准。倘若将假药的认定完全基于实质疗效,那么势必使得法益保护过晚,这并不有利于药品管理秩序的维护。因而在司法实践中,法院仍需要对《药品管理法》的规定具有正确的认识。具体而言,假药的认定取决于国家药品标准。根据《药品管理法》第28条第2款的规定,国务院药品监督管理部门颁布的《中华人民共和国药典》和药品标准为国家药品标准。因此假药的标准实际上掌握在药典委员会手中,这明显是一种行政的认定标准,而非进行个案判断。而根据2009年11月5日国家食品药品监督管理局、卫生部《关于开展非药品冒充药品整治行动的公告》的规定,凡是在标签、说明书中宣称具有功能主治、适应症或者明示预防疾病、治疗功能或药用疗效等,以及产品名称与药品名称相同或类似的食品、保健用品、保健食品、化妆品、消毒用品,未标示产品批准文号产品,均可认定为非药品冒充药品,这同样与药品实际的疗效无关。而《药品管理法》新增加的变质的药品与药品所标明的适应症或者功能主治超出规定范围也同样无法说明这些药品已经属于实质的假药。

（三）本罪的处罚

犯本罪的,根据《刑法》第141条和第150条的规定,处3年以下有期徒刑或者拘役,并处罚金;对人体健康造成严重危害或者有其他严重情节的,处3年以上十年以下有期徒刑,并处罚金;致人死亡或者有其他特别严重情节的,处10年以上有期徒刑、无期徒刑或者死刑,并处罚金或者没收财产。单位犯本罪的,对单位判处罚金,并对其直接负责的主管人员和其他直接责任人员,依照上述规定处罚。根据《药品安全案件解释》第1条的规定,生产、销售假药,具有下列情形之一的,应当酌情从重处罚:(1)涉案药品以孕产妇、儿童或者危重病人为主要使用对象的;(2)涉案药品属于麻醉药品、精神药品、医疗用毒性药品、放射性药品、生物制品,或者以药品类易制毒化学品冒充其他药品的;(3)涉案药品属于注射剂药品、急救药品的;(4)涉案药品系用于应对自然灾害、事故灾难、公共卫生事件、社会安全事件等突发事件的;(5)药品使用单位及其工作人员生产、销售假药的;(6)其他应当酌情从重处罚的情形。

根据《药品安全刑案解释》第2条的规定,"对人体健康造成严重危害"指的是:(1)造成轻伤或者重伤的;(2)造成轻度残疾或者中度残疾的;(3)造成器官组织损伤导致一般功能障碍或者严重功能障碍的;(4)其他对人体健康造成严重危害的情形。该司法解释第3条规定,"其他严重情节"指的是:(1)引发较大突发公共卫生事件的;(2)生产、销售、提供假药的金额20万元以上不满50万元的;(3)生产、销售、提供假药的金额10万元以上不满20万元,并具有本解释第1条规定情形之一的;(4)根据生产、销售、提供的时间、数量、假药种类、对人体健康危害程度等,应当认定为情节严重的。该司法解释第4条规定,"其他特别严重情节"指的是:(1)致人重度残疾的;(2)造成3人以上重伤、中度残疾或者器官组织损伤导致严重功能障碍的;(3)造成5人以上轻度残疾或者器官组织损伤导致一般功能障碍的;(4)造成10人以上轻伤的;(5)造成重大、特别重大突发公共卫生事件的;(6)生产、销售假药的金额50万元以上的;(7)生产、销售假药的金额20万元以上不满50万元,并具有本解释第1条规定情形之一的;(8)根据生产、销售的时间、数量、假药种类、对人体健康危害程度等,应当认定为情节特别严重的。

三、生产、销售、提供劣药罪

（一）概念及构成要件

本罪为《刑法修正案（十一）》所修订。本罪是指生产、销售劣药,以及药品使用单位的人员明知是劣药仍提供给他人使用,且对人体健康造成严重危害的行为。

1. 行为

本罪在行为上表现为生产、销售、提供劣药,且对人体健康造成严重危害。根据《药品管理法》第 98 条第 3 款的规定,有下列情形之一的,为劣药:(1) 药品成分的含量不符合国家药品标准;(2) 被污染的药品;(3) 未标明或者更改有效期的药品;(4) 未注明或者更改产品批号的药品;(5) 超过有效期的药品;(6) 擅自添加防腐剂、辅料的药品;(7) 其他不符合药品标准的药品。根据《药品安全刑案解释》第 6 条的规定,以生产、销售、提供假药、劣药为目的,合成、精制、提取、储存、加工炮制药品原料,或者在将药品原料、辅料、包装材料制成成品过程中,进行配料、混合、制剂、储存、包装的,应当认定为《刑法》第 141 条、第 142 条规定的"生产"。药品使用单位及其工作人员明知是假药、劣药而有偿提供给他人使用的,应当认定为《刑法》第 141 条和第 142 条规定的"销售";无偿提供给他人使用的,应当认定为《刑法》第 141 条和第 142 条规定的"提供"。

2. 主体

本罪主体包括自然人和单位。

3. 罪过

本罪的罪过形式为故意,即明知生产、销售、提供劣药的行为会破坏药品市场管理秩序、危害人的身体健康,并且希望或者放任这种结果发生。但在行为人对假药与劣药发生认识错误的情况下,应在重合的范围内认定为生产、销售、提供劣药罪。根据《药品安全刑案解释》第 10 条的规定,办理生产、销售、提供假药、生产、销售、提供劣药、妨害药品管理等刑事案件,应当结合行为人的从业经历、认知能力、药品质量、进货渠道和价格、销售渠道和价格以及生产、销售方式等事实综合判断认定行为人的主观故意。具有下列情形之一的,可以认定行为人有实施相关犯罪的主观故意,但有证据证明确实不具有故意的除外:(1) 药品价格明显异于市场价格的;(2) 向不具有资质的生产者、销售者购买药品,且不能提供合法有效的来历证明的;(3) 逃避、抗拒监督检查的;(4) 转移、隐匿、销毁涉案药品、进销货记录的;(5) 曾因实施危害药品安全违法犯罪行为受过处罚,又实施同类行为的;(6) 其他足以认定行为人主观故意的情形。

(二) 本罪的处罚

犯本罪的,根据《刑法》第 142 条第 1 款和第 150 条的规定,处 3 年以上 10 年以下有期徒刑,并处罚金;后果特别严重的,处 10 年以上有期徒刑或者无期徒刑,并处罚金或者没收财产。单位犯本罪的,对单位判处罚金,并对其直接负责的主管人员和其他直接责任人员,依照上述规定处罚。

根据《药品安全刑案解释》第 5 条第 2 款和第 3 款的规定,生产、销售、提供劣药,具有下列情形之一的,应当认定为《刑法》第 142 条规定的"对人体健康造成严重危害":(1) 造成轻伤或者重伤的;(2) 造成轻度残疾或者中度残疾的;(3) 造成器官组织损伤导致一般功能障碍或者严重功能障碍的;(4)其他对人体健康造成严重危害的情形。生产、销售、提供劣药,致人死亡,或者具有下列情形之一的,应当认定为《刑法》第142条规定的"后果特别严重":(1)致人重度残疾以上的;(2)造成3人以上重伤、中度残疾或者器官组织损伤导致严重功能障碍的;(3)造成5人以上轻度残疾或者器官组织损伤导致一般功能障碍的;(4)造成10人以上轻伤的;(5)引发重大、特别重大突发公共卫生事件的。

根据《药品安全刑案解释》第5条第1款的规定,生产、销售、提供劣药,具有下列情形之一的,应当酌情从重处罚:(1)涉案药品以孕产妇、儿童或者危重病人为主要使用对象的;(2)涉案药品属于麻醉药品、精神药品、医疗用毒性药品、放射性药品、生物制品,或者以药品类易制毒化学品冒充其他药品的;(3)涉案药品属于注射剂药品、急救药品的;(4)涉案药品系用于应对自然灾害、事故灾难、公共卫生事件、社会安全事件等突发事件的;(5)药品使用单位及其工作人员生产、销售假药的;(6)其他应当酌情从重处罚的情形。实施《刑法》第142条之一规定的妨害药品管理罪行为,同时又构成生产、销售、提供假药罪、生产、销售、提供劣药罪或者其他犯罪的,依照处罚较重的规定定罪处罚。

对于犯生产、销售、提供假药罪、生产、销售、提供劣药罪、妨害药品管理罪的,应当结合被告人的犯罪数额、违法所得,综合考虑被告人缴纳罚金的能力,依法判处罚金。罚金一般应当在生产、销售、提供的药品金额2倍以上;共同犯罪的,对各共同犯罪人合计判处的罚金一般应当在生产、销售、提供的药品金额2倍以上。此外,应当依照刑法规定的条件,严格缓刑、免予刑事处罚的适用。对于被判处刑罚的,可以根据犯罪情况和预防再犯罪的需要,依法宣告职业禁止或者禁止令。《药品管理法》等法律、行政法规另有规定的,从其规定。对于被不起诉或者免予刑事处罚的行为人,需要给予行政处罚、政务处分或者其他处分的,依法移送有关主管机关处理。

单位犯生产、销售、提供假药罪、生产、销售、提供劣药罪、妨害药品管理罪的,对单位判处罚金,并对直接负责的主管人员和其他直接责任人员,依照《药品安全刑案解释》规定的自然人犯罪的定罪量刑标准处罚。单位犯罪的,对被告单位及其直接负责的主管人员、其他直接责任人员合计判处的罚金一般应当在生产、销售、提供的药品金额2倍以上。

四、妨害药品管理罪

(一) 概念及构成要件

本罪为《刑法修正案(十一)》增设的罪名,是指违反药品管理法规,足以严重危害人体健康的行为。

1. 法益

本罪作为纯正的法定犯，其法益应为药品管理秩序。至于刑法规定的"足以严重危害人体健康"的要素，只是作为限制处罚范围的要素，并不意味着本罪所保护法益为公民的身体健康。

2. 行为

第一，根据《刑法》第142条之一第1款的规定，行为人必须实施了下列行为之一：(1) 生产、销售国务院药品监督管理部门禁止使用的药品的；(2) 未取得药品相关批准证明文件生产、进口药品或者明知是上述药品而销售的；(3) 药品申请注册中提供虚假的证明、数据、资料、样品或者采取其他欺骗手段的；(4) 编造生产、检验记录的。

根据《药品管理法》第83条的规定，国务院药品监督管理部门禁止使用的药品指的是疗效不确切、不良反应大或者因其他原因危害人体健康的药品。这类药品原先属于2015年《药品管理法》规定的按假药论处的情形之一，随着《药品管理法》的修改，《刑法》将其作为独立罪名予以规制。需要注意的是，国家禁止使用的药品和国家限制使用的药品是不同的，违反规定使用后者的，只是一般的行政违法行为。

"未取得药品相关批准证明文件生产、进口药品或者明知是上述药品而销售的"规定来源于《药品管理法》第124条第1款第1项和第2款，这种行为类型在实践中主要体现为以下三种情形：(1) 未取得药品相关批准证明文件生产药品的；(2) 未取得药品相关批准证明文件进口药品的；(3) 明知属于上述药品而进行销售的。

药品申请注册中提供虚假的证明、数据、资料、样品或者采取其他欺骗手段的行为实质上是一种用欺骗手段获得行政许可的行为，《药品管理法》第24条第2款规定，申请药品注册，应当提供真实、充分、可靠的数据、资料和样品，证明药品的安全性、有效性和质量可控性。药品的行政许可对于用药安全具有重要作用，因此《刑法》将上述行为规定为妨害药品管理罪的一种情形。

编造生产、检验记录的行为同样也是来源于《药品管理法》的规定。《药品管理法》第44条第1款规定，药品应当按照国家药品标准和经药品监督管理部门核准的生产工艺进行生产。生产、检验记录应当完整准确，不得编造。编造生产、检验记录的行为，不利于对药品生产质量的监督管理，对药品安全具有严重的社会危害性，因而有必要作为犯罪处理。

第二，行为人除了实施上述行为以外，还必须达到"足以严重危害人体健康"的程度。对此有观点指出，本罪应为具体危险犯，即需要具体考察这些药品在何种情况下会造成对人体健康的危害。① 但是我们认为,立法者之所以设立妨害药品管理罪,就是为了严密刑事处罚的法网,因此如果采取具体危险犯的立法模式,并不利于法益的扩大保护。本罪应理解为适格犯(准抽象危险犯),"足以严重危害人体健康"只是对行为危险的强调,即司法机关必须判断前述四种行为的危险性是否达到了值得处罚的程度,至于对人体健康的现实、紧迫危险则并不需要判断。

3. 主体

根据《刑法》第 150 条的规定,本罪的主体既可以是自然人,也可以是单位。

4. 罪过

本罪的罪过为故意,行为人必须对违反药品管理法规,足以严重危害人体健康的行为具有认识。需要注意的是,本罪规定的行为类型之一"明知是上述药品而销售的"中的"明知",既包括明确知道,也可以是应当知道,应当知道指的是推定的明知,并非包括了过失的要素。

(二) 本罪的认定

1. 本罪与生产、销售、提供假药(劣药)罪的界限

关于本罪与生产、销售、提供假药罪的关系,在司法实践中,需要区分本罪的不同行为类型展开讨论。如上所述,生产、销售国务院药品监督管理部门禁止使用的药品与未取得药品相关批准证明文件生产、进口药品或者明知是上述药品而销售的行为,本来是作为拟制假药处理的,从而符合生产、销售、提供假药罪的构成要件。在《药品管理法》与《刑法》修改以后,立法者明显是为上述行为设立了新的罪名——妨害药品管理罪。在这样的背景下,应当认为符合本罪前两项行为类型的行为针对的只能是真药,而不可能是假药,此时本罪实际上与生产、销售、提供假药罪是互斥关系。但是在药品申请注册中提供虚假的证明、数据、资料、样品或者采取其他欺骗手段的行为以及编造生产、检验记录的行为则是针对行为的方式而设立的具体类型,这些行为所针对的对象既有可能是真药,也有可能是假药。在涉及假药的情况下,则与生产、销售、提供假药罪存在牵连关系,有可能成立牵连犯。

而由于劣药本身仍然是药品,只是一种质量不合格的药品,故符合本罪前两项行为类型的行为所针对的对象是劣药的,既可能构成妨害药品管理罪,也有可能构成生产、销售、提供劣药罪,两者存在法条竞合的关系。如果是符合本罪后两项的行为类型,在涉及劣药时,则构成两罪的牵连关系,这个结论和生产、销售、提供假药罪是相同的。

---

① 参见陈兴良:《妨害药品管理罪:从依附到独立》,载《当代法学》2022 年第 1 期。

2. 本罪与非法经营罪的界限

在司法实践中,有的司法机关将未取得药品相关批准证明文件生产、进口药品或者明知是上述药品而销售,即便没有足以危害人体健康的行为仍然认定成立非法经营罪。我们认为,在《药品管理法》修改后至《刑法修正案(十一)》通过之前,由于没有设立妨害药品管理罪,考虑到假药概念的修改,类似行为已经不可能再构成生产、销售假药罪,此时将其认定为非法经营罪也是一种可行的思路。但是在《刑法修正案(十一)》通过后则应该避免这种做法。因为非法经营罪的法定刑高于新设的妨害药品管理罪,若仍然将其认定为非法经营罪,会引起法定刑的不平衡:如果行为足以严重危害人体健康,则构成本罪,最高处7年有期徒刑;如果行为没有足以严重危害人体健康,则构成非法经营罪,最高处15年有期徒刑。倘若不考虑行为是否具有足以严重危害人体健康的性质,一律均认定为非法经营罪的话,由于从重处罚条款的存在,那么这一项行为类型的设立便会失去意义。可见基于举轻以明重的原则,在这一行为没有足以危害人体健康时,不符合作为轻罪的妨害药品管理罪的构成要件,不能以重罪——非法经营罪论处。

(三) 本罪的处罚

犯本罪的,根据《刑法》第142条之一和第150条的规定,处3年以下有期徒刑或者拘役,并处或者单处罚金;对人体健康造成严重危害或者有其他严重情节的,处3年以上7年以下有期徒刑,并处罚金。单位犯本罪的,对单位判处罚金,并对其直接负责的主管人员和其他直接责任人员,依照上述规定处罚。犯本罪,同时又构成《刑法》第141条、第142条规定之罪或者其他犯罪的,依照处罚较重的规定定罪处罚。

根据《药品安全刑案解释》第7条的规定,实施妨害药品管理的行为,具有下列情形之一的,应当认定为《刑法》第142条之一规定的"足以严重危害人体健康":(1)生产、销售国务院药品监督管理部门禁止使用的药品,综合生产、销售的时间、数量、禁止使用原因等情节,认为具有严重危害人体健康的现实危险的;(2)未取得药品相关批准证明文件生产药品或者明知是上述药品而销售,涉案药品属于本解释第1条第1项至第3项规定情形的;(3)未取得药品相关批准证明文件生产药品或者明知是上述药品而销售,涉案药品的适应症、功能主治或者成分不明的;(4)未取得药品相关批准证明文件生产药品或者明知是上述药品而销售,涉案药品没有国家药品标准,且无核准的药品质量标准,但检出化学药成分的;(5)未取得药品相关批准证明文件进口药品或者明知是上述药品而销售,涉案药品在境外也未合法上市的;(6)在药物非临床研究或者药物临床试验过程中故意使用虚假试验用药品,或者瞒报与药物临床试验用药品相关的严重不良事件的;(7)故意损毁原始药物非临床研究数据或者药物临床试验数据,或者编造受试动物信息、受试者信息、主要试验过程记录、研究数据、检测数据等药物非临床研究数据或者药物临床试验数据,影响药品的安全性、有效性和质量可控性的;(8)编造生产、检验记录,影响药品的安全性、有效性和质量可控性的;(9)其他足以严重危害人体健康的情形。对于涉案药品是否在境外合法上市,应当根据境外药品监督管理部门或者权利人的证明等证据,结合犯罪嫌疑人、被告人及其辩护人提供的证据材料综合审查,依法作出认定。对于"足以严重危害人体健康"难以确定的,根据地市级以上药品监督管理部门出具的认定意见,结合其他证据作出认定。

上述司法解释第8条规定,实施妨害药品管理的行为,具有本解释第2条规定情形之一的,应当认定为《刑法》第142条之一规定的"对人体健康造成严重危害"。实施妨害药品管理的行为,足以严重危害人体健康,并具有下列情形之一的,应当认定为《刑法》第142条之一规定的"有其他严重情节":(1)生产、销售国务院药品监督管理部门禁止使用的药品,生产、销售的金额50万元以上的;(2)未取得药品相关批准证明文件生产、进口药品或者明知是上述药品而销售,生产、销售的金额50万元以上的;(3)药品申请注册中提供虚假的证明、数据、资料、样品或者采取其他欺骗手段,造成严重后果的;(4)编造生产、检验记录,造成严重后果的;(5)造成恶劣社会影响或者具有其他严重情节的情形。

五、生产、销售不符合安全标准的食品罪

(一)概念及构成要件

本罪为《刑法修正案(八)》所修订。本罪是指生产、销售不符合食品安全标准的食品,足以造成严重食物中毒事故或其他严重食源性疾病的行为。[①]

根据《食品安全法》的规定,所谓食品,指各种供人食用或者饮用的成品和原料以及按照传统既是食品又是药品的物品,但是不包括以治疗为目的的物品。所谓食品安全,指食品无毒、无害,符合应有的营养要求,对人体健康不造成任何急性、亚急性或者慢性危害。所谓不符合安全标准的食品,包括:(1)用非食品原料生产的食品或者添加食品添加剂以外的化学物质和其他可能危害人体健康物质的食品,或者用回收食品作为原料生产的食品;(2)致病性微生物,农药残留、兽药残留、生物毒素、重金属等污染物质以及其他危害人体健康的物质含量超过食品安全标准限量的食品、食品添加剂、食品相关产品;(3)用超过保质期的食品原料、食品添加剂生产的食品、食品添加剂;(4)超范围、超限量使用食品

[①] 2009年6月1日《食品安全法》施行,同时《中华人民共和国食品卫生法》被废止。与此相适应,《刑法修正案(八)》把"生产、销售不符合卫生标准的食品罪"修改为"生产、销售不符合安全标准的食品罪"。

添加剂的食品;(5)营养成分不符合食品安全标准的专供婴幼儿和其他特定人群的主辅食品;(6)腐败变质、油脂酸败、霉变生虫、污秽不洁、混有异物、掺假掺杂或者感官性状异常的食品、食品添加剂;(7)病死、毒死或者死因不明的禽、畜、兽、水产动物肉类及其制品;(8)未按规定进行检疫或者检疫不合格的肉类,或者未经检验或者检验不合格的肉类制品;(9)被包装材料、容器、运输工具等污染的食品、食品添加剂;(10)标注虚假生产日期、保质期或者超过保质期的食品、食品添加剂;(11)无标签的预包装食品、食品添加剂;(12)国家为防病等特殊需要明令禁止生产经营的食品;(13)其他不符合法律、法规或者食品安全标准的食品、食品添加剂、食品相关产品。

本罪行为包括在食品加工、销售、运输、贮存等过程中,违反食品安全标准,超限量或超范围滥用食品添加剂的行为,以及在食用农产品种植、养殖、销售、运输、贮存等过程中,违反食品安全标准,超限量或超范围滥用添加剂、农药、兽药等的行为。生产、销售不符合食品安全标准的食品添加剂,不是直接用于食品,而是用于食品的包装材料、容器、洗涤剂、消毒剂,或用于食品生产经营的工具、设备等的,不构成本罪,可以构成生产、销售伪劣产品罪。

本罪属于具体危险犯,只有当生产、销售行为足以造成严重食物中毒事故或其他严重食源性疾病时才成立犯罪。根据2021年12月30日"两高"《关于办理危害食品安全刑事案件适用法律若干问题的解释》(以下简称《食品安全刑案解释》)第1条的规定,具有下列情形之一的,认定为"足以造成严重食物中毒事故或者其他严重食源性疾病":(1)含有严重超出标准限量的致病性微生物、农药残留、兽药残留、生物毒素、重金属等污染物质以及其他危害人体健康的物质的;(2)属于病死、死因不明或检验检疫不合格的畜、禽、兽、水产动物肉类及其制品的;(3)属于国家为防控疾病等特殊需要明令禁止生产、销售的;(4)特殊医学用途配方食品、专供婴幼儿的主辅食品营养成分严重不符合食品安全标准的;(5)其他足以造成严重食物中毒事故或者严重食源性疾病的情形。

(二)本罪的处罚

犯本罪的,根据《刑法》第143条和第150条的规定,处3年以下有期徒刑或者拘役,并处罚金;对人体健康造成严重危害或者有其他严重情节的,处3年以上7年以下有期徒刑,并处罚金;后果特别严重的,处7年以上有期徒刑或者无期徒刑,并处罚金或者没收财产。

根据上述司法解释第2条的规定,具有下列情形之一的,认定为"对人体健康造成严重危害":(1)造成轻伤以上伤害的;(2)造成轻度残疾或者中度残疾的;(3)造成器官组织损伤导致一般功能障碍或者严重功能障碍的;(4)造成10人以上严重食物中毒或者其他严重食源性疾病的;(5)其他对人体健康造成严重危害的情形。

根据上述司法解释第 3 条的规定,具有下列情形之一的,认定为"其他严重情节":(1) 生产、销售金额 20 万元以上的;(2) 生产、销售金额 10 万元以上不满 20 万元,不符合食品安全标准的食品数量较大或者生产、销售持续时间 6 个月以上的;(3) 生产、销售金额 10 万元以上不满 20 万元,属于特殊医学用途配方食品、专供婴幼儿的主辅食品的;(4) 生产、销售金额 10 万元以上不满 20 万元,且在中小学校园、托幼机构、养老机构及周边面向未成年人、老年人销售的;(5) 生产、销售金额 10 万元以上不满 20 万元,曾因危害食品安全犯罪受过刑事处罚或者 2 年内因危害食品安全违法行为受过行政处罚的;(6) 其他情节严重的情形。

根据上述司法解释第 4 条的规定,具有下列情形之一的,认定为"后果特别严重":(1) 致人死亡的;(2) 造成重度残疾以上的;(3) 造成 3 人以上重伤、中度残疾或者器官组织损伤导致严重功能障碍的;(4) 造成 10 人以上轻伤、5 人以上轻度残疾或者器官组织损伤导致一般功能障碍的;(5) 造成 30 人以上严重食物中毒或者其他严重食源性疾病的;(6) 其他特别严重的后果。

单位犯本罪的,对单位判处罚金,并对其直接负责的主管人员和其他直接责任人员,依照自然人犯本罪的规定处罚。

六、生产、销售有毒、有害食品罪

(一) 概念及构成要件

本罪为《刑法修正案(八)》所修订。本罪是指在生产、销售的食品中掺入有毒、有害的非食品原料的,或销售明知掺有有毒、有害的非食品原料的食品的行为。本罪法益是国家对食品生产、销售的管理制度以及消费者的生命和健康。

1. 行为

本罪行为有三种类型:(1) 在生产的食品中掺入有毒、有害的非食品原料;(2) 在销售的食品中掺入有毒、有害的非食品原料;(3) 明知是掺入有毒、有害的非食品原料的食品而销售。例如,在食品加工、销售、运输、贮存等过程中,掺入有毒、有害的非食品原料,或者使用有毒、有害的非食品原料加工食品;在食用农产品种植、养殖、销售、运输、贮存等过程中,使用禁用农药、兽药等禁用物质或其他有毒、有害物质;在保健食品或其他食品中非法添加国家禁用药物等有毒、有害物质。

本罪中的"有毒、有害"物质不同于《刑法》第 114 条的"毒害性"物质:前者只有作为食品进入体内才会危害人的生命和健康;后者只要被人闻、摸、看、接近,便足以危害人体健康。《食品安全刑案解释》第 9 条规定,下列物质应当认定为"有毒、有害的非食品原料":(1) 因危害人体健康,被法律、法规禁止在食品生产经营活动中添加、使用的物质;(2) 因危害人体健康,被国务院有关部门列入《食品中可能违法添加的非食用物质名单》《保健食品中可能非法添加的物质名单》和国务院有关部门公告的禁用农药、《食品动物中禁止使用的药品及其他化合物清单》等名单上的物质;(3) 其他有毒、有害的物质。

本罪行为在实践中有多种表现。例如,使用盐酸克仑特罗(俗称"瘦肉精")等禁止在饲料和动物饮用水中使用的药品或者含有该类药品的饲料养殖供人食用的动物,或者销售明知是使用该类药品或者含有该类药品的饲料养殖的供人食用的动物的;明知是使用盐酸克仑特罗等禁止在饲料和动物饮用水中使用的药品或者含有该类药品的饲料养殖的供人食用的动物,而提供屠宰等加工服务,或者销售其制品的行为。① 又如,利用"地沟油"生产"食用油",明知是利用"地沟油"生产、加工的油脂而作为食用油销售的行为。② 再如,使用6-苄基腺嘌呤(无根豆芽的生长调节剂)生产豆芽,在食品的汤料中加入罂粟壳。

2. 主体

本罪是一般主体,不需要特殊身份;既可以是自然人,也可以是单位。明知他人生产、销售有毒、有害食品,具有下列情形之一的,构成本罪共犯:(1) 提供资金、贷款、账号、发票、证明、许可证件;(2) 提供生产、经营场所运输、贮存、保管、邮寄、网络销售渠道等便利条件;(3) 提供生产技术或食品原料、食品添加剂、食品相关产品;(4) 提供广告等宣传。

3. 罪过

本罪罪过为故意。根据《关于依法严惩"地沟油"犯罪活动的通知》,虽无法查明"食用油"是否系利用"地沟油"生产、加工,但犯罪嫌疑人、被告人明知该"食用油"来源可疑而予以销售的,应分别情形处理:经鉴定,检出有毒、有害成分的,根据《刑法》第144条销售有毒、有害食品罪的规定追究刑事责任;属于不符合安全标准的食品的,根据《刑法》第143条销售不符合安全标准的食品罪追究刑事责任;属于以假充真、以次充好、以不合格产品冒充合格产品或者假冒注册商标,构成犯罪的,根据《刑法》第140条销售伪劣产品罪或者第213条假冒注册商标罪、第214条销售假冒注册商标的商品罪追究刑事责任。

(二) 本罪的认定

被告人林烈某、林少某连续几次将其以每吨1400元港币从香港进口的工业用猪油(其中部分被有机锡污染)冒充食用猪油,以每吨7600元批发给江西省定南县的食用油经销商被告人何某。何某加价后再批发给多人销售。被告人的行为共造成1002人中毒,其中3人中毒死亡、57人重度中毒。本案的审理过程中

---

① 参见2002年8月16日"两高"《关于办理非法生产、销售、使用禁止在饲料和动物饮用水中使用的药品等刑事案件具体应用法律若干问题的解释》第3条和第4条。

② 参见2012年1月9日"两高"、公安部《关于依法严惩"地沟油"犯罪活动的通知》第1条和第2条。

有三种不同意见:一种意见认为,本案构成以危险方法危害公共安全罪;第二种意见认为,本案构成销售有害食品罪;第三种意见认为,本案构成销售不符合安全标准的食品罪。法院判决认为被告人林烈某、林少某犯销售有害食品罪,被告人何某犯销售不符合安全标准的食品罪。①

1. 本罪与以危险方法危害公共安全罪的界限

二者的区别体现在罪过上,后罪目的是造成不特定多数人的伤亡,本罪目的主要是非法牟利。本罪行为人虽对在食品中掺入有毒、有害的非食品原料是明知的,但并不希望致人伤亡的结果发生。如果行为人生产、销售有毒、有害食品,目的就是追求致人伤亡的结果发生,则应认定为以危险方法危害公共安全罪。如果行为人由于过失在食品中掺入有毒的非食品原料,造成严重后果的,则应认定为过失以危险方法危害公共安全罪。另外,本罪主体包括自然人和单位,而后罪主体只能是自然人。

2. 本罪与生产、销售不符合安全标准的食品罪的界限

二者在保护法益、犯罪主体、罪过等方面存在相同或相似之处,但区别也很明显:(1)生产、销售的食品的性质不同。本罪生产、销售的是掺有有毒、有害的非食品原料的食品;后罪生产、销售的是不符合卫生标准的食品,其中可能有有毒、有害原料,但仍是食品原料。(2)犯罪的形态不同。本罪是抽象危险犯,只要实施了生产、销售有毒、有害食品的行为,即构成犯罪;后罪是具体危险犯,除了实施生产、销售不符合安全标准的食品的行为外,还要求具体判断行为是否足以造成严重食物中毒事故或其他严重食源性疾病。

(三)本罪的处罚

犯本罪的,根据《刑法》第144条和第150条的规定,处5年以下有期徒刑,并处罚金;对人体健康造成严重危害或者有其他严重情节的,处5年以上10年以下有期徒刑,并处罚金;致人死亡或者有其他特别严重情节的,处10年以上有期徒刑、无期徒刑或者死刑,并处罚金或者没收财产。单位犯本罪的,对单位判处罚金,并对其直接负责的主管人员和其他直接责任人员,依照上述规定处罚。

根据《食品安全刑案解释》第6条的规定,具有下列情形之一的,认定为"对人体健康造成严重危害":(1)造成轻伤以上伤害的;(2)造成轻度残疾或者中度残疾的;(3)造成器官组织损伤导致一般功能障碍或者严重功能障碍的;(4)造成10人以上严重食物中毒或者其他严重食源性疾病的;(5)其他对人体健康造成严重危害的情形。

根据上述司法解释第7条的规定,具有下列情形之一的,应当认定为"其他

---

① 参见中华人民共和国最高人民法院刑事审判一、二、三、四、五庭主编:《中国刑事审判指导案例2:破坏社会主义市场经济秩序罪》,法律出版社2012年版,第25—29页。

严重情节":(1)生产、销售金额20万元以上不满50万元的;(2)生产、销售金额10万元以上不满20万元,有毒、有害食品数量较大或者生产、销售持续时间6个月以上的;(3)生产、销售金额10万元以上不满20万元,属于特殊医学用途配方食品、专供婴幼儿的主辅食品的;(4)生产、销售金额10万元以上不满20万元,且在中小学校园、托幼机构、养老机构及周边面向未成年人、老年人销售的;(5)生产、销售金额10万元以上不满20万元,曾因危害食品安全犯罪受过刑事处罚或者2年内因危害食品安全违法行为受过行政处罚的;(6)有毒、有害的非食品原料毒害性强或者含量高的;(7)其他情节严重的情形。

七、生产、销售不符合标准的医用器材罪

本罪为《刑法修正案(四)》所修订。本罪是指生产不符合保障人体健康的国家标准、行业标准的医疗器械、医用卫生材料,或者销售明知是不符合保障人体健康的国家标准、行业标准的医疗器械、医用卫生材料,足以严重危害人体健康的行为。《刑法修正案(四)》将本罪由结果犯修改为具体危险犯(把原条文"对人体健康造成严重危害"的规定修改为"足以严重危害人体健康")。本罪行为表现为生产、销售不符合保障人体健康的国家标准、行业标准的医疗器械、医用卫生材料,并且足以严重危害人体健康。行为对象是医疗器械、医用卫生材料。所谓医疗器械,是指用于诊断、治疗、预防疾病、调节人的生理机能的仪器、设备等物品。所谓医用卫生材料,是指用于治病、防病的辅助材料,如医用包扎纱布、消毒棉等。《伪劣产品刑案解释》规定,医疗机构或个人,知道或应当知道是不符合保障人体健康的国家标准、行业标准的医疗器械、医用卫生材料而购买、使用,对人体健康造成严重危害的,以销售不符合标准的医用器材罪定罪处罚。没有国家标准、行业标准的医疗器械,注册产品标准可视为"保障人体健康的行业标准"。本罪主体包括自然人和单位。本罪罪过为故意。犯本罪的,根据《刑法》第145条和第150条的规定处罚。

八、生产、销售不符合安全标准的产品罪

本罪是指生产不符合保障人身、财产安全的国家标准、行业标准的电器、压力容器、易燃易爆产品或其他不符合保障人身、财产安全的国家标准、行业标准的产品,或者销售明知是以上不符合保障人身、财产安全的国家标准、行业标准的产品,造成严重后果的行为。本罪行为如概念所述。本罪主体包括自然人和单位,罪过为故意。犯本罪的,根据《刑法》第146条和第150条的规定处罚。

九、生产、销售伪劣农药、兽药、化肥、种子罪

本罪是指生产假农药、假兽药、假化肥,销售明知是假的或失去使用效能的

农药、兽药、化肥、种子,或者生产者、销售者以不合格的农药、兽药、化肥、种子冒充合格的农药、兽药、化肥、种子,使生产遭受较大损失的行为。本罪主体包括自然人和单位,罪过为故意。犯本罪的,根据《刑法》第147条和第150条的规定处罚。

十、生产、销售不符合卫生标准的化妆品罪

本罪是指生产不符合卫生标准的化妆品,或者销售明知是不符合卫生标准的化妆品,造成严重后果的行为。本罪的犯罪对象是化妆品。所谓化妆品,是指以涂擦、喷洒或类似的方法,散布于人体表面某个部位(皮肤、毛发、指甲、口唇等),以达到清洗、消除不良气味、护肤、美容和修饰目的的日用化学工业品。所谓不符合卫生标准,是指违反了有关法规所规定的化妆品卫生标准。所谓造成严重后果,通常指对人身造成严重伤害如烧伤、毁容等。本罪主体包括自然人和单位,罪过为故意。犯本罪的,根据《刑法》第148条和第150条的规定处罚。

第三节 走 私 罪

一、走私武器、弹药罪

(一) 概念及构成要件

本罪是指违反海关法规,逃避海关监管,运输、携带、邮寄武器、弹药进出国(边)境的行为。本罪法益是国家对外贸易管理制度中关于武器、弹药禁止进出口的监管制度。

1. 行为

本罪行为表现为违反海关法规,走私武器、弹药。行为的对象为武器、弹药,除战机、军舰、战车、炮、枪等军用武器外,还包括猎枪等民用武器、弹药,其具体种类为《中华人民共和国海关进出口税则》和《中华人民共和国禁止进出境物品表》所规定。根据2014年8月12日"两高"《关于办理走私刑事案件适用法律若干问题的解释》(以下简称《走私刑案解释》)第4条和第5条的规定,走私各种弹药的弹头、弹壳,构成犯罪的,以走私弹药罪定罪处罚;走私报废或者无法组装并使用的各种弹药的弹头、弹壳,构成犯罪的,以走私普通货物、物品罪定罪处罚;属于废物的,以走私废物罪定罪处罚。走私国家禁止或者限制进出口的仿真枪、管制刀具,构成犯罪的,以走私国家禁止进出口的货物、物品罪定罪处罚;走私的仿真枪经鉴定为枪支,构成犯罪的,以走私武器罪定罪处罚。

马某系职业"水客",受雇于他人携带物品往返于深圳和香港。2012年10月12日,马某持往来港澳通行证经罗湖口岸入境。经海关检查,在其随身携带的背包内发现枪型物品5支,未向海关申报。经深圳海关缉私局刑事技术处鉴定,上述5支枪型物品所发射金属弹丸的枪口比动能均大于$1.8j/cm^2$,构成以压缩气体为动力、利用管状器具发射弹丸致人损伤枪支的客观依据,鉴定意见为射击球形弹丸气枪。本案中,马某违反海关法规,逃避海关监管,伙同他人走私5支仿真手枪入境,其行为已构成走私武器罪。①

本罪行为内容一般表现为违反海关法规,逃避海关监管,运输、携带、邮寄相关禁止进出境或限制进出境的货物、物品进出国(边)境。其中违反海关法规,是指违反《中华人民共和国海关法》(以下简称《海关法》)以及其他相关法律法规。逃避海关监管,是指运输、携带、邮寄相关货物、物品进出国(边)境,或虽通过海关,但是通过各种蒙骗海关检查的方式,使相关货物、物品进出国(边)境。运输,是指借助交通工具移动相关货物、物品;携带,是指作为随身物品或行李持有;邮寄,是指通过邮政部门运输。除上述行为外,根据《刑法》第155条和第156条的规定,以下三种行为以走私罪论处:(1)直接向走私人非法收购国家禁止进口物品的,或者直接向走私人非法收购走私进口的其他货物、物品,数额较大的;(2)在内海、领海、界河、界湖运输、收购、贩卖国家禁止进出口物品的,或者运输、收购、贩卖国家限制进出口货物、物品,数量较大,没有合法证明的;(3)与走私罪犯通谋,为其提供贷款、资金、账号、发票、证明,或者为其提供运输、保管、邮寄或者其他方便的。其中,前两种行为也被称为"间接走私"。

2. 主体

本罪主体为一般主体,既可以是自然人,也可以是单位。

3. 罪过

本罪罪过是故意。

2010年7月22日,李某在缅甸老街以10万元人民币购得一支黑色手枪、一支银白色手枪、66发手枪子弹,并安排王某、刘某携带枪支、子弹入境。同日,王某携带两支手枪、刘某携带66发子弹,三人从缅甸偷渡入境至镇康县南伞镇,三人包乘出租车准备前往腾冲,当车途经勐捧镇流水村委会时被执勤武警查获,当场从王某的身上检查出用胶布捆绑的两支手枪,从出租车后排坐垫下检查出刘某藏匿的66发手枪子弹。本案中,三人的行为构成走私武器、弹药罪。②

(二)本罪的认定

走私武器、弹药,一般可能同时包含运输、邮寄、储存、非法买卖武器、弹药的行为。此时,符合走私武器、弹药行为特征的,不再认定构成非法买卖、运输、邮

---

① (2013)粤高法刑三终字第263号。本罪之所以成立,是因为该走私对象不同于一般的仿真武器,已具有一定杀伤力,能够被认定为武器。

② (2011)云高刑终字第256号。

寄、储存枪支、弹药罪。但行为人走私武器、弹药之后又非法出售的,另成立非法买卖枪支、弹药罪,实行数罪并罚。

(三) 本罪的处罚

犯本罪的,根据《刑法》第151条第1款、第4款,以及《走私刑案解释》第1条处罚。

具有下列情节之一的,属于"情节较轻",处3年以上7年以下有期徒刑,并处罚金:(1)走私以压缩气体等非火药为动力发射枪弹的枪支2支以上不满5支的;(2)走私气枪铅弹500发以上不满2500发,或者其他子弹10发以上不满50发的;(3)未达到上述数量标准,但属于犯罪集团的首要分子,使用特种车辆从事走私活动,或者走私的武器、弹药被用于实施犯罪等情形的;(4)走私各种口径在60毫米以下常规炮弹、手榴弹或者枪榴弹等分别或者合计不满5枚的。

具有下列情节之一的,处7年以上有期徒刑,并处罚金或者没收财产:(1)走私以火药为动力发射枪弹的枪支1支,或者以压缩气体等非火药为动力发射枪弹的枪支5支以上不满10支的;(2)走私《走私刑案解释》第1条第1款第2项规定的弹药,数量在该项规定的最高数量以上不满最高数量5倍的;(3)走私各种口径在60毫米以下常规炮弹、手榴弹或者枪榴弹等分别或者合计达到5枚以上不满10枚,或者各种口径超过60毫米以上常规炮弹合计不满5枚的;(4)达到《走私刑案解释》第1条第1款第1项、第2项和第4项规定的数量标准,且属于犯罪集团的首要分子,使用特种车辆从事走私活动,或者走私的武器、弹药被用于实施犯罪等情形的。

具有下列情节之一的,属于"情节特别严重",处无期徒刑,并处没收财产:(1)走私《走私刑案解释》第1条第2款第1项规定的枪支,数量超过该项规定的数量标准的;(2)走私该条第1款第2项规定的弹药,数量在该项规定的最高数量标准5倍以上的;(3)走私该条第2款第3项规定的弹药,数量超过该项规定的数量标准,或者走私具有巨大杀伤力的非常规炮弹1枚以上的;(4)达到第2款第1项至第3项规定的数量标准,且属于犯罪集团的首要分子,使用特种车辆从事走私活动,或者走私的武器、弹药被用于实施犯罪等情形的。

单位犯本罪的,对单位判处罚金,并对其直接负责的主管人员和其他直接责任人员,依照上述规定处罚。

二、走私核材料罪

本罪是指违反海关法规,逃避海关监管,运输、携带、邮寄核材料进出国(边)境的行为。《中华人民共和国核出口管制条例》第6条规定,核出口由国务院指定的单位专营,任何其他单位或者个人不得经营。核材料是指钚和铀等可以发生原子核裂变或核聚变,能够用来制造核武器的各种核材料和核燃料。本罪主体为一般主体,罪过是故意。

犯本罪的,根据《刑法》第 151 条第 1 款和第 4 款的规定,处 7 年以上有期徒刑,并处罚金或者没收财产;情节特别严重的,处无期徒刑,并处没收财产;情节较轻的,处 3 年以上 7 年以下有期徒刑,并处罚金。单位犯本罪的,对单位判处罚金,并对其直接负责的主管人员和其他直接责任人员,依照上述规定处罚。

三、走私假币罪

本罪是指违反海关法规,逃避海关监管,运输、携带、邮寄伪造的货币进出国(边)境的行为。本罪行为对象为伪造的货币。货币,是指可在国内外市场流通或兑换的人民币和外币。伪造的货币,是指依照真货币的图案、形状、颜色、面额以及质地而仿制出来的,足以让一般人误以为真货币的假货币。本罪主体是一般主体,罪过是故意。行为人在主观上必须明知是伪造的货币而走私,因过失而运输、携带、邮寄其进出国(边)境的,不成立本罪。

1998 年 7 月 23 日,庄某受台湾地区走私分子的雇用,驾驶载有伪造人民币的"天吉福"号渔船从高雄港出发,驶向大陆海域。在与前来接货的他人交接假币时,被边防公安缉私艇截获。随后从"天吉福"号渔船的暗舱里查获 18 箱百元面额的机制版假人民币,共计 62 万余张,总面值为 6264 万余元。本案中,庄某纠集他人从高雄港驾船偷运伪造的人民币到大陆海域交给大陆走私分子的行为构成走私假币罪。①

犯本罪的,根据《刑法》第 151 条第 1 款、第 4 款的规定以及《走私刑案解释》第 6 条的规定,走私数额在 2000 元以上不满 2 万元,或者数量在 200 张(枚)以上不满 2000 张(枚)的,属于"情节较轻",处 3 年以上 7 年以下有期徒刑,并处罚金。具有下列情形之一的,处 7 年以上有期徒刑,并处罚金或者没收财产:(1)走私数额在 2 万元以上不满 20 万元,或者数量在 2000 张(枚)以上不满 2 万张(枚)的;(2)走私数额或者数量达到《走私刑案解释》第 6 条第 1 款规定的标准,且具有走私的伪造货币流入市场等情节的。具有下列情形之一的,属于"情节特别严重",处无期徒刑,并处没收财产:(1)走私数额在 20 万元以上,或者数量在 2 万张(枚)以上的;(2)走私数额或者数量达到《走私刑案解释》第 6 条第 2 款第 1 项规定的标准,且属于犯罪集团的首要分子,使用特种车辆从事走私活动,或者走私的伪造货币流入市场等情形的。货币面额以人民币计。走私伪造的境外货币的,其面额以案发时国家外汇管理机关公布的外汇牌价折合人民币计算。单位犯本罪的,对单位判处罚金,并对其直接负责的主管人员和其他直接责任人员,依照上述规定处罚。

---

① (2000)刑复字第 182 号。

四、走私文物罪

本罪为《刑法修正案(八)》所修订。本罪是指违反海关法规,逃避海关监管,运输、携带、邮寄禁止出口的文物进出国(边)境的行为。本罪行为对象是禁止出口的文物。文物是指在人类社会活动中遗留下来的具有历史、艺术、科学价值的遗物和遗迹。《中华人民共和国文物保护法》(以下简称《文物保护法》)第2条规定,在我国境内,下列文物受国家保护:(1)具有历史、艺术、科学价值的古文化遗址、古墓葬、古建筑、石窟寺和石刻、壁画;(2)与重大历史事件、革命运动或者著名人物有关的以及具有重要纪念意义、教育意义或者史料价值的近代现代重要史迹、实物、代表性建筑;(3)历史上各时代珍贵的艺术品、工艺美术品;(4)历史上各时代重要的文献资料以及具有历史、艺术、科学价值的手稿和图书资料等;(5)反映历史上各时代、各民族社会制度、社会生产、社会生活的代表性实物。除此之外,还包括具有科学价值的古脊椎动物化石和古人类化石。[①]并不是所有受国家保护的文物都是禁止出口的,只有那些具有重要历史、艺术、科学价值的文物,才一律禁止出口。"两高"2015年12月30日《关于办理妨害文物管理等刑事案件适用法律若干问题的解释》规定,"国家禁止出口的文物",根据《文物保护法》规定的"国家禁止出境的文物"的范围认定。本罪行为方式与上述几种犯罪不同,只限于出口,不包括进口。如果是违反规定进口文物,符合其他法定要件的,应成立走私普通货物、物品罪。《文物保护法》第64条规定,禁止将国家禁止出境的珍贵文物私自出售或者送给外国人。可见,在境内私自出售或者赠送禁止出口的文物给外国人的行为,也属于走私文物。本罪主体是一般主体。本罪罪过是故意。

根据《刑法》第151条第2款、第4款以及前述司法解释的规定,走私国家禁止出口的二级文物的,应当根据《刑法》第151条第2款的规定,以走私文物罪处5年以上10年以下有期徒刑,并处罚金;走私国家禁止出口的一级文物的,应当认定为"情节特别严重";走私国家禁止出口的三级文物的,应当认定为"情节较轻"。走私国家禁止出口的文物,无法确定文物等级,或者按照文物等级定罪量刑明显过轻或者过重的,可以按照走私的文物价值定罪量刑。走私的文物价值在20万元以上不满100万元的,以走私文物罪处5年以上10年以下有期徒刑,并处罚金;文物价值在100万元以上的,应当认定为"情节特别严重";文物价值在5万元以上不满20万元的,应当认定为"情节较轻"。《刑法修正案(八)》废除了本罪死刑。

[①] 参见2005年12月29日全国人大常委会《关于〈刑法〉有关文物的规定适用于具有科学价值的古脊椎动物化石、古人类化石的解释》。

五、走私贵重金属罪

本罪为《刑法修正案（八）》所修订。本罪是指违反海关法规，逃避海关监管，运输、携带、邮寄禁止出口的贵重金属进出国（边）境的行为。本罪行为对象是贵重金属，包括金、银、铱、铂、钯、铑、钛等国家禁止出口的各种贵重金属及其制品。本罪行为方式只限于出口，不包括进口。但是，将贵重金属从境外走私到我国境内，逃税数额达到一定额度的，则成立走私普通货物、物品罪。本罪主体为一般主体，罪过为故意。犯本罪的，根据《刑法》第151条第2款和第4款的规定处罚。《刑法修正案（八）》废除了本罪死刑。

六、走私珍贵动物、珍贵动物制品罪

本罪为《刑法修正案（八）》所修订。本罪是指违反海关法规，逃避海关监管，运输、携带、邮寄禁止出口的珍贵动物及其制品进出国（边）境的行为。本罪行为对象是珍贵动物及其制品。珍贵动物，是指列入《国家重点保护野生动物名录》中的国家一、二级保护野生动物和列入《濒危野生动植物种国际贸易公约》附录一、附录二中的野生动物，以及驯养繁殖的上述物种，如大熊猫、金丝猴、白唇鹿、丹顶鹤等。珍贵动物制品，指由珍贵动物的皮、毛、肉、骨等制成的标本、食品、药品、服装等物品。本罪主体是一般主体，罪过是故意。

犯本罪的，根据《刑法》第151条第2款和第4款的规定处罚。根据《走私刑案解释》第9条的规定，走私国家一、二级保护动物未达到本解释附表中（一）规定的数量标准，或者走私珍贵动物制品数额不满20万元的，可以认定为"情节较轻"。走私珍贵动物及其制品，具有下列情节之一的，处5年以上10年以下有期徒刑，并处罚金：（1）走私国家一、二级保护动物达到本解释附表中（一）规定的数量标准的；（2）走私珍贵动物制品数额在20万元以上不满100万元的；（3）走私国家一、二级保护动物未达到本解释附表中（一）规定的数量标准，但具有造成该珍贵动物死亡或者无法追回等情节的。具有下列情形之一的，应当认定为"情节特别严重"：（1）走私国家一、二级保护动物达到本解释附表中（二）规定的数量标准的；（2）走私珍贵动物制品数额在100万元以上的；（3）走私国家一、二级保护动物达到本解释附表中（一）规定的数量标准，且属于犯罪集团的首要分子，使用特种车辆从事走私活动，或者造成该珍贵动物死亡、无法追回等情形的。不以牟利为目的，为留作纪念而走私珍贵动物制品进境，数额不满10万元的，可以免于刑事处罚；情节显著轻微的，不作为犯罪处理。

七、走私国家禁止进出口的货物、物品罪

本罪为《刑法修正案（七）》所修订。本罪是指违反海关法规，逃避海关监

管、运输、携带、邮寄珍稀植物及其制品等国家禁止进出口的其他货物、物品进出国(边)境的行为。《刑法修正案(七)》将本罪行为对象由"珍稀植物及其制品"修改扩大为"珍稀植物及其制品等国家禁止进出口的其他货物、物品"。珍稀植物,是指国家重点保护的原生的天然生长的珍贵植物和原生的天然生长的并具有重要经济、科学研究、文化价值的濒危、稀有植物,主要指苏铁树、珙桐、水杉、野茶树、油杉等被列入1984年国务院环境保护委员会公布的《珍稀濒危保护植物名目》中所规定的三级以上的珍稀植物,以及被列入《国家重点保护野生植物名录》《国家重点保护野生药材物种名录》《国家珍贵树种名录》中的国家一、二级保护野生植物和国家重点保护的野生药材、珍贵树木。珍稀植物制品,是指以珍稀植物为材料加工制作的标本、药材、家具等制成品。国家禁止进出口的其他货物、物品,是指除本条所列货物、物品以外的,被列入国家禁止进出口货物目录或相关法律规定禁止进出口的货物、物品。本罪主体是一般主体,罪过是故意。

犯本罪的,根据《刑法》第151条的规定,处5年以下有期徒刑或者拘役,并处或者单处罚金;情节严重的,处5年以上有期徒刑,并处罚金。单位犯本罪的,对单位判处罚金,并对其直接负责的主管人员和其他直接责任人员,依照上述规定处罚。

八、走私淫秽物品罪

本罪是指以牟利或传播为目的,违反海关法规,逃避海关监管,运输、携带、邮寄淫秽物品进出国(边)境的行为。本罪行为对象为淫秽物品。淫秽物品,是指具体描写、描绘性行为或露骨宣扬色情的影片、录像带、图片、书刊、照片、电子出版物等物品。包含色情内容的有艺术价值的文艺作品、表现人体美的美术作品,以及有关人体生理、医学知识和其他自然科学作品,不属于淫秽物品。本罪主体为一般主体。本罪罪过是故意,并且要求以牟利或传播为目的。行为人是否具有这种目的,主要通过走私淫秽物品的种类、数量、次数等进行判断。牟利或传播的目的即使未能实现,也不影响本罪成立。以自用为目的,走私少量淫秽物品的,或者携带淫秽物品并不知情的,都不构成本罪。走私非淫秽的影片、影碟、录像带、录音带、音碟、图片、书刊、电子出版物等物品的,依照《刑法》第153条所规定的走私普通货物、物品罪定罪处罚。犯本罪的,根据《刑法》第152条第1款和《走私刑案解释》第13条的规定处罚。

九、走私废物罪

本罪为《刑法修正案(四)》所增设。本罪是指违反海关法规,逃避海关监管,将境外固体废物、液体废物和气体废物运输进国(边)境的行为。本罪行为方式只限于将废物运输进境而不包括将废物运输出境。根据《刑法》第339条第3款的规定,以原料利用为名,进口不能用作原料的固体废物、液体废物和气态废物的,以本罪论处。本罪主体为一般主体,罪过是故意。犯本罪的,根据《刑法》第152条第2款和《走私刑案解释》第14条的规定处罚。

美国人威廉在任某中外合资企业董事长期间,不顾中方人员的反对,以营利为目的,假冒收货人和通知人,将我国禁止进口的废物谎称为废纸和混合纸进口,数量达238吨。法院认定本案中威廉的行为纯系其个人行为,构成走私废物罪,判处有期徒刑10年、罚金人民币50万元,并驱逐出境。①

十、走私普通货物、物品罪

(一) 概念及构成要件

本罪为《刑法修正案(八)》所修订。本罪是指违反海关法规,逃避海关监管,运输、携带、邮寄普通货物、物品进出国(边)境,偷逃应缴税额较大或1年内曾因走私被给予两次行政处罚后又走私的行为。本罪法益是国家对外贸易管制中关于普通货物、物品进出口的监管制度和征收关税制度。

1. 行为

本罪行为表现为违反海关法规,逃避海关监管,运输、携带、邮寄普通货物、物品进出国(边)境,偷逃应缴税额较大或1年内曾因走私被给予两次行政处罚后又走私的行为。

本罪行为对象是普通货物、物品,即除本节前9种走私犯罪和走私毒品罪以外的货物、物品。前9种走私犯罪和走私毒品罪的对象一般都是国家禁止进出口的货物、物品,但这并不意味着本罪行为对象仅限于国家允许进出口的货物。具体而言,包括以下三类对象:(1) 上述前9种走私犯罪和走私毒品罪行为对象以外的其他国家禁止进出口的货物、物品;(2) 国家限制进出口的货物、物品;(3) 国家允许进出口但需要纳税的货物、物品。显然,本罪是走私罪的普通法条,其他有关走私罪的规定是特别法条。因此,不构成其他走私罪的走私行为,都有可能构成本罪。

本罪行为方式为违反海关法规,逃避海关监管,运输、携带、邮寄普通货物、物品进出国(边)境。违反海关法规,指违反我国《海关法》《中华人民共和国进出口关税条例》以及其他有关的法律法规。逃避海关监管,是指采用各种手段,躲避海关监督、管理和检查。具体包括以下几种方式:(1) 未经国家有权部门批准,在未设海关的国(边)境上非法运输、携带国家禁止或限制进出口的货物、物品或依法应缴纳关税的货物、物品进出国(边)境。(2) 虽然通过海关,但采取隐匿、伪装、假报等各种蒙骗海关监管、检查的方式,非法运输、携带、邮寄国家禁

---

① (1997)沪高刑终字第22号。

止或限制进出口的货物、物品或依法应缴纳关税的货物、物品进出国(边)境。(3)未经海关许可并且未补缴应缴税额,擅自将批准进口的来料加工、来件装配、补偿贸易的原材料、零件、制成品、设备等保税货物,在境内销售牟利。其中,保税货物是指经海关批准未办理纳税手续,在境内储存、加工、装配后再运出境的货物。(4)未经海关许可并且未补缴应缴税额,擅自将特定减税、免税进口的货物、物品,在境内销售牟利。其中,特定减税、免税进口的货物、物品,是指国家法律规定可以减征或免征关税的经济特区等特定地区进出口的货物,中外合资经营企业、中外合作经营企业、外资企业等特定企业进出口的货物,有特定用途的进出口货物以及用于公益事业的捐赠物资。(5)直接向走私人非法收购国家禁止进口物品,或直接向走私人非法收购走私进口的其他货物、物品,数额较大。(6)在内海、领海、界河、界湖运输、收购、贩卖国家禁止进出口物品的,或运输、收购、贩卖国家限制进出口货物、物品,数量较大,没有合法证明。(7)与走私犯通谋,为其提供贷款、资金、账号、发票、证明,或为其提供运输、保管、邮寄或其他方便。

某日凌晨3时,李某从东兴市非设关的工地码头驾驶一辆装有走私货物的黑色小轿车前往北海市交货。当李某驾车经过东兴市罗浮大转盘时被缉私民警抓获。经检查,小轿车上共装有泰国产西部数据品牌电脑硬盘620块。中国产希捷品牌电脑硬盘310块。经鉴定,上述物品均属于全新电脑硬盘,价值人民币43万余元,后经计核,偷逃应缴税额近6万元人民币。本案中,被告人李某故意违反海关法规,逃避海关监管,明知是走私入境的货物,仍为他人提供运输帮助,其行为构成走私普通货物、物品罪。①

2. 主体

本罪主体是一般主体,既可以是自然人,也可以是单位。

3. 罪过

本罪罪过是故意。行为人明知自己的行为违反国家法律法规,逃避海关监管,偷逃进出境货物、物品的应缴税额,或逃避国家有关进出境的禁止性管理,并且希望或放任危害结果发生。根据2002年7月8日"两高"、海关总署《办理走私刑事案件适用法律若干问题的意见》第5条,具有下列情形之一的,可以认定为"明知",但有证据证明确属被蒙骗的除外:(1)逃避海关监管,运输、携带、邮寄国家禁止进出境的货物、物品的;(2)用特制的设备或者运输工具走私货物、物品的;(3)未经海关同意,在非设关的码头、海(河)岸、陆路边境等地点,运输(驳载)、收购或者贩卖非法进出境货物、物品的;(4)提供虚假的合同、发票、证明等商业单证委托他人办理通关手续的;(5)以明显低于货物正常进(出)口的

---

① (2013)防市刑二初字第40号。

应缴税额委托他人代理进(出)口业务的;(6)曾因同一种走私行为受过刑事处罚或者行政处罚的;(7)其他有证据证明的情形。

杨某任职于番禺南沙港客运有限公司,主要负责管理海关进口货物临时保管仓、码头杂工、行李搬运、船岸值守等工作。2011年12月13日上午9时45分许,经事前联系,杨某在番禺南沙港客运码头从进境船只"南沙68号"船的进境旅客陈某(另案处理)处,取来氯化钯54瓶(100g/瓶)和二氯二氨钯7瓶(200g/瓶),欲将上述物品走私入境。杨某先将上述物品藏匿于其上班的番禺南沙港客运码头工作台附近,并于当日中午12时许,趁联检人员较少之机,采取用装有奶粉的纸箱掩盖等方式,将上述物品从海关监管的出境通道偷带入境,未向海关申报,企图逃避海关监管,被海关人员当场查获。经海关关税部门核定,偷逃应缴税额9万余元人民币。法院认定,被告人杨某违反海关法规,逃避海关监管,走私普通货物入境,偷逃应缴税额较大,其行为已构成走私普通货物罪。①

(二) 本罪的处罚

犯本罪的,根据《刑法》第153条的规定,偷逃应缴税额较大或1年内曾因走私被给予两次行政处罚后又走私的,处3年以下有期徒刑或者拘役,并处偷逃应缴税额1倍以上5倍以下罚金;走私货物、物品偷逃应缴税额巨大或者有其他严重情节的,处3年以上10年以下有期徒刑,并处偷逃应缴税额1倍以上5倍以下罚金;走私货物、物品偷逃应缴税额特别巨大或者有其他特别严重情节的,处10年以上有期徒刑或者无期徒刑,并处偷逃应缴税额1倍以上5倍以下罚金或者没收财产。单位犯本罪的,对单位判处罚金,并对其直接负责的主管人员和其他直接责任人员,处3年以下有期徒刑或者拘役;情节严重的,处3年以上10年以下有期徒刑;情节特别严重的,处10年以上有期徒刑。对多次走私未经处理的,按照累计走私货物、物品的偷逃应缴税额处罚。

十一、关于走私罪的其他几个问题

(一) 罪数的认定

根据《刑法》第157条的规定,武装掩护走私的,依照走私罪从重处罚。以暴力、威胁方法抗拒缉私的,以走私罪和妨害公务罪实行数罪并罚。当然,根据妨害公务罪的法定刑,行为人如果以暴力、威胁的方法妨害公务时,造成公务人员重伤、死亡的,属于故意伤害罪、故意杀人罪与妨害公务罪的想象竞合,择一重罪处罚。如果没有造成重伤或死亡,仅仅是轻伤的,则只认定为妨害公务罪。在走私的普通货物、物品或废物中藏匿了其他物品的,以实际走私的货物定罪处罚,如果属于不同种罪的,应数罪并罚。

---

① (2012)穗中法刑二初字第88号。

（二）走私罪中认识错误的处理

行为人对于走私的对象内容并不明确的场合，如果其主观上存在概括的故意，即无论走私什么都在行为人的故意范围之内的，以实际走私对象来定罪处罚；如果行为人主观上已经有了明确的走私具体对象的故意，而实际走私对象与行为人的主观故意不一致的，则应该按照认识错误来处理。

（三）走私罪的共犯

根据《刑法》第156条的规定，与走私罪犯通谋，为其提供贷款、资金、账号、发票、证明，或者为其提供运输、保管、邮寄或者其他方便的，以走私罪的共犯论处。

第四节　妨害对公司、企业的管理秩序罪

一、虚报注册资本罪

本罪是指申请公司登记使用虚假证明文件或采取其他欺诈手段虚报注册资本，欺骗公司登记主管部门，取得公司登记，虚报注册资本数额巨大，后果严重或有其他严重情节的行为。本罪法益是国家的公司登记管理秩序。

本罪行为表现为申请公司登记使用虚假证明文件或采取其他欺诈手段虚报注册资本，欺骗公司登记主管部门，取得公司登记，虚报注册资本数额巨大，后果严重或有其他严重情节的行为。行为的内容表现为以下三个方面：(1) 使用虚假证明文件或采取其他欺诈手段虚报注册资本，欺骗公司登记主管部门。使用虚假证明文件，是指使用不真实的验资报告、资产评估报告、验资证明等材料。采取其他欺诈手段，是指使用了虚假证明文件以外的欺骗手段，主要指采取贿赂手段收买有关人员，恶意串通，虚报注册资本，欺骗公司登记主管部门。注册资本，是指公司全体股东或发起人在公司登记机关依法登记的出资总额，是公司承担风险、偿还债务的保证，公司法对其最低限额有明确要求。虚报注册资本，是指行为人在不具有法定注册资本最低限额的情况下作出具有法定注册资本最低限额的申报，或虽达到注册资本最低限额，却作出高于实缴资本的申报。(2) 欺骗公司登记主管部门，取得公司登记。取得公司登记，是指经过公司登记部门（即工商行政管理机关）核准并发给企业法人营业执照。行为人欺骗的对象是公司登记主管部门，并取得了公司登记。如果欺骗的对象不是公司登记主管部门，或欺骗手段被登记机关发觉而未能实现登记的，都不构成本罪。(3) 虚报注册资本数额巨大，后果严重或有其他严重情节，其标准参见2022年4月6日最高检、公安部《关于公安机关管辖的刑事案件立案追诉标准的规定（二）》（以下简称《公安机关立案标准（二）》）的规定。本罪主体是一般主体，既可以是自然人，也可以是单位。本罪罪过是故意。

犯本罪的，根据《刑法》第158条的规定处罚。

二、虚假出资、抽逃出资罪

本罪是指公司发起人、股东违反公司法的规定，未交付货币、实物或未转移财产权、虚假出资，或在公司成立后抽逃出资，数额巨大、后果严重或有其他严重情节的行为。本罪法益是国家有关设立公司的出资管理秩序。

本罪行为表现为公司发起人、股东违反公司法的规定，未交付货币、实物或未转移财产权、虚假出资，或在公司成立后抽逃出资。虚假出资，是指公司发起人、股东违反公司法规定，未交付应认缴的出资额或未办理出资额中的财产权转移手续。抽逃出资，是指公司发起人、股东在公司成立时缴纳了所应认缴的出资，但在公司成立后又撤出其出资，使公司成立时的原有注册资本减少。构成本罪还要求具备数额巨大、后果严重或有其他严重情节之一，其标准参见《公安机关立案标准（二）》的规定。本罪主体是特殊主体，即公司的发起人或股东。公司的发起人，是指依法创立公司的个人或单位。股东，是指公司的出资人，包括自然人和单位。本罪罪过是故意。

在认定本罪时要注意虚报注册资本罪与虚假出资罪之间的区别。第一，行为的主体不同。前者的犯罪主体是申请公司登记的个人或单位，后者的犯罪主体则是公司的发起人、股东。第二，行为的对象与手段不同。前者欺骗的对象是公司登记主管部门，欺骗的手段是使用虚假证明文件或其他欺诈手段虚报注册资本；后者欺骗的对象则是其他股东，欺骗的手段是实际未交付货币、实物或未转移财产权。第三，行为的结果不同。前者的结果是通过欺骗获得公司的登记，而后者的结果是通过欺骗侵犯了其他股东的合法权益。

犯本罪的，根据《刑法》第159条的规定，处5年以下有期徒刑或者拘役，并处或者单处虚假出资金额或者抽逃出资金额2%以上10%以下罚金。单位犯本罪的，对单位判处罚金，并对其直接负责的主管人员和其他直接责任人员，处5年以下有期徒刑或者拘役。

三、欺诈发行证券罪

（一）概念及构成要件

本罪是根据《刑法修正案（十一）》确定的罪名，由原欺诈发行股票、债券罪调整而来。欺诈发行证券罪是指行为人在招股说明书、认股书、公司、企业债券募集办法等发行文件中隐瞒重要事实或者编造重大虚假内容，发行股票或者公司、企业债券、存托凭证或者国务院依法认定的其他证券，数额巨大、后果严重或者有其他严重情节的行为。

1. 法益

欺诈发行证券罪的法益是证券市场的诚信机制。对欺诈发行证券罪法益认定应立足于证券发行制度变更的背景。2019年修订的《中华人民共和国证券法》(以下简称《证券法》)将证券发行注册审核制变更为注册制,旨在减少国家对证券发行市场的干预,证券发行强调以市场为主导。在证券发行注册制度下,要求发行人充分披露投资者作出价值判断和投资决策所必需的信息,确保信息披露真实、准确、完整、及时、公平。发行人为了成功发行证券,通过隐瞒重要事实或者编造重大虚假内容欺诈发行证券,这扭曲了市场公平诚信制度,大大削弱了市场配置资源的基本功能。

2. 行为

本罪根据主体的不同分别规定了两种不同的行为类型:一种是一般主体在招股说明书、认股书、公司、企业债券募集办法等发行文件中隐瞒重要事实或者编造重大虚假内容,发行股票或者公司、企业债券、存托凭证或者国务院依法认定的其他证券的行为;另一种是作为特殊主体的控股股东、实际控制人组织、指使实施上述欺诈行为的行为。

(1) 招股说明书、认股书、公司、企业债券募集办法等发行文件的理解。《刑法修正案(十一)》扩大了行为人借以隐瞒重要事实或者编造重大虚假内容的文书范围,在招股说明书、认股书、公司、企业债券募集办法三项文书外增加了"等发行文件"的规定。关于"等发行文件"的认定,《证券法》第29条规定,发行人报送的证券发行申请文件,均需符合真实性、准确性和完整性要求。《证券法》第13条对公司公开发行新股应当报送的文件进行了规定。《证券法》第16条也规定了发行公司债券应当报送的文件类型。由此可知,《证券法》中关于"发行文件"的界定比较宽泛,既包括发行人募股申请报告、股东大会决议等自身有关的文件,也包括保荐人、会计师事务所等第三方出具的报告等。但是,对《刑法》上的"发行文件"应当进行一定的限缩适用。其一,"发行文件"应限定在发行人具有可操作性的自身准备的相关文件范围内,第三方出具的文件不应当归属于"发行文件"范畴;其二,"发行文件"应当包含决定证券能否成功发行的文件,这是因为只有在提供的这些文件中实施欺诈行为,才会影响证券发行。

(2) 重要事实或重大虚假内容的理解。所谓重要事实,是指能够在较大程度上反映证券价值且影响投资者投资决策的信息,发行人应当披露而不披露,相当于刑法中的不作为犯罪行为。所谓重大虚假内容,是指行为人故意编造"重要事实"的信息,影响投资者的决策,相当于刑法中的作为犯罪行为。对于"重要事实""重大虚假内容"的判断,主要取决于欺诈的文件能否有效决定发行人完成证券发行的注册申请。换言之,如果不对该文件的相关内容进行编造或者隐瞒,证券发行就无法通过,此时就应判定该信息属于"重要事实"。

(3) 存托凭证或者国务院依法认定的其他证券的理解。《刑法修正案（十一）》在原有"发行股票或者公司、企业债券"的基础上补充证券法中规定的"存托凭证或者国务院依法认定的其他证券"等表述。2023 年 2 月 17 日证监会《存托凭证发行与交易管理办法（试行）》第 2 条对"存托凭证"进行了明确界定，即由存托人签发、以境外证券为基础在中国境内发行、代表境外基础证券权益的证券。存托凭证本质上是证明文件，证明存托人对外国股票等基础证券所享有的权利，可以由投资人来行使，类似于合同法中的无名合同。合同的主要内容是约定在不改变存托人对基础证券所有权的基础上，投资者购买存托凭证并享有存托人对基础证券所有权的权益。至于"国务院依法认定的其他证券"，我国《刑法》《证券法》并未对这一兜底条款作出明确规定。该兜底条款的适用需要遵循两个要求：一是由"国务院"进行认定，二是由国务院"依法"进行认定。

3. 主体

本罪的主体为一般主体，任何已满 16 周岁、具有刑事责任能力的自然人和单位均可以构成本罪。

4. 罪过

本罪的主观方面为故意，即行为人在招股说明书等发行文件中，故意隐瞒重要事实或者编造重大虚假内容，发行股票、公司债券等证券。

(二) 本罪的认定

本罪是结果犯而不是行为犯，构成本罪的前提是行为人在发行文件中，通过隐瞒重要事实或者编造重大虚假内容的手段而成功发行股票、公司债券等证券，若行为人只是在发行文件中隐瞒重要事实或者编造重大虚假内容，但是尚未成功发行股票、公司债券等证券的，不构成本罪。

(三) 本罪的处罚

犯本罪的，根据《刑法》第 160 条的规定，数额巨大、后果严重或者有其他严重情节的，处 5 年以下有期徒刑或者拘役，并处或者单处罚金；数额特别巨大、后果特别严重或者有其他特别严重情节的，处 5 年以上有期徒刑，并处罚金。

控股股东、实际控制人组织、指使实施前述行为的，处 5 年以下有期徒刑或者拘役，并处或者单处非法募集资金金额 20% 以上 1 倍以下罚金；数额特别巨大、后果特别严重或者有其他特别严重情节的，处 5 年以上有期徒刑，并处非法募集资金金额 20% 以上 1 倍以下罚金。

单位犯罪的，对单位判处非法募集资金金额 20% 以上 1 倍以下罚金，并对其直接负责的主管人员和其他直接责任人员，依照第 1 段的规定处罚。

根据《公安机关立案标准（二）》第 5 条的规定，在招股说明书、认股书、公司、企业债券募集办法等发行文件中隐瞒重要事实或者编造重大虚假内容，发行股票或者公司、企业债券、存托凭证或者国务院依法认定的其他证券，涉嫌下列情形之一的,应予立案追诉:(1)非法募集资金金额在1000万元以上的;(2)虚增或者虚减资产达到当期资产总额30%以上的;(3)虚增或者虚减营业收入达到当期营业收入总额30%以上的;(4)虚增或者虚减利润达到当期利润总额30%以上的;(5)隐瞒或者编造的重大诉讼、仲裁、担保、关联交易或者其他重大事项所涉及的数额或者连续12个月的累计数额达到最近一期披露的净资产50%以上的;(6)造成投资者直接经济损失数额累计在100万元以上的;(7)为欺诈发行证券而伪造、变造国家机关公文、有效证明文件或者相关凭证、单据的;(8)为欺诈发行证券向负有金融监督管理职责的单位或者人员行贿的;(9)募集的资金全部或者主要用于违法犯罪活动的;(10)其他后果严重或者有其他严重情节的情形。

四、违规披露、不披露重要信息罪

(一)概念及构成要件

本罪为《刑法修正案(十一)》所修正。本罪是指依法负有信息披露义务的公司、企业向股东和社会公众提供虚假的或者隐瞒重要事实的财务会计报告,或者对依法应当披露的其他重要信息不按照规定披露,严重损害股东或者其他人利益,或者有其他严重情节的行为。

1. 法益

本罪法益是复杂法益,既包括国家对公司、企业的信息公开披露制度,也包括股东、社会公众及其他利害关系人的合法权益。

2. 行为

本罪的行为根据主体的不同,分别规定了两种不同的类型。一种是一般主体。依法负有信息披露义务的公司、企业向股东和社会公众提供虚假的或者隐瞒重要事实的财务会计报告,或者对依法应当披露的其他重要信息不按照规定披露,严重损害股东或者其他人利益,或者有其他严重情节的行为。另一种是上述公司、企业的控股股东、实际控制人实施或者组织、指使实施上述行为的,或者隐瞒相关事项导致上述情形发生的。

(1)应当披露的重要信息是指与投资者作出投资价值判断和投资决策有关的信息,既包括招股说明书、募集说明书、上市公告书等证券发行文件形式所披露的投资性信息,又包括年度报告、中期报告、季度报告等财务报告所载明的公司、企业财务信息和法人治理信息,还包括临时报告所披露的公司、企业发生的可能对其资产价值和投资交易价格产生较大影响的重大事件,也包括公司、企业经营方针和经营范围的重大变化,公司、企业的重大投资行为、担保行为,公司、企业订立重要合同,或者从事可能对公司、企业的资产、负债、权益和经营成果产生重要影响的关联交易,公司、企业发生重大债务、严重违约、大额赔偿责任、重大亏损或者重大损失情况,以及公司、企业生产经营外部条件的重大变化,公司、企业的董事、监事或者高级管理人员变动,董事长或者高级管理人员无法履职情况,等等。

(2)违规披露、不披露其他重要信息是指违反法律、行政法规和国务院证券管理部门对信息披露的规定,对除财务会计报告制度以外的其他重要信息不披露或虚假披露。

(3)本罪的信息披露要求是指根据《证券法》第78条的规定,信息披露义务人披露的信息,应当真实、准确、完整,简明清晰,通俗易懂,不得有虚假记载、误导性陈述或者重大遗漏。

3. 主体

本罪的犯罪主体是依法负有信息披露义务的公司、企业的直接负责的主管人员和其他直接责任人员;依法负有信息披露义务的公司、企业的控股股东、实际控制人;控股股东、实际控制人是单位的,该单位及其直接负责的主管人员和其他直接责任人员亦是本罪主体。

4. 罪过

行为人的主观方面须有弄虚作假的故意。本罪为故意犯罪,即行为人披露信息失真系故意为之,若因内部财务体系不完善、会计处理不规范、监管不严格,或因关联方提供了虚假信息,导致信息披露不真实,行为人主观上仅系过失的,不能以该罪名进行刑事处罚。

(二) 本罪的认定

1. 本罪的性质

本罪是法定犯、结果犯,即要求造成严重损害股东或者其他人利益,或者有其他严重情节。本罪既侵犯市场秩序也侵犯中小投资者的利益,市场秩序主要体现为市场监管秩序。

2. 罪与非罪的判断

本罪在客观上与由于工作失误导致的财务会计报告失实行为有共同之处,区分二者的关键在于,本罪的主观上表现为行为人故意提供虚假或隐瞒重要事实的财务会计报告或其他依法应当披露的重要信息,而一般的业务过失在客观上出现的错或漏主要是由于行为人的业务能力、工作经验和态度等方面的问题,这种错或漏一般是偶发性的,应着重甄别,如果行为人不是有意提供的,就不构成本罪。另外需要注意本罪系结果犯,即便实施了财务会计报告造假行为,未造成股东或其他人利益受到严重损害的,不构成本罪。

3. 此罪与彼罪的判断

(1)本罪与职务侵占罪的界限

实施职务侵占的行为人为隐瞒其侵占行为,往往采取做假账等手段,致使财务会计报告失实。与本罪区分时应注意本罪是公司向股东或社会公众提供虚假的或者隐瞒重要事实的财务会计报告,并且严重损害股东或其他人利益的行为;而职务侵占罪提供的对象不一定是股东与社会公众。另外,职务侵占罪损害的是公司的财产利益,而非直接指向股东或与股东等同的其他人的利益。

(2) 本罪与诈骗罪的界限

第一,后者表现为以虚构事实或者隐瞒真相的方法,骗取数额较大的公私财物的行为;前者表现为向股东和社会公众提供虚假的或隐瞒重要事实的财务会计报告,或者对依法应当披露的其他重要信息不按照规定披露,严重损害股东或者其他人利益或者有其他严重情节的行为。第二,后者的目的是非法直接占有公私财物;前者的目的是吸引投资从而间接获取利益。第三,后者的刑事责任由犯罪人本人承担;前者的刑事责任由依法负有信息披露义务的公司、企业直接负责的主管人员和其他直接责任人员承担。

(3) 本罪与贷款诈骗罪的界限

第一,后者表现为违反金融法规,诈骗银行或者其他金融机构的贷款,数额较大的行为;前者表现为向股东和社会公众提供虚假的或者隐瞒重要事实的财务会计报告,或者对依法应当披露的其他重要信息不按照规定披露,严重损害股东或其他人利益或者有其他严重情节的行为。第二,后者的犯罪主体是一般主体,前者是依法负有信息披露义务的公司、企业。第三,承担刑事责任的主体不同。后者是犯罪人本身,前者是其直接负责的主管人员和其他直接责任人员。第四,后者的目的是非法直接占有银行或者金融机构的贷款,前者的目的是吸引投资从而间接获取利益。

(4) 本罪与诱骗投资者买卖证券、期货合约罪的界限

第一,后者表现为提供虚假信息或者伪造、变造、销毁交易记录,诱骗投资者买卖证券、期货合约,造成严重后果的行为;前者表现为向股东和社会公众提供虚假的或者隐瞒重要事实的财务会计报告,或者对依法应当披露的其他重要信息不按照规定披露,严重损害股东或者其他人利益或者有其他严重情节的行为。第二,后者的主体既可以是自然人,也可以是单位;前者是依法负有信息披露义务的公司、企业。第三,承担刑事责任的主体不同。后者既可以是自然人,也可以是单位;前者只能是自然人。

(三) 本罪的处罚

犯本罪的,根据《刑法》第161条的规定,严重损害股东或者其他人利益,或者有其他严重情节的,对其直接负责的主管人员和其他直接责任人员,处5年以下有期徒刑或者拘役,并处或者单处罚金;情节特别严重的,处5年以上10年以下有期徒刑,并处罚金。

前述规定的公司、企业的控股股东、实际控制人实施或者组织、指使实施前述行为的,或者隐瞒相关事项导致前述规定的情形发生的,依照前述的规定处罚。

犯前述罪的控股股东、实际控制人是单位的,对单位判处罚金,并对其直接负责的主管人员和其他直接责任人员,依照第1段的规定处罚。

根据《公安机关立案标准(二)》第6条的规定,依法负有信息披露义务的公司、企业向股东和社会公众提供虚假的或者隐瞒重要事实的财务会计报告,或者对依法应当披露的其他重要信息不按照规定披露,涉嫌下列情形之一的,应予立案追诉:(1)造成股东、债权人或者其他人直接经济损失数额累计在100万元以上的;(2)虚增或者虚减资产达到当期披露的资产总额30%以上的;(3)虚增或虚减营业收入达到当期披露的营业收入总额30%以上的;(4)虚增或者虚减利润达到当期披露的利润总额30%以上的;(5)未按照规定披露的重大诉讼、仲裁、担保、关联交易或者其他重大事项所涉及的数额或者连续12个月的累计数额占最近一期披露的净资产50%以上的;(6)致使不符合发行条件的公司、企业骗取发行核准或者注册并且上市交易的;(7)致使公司、企业发行的股票或者公司、企业债券、存托凭证或者国务院依法认定的其他证券被终止上市交易的;(8)在公司财务会计报告中将亏损披露为盈利,或者将盈利披露为亏损的;(9)多次提供虚假的或者隐瞒重要事实的财务会计报告,或者多次对依法应当披露的其他重要信息不按照规定披露的;(10)其他严重损害股东、债权人或者其他人利益,或者有其他严重情节的情形。

值得注意的是:《刑法修正案(十一)》对本罪的法定刑进行了一些变动。第一,加重量刑。增加了"情节特别严重的"量刑档次;将"三年以下有期徒刑或者拘役"改为"五年以下有期徒刑或者拘役";增加了"情节特别严重的,处五年以上十年以下有期徒刑,并处罚金"的规定,加大对相关行为的惩治力度,提高资本市场的违法成本。第二,取消罚金幅度。删除"单处二万元以上二十万元以下罚金"的规定,修改为"并处罚金",取消了罚金限制。

五、妨害清算罪

本罪是指公司、企业在进行清算时,隐匿财产,对资产负债表或财产清单作虚假记载或在未清偿债务前分配公司、企业的财产,严重损害债权人或其他人利益的行为。本罪法益是国家对公司破产清算的管理程序。

本罪行为表现为在公司、企业进行清算时,隐匿财产,对资产负债表或财产清单作虚假记载或在未清偿债务前分配公司、企业的财产。所谓隐匿财产,是指将公司、企业财产予以转移、隐藏。所谓对资产负债表或财产清单作虚假记载,是指公司、企业在制作资产负债表或财产清单时,故意采用欺骗或隐瞒等方法,对资产负债或财产清单进行虚假记载,如减少或夸大公司、企业的收入或固定资产,以达到逃避公司、企业债务的目的。所谓在未清偿债务前分配公司、企业的财产,是指在清算过程中,违反法律规定,在清偿债务之前就分配公司、企业的财产。构成本罪还要求行为造成严重损害债权人的利益的后果,其标准参见《公安机关立案标准(二)》的规定。本罪主体是公司、企业,罪过是故意。

犯本罪的,根据《刑法》第 162 条的规定处罚。

六、隐匿、故意销毁会计凭证、会计账簿、财务会计报告罪

本罪为《刑法修正案》所增设。本罪是指隐匿、故意销毁依法应保存的会计凭证、会计账簿、财务会计报告,情节严重的行为。本罪法益是国家的会计管理秩序。

本罪行为表现为隐匿、故意销毁依法应保存的会计凭证、会计账簿、财务会计报告。行为的对象为依法应保存的会计凭证、会计账簿、财务会计报告。会计凭证是指会计业务中用以记录经济业务的发生、明确经济责任并作为记账依据的书面证明,包括原始凭证与记账凭证。会计账簿是由具有一定格式、相互联系的会计凭证所组成,用来全面、连续、分类地记录一个企业、单位经济业务事项的会计簿籍,包括总账、明细账、日记账、月记账等。财务会计报告是指单位会计部门根据经过审核的会计账簿记录和有关资料,编制并对外提供的反映单位某一特定日期财务状况和某一会计期间经营成果、现金流量及所有者权益等会计信息的总结性书面文件。行为的内容为隐匿或销毁。隐匿是指妨害他人依法发现会计凭证、会计账簿、财务会计报告的一切行为。销毁是指妨害会计凭证、会计账簿、财务会计报告发挥本来效用的一切行为。

构成本罪还要求行为达到情节严重。根据《公安机关立案标准(二)》第 8 条的规定,隐匿或者故意销毁依法应当保存的会计凭证、会计账簿、财务会计报告,涉嫌下列情形之一的,应予立案追诉:(1)隐匿、故意销毁的会计凭证、会计账簿、财务会计报告涉及金额在 50 万元以上的;(2)依法应向监察机关、司法机关、行政机关、有关主管部门等提供而隐匿、故意销毁或拒不交出会计凭证、会计账簿、财务会计报告的;(3)其他情节严重的情形。

本罪主体是特殊主体,不仅包括公司、企业,还包括根据会计法的规定办理会计事务的国家机关、社会团体、公司、企业、事业单位等组织和个人。

本罪罪过是故意。刑法条文表面上只要求销毁行为必须是出于故意,但其实隐匿行为也必须是出于故意。因为隐匿行为一般都表现为故意,所以刑法条文就没有必要再予以强调;而现实生活中可能存在过失销毁的行为,所以刑法条文作出了特别规定予以强调。

犯本罪的,根据《刑法》第 162 条之一的规定处罚。

七、虚假破产罪

本罪为《刑法修正案(六)》所增设。本罪是指公司、企业通过隐匿财产、承担虚假债务或以其他方式转移财产、处分财产,实施虚假破产,严重损害债权人和其他人利益的行为。本罪法益是国家的金融管理秩序。

本罪行为表现为,公司、企业通过隐匿财产、承担虚假债务或以其他方式转移财产、处分财产,实施虚假破产,严重损害债权人和其他人利益。隐匿财产是指将公司、企业的设备、产品等财产予以部分或全部隐藏、隐瞒、转移,故意隐瞒、缩小公司、企业财产的实际数额的行为。承担虚假债务是指捏造或夸大公司、企业的负债情况,造成公司、企业资不抵债的假象。以其他方式转移财产、处分财产主要指无偿转让财产、以明显不合理的价格进行交易、对没有财产担保的债务提供财产担保、对未到期的债务提前清偿、放弃债权等行为。① 实施虚假破产是指债务人在未发生破产原因的情况下,通过上述隐匿、转移财产等手段,虚构、伪造破产原因,申请破产,以逃避债权人的追索,从而侵占他人财产的行为。

构成本罪还要求严重损害债权人和其他人利益。根据《公安机关立案标准(二)》第9条的规定,公司、企业通过隐匿财产、承担虚构的债务或者以其他方法转移、处分财产,实施虚假破产,涉嫌下列情形之一的,应予立案追诉:(1)隐匿财产价值在50万元以上的;(2)承担虚构的债务涉及金额在50万元以上的;(3)以其他方法转移、处分财产价值在50万元以上的;(4)造成债权人或者其他人直接经济损失数额累计在10万元以上的;(5)虽未达到上述数额标准,但应清偿的职工的工资、社会保险费用和法定补偿金得不到及时清偿,造成恶劣社会影响的;(6)其他严重损害债权人或者其他人利益的情形。

本罪主体是公司、企业。本罪罪过是故意。

犯本罪的,根据《刑法》第162条之二的规定,对其直接负责的主管人员和其他直接责任人员,处5年以下有期徒刑或者拘役,并处或者单处2万元以上20万元以下罚金。

八、非国家工作人员受贿罪

(一) 概念及构成要件

本罪为《刑法修正案(十一)》所修订。本罪是指公司、企业或其他单位的工作人员利用职务上的便利,索取他人财物或非法收受他人财物,为他人谋取利益,数额较大的行为。本罪法益是公司、企业或其他单位的正常管理秩序和公司、企业或其他单位的工作人员职务的廉洁性。

---

① 参见《中华人民共和国企业破产法》第31条。

1. 行为

本罪行为表现为利用职务上的便利,索取他人财物或非法收受他人财物,为他人谋取利益。其具体包含以下几个要件:

(1) 实行了索取或非法收受他人财物的行为。索取是指行为人以公开或暗示的方式,主动向他人索要财物。非法收受是指行为人违反了国家的相关法律、法规、决定,接受他人主动给予的财物。此处的财物,不仅包括金钱和实物等物质利益,而且还包括可以用金钱来衡量的非物质利益,比如为其子女安排工作、观光旅游、能够享受到特定服务的会员卡。收受银行卡的,不论受贿人是否取出或消费,卡内的存款数额一般应全额认定为受贿数额。使用具有透支功能银行卡的,如果由提供银行卡一方承担还款责任的,实际透支的数额应认定为受贿数额。根据《刑法》第163条第2款的规定,公司、企业的工作人员在经济往来中,利用职务上的便利,违反国家规定,收受各种名义的回扣、手续费,归个人所有的,也构成本罪。因此,回扣与手续费也是本罪行为对象。

(2) 实行上述行为系利用了职务上的便利。所谓利用职务上的便利,是指行为人利用自己在本单位负责、主管或参与某项工作的职权或同职务相关的便利条件,实施上述行为。与《刑法》第385、388条规定的受贿罪不同,本罪的利用职务上的便利仅限于直接利用自己的职务便利,而不包括间接利用他人的职务便利。如行为人只是利用与单位同事熟悉等工作便利,为他人谋取利益,而索取或收受他人财物的,不构成本罪。

(3) 必须为他人谋取利益。为他人谋取利益,是指主动或被动地应他人要求为他人谋取某种利益。此处的利益,既包括合法的、正当的利益,也包括非法的、不正当的利益。本罪只要行为人承诺为他人谋取利益即可,并不要求有实际为他人谋取利益的行为。

(4) 索取或非法收受他人财物必须达到数额较大。此处的数额较大,指的是索取或收受财物的数额较大,而不是指为他人谋取利益的数额较大。根据2016年4月18日"两高"《关于办理贪污贿赂刑事案件适用法律若干问题的解释》(以下简称《贪贿刑案解释》)第11条的规定,这里的"数额较大""数额巨大"的数额起点,按照贪污罪、受贿罪相对应的数额标准规定的2倍、5倍执行,即犯本罪,数额在6万元以上不满40万元的,为"数额较大";数额在100万元以上不满1500万元的,为"数额巨大"。

2. 主体

本罪主体是特殊主体,是公司、企业或其他单位的工作人员。其中的其他单位,既包括事业单位、社会团体、村民委员会、居民委员会等常设性组织,也包括为组织文艺演出、体育赛事等正当活动而成立的组委会、筹委会等非常设性的组织。值得注意的是,国有公司、企业或其他国有单位中从事公务的人员以及其他国家工作人员利用职务上的便利索取、收受贿赂的，成立的不是本罪，而是《刑法》第 385 条所规定的受贿罪。但是，国有公司、企业或其他国有单位中非从事公务的非国家工作人员，可以成为本罪主体。

3. 罪过

本罪罪过是故意。陈某于 2011 年 6 月至 2012 年 8 月，在担任欧莱雅公司全国通路行销经理期间，利用负责巴黎欧莱雅品牌通路行销及相关供应商管理等职务便利，先后收受供应商上海冰蓝公司法定代表人胡某为其支付的牌照额度款、购车款 29 万余元及胡某给予的现金 5 万元，为冰蓝公司承接欧莱雅公司路演广告业务谋取利益。本案中，陈某作为外国法人独资有限责任公司的工作人员，利用职务上的便利，非法收受他人财物，为他人谋取利益，数额巨大，其行为已构成非国家工作人员受贿罪，依法应予惩处。①

（二）本罪的认定

1. 罪与非罪的界限

在现实的商业活动中，存在着接受折扣、佣金的行为。应将其与本罪所规定的违反国家规定，收受各种名义的回扣、手续费的行为加以严格区分。根据《刑法》第 163 条第 2 款的规定，公司、企业工作人员在经济往来中，利用职务上的便利，违反国家规定，收受各种名义的回扣、手续费，归个人所有的，构成本罪。所谓回扣，是指经销者销售商品时在账外暗中以现金、实物或其他方式退给对方单位或个人的一定比例的商品价款。回扣具有极其严重的危害性，会导致伪劣产品泛滥、商品价格被不正当提高、国家税收流失、公平竞争的市场秩序被破坏等。所以，应该严格地将收受回扣的行为认定为受贿。与此相对，根据《中华人民共和国反不正当竞争法》（以下简称《反不正当竞争法》）第 7 条第 2 款的规定，经营者在交易活动中，可以以明示方式向交易相对方支付折扣，或者向中间人支付佣金。经营者向交易相对方支付折扣、向中间人支付佣金的，应当如实入账。接受折扣、佣金的经营者也应当如实入账。所谓折扣，是指经营者在销售商品时，以明示并如实入账的方式给予对方的价格优惠。所谓佣金，是指经营者在市场交易中给予为其提供服务的具有合法经营资格的中间人的劳动报酬。因此，对于合法接受折扣、佣金的，不能认定为受贿；但违反国家规定，收受各种名义的回扣、手续费归个人所有的，应认定为受贿。

2008 年 11 月 20 日"两高"《关于办理商业贿赂刑事案件适用法律若干问题的意见》（以下简称《商业贿赂刑案意见》）第 4—6 条的规定，下列行为应以本罪定罪：(1) 医疗机构中的非国家工作人员，在药品、医疗器械、医用卫生材料等医药产品采购活动中，利用职务上的便利，索取销售方财物，或者非法收受销售方

---

① （2013）沪二中刑终字第 1074 号。

财物,为销售方谋取利益,数额较大的;(2)医疗机构中的医务人员,利用开处方的职务便利,以各种名义非法收受药品、医疗器械、医用卫生材料等医药产品销售方财物,为医药产品销售方谋取利益,数额较大的;(3)学校及其他教育机构中的非国家工作人员,在教材、教具、校服或者其他物品的采购等活动中,利用职务上的便利,索取销售方财物,或者非法收受销售方财物,为销售方谋取利益,数额较大的;(4)学校及其他教育机构中的教师,利用教学活动的职务便利,以各种名义非法收受教材、教具、校服或者其他物品销售方财物,为教材、教具、校服或者其他物品销售方谋取利益,数额较大的;(5)依法组建的评标委员会、竞争性谈判采购中谈判小组、询价采购中询价小组的组成人员,在招标、政府采购等事项的评标或者采购活动中,索取他人财物或者非法收受他人财物,为他人谋取利益,数额较大的。

2. 本罪中共犯行为的认定

公司、企业或其他单位中的国家工作人员与非国家工作人员共同实施受贿犯罪的,该如何确定其犯罪性质?这是本罪所涉及的共同犯罪的主要问题。根据《商业贿赂刑案意见》第11条的规定,非国家工作人员与国家工作人员通谋,共同收受他人财物,构成共同犯罪的,根据双方利用职务便利的具体情形分别定罪追究刑事责任:(1)利用国家工作人员的职务便利为他人谋取利益的,以受贿罪追究刑事责任;(2)利用非国家工作人员的职务便利为他人谋取利益的,以非国家工作人员受贿罪追究刑事责任;(3)分别利用各自的职务便利为他人谋取利益的,按照主犯的犯罪性质追究刑事责任,不能分清主从犯的,可以受贿罪追究刑事责任。

(三) 本罪的处罚

犯本罪的,根据《刑法》第163条的规定,处3年以下有期徒刑或者拘役,并处罚金;数额巨大或者有其他严重情节的,处3年以上10年以下有期徒刑,并处罚金;数额特别巨大或者有其他特别严重情节的,处10年以上有期徒刑或者无期徒刑,并处罚金。

九、对非国家工作人员行贿罪

(一) 概念及构成要件

本罪为《刑法修正案(九)》所修订。本罪是指为谋取不正当利益,给予公司、企业或其他单位的工作人员以财物,数额较大的行为。本罪法益是公司、企业或其他单位的正常管理秩序和公司、企业或其他单位工作人员职务的廉洁性。

1. 行为

本罪行为表现为,为谋取不正当利益,给予公司、企业或其他单位的工作人员以财物,数额较大。行为的对象为国家工作人员之外的公司、企业或其他单位的工作人员。谋取不正当利益，是指意图获得违法的或以其他正当途径不能获得的利益。只要行为人具有意图获得不正当利益的目的就可构成本罪，至于实际上是否获得了不正当利益，不影响本罪的成立。给予不但包括主动给予，也包括受到明示或暗示的被动给予。因被勒索而给予财物的场合，如果因被勒索给予公司、企业或其他单位的工作人员以财物，但没有获得不正当利益的，不构成本罪；如果获得了不正当利益的，即使起因于被勒索，仍然属于被动给予公司、企业或其他单位的工作人员以财物的行为，应该构成本罪。要构成本罪，给予公司、企业或其他单位的工作人员的财物还必须达到"数额较大"。

2. 主体

本罪主体是一般主体，既可以是自然人，也可以是单位。

3. 罪过

本罪罪过为故意，而且必须具有谋取不正当利益的特定目的。

(二) 本罪的认定

1. 本罪的减免规定

根据《刑法》第164条第4款的规定，行贿人在被追诉前主动交代行贿行为的，可以减轻处罚或者免除处罚。本款规定的目的是鼓励行为人揭发检举受贿人，有利于打击受贿罪，因为相对于本罪，受贿罪的社会危害性更大。行为人要想获得减免刑罚，必须具备以下两个条件：(1) 主动交代行贿行为。行贿人必须自己或由亲属陪同主动向司法机关或其他有关部门如实交代行贿事实。因司法机关或其他部门调查而不得不交代的，或避重就轻不如实交代的，均不属于本款所规定的"主动交代"。(2) 交代的时间必须是在司法机关立案、开始追究刑事责任之前。司法机关已经发现行贿事实，并认为应追究刑事责任而已经立案，行贿人再交代行贿行为的，不再适用本款的减免规定。

2. 本罪与行贿罪、对单位行贿罪、单位行贿罪的异同

其相同点在于，行为的目的与内容一样，即都是为谋取不正当利益，而给予他人或单位以财物；行贿人在被追诉前主动交代行贿行为的，都可以减轻处罚或免除处罚。其不同点主要在于，行为的对象不同。本罪的对象是公司、企业或其他单位的工作人员；行贿罪与单位行贿罪的对象则是国家工作人员；对单位行贿罪的对象则是国家机关、国有公司、企业、事业单位、人民团体，而非自然人。

(三) 本罪的处罚

犯本罪的，根据《刑法》第164条的规定，处3年以下有期徒刑或者拘役，并处罚金；数额巨大的，处3年以上10年以下有期徒刑，并处罚金。单位犯本罪的，对单位判处罚金，并对其直接负责的主管人员和其他直接责任人员，依照上述规定处罚。行贿人在被追诉前主动交代行贿行为的，可以减轻处罚或者免除处罚。根据《贪贿刑案解释》第11条规定，本罪中的数额标准，按照该解释第7

条、第 8 条第 1 款关于行贿罪的数额标准规定的 2 倍执行。

十、对外国公职人员、国际公共组织官员行贿罪

本罪为《刑法修正案（八）》所增设。本罪是指为谋取不正当的商业利益，给予外国公职人员或国际公共组织官员以财物，数额较大的行为。本罪法益为外国或国际组织的职务行为的廉洁性以及正常的国际商业活动秩序。

本罪行为表现为，为谋取不正当的商业利益，给予外国公职人员或国际公共组织官员以财物。不正当的商业利益是指与国际商贸有关的非正当性的经济利益与商业机会。外国公职人员是指外国无论是经任命还是选举而担任立法、行政或司法职务的任何人员，以及为外国包括为公共机构或公营企业行使公共职能的任何人员。国际公共组织官员是指国际公务员或经此组织授权代表该组织行事的任何人员。财物包括金钱、实物以及财产性利益。本罪主体是一般主体，包括自然人和单位。罪过是故意，且必须具有谋取不正当利益的目的。

犯本罪的，根据《刑法》第 164 条的规定处罚。

十一、非法经营同类营业罪

本罪为《刑法修正案（十二）》所修订。本罪是指国有公司、企业董事、监事、高级管理人员利用职务便利，或其他公司、企业的董事、监事、高级管理人员违反法律、行政法规规定，自己经营或为他人经营与其所任职公司、企业同类的营业，获取非法利益，数额巨大的行为。本罪法益是国家对公司、企业的管理秩序和公司、企业董事、监事、高级管理人员的职务廉洁性。

本罪行为表现为利用职务便利，自己经营或为他人经营与其所任职公司、企业同类的营业。利用职务便利是指利用自己在国有公司、企业或其他公司、企业任董事、监事、高级管理人员掌管材料、物资、市场、计划、销售等便利条件。自己经营是指以自己的名义注册并经营公司、企业。为他人经营，是指在他人出资经营的公司、企业中任职从而获取经营报酬。同类的营业是指生产、销售同一商品或具有其他同一性质的营业。董事、经理拥有管理公司、企业的权利，熟知该公司、企业的内情，如果允许其在该公司、企业外自己经营或为他人经营与其所任职公司、企业同类的营业，就会为了自己或他人谋取私利而损害该公司、企业的利益。构成本罪还要求获取的非法利益达到数额巨大。

本罪主体是特殊主体，是国有公司、企业的董事、监事、高级管理人员和其他公司、企业的董事、监事、高级管理人员。本罪罪过是故意。

犯本罪的,根据《刑法》第165条的规定,处3年以下有期徒刑或者拘役,并处或者单处罚金;数额特别巨大的,处3年以上7年以下有期徒刑,并处罚金。

十二、为亲友非法牟利罪

本罪为《刑法修正案(十二)》所修订。本罪是指国有公司、企业、事业单位的工作人员或其他公司、企业的工作人员,利用职务便利,将本单位的盈利业务交由自己的亲友进行经营,或与亲友经营管理的单位进行明显有利于对方的购销活动,使国家利益或其他公司、企业的利益遭受重大损失的行为。本罪法益是国有公司、企业、事业单位或其他公司、企业的正常管理活动、合法利益。

本罪行为表现为利用职务便利,将本单位的盈利业务交由自己的亲友进行经营,或与亲友经营管理的单位进行明显有利于对方的购销活动。具体而言,包括下列三种行为:(1)将本单位的盈利业务交由自己的亲友进行经营。盈利业务是指肯定能够获得利润的业务。如果某种业务存在着经营风险,并不一定能够盈利,则该业务不能认定为盈利业务。(2)以明显高于市场的价格向自己亲友经营管理的单位采购商品、接受服务或以明显低于市场的价格向自己亲友经营管理的单位销售商品、提供服务。略微高一点的不能认定为明显高于,略微低一点的不能认定为明显低于。(3)向自己亲友经营管理的单位采购不合格的商品。行为人的上述行为必须是利用了职务的便利。利用职务的便利是指行为人利用其对公司、企业、事业单位的经营管理的地位和职权形成的便利条件。构成本罪还要求使国家利益或其他公司、企业利益遭受重大损失。

本罪主体是国有公司、企业、事业单位的工作人员和其他公司、企业的工作人员。本罪罪过是故意。

犯本罪的,根据《刑法》第166条的规定处罚。

十三、签订、履行合同失职被骗罪

(一)概念及构成要件

本罪是指国有公司、企业、事业单位直接负责的主管人员在签订、履行合同过程中,因严重不负责任被诈骗,致使国家利益遭受重大损失的行为。本罪法益是国家对国有公司、企业、事业单位的经济贸易活动的管理秩序。

1. 行为

本罪行为表现为国有公司、企业、事业单位直接负责的主管人员在签订、履行合同过程中,因严重不负责任被诈骗。严重不负责任是指没有履行合同法所规定的或惯例上所应尽的义务。一是不履行职责，如在签订合同时未审查对方的资信等情况。二是不认真履行职责，如在履行合同时未认真验货，未坚持自己应拥有的合法权益。所谓被诈骗，不限于对方的行为构成刑法上的普通诈骗、金融诈骗以及合同诈骗等罪，而应包括对方的行为属于民事诈骗的情形。而且，认定本罪时，也不以对方已被人民法院定罪为前提。① 这是因为本罪所处罚的是国有公司、企业、事业单位直接负责的主管人员在签订、履行合同过程中的失职行为，而不是处罚对方的犯罪行为。本罪为结果犯。构成本罪，要求行为致使国家利益遭受重大损失。

2. 主体

本罪主体为特殊主体，是国有公司、企业、事业单位直接负责的主管人员。此外，根据《外汇犯罪决定》第7条的规定，金融机构、从事对外贸易经营活动的公司、企业的工作人员严重不负责任，造成大量外汇被骗购或者逃汇，致使国家利益遭受重大损失的，依照本罪的规定定罪处罚。

3. 罪过

本罪罪过是过失。1997年12月至1998年10月，徐某在湖北省烟草公司某市公司担任副经理，分管该公司烟叶销售及货款回笼工作。在其签订、履行合同过程中，工作严重不负责任，对签约对方的主体资格、资信状况、履约能力及对方签约人所陈述的其他事实是否真实等不调查、不咨询，致使该烟草公司110余万元的货款无法收回，遭受重大经济损失。本案中，徐某对签约对方的履约能力不加以考察和了解，盲目签订合同，导致国家利益遭受重大损失，其行为构成签订、履行合同失职被骗罪。②

（二）本罪的处罚

犯本罪的，根据《刑法》第167条的规定，处3年以下有期徒刑或者拘役；致使国家利益遭受特别重大损失的，处3年以上7年以下有期徒刑。

十四、国有公司、企业、事业单位人员失职罪

本罪为《刑法修正案（三）》所修订。本罪是指国有公司、企业、事业单位的工作人员，严重不负责任，造成国有公司、企业破产或严重损失，或国有事业单位严重损失，致使国家利益遭受重大损失的行为。本罪法益是国家对国有公司、企业、事业单位的管理秩序。

本罪行为表现为严重不负责任，造成国有公司、企业破产或严重损失，或国有事业单位严重损失，致使国家利益遭受重大损失。严重不负责任是指行为人

---

① 参见张明楷：《刑法学》（第六版）（下），法律出版社2021年版，第979页。
② （2001）恩州刑终字第33号。

不履行或不认真履行自己的职务。其中，不履行表现为行为人应该履行且能够履行却不履行职责；不认真履行表现为行为人虽然履行了一定的职责，但做事马虎、草率，没有尽到职责义务。

构成本罪，还要求行为造成国有公司、企业破产或严重损失，或国有事业单位严重损失，致使国家利益遭受重大损失。

本罪主体是国有公司、企业、事业单位的工作人员。此外，根据2010年11月26日"两高"《关于办理国家出资企业中职务犯罪案件具体应用法律若干问题的意见》（以下简称《国家出资企业职务犯罪意见》）第4条的规定，国家出资企业中的国家工作人员在公司、企业改制或者国有资产处置过程中严重不负责任，致使国家利益遭受重大损失的，以本罪定罪处罚。本罪罪过是过失。

犯本罪的，根据《刑法》第168条的规定处罚。

十五、国有公司、企业、事业单位人员滥用职权罪

本罪为《刑法修正案（三）》所修订。本罪是指国有公司、企业、事业单位工作人员，滥用职权，造成国有公司、企业破产或严重损失，或国有事业单位严重损失，致使国家利益遭受重大损失。本罪法益是国家对国有公司、企业、事业单位的管理秩序。

本罪行为表现为滥用职权。滥用职权是指行为人在工作中超越自己的职权，处理其无权处理的事项，或在行使职权时蛮横无理，随心所欲地作出处理决定。构成本罪，还要求行为造成国有公司、企业破产或严重损失，或国有事业单位严重损失，致使国家利益遭受重大损失。

本罪主体是国有公司、企业、事业单位的工作人员。此外，根据《国家出资企业职务犯罪意见》第4条的规定，国家出资企业中的国家工作人员在公司、企业改制或者国有资产处置过程中滥用职权，致使国家利益遭受重大损失的，以本罪定罪处罚。本罪罪过是故意。

犯本罪的，根据《刑法》第168条的规定，处3年以下有期徒刑或者拘役；致使国家利益遭受特别重大损失的，处3年以上7年以下有期徒刑。国有公司、企业、事业单位的工作人员，徇私舞弊，犯本罪的，从重处罚。

十六、徇私舞弊低价折股、出售公司、企业资产罪

本罪为《刑法修正案（十二）》所修订。本罪是指国有公司、企业或其上级主管部门直接负责的主管人员，徇私舞弊，将国有资产低价折股或低价出售，致使国家利益遭受重大损失的行为。其他公司、企业直接负责的主管人员有前述行为，致使公司、企业利益遭受重大损失的，也构成本罪。本罪法益是国家对国有公司、企业的管理秩序和国家对国有资产的所有权，以及其他公司、企业对公司、

企业的管理秩序和对公司、企业财产的所有权。本罪行为表现为行为人徇私舞弊,将国有资产或其他公司、企业资产低价折股或低价出售。徇私舞弊,是指为徇私情、私利而实施的弄虚作假行为。低价折股,是指在推行股份制的过程中,将国有公司、企业的实物、工业产权、非专利技术、土地使用权压价折合为出资股份。低价出售,是指将国有资产或其他公司、企业资产以低于实际价值的价格卖出。构成本罪,还要求行为致使国家利益遭受重大损失。本罪主体为特殊主体,是国有公司、企业或其上级主管部门直接负责的主管人员和其他公司、企业直接负责的主管人员。本罪罪过是故意。犯本罪的,根据《刑法》第169条的规定处罚。

十七、背信损害上市公司利益罪

本罪为《刑法修正案(六)》所增设。本罪是指上市公司的董事、监事、高级管理人员违背对公司的忠实义务,利用职务便利,操纵上市公司从事损害上市公司利益的活动,致使上市公司利益遭受重大损失的行为。本罪法益是上市公司的管理秩序和经济利益。

本罪行为表现为违背对公司的忠实义务,利用职务便利,操纵上市公司从事损害上市公司利益的活动。忠实义务,是指公司的董事、监事、高级管理人员对公司事务应尽忠尽力,当其自身利益与公司利益相冲突时,应以公司的利益为重,不得将自身利益置于公司利益之上。利用职务便利,是指利用自己主管、管理、经手上市公司财产上的便利。操纵上市公司从事损害上市公司利益包括:(1)无偿向其他单位或个人提供资金、商品、服务或其他资产的;(2)以明显不公平的条件,提供或接受资金、商品、服务或其他资产的;(3)向明显不具有清偿能力的单位或个人提供资金、商品、服务或其他资产的;(4)为明显不具有清偿能力的单位或个人提供担保,或无正当理由为其他单位或个人提供担保的;(5)无正当理由放弃债权、承担债务的;(6)采用其他方式损害上市公司利益的。本罪为结果犯,要求行为必须致使上市公司利益遭受重大损失,其标准参见《公安机关立案标准(二)》的规定。

本罪主体为特殊主体,是国有上市公司的董事、监事、高级管理人员。上市公司的控股股东或者实际控制人,指使上市公司董事、监事、高级管理人员实施前述行为的,依照本罪处罚。本罪罪过是故意。

犯本罪的,根据《刑法》第169条之一的规定,处3年以下有期徒刑或者拘役,并处或者单处罚金;致使上市公司利益遭受特别重大损失的,处3年以上7年以下有期徒刑,并处罚金。犯本罪的上市公司的控股股东或者实际控制人是单位的,对单位判处罚金,并对其直接负责的主管人员和其他直接责任人员,依照上述规定处罚。

第五节 破坏金融管理秩序罪

一、伪造货币罪

(一) 概念及构成要件

本罪是指没有货币发行权的人,以行使或流通为目的,仿照真货币的图案、形状、色彩等特征非法制造假币的行为。本罪法益是货币的公共信用和国家的货币管理制度即货币发行权。根据2010年10月20日最高法《关于审理伪造货币等案件具体应用法律若干问题的解释(二)》(以下简称《货币犯罪解释(二)》),在国内不可流通或兑换的境外货币也是本罪的犯罪对象,因此就很难说本罪法益仅限于国家的货币管理制度或货币发行权。在国内不可流通或兑换的境外货币并没有纳入我国的货币管理制度。[①] 同时,中国人民银行发行的普通纪念币和贵金属纪念币也是本罪的犯罪对象,这种纪念币虽然有使用价值,但并不能直接进入流通领域当作普通货币使用,因此很难说本罪法益仅限于货币的公共信用。

1. 行为

本罪行为表现为仿照真货币的图案、形状、色彩等特征非法制造假币。具体的伪造方法很多。对于纸币,有复印、拓印、刻印、缩印、手工描绘、剪制以及采用电子扫描分色或照相分色方式制版,采用现代化印刷机器制作,而对于金属货币则有浇铸、铸造、电镀等方法,但无论采用上述何种方法非法制造货币,均不影响本罪的成立。需要研究的有下列两个问题:

(1) 伪造货币以仿照真货币为前提条件。如果不存在真货币,就不宜认定为伪造货币罪。例如,行为人根据人民币的一般形状、基本特征等自行设计制作出面额为200元的假货币,就不宜认定为伪造货币罪的行为。从字面而言,"伪"相对于"真"而存在,在真实货币不存在的情况下,难言伪造货币;从行为实质而言,伪造货币罪不仅侵犯了货币发行权,同时还侵犯了货币的公共信用和流通秩序,不以真实的货币为样本,仅凭行为人主观臆想而制造出来的"货币"(臆造币)不存在破坏货币的公共信用和流通秩序的可能;从行为方式而言,臆造币的使用与伪造币的使用方式有所不同,后者侧重于伪造币的正常使用,前者侧重于虚构事实,骗取他人钱财。所以,对于非法制造臆造币的行为,以诈骗罪处理更为妥当。

(2) 伪造货币的行为不需要达到使一般人误以为是真币的程度。成立伪造

[①] 不宜认为"不可流通、不可兑换本身就是一种管理"。

货币罪是否应以伪造币具有相当的逼真度为条件,实践中有两种不同意见。肯定意见认为,伪造的货币必须在外形上与法定货币极为近似,使一般人依照通常收受货币的习惯不易辨别而当作真币,才能认定为伪造货币罪;否定意见认为,假币逼真度的高低不影响本罪的构成,只要行为人实施了伪造货币的行为,就可构成本罪,不要求假币与真币完全一样。《货币犯罪解释(二)》采取了否定说,认为能否成立伪造货币罪,关键在于是否仿照真币,只要在图案、形状、色彩等方面具备了真币的基本要素,即可成立伪造货币罪。至于实际伪造出来的假币的外观效果和逼真程度如何,不应成为伪造货币的定罪要件,既不能因为伪造货币尚未制成成品,也不能因为做工粗糙而否认行为人实施了或正在实施伪造货币的行为。①

2. 主体

本罪主体为一般主体,单位不能犯本罪。

3. 罪过

本罪罪过为故意。至于本罪是否要求特定目的,学者有争议。第一种观点认为,本罪不是目的犯,不需要特定目的。② 第二种观点认为,本罪是非法定目的犯,行为人必须具有行使或流通的意图。第二种观点是我国的通说,并为司法实践所采纳。出于教学、拍电影等目的伪造了货币的,不应认定为犯罪。我们认为,第二种观点较为合理。虽然刑法条文并未规定特定目的,但是应将本罪解释为非法定目的犯,其解释方法是"目的性限缩"。③

(二) 本罪的认定

1. 制造真伪拼凑货币行为的性质认定

真伪拼凑货币是近年来新出现的一种假币形态,且呈迅速蔓延趋势。从发案情况看,真伪拼凑货币主要见于百元钞,制作手法五花八门。比如,将人民币一揭为二,正面保留,背面粘贴上伪造币;将人民币约 1/2 处裁切掉,粘贴上对应伪造币;将人民币局部揭开,正面保留,背面从水印部位与人民大会堂主图景结合处揭去,粘贴上伪造币;挖去人民币光变油墨面额数字,粘贴上伪造的光变油墨面额数字;揭去正面头像部分,粘贴上伪造币;将人民币水印部位的 1/4 部分裁切掉,粘贴上相应伪造币。真伪拼凑货币就其基本材料而言,亦真亦假,故有人称之为伪造货币、变造货币之外的第三种假币,即伪变造货币。《货币犯罪解释(二)》第 2 条规定,同时采用伪造和变造手段,制造真伪拼凑货币的行为,以

---

① 参见刘为波:《〈关于审理伪造货币等案件具体应用法律若干问题的解释(二)〉的理解与适用》,载《人民司法(应用)》2010 年第 23 期。
② 参见张明楷:《刑法学》(第六版)(下),法律出版社 2021 年版,第 984 页。
③ 参见欧阳本祺:《论真正非法定目的犯的解释适用——兼论刑法漏洞的补充》,载《法学论坛》2008 年第 1 期。

伪造货币罪定罪处罚。

2. 制售假纪念币行为的性质认定

假纪念币是指仿照中国人民银行发行的普通纪念币或贵金属纪念币而制造的纪念币,包括假普通纪念币和假贵金属纪念币。假纪念币不具有一般人民币的流通功能。假普通纪念币犯罪的数额,以面额计算;假贵金属纪念币犯罪的数额,以贵金属纪念币的初始发售价格计算。制售假纪念币的行为应认定为伪造货币罪。

3. 伪造停止流通的货币的性质认定

《货币犯罪解释(二)》第5条规定,以使用为目的,伪造停止流通的货币的,以诈骗罪定罪处罚。因为已经停止流通的货币不再具有货币属性,不再执行货币的任何功能。已经公告决定停止流通但尚未至停止流通之日的,因货币仍具流通功能,故其间实施的犯罪应以假币犯罪论处。

4. 既遂与未遂的界限

本罪的既遂与未遂的界限以行为人是否制造出足以使一般人误认为是真货币的假货币为标准。只有行为人已经伪造出了这种货币的,才构成本罪的既遂。行为人已经着手实行伪造货币的行为,但由于其意志以外的原因,未能伪造出货币或伪造货币行为实施完毕,伪造出的货币明显不足以使一般人误认为是真币的,均应认定为本罪的未遂。

5. 一罪与数罪的界限

在司法实践中,对于一人同时实施伪造货币以及走私、持有、使用、运输伪造的货币等数种犯罪行为的情况,是按一罪还是按数罪进行处理,通说认为,如果行为人走私、持有、使用、运输的假币是行为人自己制造出来的,则属于牵连犯或吸收犯,只按伪造货币罪一罪从重处罚,不能实行数罪并罚。如果行为人既伪造了货币,又走私、持有、使用、运输了他人伪造的货币,则应按伪造货币罪和其他行为所犯之罪实行数罪并罚。

(三) 本罪的处罚

犯本罪的,根据《刑法》第170条的规定,处3年以上10年以下有期徒刑,并处罚金;有下列情形之一的,处10年以上有期徒刑或者无期徒刑,并处罚金或者没收财产:(1)伪造货币集团的首要分子;(2)伪造货币数额特别巨大的;(3)有其他特别严重情节的。

二、出售、购买、运输假币罪

(一) 概念及构成要件

本罪是指明知是伪造的货币而出售、购买、运输,数额较大的行为。

1. 行为

本罪行为表现为行为人出售、购买、运输伪造的货币。行为对象只能是伪造的货币,不能是变造的货币。所谓出售,是指行为人将本人持有的假币有偿地转让给他人的行为,出售通常是以低于假币面额的价格有偿转让。所谓购买,是指行为人收购他人持有的假币的行为,收购通常是以低于假币面额的价格买进。所谓运输,是指行为人转移假币的存放地点的行为。构成本罪,只要行为人实施了上述三种行为中的任何一种行为即可,同时还需要出售、购买、运输的假币达到数额较大。

2. 主体

出售、购买、运输假币罪的主体为一般主体,即凡年满16周岁、具有刑事责任能力的自然人均可以构成本罪主体。金融机构工作人员购买假币的,不能构成本罪,而是构成金融工作人员购买假币罪;金融机构工作人员出售、运输假币的,仍应按本罪处理。

3. 罪过

本罪为故意犯罪,即明知是假币而出售、购买、运输。这里的"明知",应该包括两种情形,即行为人明知确实是伪造的货币或明知可能是伪造的货币。

(二) 本罪的认定

1. 罪与非罪的界限

区分本罪与非罪界限的标准是行为人出售、购买、运输的假币在数额上是否达到较大的标准,否则,只能认定为一般违法行为。另外,还应注意本罪的对象只能是假币。

2. 一罪与数罪的界限

行为人伪造货币以后,又出售或运输自己伪造的货币的,只按伪造货币罪一罪从重处罚。行为人既伪造货币,又出售或运输他人伪造的货币的,则应按伪造货币罪和出售假币罪或运输假币罪实行数罪并罚。

(三) 本罪的处罚

犯本罪的,根据《刑法》第171条第1款的规定,数额较大的,处3年以下有期徒刑或者拘役,并处2万元以上20万元以下罚金;数额巨大的,处3年以上10年以下有期徒刑,并处5万元以上50万元以下罚金;数额特别巨大的,处10年以上有期徒刑或者无期徒刑,并处5万元以上50万元以下罚金或者没收财产。

根据2000年9月8日最高法《关于审理伪造货币等案件具体应用法律若干问题的解释》(以下简称《货币犯罪解释》)第3条的规定,总面额在4000元以上不满5万元的,属于"数额较大";总面额在5万元以上不满20万元的,属于"数额巨大";总面额在20万元以上的,属于"数额特别巨大"。货币面额以人民币计算,如果是外币,则依据案发时国家外汇管理机关公布的外汇牌价折算成人民币。行为人实施了出售、购买、运输伪造的货币数个行为时,数个行为所涉及的是作为同一对象的假币的,不重复计算;行为所涉及的不是作为同一对象的假币的,则应累计计算认定犯罪数额。

三、金融工作人员购买假币、以假币换取货币罪

本罪是指银行或其他金融机构的工作人员购买伪造的货币,或利用职务上的便利,以伪造的货币换取货币的行为。本罪行为表现为银行或其他金融机构的工作人员购买伪造的货币,或利用职务上的便利,以伪造的货币换取货币。具体有两种表现:一是购买伪造的货币;二是利用职务上的便利,以伪造的货币换取货币,即行为人利用职务上管理金库、吸收存款、发放贷款、兑付现金等便利条件,将伪造的货币换成真币。行为人本人并不管理、经手货币业务,而是利用了其他从事管理、经手货币的工作人员不注意,趁机以伪造的货币换取货币的,这种情况不能认定构成本罪,而应以盗窃罪处理。这里的"以伪造的货币换取货币",既可以是为自己换取,也可以是为他人换取。上述两种行为,只要行为人实施了其中的一种行为即构成本罪,但购买与换取伪造的货币这两种行为通常是密切联系的,如果行为人同时实施了上述两种行为,也只能按本罪一罪论处。本罪主体是特殊主体,即只能由银行或其他金融机构工作人员构成。在金融机构中从事劳务性工作的非业务人员,如勤杂人员等,不能构成本罪主体。至于金融机构的所有制性质,对本罪成立没有影响。本罪罪过是故意。

犯本罪的,根据《刑法》第 171 条第 2 款的规定处罚。

四、持有、使用假币罪

(一) 概念及构成要件

本罪是指明知是伪造的货币而持有、使用,数额较大的行为。

1. 行为

本罪行为具体有两种表现形式,一是持有假币,二是使用假币。所谓持有假币,是指将假币置于行为人事实上的支配、控制之下的一种状态,不要求行为人实际握有假币,也可以表现为委托不明真相的人代为保管假币。所谓使用伪造的货币,是指将假币当作真货币加以利用的行为。持有假币的,是对货币公共信用的危险犯;使用假币的,是对货币公共信用的侵害犯。因此,使用行为并不是指任何利用货币的行为,而是只限于像货币的通常使用方法那样的使用行为。或者说,只有像使用真货币那样使用假币的行为,才能认定为使用假币罪。例如,将假币存入 ATM 机或赠送给他人,将假币用于赌博或交纳罚金,将假币用于还债,都是使用假币的行为。但是,用假币折叠成玩具,将假币扔在路上让人捡走,或者在签订合同时直接将伪造的货币给对方看,以证明自己的合同履行能力

的行为,都不能认定为使用假币。

2008年8月起,都某组织韦某、李某、杨某等三名妇女在四川省简阳市某大街招揽嫖客,然后带至都某事先布置好的出租房内从事卖淫嫖娼活动,都某则趁机潜入室内用假币调换嫖客衣服内的现金。都某用此手段组织上述卖淫妇女多次进行卖淫活动,调换嫖客真币5000余元,与上述卖淫妇女将赃款平分。2009年3月24日,公安机关将都某抓获归案,在其驾驶的川AU××63奥拓车内查获假人民币171张共计1.5万元。本案中,都某的行为构成组织卖淫罪、盗窃罪、持有假币罪,但不成立使用假币罪。①

2. 主体

本罪主体为一般主体。

3. 罪过

罪过是故意,要求行为人明知是伪造的货币而持有、使用。

(二) 本罪的认定

1. 本罪与其他货币犯罪的关系

(1) 根据《货币犯罪解释》第2条的规定,行为人购买假币后使用,构成犯罪的,以购买假币罪定罪,从重处罚;行为人出售、运输假币构成犯罪,同时有使用假币行为的,以出售、购买、运输假币罪与持有、使用假币罪数罪并罚。(2) 伪造货币者持有、使用自己所伪造出来的假币,只按伪造货币罪一罪处理,此时持有和使用属于伪造货币行为发展的自然结果与后续行为,这种后续行为已被主行为即伪造货币的行为所吸收,不具有独立的可罚性意义,但可在量刑时作为从重情节予以考虑。

2. 本罪与诈骗罪的关系

使用假币罪不是诈骗罪的特别法,二者之间不是法条竞合的关系,而是想象竞合的关系。因此,使用假币"购买"他人数额较大的财物的行为,应从一重罪处断。

3. 本罪与盗窃罪的关系

行为人使用假币从自动售货机"购买"数额较大的财物的行为,应按照使用假币罪与盗窃罪的想象竞合犯原理,从一重罪处断。行为人在自动存款机上存入假币,然后又从其他自动取款机上取出真币的,应以使用假币罪与盗窃罪实行并罚;②行为人盗窃假币后持有的,一般仅认定为盗窃罪;行为人盗窃假币后又使用的,应以盗窃罪与使用假币罪实行并罚。

---

① 参见张明楷:《使用假币罪与相关犯罪的关系》,载《政治与法律》2012年第6期。

② 也有学者认为这种情况只构成盗窃罪,参见陈兴良:《在ATM机上存假币取出真币的行为构成盗窃罪》,载《中国审判》2009年第6期。

(三) 本罪的处罚

犯本罪的,根据《刑法》第172条的规定处罚。

五、变造货币罪

本罪是指没有货币制作、发行权的人对真正的货币进行各种方式的加工,使其改变为面额、含量不同的货币,数额较大的行为。变造货币的方式没有限制,主要有剪贴、挖补、揭层、涂改、移位、重印等方法。剪贴变造又称拼凑变造,是指对真币进行裁剪后重新粘贴,通过增加货币张数实现增值的行为。根据3/4以上票面实物形态的残缺币可兑换全额、1/2以上票面实物形态的残缺币可兑换半额的残缺币兑换办法,实践中的拼凑变造主要表现为将真币裁剪下不多于1/4的票面,在确保其原有价值不变的基础上,对裁剪下的票面进行粘贴,故剪贴变造币通常由4个1/4或5个1/5的票面组成。挖补变造是指对票面局部图案或材料挖走后采取一定的方式进行补全的变造行为。比如,将票面上的光变油墨挖走后通过手写、印刷等方式重新补全。揭层变造主要是指对真币进行一定的处理之后一揭为二,再用白纸等方式进行粘贴的变造行为。涂改变造主要是指对同颜色、同图案、同票幅而面额不同的真币涂改其票面金额的变造行为。此外,实践中还存在涂改年号或冠字号等的变造行为。移位变造是指将真币的关键性部位移至其他票面的变造行为,相当于挖补变造的反向行为。重印变造是指对真币局部或全部图案通过化学手段等进行脱胎换骨,其纸张质地以及水印、安全线等主要防伪特征都是真的,但金额以至图案却是假的。重印变造主要发生在旧版美元上,因为不同面额美元钞票的规格、色调等非常相似。变造货币一般表现为增加货币面额,但减少货币面额的行为也能够成立变造货币罪。变造货币的行为特征在于改变真币形态,危害实质在于侵害货币的公共信用,多数变造货币行为固然是为了非法牟利,但不排除存在牟利之外的其他动机,如报复社会等。

在许多国家,伪造货币与变造货币属于同一犯罪,法定刑也相同,故没有必要严格区分伪造与变造。但我国刑法将伪造货币与变造货币规定为不同的犯罪,不仅构成要件不同,法定刑相差大,而且还影响相关犯罪的认定,例如,持有、使用伪造货币的构成犯罪,但持有、使用变造货币的不构成犯罪。因此,有必要严格区别伪造与变造。区别的关键在于把握两个"同一":一是变造货币的用材与真币同一,即变造货币的基本材料必须完全取自于真币;二是变造货币的性质与真币同一,对真币形态的改变,必须确保不损害真币的同一性质。据此,将金属币溶解后制成其他货币外观,则属伪造而非变造。真伪拼凑的货币虽然存在局部变造,但总体言之,应认定为伪造的货币,因为真伪拼凑货币既有真币的成分,也有伪造货币的成分,并非完全取材于真币,在用材上与真币不具有同一性。

2012年8月,韩某花1800元买了1万元面值的假币,并采用拼接的方法将100元变成200元。随后,他又将8000元的真币变造成16000元的假币,并花掉了其中几十张假币。① 本案中,韩某采用仿真度比较高的拼接方法将真币变造成数额更大的假币,其行为构成变造假币罪;对其使用自己变造出来的货币的行为,根据吸收犯的原理,只定变造假币罪一罪。

犯本罪的,根据《刑法》第173条的规定处罚。

六、擅自设立金融机构罪

本罪是指未经国家有关主管机关批准,擅自设立商业银行、证券交易所、证券公司、期货交易所、期货经纪公司、保险公司或其他金融机构的行为。本罪行为表现为未经国家有关主管机关批准,擅自设立商业银行、证券交易所、证券公司、期货交易所、期货经纪公司、保险公司或其他金融机构。擅自设立金融机构的行为既可能是未经申请便自行设立,也可能是依法提出申请后未获批准而自行设立。本罪立案标准参见《公安机关立案标准(二)》的规定。犯本罪的,根据《刑法》第174条第1、3款的规定处罚。

七、伪造、变造、转让金融机构经营许可证、批准文件罪

本罪是指伪造、变造、转让商业银行、证券交易所、期货交易所、证券公司、期货经纪公司、保险公司或其他金融机构经营许可证或批准文件的行为。伪造是指仿照真实的金融机构经营许可证或批准文件的特征,擅自制造金融机构经营许可证或批准文件的行为。变造是指采用各种手段对真实的金融机构经营许可证或批准文件进行加工改制的行为,例如变更经营范围、变更有效期限等。转让是指将真实有效的金融机构经营许可证或批准文件有偿或无偿地让与他人的行为。本罪主体包括自然人和单位。本罪罪过是故意。犯本罪的,根据《刑法》第174条第2、3款的规定处罚。

八、高利转贷罪

本罪是指以转贷牟利为目的,套取金融机构信贷资金高利转贷他人,违法所得数额较大的行为。本罪行为表现为行为人套取金融机构信贷资金高利转贷他人,且违法所得数额较大。套取信贷资金是指行为人采取不正当的方式从金融机构取得贷款。作为本罪行为对象的信贷资金,是指金融机构用于发放贷款的资金,既包括担保贷款也包括信用贷款。这里的"金融机构"包括银行和其他金融机构,而其所有制性质则在所不问。高利转贷他人是指行为人套取金融机构

---

① 参见卢金增等:《一张百元大钞,瞬间"变"两张》,载《检察日报》2013年2月7日第7版。

信贷资金后,再以高于金融机构贷款利率的利率转贷给他人或其他单位的行为。构成本罪还要求违法所得数额较大。这里的"违法所得",是指扣除金融机构贷款本息之外的所得。本罪主体包括自然人和单位。本罪罪过是故意,并且具有转贷牟利的目的。行为人出于正当目的取得金融机构信贷资金,然后产生将信贷资金高利转贷他人的意图进而实施这种行为的,不以犯罪论。行为人以非法占有信贷资金的目的而套取银行信贷资金的,应按贷款诈骗罪处理。

　　许某夫妇在余杭做建材生意,有一个建材门市部和4间门面房。许某夫妇拿自己的4间门面房到银行做抵押,贷款300万元。然后把这笔钱借给朋友一年,实际获利35万元。本案中,许某夫妇以高利转贷为目的,用伪造的购销合同从银行贷款,再高利放贷给他人,获利35万元,属于违法所得数额巨大,已构成高利转贷罪。①

　　犯本罪的,根据《刑法》第175条的规定,处3年以下有期徒刑或者拘役,并处违法所得1倍以上5倍以下罚金;数额巨大的,处3年以上7年以下有期徒刑,并处违法所得1倍以上5倍以下罚金。单位犯罪的,对单位判处罚金,并对其直接负责的主管人员和其他直接责任人员,处3年以下有期徒刑或者拘役。根据《公安机关立案标准(二)》第21条的规定,以转贷牟利为目的,套取金融机构信贷资金高利转贷他人,违法所得款额在50万元以上的,应予立案追诉。

九、骗取贷款、票据承兑、金融票证罪

　　本罪为《刑法修正案(六)》所增设,为《刑法修正案(十一)》所修订。本罪是指以欺骗手段取得银行或其他金融机构贷款、票据承兑、信用证、保函等,给银行或其他金融机构造成重大损失的行为。本罪立案标准参见《公安机关立案标准(二)》的规定。本罪主体既可以是自然人,也可以是单位。本罪罪过是故意,不要求具有特定目的。行为人具有非法占有目的而骗取贷款的,构成贷款诈骗罪。

　　2015年5月至7月,郭某伙同其公司员工胡某、某银行工作人员毛某、"中间人"张某,通过伪造的银行存款单、办理存款单冻结和质押合同业务的委托书及委托公证书,先后三次以虚假的质押担保方式在某银行共办理了1.2亿元的全额存单质押银行承兑汇票业务,在获取银行承兑汇票后全部进行贴现,给某银行造成重大损失。本案中,郭某等4人以欺骗手段取得银行承兑汇票后贴现,使银行资产运行处于无法收回的风险中,涉案数额特别巨大,扰乱正常的金融管理秩序,危及金融安全;因无充分证据证实郭某等4人具有非法占有目的,故郭某等4人的行为宜以骗取票据承兑罪定罪处罚,而不构成《刑法》第194条的票据

---

① 参见范跃红等:《夫妻同获高利转贷罪》,载《检察日报》2012年12月26日第7版。

诈骗罪。①

犯本罪的,根据《刑法》第 175 条之一的规定,处 3 年以下有期徒刑或者拘役,并处或者单处罚金;给银行或者其他金融机构造成特别重大损失或者有其他特别严重情节的,处 3 年以上 7 年以下有期徒刑,并处罚金。

十、非法吸收公众存款罪

(一) 概念及构成要件

本罪为《刑法修正案(十一)》所修订。本罪是指违反国家的融资管理法规,非法吸收公众存款或变相吸收公众存款,扰乱金融秩序的行为。

1. 行为

本罪行为表现为非法吸收公众存款或变相吸收公众存款,即违反国家金融管理法律规定,向社会公众(包括单位和个人)吸收资金。根据 2014 年 3 月 25 日"两高"、公安部《关于办理非法集资刑事案件适用法律若干问题的意见》(以下简称《2014 年非法集资意见》),2019 年 1 月 30 日"两高"、公安部《关于办理非法集资刑事案件若干问题的意见》(以下简称《2019 年非法集资意见》)以及 2022 年 2 月 23 日最高法《关于审理非法集资刑事案件具体应用法律若干问题的解释》(以下简称《2022 年非法集资解释》)的规定,本罪行为必须同时具备四个要件,并应作如下理解:

第一,非法性特征。非法性是指吸收资金的行为违反国家融资管理法规的明确规定,具体表现为未经有关部门依法批准吸收资金和借用合法经营的形式吸收资金两种。

未经有关部门依法批准吸收资金表现为四种情形:(1) 未经有关部门批准;(2) 骗取批准欺诈发行;(3) 具有主体资格,但具体业务未经批准;(4) 具有主体资格,但经营行为违法。《2019 年非法集资意见》规定,人民法院、人民检察院、公安机关认定非法集资的"非法性",应当以国家金融管理法律法规作为依据。对于国家金融管理法律法规仅作原则性规定的,可以根据法律规定的精神并参考中国人民银行、中国银行保险监督管理委员会、中国证券监督管理委员会等行政主管部门依照国家金融管理法律法规制定的部门规章或者国家有关金融管理的规定、办法、实施细则等规范性文件的规定予以认定。

借用合法经营的形式吸收资金的具体表现形式多种多样,实践中常见的情形有:(1) 不具有房产销售的真实内容或不以房产销售为主要目的,以返本销售、售后包租、约定回购、销售房产份额等方式非法吸收资金的;(2) 以转让林权

---

① 参见南茂林等:《利用伪造文书骗取银行 1.2 亿元》,载《人民法院报》2015 年 10 月 12 日第 4 版。

并代为管护等方式非法吸收资金的;(3) 以代种植(养殖)、租种植(养殖)、联合种植(养殖)等方式非法吸收资金的;(4) 不具有销售商品、提供服务的真实内容或不以销售商品、提供服务为主要目的,以商品回购、寄存代售等方式非法吸收资金的;(5) 不具有发行股票、债券的真实内容,以虚假转让股权、发售虚构债券等方式非法吸收资金的;(6) 不具有募集基金的真实内容,以假借境外基金、发售虚构基金等方式非法吸收资金的;(7) 不具有销售保险的真实内容,以假冒保险公司、伪造保险单据等方式非法吸收资金的;(8) 以网络借贷、投资入股、虚拟币交易等方式非法吸收资金的;(9) 以委托理财、融资租赁等方式非法吸收资金的;(10) 利用民间"会""社"等组织非法吸收资金的;(11) 以提供"养老服务"、投资"养老项目"、销售"老年产品"等方式非法吸收资金的。

第二,公开性特征。公开性是指通过网络、媒体、推介会、传单、手机短信等途径向社会公开宣传,包括以各种途径向社会公众传播吸收资金的信息,以及明知吸收资金的信息向社会公众扩散而予以放任等情形。公开宣传不限于虚假宣传。非法集资的本质在于违反规定向社会公众吸收资金,即使未采取欺骗手段进行虚假宣传,但因一般公众风险控制和承担能力有限,且国家缺乏有力的内外部监管,社会公众的利益难以得到切实保障,法律仍有干预之必要。

第三,利诱性特征。利诱性是指集资人向集资群众承诺在一定期限内以货币、实物、股权等方式还本付息或给付回报。非法集资是有偿集资,对于非经济领域的公益性集资,不宜纳入非法集资的范畴。

第四,社会性特征。社会性特征是指向社会公众即社会不特定对象吸收资金,包括在向亲友或者单位内部人员吸收资金的过程中,明知亲友或者单位内部人员向不特定对象吸收资金而予以放任的;以吸收资金为目的,将社会人员吸收为单位内部人员,并向其吸收资金的。社会公众既包括自然人也包括单位,都必须是不特定的。对象是否特定,既要看集资人的主观意图是否特定,还要看具体行为是否可控。集资人所实施行为的辐射面连集资人自己都难以预料、控制,或在蔓延至社会后听之任之,不设法加以阻止的,同样应认定为向社会不特定对象进行非法集资。

2. 主体

本罪主体为一般主体,包括自然人和单位。《2014年非法集资意见》第4条规定,为他人向社会公众非法吸收资金提供帮助,从中收取代理费、好处费、返点费、佣金、提成等费用,成立本罪的共犯。

3. 罪过

本罪罪过为故意,但不具有非法占有集资款的目的,否则成立集资诈骗罪。《2019年非法集资意见》第4条规定,认定犯罪嫌疑人、被告人是否具有非法吸收公众存款的犯罪故意,应当依据犯罪嫌疑人、被告人的任职情况、职业经历、专业背景、培训经历、本人因同类行为受到行政处罚或者刑事追究情况以及吸收资金方式、宣传推广、合同资料、业务流程等证据,结合其供述,进行综合分析判断。犯罪嫌疑人、被告人使用诈骗方法非法集资,符合《2010年非法集资解释》第4条①规定的,可以认定为集资诈骗罪中"以非法占有为目的"。办案机关在办理非法集资刑事案件中,应当根据案件具体情况注意收集运用涉及犯罪嫌疑人、被告人的以下证据:是否使用虚假身份信息对外开展业务;是否虚假订立合同、协议;是否虚假宣传,明显超出经营范围或者夸大经营、投资、服务项目及盈利能力;是否吸收资金后隐匿、销毁合同、协议、账目;是否传授或者接受规避法律、逃避监管的方法,等等。

(二)本罪的认定

1. 本罪与民间借贷的界限

民间借贷行为是合法的,即使双方约定的利息高于银行利息,也只是超出规定部分的利息不受法律保护而已,不能据此将之认定为非法集资。区别的关键在于是否面向社会公众即不特定的人群。

2. 本罪与其他非法集资犯罪的界限

从广义上讲,我国《刑法》中规定的非法集资犯罪包括7个罪名:欺诈发行股票、债券罪(第160条),擅自设立金融机构罪(第174条),非法吸收公众存款罪(第176条),擅自发行股票、公司、企业债券罪(第179条),集资诈骗罪(第192条),组织、领导传销活动罪(第224条),以及非法经营罪(第225条)。其中,擅自设立金融机构罪可以视为非法集资的准备行为,或说是广义上的非法集资行为;非法吸收公众存款罪,欺诈发行股票、债券罪,擅自发行股票、公司、企业债券罪,组织、领导传销活动罪,以及非法经营罪等5个罪名属于刑法上处理非法集资犯罪的主体罪名,其中非法吸收公众存款罪具有基础性意义,属于非法集资犯罪的一般法规定,其他4个罪名则属于特别法规定;集资诈骗罪是非法集资犯罪的加重罪名,它是在非法吸收公众存款罪的基础上增加了非法占有目的。②

火锅店主甲以开加盟店为名义,四处散发宣传单,声称为加盟店筹资,承诺3个月后还款并支付银行定期存款2倍的利息。甲用此办法从社会上筹得资金1000万元,高利贷出赚取利息。后甲资金链断裂无法归还借款,但仍继续宣传又吸纳社会资金2000万元,并以后期借款归还前期借款。因亏空巨大,甲所筹款项仅剩余款500万元。本案中,甲的前期行为不具有非法占有目的,因而只成立非法吸收公众存款罪;在资金链断裂后仍继续扩大宣传,此时明显具有非法占

---

① 2022年2月23日最高法决定修改该解释,修订后为《2022年非法集资解释》第7条。
② 参见刘为波:《〈关于审理非法集资刑事案件具体应用法律若干问题的解释〉的理解与适用》,载《人民司法(应用)》2011年第5期。

有目的,应而成立集资诈骗罪。

(三) 本罪的处罚

犯本罪的,根据《刑法》第 176 条的规定,处 3 年以下有期徒刑或者拘役,并处或者单处罚金;数额巨大或者有其他严重情节的,处 3 年以上 10 年以下有期徒刑,并处罚金;数额特别巨大或者有其他特别严重情节的,处 10 年以上有期徒刑,并处罚金。单位犯本罪的,对单位判处罚金,并对其直接负责的主管人员和其他直接责任人员,依照上述规定处罚。

《2022 年非法集资解释》第 3 条规定,具有下列情形之一的,应当依法追究刑事责任:(1) 非法吸收或者变相吸收公众存款数额在 100 万元以上的;(2) 非法吸收或者变相吸收公众存款对象 150 人以上的;(3) 非法吸收或者变相吸收公众存款,给存款人造成直接经济损失数额在 50 万元以上的。非法吸收或者变相吸收公众存款数额在 50 万元以上或者给存款人造成直接经济损失数额在 25 万元以上,同时具有下列情节之一的,应当依法追究刑事责任:(1) 曾因非法集资受过刑事追究的;(2) 2 年内曾因非法集资受过行政处罚的;(3) 造成恶劣社会影响或者其他严重后果的。

上述解释第 4 条规定,具有下列情形之一的,属于"数额巨大或者有其他严重情节":(1) 非法吸收或者变相吸收公众存款数额在 500 万元以上的;(2) 非法吸收或者变相吸收公众存款对象 500 人以上的;(3) 非法吸收或者变相吸收公众存款,给存款人造成直接经济损失数额在 250 万元以上的。非法吸收或者变相吸收公众存款数额在 250 万元以上或者给存款人造成直接经济损失数额在 150 万元以上,同时造成恶劣社会影响或者其他严重后果的,应当认定为"其他严重情节"。

上述解释第 5 条规定,具有下列情形之一的,属于"数额特别巨大或者有其他特别严重情节":(1) 非法吸收或者变相吸收公众存款数额在 5000 万元以上的;(2) 非法吸收或者变相吸收公众存款对象 5000 人以上的;(3) 非法吸收或者变相吸收公众存款,给存款人造成直接经济损失数额在 2500 万元以上的。非法吸收或者变相吸收公众存款数额在 2500 万元以上或者给存款人造成直接经济损失数额在 1500 万元以上,同时造成恶劣社会影响或者其他严重后果的,应当认定为"其他特别严重情节"。

上述解释第 6 条规定,非法吸收或者变相吸收公众存款的数额,以行为人所吸收的资金全额计算。在提起公诉前积极退赃退赔,减少损害发生的,可以从轻或者减轻处罚;在提起公诉后退赃退赔的,可以作为量刑情节酌情考虑。非法吸收或者变相吸收公众存款,主要用于正常的生产经营活动,能够在提起公诉前清退所吸收资金,可以免予刑事处罚;情节显著轻微危害不大的,不作为犯罪处理。

《2014 年非法集资意见》第 5 条规定,将非法吸收的资金及其转换财物用于清偿债务或者转让给他人,有下列情形之一的,应当依法追缴:(1)他人明知是上述资金及财物而收取的;(2)他人无偿取得上述资金及财物的;(3)他人以明显低于市场的价格取得上述资金及财物的;(4)他人取得上述资金及财物系源于非法债务或者违法犯罪活动的;(5)其他依法应当追缴的情形。

十一、伪造、变造金融票证罪

(一)概念及构成要件

本罪是指伪造、变造汇票、本票、支票、委托收款凭证、汇款凭证、银行存单及其他结算凭证、信用证或附随的单据、文件以及伪造信用卡的行为。

1. 行为

本罪行为表现为行为人伪造、变造各种金融票证。伪造有两种情况:一是有形伪造,即没有金融票证制作权的人,假冒他人名义,仿照真实的金融票证的外部特征,制作金融票证的行为。二是无形伪造,即具有金融票证制作权的人,超越其权限,制作记载虚假内容的金融票证的行为。变造是指对真实的金融票证进行加工改造,从而改变其记载的内容,并达到足以使一般人误认为是真实的金融票证的行为。变造是对真实金融票证的非本质部分进行变更。对金融票证的本质部分进行变更的,就是伪造,而不是变造。例如,变更银行存单中的存款年月日的,是变造;变更存款人名字的,就是伪造。行为内容如下:

(1)伪造、变造汇票、本票、支票。汇票是指出票人签发的委托付款人在见票时或在指定日期无条件支付确定的金额给收款人或持票人的票据。本票是指出票人签发,于见票时或指定的到期日,由自己无条件地向持票人支付一定金额的票据。支票是指出票人签发的,委托办理支票存款业务的银行或其他金融机构在见票时无条件支付确定的金额给收款人或持票人的票据。

(2)伪造、变造委托收款凭证、汇款凭证、银行存单等银行结算凭证。委托收款凭证是指收款人在委托银行向付款人收取款项时,所填写提供的凭据和证明。汇款凭证是指汇款人委托银行将款项汇给外地收款人时所填写的凭证,它是针对汇兑结算方式而言的。汇兑结算可分为信汇、电汇、票汇三种。银行存单是指储户向银行交存款项、办理开户时,银行向储户签发的载有户名、账号、存款金额、存期、存入日、到期日、利率等内容,存款到期后银行绝对付款的信用、结算凭证。

(3)伪造、变造信用证或附随的单据、文件。信用证是指开证行依据申请人的申请开立的,凭符合信用证条款的单据支付的、保证付款的书面凭证。我国规定的信用证为不可撤销、不可转让的跟单信用证。附随的单据、文件是指由信用证受益人向金融机构提供的,与信用证条款规定相一致的代表货物的单据、文件。

(4) 伪造信用卡。信用卡是指由商业银行或其他金融机构发行的具有消费支付、信用贷款、转账结算、存取现金等全部或部分功能的电子支付卡，包括狭义的信用卡和借记卡。① 根据 2018 年 11 月 28 日"两高"《关于办理妨害信用卡管理刑事案件具体应用法律若干问题的解释》（以下简称《信用卡刑案解释》）的规定，下列两种行为应当认定为"伪造信用卡"：① 复制他人信用卡、将他人信用卡信息资料写入磁条介质、芯片或者以其他方法伪造信用卡 1 张以上的；② 伪造空白信用卡 10 张以上的。

2. 主体

本罪主体包括自然人和单位。

3. 罪过

本罪罪过是故意，并且以意图行使为目的。即行为人明知自己伪造、变造金融票证的行为会发生破坏金融秩序的结果，却仍然实施伪造、变造金融票证的行为，并意图使伪造、变造的金融票证投入使用。

(二) 一罪与数罪的界限

根据《信用卡刑案解释》第 4 条的规定，为信用卡申请人制作、提供虚假的财产状况、收入、职务等资信证明材料，涉及伪造、变造、买卖国家机关公文、证件、印章，或者涉及伪造公司、企业、事业单位、人民团体印章，应当追究刑事责任的，根据《刑法》第 280 条的规定，分别以伪造、变造、买卖国家机关公文、证件、印章罪和伪造公司、企业、事业单位、人民团体印章罪定罪处罚。但是，该解释并未明确，此时应将本罪与第 280 条之罪数罪并罚还是按照牵连犯从一重罪处断。考虑到在伪造信用卡中，使用伪造的公文、证件、印章是其必不可少的手段行为，伪造信用卡才是目的的行为，因此，我们主张按照牵连犯"从一重处断"的原则，对此种行为将本罪与第 280 条之罪从一重罪定罪处罚。

(三) 本罪的处罚

犯本罪的，根据《刑法》第 177 条的规定，处 5 年以下有期徒刑或者拘役，并处或者单处 2 万元以上 20 万元以下罚金；情节严重的，处 5 年以上 10 年以下有期徒刑，并处 5 万元以上 50 万元以下罚金；情节特别严重的，处 10 年以上有期徒刑或者无期徒刑，并处 5 万元以上 50 万元以下罚金或者没收财产。

根据《信用卡刑案解释》第 1 条的规定，本罪中的"伪造信用卡"的行为，有下列情形之一的，应当认定为"情节严重"：(1) 伪造信用卡 5 张以上不满 25 张的；(2) 伪造的信用卡内存款余额、透支额度单独或者合计数额在 20 万元以上不满 100 万元的；(3) 伪造空白信用卡 50 张以上不满 250 张的；(4) 其他情节严重的情形。有下列情形之一的，应当认定为"情节特别严重"：(1) 伪造信用

---

① 本书以下"信用卡"的定义均以此为准，不再赘替。

卡 25 张以上的;(2) 伪造的信用卡内存款余额、透支额度单独或者合计数额在 100 万元以上的;(3) 伪造空白信用卡 250 张以上的;(4) 其他情节特别严重的情形。这里所称"信用卡内存款余额、透支额度",以信用卡被伪造后发卡行记录的最高存款余额、可透支额度计算。

十二、妨害信用卡管理罪

(一) 概念及构成要件

本罪为《刑法修正案(五)》所增设。本罪是指违反国家信用卡管理法规,在信用卡的发行、使用等过程中,妨害国家对信用卡的管理活动,破坏信用卡管理秩序的行为。本罪法益是国家对信用卡的管理秩序。

1. 行为

本罪行为表现为违反国家信用卡管理法规,在信用卡的发行、使用等过程中,妨害国家对信用卡的管理活动,破坏信用卡管理秩序。本罪行为方式有如下四种:

(1) 明知是伪造的信用卡而持有、运输的,或明知是伪造的空白信用卡而持有、运输,数量较大的。所谓伪造的信用卡,是指模仿真卡的材料、标识、颜色等外观特征,利用技术手段制作出来的不是由真正发卡机构制作的信用卡。值得注意的是,伪造信用卡并不是简单的对真卡外形的复制,更重要的是对信用卡有关信息的利用。行为人将通过各种渠道得来的真实信用卡的有关信息(账号、持卡人姓名、磁条信息等)根据需要印制凸印文字(数字),输入磁条密码信息等,制成一张伪造的信用卡。所谓空白信用卡,是金融机构一种重要的空白凭证,是指发卡机构在将信用卡正式交付给用户之前所持有的未写入任何内容的卡片,待正式发放时才写入用户资料等实质内容,成为可以流通的信用卡。所谓伪造空白信用卡,是指行为人在伪造信用卡时仅在卡上嵌入磁条或压上凸印文字,没有其他信用卡通常具有的标识。这种伪造的空白信用卡一旦写入实质内容就成为伪造的信用卡,因而存在一定的危害性,对其持有或运输的行为也应该认定为犯罪。本项的行为方式是持有、运输。所谓持有,是指对伪造的信用卡或伪造的空白信用卡的控制,也就是事实上的一种占有和支配。所谓运输,是指将伪造的信用卡或伪造的空白信用卡从一地带到另一地,使其在空间上发生转换。持有、运输伪造的信用卡不需要数量较大,持有、运输伪造的空白信用卡要求数量较大。根据《信用卡刑案解释》的规定,持有、运输 10 张以上不满 100 张的,认定为数量较大。

(2) 非法持有他人信用卡,数量较大的。本项中的"他人信用卡"一般是指他人合法申领的信用卡,但在特定情况下,也不排除他人伪造的信用卡。比如,行为人基于认识错误而持有了他人伪造的信用卡,且达到数量较大的标准,因行为人的持有行为不符合前一项行为中所要求的特定主观要素(明知是伪造的信用卡),可以认定为非法持有他人信用卡。"非法性"的判断一般应通过持有他人信用卡的数量、消费或取现的额度、行为人与持卡人的关系等加以综合判断。根据《信用卡刑案解释》的规定,非法持有他人信用卡5张以上不满50张的,认定为数量较大。

(3)使用虚假的身份证明骗领信用卡的。骗领仅限于以虚假的身份证明骗领,以真实的身份证明,但采取虚构资信材料、提供虚假担保等欺骗手段骗领了信用卡,并用来恶意透支的,可能构成恶意透支型信用卡诈骗罪,而不构成本罪。以虚假的工作单位证明及收入证明骗领信用卡的,不能认定为本罪。如果有证据证明行为人在实施了"使用虚假的身份证明骗领信用卡"后,又使用了该骗领的信用卡,那么,应认定为"使用以虚假的身份证明骗领的信用卡"型信用卡诈骗罪。

盗用他人身份证办理信用卡后恶意透支的行为,表面上似乎是"冒用他人信用卡",不属于"使用以虚假的身份证明骗领的信用卡",实质上,行为人并非经合法授权为他人代办信用卡,而是盗用他人名义骗领信用卡供自己使用。既然是为自己办信用卡供自己用,就应向发卡行提供真实身份证明,提供他人的身份证明来为自己办信用卡的,属于"使用虚假的身份证明骗领信用卡"。如果将这种行为解释为"冒用他人信用卡",就意味着对其办理信用卡行为的认可,并且应由信用卡的名义人承担诈骗行为所造成的财产损失,这显然是不合理的。①

根据《信用卡刑案解释》第2条的规定,违背他人意愿,使用其居民身份证、军官证、士兵证、港澳居民来往内地通行证、台湾居民来往大陆通行证、护照等身份证明申领信用卡的,或者使用伪造、变造的身份证明申领信用卡的,应当认定为"使用虚假的身份证明骗领信用卡"。

(4)出售、购买、为他人提供伪造的信用卡或以虚假的身份证明骗领的信用卡的。

2. 主体

本罪主体为自然人,单位不构成本罪。

3. 罪过

本罪罪过为故意,且对于持有、运输伪造的信用卡或空白信用卡的行为,还要求行为人明知是伪造的信用卡或伪造的空白信用卡。

---

① 参见杨书文:《妨害信用卡管理罪的理解与司法认定》,载《中国人民公安大学学报(社会科学版)》2009年第3期。

(二) 本罪的认定

1. 伪造信用卡后又持有、运输或出售、为他人提供的行为的定性

这里分三种情况来处理：一是伪造信用卡并出售、提供给他人或运输该伪造的信用卡的，以伪造金融票证罪定罪，并从重处罚；二是伪造信用卡并持有该伪造的信用卡的，以伪造金融票证罪定罪处罚；三是伪造信用卡并持有、运输或出售、为他人提供非自己伪造的信用卡的，以伪造金融票证罪和妨害信用卡管理罪数罪并罚。

2. 本罪和信用卡诈骗罪的关系

妨害信用卡管理罪中的持有、运输伪造的信用卡或伪造的空白信用卡、非法持有他人信用卡、购买伪造的信用卡或以虚假的身份证明骗领的信用卡等诸行为，与信用卡诈骗罪有密切关联。行为人基于实施信用卡诈骗的主观故意而实施上述行为的，属于手段行为与目的行为之牵连。行为人实施了信用卡诈骗行为，且达到信用卡诈骗罪立案追诉标准的，应以信用卡诈骗罪论处；行为人尚未实施信用卡诈骗行为，或虽然实施了，但尚未达到信用卡诈骗罪立案追诉标准的，应以妨害信用卡管理罪论处。

(三) 本罪的处罚

犯本罪的，根据《刑法》第177条之一，处3年以下有期徒刑或者拘役，并处或者单处1万元以上10万元以下罚金；数量巨大或者有其他严重情节的，处3年以上10年以下有期徒刑，并处2万元以上20万元以下罚金。

根据《信用卡刑案解释》第2条的规定，有下列情形之一的，应当认定为"数量巨大"：(1) 明知是伪造的信用卡而持有、运输10张以上的；(2) 明知是伪造的空白信用卡而持有、运输100张以上的；(3) 非法持有他人信用卡50张以上的；(4) 使用虚假的身份证明骗领信用卡10张以上的；(5) 出售、购买、为他人提供伪造的信用卡或者以虚假的身份证明骗领的信用卡10张以上的。

十三、窃取、收买、非法提供信用卡信息罪

本罪为《刑法修正案(五)》所增设。本罪是指故意窃取、收买或非法提供他人信用卡信息资料的行为。根据《公安机关立案标准(二)》第26条的规定，窃取、收买或者非法提供他人信用卡信息资料，涉及信用卡1张以上的，应予立案追诉。另据《信用卡刑案解释》的规定，窃取、收买、非法提供他人信用卡信息资料，足以伪造可进行交易的信用卡，或足以使他人以信用卡持卡人名义进行交易，涉及信用卡1张以上不满5张的，以本罪定罪处罚；涉及信用卡5张以上的，应当认定为"数量巨大"。

犯本罪的，根据《刑法》第177条之一的规定处罚；银行或者其他金融机构的工作人员利用职务上的便利犯本罪的，从重处罚。

十四、伪造、变造国家有价证券罪

本罪是指以意图流通或使用为目的,伪造、变造国库券或国家发行的其他有价证券,数额较大的行为。本罪行为有伪造和变造两种。国库券是国家债券,以货币为计量单位,是由国家为辅助国库或为特种需要向社会公众和机构发行的并由国家财政负责其偿本付息的债券。① 国家发行的其他有价证券是指国家发行的除国库券以外的,有一定货币票面价值的财产权利凭证。本罪主体包括自然人和单位。本罪罪过为故意,并且行为人主观上必须出于供使用或意图流通的目的。本罪的成立还要求伪造、变造的国家有价证券达到数额较大的标准。根据《公安机关立案标准(二)》第 27 条的规定,伪造、变造国库券或者国家发行的其他有价证券,总面额在 2000 元以上的,应予立案追诉。

犯本罪的,根据《刑法》第 178 条第 1 款和第 3 款的规定处罚。

十五、伪造、变造股票或者公司、企业债券罪

本罪是指以使用为目的,伪造、变造股票或公司、企业债券,数额较大的行为。所谓股票,是指股份有限公司签发的,证明持票人投资入股的书面凭证,是证明股东享有一定权益的有价证券。所谓公司、企业债券,是指公司、企业为了筹集资金而依法发行的,明确规定偿还本金和支付利息的书面债权凭证。数额较大是区分本罪与非罪的关键,根据《公安机关立案标准(二)》第 28 条的规定,伪造、变造股票或者公司、企业债券,总面额在 3 万元以上的,应予立案追诉。本罪主体包括自然人和单位。本罪罪过是故意,且要求行为人必须具有使用的目的。

犯本罪的,根据《刑法》第 178 条第 2 款和第 3 款的规定处罚。

十六、擅自发行股票或者公司、企业债券罪

本罪是指未经国家有关主管部门批准,擅自发行股票或公司、企业债券数额巨大、后果严重或有其他严重情节的行为。所谓擅自发行股票或者公司、企业债券,是指未经《中华人民共和国公司法》和《企业债券管理条例》所确定的审批机关的批准,不具有发行资格而擅自发行股票或者公司、企业债券的行为,以及虽经批准具有合法发行资格但却违反《证券法》等法律法规发行股票或者公司、企业债券的行为。构成本罪还要求擅自发行的股票或者公司、企业债券数额巨大、后果严重或有其他严重情节,其标准根据《公安机关立案标准(二)》确定。

犯本罪的,根据《刑法》第 179 条的规定处罚。

---

① 本书以下"国库券"的定义均以此为准,不再赘言。

十七、内幕交易、泄露内幕信息罪

(一) 概念及构成要件

本罪是指证券、期货交易内幕信息的知情人员或非法获取证券、期货交易内幕信息的人员,在涉及证券的发行,证券、期货交易或其他对证券、期货交易的价格有重大影响的信息尚未公开之前,买入或卖出该证券,或从事与该内幕信息有关的期货交易,或泄露该信息,或明示、暗示他人从事上述交易活动,情节严重的行为。

1. 行为

本罪行为表现为内幕交易或泄露内幕信息,情节严重的行为。内幕信息是指涉及证券的发行、证券、期货交易或其他对证券、期货交易的价格有重大影响的且尚未公开的信息,其具体范围根据法律、行政法规的规定确定。本罪行为表现为三种类型:(1) 内幕交易。即在涉及证券的发行,证券、期货交易或其他对证券、期货交易的价格有重大影响的信息尚未公开之前,买入或卖出该证券,或从事与该内幕信息有关的期货交易。(2) 泄露内幕信息。即内幕信息的知悉人,将内幕信息透露给不应知悉该内幕信息的人。(3) 明示、暗示他人从事上述交易活动。

构成本罪还要求情节严重。根据《公安机关立案标准(二)》第30条的规定,涉嫌下列情形之一的,应予立案追诉:(1) 获利或者避免损失数额在50万元以上的;(2) 证券交易成交额在200万元以上的;(3) 期货交易占用保证金数额在100万元以上的;(4) 2年内3次以上实施内幕交易、泄露内幕信息行为的;(5) 明示、暗示3人以上从事与内幕信息相关的证券、期货交易活动的;(6) 具有其他严重情节的。内幕交易获利或者避免损失数额在25万元以上,或者证券交易成交额在100万元以上,或者期货交易占用保证金数额在50万元以上,同时涉嫌下列情形之一的,应予立案追诉:(1) 证券法规定的证券交易内幕信息的知情人实施或者与他人共同实施内幕交易行为的;(2) 以出售或者变相出售内幕信息等方式,明示、暗示他人从事与该内幕信息相关的交易活动的;(3) 因证券、期货犯罪行为受过刑事追究的;(4) 2年内因证券、期货违法行为受过行政处罚的;(5) 造成其他严重后果的。

2. 主体

本罪主体为特殊主体,即证券、期货交易内幕信息的知情人员或非法获取证券、期货交易内幕信息的人员。自然人和单位均可成为本罪主体。

根据2012年3月29日"两高"《关于办理内幕交易、泄露内幕信息刑事案件具体应用法律若干问题的解释》第1条和第2条的规定,"证券、期货交易内幕信息的知情人员",包括《证券法》第74条规定的人员和《期货交易管理条例》第

85条第12项规定的人员。①"非法获取证券、期货交易内幕信息的人员"包括：（1）利用窃取、骗取、套取、窃听、利诱、刺探或者私下交易等手段获取内幕信息的人员；（2）在内幕信息敏感期内，从事或者明示、暗示他人从事，或者泄露内幕信息导致他人从事与该内幕信息有关的证券、期货交易，相关交易行为明显异常，且无正当理由或者正当信息来源的内幕信息知情人员的近亲属或者其他与内幕信息知情人员关系密切的人员；（3）在内幕信息敏感期内，与内幕信息知情人员联络、接触，从事或者明示、暗示他人从事，或者泄露内幕信息导致他人从事与该内幕信息有关的证券、期货交易，相关交易行为明显异常，且无正当理由或者正当信息来源的人员。

3. 罪过

本罪罪过是故意。行为人必须明知涉及证券的发行、证券、期货交易或其他对证券、期货交易的价格有重大影响的信息尚未公开而实施本罪行为。

（二）本罪的处罚

犯本罪的，根据《刑法》第180条的规定，处5年以下有期徒刑或者拘役，并处或者单处违法所得1倍以上5倍以下罚金；情节特别严重的，处5年以上10年以下有期徒刑，并处违法所得1倍以上5倍以下罚金。单位犯本罪的，对单位判处罚金，并对其直接负责的主管人员和其他直接责任人员，处5年以下有期徒刑或者拘役。

十八、利用未公开信息交易罪

本罪为《刑法修正案（七）》所增设。本罪是指证券交易所、期货交易所、证券公司、期货经纪公司、基金管理公司、商业银行、保险公司等金融机构的从业人员以及有关监管部门或行业协会的工作人员，利用因职务便利获取的内幕信息以外的其他未公开的信息，违反规定，从事与该信息相关的证券、期货交易活动，或明示、暗示他人从事相关交易活动，情节严重的行为。本罪立案标准参见《公安机关立案标准（二）》的规定。本罪处罚与内幕交易、泄露内幕信息罪相同。

十九、编造并传播证券、期货交易虚假信息罪

本罪是指编造并传播影响证券、期货交易的虚假信息，扰乱证券、期货交易市场，造成严重后果的行为。本罪行为具有两个内容：一是行为人必须实施了编造并传播虚假证券、期货交易信息的行为；二是行为人的上述行为扰乱了证券、期货交易市场并且造成了严重后果。根据法律规定，行为人只编造而没有传播

---

① 该条修订后，应为2019年《证券法》第51条和2017年《期货交易管理条例》第81条第12项。

影响证券、期货交易的虚假信息,或没有编造而仅仅是单纯传播上述虚假信息的,均不能构成本罪。另外,这里的"虚假信息"必须是能影响证券、期货交易的虚假信息,否则也不可能构成本罪。本罪立案标准参见《公安机关立案标准(二)》的规定。本罪主体包括自然人和单位。本罪罪过是故意。

犯本罪的,根据《刑法》第181条第1款和第3款的规定处罚。

二十、诱骗投资者买卖证券、期货合约罪

本罪是指证券交易所、期货交易所、证券公司、期货经纪公司的从业人员,证券业协会、期货业协会或证券、期货监督管理部门的工作人员,故意提供虚假信息或伪造、变造、销毁交易记录,诱骗投资者买卖证券、期货合约,造成严重后果的行为。本罪行为表现为行为人故意提供虚假信息或伪造、变造、销毁交易记录,诱骗投资者买卖证券、期货合约。所谓提供虚假信息,是指行为人向投资者提供可能影响证券、期货市场价格的不真实的信息。提供方式没有限制,被提供信息的投资者既可以是一人也可以是多人。所谓伪造、变造、销毁交易记录,是指伪造、变造、销毁客户填写的委托单,保存在电脑中的交易数据以及其他与证券、期货交易有关的记录等。提供虚假信息的行为和伪造、变造、销毁交易记录等行为,行为人只要实施了其中之一并造成严重后果,均可成立本罪。根据《公安机关立案标准(二)》第33条的规定,涉嫌下列情形之一的,应予立案追诉:(1)获利或者避免损失数额在5万元以上;(2)造成投资者直接经济损失数额在50万元以上;(3)虽未达到上述数额标准,但多次诱骗投资者买卖证券、期货合约的;(4)致使交易价格或者交易量异常波动的;(5)其他造成严重后果的。本罪主体是特殊主体。本罪罪过是故意,并且需有为自己或相关人牟取不正当利益或转嫁风险的目的。

犯本罪的,根据《刑法》第181条第2款和第3款的规定处罚。

二十一、操纵证券、期货市场罪

(一) 概念及构成要件

本罪为《刑法修正案(十一)》所修订。本罪是指以获取不正当利益或者转嫁风险为目的,集中资金优势、持股或者持仓优势或者利用信息优势联合或者连续买卖,与他人串通相互进行证券、期货交易,自买自卖期货合约,操纵证券、期货市场交易量、交易价格,制造证券、期货市场假象,诱导或者致使投资者在不了解事实真相的情况下作出证券投资决定,扰乱证券、期货市场秩序的行为。

1. 法益

本罪侵犯的客体是证券、期货市场的金融秩序以及投资者的合法权益。证券、期货交易遵循供求关系、市场环境等因素影响交易价格和交易量,只有在公

开、公平、公正的市场环境下,证券、期货市场才能良性发展,人为地操纵证券、期货交易价格或者交易量,必然导致证券、期货市场的失真,直接损害投资者的利益,危害金融安全稳定。

2. 行为

根据《刑法》第 182 条的规定,本罪的客观方面表现为操纵证券、期货市场的行为,具体包括以下七种类型:

(1) 单独或者合谋,集中资金优势、持股或者持仓优势或者利用信息优势联合或者连续买卖,操纵证券、期货市场或者证券、期货交易量的行为。

(2) 与他人串通,以事先约定的时间、价格和方式相互进行证券、期货交易,影响证券、期货交易价格或者证券、期货交易量的行为。

(3) 在自己实际控制的账户之间进行证券交易,或者以自己为交易对象,自买自卖期货合约,影响证券、期货交易价格或者证券、期货交易量的行为。

根据 2019 年 6 月 27 日 "两高"《关于办理操纵证券、期货市场刑事案件适用法律若干问题的解释》(以下简称《证券刑案解释》) 第 5 条的规定,下列账户应当认定为 "自己实际控制的账户":① 行为人以自己名义开户并使用的实名账户;② 行为人向账户转入或者从账户转出资金,并承担实际损益的他人账户;③ 行为人通过第 1 项、第 2 项以外的方式管理、支配或者使用的他人账户;④ 行为人通过投资关系、协议等方式对账户内资产行使交易决策权的他人账户;⑤ 其他有证据证明行为人具有交易决策权的账户。有证据证明行为人对第 1 项至第 3 项账户内资产没有交易决策权的除外。

(4) 不以成交为目的,频繁或者大量申报买入、卖出证券、期货合约并撤销申报,影响证券、期货交易价格或者证券、期货交易量的行为。

(5) 利用虚假或者不确定的重大信息,诱导投资者进行证券、期货交易,影响证券、期货交易价格或者证券、期货交易量的行为。

(6) 对证券、证券发行人、期货交易标的公开作出评价、预测或者投资建议,同时进行反向证券交易或者相关期货交易的行为。

(7) 以其他方法操纵证券、期货市场的行为。

操纵证券、期货市场的行为主要是前述 6 种,但实践中绝不止于此。

3. 主体

本罪的犯罪主体为一般主体,自然人和单位均可构成本罪的主体。

4. 罪过

主观方面由故意构成。

(二) 本罪的认定

操纵证券、期货市场罪是典型的法定犯,具有二次违法性的特征,其与行政违法意义上的操纵证券、期货市场行为最明显的不同就在于情节是否严重。

"两高"出台的《证券刑案解释》第2—4条对"情节严重"与"情节特别严重"进行了明确。

操纵证券、期货市场,具有下列情形之一的,应当认定为《刑法》第182条第1款规定的"情节严重":(1)持有或者实际控制证券的流通股份数量达到该证券的实际流通股份总量10%以上,实施《刑法》第182条第1款第1项操纵证券市场行为,连续10个交易日的累计成交量达到同期该证券总成交量20%以上的;(2)实施《刑法》第182条第1款第2项、第3项操纵证券市场行为,连续10个交易日的累计成交量达到同期该证券总成交量20%以上的;(3)实施本解释第1条第1项至第4项操纵证券市场行为,证券交易成交额在1000万元以上的;(4)实施《刑法》第182条第1款第1项及本解释第1条第6项操纵期货市场行为,实际控制的账户合并持仓连续10个交易日的最高值超过期货交易所限仓标准的2倍,累计成交量达到同期该期货合约总成交量20%以上,且期货交易占用保证金数额在500万元以上的;(5)实施《刑法》第182条第1款第2项、第3项及本解释第1条第1项、第2项操纵期货市场行为,实际控制的账户连续10个交易日的累计成交量达到同期该期货合约总成交量20%以上,且期货交易占用保证金数额在500万元以上的;(6)实施本解释第1条第5项操纵证券、期货市场行为,当日累计撤回申报量达到同期该证券、期货合约总申报量50%以上,且证券撤回申报额在1000万元以上、撤回申报的期货合约占用保证金数额在500万元以上的;(7)实施操纵证券、期货市场行为,违法所得数额在100万元以上的。

操纵证券、期货市场,违法所得数额在50万元以上,具有下列情形之一的,应当认定为《刑法》第182条第1款规定的"情节严重":(1)发行人、上市公司及其董事、监事、高级管理人员、控股股东或者实际控制人实施操纵证券、期货市场行为的;(2)收购人、重大资产重组的交易对方及其董事、监事、高级管理人员、控股股东或者实际控制人实施操纵证券、期货市场行为的;(3)行为人明知操纵证券、期货市场行为被有关部门调查,仍继续实施的;(4)因操纵证券、期货市场行为受过刑事追究的;(5)2年内因操纵证券、期货市场行为受过行政处罚的;(6)在市场出现重大异常波动等特定时段操纵证券、期货市场的;(7)造成恶劣社会影响或者其他严重后果的。

具有下列情形之一的,应当认定为《刑法》第182条第1款规定的"情节特别严重":(1)持有或者实际控制证券的流通股份数量达到该证券的实际流通股份总量10%以上,实施《刑法》第182条第1款第1项操纵证券市场行为,连续10个交易日的累计成交量达到同期该证券总成交量50%以上的;(2)实施《刑法》第182条第1款第2项、第3项操纵证券市场行为,连续10个交易日的累计成交量达到同期该证券总成交量50%以上的;(3)实施本解释第1条第1项至第 4 项操纵证券市场行为,证券交易成交额在 5000 万元以上的;(4) 实施《刑法》第 182 条第 1 款第 1 项及本解释第 1 条第 6 项操纵期货市场行为,实际控制的账户合并持仓连续 10 个交易日的最高值超过期货交易所限仓标准的 5 倍,累计成交量达到同期该期货合约总成交量 50%以上,且期货交易占用保证金数额在 2500 万元以上的;(5) 实施《刑法》第 182 条第 1 款第 2 项、第 3 项及本解释第 1 条第 1 项、第 2 项操纵期货市场行为,实际控制的账户连续 10 个交易日的累计成交量达到同期该期货合约总成交量 50%以上,且期货交易占用保证金数额在 2500 万元以上的;(6) 实施操纵证券、期货市场行为,违法所得数额在 1000 万元以上的。实施操纵证券、期货市场行为,违法所得数额在 500 万元以上,并具有本解释第 3 条规定的 7 种情形之一的,应当认定为"情节特别严重"。

(三) 本罪的处罚

犯本罪的,根据《刑法》第 182 条的规定,情节严重的,处 5 年以下有期徒刑或者拘役,并处或者单处罚金;情节特别严重的,处 5 年以上 10 年以下有期徒刑,并处罚金。单位犯本罪的,对单位判处罚金,并对其直接负责的主管人员和其他直接责任人员,依照上述规定处罚。

二十二、背信运用受托财产罪

本罪为《刑法修正案(六)》所增设。本罪是指商业银行、证券交易所、期货交易所、证券公司、期货经纪公司、保险公司或其他金融机构,违背受托义务,擅自运用客户资金或其他委托、信托的财产,情节严重的行为。根据《公安机关立案标准(二)》第 35 条的规定,涉嫌下列情形之一的,应予立案追诉:(1) 擅自运用客户资金或者其他委托、信托的财产数额在 30 万元以上的;(2) 虽未达到上述数额标准,但多次擅自运用客户资金或者其他委托、信托的财产,或者擅自运用多个客户资金或者其他委托、信托的财产的;(3) 其他情节严重的情形。

犯本罪的,根据《刑法》第 185 条之一第 1 款的规定处罚。

二十三、违法运用资金罪

本罪为《刑法修正案(六)》所增设。本罪是指社会保障基金管理机构、住房公积金管理机构等公众资金管理机构,以及保险公司、保险资产管理公司、证券投资基金管理公司,违反国家规定运用资金的行为。根据《公安机关立案标准(二)》第 36 条的规定,涉嫌下列情形之一的,应予立案追诉:(1) 违反国家规定运用资金数额在 30 万元以上的;(2) 虽未达到上述数额标准,但多次违反国家规定运用资金的;(3) 其他情节严重的情形。

犯本罪的,根据《刑法》第 185 条之一第 2 款的规定处罚。

二十四、违法发放贷款罪

本罪是指银行或其他金融机构的工作人员违反国家规定发放贷款,数额巨大或造成重大损失的行为。根据《公安机关立案标准(二)》第37条的规定,涉嫌下列情形之一的,应予立案追诉:(1)违法发放贷款,数额在200万元以上的;(2)违法发放贷款,造成直接经济损失数额在50万元以上的。

犯本罪的,根据《刑法》第186条第1款的规定处罚。银行或其他金融机构的工作人员违反国家规定,向关系人发放贷款的,依照上述规定从重处罚。根据《中华人民共和国商业银行法》的规定,关系人是指商业银行的董事、监事、管理人员、信贷业务人员及其近亲属,以及上述人员投资或者担任高级管理职务的公司、企业和其他经济组织。单位犯本罪的,对单位判处罚金,并对其直接负责的主管人员和其他直接责任人员,依照上述规定处罚。

二十五、吸收客户资金不入账罪

本罪是指银行或其他金融机构的工作人员吸收客户资金不入账,数额巨大或造成重大损失的行为。所谓吸收客户资金不入账,是指不记入金融机构的法定存款账目,以逃避国家金融监管,至于是否记入法定账目以外设立的账目不影响犯罪成立。根据《公安机关立案标准(二)》第38条的规定,涉嫌下列情形之一的,应予立案追诉:(1)吸收客户资金不入账,数额在200万元以上的;(2)吸收客户资金不入账,造成直接经济损失数额在50万元以上的。

犯本罪的,根据《刑法》第187条的规定处罚。

二十六、违规出具金融票证罪

本罪是指银行或其他金融机构的工作人员违反规定,为他人出具信用证或其他保函、票据、存单、资信证明,情节严重的行为。"为他人"包括为自然人和为单位。信用证是指开证银行或其他金融机构根据客户(申请开证人)的请求或自己主动向一方(受益人)签发的一种书面凭证,如果受益人满足了书面约定的各项条款,开证银行或其他金融机构即向受益人付款。保函是指银行以其自身的信用为他人承担责任的担保文件。票据是指票据法规定的汇票、本票、支票。存单是指开展存款业务的金融机构向存款人出具证明其存款日期、存款金额、存款种类、存款期限、利率,存款人据此主张权利的单据。资信证明是指证明个人或单位财产状况、偿还能力、信用程度等情况的证明文件。根据《公安机关立案标准(二)》第39条的规定,涉嫌下列情形之一的,应予立案追诉:(1)违反规定为他人出具信用证或其他保函、票据、存单、资信证明,数额在200万元以上的;(2)违反规定为他人出具信用证或其他保函、票据、存单、资信证明,造成直接经济损失数额在50万元以上的;(3)多次违规出具信用证或其他保函、票据、存单、资信证明的;(4)接受贿赂违规出具信用证或其他保函、票据、存单、资信证明的;(5)其他情节严重的情形。

犯本罪的,根据《刑法》第188条的规定处罚。

二十七、对违法票据承兑、付款、保证罪

本罪是指银行或其他金融机构的工作人员在票据业务中,对违反票据法规定的票据予以承兑、付款或保证,造成重大损失的行为。根据我国票据法的规定,这里的"票据"包括本票、汇票、支票。承兑是指承诺在汇票到期日支付汇票金额。付款是指向票据持有人或收款人支付票据载明的金额。保证是指对已经存在的票据上的债务进行担保的行为,在票据到期后持票人或收款人得不到付款的,应由保证人付足款额。实施上述行为造成重大损失的才能构成本罪,根据《公安机关立案标准(二)》第40条的规定,造成直接经济损失数额在50万元以上的,应予立案追诉。本罪主体为特殊主体,包括银行或其他金融机构中从事票据业务的工作人员,以及银行或其他金融机构。本罪罪过是故意。

犯本罪的,根据《刑法》第189条的规定处罚。

二十八、逃汇罪

本罪是指公司、企业或其他单位违反国家规定,擅自将外汇存放境外,或将境内的外汇非法转移到境外,数额较大的行为。本罪行为表现为行为人违反国家规定,擅自将外汇存放境外,或将境内的外汇非法转移到境外,且数额较大。所谓违反国家规定,是指违反《中华人民共和国外汇管理条例》的规定。逃汇行为有多种方式,但刑法只处罚擅自将外汇存放境外和将境内的外汇非法转移到境外这两种逃汇行为,并且构成本罪还要求达到"数额较大"。根据《公安机关立案标准(二)》第41条的规定,单笔在200万美元以上或者累计数额在500万美元以上的,应予立案追诉。本罪主体是公司、企业或其他单位,罪过是故意。

认定本罪时应注意:(1)对于行为人采取伪造、变造有价凭证、单据的欺骗手段将外汇非法转移到境外的行为,应按刑法理论中的牵连犯处理,从一重罪处断。(2)对于行为人将境内的外汇非法转移到境外的行为,有时还会违反海关法规,具备走私性质,即行为人所实施的行为往往不仅触犯逃汇罪,而且还可能构成走私罪。对此应按照法条竞合"从一重处断"的原则,择一重罪从重处罚。(3)对于行为人骗购外汇后又将外汇转移境外的行为,应以骗购外汇罪从重处罚。

犯本罪的,根据《刑法》第190条的规定处罚。

二十九、骗购外汇罪

本罪为《外汇犯罪决定》所增设。本罪是指使用伪造、变造的购买外汇所需的凭证、单据或重复使用购买外汇所需的凭证、单据,以及以其他方式骗购外汇,数额较大的行为。本罪的犯罪对象是外汇。这里的"外汇"是指指定银行的外汇,而不是其他经营外汇业务的金融机构等国家规定的交易场所的外汇或非法外汇交易市场的外汇。本罪行为有以下三种表现形式:(1) 使用伪造、变造的海关签发的报关单、进口证明、外汇管理部门核准件等凭证和单据骗购外汇。伪造的报关单通常表现为报关单的内容全部系伪造的,如采取假海关、假进口货物、假数字、假防伪标记手法,或是从真报关单上撕下防伪标记粘在伪造的报关单上。变造的报关单是指在真实的报关单基础上篡改报关单的金额等内容而形成的报关单。(2) 重复使用海关签发的报关单、进口证明、外汇管理部门核准件等凭证和单据骗购外汇。所谓重复使用,主要是指使用已经使用完毕或正在使用并已用于进口付汇的海关签发的报关单、进口证明、外汇管理部门核准件等凭证和单据。(3) 以其他的方式骗购外汇,即除上述两种方法以外的其他手段。例如行为人明知对方是用于骗购外汇而提供人民币资金等。骗购外汇只有"数额较大"的才能成立本罪。根据《公安机关立案标准(二)》第 42 条的规定,骗购外汇数额在 50 万美元以上的,应予立案追诉。本罪主体包括自然人和单位,明知用于骗购外汇而提供人民币资金的,以共犯论处。本罪罪过是故意。

认定本罪时,应注意将骗购外汇的行为和套汇行为区别开。所谓套汇,是指:(1) 违反国家规定,以人民币支付或以实物偿付应以外汇支付的进口货款或其他类似支出的,但是合法的易货贸易除外;(2) 以人民币为他人支付在境内的费用,而由对方给付外汇的;(3) 明知用于非法套汇而提供人民币资金或其他服务的;(4) 以其他方式非法套汇的。套汇行为不构成犯罪,对套汇行为应给予行政处分或纪律处分。

犯本罪的,根据《外汇犯罪决定》第 1 条的规定处罚。伪造、变造海关签发的报关单、进口证明、外汇管理部门核准件等凭证和单据,并用于骗购外汇的,以骗购外汇罪从重处罚。

三十、洗钱罪

(一) 概念及构成要件

本罪为《刑法修正案(十一)》所修订。本罪是指明知是毒品犯罪、黑社会性质的组织犯罪、恐怖活动犯罪、走私犯罪、贪污贿赂犯罪、破坏金融管理秩序犯罪、金融诈骗犯罪的所得及其产生的收益,而采用各种方法掩饰、隐瞒其来源和性质,使其在形式上合法化的行为。

1. 行为

本罪行为表现为采用各种方法掩饰、隐瞒毒品犯罪、黑社会性质的组织犯罪、恐怖活动犯罪、走私犯罪、贪污贿赂犯罪、破坏金融管理秩序犯罪、金融诈骗犯罪的所得及其产生的收益,使其在形式上合法化。具体的行为方式有:

(1) 提供资金账户。指行为人为上游犯罪人开设银行资金账户,或者将行为人自己现有的合法银行资金账户提供给上游犯罪人使用。

(2) 将财产转换为现金、金融票据、有价证券。指犯罪者本人或经由他人协助,采取各种方式将所获得的赃物转换为现金、金融票据或有价证券,既包括将实物转换为现金、金融票据或有价证券,也包括将现金转换成金融票据、有价证券,或者将金融票据、有价证券转换成现金,还包括将此种现金转换成彼种现金,将此种金融票据、有价证券转换成彼种金融票据、有价证券。

(3) 通过转账或者其他支付结算方式转移资金。指犯罪者本人或经由他人协助,将违法所得资金混入合法所得资金进入银行等金融机构,通过转账或其他支付结算方式,将违法所得赃款转换为合法收入。

(4) 跨境转移资产。指犯罪者本人或经由他人协助,将犯罪所得的资产从境内转移至境外、从境外转移至境内,或者在境外不同国家或地区之间转移,多数场合表现为享有国内外资金往来权的个人或单位,通过自己或他人在银行或其他金融机构所开设的账号,将犯罪所得的资金汇往境外。

甲公司走私汽车获利人民币4000万元后,欲通过乙期货交易所的账户将这笔资金换成外汇转移至美国,并说明可按资金数额的10%支付"手续费"。乙期货交易所得知该笔资金为甲公司走私犯罪所得后,仍同意为该资金转账提供账户,并在收取"手续费"人民币400万元后,将该资金折换成438万美元,以预付货款为名汇往甲公司在美国的账户。本案中,乙公司明知甲公司的资金属于走私犯罪的违法所得,为掩饰、隐瞒其来源与性质,而提供资金账户,协助甲公司将该财产转换成外汇转移至美国,其行为构成洗钱罪。

(5) 以其他方法掩饰、隐瞒犯罪所得及其收益的来源和性质。根据2009年11月4日最高法《关于审理洗钱等刑事案件具体应用法律若干问题的解释》(以下简称《洗钱刑案解释》)第2条的规定,这类行为主要有:① 通过典当、租赁、买卖、投资等方式,协助转移、转换犯罪所得及其收益;② 通过与商场、饭店、娱乐场所等现金密集型场所的经营收入相混合的方式,协助转移、转换犯罪所得及其收益;③ 通过虚构交易、虚设债权债务、虚假担保、虚报收入等方式,协助将犯罪所得及其收益转换为"合法"财物;④ 通过买卖彩票、奖券等方式,协助转换犯罪所得及其收益;⑤ 通过赌博方式,协助将犯罪所得及其收益转换为赌博收益;⑥ 协助将犯罪所得及其收益携带运输或者邮寄出入境;⑦ 通过前述规定以外的方式协助转移、转换犯罪所得及其收益。

本罪的行为对象为毒品犯罪、黑社会性质的组织犯罪、恐怖活动犯罪、走私犯罪贪污贿赂犯罪、破坏金融管理秩序犯罪、金融诈骗犯罪等 7 种上游犯罪的所得及其产生的收益。上游犯罪尚未依法裁判,但犯罪事实查证属实的,不影响洗钱罪的认定。上游犯罪事实可以确认,因上游犯罪行为人死亡等原因依法不予追究刑事责任的,不影响洗钱罪的认定。上游犯罪事实可以确认,依法以其他罪名定罪处罚的,不影响洗钱罪的认定。

2. 主体

本罪主体既可以是自然人,也可以是单位。上游犯罪人自己实施洗钱行为的("自洗钱"),也成立洗钱罪。《刑法修正案(十一)》对洗钱罪的重要修改就是删除原法条中的"明知""协助"等用语,将实施 7 种上游犯罪后的"自洗钱"行为明确规定为犯罪。这对刑法理论和司法实践产生较大影响。

3. 罪过

本罪罪过为故意,并且要求行为人主观上具有掩饰、隐瞒犯罪所得及其收益的性质和来源的目的。《刑法修正案(十一)》删除了原法条中的"明知"要件(主观的超过要素),没有改变洗钱罪的主观罪过,即洗钱罪的主观方面仍为故意。但是,对于洗钱罪的认定来说,这一删除却事关重大:它不仅意味着"自洗钱"行为入罪,洗钱罪的处罚范围扩大,还意味着"他洗钱"行为的入罪不再需要"明知",整个洗钱罪的入罪标准降低。基于实质出罪的立场,删除"明知"后,"自洗钱"定罪自然不需要"明知",但是,"他洗钱"行为在形式入罪后,可以将"明知"作为不成文的构成要件要素,发挥出罪作用,合理限制洗钱罪的处罚范围。①

在以"明知"作为出罪条件的"他洗钱"场合,应结合被告人的认知能力,接触他人犯罪所得及其收益的情况,犯罪所得及其收益的种类、数额,犯罪所得及其收益的转换、转移方式以及被告人的供述等主、客观因素认定被告人是否"明知"。根据《洗钱刑案解释》第 1 条的规定,具有下列情形之一的,可以认定被告人明知系犯罪所得及其收益,但有证据证明确实不知道的除外:(1)知道他人从事犯罪活动,协助转换或者转移财物的;(2)没有正当理由,通过非法途径协助转换或者转移财物的;(3)没有正当理由,以明显低于市场的价格收购财物的;(4)没有正当理由,协助转换或者转移财物,收取明显高于市场的"手续费"的;(5)没有正当理由,协助他人将巨额现金散存于多个银行账户或者在不同银行账户之间频繁划转的;(6)协助近亲属或者其他关系密切的人转换或者转移与其职业或者财产状况明显不符的财物的;(7)其他可以认定行为人明知的情形。但是,行为人将某一上游犯罪的犯罪所得及其收益误认为另一上游犯罪所得及

---

① 参见刘艳红:《洗钱罪删除"明知"要件后的理解与适用》,载《当代法学》2021 年第 4 期。

其收益的,不影响"明知"的认定。

(二) 本罪的认定

1. 本罪与上游犯罪的关系

"他洗钱"本质上是上游犯罪的事后帮助犯,如果"他洗钱"行为人与上游犯罪人事前同谋,事后帮助实施洗钱行为的,则认定为上游犯罪的共同犯罪人,不定洗钱罪。在上游犯罪人"自洗钱"的场合,原则上应当对上游犯罪与洗钱罪实行数罪并罚。

2. 本罪与其他洗钱犯罪的关系

在我国刑法中,广义的洗钱犯罪包括洗钱罪(第 191 条),掩饰、隐瞒犯罪所得、犯罪所得收益罪(第 312 条),窝藏、转移、隐瞒毒赃罪(第 349 条)三个罪名。其中,掩饰、隐瞒犯罪所得、犯罪所得收益罪是洗钱犯罪的一般法,洗钱罪和窝藏、转移、隐瞒毒赃罪是特别法。洗钱罪与掩饰、隐瞒犯罪所得、犯罪所得收益罪的区别在于上游犯罪不同:掩饰、隐瞒《刑法》第 191 条所规定的 7 种上游犯罪之外的犯罪所得及其收益的,以掩饰、隐瞒犯罪所得、犯罪所得收益罪定罪处罚。洗钱罪与窝藏、转移、隐瞒毒赃罪的区别在于行为方式不同:洗钱罪的行为主要是将犯罪所得财物转化为形式合法的资金;窝藏、转移、隐瞒毒赃罪则是将犯罪所得的财物本身予以窝藏、转移、隐瞒。

(三) 本罪的处罚

犯本罪的,根据《刑法》第 191 条的规定,没收实施上游犯罪的所得及其产生的收益,处 5 年以下有期徒刑或者拘役,并处或者单处罚金;情节严重的,处 5 年以上 10 年以下有期徒刑,并处罚金。单位犯本罪的,对单位判处罚金,并对其直接负责的主管人员和其他直接责任人员,依照上述规定处罚。

第六节　金融诈骗罪

一、集资诈骗罪

(一) 概念及构成要件

本罪为《刑法修正案(十一)》所修订。本罪是指以非法占有为目的,以诈骗方法非法集资,数额较大的行为。

1. 行为

本罪行为表现为使用诈骗方法非法集资,且数额较大。所谓诈骗方法,是指行为人采取虚构资金用途,以虚假的证明文件和高回报率为诱饵,或其他骗取集资款的手段。所谓非法集资,是指单位或个人未经有关机关批准,向社会公众募集资金的行为。根据《2022 年非法集资解释》的规定,司法实践中往往把"使用诈骗方法非法集资"扩大解释为"非法吸收公众存款或者变相吸收公众存款"，因此，有关何为"使用诈骗方法非法集资"的理解，可参见前一节非法吸收公众存款罪行为要件的"非法性"的内容。"数额较大"的标准为10万元以上，不再区分自然人和单位两种标准。集资诈骗的数额以行为人实际骗取的数额计算，案发前已归还的数额应予扣除。行为人为实施集资诈骗活动而支付的广告费、中介费、手续费、回扣，或用于行贿、赠予等费用，不予扣除。行为人为实施集资诈骗活动而支付的利息，除本金未归还可予折抵本金以外，应计入诈骗数额。

2. 主体

本罪主体包括自然人和单位。

3. 罪过

本罪罪过是故意，并且行为人具有非法占有集资款的目的。根据《2022年非法集资解释》第7条的规定，使用诈骗方法非法集资，具有下列情形之一，可以认定为"以非法占有为目的"：(1)集资后不用于生产经营活动或者用于生产经营活动与筹集资金规模明显不成比例，致使集资款不能返还的；(2)肆意挥霍集资款，致使集资款不能返还的；(3)携带集资款逃匿的；(4)将集资款用于违法犯罪活动的；(5)抽逃、转移资金、隐匿财产，逃避返还资金的；(6)隐匿、销毁账目，或者搞假破产、假倒闭，逃避返还资金的；(7)拒不交代资金去向，逃避返还资金的；(8)其他可以认定非法占有目的的情形。

集资诈骗罪中的非法占有目的，应当区分情形进行具体认定。行为人部分非法集资行为具有非法占有目的的，对该部分非法集资行为所涉集资款以集资诈骗罪定罪处罚；非法集资共同犯罪中部分行为人具有非法占有目的，其他行为人没有非法占有集资款的共同故意和行为的，对具有非法占有目的的行为人以集资诈骗罪定罪处罚。

(二)本罪的认定

1. 罪与非罪的界限

对于骗取资金数额较小，且情节较轻的行为，不宜认定为犯罪。行为人没有非法占有他人财物的目的，夸大集资项目的前景，夸大集资回报，因事后市场风险或经营管理不善而没能兑现的，按民事欺诈行为处理。应注意的是，不能仅根据事实上是否返还集资款来认定行为人是否具有非法占有的目的，而应综合案件的全部事实，才能得出正确结论。

2. 此罪与彼罪的界限

集资诈骗罪和欺诈发行股票、债券罪、非法吸收公众存款罪在客观上均表现为向社会公众非法募集资金，区别的关键在于行为人是否具有非法占有的目的。以非法占有为目的而非法集资，或在非法集资过程中产生了非法占有他人资金的故意，均构成集资诈骗罪。但是，在处理具体案件时要注意以下两点：一是不能仅凭较大数额的非法集资款不能返还的结果,推定行为人具有非法占有的目的;二是行为人将大部分资金用于投资或生产经营活动,而将少量资金用于个人消费或挥霍的,不应仅以此便认定具有非法占有的目的。

(三) 本罪的处罚

犯本罪的,根据《刑法》第192条的规定,处3年以上7年以下有期徒刑,并处罚金;数额巨大或者有其他严重情节的,处7年以上有期徒刑或者无期徒刑,并处罚金或者没收财产。单位犯本罪的,对单位判处罚金,并对其直接负责的主管人员和其他直接责任人员,依照上述规定处罚。

二、贷款诈骗罪

(一) 概念及构成要件

本罪是指以非法占有为目的,使用欺诈方法,骗取银行或其他金融机构的贷款,数额较大的行为。

1. 行为

本罪行为表现为使用欺诈方法,骗取银行或其他金融机构的贷款,数额较大。具体的欺诈方法有:(1) 编造引进资金、项目等虚假理由。例如,捏造根本不存在的或与实际不相符的,所谓产生良好社会效益和经济效益的投资项目等虚假理由,向银行或其他金融机构骗取贷款的行为。(2) 使用虚假的经济合同。例如,使用伪造、变造的合同,骗取贷款的行为。(3) 使用虚假的证明文件。主要是指使用伪造或变造的银行存款证明、公司或金融机构的担保函、划款证明等向银行或其他金融机构申请贷款所需的证明文件,骗取贷款。(4) 使用虚假的产权证明作担保或超出抵押物价值重复担保。主要是指使用伪造的能证明行为人对房屋、设备等不动产具有所有权的各种文件。(5) 以其他方法诈骗贷款。例如,伪造单位公章、印鉴骗取贷款,以及先借贷后采取转移资金或其他欺骗方法拒不归还贷款的行为。此外,骗取贷款数额较大的才能构成本罪,司法实践中以5万元为立案标准。本罪的对象为特定对象,即银行或其他金融机构的贷款。贷款是银行或其他金融机构向符合条件的借款人提供的货币资金。

2. 主体

本罪主体为自然人,单位不能成为贷款诈骗罪的主体。对于实践中经常发生的单位实施贷款诈骗的案件,根据2014年4月24全国人大常委会《关于〈刑法〉第三十条的解释》的规定,直接以贷款诈骗罪追究组织、策划、实施该行为的自然人的刑事责任。

3. 罪过

本罪罪过是故意,并具有将贷款占为己有的主观目的,没有归还的意图。

(二) 本罪的认定

1. 贷款诈骗与贷款纠纷的界限

对于合法取得贷款后,没有按规定的用途使用贷款,到期没有归还贷款的,不能以贷款诈骗罪定罪处罚;对于确有证据证明行为人不具有非法占有的目的,因不具备贷款的条件而采取了欺骗手段获取贷款,案发时有能力履行还贷义务,或案发时不能归还贷款是因为意志以外的原因,如因经营不善、被骗、市场风险等,不能以贷款诈骗罪定罪处罚。

2. 本罪与诈骗罪的界限

(1) 法益不同。本罪侵犯的法益是国家对金融机构的贷款管理制度和金融机构对信贷资金的所有权,而诈骗罪侵犯的法益是公私财产的所有权。(2) 犯罪行为不同。本罪行为表现为通过金融机构的信贷业务实施诈骗,而诈骗罪的犯罪手段则更为广泛。本罪与诈骗罪是特别法和普通法的关系,依照刑法理论,在发生法条竞合时,应按照特别法优于普通法的适用原则,凡构成贷款诈骗的,按贷款诈骗罪处罚。

(三) 本罪的处罚

犯本罪的,根据《刑法》第193条的规定,处5年以下有期徒刑或者拘役,并处2万元以上20万元以下罚金;数额巨大或者有其他严重情节的,处5年以上10年以下有期徒刑,并处5万元以上50万元以下罚金;数额特别巨大或者有其他特别严重情节的,处10年以上有期徒刑或者无期徒刑,并处5万元以上50万元以下罚金或者没收财产。

三、票据诈骗罪

(一) 概念及构成要件

本罪是指以非法占有为目的,利用金融票据进行诈骗活动,数额较大的行为。

1. 行为

本罪行为表现为利用金融票据进行诈骗活动,骗取数额较大的财物。这里的"金融票据",是指我国票据法所规定的汇票、本票、支票。利用金融票据的诈骗行为具体表现为:(1) 明知是伪造、变造的汇票、本票、支票而使用的。这里的"使用"既可以表现为直接使用,即直接利用伪造、变造的金融票据骗取财物,也包括间接使用,例如将伪造、变造的金融票据作为抵押骗取财物。(2) 明知是作废的汇票、本票、支票而使用的。作废的汇票、本票、支票,是指根据法律和有关规定不能使用的票据,它既包括票据法中所规定的过期的票据,也包括无效以及被依法宣布作废的票据。(3) 冒用他人的汇票、本票、支票的。所谓冒用,是行为人以合法持票人身份,支配自己没有支配权利的他人票据的行为。(4) 签发空头支票或与其预留印鉴不符的支票,骗取财物的。所谓空头支票,是指出票人所签发的支票金额超过其付款时在付款人处实有的存款金额的支票。(5)汇票、本票的出票人签发无资金保证的汇票、本票或在出票时作虚假记载,骗取财物的。所谓出票人,是指制作票据,按照法定条件在票据上签章,并按照所记载的事项承担票据责任的人。所谓资金保证,是指出票人在承兑票据时,具有按票据支付的能力。本罪的成立还要求"数额较大",即数额在5万元以上的,应予立案追诉。

2. 主体

本罪主体为一般主体,包括自然人和单位。

3. 罪过

本罪罪过是故意,并且要求行为人主观上具有非法占有公私财物的目的。

(二) 本罪的认定

1. 行为人伪造、变造汇票、本票、支票后又使用其实施票据诈骗的行为的定性

上述行为属于伪造、变造金融票证罪与票据诈骗罪的牵连犯,应从一重罪处断。如果行为人在伪造、变造汇票、本票、支票之外,又使用明知是他人伪造、变造的汇票、本票、支票实施了票据诈骗行为,则分别构成伪造、变造金融票证罪与票据诈骗罪,应实行数罪并罚。

2. 行为人盗窃支票并加以使用的行为的定性

盗窃定额支票的,不管行为人是否使用、如何使用,都成立盗窃罪;盗窃定额支票之外的不记名、不挂失支票的,成立盗窃罪;盗窃记名的空白支票,然后补记收款人或支票金额并使用的,成立票据诈骗罪;盗窃记名支票后,无论在挂失之前还是在挂失之后使用的,均应认定为票据诈骗罪;盗窃格式票据(票据用纸)并偷盖印章或伪造印鉴,记载相关事项,无论是在挂失前还是挂失后使用的,都触犯了伪造金融票证罪与票据诈骗罪,应从一重罪处断。①

(三) 本罪的处罚

犯本罪的,根据《刑法》第194条第1款和第200条的规定,处5年以下有期徒刑或者拘役,并处2万元以上20万元以下罚金;数额巨大或者有其他严重情节的,处5年以上10年以下有期徒刑,并处5万元以上50万元以下罚金;数额特别巨大或者有其他特别严重情节的,处10年以上有期徒刑或者无期徒刑,并处5万元以上50万元以下罚金或者没收财产。单位犯本罪的,对单位判处罚金,并对其直接负责的主管人员和其他直接责任人员,处5年以下有期徒刑或者拘役,可以并处罚金;数额巨大或者有其他严重情节的,处5年以上10年以下有

---

① 参见张明楷:《刑法学》(第六版)(下),法律出版社2021年版,第1035页。

期徒刑,并处罚金;数额特别巨大或者有其他特别严重情节的,处 10 年以上有期徒刑或者无期徒刑,并处罚金。

四、金融凭证诈骗罪

本罪是指以非法占有为目的,使用伪造、变造的委托收款凭证、汇款凭证、银行存单等其他银行结算凭证,骗取财物,数额较大的行为。本罪客观上表现为行为人使用伪造、变造的委托收款凭证、汇票凭证、银行存单等其他银行结算凭证进行诈骗,数额较大的行为。委托收款凭证是指收款人在委托银行向付款人收取款项时所填写的书面凭证。汇款凭证是指汇款人委托银行将款项汇给外地收款人时所填写的书面凭证。银行存单是指银行向存款人开具的结算凭证。其他银行结算凭证是指除票据及上述凭证以外的各种银行结算凭证。构成本罪还要求数额较大,即数额在 5 万元以上的,应予立案追诉。本罪罪过是故意,且以非法占有公私财物为目的。犯本罪的,其处罚与票据诈骗罪相同。

五、信用证诈骗罪

本罪是指以非法占有为目的,利用信用证进行诈骗活动的行为。本罪行为具体表现为:(1) 使用伪造、变造的信用证或附随的单据、文件。信用证是指开证银行根据进口商的开证申请,开给受益人(通常是出口商)在一定条件下支付约定金额的保证付款的书面凭证。它是当前国际结算的一种方式。附随的单据是指使用信用证时必须附随信用证的单据,包括运输单据、商业发票、保险单据等。附随的文件是指使用信用证时必须附随信用证的文件,主要有领事发票、海关发票、出口许可证、产地证明等。(2) 使用作废的信用证。作废的信用证主要是指过期的、无效的信用证。(3) 骗取信用证。[①] 骗取信用证是指以虚构事实、隐瞒真相的方法,欺骗开证银行为其开具信用证。(4) 以其他方法进行信用证诈骗活动的。例如,在开证时,故意设置一些隐蔽性的条款,使开证申请人或开证银行单方面取得主动权,以使单方能够随时解除信用证的使用,从而达到骗取财物的目的。本罪主体包括自然人和单位。本罪罪过是故意,并且具有非法占有公私财物的目的。

犯本罪的,根据《刑法》第 195 条和第 200 条的规定,处 5 年以下有期徒刑或者拘役,并处 2 万元以上 20 万元以下罚金;数额巨大或者有其他严重情节的,处 5 年以上 10 年以下有期徒刑,并处 5 万元以上 50 万元以下罚金;数额特别巨大或者有其他特别严重情节的,处 10 年以上有期徒刑或者无期徒刑,并处 5 万元

[①] 对"骗取信用证"的理解与认定,理论界与实务界存在很大的争议。参见张明楷:《诈骗犯罪论》,法律出版社 2021 年版,第 767 页以下。

以上 50 万元以下罚金或者没收财产。单位犯本罪的,对单位判处罚金,并对其直接负责的主管人员和其他直接责任人员,处 5 年以下有期徒刑或者拘役,可以并处罚金;数额巨大或者有其他严重情节的,处 5 年以上 10 年以下有期徒刑,并处罚金;数额特别巨大或者有其他特别严重情节的,处 10 年以上有期徒刑或者无期徒刑,并处罚金。

六、信用卡诈骗罪

(一)概念及构成要件

本罪是指以非法占有为目的,使用信用卡进行诈骗活动,骗取数额较大财物的行为。

1. 行为

本罪行为内容为利用信用卡进行诈骗活动,骗取数额较大的财物。

(1) 使用伪造的信用卡,或使用以虚假的身份证明骗领的信用卡。这里的"伪造的信用卡"应作广义的解释,包括变造的信用卡在内。使用是指按照信用卡的通常使用方法,将伪造或作废的信用卡作为真实有效的信用卡予以利用;既可以是对自然人使用,也可以是对机器使用。

(2) 使用作废的信用卡。是指使用因法定原因失去效用的信用卡。信用卡的失效主要包括三种情形:一是超过有效期限而失效;二是在信用卡有效期内办理退卡手续而失效;三是因挂失而失效。

(3) 冒用他人信用卡。是指违反合法持卡人的意志,擅自以持卡人的名义使用自己无权使用的他人的真实有效的信用卡。冒用他人信用卡包括四种情形:① 拾得他人信用卡并使用的;② 骗取他人信用卡并使用的;③ 窃取、收买、骗取或者以其他非法方式获取他人信用卡信息资料,并通过互联网、通讯终端等使用的;④ 其他冒用他人信用卡的情形。

甲、乙为朋友。乙国庆节出外旅游,将自己的借记卡(背面写有密码)交甲保管。后甲持卡购物,将卡中 3 万余元用完。乙回来后发现卡里钱没有了,便问甲是否用过此卡,甲否认。[①] 本案中,甲的行为即属于"其他冒用他人信用卡"的情形,即合法代为保管但冒充持卡人本人而非法使用,构成信用卡诈骗罪。

(4) 恶意透支的。是指持卡人以非法占有为目的,超过规定限额或者规定期限透支,经发卡银行两次有效催收后超过 3 个月仍不归还的行为。

2. 主体

本罪主体为自然人,单位不能成为本罪的主体。

[①] 参见北京万国学校教研中心组编:《刑法》,中国法制出版社 2014 年版,第 418 页。

3. 罪过

本罪罪过是故意,且要求行为人具有非法占有他人财物的目的。有下列行为之一的,应认定为具有非法占有目的:(1)明知没有还款能力而大量透支,无法归还的;(2)肆意挥霍透支的资金,无法归还的;(3)透支后通过逃匿、改变联系方式等手段,逃避银行催收的;(4)抽逃、转移资金,隐匿财产,逃避还款的;(5)使用透支的资金进行违法犯罪活动的;(6)其他非法占有资金,拒不归还的行为。

(二)本罪的认定

1. 罪与非罪的界限

实施信用卡诈骗的,要求数额较大才能认定犯罪成立。根据《信用卡刑案解释》的规定,使用伪造的信用卡、以虚假的身份证明骗领的信用卡、作废的信用卡或者冒用他人信用卡,进行信用卡诈骗活动,数额在5000元以上不满5万元的,为数额较大;恶意透支,数额在5万元以上不满50万元的,为数额较大。恶意透支的数额,是指公安机关刑事立案时尚未归还的实际透支的本金数额,不包括利息、复利、滞纳金、手续费等发卡银行收取的费用。归还或者支付的数额,应当认定为归还实际透支的本金。恶意透支数额较大,在提起公诉前全部归还或者具有其他情节轻微情形的,可以不起诉;在一审判决前全部归还或者具有其他情节轻微情形的,可以免予刑事处罚。但是,曾因信用卡诈骗受过两次以上处罚的除外。

2. 本罪中"使用""冒用"的对象

刑法理论和实务都认为,对自然人的"使用""冒用"行为可以构成信用卡诈骗罪。但有争议的是,对机器(ATM机)的"使用""冒用"行为如何定性。有学者认为,机器是人脑的延伸和替代,能够帮助人处理一些简单的活动,欺骗机器实际上就是欺骗设置该机器的人。因此,对机器的使用、冒用行为如同对自然人的使用、冒用一样,构成信用卡诈骗罪。[①] 传统观点认为,机器与人是不同的,对机器的"欺骗"不能等同于对自然人的欺骗,自然人可以被骗,但是机器不能被骗。在承认机器不能被骗的前提下,理论上又存在两种不同的观点。区别说认为,既然机器不能被骗,那么在机器上使用、冒用的行为就只能构成盗窃罪;对自然人的使用、冒用才构成信用卡诈骗罪。其基本理由是,《刑法》第196条信用卡诈骗罪与《刑法》第266条诈骗罪之间是特别法与一般法的关系;信用卡诈骗罪应该具有一般诈骗罪的构造:行为人虚构事实隐瞒真相—被害人陷入认识错误—被害人基于认识错误处分财产—行为人得到财产—被害人发生财产损失。

[①] 参见黎宏:《刑法学各论》(第二版),法律出版社2016年版,第162页。

对机器使用、冒用的行为显然不具备诈骗罪的构成。① 同一说认为,机器不能被骗是对的,《刑法》第266条诈骗罪的构造也是对的。但是,第196条信用卡诈骗罪并非第266条诈骗罪的特殊类型,而是刑法的一种特别规定,将原不具有诈骗结构的对机器使用拟制为信用卡诈骗罪。《刑法》第196条规定的使用、冒用包括对自然人使用,也包括对机器使用。刑法并没有规定该条的使用方式仅限于对自然人的使用。②

我们认为同一说较为可取。信用卡诈骗罪中的"使用""冒用"的对象既可以是自然人,也可以是机器。区别说的解释过于生硬,有为了体系解释而体系解释之嫌,解释的结论让人不易接受。例如,"冒用他人信用卡",在行为方式上都是"冒用",行为的法益都是他人的财产所有权,却因为行为的技术问题而区别为两罪,显得不自然。而且,两罪的法定刑也不同。按照区别说的观点,某老人拾到一张信用卡,因为不会操作ATM机,到柜台上取了5000元,构成信用卡诈骗罪,其法定刑为5年以下有期徒刑或者拘役,并处2万元以上20万元以下罚金;如果老人回家后将拾到的信用卡交给其儿子,其儿子到ATM机上取了5000元,则成立盗窃罪,其法定刑为3年以下有期徒刑、拘役或者管制,并处或者单处罚金。区别说的做法导致罪刑不均衡。司法实践采取的是同一说,并不区别"使用""冒用"的对象。

3. "盗窃信用卡并使用"的理解

《刑法》第196条第3款规定,盗窃信用卡并使用的,以盗窃罪论处。这一规定属于法律拟制,将原本不符合盗窃罪构成要件的行为规定为盗窃罪。单纯盗窃信用卡而不使用的,不是盗窃罪。盗窃信用卡不同于盗窃不记名、不挂失的金融票证,单纯的盗窃并不会损害财产法益。盗窃信用卡并使用,并非盗窃罪与"冒用他人信用卡"型信用卡诈骗罪的结合犯,而只是一个单纯的盗窃罪。而且,主要实行行为是使用,盗窃信用卡的行为可以理解为这种盗窃罪的预备行为。该款中的"信用卡"仅限于真实、有效、能正常使用的信用卡。使用是指按信用卡特有的电子支付卡的功能加以利用。盗窃是指违反他人意志,将他人占有的信用卡转移为自己或者第三者(包括单位)占有。行为人误认伪卡为真实、有效的信用卡而盗窃并使用的,构成信用卡诈骗罪。使用盗窃的信用卡不以盗窃者本人使用为限,还包含利用第三者使用,故意帮助、教唆第三者使用的情形。盗取他人信用卡信息资料,复制信用卡后使用,以及盗用他人留置在自动取款机

---

① 参见张明楷:《也论用拾得的信用卡在ATM机上取款的行为性质》,载《清华法学》2008年第1期;张明楷:《非法使用信用卡在ATM机取款的行为构成盗窃罪》,载《清华法学》2009年第1期。

② 参见刘明祥:《再论用信用卡在ATM机上恶意取款的行为性质》,载《清华法学》2009年第1期。

插口内未取走的信用卡取款的,均不是"盗窃信用卡并使用"的行为,应以信用卡诈骗罪论处。①

(三) 本罪的处罚

犯本罪的,根据《刑法》第 196 条的规定,处 5 年以下有期徒刑或者拘役,并处 2 万元以上 20 万元以下罚金;数额巨大或者有其他严重情节的,处 5 年以上 10 年以下有期徒刑,并处 5 万元以上 50 万元以下罚金;数额特别巨大或者有其他特别严重情节的,处 10 年以上有期徒刑或者无期徒刑,并处 5 万元以上 50 万元以下罚金或者没收财产。

根据《信用卡刑案解释》第 5 条和第 8 条的规定,使用伪造的信用卡、以虚假的身份证明骗领的信用卡、作废的信用卡或者冒用他人信用卡,进行信用卡诈骗活动,数额在 5 万元以上不满 50 万元的为"数额巨大",50 万元以上的为"数额特别巨大";恶意透支,数额在 50 万元以上不满 500 万元的为"数额巨大",500 万元以上的为"数额特别巨大"。

七、有价证券诈骗罪

本罪是指以非法占有为目的,使用伪造、变造的国库券或国家发行的其他有价证券,进行诈骗活动,数额较大的行为。本罪客观上表现为行为人使用伪造、变造的国库券或国家发行的其他有价证券进行诈骗的行为。本罪犯罪对象即国家有价证券,包括国库券和国家发行的其他有价证券。国家发行的其他有价证券是指除国库券以外的国家发行的其他有价证券,如国家建设债券、国家重点建设债券。股票、公司、企业债券不属于国家发行的有价证券,不能成为本罪的犯罪对象。所谓使用,既可能明知是他人伪造、变造的而使用,也可能是自己伪造、变造后而使用,后一种情况属于牵连犯,应从一重罪处断。使用行为通常表现为将伪造、变造的国库券或国家发行的其他有价证券进行承兑、转让、抵押,以骗取公私财物。另外,构成本罪,还要求数额较大。根据《公安机关立案标准(二)》第 50 条的规定,诈骗数额在 5 万元以上的,应予立案追诉。本罪主体为一般主体。罪过是故意,并且具有非法占有他人财物的目的。

犯本罪的,根据《刑法》第 197 条的规定处罚。

八、保险诈骗罪

(一) 概念及构成要件

本罪是指投保人、被保险人、受益人以非法占有为目的,采取虚构事实、隐瞒

---

① 参见刘明祥:《"盗窃信用卡并使用"的含义解析与司法认定》,载《中国法学》2010 年第 1 期。

真相的方法,骗取保险金,数额较大的行为。

1. 行为

本罪客观上表现为采取虚构保险标的、保险事故或制造保险事故等方法,骗取数额较大的保险金的行为。具体行为方式有下列五种:

(1) 投保人故意虚构保险标的,骗取保险金。投保人是指对保险标的具有保险利益,向保险人申请签订保险合同,并交付保险费的人。保险人即与投保人订立保险合同的保险公司。保险标的是指作为保险对象的物质财产及其有关利益或人的生命、健康及其有关利益。虚构保险标的是指行为人为骗取保险金,虚构根本不存在的保险对象而与保险人订立保险合同。

(2) 投保人、被保险人、受益人对发生的保险事故编造虚假的原因或夸大损失的程度,骗取保险金。被保险人是指其财产或人身受保险合同保障,享有保险金请求权的人,投保人可以为被保险人。受益人是指人身保险合同中由被保险人或投保人指定的享有保险金请求权的人。投保人、被保险人可以是受益人。本项规定了两种保险诈骗行为:一是行为人对发生的保险事故编造虚假的原因;二是夸大损失的程度,即投保人、被保险人、受益人对已发生的保险事故,故意夸大保险标的损失,从而骗取额外保险金。

(3) 投保人、被保险人、受益人编造未曾发生的保险事故,骗取保险金。保险事故是指根据保险法的规定,在保险合同中约定的保险责任范围内的事故。

(4) 投保人、被保险人故意造成财产损失的保险事故,骗取保险金。例如行为人为了骗取保险金,放火烧毁已经投保的房屋、汽车等,进而骗取保险金。

(5) 投保人、受益人故意造成被保险人死亡、伤残或疾病,骗取保险金。这种行为是指投保人、受益人为了骗取保险金,在原本没有发生保险事故的情况下,采取杀害、伤害、虐待等方法故意制造保险事故,致被保险人死亡、伤残或疾病,进而骗取保险金。

构成本罪,还要求数额较大。根据《公安机关立案标准(二)》第51条的规定,进行保险诈骗活动,数额在5万元以上的,应予立案追究。行为人已经着手实施保险诈骗行为,但由于其意志以外的原因未能获得保险赔偿的,是诈骗未遂,情节严重的,应追究刑事责任。

甲将自己的汽车藏匿,以汽车被盗为由向保险公司索赔。保险公司认为该案存有疑点,随即报警。在掌握充分证据后,侦查机关安排保险公司向甲"理赔"。甲到保险公司二楼财务室领取20万元赔偿金后,刚走到一楼即被守候的多名侦查人员抓获。本案中,甲编造未曾发生的保险事故,欺骗保险公司,意图骗取保险金,属于保险诈骗的行为;但甲的行为并没有导致被害人财产损失的结果,所以甲的行为成立保险诈骗罪的未遂。①

2. 主体

本罪主体是特殊主体,包括投保人、被保险人、受益人。根据行为方式不同,犯罪主体有所不同。上述第1种行为的犯罪主体是投保人;第2、3种行为的犯罪主体是投保人、被保险人、受益人;第4种行为的犯罪主体是投保人和被保险人,因为受益人是人寿保险合同中才存在的概念,在财产保险合同中没有受益人的概念,被保险人就是实际上的受益人;第5种行为则只限于投保人和受益人。另外,单位也可以成为保险诈骗罪的主体。

3. 罪过

本罪罪过是故意,并且行为人具有非法占有保险金的目的。

(二) 本罪的认定

1. 本罪着手的认定

本罪行为由手段行为和目的行为两部分组成:骗取保险金是目的行为;虚构保险标的、编造虚假的原因或夸大损失的程度、编造未曾发生的保险事故、制造财产或人身保险事故,都属于手段行为。只有目的行为,即骗取保险金的行为,才会对保险秩序和保险公司的财产造成急迫的法益侵害,而之前的手段行为对法益的侵害性比较小。因而只有开始实施目的行为,即到保险公司索赔的行为或提出支付保险金请求的行为,才是本罪的着手。

2. 罪数的认定

《刑法》第198条第2款规定,行为人故意造成财产损失的保险事故,或者故意造成被保险人死亡、伤残或者疾病,骗取保险金,同时构成其他犯罪的,依照数罪并罚的规定处罚。这里需要注意两个问题:(1) 行为人在制造保险事故后,还没有向保险公司索赔就案发的,只能就其手段行为构成的犯罪定罪处罚,而不能把手段行为构成的犯罪与保险诈骗罪数罪并罚。(2) 单位为了自己的利益,集体研究以放火的犯罪手段制造保险事故,并骗取保险金的,由于单位可以构成保险诈骗罪但不能构成放火罪,因此对于单位只能以保险诈骗罪论处,但是对于单位直接负责的主管人员和其他直接责任人员,则应以保险诈骗罪与放火罪数罪并罚。

3. 本罪共犯的认定

《刑法》第198条第4款规定,保险事故的鉴定人、证明人、财产评估人故意提供虚假的证明文件,为他人诈骗提供条件的,以保险诈骗的共犯论处。该款属于注意规定,即使没有该规定,对于这种行为也应按照共同犯罪来处理。保险事故的鉴定人、证明人、财产评估人虽然提供了虚假的证明文件,但不知道他人是

---

① 参见刘凤科编著:《刘凤科解刑法》,中国政法大学出版社2015年版,第132页。

为了进行保险诈骗罪的,不成立保险诈骗罪的共犯;情节严重的,以《刑法》第229条提供虚假证明文件罪定罪处罚。

另外,根据《刑法》第183条的规定,保险公司的工作人员利用职务上的便利,故意编造未曾发生的保险事故进行虚假理赔,骗取保险金归自己所有的,以职务侵占罪定罪处罚;国有保险公司工作人员和国有保险公司委派到非国有保险公司从事公务的人员实施上述行为的,以贪污罪定罪处罚。这是对保险公司的工作人员单独行为而言的。保险诈骗的行为人与保险公司的工作人员相互勾结骗取保险金,构成共同犯罪的,应根据刑法总论中有关共犯与身份的原理确定罪名。

(三) 本罪的处罚

犯本罪的,根据《刑法》第198条的规定,处5年以下有期徒刑或者拘役,并处1万元以上10万元以下罚金;数额巨大或者有其他严重情节的,处5年以上10年以下有期徒刑,并处2万元以上20万元以下罚金;数额特别巨大或者有其他特别严重情节的,处10年以上有期徒刑,并处2万元以上20万元以下罚金或者没收财产。单位犯本罪的,对单位判处罚金,并对其直接负责的主管人员和其他直接责任人员,处5年以下有期徒刑或者拘役;数额巨大或者有其他严重情节的,处5年以上10年以下有期徒刑;数额特别巨大或者有其他特别严重情节的,处10年以上有期徒刑。

第七节　危害税收征管罪

一、逃税罪

(一) 概念及构成要件

本罪为《刑法修正案(七)》所修订,将本罪罪名由偷税罪改为逃税罪。本罪是指纳税人、扣缴义务人逃避缴纳税款,或不缴、少缴已扣、已收税款,数额较大的行为。本罪法益是国家的税收征管制度,行为对象是应向国家缴纳的作为财政收入的税款。

1. 行为

本罪行为表现为三种手段行为、一种目的行为和两个情节要求。三种手段行为是:(1) 采取欺骗、隐瞒手段进行虚假纳税申报。欺骗、隐瞒手段多种多样,常见的主要有伪造、变造、隐匿、擅自销毁账簿、记账凭证,以及在账簿上多列支出或不列、少列收入。虚假纳税申报是指纳税人或扣缴义务人向税务机关报送虚假的纳税申报表、财务报表、代扣代缴、代收代缴税款报告表或其他纳税申报资料,如提供虚假申请,编造减税、免税、抵税、先征收后退还税款等虚假资料。

(2)不申报。不申报不以采取欺骗、隐瞒手段为前提,但以税务机关的通知申报为前提,必须是经税务机关通知申报而拒不申报的,才能成立犯罪。根据2002年11月5日最高法《关于审理偷税、抗税刑事案件具体应用法律若干问题的解释》(以下简称《偷税抗税刑案解释》)第2条的规定,具有下列情形之一的,应认定为"经税务机关通知申报":① 纳税人、扣缴义务人已经依法办理税务登记或者扣缴税款登记的;② 依法不需要办理税务登记的纳税人,经税务机关依法书面通知其申报的;③ 尚未依法办理税务登记、扣缴税款登记的纳税人、扣缴义务人,经税务机关依法书面通知其申报的。(3)缴纳税款后,以假报出口或其他欺骗手段,骗取所缴纳的税款。①

本罪的目的行为是"逃避缴纳税款",包括不缴、少缴应纳税款或已扣、已收税款。扣缴义务人书面承诺代纳税人支付税款的,应认定扣缴义务人"已扣、已收税款"。

本罪有两个情节要求:(1)纳税人逃避缴纳税款数额较大并且占应纳税款的10%以上;(2)扣缴义务人不缴、少缴已扣、已收税款,数额较大,不要求占应缴税款10%以上。司法实践中,逃税罪的数额较大的起点是5万元。根据《偷税抗税刑案解释》第3条的规定,逃税数额,是指在确定的纳税期间,不缴或者少缴各税种税款的总额。逃税数额占应纳税额的百分比,是指一个纳税年度中的各税种逃税总额与该纳税年度应纳税总额的比例。不按纳税年度确定纳税期的其他纳税人,逃税数额占应纳税额的百分比,按照行为人最后一次逃税行为发生之日前一年中各税种逃税总额与该年纳税总额比例确定。纳税义务存续期间不足一个纳税年度的,逃税数额占应纳税额的百分比,按照各税种逃税总额与实际发生纳税义务期间应缴纳税款总额的比例确定。逃税行为跨越若干个纳税年度,只要其中一个纳税年度的逃税数额及百分比达到上述情节要求的标准,即构成逃税罪。各纳税年度的逃税数额应累计计算,逃税百分比应按照最高的百分比确定。

2. 主体

本罪主体是特殊主体,即纳税人与扣缴义务人。符合条件的自然人和单位,均可成为本罪主体。纳税人是指依法负有纳税义务的单位或个人,至于纳税单位是否已经办理营业执照,不影响犯罪主体的认定。扣缴义务人是指依法负有代扣代缴、代收代缴税款义务的单位或个人。其中又分为代扣代缴义务人和代收代缴义务人。前者指有义务从其持有的纳税人收入中扣除其应纳税款并代为缴纳的单位或个人,如向纳税人支付收入的单位、为纳税人办理汇款的单位等。后者是指有义务借助经济往来向纳税人收取应纳税款并代为缴纳的单位或个

---

① 关于"假报出口""其他欺骗手段"的理解参见本节"四、骗取出口退税罪"的内容。

人,如受委托从事加工的单位。

3. 罪过

本罪罪过是故意。

(二) 本罪的认定

1. 初犯的处罚阻却事由

基于刑事政策的理由,《刑法》第 201 条第 4 款规定了初犯的处罚阻却事由及其但书:"有第一款行为,经税务机关依法下达追缴通知后,补缴应纳税款,缴纳滞纳金,已受行政处罚的,不予追究刑事责任;但是,五年内因逃避缴纳税款受过刑事处罚或者被税务机关给予二次以上行政处罚的除外。"适用这一款,应该注意两个问题:(1) 任何逃税案件,首先都必须经过税务机关的处理。税务机关没有处理或不处理的,司法机关不得直接追究逃税人的刑事责任。(2) 本款所规定的处罚阻却事由,不适用于纳税人缴纳税款后,以假报出口或其他欺骗手段骗取所缴纳的税款的行为,也不适用于扣缴义务人的逃税行为。①

2. 本罪与漏税的界限

逃税与漏税是性质完全不同的两种行为。所谓漏税,是指纳税人无意识地发生漏缴或少缴税款的行为,如由于不了解、不熟悉税法规定和财务制度或因工作粗心大意,错用税率、漏报应税项目,不计应税数量、销售金额和经营利润等。漏税属于一般的违法行为,它与逃税的区别在于:逃税行为是故意的,并且具有不缴或少缴税款的目的;而漏税是非故意实施的,不具有不缴或少缴税款的目的。逃税行为表现为采取欺骗、隐瞒等手段逃避纳税义务;而漏税行为客观上并不存在弄虚作假等手段,所以行为不具有欺骗性和逃避性。

3. 本罪与避税的界限

所谓避税,是指利用税法的漏洞或模糊之处,选择有利于自己的计税方法,以达到免税或少缴税款目的的行为。由此可见,逃税和避税行为都具有想逃避纳税,少缴或不缴税款的性质,但二者的最大区别在于逃税是采用违法手段,而避税从法律性质上看,属于合法行为。所以对于避税,只能通过完善税法来解决。

4. 本罪与欠税的界限

所谓欠税,是指在法律规定的纳税期限内,纳税人因无力缴纳税款而拖欠税款的行为。关键区别在于,逃税具有逃避缴纳应纳税款的故意,而欠税则无此故意,只是表现为没有按时缴纳税款。

(三) 本罪的处罚

犯本罪的,根据《刑法》第 201、211 和 212 条的规定,处 3 年以下有期徒刑或

---

① 参见张明楷:《逃税罪的处罚阻却事由》,载《法律适用》2011 年第 8 期。

者拘役,并处罚金;数额巨大并且占应纳税额30%以上的,处3年以上7年以下有期徒刑,并处罚金。单位犯本罪的,对单位判处罚金,并对其直接负责的主管人员和其他直接责任人员,依照上述规定处罚。判处罚金的,在执行前,应当先由税务机关追缴税款。

二、抗税罪

本罪是指纳税人或扣缴义务人违反税收征收法律规定,以暴力、威胁方法拒不缴纳税款的行为。本罪行为表现为违反税收征收法律规定,以暴力、威胁方法拒不缴纳税款。所谓暴力,并不仅限于对人的暴力,即行为人对征税工作人员采用的殴打、伤害等,还包括对物的暴力,即聚众冲击、打砸税务机关,导致税务机关不能从事正常的税收活动。威胁是指对征税工作人员实行精神强制,并且这种精神强制必须有付诸实施的可能性。例如,扬言杀害、伤害征税工作人员或其亲属、毁坏财产等。暴力、威胁是手段行为,目的行为是拒绝缴纳税款。在理解行为时,还应注意抗税行为应发生在征税工作人员执行职务期间,对征税工作人员采取暴力、威胁方法。与其依法征税的职务行为无关,或者不是在征税期间发生的,则不构成本罪。一般认为,本罪主体是特殊主体,即纳税人和扣缴义务人。单位不能成为本罪主体,对于单位集体抗税的案件,只能对抗税的领导者、组织者及主要参与者,在其行为符合抗税罪构成要件时,以抗税罪论处。与纳税人或者扣缴义务人共同实施抗税行为的,以抗税罪的共犯依法处罚。本罪罪过是故意。

犯本罪的,根据《刑法》第202条和第212条的规定,处3年以下有期徒刑或者拘役,并处拒缴税款1倍以上5倍以下罚金;情节严重的,处3年以上7年以下有期徒刑,并处拒缴税款1倍以上5倍以下罚金。判处罚金的,在执行前,应当先由税务机关追缴税款。实施抗税行为致人重伤、死亡,构成故意伤害罪、故意杀人罪的,分别根据《刑法》第234条第2款、第232条的规定定罪处罚。

三、逃避追缴欠税罪

本罪是指纳税人欠缴应纳税款,采取转移或隐匿财产的手段,致使税务机关无法追缴欠缴的税款,数额较大的行为。本罪客观上表现为行为人在欠缴税款的情况下,采取转移、隐匿财产的手段,致使税务机关无法追缴欠缴的税款,数额在1万元以上的行为。转移财产主要是指行为人从开户银行、其他金融机构中提走存款或转移到其他户头,或将其商品、产品、货物或其他财产由通常存放地点移至他处。隐匿财产是指行为人将其财产隐藏起来,使税务机关难以发现。对"无法追缴"应理解为行为人转移、隐匿财产的行为达到了足以使其逃税的程度。另根据《刑法》第203条的规定,构成本罪还要求致使税务机关无法追缴欠缴的税款数额在1万元以上。本罪主体是负有纳税义务的欠税人,包括自然人和单位。罪过是故意,即故意拖欠税款,采取转移或隐匿财产等手段逃避追缴,目的在于逃避所欠缴的税款。

犯本罪的,根据《刑法》第203条、第211条和第212条的规定,数额在1万元以上不满10万元的,处3年以下有期徒刑或者拘役,并处或者单处欠缴税款1倍以上5倍以下罚金;数额在10万元以上的,处3年以上7年以下有期徒刑,并处欠缴税款1倍以上5倍以下罚金。单位犯本罪的,对单位判处罚金,并对其直接负责的主管人员和其他直接责任人员,依照上述规定处罚。判处罚金的,在执行前,应当先由税务机关追缴税款。

四、骗取出口退税罪

(一) 概念及构成要件

本罪是指以假报出口或其他欺骗手段,骗取国家出口退税款,数额较大的行为。

1. 行为

本罪行为表现为以假报出口或其他欺骗手段,骗取国家出口退税款,数额较大。根据2002年9月17日最高法《关于审理骗取出口退税刑事案件具体应用法律若干问题的解释》的规定,对本罪行为理解如下:(1) 假报出口,是指以虚构已税货物出口事实为目的,具有下列情形之一的行为:① 伪造或者签订虚假的买卖合同;② 以伪造、变造或者其他非法手段取得出口货物报关单、出口收汇核销单、出口货物专用缴款书等有关出口退税单据、凭证;③ 虚开、伪造、非法购买增值税专用发票或者其他可以用于出口退税的发票;④ 其他虚构已税货物出口事实的行为。(2) "其他欺骗手段",是指以下情形之一:① 骗取出口货物退税资格的;② 将未纳税或者免税货物作为已税货物出口的;③ 虽有货物出口,但虚构该出口货物的品名、数量、单价等要素,骗取未实际纳税部分出口退税的;④ 以其他手段骗取出口退税款的。(3) "数额较大",是指骗取国家出口退税款50万元以上的。另外,对于有进出口经营权的公司、企业,明知他人意欲骗取国家出口退税款,仍违反国家有关进出口经营的规定,允许他人自带客户、自带货源、自带汇票并自行报关,骗取国家出口退税款的,以本罪定罪处罚。本罪的对象是作为国内税的产品税、增值税、营业税和特别消费税四项特定税种的税款。

2. 主体

本罪主体包括自然人和单位。

3. 罪过

本罪罪过是故意。

（二）本罪的认定

根据《刑法》第204条第2款的规定，纳税人缴纳税款后，采取假报出口或者其他欺骗手段，骗取所缴纳的税款的，依照逃税罪定罪处罚；骗取税款超过所缴纳的税款部分，依照骗取出口退税款的规定处罚。骗取出口退税罪与逃税罪的区别在于纳税人是否已经缴纳了税款。行为人根本没有纳税，骗取出口退税的，构成骗取出口退税罪；行为人纳税以后，又以种种手段骗回所纳税款的，则是逃税行为的一种表现形式，达到数额较大标准的，应以逃税罪论处；行为人已经缴纳税款，后又骗取出口退税款，并且其骗取的数额超出了其所缴纳税款的，如果行为人数次骗取出口退税，累计的数额超过其所纳税额，应以骗取出口退税罪（数额为超出部分）与逃税罪（数额为缴纳部分）实行并罚，如果行为人一次骗取出口退税的行为就超过已纳税款的，由于只有一个行为，实行并罚有悖于罪数理论，应该按照想象竞合犯原理，从一重罪处断。

（三）本罪的处罚

犯本罪的，根据《刑法》第204条、第211条和第212条的规定处罚。

五、虚开增值税专用发票、用于骗取出口退税、抵扣税款发票罪

本罪为《刑法修正案（八）》所修订。本罪是指故意虚开增值税专用发票、用于骗取出口退税、抵扣税款的其他发票的行为。本罪行为对象为增值税专用发票和用于骗取出口退税、抵扣税款的其他发票。增值税专用发票是指增值税一般纳税人销售货物或提供应税劳务开具的发票，是购买方支付增值税额并可按照增值税有关规定据以抵扣增值税进项税额的凭证。出口退税、抵扣税款的其他发票，是指除增值税专用发票以外的，具有出口退税、抵扣税款功能的收付款凭证或完税凭证。虚开发票即开具与其经营情况不相符合的发票，包括两种情况：（1）在没有货物购销或没有提供或接受应税劳务的情况下，开具专用发票；（2）虽然有货物购销或提供或接受了应税劳务，但却开具内容非真实的专用发票。虚开行为包括为他人虚开、为自己虚开、让他人为自己虚开、介绍他人虚开专用发票四种。

本罪主体包括自然人和单位，通常情况下为合法持有和使用增值税专用发票和其他可用于申请出口退税、抵扣税款发票，以及以其他非法手段获取增值税专用发票的单位和个人。

本罪罪过是故意，并且具有逃税或骗取税款的目的。本罪是抽象危险犯，如果虚开行为客观上没有造成国家税收流失的危险，则不宜认定为本罪。司法实践中，对于下列虚开行为，一般不宜认定为虚开增值税专用发票罪：（1）为虚增营业额、扩大销售收入或制造虚假繁荣，相互对开或环开增值税专用发票的行为；（2）在货物销售过程中，一般纳税人为夸大销售业绩，虚增货物的销售环节，

虚开进项增值税专用发票和销项增值税专用发票,但依法缴纳增值税并未造成国家税款流失的行为;(3) 为夸大企业经济实力,通过虚开进项增值税专用发票虚增企业的固定的资产,但未利用增值税专用发票抵扣税款,国家税款也未受到损失的行为。虚开增值税专用发票,并实施逃税或骗取出口退税而构成其他犯罪的,依照牵连犯的原理,从一重罪处断。

犯本罪的,根据《刑法》第 205 条和第 212 条的规定处罚。《刑法修正案(八)》废除了本罪死刑。根据《公安机关立案标准(二)》第 56 条的规定,虚开增值税专用发票或者虚开用于骗取出口退税、抵扣税款的其他发票,虚开的税款数额在 10 万元以上或者致使国家税款损失数额在 5 万元以上的,应予立案追诉。

六、虚开发票罪

本罪为《刑法修正案(八)》所增设。本罪是指虚开《刑法》第 205 条之外的其他发票,情节严重的行为。对"虚开"行为的理解参见前述虚开增值税专用发票罪。虚开的对象是除增值税专用发票、用于骗取出口退税、抵扣税款发票之外的普通发票。行为人客观上虚开的是增值税专用发票、用于骗取出口退税、抵扣税款发票,但其主观上认为是普通发票的,则根据主客观相统一的要求,也只能认定行为人构成虚开发票罪。根据《公安机关立案标准(二)》第 57 条的规定,涉嫌下列情形之一的,应予立案追诉:(1) 虚开发票金额累计在 50 万元以上的;(2) 虚开发票 100 份以上且票面金额在 30 万元以上的;(3) 5 年内因虚开发票受过刑事处罚或者 2 次以上行政处罚,又虚开发票,数额达到第 1、2 项标准 60%以上的。本罪主体包括自然人的一般主体和单位,罪过是故意。犯本罪的,根据《刑法》第 205 条之一和第 212 条的规定处罚。

七、伪造、出售伪造的增值税专用发票罪

本罪为《刑法修正案(八)》所修订。本罪是指伪造或出售伪造的增值税专用发票的行为。所谓伪造增值税专用发票,是指仿照增值税专用发票的形状、式样、图案、色彩,使用印刷、复制等方法非法制造增值税专用发票的行为。所谓出售伪造的增值税专用发票,是指将伪造的增值税专用发票出卖给他人的行为。对本罪中的"伪造"一词可以从广义上进行理解,行为人有变造增值税专用发票的行为,符合本罪成立条件的,也应以本罪论处。根据《公安机关立案标准(二)》第 58 条的规定,涉嫌下列情形之一的,应予立案追诉:(1) 票面税额累计在 10 万元以上;(2) 伪造或者出售伪造的增值税专用发票 10 份以上且票面税额在 6 万元以上;(3) 非法获利数额在 1 万元以上的。本罪主体包括自然人和单位,罪过是故意。犯本罪的,根据《刑法》第 206 条的规定处罚。《刑法修正案

(八)》废除了本罪死刑。

八、非法出售增值税专用发票罪

本罪是指违反国家发票管理法规,故意非法出售增值税专用发票的行为。本罪行为包括两个内容:一是违反了国家发票管理的法规,二是实施了非法出售增值税专用发票的行为。行为人出售的必须是真实的增值税专用发票。出售伪造的增值税专用发票的,则成立出售伪造的增值税专用发票罪。根据《公安机关立案标准(二)》第9条的规定,涉嫌下列情形之一的,应予立案追诉:(1)票面税额累计在10万元以上;(2)非法出售增值税专用发票10份以上且票面税额在6万元以上;(3)非法获利数额在1万元以上的。本罪主体是合法持有、使用增值税专用发票的自然人和单位,罪过是故意。犯本罪的,根据《刑法》第207条和第211条的规定处罚。

九、非法购买增值税专用发票、购买伪造的增值税专用发票罪

本罪是指违反国家发票管理法规,故意非法购买增值税专用发票,或购买伪造的增值税专用发票的行为。所谓非法购买,是指不按我国增值税专用发票管理的规定在指定的税务机关购买,而是向指定的税务机关以外的单位或个人购买增值税专用发票的行为。至于行为人以何种方式购买,以及购买的增值税专用发票的真伪,均不影响本罪的成立。根据《公安机关立案标准(二)》第60条的规定,涉嫌下列情形之一的,应予立案追诉:(1)非法购买增值税专用发票或者购买伪造的增值税专用发票20份以上且票面税额在10万元以上的;(2)票面税额累计在20万元以上的。非法购买增值税专用发票或购买伪造的增值税专用发票又虚开或出售的,分别以本罪与虚开增值税专用发票罪、非法出售增值税专用发票罪、出售伪造的增值税专用发票罪数罪并罚。本罪主体包括自然人和单位,罪过是故意。犯本罪的,根据《刑法》第208条和第211条的规定处罚。

十、非法制造、出售非法制造的用于骗取出口退税、抵扣税款发票罪

本罪是指违反国家发票管理法规,故意伪造、擅自制造或出售伪造、擅自制造的可以用于骗取出口退税、抵扣税款的其他发票的行为。本罪主体包括自然人和单位,罪过是故意。犯本罪的,根据《刑法》第209条第1款和第211条的规定处罚。

十一、非法制造、出售非法制造的发票罪

本罪是指违反国家发票管理法规,故意伪造、擅自制造或出售伪造、擅自制造的除增值税专用发票、用于骗取出口退税、抵扣税款发票之外的普通发票的行

为。本罪主体包括自然人和单位,罪过是故意。犯本罪的,根据《刑法》第209条第2款和第211条的规定处罚。

十二、非法出售用于骗取出口退税、抵扣税款发票罪

本罪是指违反国家发票管理法规,故意非法出售除增值税专用发票以外的可以用于骗取出口退税、抵扣税款的其他发票的行为。本罪主体包括自然人和单位,罪过是故意。犯本罪的,根据《刑法》第209条第3款和第211条的规定处罚。

十三、非法出售发票罪

本罪是指违反国家发票管理法规,故意非法出售除增值税专用发票、可以用于骗取出口退税、抵扣税款以外的普通发票的行为。本罪主体包括自然人和单位,罪过是故意。犯本罪的,根据《刑法》第209条第4款和第211条的规定处罚。

十四、持有伪造的发票罪

本罪为《刑法修正案(八)》所增设。本罪是指明知是伪造的发票而持有,数量较大的行为。所谓伪造的发票,是指前述各种类型的伪造的发票,即伪造的普通发票、伪造的增值税专用发票、伪造的用于骗取出口退税、抵扣税款的其他发票。本罪主体包括自然人和单位,罪过是故意。犯本罪的,根据《刑法》第210条之一的规定处罚。

第八节 侵犯知识产权罪

一、假冒注册商标罪

(一) 概念及构成要件

本罪为《刑法修正案(十一)》所修正。本罪是指违反国家商标管理法规,未经注册商标所有人许可,在同一种商品、服务上使用与其注册商标相同的商标,情节严重的行为。

1. 行为

本罪行为表现为未经注册商标所有人许可,在同一种商品、服务上使用与其注册商标相同的商标,并且情节严重。

(1) 未经商标注册人许可既包括根本没有许可,也包括超出许可范围等情形。根据商标法的规定,商标注册人可以通过签订商标使用许可合同,许可他人

使用其注册商标。未经商标注册人的许可,不得在相同或相似的商品上使用与他人注册商标相同或类似的商标。这是注册商标专用权的内容之一。

(2)"同一种商品、服务"的理解。《刑法修正案(十一)》将原来的"同一种商品"改变为"同一种商品、服务",即将"服务商标"纳入刑法保护范围。对"同一种商品"的认定,应以国家有关部门颁发的商品分类为标准。名称相同的商品以及名称不同但指同一事物的商品,可以认定为"同一种商品"。"名称"是指国家知识产权局商标局在商标注册工作中对商品使用的名称,即《商标注册用商品和服务国际分类》中规定的商品名称。"名称不同但指同一事物的商品"是指在功能、用途、主要原料、消费对象、销售渠道等方面相同或者基本相同,相关公众一般认为是同一种事物的商品。认定"同一种商品"应当在权利人注册商标核定使用的商品和行为人实际生产销售的商品之间进行比较。对于"相同"的认定,则应以是否足以使一般消费者误认为是注册商标为标准。商标的构成要素是文字、图形、字母、数字、三维标志、颜色组合和声音等,以及上述要素的组合。可以肯定的是,与注册商标的构成要素相同的商标,就是相同的商标。但是,相同并不要求所假冒的商标与他人注册商标的构成要素没有任何差异。根据2020年9月12日"两高"《关于办理侵犯知识产权刑事案件具体应用法律若干问题的解释(三)》(以下简称《2020年知识产权刑案解释》)第1条的规定,具有下列情形之一的,可以认定为"与其注册商标相同的商标":① 改变注册商标的字体、字母大小写或者文字横竖排列,与注册商标之间基本无差别的;② 改变注册商标的文字、字母、数字等之间的间距,与注册商标之间基本无差别的;③ 改变注册商标颜色,不影响体现注册商标显著特征的;④ 在注册商标上仅增加商品通用名称、型号等缺乏显著特征要素,不影响体现注册商标显著特征的;⑤ 与立体注册商标的三维标志及平面要素基本无差别的;⑥ 其他与注册商标基本无差别、足以对公众产生误导的商标。

(3)所谓使用,是指将注册商标或者假冒的注册商标用于商品、商品包装或者容器以及产品说明书、商品交易文书,或者将注册商标或者假冒的注册商标用于广告宣传、展览以及其他商业活动等行为。

(4)必须达到"情节严重"。行为人的上述行为,必须达到情节严重,才能构成本罪。根据2004年12月8日"两高"《关于办理侵犯知识产权刑事具体应用法律若干问题的解释》(以下简称《2004年知识产权刑案解释》)第10条的规定,未经注册商标所有人许可,在同一种商品上使用与其注册商标相同的商标,具有下列情形之一的,属于"情节严重":① 非法经营数额在5万元以上或者违法所得数额在3万元以上的;② 假冒两种以上注册商标,非法经营数额在3万元以上或者违法所得数额在2万元以上的;③ 其他情节严重的情形。根据上述司法解释第12条的规定,"非法经营数额",是指行为人在实施侵犯知识产权行为过程中,制造、储存、运输、销售侵权产品的价值。已销售的侵权产品的价值,按照实际销售的价格计算。制造、储存、运输和未销售的侵权产品的价值,按照标价或者已经查清的侵权产品的实际销售平均价格计算。侵权产品没有标价或者无法查清其实际销售价格的,按照被侵权产品的市场中间价格计算。多次实施侵犯知识产权行为,未经行政处理或刑事处罚的,非法经营数额、违法所得数额或者销售金额累计计算。

2. 主体

本罪第一款为一般主体。

3. 罪过

本罪的主观方面为故意,即行为人认识到自己使用的商标与他人已经注册的商标相同,认识到自己的行为未经注册商标所有人许可,并且有意在同一种商品或服务上使用与他人注册商标相同的商标。

阳劲某与阳春某系兄妹。2002 年,阳劲某与他人租赁湖南省祁阳县橡胶厂的制鞋车间、制鞋设备和住房等。同年 11 月 13 日,阳劲某以阳春某的丈夫蔡某的名义注册登记成立了个人独资企业祁阳天赐鞋厂,阳春某协助阳劲某管理生产和财务等事务。自 2003 年 5 月至 2004 年 10 月,天赐鞋厂以来料加工的形式,为罗某、杨某(另案处理)和张某等人共计生产假冒阿迪达斯、耐克、NB 等商标的运动鞋 13 万多双,按照被侵权产品的市场中间价格计算,非法经营额为 8324 万余元,违法所得 237 万余元。法院经审理认定阳劲某和阳春某的行为构成假冒注册商标罪。[①]

(二)本罪的认定

1. 罪与非罪的判断

(1)擅自在类似商品上使用与他人注册商标相同或者相似的商标的,以及在同一种商品上使用与他人注册商标相似的商标的行为,不构成假冒注册商标罪。例如,在汽车上使用他人在自行车上注册的"凤凰"商标,虽然也是侵犯商标权的行为,但不构成犯罪。

(2)假冒他人没有注册的商标的,不构成假冒注册商标罪。

(3)《反不正当竞争法》第 6 条规定了以下与假冒商标相关的不正当竞争行为:① 擅自使用与他人有一定影响的商品名称、包装、装潢等相同或者近似的标识;② 擅自使用他人有一定影响的企业名称(包括简称、字号等)、社会组织名称(包括简称等)、姓名(包括笔名、艺名、译名等);③ 擅自使用他人有一定影响的域名主体部分、网站名称、网页等。这三类行为虽然都是不正当竞争行为,但不是假冒注册商标的行为,故不构成假冒注册商标罪。这里特别需要注意商标

---

① (2005)益法刑二初字第 18 号。

与商品装潢的区别:装潢是商品包装上的装饰,装潢的目的是美化商品,吸引消费者购买,而商标的目的主要在于区别不同的生产者与经营者;装潢着力于渲染、美化商品,商标着力于显著性即区别于其他生产者与经营者的商品的特征;装潢往往与商品内容一致,而商标不能与商品内容相同;装潢不是专用的,可以随时变动和改进,而商标是专用的,一般很少改变。当然,商标一般附着于装潢上,但只要商标不同,即使擅自使用他人商品的特有装潢,也不构成假冒注册商标罪;反之,如果使用与他人注册商标相同的商标,即使装潢完全不同,也可能构成假冒注册商标罪。

2. 本罪与以假冒注册商标方式生产、销售伪劣商品犯罪的关系

对以假冒注册商标方式生产、销售伪劣商品的行为性质,人们会有不同的认识:有人认为该行为构成牵连犯,因为假冒注册商标是生产、销售伪劣商品的手段行为;有人认为这是一种法条竞合;有人认为属于一行为触犯数罪名的想象竞合犯。但这三种观点都肯定对这种行为不能实行数罪并罚。我们认为,这种行为侵害了两个不同的法益,属于想象竞合,应从一重罪处断。但是,行为人既实施假冒注册商标的犯罪,又销售他人的明知是假冒注册商标的商品的,应数罪并罚。

郑某、柳某自2002年4月至2005年1月期间,采用冒用他人商标标识、以次充好的手段,假冒江苏洋河集团有限公司、四川宜宾五粮液集团有限公司、湖南浏阳河酒业有限公司等单位一滴香、绵竹、稻花香、尖庄、洋河、双沟、汤沟、分金亭、金六福、老作坊、浏阳河、沙河王、种子玉液、种子宴酒等注册商标,生产销售伪劣白酒,销售金额计18万余元。法院经审理认定二人的行为系共同犯罪,以假冒注册商标罪进行处罚。①

3. 本罪共同犯罪的认定

根据《2004年知识产权刑案解释》第16条的规定,明知他人实施侵犯知识产权犯罪,而为其提供贷款、资金、账号、发票、证明、许可证件,或者提供生产、经营场所或者运输、储存、代理进出口等便利条件、帮助的,以侵犯知识产权犯罪的共犯论处。

(三) 本罪的处罚

犯本罪的,根据《刑法》第213条和第220条的规定,处3年以下有期徒刑,并处或者单处罚金;情节特别严重的,处3年以上10年以下有期徒刑,并处罚金。单位犯本罪的,对单位判处罚金,并对其直接负责的主管人员和其他直接责任人员,依照上述规定处罚。其中,"情节特别严重的",根据《2004年知识产权刑案解释》第1条的规定,是指具有下列情形之一:(1)非法经营数额在25万元

---

① (2005)皋刑初字第0265号。

以上或者违法所得数额在 15 万元以上的;(2) 假冒两种以上注册商标,非法经营数额在 15 万元以上或者违法所得数额在 10 万元以上的;(3) 其他情节特别严重的情形。

　　根据 2007 年 4 月 5 日"两高"《关于办理侵犯知识产权刑事案件具体应用法律若干问题的解释(二)》第 3 条和第 4 条的规定,侵犯知识产权犯罪,符合刑法规定的缓刑条件的,依法适用缓刑。有下列情形之一的,一般不适用缓刑:(1) 因侵犯知识产权被刑事处罚或者行政处罚后,再次侵犯知识产权构成犯罪的;(2) 不具有悔罪表现的;(3) 拒不交出违法所得的;(4) 其他不宜适用缓刑的情形。对于侵犯知识产权犯罪的,人民法院应综合考虑犯罪的违法所得、非法经营数额、给权利人造成的损失、社会危害性等情节,依法判处罚金。罚金数额一般在违法所得的 1 倍以上 5 倍以下,或者按照非法经营数额的 50%以上 1 倍以下确定。

二、销售假冒注册商标的商品罪

(一) 概念及构成要件

本罪是指违反国家商标管理法规,销售明知是假冒注册商标的商品,销售金额较大的行为。本罪法益是注册商标所有人的专用权和消费者的合法权益。

1. 行为

本罪行为表现为违反国家商标管理法规,销售明知是假冒注册商标的商品,违法所得数额较大或者有其他严重情节。这里的"销售",应作广义理解,包括批发、零售、代售、贩卖等各个销售环节。假冒注册商标的商品,是指未经注册商标所有人许可,使用与其注册商标相同的商标的同一种商品。至于这种商品的质量与注册商标的商品在质量上是否存在差异,并不影响本罪的成立。违法所得,是指销售假冒注册商标的商品后所得和应得的全部违法收入。根据《2004 年知识产权刑案解释》第 2 条的规定,"数额较大",是指销售金额在 5 万元以上。情节是否严重,要根据销售数量、次数等作综合判断。

2. 主体

本罪主体既可以是自然人,也可以是单位。

3. 罪过

本罪罪过是故意,即明知是假冒注册商标的商品而销售。明知是指知道或应当知道。行为人是否明知,是判断本罪的罪与非罪的重要界限。构成本罪,要有证据证明行为人明知其销售的商品是假冒他人注册商标的商品。行为人不知是假冒注册商标的商品而销售的,不构成本罪。根据《2004 年知识产权刑案解释》第 9 条的规定,具有下列情形之一的,应当认定为属于"明知":(1) 知道自己销售的商品上的注册商标被涂改、调换或者覆盖的;(2) 因销售假冒注册商标的商品受到过行政处罚或者承担过民事责任、又销售同一种假冒注册商标的商品的;(3)伪造、涂改商标注册人授权文件或知道该文件被伪造、涂改的;(4)其他知道或者应当知道是假冒注册商标的商品的情形。此外,根据2003年12月23日"两高"、公安部、国家烟草专卖局《关于办理假冒伪劣烟草制品等刑事案件适用法律问题座谈会纪要》第2条的规定,销售明知是假冒烟用注册商标的烟草制品,有下列情形之一的,可以认定为"明知":(1)以明显低于市场价格进货的;(2)以明显低于市场价格销售的;(3)销售假冒烟用注册商标的烟草制品被发现后转移、销毁物证或者提供虚假证明、虚假情况的;(4)其他可以认定为明知的情形。

2008年8月至11月,张某为牟取非法利益,明知是假冒江苏双沟酒业股份有限公司"双沟""双沟及图"注册商标的双沟大曲酒,仍向刘某(另案处理)销售1.4万余箱(每箱12瓶),销售金额为67万余元。后刘某将上述假酒加价销售给他人,销售金额约78万元。法院经审理认定,张某的行为构成销售假冒注册商标的商品罪。①

(二) 本罪的认定

1. 一罪与数罪的界限

销售假冒注册商标的商品罪往往会同时触犯销售伪劣商品罪,因为假冒注册商标的商品通常都属于伪劣商品。由于行为人仅仅实行了一个销售行为,因此属于想象竞合犯,应从一重罪处断。假冒注册商标的犯罪人销售自己假冒注册商标的商品的,只成立假冒注册商标罪,不另成立本罪。但是,如果行为人在此商品上假冒他人注册商标,同时又销售他人假冒注册商标的商品的,则成立数罪,数罪并罚。

2. 本罪共同犯罪的认定

行为人明知是假冒注册商标的商品而销售的,并不会与假冒注册商标的犯罪人构成共同犯罪。但是,行为人事先与假冒注册商标的犯罪人通谋,经过分工合作,其中有人制造假冒注册商标的商品,有人销售假冒注册商标的商品的,则成立共同犯罪,对行为人均应以假冒注册商品罪的共犯论处。

3. 未遂与既遂的界限

根据2011年1月10日"两高"、公安部《关于办理侵犯知识产权刑事案件若干问题的意见》(以下简称《2011年知识产权刑案意见》)第10条的规定,销售明知是假冒注册商标的商品,具有下列情形之一的,以销售假冒注册商标的商品罪(未遂)定罪处罚:(1)假冒注册商标的商品尚未销售,货值金额在15万元以上的;(2)假冒注册商标的商品部分销售,已销售金额不满5万元,但与尚未销

---

① (2010)沪一中刑终字第1042号。

售的假冒注册商标的商品的货值金额合计在15万元以上的。假冒注册商标的商品尚未销售,货值金额分别达到15万元以上不满25万元、25万元以上的,分别根据《刑法》第214条规定的各法定刑幅度定罪处罚。销售金额和未销售货值金额分别达到不同的法定刑幅度或者均达到同一法定刑幅度的,在处罚较重的法定刑或者同一法定刑幅度内酌情从重处罚。

(三) 本罪的处罚

犯本罪的,根据《刑法》第214条和第220条的规定,处3年以下有期徒刑,并处或者单处罚金;违法所得数额巨大或者有其他特别严重情节的,处3年以上10年以下有期徒刑,并处罚金。单位犯本罪的,对单位判处罚金,并对其直接负责的主管人员和其他直接责任人员,依照上述规定处罚。

三、非法制造、销售非法制造的注册商标标识罪

本罪为《刑法修正案(十一)》所修订。本罪是指违反国家商标管理法规,伪造、擅自制造他人注册商标标识或销售伪造、擅自制造的注册商标标识,情节严重的行为。本罪法益是国家对注册商标标识的管理制度。

本罪规定的是两种行为。一种是违反国家商标管理法规,伪造、擅自制造他人注册商标标识的行为。商标标识,是指商品本身或其包装上使用的附有文字、图形或文字与图形的组合所构成的商标图案的物质实体,如商标纸、商标标牌、商标标识带等。伪造是指按商标所有人商标标识进行仿制的行为,商标标识本身就是假的。擅自制造是指虽经商标标识权利人授权制作商标标识,但未经权利人同意超数量制作的行为,商标标识本身是真的。另一种是违反国家商标管理法规,销售伪造、擅自制造注册商标标识的行为。这里的"销售",既包括伪造、擅自制造注册商标后予以销售,也包括销售他人非法制造、擅自制造的商标标识。

上述两种行为要构成本罪,必须达到情节严重。这是罪与非罪的重要界限。根据《2004年知识产权刑案解释》第3条的规定,伪造、擅自制造他人注册商标标识或者销售伪造、擅自制造的注册商标标识,具有下列情形之一的,应予立案追诉:(1)伪造、擅自制造或者销售伪造、擅自制造的注册商标标识数量在2万件以上,或者非法经营数额在5万元以上,或者违法所得数额在3万元以上的;(2)伪造、擅自制造或者销售伪造、擅自制造两种以上注册商标标识数量在1万件以上,或者非法经营数额在3万元以上,或者违法所得数额在2万元以上的;(3)其他情节严重的情形。

本罪主体既可以是自然人,也可以是单位。本罪罪过是故意。

犯本罪的,根据《刑法》第215条和第220条的规定,处3年以下有期徒刑,并处或者单处罚金;情节特别严重的,处3年以上10年以下有期徒刑,并处罚

金。单位犯本罪的,对单位判处罚金,并对其直接负责的主管人员和其他直接责任人员,依照上述规定处罚。根据《2004年知识产权刑案解释》第3条的规定,此处的"情节特别严重",是指具有下列情形之一:(1)伪造、擅自制造或者销售伪造、擅自制造的注册商标标识数量在10万件以上,或者非法经营数额在25万元以上,或者违法所得数额在15万元以上的;(2)伪造、擅自制造或者销售伪造、擅自制造两种以上注册商标标识数量在5万件以上,或者非法经营数额在15万元以上,或者违法所得数额在10万元以上的;(3)其他情节特别严重的情形。

四、假冒专利罪

本罪是指违反国家专利管理法规,假冒他人专利,情节严重的行为。本罪法益是国家的专利管理秩序和他人的专利专用权。

本罪行为表现为违反国家专利管理法规,假冒他人专利,情节严重。专利一般就是指专利权,是国家专利机关依据专利法授予专利申请人或其他权利继承人,在法定期限内对其发明创造享有的制造、使用或销售的专有权利。他人,是指行为人之外的依法被授予专利并且仍然享有专利权的人。假冒他人专利,就是指用自己的产品冒充他人有专利权的产品,从而侵犯他人的专利权。具体而言,根据《2004年知识产权刑案解释》第10条的规定,实施下列行为之一的,属于"假冒他人专利"的行为:(1)未经许可,在其制造或者销售的产品、产品的包装上标注他人专利号的;(2)未经许可,在广告或者其他宣传材料中使用他人的专利号,使人将所涉及的技术误认为是他人专利技术的;(3)未经许可,在合同中使用他人的专利号,使人将合同涉及的技术误认为是他人专利技术的;(4)伪造或者变造他人的专利证书、专利文件或者专利申请文件的。成立本罪,行为还必须要达到情节严重,其标准参见上述司法解释第4条的规定。本罪主体既可以是自然人,也可以是单位。本罪罪过是故意。

犯本罪的,根据《刑法》第216条和第220条的规定处罚。

五、侵犯著作权罪

(一)概念及构成要件

本罪为《刑法修正案(十一)》所修订。本罪是指以营利为目的,侵犯他人的著作权,违法所得数额较大或者有其他严重情节的行为。

著作权是指法律赋予作者因创作文字、艺术和科学作品而享有的专有权利。根据《中华人民共和国著作权法》(以下简称《著作权法》)第10条的规定,著作权包括人身权和财产权,具体包括发表权、署名权、修改权、保护作品完整权、复制权、发行权、出租权、展览权、表演权、放映权、广播权、信息网络传播权、摄制权、改编权、翻译权、汇编权以及应当由著作权人享有的其他权利。

1. 行为

本罪行为表现为侵犯他人著作权或与著作权有关的权利,违法所得数额较大或有其他严重情节。根据《刑法》第217条的规定,具体包括以下六种行为:

(1) 未经著作权人许可,复制发行、通过信息网络向公众传播其文字作品、音乐、美术、视听作品、计算机软件及法律、行政法规规定的其他作品的。未经著作权人许可,是指没有得到著作权人授权或者伪造、涂改著作权人授权许可文件或超出授权许可范围的情形。

(2) 出版他人享有专有出版权的图书的。出版是指将作品编辑加工后,经过复制向公众发行。图书出版者对著作权人交付出版的作品,在合同约定期间享有专有出版权。

(3) 未经录音录像制作者许可,复制发行、通过信息网络向公众传播其制作的录音录像的。复制是指以翻录的形式,将他人的录音、录像作品大量制作。发行是指通过出售、出租等方式向公众提供作品的复制件。通过信息网络向公众传播其制作的录音录像属于类似复制发行的侵权行为。

(4) 未经表演者许可,复制发行录有其表演的录音录像制品,或者通过信息网络向公众传播其表演的。根据《著作权法》第39条的规定,表演者有权许可他人复制发行录有其表演的录音录像制品,通过信息网络向公众传播其表演,并获得报酬。行为人未经许可擅自复制发行属于侵权行为。

(5) 制作、出售假冒他人署名的美术作品的。美术作品包括绘画、书法、雕塑、建筑等以线条、色彩或其他方式构成的有审美意义的平面或立体的造型艺术作品。涉及美术作品的侵权行为不仅会损害著作权人的声誉,而且会扰乱文化市场秩序。

(6) 未经著作权人或者与著作权人有关的权利人许可,故意避开或者破坏权利人为其作品、录音录像制品等采取的保护著作权或者与著作权有关的权利的技术措施的。这里的"技术措施"是指用于防止、限制未经权利人许可浏览、欣赏作品、表演、录音录像或者通过信息网络向公众提供作品、表演、录音录像制品的有效技术、装置或者部件。① 行为人故意避开或者破坏这种技术措施属于为进一步的侵权行为清除障碍,其会在实质上损害权利人的利益与扰乱市场秩序。

《刑法修正案(十一)》对本罪的修改主要体现在以下方面:一是加强与《著作权法》的衔接,增加与著作权有关的权利表述,完善了作品类型,增加侵犯表

---

① 参见许永安主编:《中华人民共和国刑法修正案(十一)解读》,中国法制出版社2021年版,第193页。

演者权以及避开或者破坏技术保护措施的侵权行为方式,增加通过信息网络向公众传播录有其表演的录音录像以及表演的规定。二是为了加大对知识产权的保护力度,提高侵权代价与违法犯罪成本,对于本罪的法定刑作出了修改,将本罪的基本法定刑由"三年以下有期徒刑或者拘役,并处或者单处罚金"修改为"三年以下有期徒刑,并处或者单处罚金",并将本罪的最高法定刑由7年有期徒刑修改为10年有期徒刑。

构成本罪,还要求行为达到违法所得数额较大或有其他情节。根据上述《2004年知识产权刑案解释》的规定,违法所得数额在3万元以上的,属于"违法所得数额较大";非法经营数额在5万元以上的,属于"有其他严重情节"。根据《公安机关立案标准(一)》的规定,此处的"非法经营数额",是指行为人在实施侵犯知识产权行为过程中,制造、储存、运输、销售侵权产品的价值。已销售的侵权产品的价值,按照实际销售的价格计算。制造、储存、运输和未销售的侵权产品的价值,按照标价或者已经查清的侵权产品的实际销售平均价格计算。侵权产品没有标价或者无法查清其实际销售价格的,按照被侵权产品的市场中间价格计算。

此外,根据《2011年知识产权刑案意见》第13条的规定,以营利为目的,未经著作权人许可,通过信息网络向公众传播他人文字作品、音乐、电影、电视、美术、摄影、录像作品、录音录像制品、计算机软件及其他作品,具有下列情形之一的,属于本罪规定的"其他严重情节":① 非法经营数额在5万元以上的;② 传播他人作品的数量合计在500件(部)以上的;③ 传播他人作品的实际被点击数达到5万次以上的;④ 以会员制方式传播他人作品,注册会员达到1000人以上的;⑤ 数额或者数量虽未达到第1项至第4项规定标准,但分别达到其中两项以上标准一半以上的;⑥ 其他严重情节的情形。

2006年12月至2008年8月期间,网联广告公司和共软公司出于营利目的,由孙某指使,经张某与洪某、梁某合作,在未经微软公司许可的情况下,复制微软Windows XP计算机软件后制作多款"番茄花园"版软件,并以修改浏览器主页、默认搜索页面等形式,在"番茄花园"版软件中分别加载网际快车信息技术有限公司等多家单位的商业插件,通过互联网在"番茄花园"网站、"热度"网站发布供下载。其间共被累计下载13万余次。共软公司涉案违法所得共计292万余元。本案中,共软公司及孙某、张某、洪某、梁某的行为构成侵犯著作权罪。①

2. 主体

本罪主体既可以是自然人,也可以是单位。出版单位与他人事前通谋,向其

---

① 参见《成都共软网络科技有限公司、孙显忠、张天平、洪磊、梁焯勇侵犯著作权案》,载《中华人民共和国最高人民检察院公报》2009年第5期。

出售、出租或以其他方式转让该出版单位的名称、书号、刊号、版号,对他人实施侵犯著作权的行为,构成犯罪的,对该出版单位以共犯论处。

3. 罪过

本罪的罪过是故意,同时要求行为人具有营利的目的。营利的目的不仅包括即时的营利也包括远期的营利,不仅包括直接的营利也包括间接的营利等。但出于教学、科研等目的合理使用他人著作权的行为等不构成犯罪。《著作权法》第24条规定了13项合理使用作品的情形,在这些情况下使用作品,可以不经著作权人许可,不向其支付报酬,但应当指明作者姓名或者名称、作品名称,并且不得影响该作品的正常使用,也不得不合理地损害著作权人的合法权益。

(二) 本罪的认定

1. 本罪的性质

本罪属于法定犯与实害犯,构成本罪通常是以违反《著作权法》为前提,行为会侵犯他人的著作权,构成侵权行为,并破坏国家对文化市场的管理秩序。在构成要件层面,行为人在客观上实施了本罪所规定的一些侵犯著作权的行为,在此基础上,如果属于违法所得数额较大或者有其他严重情节的情形,则构成本罪。

2. 本罪与一般违法以及其他犯罪间的界限

本罪的成立需要在主观上具有故意,且具有营利的目的;还需要违法所得数额较大或者有其他严重情节的情形。主观上不具有故意或者不具有营利目的的行为不成立本罪,违法所得数额不大或者情节较轻的行为也不成立犯罪。对于一般的民事侵权行为或者行政违法行为,行为人需要承担民事侵权责任或者接受行政处罚。

侵犯知识产权的犯罪行为,同时触犯生产、销售伪劣产品罪或诈骗罪的,属于想象竞合,应从一重罪处断。行为人实施了侵犯著作权的犯罪行为后又销售该侵权复制品的,以本罪定罪处罚。但行为人实施了侵犯著作权的犯罪行为后又销售他人制作的侵权复制品的犯罪行为的,由于行为之间不具有关联性,则应当予以数罪并罚。

(三) 本罪的处罚

犯本罪的,根据《刑法》第217条第220条的规定,处3年以下有期徒刑,并处或者单处罚金;违法所得数额巨大或者有其他特别严重情节的,处3年以上10年以下有期徒刑,并处罚金。单位犯本罪的,对单位判处罚金,并对其直接负责的主管人员和其他直接责任人员,依照上述规定处罚。

六、销售侵权复制品罪

本罪为《刑法修正案(十一)》所修订。本罪是指以营利为目的,销售明知是侵犯他人著作权的复制品,违法所得数额巨大或者有其他严重情节的行为。本罪法益是他人的著作权。本罪行为表现为以营利为目的,销售明知是侵犯他人著作权的复制品,违法所得数额巨大或者有其他严重情节。侵犯他人著作权的复制品,是指因犯侵犯著作权罪而形成的复制品。构成本罪,还要求"违法所得数额巨大"。根据《公安机关立案标准(一)》第27条的规定,以营利为目的,销售明知是侵权复制品,涉嫌下列情形之一的,应予立案追诉:(1)违法所得数额10万元以上的;(2)违法所得数额虽未达到上述数额标准,但尚未销售的侵权复制品货值金额达到30万元以上的。本罪主体包括自然人和单位,罪过是故意。

行为人实施《刑法》第217条侵犯著作权的犯罪行为后又销售该侵权复制品,构成犯罪的,以侵犯著作权罪定罪处罚;销售明知是他人的侵权复制品,构成犯罪的,则应实行数罪并罚。

犯本罪的,根据《刑法》第218条和第220条的规定,处5年以下有期徒刑,并处或者单处罚金。单位犯本罪的,对单位判处罚金,并对其直接负责的主管人员和其他直接责任人员,依照上述规定处罚。

七、侵犯商业秘密罪

(一) 概念及构成要件

本罪为《刑法修正案(十一)》所修订。本罪是指侵犯商业秘密权利人的商业秘密,情节严重的行为。

本罪法益是他人的商业秘密权。商业秘密权,是指商业秘密的权利人对自己在特定的生产或经营过程中,所形成、创造、整理和使用的特殊知识和信息享有的专有权利。既包括商业秘密所有权人所享有的专有权,也包括经商业秘密所有人许可的商业秘密使用人所享有的使用权。因为通过使用商业秘密可以给权利人或使用人带来财产利益,所以商业秘密是一种财产权,是权利人对其实施占有、使用、收益和处分的权利。

1. 行为

本罪行为表现为侵犯商业秘密权利人的商业秘密,情节严重。具体包含以下三个要件:

第一,行为的对象是商业秘密。所谓商业秘密,是指不为公众所知悉,能为权利人带来经济利益、具有实用性并经权利人采取保密措施的技术信息和经营信息。所谓技术信息,通常是指技术配方、技术诀窍、工艺流程等信息。所谓经营信息,一般是指如采取何种方式进行经营等有关经营的重大决策以及与自己有业务往来的客户名单、进货渠道、销售网络、产销策略等情况。技术信息和经营信息的存在方式多种多样,既可能以文字、图像、实物为载体,也可能以电子信息的形式存在于U盘或电脑中,还可能存在于人的大脑或操作方式中。商业秘密一般具有以下特征:(1)实用性。这些信息具有直接的、现实的使用价值,权利人能够将其直接用于生产、经营活动。(2)经济性。这些信息应用性强,能够促进生产、经营,为使用者带来经济利益。(3)保密性。这些信息不为公众所知悉,仅限于一定范围内的人知悉,而且权利人已经对其采取了保密防范措施。

第二,行为的内容是侵犯商业秘密权利人的商业秘密。具体表现为以下三种形式:(1)以盗窃、贿赂、欺诈、胁迫、电子侵入或其他不正当手段获取权利人的商业秘密。盗窃,是指采取平和的手段秘密获取。既包括直接窃取信息的载体而获取商业秘密,也包括通过复印、照相、拷贝、浏览记忆等方式获取商业秘密。贿赂,是指通过行贿方式使知悉商业秘密的人提供商业秘密。欺诈,是指使用欺骗方法使知悉商业秘密内容的人或权利人基于认知错误提供商业秘密。胁迫,是指对知悉商业秘密的人实行精神上的强制,迫使其交出商业秘密。电子侵入,指行为人通过侵入他人计算机信息系统等方法获得他人商业秘密。其他不正当手段,是指除盗窃、利诱、胁迫之外的其他不正当获取商业秘密的手段,如侵占、抢夺商业秘密的载体等。(2)披露、使用或允许他人使用以前项手段获取的权利人的商业秘密。这是上述行为的后续行为。披露,是指将非法获得的商业秘密告知第三者,或将商业秘密的内容公布于众。使用,是指将自己非法获取的商业秘密用于生产或经营。允许他人使用,是指允许他人将自己非法获取的商业秘密用于生产或经营。(3)违反保密义务或违反权利人有关保守商业秘密的要求,披露、使用或允许他人使用其所掌握的商业秘密。这是指合法知悉商业秘密的人,披露、使用或允许他人使用其所掌握的商业秘密。这类行为的主体主要包括公司、企业的工作人员、离退休人员以及与权利人签有保密协议的有关人员。明知上述所列三种行为,而获取、披露、使用或者允许他人使用该商业秘密的,以侵犯他人商业秘密论。

第三,行为符合情节严重的要求。这里的"情节严重"可以综合考虑,给商业秘密的权利人造成的损失、权利人公司因而发生经营困难、行为人是否多次实施上述侵犯商业秘密的行为、行为人侵权所得数额等情形,加以判断。情节特别严重包括给商业秘密的权利人造成的损失数额巨大或者侵权人违法所得数额巨大等情形。① 对于给权利人造成的损失数额或者侵权人违法所得数额的判断,根据《2020年知识产权刑案解释》第4条的规定,行为人实施《刑法》第219条规定的行为,具有下列情形之一的,应当认定为"给商业秘密的权利人造成重大损失":(1)给商业秘密的权利人造成损失数额或者因侵犯商业秘密违法所得数

---

① 参见许永安主编:《中华人民共和国刑法修正案(十一)解读》,中国法制出版社2021年版,第208页。

额在30万元以上的;(2)直接导致商业秘密的权利人因重大经营困难而破产、倒闭的;(3)造成商业秘密的权利人其他重大损失的。给商业秘密的权利人造成损失数额或者因侵犯商业秘密违法所得数额在250万元以上的,应当认定为《刑法》第219条规定的"造成特别严重后果"。原《刑法》第219条的规定要求行为构成本罪需要符合给商业秘密的权利人造成重大损失,《刑法修正案(十一)》对于这一实质入罪要求作出了修改,将"重大损失"这一要件修改为"情节严重",而情节是否严重的判断标准仍包括给权利人造成的损失程度。

综上所述,侵犯商业秘密罪的本质在于通过不正当手段获得他人的商业秘密或以正当手段获得后违反保密义务披露、使用他人的商业秘密,情节严重的行为。

2. 主体

本罪主体既可以是自然人,也可以是单位。

3. 罪过

本罪罪过是故意,即行为人明知自己的行为侵犯了他人的商业秘密,会给权利人造成重大损失,并且希望或放任这种结果发生。

浙江天子公司于2003年开始自主研发橙囊胞产品,2007年研发成功,并成为可口可乐(中国)饮料有限公司的供应商。该公司将橙囊胞生产工艺流程、制作方法、设备型号等信息作为商业秘密采取了严格的保密措施。陈某受雇于天子公司,明知自己有保守天子公司橙囊胞商业秘密的义务,而将窃取的商业秘密披露给张某使用;张某明知陈某披露的是天子公司的商业秘密,仍然予以使用,并给天子公司造成特别严重后果。本案中二人的行为成立侵犯商业秘密罪。[①]

(二) 本罪的认定

1. 在罪与非罪的界限方面,成立本罪要求情节严重

对于情节不严重的侵权行为,不应当以本罪论处,而可以要求侵权人承担民事责任,或给予侵权人行政处罚。《反不正当竞争法》第9条具体规定了侵犯商业秘密的行为类型,该法第17条第4款规定:"经营者违反本法第六条、第九条规定,权利人因被侵权所受到的实际损失、侵权人因侵权所获得的利益难以确定的,由人民法院根据侵权行为的情节判决给予权利人五百万元以下的赔偿。"该法第21条规定:"经营者以及其他自然人、法人和非法人组织违反本法第九条规定侵犯商业秘密的,由监督检查部门责令停止违法行为,没收违法所得,处十万元以上一百万元以下的罚款;情节严重的,处五十万元以上五百万元以下的罚款"。

---

① (2013)衢常刑初字第110号。

2. 法条竞合

通过各种不同的方式侵犯他人商业秘密,如盗窃、利诱、胁迫、抢劫等,其手段行为同时构成其他犯罪的,原则上均定侵犯商业秘密罪。

3. 本罪与故意泄露国家秘密罪、非法获取国家秘密罪的异同

相同点在于这三种犯罪行为的对象都是秘密。不同之处在于:本罪所侵害的是商业秘密,侵犯的是商业秘密所有人或使用人的商业秘密权,乃是一种财产权;而后两种行为所泄露或非法获取的乃是国家机密,侵犯的是国家的秘密制度,事关国家的安全与利益。本罪主体是一般主体,而后两种犯罪的主体是国家机关工作人员。如果公司、企业的某项商业秘密事关国家的安全与经济利益,从而被列为国家秘密的,行为人侵犯这种商业秘密,属于想象竞合犯,应从一重罪处断,依照泄露国家秘密罪或非法获取国家秘密罪定罪处罚。

(三) 本罪的处罚

犯本罪的,根据《刑法》第219条和第220条的规定,处3年以下有期徒刑,并处或者单处罚金;情节特别严重的,处3年以上10年以下有期徒刑,并处罚金。单位犯本罪的,对单位判处罚金,并对其直接负责的主管人员和其他直接责任人员,依照上述规定处罚。

八、为境外窃取、刺探、收买、非法提供商业秘密罪

(一) 概念及构成要件

本罪为《刑法修正案(十一)》所增设的罪名。本罪是指为境外的机构、组织、人员窃取、刺探、收买、非法提供商业秘密的行为。

1. 行为

本罪的行为表现为为境外的机构、组织、人员窃取、刺探、收买、非法提供商业秘密。

(1) 本罪的对象是商业秘密。所谓商业秘密,是指不为公众所知悉,能为权利人带来经济利益,具有实用性并经权利人采取保密措施的技术信息和经营信息。商业秘密具有保密性、实用性和经济性三个基本特征。

(2) 本罪的行为包括窃取、刺探、收买和非法提供。窃取,是指采用偷录或者偷拍等方式秘密盗取商业秘密的行为;刺探,是指采用探听、侦察等各种手段获取商业秘密的行为;收买,是指采用财物或者其他利益的方式换取商业秘密;非法提供,是指商业秘密的所有人或者知悉人,违反法律规定,将商业秘密提供给不应当获知该商业秘密的境外机构、组织、人员的行为。

(3) 本罪必须是为境外的机构、组织和人员窃取、刺探、收买、非法提供商业秘密。境外的机构,主要是指设立在我国境外的官方机构,比如政府等;境外的组织,是指境外的各类组织,比如政党、社团等;境外的人员,是指境外以个体身

份出现的各类人员,包括外国人或者无国籍人。

2. 主体

本罪的主体是一般主体。

3. 罪过

本罪的罪过是故意。

(二) 本罪的认定

本罪与为境外窃取、刺探、收买、非法提供国家秘密、情报罪的区别主要在于行为对象不同。本罪的对象是商业秘密,而后者的对象是国家秘密、情报,其范围根据《保守国家秘密法》第2条、第8条的规定确定。

(三) 本罪的处罚

犯本罪的,根据《刑法》第219条之一和第220条的规定,处5年以下有期徒刑,并处或者单处罚金;情节严重,处5年以上有期徒刑,并处罚金。单位犯本罪的,对单位判处罚金,并对其直接负责的主管人员和其他直接责任人员,依照上述规定处罚。

第九节 扰乱市场秩序罪

一、损害商业信誉、商品声誉罪

本罪是指捏造并散布虚伪事实,损害他人的商业信誉、商品声誉,给他人造成重大损失或有其他严重情节的行为。本罪行为表现为捏造并散布虚伪事实,损害他人的商业信誉、商品声誉。首先,行为人必须有捏造并散布虚伪事实的行为。所谓捏造,是指虚构、编造不符合真实情况或完全不存在的事实。所谓散布,是指使不特定或多数人知悉行为人所捏造的虚伪事实。散布的方式和途径是多种多样的,包括利用网络进行散布。"捏造"和"散布"不是并列的实行行为,只有散布才是本罪的实行行为,捏造可以理解为本罪的预备行为。换言之,捏造是手段行为,散布是目的行为,只有开始散布的时候才是本罪的着手。捏造与散布之间的关系,就像保险诈骗罪中虚构保险事项、制造保险事故与骗取保险金之间的关系。① 其次,行为损害了他人的商业信誉、商品声誉。这里的"他人",并不仅限于竞争对手,还可以是非竞争对手,即相对于捏造并散布者以外的人而言,不仅包括个人,也包括单位。商业信誉,包括商业信用与商业名誉。商业信用,是指商业行为与经济能力在经济活动中所受到的信赖;商业名誉,是指社会对他人在商业活动中的价值和地位的客观评价。商品声誉,是指社会对

---

① 参见本章第六节有关"保险诈骗罪"的内容。

商品的良好称誉。本罪的成立要求给他人造成重大损失或有其他严重情节,其标准参见《公安机关立案标准(二)》的规定。

本罪与诽谤罪的相同之处:(1)罪过都是故意,并且都具有损害他人的目的;(2)都实施了捏造和散布虚伪事实的行为,并且都要求情节严重。本罪与诽谤罪的区别:(1)侵犯的对象不同,本罪侵犯的是单位或自然人的商业信誉、商品声誉,而诽谤罪侵犯的对象只能是个人的名誉;(2)客观表现上也有不同,本罪行为人捏造的虚伪事实主要是有关他人生产、经营活动的事实,而诽谤罪捏造的虚伪事实主要是有关他人人身、生活方面的事实;(3)犯罪主体不同,本罪主体可以是自然人和单位,而诽谤罪的主体只能是自然人;(4)具体的犯罪目的不同,本罪的目的是损害他人的商业信誉和商品声誉,而诽谤罪的目的是贬低他人的人格、名誉。行为人诽谤他人,同时损害了他人商业信誉、商品声誉的,依照处罚较重的罪名定罪处罚。

犯本罪的,根据《刑法》第221条和第231条的规定,处2年以下有期徒刑或者拘役,并处或者单处罚金。单位犯本罪的,对单位判处罚金,并对其直接负责的主管人员和其他直接责任人员,依照上述规定处罚。

二、虚假广告罪

本罪是指广告主、广告经营者、广告发布者,违反国家规定,利用广告对商品或服务作虚假宣传,情节严重的行为。违反国家规定,主要是指违反《中华人民共和国广告法》《反不正当竞争法》及相关法律、法规的规定。本罪中的"广告",指的是商业广告,即商品经营者或服务提供者为实现其商业目的,承担一定费用,通过一定的媒体或形式,直接或间接对自己所经营的商品或提供的服务进行的公开宣传。虚假宣传主要包括两种:一是夸大事实的宣传,即对自己生产、经营的产品的质量、制作成分、性能、用途、生产者、有效期限、产地、来源等情况或所提供的劳务、技术服务的质量规格、标准、价格等交易资料进行与真实情况不相符的宣传;二是对商品或服务作语意模糊、令人误解的宣传,即通过措辞的技巧,使消费者对行为人经营的商品或提供服务的交易材料产生误解,并影响其判断和决策能力的与实际情况不相符的宣传。成立本罪要求情节严重,其标准参见《公安机关立案标准(二)》的规定。

本罪主体是广告主、广告经营者、广告发布者。广告主是指为推销商品或提供服务,自行或委托他人设计、制作、发布广告的单位或个人;广告经营者是指受委托提供广告设计、制作、代理服务的单位或个人;广告发布者是指为广告主或广告主委托的广告经营者发布广告的单位。本罪罪过是故意,即明知利用广告对商品或服务作虚假宣传的行为会扰乱市场秩序,损害消费者权益,并且希望或放任这种结果发生。

本罪与损害商业信誉、商品声誉罪的界限：(1) 行为对象不同。本罪行为对象是虚假广告，而后者的行为对象则是商业信誉、商品声誉。(2) 主体不同。本罪主体为特殊主体，而后者则为一般主体。(3) 罪过不尽相同。行为人利用虚假广告损害他人商业信誉、商品声誉构成犯罪的，属于想象竞合犯，按"从一重处断"的原则处理。鉴于两罪的法定刑完全相同，所以对"重罪"的认定只能从行为的基本性质与危害程度来考察。

本罪与诈骗罪均有欺骗的性质，都具有骗取他人钱财的目的。但两罪也存在明显区别：(1) 法益不同。本罪法益是广告管理制度和消费者的合法权益，而诈骗罪则是公私财产权利。(2) 行为方式不尽相同。本罪只能以利用虚假广告的方法实施，而诈骗罪则可以用任何虚构事实、隐瞒真相的方法实施。(3) 主体不同。本罪主体可以是自然人和单位，而诈骗罪主体只能是自然人。另外，两罪在犯罪的具体内容及被骗的对象范围上也不尽相同。

犯本罪的，根据《刑法》第222条和第231条的规定，处2年以下有期徒刑或者拘役，并处或者单处罚金。单位犯本罪的，对单位判处罚金，并对其直接负责的主管人员和其他直接责任人员，依照上述规定处罚。

三、串通投标罪

本罪是指投标人相互串通投标报价，损害招标人或其他投标人的利益，情节严重，或投标人与招标人串通投标，损害国家、集体、公民的合法权益的行为。本罪行为包括两项内容：一是投标人相互串通投标报价，损害招标人或其他投标人利益，情节严重的行为；二是投标人与招标人串通投标，损害国家、集体、公民的合法权益。所谓串通投标报价，是指投标人之间相互串通，暗中商定，在投标过程中，抬高或压低投标报价的行为。所谓串通投标，指投标人与招标人私下串通，事先根据招标底价确定投标价、中标价格。前一种行为要构成犯罪，必须达到情节严重。根据《公安机关立案标准（二）》第68条的规定，涉嫌下列情形之一的，应予立案追诉：(1) 损害招标人、投标人或者国家、集体、公民的合法利益，造成直接经济损失数额在50万元以上的；(2) 违法所得数额在20万元以上的；(3) 中标项目金额在400万元以上的；(4) 采取威胁、欺骗或者贿赂等非法手段的；(5) 虽未达到上述数额标准，但2年内因串通投标受过2次以上行政处罚，又串通投标的；(6) 其他情节严重的情形。本罪主体是特殊主体，即招标人和投标人，而且是必要的共犯，只有两个以上的主体之间相互串通投标，才可能成立本罪。本罪罪过是故意。

犯本罪的，根据《刑法》第223条和第231条的规定，处3年以下有期徒刑或者拘役，并处或者单处罚金。单位犯本罪的，对单位判处罚金，并对其直接负责的主管人员和其他直接责任人员，依照上述规定处罚。

四、合同诈骗罪

(一) 概念及构成要件

本罪指以非法占有为目的,在签订、履行合同过程中,以虚构事实或隐瞒真相的方法,骗取对方当事人的财物,数额较大的行为。

1. 行为

本罪在行为上表现为在签订、履行合同过程中,以虚构事实或隐瞒真相的方法,骗取对方当事人的财物,且数额较大。行为具体表现为:(1) 以虚构的单位或冒用他人名义签订合同;(2) 以伪造、变造、作废的票据或其他虚假的产权证明作担保;(3) 没有实际履行能力,以先履行小额合同或部分履行合同的方法,诱骗对方当事人继续签订和履行合同;(4) 收受对方当事人给付的货物、货款、预付款或担保财产后逃匿;(5) 以其他方法骗取对方当事人财物。实践中常见的"以其他方法骗取对方当事人财物"的行为有:伪造合同骗取对方当事人、代理人或权利义务继受人财物的;虚构货源或其他合同标的,签订空头合同的;诱使、蒙蔽对方当事人违背真实意思签订合同,亦即行为人利用欺骗手段诱使对方签订合同的;利用虚假广告和信息,诱人签订合同,骗取中介费、立项费、培训费等费用的;假冒联合经商、投资、合作协作名义,签订合同骗取对方当事人财物的;通过贿赂签订、履行合同的;作为债务人的行为人,向第三人隐瞒未经债权人同意的事实,将合同的义务全部或部分违法转移给第三人,从而逃避债务的。在司法实践中,骗取对方当事人财物,数额在2万元以上的,应予立案追诉。

2010年1月9日,A公司经理王某代表公司与张某签订40万元借款协议,并向张某出具借款收据。次日借款给付,但在场经办的会计、出纳证实,实际收到借款现金30万元,另10万元以一辆旧桑塔纳轿车抵付。后双方又对购车达成协议,张某遂将车办理了过户手续,但双方因过户费产生纠纷,1月14日,A公司退回张某借款30万元。张某分别诉至法院,要求A公司归还剩余借款10万元、给付购车款10万元。而A公司认为,购车包含在借款之中,购车协议被严重篡改,张某涉嫌合同诈骗。本案中,张某恶意篡改购车协议的行为,以及篡改购车协议后分别向法院提出"A公司归还剩余借款10万元、给付购车款10万元"诉讼请求的行为,均足以表明张某在签订合同之时即具有非法占有的故意;张某以篡改购车协议的欺诈形式诈骗A公司财物10万元,意图非法获取财物的数额巨大。因此,张某采取欺诈手段企图非法占有对方财物10万元的行为应构成合同诈骗罪。[①]

---

① 参见吕秋收:《合同诈骗罪与合同欺诈之实践区分标准》,载《人民法院报》2013年1月30日第6版。

2. 主体

本罪主体包括自然人和单位。

3. 罪过

本罪罪过是故意,并且具有非法占有对方当事人财物的目的。非法占有目的产生的时间有以下几种情形:(1) 大部分案件的行为人在签订合同前就形成了非法占有目的,并在此目的支配下欺骗他人与自己签订合同。(2) 行为人签订合同后,在履行合同前形成了非法占有的目的,并在此目的支配下欺骗对方当事人单方履行合同。(3) 行为人签订合同,在部分履行合同后,产生了非法占有的目的,并在此目的支配下欺骗对方当事人继续履行合同。(4) 行为人一开始并不具有非法占有目的,但在合法地控制他人为履行合同而交付的标的物以后,产生了非法占有的目的,如果行为人之后并未进一步实施诈骗行为的,则不成立合同诈骗罪。因此,"收受对方当事人给付的货物、货款、预付款或担保财产后逃匿"构成合同诈骗罪,只限于行为人在收受对方当事人给付的货物、货款、预付款或担保财产之前就具有非法占有目的。行为人在收受对方当事人给付的货物、货款、预付款或担保财产之后才产生非法占有目的,但仅仅是逃匿,而没有采取虚构事实、隐瞒真相的手段使对方免除其债务的,难以成立合同诈骗罪,可能构成侵占罪。

(二) 本罪的认定

1. 本罪与经济合同纠纷的界限

应该从主观和客观两个方面来界定:一是主观目的不同。合同诈骗的行为人是以签订合同为名,以达到非法占有对方当事人财物的目的;一般的合同纠纷行为人虽然也可能具有欺诈的故意,但不具有非法占有的目的。如果在签订和履行合同过程中,行为人虽然事实上虚构了某些成分,具有诈骗的嫌疑,但是并未影响到合同的履行,或虽然合同未能完全履行,但是行为人愿意承担违约责任,足以说明行为人无非法骗取他人财物的目的,不宜以合同诈骗罪论处。二是客观表现不同。合同诈骗罪的行为本质在于骗取对方当事人财物,对于是否属于"骗取对方当事人财物",应该考察行为人是否具有履约能力、是否有履约行为、对财物的处置情况、事后态度以及不履约的原因等多方面情况。

2. 本罪与诈骗罪的界限

合同诈骗罪是诈骗罪的特殊形态,如何理解"合同",是区别两罪的关键。从合同的内容来看,合同诈骗罪中的"合同"不同于《合同法》中的合同。后者外延很广,包括借款合同、保管合同等;前者只能是经济合同,即合同的文字内容是通过市场行为获得利润。如果行为人以非法占有目的与对方当事人签订了借款合同或保管合同,在取得对方当事人的财物后逃匿的,不宜认定为合同诈骗罪,而应该认定为普通诈骗罪。从合同的形式来看,合同诈骗罪中的"合同"既可以是书面合同,也可以是口头合同。不能把"签订合同"理解为签订书面合同。"签订合同"与合同法意义上的"订立合同"意思相同。

甲得知乙有大量存款,欺骗乙,说:"我有一个很好的投资项目,你若投资10万元,三个月后返还20万元。"乙答应,二人签了投资协议。甲获得10万元后潜逃。本案中,甲并非通过市场行为获得利润,而是以合同诈骗罪之名行普通诈骗之实,因而甲的行为成立《刑法》第266条诈骗罪(即普通诈骗罪)而非合同诈骗罪。

3. 本罪与金融诈骗罪的界限

实践中,许多金融诈骗罪需要以合同的形式体现,行为的实施也往往发生在合同的签订、履行过程中,因而在构成要件上与合同诈骗罪形成一定的竞合关系。例如,就贷款诈骗罪、保险诈骗罪而言,二者都要以贷款合同、保险合同形式体现,且都属于要式合同,而这种以合同为表现形式的诈骗罪,在构成要件上也完全符合合同诈骗的构成要件,因而形成包容的法条竞合。这种情形下,贷款诈骗罪、保险诈骗罪属于特别法,合同诈骗罪属于一般法,应以贷款诈骗罪或保险诈骗罪定性。当然,如果是单位实施贷款诈骗,由于刑法没有规定单位贷款诈骗罪,实践中都是以合同诈骗罪论处。再如,就票据诈骗罪与合同诈骗罪的关系而言,二者存在交叉的法条竞合,应适用重法优于轻法的原则,定票据诈骗罪。需要说明的是,如果行为人以伪造、变造、作废的票据做合同担保而进行诈骗,由于《刑法》第224条第2项明确规定其属于合同诈骗的客观表现形式,不符合票据诈骗罪中以虚假票据进行结算的方式直接骗取受害人的财物的行为特征,应以合同诈骗罪定罪处刑。以骗取银行承兑汇票为目的,采用虚构购销合同、伪造不可撤销质押担保书等办法,利用银行承兑汇票诈骗银行资金的,不符合合同诈骗罪骗取对方当事人财物的行为特征,应以票据诈骗罪论处。实践中,还有在合同诈骗实施完毕后,用假的金融票证搪塞被害人,意图掩盖合同诈骗事实的行为,宜以合同诈骗犯罪处理。①

(三)本罪的处罚

犯本罪的,根据《刑法》第224条和第231条的规定,处3年以下有期徒刑或者拘役,并处或者单处罚金;数额巨大或者有其他严重情节的,处3年以上10年以下有期徒刑,并处罚金;数额特别巨大或者有其他特别严重情节的,处10年以上有期徒刑或者无期徒刑,并处罚金或者没收财产。单位犯本罪的,对单位判处罚金,并对其直接负责的主管人员和其他直接责任人员,依照上述规定处罚。

---

① 参见牛克乾:《金融诈骗犯罪案件法律适用的若干共性问题探讨》,载《法律适用》2005年第8期。

五、组织、领导传销活动罪

(一) 概念及构成要件

本罪为《刑法修正案(七)》所增设。本罪是指组织、领导以推销商品、提供服务等经营活动为名,要求参加者以缴纳费用或购买商品、服务等方式获得加入资格,并按照一定顺序组成层级,直接或间接以发展人员的数量作为计酬或返利依据,引诱、胁迫参加者继续发展他人参加,骗取财物,扰乱经济社会秩序的传销活动的行为。

1. 行为

本罪行为表现为组织、领导以推销商品、提供服务等经营活动为名,要求参加者以缴纳费用或购买商品、服务等方式获得加入资格,并按照一定顺序组成层级,直接或间接以发展人员的数量作为计酬或返利依据,引诱、胁迫参加者继续发展他人参加,骗取财物,扰乱经济社会秩序。本罪中的"传销",必须同时具备"收取入门费"(即要求参加者以缴纳费用或购买商品、服务等方式获得加入资格)和"拉人头"(即直接或间接以发展人员的数量作为计酬或返利依据)这两个主要条件,此外,还要求具备引诱、胁迫参加者继续发展他人参加,骗取财物等次要条件。关于"骗取财物"的认定,根据 2013 年 11 月 14 日"两高"、公安部《关于办理组织领导传销活动刑事案件适用法律若干问题的意见》(以下简称《传销刑案解释》)第 3 条的规定,传销活动的组织者、领导者采取编造、歪曲国家政策,虚构、夸大经营、投资、服务项目及盈利前景,掩饰计酬、返利真实来源或者其他欺诈手段,实施本罪行为之一,从参与传销活动人员缴纳的费用或者购买商品、服务的费用中非法获利的,应当认定为骗取财物。参与传销活动人员是否认为被骗,不影响骗取财物的认定。

2. 主体

本罪主体为组织者、领导者,对于积极参加者或一般参加者不予处罚。所谓组织者、领导者,是指在传销活动中起组织、领导作用的发起人、决策人、操纵人,以及在传销活动中担负策划、指挥、布置、协调等重要职责,或在传销活动实施中起到关键作用的人员。《传销刑案解释》第 2 条规定,下列人员可以认定为传销活动的组织者、领导者:(1) 在传销活动中起发起、策划、操纵作用的人员;(2) 在传销活动中承担管理、协调等职责的人员;(3) 在传销活动中承担宣传、培训等职责的人员;(4) 曾因组织、领导传销活动受过刑事处罚,或者 1 年以内因组织、领导传销活动受过行政处罚,又直接或者间接发展参与传销活动人员在 15 人以上且层级在 3 级以上的人员;(5) 其他对传销活动的实施、传销组织的建立、扩大等起关键作用的人员。以单位名义实施组织、领导传销活动犯罪的,对于受单位指派,仅从事劳务性工作的人员,一般不予追究刑事责任。根据《公安机关立案标准(二)》第 70 条的规定,涉嫌组织、领导的传销活动人员在 30 人以上且层级在 3 级以上的,对组织者、领导者,应予立案追诉。

3. 罪过

本罪罪过为故意,且具有骗取他人财物的目的。

(二) 本罪的认定

1. 本罪与非法经营罪的界限

《刑法修正案(七)》增设本罪之前,主要有两个关于传销活动的规范性文件。2005 年 8 月 23 日国务院《禁止传销条例》第 7 条规定,传销行为包括三种形式,除了典型的"拉人头传销""收取入门费传销"外,还有"团队计酬传销"。而根据此前的 2001 年 4 月 10 日最高法《关于情节严重的传销或者变相传销行为如何定性问题的批复》(已废止)的规定,上述三种传销行为都构成非法经营罪。在《刑法修正案(七)》把"拉人头传销""收取入门费传销"规定为组织、领导传销活动罪之后,"团队计酬传销"仍按照非法经营罪论处。

2. 本罪与其他犯罪的界限

《传销刑案解释》第 6 条规定:(1) 以非法占有为目的,组织、领导传销活动,同时构成组织、领导传销活动罪和集资诈骗罪的,依照处罚较重的规定定罪处罚;(2) 犯组织、领导传销活动罪,并实施故意伤害、非法拘禁、敲诈勒索、妨害公务、聚众扰乱社会秩序、聚众冲击国家机关、聚众扰乱公共场所秩序、交通秩序等行为,构成犯罪的,依照数罪并罚的规定处罚。

(三) 本罪的处罚

犯本罪的,根据《刑法》第 224 条之一和第 231 条的规定处罚。

六、非法经营罪

(一) 概念及构成要件

本罪是指自然人或单位违反国家规定,实施扰乱市场秩序,情节严重的非法经营行为。非法经营罪的前身是 1979 年《刑法》中的投机倒把罪,该罪被取消后,其内容被分解为生产、销售伪劣产品罪、侵犯著作权罪、非法经营罪等犯罪。

从明确本罪构成要件、防止本罪被滥用的角度来看,本罪法益是国家对特种商品的经营许可管理制度,即国家对特定商品经营、特定许可证制度、特定行业准入制度以及其他特定的市场经营方面的正常管理秩序。[①]

1. 行为

本罪行为表现为,违反国家规定,实施各种扰乱市场秩序,情节严重的非法经营行为。"违反国家规定"是各种非法经营罪实行行为的前提。根据《刑法》

---

① 参见龚培华:《非法经营罪的立法沿革及其构成》,载《法学》2008 年第 1 期。

第96条的规定,"违反国家规定,是指违反全国人民代表大会及其常务委员会制定的法律和决定,国务院制定的行政法规、规定的行政措施、发布的决定和命令"。在理解"违反国家规定"时,要防止两种极端的倾向:一是把"国家规定"扩大解释为包括国务院的部门规章、地方性法规、地方政府规章,这会导致非法经营罪实行行为的范围过于扩大;二是把"国家规定"缩小解释为"刑罚规定",这会导致非法经营罪实行行为的范围过于缩小。违反国家规定的非法经营行为,根据刑法规定并参照有关司法解释,①主要有以下几种情形:

(1)未经许可经营法律、行政法规规定的专营、专卖物品或其他限制买卖的物品。未经许可,是指未经国家有关主管部门的批准。专营、专卖物品,是指国家法律、行政法规明确规定必须由专门的机构经营的物品,如烟草、药品等。对于刑法另有规定的情形,如非法买卖枪支、弹药、爆炸物,贩卖毒品,倒卖文物,非法出售文物藏品等行为,依照各相关法条处理。根据相关司法解释的规定,下列非法经营行为应予追究:

第一,未取得药品生产、经营许可证件和批准文号,非法生产、销售盐酸克仑特罗等禁止在饲料和动物饮用水中使用的药品,扰乱药品市场秩序,情节严重的。

第二,违反国家烟草专卖管理法律法规,未经烟草专卖行政主管部门许可,无烟草专卖生产企业许可证、烟草专卖批发企业许可证、特种烟草专卖经营企业许可证、烟草专卖零售许可证等许可证明,非法经营烟草专卖品,具有下列情形之一的:① 非法经营数额在5万元以上,或违法所得数额在2万元以上的;② 非法经营卷烟20万支以上的;③ 曾因非法经营烟草专卖品3年内受过2次以上行政处罚,又非法经营烟草专卖品且数额在3万元以上的。

(2)买卖进出口许可证、进出口原产地证明以及其他法律、行政法规规定的经营许可证或批准文件的。进出口许可证,是指国家许可对外贸易者进出口某种货物或技术的证明,它是对外贸易经营的有效依据,也是海关对进出口货物或

---

① 相关司法解释是:1998年12月17日最高法《关于审理非法出版物刑事案件具体应用法律若干问题的解释》、2002年8月16日"两高"《关于办理非法生产、销售、使用禁止在饲料和动物饮用水中使用的药品等刑事案件具体应用法律若干问题的解释》、2003年5月14日"两高"《关于办理妨害预防、控制突发传染病疫情等灾害的刑事案件具体应用法律若干问题的解释》、2004年7月16日"两高"、公安部《关于依法开展打击淫秽色情网站专项行动有关工作的通知》、2018年11月28日"两高"《关于办理妨害信用卡管理刑事案件具体应用法律若干问题的解释》、2010年3月2日"两高"《关于办理非法生产、销售烟草专卖品等刑事案件具体应用法律若干问题的解释》、2000年5月12日最高法《关于审理扰乱电信市场管理秩序案件具体应用法律若干问题的解释》、2002年2月6日最高检《关于非法经营国际或港澳台地区电信业务行为法律适用问题的批复》、2005年5月11日"两高"《关于办理赌博刑事案件具体应用法律若干问题的解释》、2013年9月6日"两高"《关于办理利用信息网络实施诽谤等刑事案件适用法律若干问题的解释》等、2017年6月27日"两高"《关于办理扰乱无线电通讯管理秩序等刑事案件适用法律若干问题的解释》。

技术查验放行的重要依据。进出口原产地证明，是指在国际贸易活动中，进出口产品时必须附带的由原产地有关机关出具的确认文件。它是进出口国或地区视原产地不同征收差别关税和实施其他进出口差别待遇的凭证。我国出口货物原产地证明书，由国家进出口商品检验部门设在地方的进出口检验机构、中国国际贸易促进委员会及其分会以及国家对外贸易主管部门指定的其他机构，按照对外经济贸易主管部门的规定签发。其他法律、行政法规规定的经营许可证或批准文件，是指法律、行政法规规定从事某些生产经营活动者必须具备的经营许可证或批准文件，如森林采伐、矿产开采、野生动物狩猎等许可证。

（3）未经国家有关主管部门批准非法经营证券、期货、保险业务的，或非法从事资金支付结算业务的。非法经营证券，包括中介机构非法代理买卖非上市公司股票。非法从事资金支付结算业务的表现形式多种多样。例如，开设"地下钱庄"的行为，在国家规定的交易场所以外非法买卖外汇，①擅自发行基金份额募集基金，非法从事票据的贴现业务。"非法从事资金支付结算业务"为《刑法修正案（七）》所增设。违反国家规定，使用销售点终端机具（POS机）等方法，以虚构交易、虚开价格、现金退货等方式向信用卡持卡人直接支付现金，情节严重的，以非法经营罪定罪处罚。根据2019年1月31日"两高"《关于办理非法从事资金支付结算业务、非法买卖外汇刑事案件适用法律若干问题的解释》规定，违反国家规定，具有下列情形之一的，属于"非法从事资金支付结算业务"：① 使用受理终端或者网络支付接口等方法，以虚构交易、虚开价格、交易退款等非法方式向指定付款方支付货币资金的；② 非法为他人提供单位银行结算账户套现或者单位银行结算账户转个人账户服务的；③ 非法为他人提供支票套现服务的；④ 其他非法从事资金支付结算业务的情形。

2006年至2008年间，王某为了办理票据贴现业务，先后注册成立了巨欧公司、圣郎公司等多家空壳公司。2009年3月至6月间，王某与招商银行无锡分行、南京银行西康路支行等多家银行的相关工作人员合作，以巨欧公司、圣郎公司的名义，取得他人未到期银行承兑汇票，并采用伪造贸易合同和增值税专用发票复印件等方法，以巨欧公司、圣郎公司作为贴现申请人，通过上述金融机构将未到期银行承兑汇票进行贴现，贴现金额计10亿余元。王某从中非法获利6万余元。法院认为王某的行为属于《刑法》第225条规定的"非法从事资金支付结

---

① 有学者认为这种非法买卖外汇的行为属于《刑法》第225条第4项所规定的"其他严重扰乱市场秩序的非法经营行为"［参见黎宏：《刑法学各论》（第二版），法律出版社2016年版，第202页］。其依据可能是1998年8月28日最高法《关于审理骗购外汇、非法买卖外汇刑事案件具体应用法律若干问题的解释》。但是在1999年《刑法修正案》以及2009年《刑法修正案（七）》之后，非法买卖外汇行为的定性值得重新思考。

算业务"的行为,构成非法经营罪。①

(4) 其他严重扰乱市场秩序的非法经营行为。这是非法经营罪的兜底性规定,是指除了前述三种非法经营行为之外的其他非法经营行为。

第一,非法经营出版物的行为。一是违反国家规定,出版、印刷、复制、发行严重危害社会秩序和扰乱市场秩序的非法出版物,情节严重的行为(构成其他较重犯罪的除外);二是非法从事出版物的出版、印刷、复制、发行业务,严重扰乱市场秩序,情节严重的行为。前一行为,是指有经营主体资格而经营非法出版物;后一行为,是指没有经营主体资格而经营非法出版物。应该合理把握非法经营出版物型的非法经营罪,防止本罪适用范围的过度扩张。

第二,非法经营电信业务的行为。违反国家规定,采取租用国际专线、私接转接设备或其他方法,擅自经营国际电信业务或涉港澳台电信业务进行营利活动,扰乱电信市场管理秩序,情节严重的,构成本罪。

第三,在饲料中添加盐酸克仑特罗等药品的行为。在生产、销售的饲料中添加盐酸克仑特罗等禁止在饲料和动物饮用水中使用的药品,或销售明知是添加有该类药品的饲料,情节严重的,以本罪论处。

第四,特定期间哄抬物价的行为。违反国家在预防、控制突发传染病疫情等灾害期间有关市场经营、价格管理等规定,哄抬物价、牟取暴利,严重扰乱市场秩序,违法所得数额较大或有其他严重情节的,以本罪从重处罚。

第五,未经国家批准擅自发行、销售彩票的行为。

第六,非法删帖、发帖行为。违反国家规定,以营利为目的,通过信息网络有偿提供删除信息服务,或明知是虚假信息,通过信息网络有偿提供发布信息等服务,扰乱市场秩序,个人非法经营数额在 5 万元以上或违法所得数额在 2 万元以上的,单位非法经营数额在 15 万元以上或违法所得数额在 5 万元以上的,以本罪论处。

第七,非法生产、销售"黑广播""伪基站"、无线电干扰器等无线电设备,情节严重的。具有下列情形之一,应当认定为情节严重:非法生产、销售无线电设备 3 套以上的;非法经营数额 5 万元以上的;其他情节严重的情形。在非法生产、销售无线电设备窝点查扣的零件,以组装完成的套数以及能够组装的套数认定;无法组装为成套设备的,每 3 套广播信号调制器(激励器)认定为 1 套"黑广播"设备,每 3 块主板认定为 1 套"伪基站"设备。

第八,违反国家规定,擅自设立互联网上网服务营业场所,或擅自从事互联网上网服务经营活动,情节严重的。

---

① 参见陈利、周群:《无真实交易违规办理票据贴现非法获利构成非法经营罪》,载《人民司法(案例)》2012 年第 2 期。

第九，违反国家规定，实施倒买倒卖外汇或者变相买卖外汇等非法买卖外汇行为，扰乱金融市场秩序，情节严重的。

第十，违反国家规定，未经监管部门批准，或者超越经营范围，以营利为目的，经常性地向社会不特定对象发放贷款，扰乱金融市场秩序，情节严重的。

第十一，违反国家规定，未经许可经营兴奋剂目录所列物质，涉案物质属于法律、行政法规规定的限制买卖的物品，扰乱市场秩序，情节严重的。

第十二，在疫情防控期间，违反国家有关市场经营、价格管理等规定，囤积居奇，哄抬疫情防控急需的口罩、护目镜、防护服、消毒液等防护用品、药品或者其他涉及民生的物品价格，牟取暴利，违法所得数额较大或者有其他严重情节，严重扰乱市场秩序的。

除了上述由司法解释明确规定的行为外，司法实践中适用《刑法》第225条第4项的案件还有非法经营砂石料、非法从事对外劳务中介、非法设立公司经营旅客运输、超出经营范围经营、出售死猪及其内脏、销售具有赌博功能的游戏机、明知出版物无委印单仍予以装订。

金某于2006年2月至2006年12月间，在北京市顺义区李遂镇李遂村家中，将收购的死猪以及捡拾的猪内脏屠宰、处理后售予他人，用于动物饲养。违法所得1万余元被其挥霍。法院根据《刑法》第225条第4项认定金某构成非法经营罪。

至于实践中大量发生的发放高利贷为业的行为是否构成非法经营罪，根据2012年2月26日最高法《关于被告人何伟光、张勇泉等非法经营案的批复》，发放高利贷的行为具有一定的社会危害性，但此类行为是否属于《刑法》第225条规定的"其他严重扰乱市场秩序的非法经营行为"，相关立法解释和司法解释尚无明确规定，故对此类行为不宜以非法经营罪定罪处罚。

2. 主体

本罪主体既可以是自然人，也可以是单位。

3. 罪过

本罪罪过为故意。行为人认识到自己的经营行为违反国家规定，扰乱市场秩序，并且希望或放任危害结果发生。

（二）本罪的认定

1. 本罪与侵犯著作权罪、销售侵权复制品罪的界限

本罪中非法经营出版物的行为与后两罪区别的关键在于犯罪对象不同，前者的犯罪对象是侵权复制品以外的非法出版物。如果复制、发行或销售的是侵权复制品，则分别根据《刑法》第217条、第218条构成侵犯著作权罪或销售侵权复制品罪。司法实践中，鉴定为"非法出版物"比鉴定为"侵权复制品"更加容易，导致对于贩卖盗版物的案件，新闻出版主管部门出版物鉴定中心的鉴定结论

往往是"系非法出版物",从而对于贩卖盗版物的案件,往往被认定为非法经营罪而非侵犯著作权罪或销售侵权复制品罪。

2. 本罪与相关犯罪的竞合

当一个非法经营行为同时触犯非法经营罪与其他犯罪时,从一重罪处断。例如,当行为人实施买卖进出口许可证、进出口原产地证明以及法律、行政法规规定的其他经营许可证或批准文件的行为,涉及《刑法》第174条第2款规定的"金融机构的经营许可证或者批准文件"时,应该以非法经营罪与转让金融机构经营许可证件、批准文件罪中的重罪定罪处罚。

3. 合理界定兜底条款的适用范围

适用《刑法》第225条第4项"其他严重扰乱市场秩序的非法经营行为"这一兜底条款时,应该平衡刑法的社会保护机能与自由保障机能,合理界定其适用范围。但是,司法实践不仅把《刑法》第225条第4项视为非法经营罪的兜底条款,而且往往把它视为刑法分则第三章第八节"扰乱市场秩序罪",甚至整个刑法分则第三章"破坏社会主义市场经济秩序罪"的兜底条款。这种做法过分强调刑法的社会保护机能,扩大本罪的处罚范围,从而使得非法经营罪变成了不合理的"口袋罪",这种趋势需要警惕并逐步消除。

(三) 本罪的处罚

犯本罪的,根据《刑法》第225条和第231条,处5年以下有期徒刑或者拘役,并处或者单处违法所得1倍以上5倍以下罚金;情节特别严重的,处5年以上有期徒刑,并处违法所得1倍以上5倍以下罚金或者没收财产。单位犯本罪的,对单位判处罚金,并对其直接负责的主管人员和其他直接责任人员,依照上述规定处罚。

七、强迫交易罪

本罪为《刑法修正案(八)》所修订。本罪是指以暴力、威胁手段,强迫交易,情节严重的行为。本罪行为表现为以暴力、胁迫手段实施下列行为之一:(1) 强买强卖商品的;(2) 强迫他人提供或者接受服务的;(3) 强迫他人参与或者退出投标、拍卖的;(4) 强迫他人转让或者收购公司、企业的股份、债券或者其他资产的;(5) 强迫他人参与或者退出特定的经营活动的。本罪主体包括自然人和单位。本罪罪过是故意。

司法实践中,以暴力、威胁手段强买强卖商品、强迫他人提供服务或者强迫他人接受服务,涉嫌下列情形之一的,应予立案追诉:(1) 造成被害人轻微伤或其他严重后果的;(2) 造成直接经济损失2000元以上的;(3) 强迫交易3次以上或者强迫3人以上交易的;(4) 强迫交易数额1万元以上,或者违法所得数额2000元以上的;(5) 强迫他人购买伪劣商品数额5000元以上,或者违法所得数额 1000 元以上的;(6) 其他情节严重的情形。①

犯本罪的,根据《刑法》第 226 条和第 231 条的规定,处 3 年以下有期徒刑或者拘役,并处或者单处罚金;情节特别严重的,处 3 年以上 7 年以下有期徒刑,并处罚金。单位犯本罪的,对单位判处罚金,并对其直接负责的主管人员和其他直接责任人员,依照上述规定处罚。

八、伪造、倒卖伪造的有价票证罪

本罪是指伪造或倒卖伪造的车票、船票、邮票或其他有价票证,数额较大的行为。伪造,是指没有制作权的人制作足以使一般人信以为真的车票、船票、邮票或其他有价票证。根据 2000 年 12 月 5 日最高法《关于对变造、倒卖变造邮票行为如何适用法律问题的解释》,对变造或者倒卖变造的邮票数额较大的,应以本罪定罪处罚。显然,司法解释也是将伪造理解为包括变造行为在内的,因为变造有价证券的行为的性质、社会危害性与伪造有价票证的行为大体相同。倒卖,一般是指低价买进高价卖出或转手贩卖。本罪对象为车票、船票、邮票或其他有价票证。根据 2003 年 4 月 2 日最高检《关于非法制作、出售、使用 IC 电话卡行为如何适用法律问题的答复》,非法制作或者出售非法制作的 IC 电话卡,数额较大的,以本罪定罪处罚,犯罪数额可以根据销售数额认定。本罪主体包括自然人和单位,罪过是故意。

犯本罪的,根据《刑法》第 227 条第 1 款和第 231 条的规定处罚。

九、倒卖车票、船票罪

本罪是指以牟取非法利益为目的,倒卖车票、船票,情节严重的行为。根据 1999 年 9 月 6 日最高法《关于审理倒卖车票刑事案件有关问题的解释》,高价、变价、变相加价倒卖车票或者倒卖坐席、卧铺签字号及订购车票凭证,票面数额在 5000 元以上,或者非法获利数额在 2000 元以上的,属于本罪中"倒卖车票情节严重"。本罪主体包括自然人和单位。本罪罪过是故意。对于铁路职工倒卖车票或者与其他人员勾结倒卖车票;组织倒卖车票的首要分子;曾因倒卖车票受过治安处罚 2 次以上或者被劳动教养 1 次以上,2 年内又倒卖车票,构成倒卖车票罪的,依法从重处罚。

犯本罪的,根据《刑法》第 227 条第 2 款和第 231 条的规定处罚。

---

① 参见《公安机关立案标准(一)》第 28 条。需要说明的是,该立案标准是在《刑法修正案(八)》对本罪进行修订之前出台的,大致是针对本罪的第 1 项和第 2 项行为而言。对于本罪第 3—5 项行为的立案标准,尚无明确的司法解释。

十、非法转让、倒卖土地使用权罪

本罪是指以牟利为目的,违反土地管理法规,非法转让、倒卖土地使用权,情节严重的行为。"违反土地管理法规",是指违反土地管理法、森林法、草原法等法律以及有关行政法规中关于土地管理的规定;"非法转让土地使用权",是指行为人在合法取得土地使用权后,违反国家土地管理法规,未经批准,擅自将土地转让给他人使用的行为;"非法倒卖土地使用权",是指土地受让者违反国家土地管理法规,擅自将土地转手卖给他人,从中牟取暴利的行为。构成本罪还要求达到情节严重,其标准参见《公安机关立案标准(二)》的规定。

犯本罪的,根据《刑法》第228条和第231条的规定处罚。

十一、提供虚假证明文件罪

本罪是指承担资产评估、验资、验证、会计、审计、法律服务、保荐、安全评价、环境影响评价、环境监测等职责的中介组织的人员,故意提供虚假的证明文件,情节严重的行为。本罪行为表现为行为人提供与事实不相符合的中介证明文件。本罪的行为对象为资产评估机构、会计师事务所、审计师事务所、律师事务所等中介服务机构提供的虚假中介证明文件。提供虚假中介证明文件的行为,还必须达到情节严重才能构成本罪。根据《公安机关立案标准(二)》第73条的规定,涉嫌下列情形之一的,应予立案追诉:(1)给国家、公众或者其他投资者造成直接经济损失数额在50万元以上的;(2)违法所得数额在10万元以上的;(3)虚假证明文件虚构数额在100万元以上且占实际数额30%以上的;(4)虽未达到上述数额标准,但2年内因提供虚假证明文件受过2次以上行政处罚,又提供虚假证明文件的;(5)其他情节严重的情形。有下列情形之一的,处5年以上10年以下有期徒刑,并处罚金:(1)提供与证券发行相关的虚假的资产评估、会计、审计、法律服务、保荐等证明文件,情节特别严重的;(2)提供与重大资产交易相关的虚假的资产评估、会计、审计等证明文件,情节特别严重的;(3)在涉及公共安全的重大工程、项目中提供虚假的安全评价、环境影响评价等证明文件,致使公共财产、国家和人民利益遭受特别重大损失的。有前述行为,同时索取他人财物或者非法收受他人财物构成犯罪的,依照处罚较重的规定定罪处罚。本罪主体是特殊主体,即承担资产评估、验资、验证、会计、审计、法律服务等职责的自然人和单位。本罪罪过是故意。

犯本罪的,根据《刑法》第229条第1款、第2款和第231条的规定处罚。基本刑为5年以下有期徒刑或者拘役,并处罚金。

十二、出具证明文件重大失实罪

本罪是指承担资产评估、验资、验证、会计、审计、法律服务等职责的中介组织的人员,严重不负责任,出具的证明文件有重大失实,造成严重后果的行为。本罪主体为承担资产评估、验资、验证、会计、审计、法律服务等职责的中介组织的人员。地质工程勘测院和其他履行勘测职责的单位及其工作人员在履行勘察、勘查、测绘职责过程中,故意提供虚假工程地质勘察报告等证明文件,情节严重的,构成本罪。本罪的罪过是过失。

犯本罪的,根据《刑法》第229条第2款和第231条的规定处罚。

十三、逃避商检罪

本罪是指违反国家进出口商品检验法的规定,逃避商品检验,将必须经商检机构检验的进口商品未报经检验而擅自销售、使用,或将必须经商检机构检验的出口商品未报经检验合格而擅自出口,情节严重的行为。

犯本罪的,根据《刑法》第230条和第231条的规定处罚。

> **拓展阅读**
>
> ### "外挂代练"行为不能认定为非法经营罪[①]
>
> 2007年3月,董某、陈某通过互联网向他人购得"冰点传奇"的外挂软件,以"土人部落"工作室的名义,雇用员工在上海盛大网络发展有限公司经营的《热血传奇》游戏中以80元/周、300元/月的价格帮助玩家使用"冰点传奇"外挂软件代练升级,先后替1万多个游戏账户代练升级。至2007年12月7日,接受了来自全国各地游戏玩家汇入的资金190多万元。法院审理认为,董某、陈某进行有偿代练经营活动,属于出版非法互联网出版物的行为,其行为构成非法经营罪。[②]
>
> 该判决值得商榷。其一,使用非法外挂软件代练的行为包括"使用非法外挂软件"和"代练"两种行为。其中"代练"并不违法,江苏无锡、湖北武汉等地已经出现合法的网络游戏代练公司;违法的是"使用非法外挂软件",但"使用非法外挂软件"不同于"出版非法外挂软件"。其二,"使用"是"出版"后的下游行为,该行为与出版行为之间缺乏共同故意,不应将使用行为与出版行为作同等评价。其三,董某和陈某的外挂代练行为仅仅是将他人提供的外挂软件加以"使

[①] 参见欧阳本祺:《捍卫罪刑法定原则重于维护游戏规则——评江苏省南京市网游外挂代练案的判决》,载陈兴良主编:《刑事法judgments解》(第12卷),人民法院出版社2012年版,第1页。

[②] 参见《董杰、陈珠非法经营案》,载《中华人民共和国最高人民检察院公报》2011年第5期。

用"。即使董某和陈某不是为自己使用,而是代替不特定多数人使用,具有一定的公众性,那也最多只能认定为"代公众使用",但仍不等于"供公众使用"。法院判决把使用外挂代练的行为认定为出版非法互联网出版物的行为没有依据。

延伸思考

被害人怀疑对诈骗罪认定影响研究[1]

各国和地区的刑法条文中虽然没有明确规定诈骗罪的构成要件,但都认为被害人陷入或者维持认识错误是一个独立的构成要件要素,是联结欺骗行为和财产处分行为的桥梁。在诈骗罪中,如果被害人识破了行为人的诈骗事项,但是基于各种原因最终还是处分财产的,不认为是诈骗既遂,因为被害人没有陷入认识错误。但是,当被害人对行为人声称的诈骗事项有所怀疑,仍继续进行财产处分的,能否认定为被害人陷入认识错误,即被害人怀疑能否阻却被害人陷入认识错误的认定?这个问题在司法实践中并没有引起重视,如在吴英集资诈骗案中,那些被骗的职业借贷人有很强的风险防范意识,对吴英虚构的盈利能力、偿本付息能力表示了很大怀疑,最初并不敢投资,但后来基于获取高额利润的投机心理而冒险投资,最终导致被骗,法院一审二审均未涉及被害人怀疑对犯罪认定的影响。类似的还有陕西华南虎照案,以及一些集资诈骗、合同诈骗案件等,这些案件的被害人都对诈骗事项产生了很大的怀疑,但为了获取高额利润而冒险处分财产,这能否成立诈骗类犯罪既遂?传统理论和司法实践认为被害人怀疑不影响对诈骗罪的认定,但是被害人信条学认为,被害人已经对诈骗事项产生了具体怀疑,可以轻易实现自我保护却任意处分财产,就丧失了刑法保护的必要性。因此,从自我决定权出发,运用被害人自我答责来解决被害人怀疑对诈骗罪认定的影响。被害人有具体怀疑时,运用危险接受法理对诈骗罪成立范围进行限缩;再根据谨慎注意义务的有无,将诈骗发生领域划分为无须谨慎注意义务的一般生活领域和应当具有谨慎注意义务的市场、投资、投机和违法领域,对前者实行无差别的严格的保护,对后者适用被害人自我答责,从而在限缩的基础上适当扩大诈骗罪的处罚范围。

"两虚一逃"的罪名应该废止[2]

2013年10月25日,国务院常务会议部署推进公司注册资本登记制度改革。会议强调,推行注册资本登记制度改革,放宽注册资本登记条件。除法律、法规另有规定外,取消有限责任公司最低注册资本3万元、一人有限责任公司最低注

---

[1] 参见黎宏、刘军强:《被害人怀疑对诈骗罪认定影响研究》,载《中国刑事法杂志》2015年第6期。
[2] 参见晏向华:《刑法对注册资本该松开"紧箍咒"了》,载《检察日报》2013年12月12日第3版。

册资本10万元、股份有限公司最低注册资本500万元的限制;不再限制公司设立时股东(发起人)的首次出资比例和缴足出资的期限,公司实收资本不再作为工商登记事项等。这一改革将带来怎样的连锁反应?刑法中有关资本犯罪的规定是否应该重构?刑法学界认为,这意味着刑法中有关资本的罪名需要深入研讨、重新定位,这主要表现在有关虚报注册资本犯罪的罪名要不要废除或者改革。通过管住公司登记时的虚假出资来管控市场经济活动中的欺诈犯罪不切实际,对公司登记注册资本设置很高的苛刻条件在国外已经非常少见。我国要建立一个与国际接轨且统一开放、竞争有序的市场体系,像虚报注册资本罪、虚假出资罪、抽逃出资罪等带有浓厚计划经济色彩的罪名,已经到了应该废除的时候了。

案例分析

1. 颜某为牟取非法利益,自2013年8月以来以低价购进假冒中华香烟及假汾酒等商品出售,于2014年1月被查获,当场查获货值金额116040元的假冒中华香烟、货值金额213768元的假汾酒,总价值金额329808元。经依法鉴定,查获的卷烟均为假冒注册商标且系伪劣卷烟;假汾酒均侵犯了"杏花村""牧童牛"等注册商标专用权,属假冒注册商标的产品。①

问题:颜某的行为如何定性处理?

2. X公司系甲、乙二人合伙依法注册成立的公司,以钢材批发零售为营业范围。丙因自己的公司急需资金,便找到甲、乙借款,承诺向X公司支付高于银行利息5个百分点的利息,并另给甲、乙个人好处费。甲、乙见有利可图,即以购买钢材为由,以X公司的名义向某银行贷款1000万元,贷期半年。甲、乙将贷款按约定的利息标准借给丙,丙给甲、乙各10万元的好处费。半年后,丙将借款及利息还给X公司,甲、乙即向银行归还本息。

问题:甲、乙的行为如何定性?

3. 2012年,张某做生意赔了钱,为还债务打起骗钱的主意。张某向河南省新蔡县农村信用社编造引进资金、项目等理由,又骗取好友李某的信任,为其提供担保,从信用社申请贷款20万元。2013年贷款到期,由于张某无力偿还,李某代其偿还了贷款本息。②

问题:张某的行为构成合同诈骗罪还是贷款诈骗罪?

---

① 参见马建平:《生产、销售伪劣产品罪与知识产权犯罪择一重罪处罚的适用》,载《人民法院报》2015年12月29日第7版。
② 参见熊志强、朱焕杰:《是合同诈骗还是贷款诈骗》,载《检察日报》2016年2月5日第3版。

第四章　侵犯公民人身权利、民主权利罪

第一节　侵犯公民人身权利、民主权利罪概述

一、侵犯公民人身权利、民主权利罪的概念和构成要件

侵犯公民人身权利、民主权利罪，是指故意或过失地侵犯他人人身权利、民主权利的行为。

公民的人身权利与民主权利属于个人法益。个人法益是基础性法益，对国家法益、社会法益的侵害，实质仍体现为对绝大多数公民个人法益的侵害，而人身权利与民主权利又是个人法益中最为基本、最为重要的专属法益。人身权利，是指公民依法享有的与其人身不可分离的权利，包括生命权、健康权、性自由权、人身自由权、人格权和名誉权、婚姻家庭权利等。民主权利，是指公民依法所享有的管理国家、参加社会活动和人际交往的权利，包括选举权和被选举权、宗教信仰自由权、通讯自由权等。侵犯公民人身权利、民主权利罪的构成要件包括：

（1）行为。本章犯罪的行为表现为侵犯公民的人身权利、民主权利的身体动静。行为方式既可以是作为，也可以是不作为，但有些犯罪只能由作为构成，如强奸罪、绑架罪、诽谤罪等。从结果上看，有些犯罪要求出现侵害结果才成立犯罪，如过失致人死亡罪、过失致人重伤罪，侵害结果不出现的，犯罪不成立；有些犯罪将侵害结果作为犯罪既遂的标准，如故意杀人罪、故意伤害罪，未发生侵害结果的，仍可以成立未遂犯；还有些犯罪将侵害情节而非侵害结果作为犯罪成立或既遂的标准，如侮辱、诽谤罪，私自开拆、隐匿、毁弃邮件、电报罪等。

（2）主体。本罪犯罪的主体多为一般主体，也有少数犯罪为特殊主体，如刑讯逼供罪的主体只能是司法工作人员，报复陷害罪的主体只能是国家机关工作人员。本类犯罪的刑事责任年龄一般为16周岁，但是，对于故意杀人、故意伤害致人重伤或者死亡、强奸、抢劫等《刑法》第17条第2款所涉及的犯罪，已满14周岁不满16周岁的人可以构成。对于故意杀人、故意伤害致人死亡或者以特别残忍手段致人重伤造成严重残疾，情节恶劣，经最高人民检察院核准追诉的，已满12周岁不满14周岁的人也可构成。

（3）罪过。除了过失致人死亡罪、过失致人重伤罪以外，其他犯罪的罪过均为故意，即行为人明知自己的行为会发生侵犯公民人身权利、民主权利的结果，

并且希望或放任这种结果发生。个别犯罪还要求具有特定的犯罪目的,如绑架罪,拐卖妇女、儿童罪等。

二、侵犯公民人身权利、民主权利罪的种类

侵犯公民人身权利、民主权利的犯罪,由《刑法》分则第四章规定,共计38个条文,包括43个罪名。具体可分为以下6类:

(1) 侵犯生命、健康的犯罪。包括:故意杀人罪,过失致人死亡罪,故意伤害罪,组织出卖人体器官罪,过失致人重伤罪。

(2) 侵犯性的自我决定权的犯罪。包括:强奸罪,负有照护职责人员性侵罪,强制猥亵、侮辱罪,猥亵儿童罪。

(3) 侵犯自由的犯罪。包括:非法拘禁罪,绑架罪,拐卖妇女、儿童罪,收买被拐卖的妇女、儿童罪,聚众阻碍解救被收买的妇女、儿童罪,诬告陷害罪,强迫劳动罪,雇用童工从事危重劳动罪,非法搜查罪,非法侵入住宅罪,刑讯逼供罪,暴力取证罪,虐待被监管人罪。

(4) 侵犯人格、名誉的犯罪。包括:侮辱罪,诽谤罪,煽动民族仇恨、民族歧视罪,出版歧视、侮辱少数民族作品罪。

(5) 侵犯民主权利的犯罪。包括:非法剥夺公民宗教信仰自由罪,侵犯少数民族风俗习惯罪,侵犯通信自由罪,私自开拆、隐匿、毁弃邮件、电报罪,侵犯公民个人信息罪,报复陷害罪,打击报复会计、统计人员罪,破坏选举罪。

(6) 妨害婚姻家庭关系的犯罪。包括:暴力干涉婚姻自由罪,重婚罪,破坏军婚罪,虐待罪,虐待被监护、看护人罪,遗弃罪,拐骗儿童罪,组织残疾人、儿童乞讨罪,组织未成年人进行违反治安管理活动罪。

第二节 侵犯生命、健康的犯罪

一、故意杀人罪

(一) 概念及构成要件

本罪是指故意非法剥夺他人生命的行为。本罪法益为他人的生命。生命法益是个人法益的基础,是一切法益的源泉,受到刑法的严密保护。在民法上被宣告死亡的人如果并未生理死亡,法律应保护其生命,对其故意杀害的构成故意杀人罪。对于已被核准死刑立即执行的死囚犯,即便已由最高人民法院院长签发执行死刑的命令,也不能随意侵犯其生命,而只能由法定执行人员按照法定程序执行死刑,否则亦构成故意杀人罪。

1. 行为

本罪行为表现为非法剥夺他人的生命。首先，本罪的对象为"他人"。与《刑法》第234条故意伤害罪明确指明伤害对象为"他人"不同，《刑法》第232条使用了"故意杀人"的表述，并未指明杀害的对象为"他人"，但考虑到自杀本身不是刑法规制的对象，所以，本罪的杀害对象亦为"他人"。因此，自杀不存在故意杀人罪的问题。"他人"是除了行为人以外的其他自然人，无论其国籍、种族、性别、职业、身份、血缘等状况。

其次，杀人行为需要有致人死亡的危险性。行为不具有通常的致人死亡的危险性，只是偶然产生了死亡结果的，不属于杀人行为。如甲希望乙死于坠机事故，于是劝说乙乘坐飞机旅游，结果乙果真死于坠机事故，不能认定甲劝说他人乘坐飞机的行为是杀人行为。

杀人行为的具体方式不限。既可以是暴力手段杀人，也可以是非暴力手段杀人，如投放危险物质杀人等。既可以是自己直接动手杀人，也可以是借助被害人之手杀人，如诱骗他人自杀、强迫他人自杀等。既可以是一人杀人，也可以是数人共同杀人。对于雇凶杀人案件，无论雇主是否直接参与杀人行为，亦不论被害人是否被杀死，对雇主都应以故意杀人罪定罪量刑。既可以是作为杀人，如刀砍、斧劈、电击、棒打、枪杀等，也可以是不作为杀人，如不给婴儿哺乳使其饿死等。在先行行为致使他人处于有死亡危险的境地时，行为人负有救助义务，故意不履行该义务致他人死亡的，构成不作为的故意杀人罪，刑法另有规定的除外。夫妻之间一方自杀，另一方见死不救的，司法实务中一般也认为构成不作为的故意杀人罪。

颜某等人发现周某有盗窃嫌疑，遂尾随追赶至某码头殴打周某，致使周某头皮裂创流血。周某挣脱后，颜某等人分头继续追赶。周某逃到一货船上，颜某等人紧追，将周某围堵在货船船尾，周某被迫跳入河中。颜某等人在船上看着周某向前游了数米后又往回游，但因体力不支而逐渐沉入水中，颜某等人均未对周某实施任何救助行为，看着周某在河中挣扎后沉下水去，直到看不见周某的身影，他们才下船离开。后周某溺水死亡。本案中，颜某等人追赶周某至水中，明知周某有生命危险却不采取救助措施，最终导致周某溺水死亡，其行为构成故意杀人罪。

死亡结果并非本罪行为的必要构成要素，仅是区分故意杀人既遂与否的标志。杀人行为发生死亡结果的，成立故意杀人既遂；没有发生死亡结果的，视情形成立故意杀人罪的预备、未遂或中止。

最后，杀人行为必须具有非法性。在拳击比赛、击剑比赛等竞技运动中，行为人遵循竞技规则，造成对方死亡的，属于被允许的危险，不构成故意杀人罪。剥夺他人生命的行为是否具有非法性，是一种客观的法律判断，不以行为人的主观认识为准。在杀人案件中,被害人的同意不属于刑法上的正当化事由,得到被害人的同意而杀人的,同样构成故意杀人罪(当然量刑时有别于通常的故意杀人案件)。安乐死能否被认定为合法杀人,存在争论。所谓安乐死,是指患者身患现代医学无法医治之绝症,极度痛苦,濒临死亡,基于患者的请求,使用适当医学方法,使患者迅速无痛苦地死亡的行为。实施积极安乐死的人是否构成故意杀人罪,争议甚大。甲的父亲乙身患绝症,痛苦不堪。甲根据乙的请求,给乙注射过量镇静剂致乙死亡。本案中,乙的同意虽然是真实的,但是由于《刑法》对生命实行特别保护,放弃生命的承诺是无效的,甲的行为仍然构成故意杀人罪。

2. 主体

本罪主体为一般主体。年满14周岁、具有刑事责任能力的人可构成本罪,根据《刑法修正案(十一)》的规定,已满12周岁不满14周岁的行为人,情节恶劣,经最高人民检察院核准追诉的,也可构成本罪。单位不能成为本罪主体。公司、企业等单位出于特定目的而雇凶杀人的,只能追究直接责任人员的刑事责任。

3. 罪过

本罪罪过为故意,即明知自己的行为会发生他人死亡的结果,并且希望或放任这种结果发生。杀人动机并非本罪的构成要件要素,不影响故意杀人罪的成立,只是量刑情节。在故意杀人案件中,应当注意区分行为人是直接故意杀人还是间接故意杀人。对于间接故意杀人案件,原则上不能判处死刑。

(二) 本罪的认定

1. 相约自杀案件的处理

相约自杀时,如果一方死亡,另一方未死,可能发生故意杀人问题。大致有以下几种情形:第一,相约双方各自实施自杀行为,其中一方死亡,另一方自杀未遂的,未遂一方不负刑事责任,不存在杀人问题。第二,在相约自杀过程中,如果一方产生反悔想法,中止了自杀行为,那么,当行为人负有法律上的救助对方的义务,并且在能够履行该义务的情况下不履行该义务,以致对方死亡时,行为人应构成故意杀人罪。第三,双方相约自杀,一方由于胆小或其他原因请求另一方先杀死自己,另一方将其杀死后自杀失败的,属于受嘱托杀人,杀死对方者构成故意杀人罪。第四,一方以相约自杀为名,欺骗对方自杀,结果对方自杀身亡的,属于伪装自杀,构成故意杀人罪。

重庆开县一位八旬老太曾某长期瘫痪在床,痛苦万分,又不想拖累家人,只求一死了之。曾某多次请求隔壁的七旬老翁宋某帮忙购买毒药,均被宋某拒绝。这一次,宋某终被曾某的苦苦央求所打动,按照对方的要求购买了5颗俗称"豌豆药"的农药。曾某自行服毒后,经抢救无效身亡。① 本案中,曾某已有自杀意图,宋某帮助被害人自杀,其主观上明知会出现他人死亡的结果仍故意为之,客观上积极主动地帮助被害人自杀,导致曾某死亡结果的发生,其行为已构成故意杀人罪。

2. 引起自杀案件的处理

引起自杀有以下几种情形:第一,逼迫他人自杀的,属于借被害人之手杀死被害人,与普通的杀人无异,构成故意杀人罪。第二,正当行为引起他人自杀的,不存在故意杀人问题。警察追捕歹徒,歹徒跳楼自杀当场身亡的,警察对此不负刑事责任。第三,错误行为或一般违法行为引起他人自杀的,也不存在刑事责任问题。如因夫妻吵架而引发一方自杀。不能因为出现了死亡结果,就将其错误行为或一般违法行为当作犯罪行为处理。第四,严重违法行为引起他人自杀身亡的,将严重违法行为与自杀后果进行综合评价,当达到了犯罪的社会危害程度时,应当追究刑事责任。如诽谤他人,行为本身并不严重,但引起他人自杀身亡的,可综合认定,对行为人应以诽谤罪论处。第五,犯罪行为引起他人自杀身亡的,若行为人对自杀身亡结果不具有故意的,不构成故意杀人罪,按先前所犯之罪从重处罚,若行为人对结果具有故意,依照刑法的明文规定处理;若刑法对此无规定的,则依照罪数理论处理。

3. 教唆、帮助自杀案件的处理

教唆自杀是指故意使本无自杀意思的人产生自杀意图,进而自杀的行为。对于教唆自杀,能否按照故意杀人罪处理,存在分歧。教唆者的唆使自杀行为如果对被教唆自杀者在意志上能够形成一定的支配、压制,教唆行为可以评价为故意杀人的实行行为(故意杀人的间接正犯),对此教唆行为应按照故意杀人罪论处;反之,行为人虽然实施了教唆自杀行为,但教唆行为不足以对被教唆自杀者的意志产生支配、压制,自杀是自杀者本人自由选择的结果,对此教唆行为不应以故意杀人罪论处。在引诱自杀、欺骗自杀的情形下,可以认定教唆自杀行为对被教唆自杀者的意志具有支配、压制作用,具体包括:(1)教唆不能理解死亡后果的年幼者或精神病人、重度痴呆者自杀的;(2)利用暴力、胁迫等心理强制手段唆使、逼迫他人自杀的;(3)利用优势影响力唆使他人自杀的,如邪教组织成员唆使邪教成员自杀的;(4)利用优势知识、信息使他人对生命法益产生认识错误的,如医生对并未患病的人说"你得了重症,后期将会十分痛苦,不如用安眠药早点了断",他人因而服用安眠药自杀的,对医生应以故意杀人罪追究刑事责任。在以上情形中,当被教唆者开始自杀时,可以评价为故意杀人的着手。被教

---

① 参见解兵:《将帮助自杀行为认定为杀人罪的法理根据》,载《检察日报》2010年10月22日第3版。

唆者自杀未得逞的,对教唆者应以故意杀人罪未遂追究刑事责任。

帮助自杀是指对于已有自杀意思的人的自杀行为进行直接结束生命之外的其他帮助行为。对于将毒药喂入具有自杀意图的人口中,取走上吊者脚下所站的凳子,或将站在楼顶自杀的人推下楼去等行为,由于这些行为直接断绝了他人的生命,属于故意杀人的实行行为,不属于帮助自杀行为。帮助自杀行为仅在对于他人自杀起到了重要作用时,才能评价为故意杀人行为;虽然对他人的自杀进行了帮助,但帮助行为对于他人的自杀所起作用较小的,不宜以故意杀人罪追究刑事责任。例如,受卧床不起的病人委托,帮其购买毒药,后病人服毒自杀的,可以认定为故意杀人罪,因为对于卧床不起的病人来说,帮其寻找到毒药,是自杀中最为重要的一步。自杀者在楼顶烦躁不安地来回走动时,楼下的观望者大喊"怎么还不跳?快点跳",自杀者因而跳楼的,对该行为不宜认定为帮助自杀行为,因为这一行为对于他人自杀难以评价为起到了重要作用。

刘某系秦某之妻。秦某因患重病长年卧床,一直由刘某扶养和照料。2010年11月8日3时许,刘某在其暂住地出租房内,不满秦某病痛叫喊,影响他人休息,与秦某发生争吵。后刘某将存放在暂住地的敌敌畏倒入杯中提供给秦某,由秦某自行服下,造成秦某服毒死亡。① 本案中,刘某与患重病长年卧床的丈夫秦某因故发生争吵后,不能正确处理,明知敌敌畏系毒药,仍向秦某提供,导致秦某服毒死亡,其行为构成故意杀人罪。

4. 一罪与数罪的界限

在故意杀人案件中,应正确认定罪数。一般而言,在数行为情形下,杀人行为应与其他行为并罚,如行为人先杀人,后放火毁灭罪证而危害公共安全的,应按故意杀人罪与放火罪数罪并罚。但以放火、爆炸、投放危险物质等危险方法杀人的,仅存在一行为,成立想象竞合犯,从一重罪处断。此外,若其他行为能够被杀人行为所吸收,也只定故意杀人罪一罪,如故意杀人后为掩盖罪行而毁坏、抛弃尸体的,应以故意杀人罪一罪论处。

在下列情形,刑法明文规定应以故意杀人罪与所犯之罪数罪并罚:第一,根据《刑法》第120条第2款,犯组织、领导、参加恐怖活动组织罪并实施杀人的;第二,根据《刑法》第198条第2款,保险诈骗的投保人、受益人故意造成被保险人死亡,骗取保险金的;第三,根据《刑法》第318条第2款,组织他人偷越国(边)境,对被组织人有杀害行为的,或对检查人员有杀害行为的;第四,根据《刑法》第321条第3款,运送他人偷越国(边)境,对被运送人或者检查人员有杀害行

---

① 参见罗灿、徐辉:《刘祖枝故意杀人案[第746号]——提供农药由丈夫自行服下后未采取任何救助措施,导致丈夫中毒身亡的,如何定罪处罚》,载中华人民共和国最高人民法院刑事审判第一、二、三、四、五庭主办:《刑事审判参考》(总第84集),法律出版社2012年版,第11页。

为的。

以下行为虽然发生在其他犯罪的过程中,但只构成故意杀人一罪,无须数罪并罚:第一,根据《刑法》第238条第2款,使用暴力非法拘禁他人或者以其他方法非法剥夺他人人身自由,致人死亡的;第二,根据《刑法》第247条,司法工作人员对犯罪嫌疑人、被告人实行刑讯逼供或者使用暴力逼取证人证言,致人死亡的;第三,根据《刑法》第248条第1款,监狱、拘留所、看守所等监管机构的监管人员对被监管人进行殴打或者体罚虐待,致人死亡的;第四,根据《刑法》第289条,聚众"打砸抢",致人死亡的;第五,根据《刑法》第292条第2款,聚众斗殴,致人死亡的。

在下列情形,虽然存在杀人行为,但不构成故意杀人罪,杀人行为属于所犯之罪的量刑情节:(1)根据《刑法》第121条,以故意杀人为手段劫持航空器的,构成劫持航空器罪,对行为人处死刑;(2)根据《刑法》第239条第2款,绑架他人以后,故意杀死被绑架人的,构成绑架罪,对行为人处死刑,并处没收财产;(3)根据《刑法》第263条,在抢劫过程中,先杀人后劫财的,构成抢劫罪,对行为人处10年以上有期徒刑、无期徒刑或者死刑,并处罚金或者没收财产。

此外,还需要注意司法解释中的特别规定。2000年11月15日最高法《关于审理交通肇事刑事案件具体应用法律若干问题的解释》第6条规定,行为人在交通肇事后为逃避法律追究,将被害人带离事故现场后隐藏或者遗弃,致使被害人无法得到救助而死亡或者严重残疾的,以故意杀人罪或故意伤害罪定罪处罚。2001年5月23日最高法《关于抢劫过程中故意杀人案件如何定罪问题的批复》规定,行为人为劫取财物而预谋故意杀人,或者在劫取财物过程中,为制服被害人反抗而故意杀人的,以抢劫罪定罪处罚。行为人实施抢劫后,为灭口而故意杀人的,以抢劫罪和故意杀人罪,实行数罪并罚。2017年1月25日"两高"《关于办理组织、利用邪教组织破坏法律实施等刑事案件适用法律若干问题的解释》第11条规定,组织、利用邪教组织,制造、散布迷信邪说,组织、策划、煽动、胁迫、教唆、帮助其成员或者他人实施自杀、自伤的,以故意杀人罪或故意伤害罪定罪处罚。

(三)本罪的处罚

根据《刑法》第232条的规定,故意杀人的,处死刑、无期徒刑或者10年以上有期徒刑;情节较轻的,处3年以上10年以下有期徒刑。根据《刑法》第56条的规定,对于故意杀人的犯罪分子,可以附加剥夺政治权利。"情节较轻"一般包括(被害人有重大过错导致行为人)义愤或激愤杀人、长期受被害人虐待、欺压而杀人、受嘱托杀人、"安乐死"杀人、"大义灭亲"杀人等情况。

在刑法分则所有罪名中,只有故意杀人罪的法定刑是按照从重到轻的顺序排列的。这种法定刑的顺序排列并不意味着对所有的杀人犯都要优先考虑判处死刑;不仅要看是否造成了被害人死亡的结果,还要综合考虑案件的全部情况,全面评价行为的社会危害性和行为人的人身危险性,对杀人犯判处罪刑相适应的处罚。既不能认为杀人既遂的一律要偿命,也不能认为杀人未遂的一律不判处死刑。故意杀人、伤害案件从性质上通常可分为两类:一类是严重危害社会治安、严重影响人民群众安全感的案件;一类是因婚姻家庭、邻里纠纷等民间矛盾激化引发的案件。对于后者适用死刑应当特别慎重,除犯罪情节特别恶劣、犯罪后果特别严重、人身危险性极大的被告人外,一般不应当判处死刑。

二、过失致人死亡罪

(一) 概念及构成要件

本罪是指因过失导致他人死亡的行为。

1. 行为

本罪表现为行为人实施了具有致人死亡危险性的行为,并实际导致他人死亡。构成本罪,要求行为人实施了具有致人死亡危险性的行为,该行为实际造成了死亡结果,并且行为与死亡结果之间具有因果关系。本罪行为方式不限,既可以是作为,也可以是不作为。不知别人患有心脏病,在争吵中推搡并脚踢他人非要害部位,致使他人心脏病发作而死亡的,一些法院认定为意外事件,一些法院认定构成过失致人死亡罪。基于身体神圣不可侵犯原理以及现代人多少都患有一定疾病的客观事实,推搡他人身体的行为客观上存在致人死亡的危险,认定构成过失致人死亡罪为妥。

2. 主体

本罪主体为年满16周岁、具有刑事责任能力的自然人。

3. 罪过

本罪罪过为过失。

(二) 本罪的认定

1. 罪与非罪的界限

主要应划清本罪与意外事件致人死亡的界限。二者界限在于根据行为当时的环境、行为本身的危险程度以及行为人的智力水平等因素,对死亡结果行为人是否负有预见义务以及是否负有回避义务。负有义务且有履行义务可能的,构成本罪,否则属于意外事件致人死亡。

甲上厕所,将不满1岁的女儿放在外边靠着篱笆站立,刚进入厕所,就听到女儿的哭声,急忙出来,发现女儿倒地,疑是站在女儿身边的4岁男孩乙所为。甲一手扶起自己的女儿,一手用力推乙,导致乙倒地,头部刚好碰到一块石头上,甲见状,赶紧送其去医院,乙因伤在要害部位不治而亡。本案中,甲的行为是在有心推人无意致死的心态下发生的,没有希望、放任乙死亡结果发生的故意,属于"一巴掌打死人"的情形,构成过失致人死亡罪。①

2. 此罪与彼罪的界限

(1) 本罪与间接故意杀人的界限。过于自信的过失致人死亡与间接故意杀人具有相似之处,如客观上都发生了死亡结果,行为人对死亡结果都有一定的认识,都不希望发生死亡结果。二者的区别在于:第一,认识因素不同。在过失致人死亡时,行为人认识到致人死亡的可能性较低;而在间接故意杀人时,行为人认识到致人死亡的可能性较高。第二,实施行为的原因不同。过失致人死亡是在认识到致人死亡的可能性较低的前提下,行为人认为可以避免死亡结果的发生,但没有充分估计不利因素,以致实施了过失行为;间接故意杀人则是在明知发生死亡结果的概率较高的前提下,行为人为了实现其他追求,因而继续实施行为。第三,对死亡结果的态度不同。过失致人死亡时,死亡结果违背行为人的意愿;间接故意杀人时,行为人对死亡结果持希望或放任态度,死亡结果并不违背其意愿。

张某和赵某长期一起赌博。某日二人在工地发生争执,张某推了赵某一把,赵某倒地时后脑勺正好碰到石头上,导致颅脑损伤,经抢救无效死亡。② 类似的案件经常发生,属于故意犯罪还是过失犯罪也时有争议。普通推搡致人死亡的概率较低。在行为人认识到死亡结果发生的概率较低的情形下,除有证据证明行为人具有故意外,应认定行为人对死亡结果系出于过失,故张某的行为构成过失致人死亡罪。

(2) 本罪与其他过失致人死亡犯罪的界限。在失火、重大责任事故等案件中,也经常出现致人死亡的结果。本罪与失火罪、重大责任事故罪等犯罪存在一般法条与特别法条的竞合关系。因此,《刑法》第233条规定,"本法另有规定的,依照规定。"据此,致人死亡行为如果符合失火罪等特别法条的规定的,按照失火罪等犯罪处理,不再按过失致人死亡罪处理。当然,致人死亡行为并不符合特别法条的规定,如开车时过失撞死1人,但仅负事故同等责任,因而不构成交通肇事罪的,对此可按过失致人死亡罪处理。

(三) 本罪的处罚

犯本罪的,根据《刑法》第233条的规定处罚。

三、故意伤害罪

(一) 概念及构成要件

本罪是指故意非法损害他人身体健康的行为。本罪法益为身体健康。身体

---

① 参见北京万国学校教研中心组编:《刑法》,中国法制出版社2014年版,第313页。
② 参见2007年国家司法考试真题卷二第14题。

健康表现为人体机能的自然运转,包括了肉体机能的正常运转、肉体组织的完整性以及保障肉体机能运转的精神系统的正常。行为导致肉体机能丧失、肉体部分缺损以及造成被害人染上重大疾病、精神失常的,构成故意伤害罪。单纯伤害他人心理健康的,如故意使他人产生不必要的焦虑的,不构成故意伤害罪。

1. 行为

本罪行为表现为非法损害他人的身体健康。

首先,行为对象是他人的身体。根据《刑法》第234条的规定,只有伤害"他人"身体的,才构成故意伤害罪。据此,伤害本人身体的,不构成故意伤害罪。当然,自伤行为如果侵犯国家法益或社会法益而触犯其他罪名时,如军人战时自伤身体逃避军事义务的,或以危及公共安全的方法自伤的,应以战时自伤罪或危害公共安全等相关罪名处理。

伤害胎儿的身体,导致被害人一出生即残疾的,能否构成故意伤害罪,存在争论。无罪说认为,故意伤害罪的对象是"人",将伤害胎儿的行为认定为伤害他人,属于不利于行为人的类推解释,违反罪刑法定原则。有罪说则有多种论证方法,如有人主张伤害胎儿的行为有损母亲生育子女的正常生理机能,因而可构成故意伤害罪。有人则主张对刑法上的"着手"采取规范的理解,即着手时不要求行为人存在现实的身体举动,只要能够使法益面临紧迫的危险即属于着手。因而,行为人在伤害胎儿时,伤害"人"的身体的危险还并不紧迫,故还不是伤害的着手,当胎儿出生为人时,便使先前的伤害胎儿的行为现实化为对人的伤害,从规范评价的角度看,行为人着手伤害了他人的身体,故构成故意伤害罪。

其次,行为内容为故意损害他人身体健康。在刑法上,身体健康在外形上表现为身体的自然完整性,在实质上表现为人体机能的自然运转。由此,伤害行为有两种具体表现形式:一是破坏人体组织的完整性,如挖掉眼睛、砍掉手指等;二是损害人体生理机能,如使人失去听觉或使人精神错乱等。强行剪掉他人的毛发、指甲,表面上看似乎也破坏人体组织的完整性,但由于不会损害人体生理机能,故不属于伤害行为。伤害行为既可以采用有形的方法,也可以采取无形的方法,后者如利用恐吓、精神刺激伤害他人健康,或故意传播可治愈的传染性疾病;但故意传播不可治愈的疾病的,应成立故意杀人罪。

只要存在故意伤害行为,即可构成故意伤害罪,伤害结果不是本罪的要件。出现轻伤以上结果,则标志着故意伤害犯罪既遂。根据《刑法》第234条的规定,伤害结果分为轻伤、重伤与伤害致死。轻伤是指使人肢体或容貌损害,听觉、视觉或其他器官功能部分障碍或其他对于人身健康有中度伤害的损伤,包括轻伤一级和轻伤二级。重伤是指使人肢体残废、毁容、丧失听觉、视觉或其他器官功能或其他对于人身健康有重大伤害的损伤,包括重伤一级和重伤二级。不同的伤害结果表明伤害的程度不同,影响到量刑轻重,因而,对于伤害结果是轻伤还是重伤,应当严格依据2013年8月30日"两高"、公安部、国家安全部、司法部《人体损伤程度鉴定标准》(以下简称《人体损伤鉴定标准》)来确定。伤害致死是指伤害行为致被害人死亡,客观上要求伤害行为与死亡结果之间具有因果关系,主观上要求行为人对死亡不能有故意,但必须对死亡具有预见可能性。还要指出的是,轻伤、重伤与伤害致死,仅是故意伤害罪的量刑情节,不是独立的罪名,在我国不存在"故意伤害致死罪"这样的罪名。

在司法实践中,应严格认定伤害行为与伤害结果之间的因果关系。只有伤害结果与伤害行为之间存在因果关系的,才能要求行为人对伤害结果负责。赵某某与马某某曾经有矛盾。2003年8月14日晚7时许,赵某某在汉川城区欢乐商城得知马某某在紫云街出现后,与李某等人一起持砍刀寻找马某某。车行至紫云街时看见马某某正在街上与人闲聊,赵某某等人下车持刀向马某某逼近,马某见势不妙立即朝街西头向涵闸河堤奔跑,赵某某等人持刀追赶40余米后,马某某跳到河里并往河心游。赵某某等人看他游了几下,因怕警察来,就一起跑到附近棉花田里躲藏了半小时后逃离现场。两天后,马某某的尸体在涵闸河内被发现。经法医鉴定,马某某系溺水死亡。本案中,赵某某等人为报复被害人,主观上有伤害他人身体的故意,客观上实施了持刀追赶他人的行为,并致被害人死亡后果的发生,其行为均已构成故意伤害(致人死亡)罪。被害人被逼跳水的行为是赵某某等人拿刀追赶所致,被害人跳水后死亡与赵某某等人的行为有法律上的因果关系,即使赵某某等人对被害人的死亡结果是出于过失,但鉴于事先赵某某等人已有伤害故意和行为,亦应认定构成故意伤害(致人死亡)罪。[①]

最后,伤害行为必须具有非法性。正当防卫、紧急避险或体育竞技(如拳击赛)过程中的致人伤害,为法律所允许,不构成刑法上的伤害行为。例如,在人身安全受到威胁后准备适当的防卫工具,在遭受不法侵害时利用该工具进行反击的,只要没有明显超过必要限度造成重大损害,就不构成故意伤害罪。医疗行为虽是正当的,但并非出于正当医疗的目的,在手术过程中故意切除他人正常身体器官,符合故意伤害罪的构成要件的,应以故意伤害罪论处。得到被害人同意的伤害行为是否合法,值得研究。通常而言,在被害人承诺伤害的情况下,对造成重伤的应该认定故意伤害罪,因为造成重伤的行为通常是对生命造成了危险的行为,而经被害人承诺的故意杀人毫无例外地成立故意杀人罪,但对基于被害人承诺造成轻伤的,不宜认定为故意伤害罪。如甲为归还赌债而同意乙砍断其一节小指,乙因此砍断甲的一节小指的,乙不构成故意伤害罪。

---

① 参见李晓庆、沈亮:《赵金明等故意伤害案[第434号]——持刀追砍致使他人泅水逃避导致溺水死亡的如何定罪》,载中华人民共和国最高人民法院刑事审判第一、二、三、四、五庭主办:《刑事审判参考》(总第55集),法律出版社2007年版,第21页。

曾某给自己投保多份意外伤害保险,意图保险诈骗。为达此目的,曾某劝说黄某砍掉他的双脚,许诺事成之后立刻偿还所欠黄某债务。黄某无奈答应。后由曾某确定砍脚的具体部位,由黄某准备砍刀等作案工具。某晚,黄某用刀将曾某的脚砍伤后骑曾某的摩托车离开现场。曾某呼救被民警送医。曾某向公安机关谎称自己是被三名陌生男子抢劫时砍去双脚。曾某的妻子经其同意向保险公司提出理赔申请,但因此案被破而未能得逞。对于黄某在曾某同意下砍掉其双脚的行为,法院认为黄某构成故意伤害罪。即便得到曾某的同意,但砍去双脚有致急性失血休克死亡的危险,法院认定黄某的行为构成故意伤害罪,是正确的。

2. 主体

本罪主体为一般主体。其中,故意伤害致人死亡或者以特别残忍手段致人重伤造成严重残疾,情况恶劣,经最高人民检察院核准追诉的,主体可以为已满12周岁不满14周岁、具有刑事责任能力的自然人。故意伤害致人重伤或死亡的,主体为年满14周岁、具有刑事责任能力的自然人;故意伤害致人轻伤的,主体为年满16周岁、具有刑事责任能力的自然人。

3. 罪过

本罪罪过为故意。即行为人明知自己的行为会发生伤害他人身体健康的结果,并且希望或放任危害结果发生。行为人出于何种伤害动机,一般不影响本罪的成立。

通常情况下,行为人对于伤害行为会给被害人造成何种程度的伤害,事前不一定有明确认识,事中也难以进行精确控制。实际造成轻伤结果时,按轻伤害处理;实际造成重伤结果时,按重伤害处理。因为无论是造成重伤还是造成轻伤,都包含在行为人的主观故意之内。如果行为人并没有伤害的故意,只有一般殴打的意思,结果致人重伤甚至造成他人死亡的,只能认定行为人构成过失致人重伤罪或过失致人死亡罪。

(二) 本罪的认定

1. 罪与非罪的界限

对于殴打他人但未出现轻伤以上结果的行为,在国外刑法中可成立暴行罪,但在我国则属于违反《中华人民共和国治安管理处罚法》(以下简称《治安管理处罚法》)的一般违法行为。殴打他人也可能造成他人某种程度的"伤害",如造成他人鼻青脸肿或表皮损伤,此时容易与故意伤害罪相混淆,故需要明确伤害行为与殴打行为的界限。殴打行为与伤害行为的根本区别在于损害人体健康的危险程度不同,殴打行为损害人体健康的危险程度极小,因而一般只能给他人造成暂时性的肉体疼痛,或使他人神经受到轻微刺激,但没有破坏人体组织的完整性,也没有损害人体生理机能的正常运作;而伤害行为损害人体健康的危险程度则极大,所以一般容易导致出现轻伤、重伤乃至死亡结果。损害人体健康的危险程度大小应根据打击的部位、打击的强度、所使用的工具、行为是否有所节制等因素进行客观判断。既然殴打不等于伤害，就不能将生活中所有"故意"殴打的案件认定为故意伤害罪，也不能将所有殴打致人死亡的案件，认定为故意伤害罪致死。

2013年1月15日晚上9时许，尹某（女）接到学校董老师的电话让其协助找因故未到校晚自习的尹某的儿子。尹某来到儿子就读的增城某中学，见到董老师后，尹某想起儿子日前因为与同学打架被要求赔偿医药费，这次又接到投诉电话，认为是老师对其儿子有成见，一时火冒三丈，质问老师是否冤枉了其儿子，见董老师未作声，怒气更胜，甩手打了董老师一巴掌，将其打成轻伤。[①] 本案中，尹某被法院定性为故意伤害罪，此判决并不妥当。从故意伤害罪的立案标准分析，虽然轻伤即可构成本罪，但并不意味着达到轻伤标准的一律构成犯罪。尹某作为一名女性，且仅打了被害人一巴掌，其行为属于因一时一事发生冲突并进而产生殴打的行为，其对于出现的轻伤结果应该属于过失而非故意。因此，从行为违法性程度和主观可谴责性的程度分析，尹某的行为仅属于日常生活中的殴打，不构成故意伤害罪。

2. 此罪与彼罪的界限

（1）本罪与故意杀人罪的界限。故意伤害致人死亡时，由于客观上发生了死亡结果，此时故意伤害罪（致死）易与故意杀人罪相混淆。故意杀人但由于意志以外的原因而未得逞的，由于客观上只有伤害结果，此时故意杀人罪（未遂）也易与故意伤害罪产生混淆。因此，必须明确故意伤害罪与故意杀人罪的界限。对此，学界有目的说、故意说和事实说之争。故意说是目前的通说，即对于这类案件应查明行为人的故意内容是什么，如果行为人具有的是非法损害他人身体健康的故意，即使出现死亡结果，也只构成故意伤害罪；反之，如果行为人具有的是非法剥夺他人生命的故意，则即使没有出现死亡结果，也构成故意杀人罪（未遂）。当然，根据行为本身是否具有剥夺他人生命的高度危险性这一客观标准，来区分故意伤害罪与故意杀人罪，也是可能的。

甲与乙因琐事发生争吵，乙气极朝甲右眼打了一拳就跑，甲追上乙后，拔出随身携带的水果刀朝乙的臀部猛刺一刀，不料正中乙的股动脉。本案中，甲只是用刀刺向乙的臀部，明显只有伤害的故意，故甲的行为构成故意伤害罪，而不是故意杀人罪。[②]

（2）本罪与过失致人死亡罪的界限。在故意伤害致人死亡的场合，由于客

---

① 参见赵杨、增检宣：《打老师一耳光被判刑八个月》，载《南方日报》2013年7月19日第GC07版。

② 参见北京万国学校教研中心组编：《刑法》，中国法制出版社2014年版，第312页。

观上存在死亡结果,主观上行为人对死亡结果都出于过失,此时就有严格区分故意伤害罪(致死)与过失致人死亡罪的必要。区分两罪的关键是行为人主观上有无伤害的故意:过失致人死亡时,行为人主观上既无杀人的故意,也无伤害的故意;而故意伤害致人死亡,则是行为人基于伤害的故意,过失地造成了死亡结果,客观上要求伤害行为与死亡结果之间具有因果关系,主观上要求行为人对于死亡结果没有故意,但具有预见可能性。

杨某与吴某因事发生矛盾。杨某驾车欲离开,吴某遂用右手抓住汽车副驾驶室车门、左手抓住车厢挡板,阻止杨某离开。杨某见状仍驾车向前低速行驶数米并右转弯,致吴某倒地后遭汽车右后轮碾轧,经抢救无效死亡。本案中,杨某于案发当时急于脱身,且驾车低速行驶,认为吴某会自己松手,不可能造成严重后果以及未能及时意识到吴某倒地后可能会被右转过程中的车后轮碾轧的辩解符合情理,综合杨某在事发后能积极协助抢救被害人等行为,应当认定吴某的死亡并非杨某的主观意愿,其行为构成过失致人死亡罪。

(3) 本罪与包含伤害内容的其他犯罪的界限。很多犯罪都包含一定程度的伤害行为。如劫持航空器罪、强奸罪中的"暴力"足以表明这些犯罪存在伤害内容。对于这种法条竞合现象,《刑法》第 234 条第 2 款规定,"本法另有规定的,依照规定。"据此,故意伤害行为触犯其他罪名,符合其他犯罪的构成要件的,应当按照其他犯罪论处,而不再认定为故意伤害罪。如放火、破坏交通工具、抢劫等行为导致人身伤害的,认定为放火罪、破坏交通工具罪、抢劫罪,不再认定为故意伤害罪。当然,对于部分包含伤害内容的犯罪,如果伤害行为超出了这些犯罪的构成要件,则对伤害行为仍应定性为故意伤害罪。如行为人暴力抗税的,若暴力行为仅造成他人轻伤的,行为人构成抗税罪;若暴力行为造成他人重伤的,行为人在构成抗税罪的同时,还另行构成故意伤害罪。

此外,根据《刑法》第 238 条、第 247 条、第 248 条、第 289 条、第 292 条、第 333 条的规定,对非法剥夺人身自由使用暴力致人伤残的、刑讯逼供或暴力取证致人伤残的、虐待被监管人致人伤残的、聚众"打砸抢"致人伤残的、非法组织或强迫他人出卖血液造成伤害的,应以故意伤害罪论处,而不能认定为非法拘禁、刑讯逼供等犯罪。

3. 既遂与未遂的界限

行为人在伤害故意支配下实施了伤害行为,造成轻伤以上后果的,构成故意伤害罪的既遂。故意伤害罪存在未遂,但对于未遂范围,学界尚有不同认识。就故意轻伤而言,行为人主观上只有造成轻伤的故意,客观上未能造成轻伤后果的,综合来看行为的社会危害性没有达到应予刑事追究的程度,故对于这种事实层面的伤害未遂,没有必要在法律层面认定为故意伤害罪未遂。就故意重伤而言,行为人以重伤的故意,实施了具有致人重伤危险性的行为,虽然由于行为人意志以外的原因而没有发生轻伤以上的结果,但综合评价已经达到应予刑事追究的程度的,应以故意伤害罪追究未遂犯的刑事责任。

(三) 本罪的处罚

犯本罪的,根据《刑法》第234条的规定处罚。需要说明的是,对于故意伤害的犯罪分子,适用10年以上有期徒刑、无期徒刑或者死刑的只有两种情况:一是故意伤害致人死亡,二是以特别残忍手段致人重伤造成严重残疾。"致人重伤"应当严格按照《人体损伤鉴定标准》确定。"严重残疾"是指有下列情形之一的:被害人身体器官大部缺损、器官明显畸形、身体器官有中等功能障碍、造成严重并发症等。残疾程度可以分为一般残疾(10至7级)、严重残疾(6至3级)、特别严重残疾(2至1级),6级以上视为"严重残疾"。实践中,并不是只要达到"严重残疾"就判处死刑,还要根据伤害致人"严重残疾"的具体情况,综合考虑犯罪情节和危害后果来决定刑罚;故意伤害致人重伤造成严重残疾,只有犯罪手段特别残忍,后果特别严重的,才能考虑适用死刑(包括死刑缓期2年执行)。

四、组织出卖人体器官罪

(一) 概念及构成要件

本罪为《刑法修正案(八)》所增设。从立法体系上看,本罪规定在故意伤害罪之下,法益为他人的身体健康,同时也涉及人体器官捐献、移植的正常秩序。

1. 行为

本罪行为对象为人体器官。人体器官是指心脏、肺脏、肝脏、肾脏或胰腺等器官的全部或部分。人体器官不包括血液。非法组织他人出卖血液的,构成《刑法》第333条的非法组织卖血罪。对于非法组织他人出卖人体细胞和角膜、骨髓的行为,是否能够构成本罪,存在不同看法。2007年3月31日国务院《人体器官移植条例》第2条规定,"从事人体细胞和角膜、骨髓等人体组织移植,不适用本条例"。但是,从保护身体健康角度,可以考虑对"器官"一词进行扩大解释,即具有器官功能,一旦缺失就会影响被害人的身体健康,且难以自行再造的人体组成部分,应被评价为"器官"。因此,眼角膜、皮肤、骨头等,属于器官,但血液、骨髓、细胞等可以再生的组织则不是器官。

本罪行为表现为组织他人出卖人体器官。组织,是指以招募、雇用、引诱、收买等方法有偿获取他人的人体器官。组织的方式不限,核心是使他人出卖人体器官,即他人在组织者的安排下,自愿以本人的人体器官换取经济利益。在互联网上发帖征集愿意出卖器官的人的,属于本罪的组织行为。组织他人"出卖"人体器官意味着他人是自愿提供人体器官。若是在被组织者不同意的情形下,采用暴力、胁迫等手段获取他人人体器官的,即使事后支付了对价,也不属于他人"出卖"人体器官,对此应直接以故意伤害罪或故意杀人罪论处。组织他人"出卖"人体器官还意味着他人必须能够获得经济利益。获得经济利益既可以表现为获得金钱,也可以表现为获得实物;既可以表现为积极财产的增加(如获得一笔钱),也可以表现为消极财产的减少(如以人体器官作价抵充债务)。如果组织者使他人出于感情、荣誉等方面的考虑而自愿提供人体器官的,不能构成本罪。本罪的行为不是出卖行为,而是组织出卖的行为,因而,出卖者直接将自己的器官出卖给他人的,或单纯购买人体器官的行为,均不成立犯罪。此外,既然本罪法益是身体健康,只要对被摘取人体器官的出卖者的身体达到伤害程度,就成立本罪的既遂。

2. 主体

本罪主体为一般主体。虽然条文使用了"组织"一词,但不可将本罪主体理解为组织犯中的组织者。民政等部门的人员明知他人出卖人体器官,仍为相关人员出具伪造的亲属关系证明,或医生明知他人系出卖人体器官仍参与手术摘取人体器官的,构成本罪共犯。

3. 罪过

本罪罪过为故意,是否出于营利目的不影响本罪的成立。

(二) 本罪的认定

1. 本罪与故意伤害罪、故意杀人罪的界限

是否得到他人的有效同意,是本罪与故意伤害罪、故意杀人罪的界限所在。根据《刑法》第234条之一第2款的规定,在下列三种情况下按照故意伤害罪、故意杀人罪处理,具体包括:(1) 未经本人同意摘取其器官的。(2) 摘取不满18周岁的人的器官的。《人体器官移植条例》第9条规定:"任何组织或者个人不得摘取未满十八周岁公民的活体器官用于移植。"即便不满18周岁的人真诚同意摘取其器官,由于其不具有同意能力,其同意是无效的。(3) 强迫、欺骗他人捐献器官的。强迫、欺骗他人捐献器官,属于未得到他人的有效同意。

甲谎称乙的女儿丙需要移植肾脏,让乙捐肾给丙。乙同意,但甲将乙的肾脏摘出后移植给丁。本案中,乙被欺骗而同意捐献肾脏,这种承诺不是真实有效的,甲的行为构成故意伤害罪。[①]

当然,得到他人的同意,并不意味着组织他人出卖人体器官的行为只构成组织出卖人体器官罪,不构成故意伤害罪、故意杀人罪。组织出卖人体器官罪与故意伤害罪、故意杀人罪并不是对立的。既然对于能够危及生命安全的健康法益,即使得到被害人的同意,同意也是无效的,那么,组织他人出卖人体器官的行为侵犯能够危及生命的健康法益时,既触犯组织出卖人体器官罪,又同时触犯故意伤害罪或故意杀人罪。当然,对此不应数罪并罚,而应按照竞合犯原理加以

---

① 参见刘凤科编著:《刘凤科解刑法》,中国政法大学出版社2015年版,第143页。

处理。

2. 本罪与盗窃、侮辱、故意毁坏尸体、尸骨、骨灰罪的界限

两罪的区别在于所组织出卖的器官是活体器官还是尸体器官。器官移植分为活体器官移植与尸体器官移植两种。本罪行为对象为活体人体器官，因为只有摘取活体人体器官的，才可能危害身体健康。违背本人生前意愿摘取其尸体器官，或本人生前未表示同意，违反国家规定，违背其近亲属意愿摘取其尸体器官的，没有侵犯身体健康的属性，不构成本罪，只能按照《刑法》第302条盗窃、侮辱、故意毁坏尸体、尸骨、骨灰罪的规定定罪处罚。

(三) 本罪的处罚

犯本罪的，根据《刑法》第234条之一的规定，处5年以下有期徒刑，并处罚金；情节严重的，处5年以上有期徒刑，并处罚金或者没收财产。

五、过失致人重伤罪

本罪是指过失导致他人重伤的行为。本罪表现为行为人实施了具有致人重伤危险性的行为，并实际造成致人重伤的结果，且重伤结果与过失行为之间存在因果关系。行为本身是否具有致人重伤的危险性，应当依据科学法则来认定。行为所造成的伤害结果是否属于重伤，根据《人体损伤鉴定标准》确定。实际出现了死亡结果，如因过失当场导致重伤，被害人由于伤势过重经抢救无效而死亡的，应当认定为过失致人死亡罪，不成立本罪。本罪与其他过失致人重伤的行为(如交通肇事致人重伤)存在法条竞合关系。因此，《刑法》第235条规定，"本法另有规定的，依照规定。"据此，过失致人重伤的行为如果符合其他犯罪的构成要件，则不再构成本罪，而应按其他犯罪处理。

本罪主体为一般主体。本罪罪过为过失。对于重伤结果持何种罪过形式，是本罪与故意伤害罪(致人重伤)的界限所在。

2005年12月1日，齐某和同学卢某到长安区斗门街北边的一食品店门口玩耍，店内打工的党某当天刚买了一把小匕首，齐某一见就要，党某不给，结果二人在玩闹当中，党某不小心失手用小刀刺到了齐某的前胸一下，齐某蹲下，党某随即将齐某送往医院救治，后党某从医院逃走。经法医鉴定齐某肌体损伤程度为重伤。① 本案中，党某的行为即构成过失致人重伤罪。

犯本罪的，根据《刑法》第235条的规定处罚。

---

① 参见岳红革等：《挥刀伤人，是故意还是过失》，载《检察日报》2010年11月5日第2版。

第三节 侵犯性的自我决定权的犯罪

一、强奸罪

(一) 概念及构成要件

本罪为《刑法修正案(十一)》所修订。本罪包括两种类型:第一种为普通强奸,即使用暴力、胁迫或其他手段,强行与妇女性交的行为;第二种是奸淫幼女型强奸,即与不满14周岁的幼女性交的行为。普通强奸罪所侵犯的法益是女性的性的自我决定权,奸淫幼女所侵犯的法益是幼女的性的不可侵犯权。

1. 普通强奸

(1) 行为。行为表现为以暴力、胁迫或其他手段,违背妇女意志,强行与之发生性关系,对象为已满14周岁的妇女。

强奸行为以违背妇女意志为前提,即在妇女不同意性交的情况下,或以违反妇女意愿的方式,强行与之性交。换言之,被害妇女的性的自我决定权是否受到侵害或威胁,与她本人的意愿密不可分;只有当行为人的行为实际上违背了妇女意志时,才意味着其性的自我决定权受到了侵害或威胁。如行为人以为自己的行为违背妇女意志,但实际上妇女完全同意或自愿的,应认定为强奸罪未遂。

强奸的方法行为包括暴力、胁迫或其他手段。暴力手段,是指不法对被害妇女行使有形力的手段,即直接对被害妇女采取殴打、捆绑、堵嘴、卡脖子、按倒等危害人身安全或人身自由,使妇女不能反抗的手段。暴力的对象是被害妇女,必须直接针对被强奸的妇女实施。如果行为人为了强奸妇女,对被害妇女实施暴力,并对阻止其实施强奸行为的第三者实施暴力,则不仅构成强奸罪,而且构成另一独立的犯罪(故意伤害罪或非法拘禁罪等)。暴力的上限为重伤。行为人故意使用暴力导致妇女重伤,然后实施奸淫行为的,成立强奸罪(致人重伤的结果加重犯)。如果行为人为了强奸妇女而以杀人的故意对妇女实施足以致人死亡的暴力,在妇女昏迷期间奸淫妇女,应认定为故意杀人罪和强奸罪的想象竞合犯。

胁迫手段,是指为了使被害妇女产生恐惧而以恶害相通告的行为,目的是使被害人产生恐惧心理,从而不敢反抗。与暴力属于有形力拘束于女性身体不同,胁迫是一种无形力,是对女性精神上的强制。通常情况下,利用教养关系、从属关系或利用职权以及孤立无援的环境条件,进行挟制、迫害等,使妇女忍辱屈从、不敢反抗的,构成强奸罪。① 但是在认定过程中应当注意的是,利用教养关系、

---

① 参见陈兴良:《规范刑法学》(第五版)(下册),中国人民大学出版社2023年版,第156页。

从属关系或职权关系，必须达到对女性形成精神上的强制的程度，如养(生)父以虐待、克扣生活费迫使养(生)女容忍其奸淫的，构成强奸罪。行为人以加害自己相通告的，不属于胁迫。胁迫有直接和间接、口头和书面、暴力和非暴力等不同形式和内容。

其他手段，是指采用暴力、胁迫以外的使被害妇女不知抗拒、不敢反抗或不能抗拒的手段，具有与暴力、胁迫相同的强制性质。常见的其他手段有：用酒灌醉或药物麻醉之后强奸妇女；利用妇女熟睡之机进行强奸；冒充妇女的丈夫或情人进行强奸；利用妇女患重病之机进行强奸；造成或利用妇女处于孤立无援的状态进行强奸；组织和利用会道门、邪教组织或利用迷信或假冒治病而奸淫妇女等。其他手段需要使得被害妇女难以反抗。例如，当考生感觉可能不及格，而要求教官关照时，教官提出和其发生关系，否则就不给与及格，不能认定为胁迫手段。女精神病患者(含花痴)或女性痴呆者(程度严重的)不具有性同意能力，即使作出了形式上的同意，也不是真正的自治，与之性交仍然侵犯了对方的性的自我决定权。欺骗对方对性行为本身的性质、意义发生错误认识而同意性交的，构成强奸罪；对性行为本身的性质、意义没有错误认识，而只是对其他事项有错误认识而同意性交的，不构成强奸罪。

强奸行为是复合行为，在方法行为之外，还需要具备结果行为，即与妇女的性交。若仅有方法行为，但未发生结果行为的，构成强奸罪的未完成形态。

(2) 主体。本罪主体为年满14周岁、具有刑事责任能力的人。行为主体一般是男性，其中单独的直接正犯只能是男性。妇女可以成为强奸罪的教唆犯、帮助犯，也可以成为强奸罪的间接正犯与共同正犯。

(3) 罪过。本罪罪过为故意，即行为人明知采用暴力、胁迫等手段与妇女性交的行为，会发生侵害妇女的性的自我决定权的结果，并且希望或放任这种结果发生。在认识因素上，行为人必须认识到性交行为违背了女性意志，即认识到女性不同意性交，不采取暴力、胁迫或其他手段就不可能达到性交目的。卖淫女乙向嫖客甲提出800元的嫖资要求，但是甲只愿意支付500元，乙遂因钱少而拒绝卖淫打算离开。但是甲实施暴力强行与乙发生关系，事后又给乙800元，乙拒收。甲的行为构成强奸罪。

2. 奸淫幼女型强奸

奸淫幼女是强奸罪的一种特殊类型，与普通强奸相比，在犯罪构成上存在以下区别：

(1) 行为。与不满14周岁的幼女性交。行为对象是不满14周岁的幼女。幼女身心发育不成熟，缺乏辨别是非的能力，对性行为的后果缺乏正确认识，抗拒能力较弱，需要给予特殊保护。因此，奸淫幼女在行为上不以实施普通强奸之方法行为为要件，无论采取何种手段，无论幼女是否同意，只要与幼女性交，就符合强奸罪的行为要件。2013年10月23日"两高""两部"《关于依法惩治性侵害未成年人犯罪的意见》(以下简称《惩治性侵未成年人犯罪意见》)第20条规定,以金钱财物等方式引诱幼女与自己发生性关系的,知道或者应当知道幼女被他人强迫卖淫而仍与其发生性关系的,均以强奸罪论处。第21条规定,对幼女负有特殊职责的人员与幼女发生性关系的,以强奸罪论处。对已满14周岁的未成年女性负有特殊职责的人员,利用其优势地位或者被害人孤立无援的境地,迫使未成年被害人就范,而与其发生性关系的,以强奸罪定罪处罚。《刑法修正案(九)》废除了原《刑法》第360条第2款"嫖宿幼女罪",自此,嫖宿不满14周岁幼女的,适用奸淫幼女的规定,以强奸罪定罪。

(2) 主体。本罪主体是已满14周岁、具有刑事责任能力的自然人。已满14周岁不满16周岁的人偶尔与幼女发生性行为,情节轻微、未造成严重后果的,不认为是犯罪。

(3) 罪过。本罪罪过是明知犯罪对象为未满14周岁的幼女。在本罪中,幼女属于特定对象,是构成要件要素,根据主客观相统一原则,行为人必须认识到对方一定或可能是幼女。《惩治性侵未成年人犯罪意见》第19条规定,知道或者应当知道对方是不满14周岁的幼女,而实施奸淫等性侵害行为的,应当认定行为人"明知"对方是幼女。对不满12周岁的被害人实施奸淫等性侵害行为的,应当认定行为人"明知"对方是幼女。对于已满12周岁不满14周岁的被害人,从其身体发育状况、言谈举止、衣着特征、生活作息规律等观察可能是幼女,而实施奸淫等性侵害行为的,应当认定行为人"明知"对方是幼女。上述司法解释将幼女的年龄区分为不满12周岁与已满12周岁不满14周岁两个阶段,并且为之设定了认定"明知"的不同规则。对于已满12周岁不满14周岁的幼女而言,司法解释要求从被害人的身体发育状况、言谈举止、衣着特征、生活作息规律等观察是否可能是幼女,这实际上是从客观证据上认定行为人的主观明知。而对于不满12周岁的幼女实施奸淫的,司法解释规定"应当认定行为人'明知'对方是幼女",免除了公诉机关对于"明知"的积极证明责任。

(二) 本罪的认定

1. 罪与非罪的界限

(1) 恋爱过程中性交的罪与非罪。第一,在恋爱过程中,女方提出分手,行为人为了达到结婚的目的,于是将"生米做成熟饭"的,行为人构成强奸罪。第二,在恋爱过程中,男方一时冲动,要求和女方发生性关系,如果女方坚决不同意,行为人实施了暴力、胁迫或其他违背女性意志的手段,与女性性交的,即使女性事后原谅行为人,行为人也构成强奸罪。第三,女方虽然口头上不同意性交,但男方没有实施暴力或胁迫手段,女方又没有明显反抗的,即使后来感情破裂,女方控告男方强奸的,也不能认定男方构成强奸罪。第四,以恋爱为名骗取女性信任,然后与女性性交的,虽然具有"骗奸"的性质,但不宜认定为强奸罪。

(2) 强奸与求奸的区别。强奸未遂与求奸未成具有一定相似之处,二者的界限在于:求奸的行为人主观上意欲与女性发生性关系,但不具有强行奸淫的决意;客观上往往表现为口头提出要求,或拉拉扯扯,甚至拥抱猥亵;未发生性交行为的原因,是在遭到女性拒绝以后行为人主动停止了要求性交的行为。而强奸未遂的行为人主观有强行奸淫的决意,客观上实施了暴力、胁迫或其他手段,未发生性交结果乃是行为人意志以外的原因所致。以往出现过把求奸过程中的拉扯或脱女性衣裤的行为认定为强奸中的暴力的现象,对此应予以纠正。

(3) 强奸与通奸的区别。通奸是指一方或双方有配偶的男女,双方自愿发生性关系的行为。通奸仅是一种违反婚姻法的违法行为,与强奸罪有着本质的区别。强奸与通奸的区别一般是明显的:强奸违背女性意志,故行为人在客观上必须采取暴力、胁迫或其他手段,主观上有强行奸淫的故意;而通奸并不违背女性意志,故行为人在客观上无须采取暴力、胁迫等手段,在主观上也没有强行奸淫的故意。对于以下情形,需要加以注意:其一,把通奸说成是强奸。有的女性与人通奸,一旦翻脸,关系恶化,或事情暴露后,怕丢面子,或为推卸责任、嫁祸于人,或由于其他原因,把通奸说成强奸的,对行为人不能定为强奸罪;把通奸说成是强奸的妇女,有成立诬告陷害罪的可能。其二,先通奸后强奸。男女双方先是通奸,后来女方不愿继续通奸,而男方纠缠不休,并以暴力或以败坏名誉等进行胁迫,强行与女方发生性行为的,构成强奸罪。其三,先强奸后通奸。根据1984年4月26日"两高"、公安部《关于当前办理强奸案件中具体应用法律若干问题的解答》(已废止),第一次性行为违背妇女的意志,但事后并未告发,后来女方又多次自愿与该男子发生性行为的,一般不宜以强奸罪论处。此种处理方式虽然对刑法通说有长期影响,但其理论依据尚存疑问。有学者指出:"只要第一次的强奸证据确凿,就没有理由因为事后的通奸而否定强奸罪的成立。"[1] 如果强奸行为转化为通奸,意味着女方已经谅解了男方,并且在此基础上产生了新的两性关系,这意味着女方性的自我决定权即性法益得到了恢复,当然不宜以强奸罪论处。而且,从宽严相济刑事政策的角度也不宜以强奸罪追究男方的刑事责任。

此外,传统刑法学教科书习惯探讨的"半推半就"案件的定性与女精神病人发生性行为的认定,随着国家与社会的日益开放以及对弱势群体的保护日益加重,这两个问题无须特别探讨,只要根据强奸罪的构成要件结合具体案情予以分析即可。

---

[1] 张明楷:《刑法学》(第六版)(下),法律出版社2021年版,第1139页。

2. 关于"轮奸"的认定

"轮奸"是指两个以上的男子出于共同强奸的故意,在同一段时间内,对同一妇女(或幼女)连续地轮流强奸(或奸淫)的行为。轮奸是强奸罪的加重情节,其成立不要求行为主体均达到法定年龄和具有责任能力。例如,已满16周岁的甲与不满14周岁的乙共同轮奸妇女。在违法层面,二者就是共同正犯,对甲依然适用轮奸的法定刑。第二行为人的实行行为,是"轮流"的成立标准。又如,甲、乙二人有轮奸丙的故意,甲强奸完丙后,乙接着对丙实施暴力压制其反抗,但是在性交之前,被警方抓获,甲、乙的行为构成轮奸;但若乙尚未来得及对丙实施暴力即被警方抓获的,或乙尚未实施暴力即自动放弃的,则甲、乙的行为不构成轮奸。

3. 既遂与未遂的界限

我国通说及司法解释认为,普通强奸时,只有双方生殖器结合(插入)时,方为既遂(插入说);奸淫幼女时,只要行为人的性器官与幼女的性器官接触,就是既遂(接触说)。我们认为,单纯的性器官接触并没有完成性交行为,故对奸淫幼女也应采取插入说。接触说不利于鼓励行为人中止犯罪,也不利于区分奸淫幼女型强奸罪与猥亵儿童罪。

4. 一罪与数罪的界限

在强奸犯罪中,存在比较复杂的罪数问题。一般而言,只要强奸行为与其他犯罪行为之间不存在牵连、想象竞合等关系,对行为人就应数罪并罚。如抢劫妇女的财物后又强奸该妇女的,对行为人应以抢劫罪与强奸罪进行数罪并罚。

下列强奸行为应以强奸罪和其他犯罪实行数罪并罚:(1)根据《刑法》第241条,收买被拐卖的妇女,强行与其发生性关系的,以收买被拐卖的妇女罪和强奸罪数罪并罚。(2)根据《刑法》第318条,在组织他人偷越国(边)境的过程中,强奸被组织的妇女的,应以组织他人偷越国(边)境罪与强奸罪数罪并罚。(3)根据《刑法》第321条,在运送他人偷越国(边)境的过程中,强奸被运送的妇女的,应以运送他人偷越国(边)境罪与强奸罪数罪并罚。下列情形强奸行为仅是其他犯罪的量刑情节,不数罪并罚:(1)根据《刑法》第240条,拐卖妇女时奸淫被拐卖的妇女的,构成拐卖妇女罪一罪。(2)根据《刑法》第358条,在组织他人卖淫或强迫他人卖淫的过程中,强奸妇女迫使其卖淫的,构成组织卖淫罪或强迫卖淫罪一罪。

(三)本罪的处罚

根据《刑法》第236条的规定,强奸妇女的,处3年以上10年以下有期徒刑;奸淫幼女的,从重处罚。有下列情形之一的,处10年以上有期徒刑、无期徒刑或者死刑:(1)强奸妇女、奸淫幼女情节恶劣的;(2)强奸妇女、奸淫幼女多人的;(3)在公共场所当众强奸妇女、奸淫幼女的;(4)二人以上轮奸的;(5)奸淫不满十周岁的幼女或者造成幼女伤害的;(6) 致使被害人重伤、死亡或者造成其他严重后果的。

《刑法修正案(十一)》对本罪条文共有两处修正:一是在第 3 款第 3 项"在公共场所当众强奸妇女"之后添加"奸淫幼女"的情形,二是增设第 5 项"奸淫不满十周岁的幼女或者造成幼女伤害的",这些修订内容体现了刑法对幼女的特殊保护。关于认定"在公共场所当众",只要在公共场所实施行为有被除行为人外的众人感知的可能性即可。《惩治性侵未成年人犯罪意见》第 23 条规定,在校园、游泳馆、儿童游乐场等公共场所对未成年人实施强奸犯罪,只要有其他多人在场,不论在场人员是否实际看到,均可以认定为在公共场所"当众"强奸妇女。关于认定"造成幼女伤害",只要对幼女造成轻伤结果即可。

《惩治性侵未成年人犯罪意见》第 25 条规定,针对未成年人实施强奸的,应当从重处罚,具有下列情形之一的,更要依法从严惩处:(1) 对未成年人负有特殊职责的人员、与未成年人有共同家庭生活关系的人员、国家工作人员或者冒充国家工作人员,实施强奸犯罪的;(2) 进入未成年人住所、学生集体宿舍实施强奸犯罪的;(3) 采取暴力、胁迫、麻醉等强制手段实施奸淫幼女犯罪的;(4) 对不满 12 周岁的儿童、农村留守儿童、严重残疾或者精神智力发育迟滞的未成年人,实施强奸犯罪的;(5) 猥亵多名未成年人,或者多次实施强奸犯罪的;(6) 造成未成年被害人轻伤、怀孕、感染性病等后果的;(7) 有强奸、猥亵犯罪前科劣迹的。《惩治性侵未成年人犯罪意见》第 28 条规定,对于强奸未成年人的成年犯罪分子判处刑罚时,一般不适用缓刑。

二、负有照护职责人员性侵罪

(一) 概念及构成要件

本罪是《刑法修正案(十一)》所增设的罪名,是指对已满 14 周岁不满 16 周岁的未成年女性负有监护、收养、看护、教育、医疗等特殊职责的人员,与该未成年女性发生性关系的行为。

1. 法益

本罪法益是已满 14 周岁不满 16 周岁的未成年女性的性自主权。

传统性侵犯犯罪的核心是对于性同意的判断,即行为对象对性行为是否作出同意的表示,这是个人对自己性权利的处分,刑法以年龄为标准对性行为的主体进行一定的限制,对不同主体设置不同的同意认定标准。根据刑法强奸罪的构成可以看出,我国刑法将性自主年龄线划定为 14 周岁,当性行为对象为 14 周岁以上的女性时,则以其是否实质同意为判断标准,当性行为对象为 14 周岁以下的幼女时,以否定幼女具备性同意能力为原则,以特定对象、特定主体、特定关系、特定结果情况下幼女具备性同意能力为例外。① 本罪名产生后，理论界对本罪名是否实质调整了性自主年龄线产生了争议，性自主权说认为负有照护职责人员性侵罪保护的法益是已满14周岁不满16周岁的未成年女性的性自主权，即性自主年龄线并没有进行调整；而身心健康说认为本罪保护的法益是已满14周岁不满16周岁的未成年女性的身心健康，即认为14周岁到16周岁的未成年女性是没有性自主权的，即该罪名实质提高了我国性同意年龄线。

我们认为，性自主权说更为合理。法律认可已满14周岁不满16周岁的未成年女性的性同意能力，并不代表这会成为负有特殊职责的人与该年龄段女性发生性行为的出罪理由。是否认可该年龄段未成年女性享有性自主权应基于该年龄段女性的生理和性心理发育情况，以及我国刑法宏观整体把握等客观因素综合判断，而不是基于对某类案件频发而作出的反应。承认该年龄段未成年女性享有性自主权同时将负有照护职责的人员部分行为犯罪化，在逻辑上并不冲突。通过性剥削理论所引起的隐形强制对该罪名的法益进行合理化解释，可以使本罪立法目的与保护法益变得清晰，符合性剥削理论中双方地位不平等和利益不平衡的论述。根据本罪法条的规定可以看出，"负有……特殊职责""未成年女性"等内容，都强调行为人与该未成年女性之间存在的优势地位与劣势地位差异而形成的落差，双方的不平等性不仅体现在身体力量和精神建设，还包括生活经验领域的客观差距以及权威关系之下未成年女性与行为人之间形成的人身依附关系，会对未成年女性产生持久而深远的影响，未成年女性因为受制于生活经验的缺乏和客观不利的双方地位，难以理性作出真正内心的判断与选择。基于未成年女性与照护职责人之间的生活经验、权威关系、依附关系等不对等地位下产生的性剥削，是隐性强制力产生的基础。这种隐形强制力使得照护职责人不需要使用暴力、胁迫等强制手段就足以产生压制未成年女性作出有效同意的强制效果。已满14周岁不满16周岁的未成年女性在此种情况下缺乏有效同意的能力，并不代表要否定所有该年龄段未成年女性的性同意能力。主张16周岁以下未成年女性不具有性自主权，实际上可能存在硬家长主义侵犯其权利的嫌疑。从已满14周岁的未成年女性的生理与性心理发育等各项客观因素都可以对该年龄段女性具备性成熟的能力进行判断与评估，倘若为避免照护职责人对未成年女性的性侵犯而"一刀切"，实质上也剥夺了该年龄段女性对自己权利的享有与支配。

---

① 《惩治性侵未成年人犯罪意见》第27条规定："已满十四周岁不满十六周岁的人偶尔与幼女发生性关系，情节轻微，未造成严重后果的，不认为是犯罪。"本条被称为"两小无猜条款"，旨在将少男少女基于恋爱或懵懂无知而自愿偷食禁果，没有造成严重后果的行为排除出犯罪范畴。

2. 行为

本罪在客观方面表现为负有照护职责的人员与已满14周岁不满16周岁的未成年女性发生性关系的行为。(1) 本罪不需要行为人使用暴力、胁迫等强制手段与被害人发生性关系，即使被害人对发生性关系表示同意甚至主动要求发生性关系，都不影响行为人的行为导致本罪的成立。(2) 本罪所指的"发生性关系"的行为是狭义的性交行为，不包括亲吻、抚摸性器官等猥亵行为。既遂标准按照插入说的相关规定，只要双方性器官插入时即构成本罪的既遂。仅有性器官的接触，但由于意志以外的原因尚未插入的，属于本罪的未遂。(3) 对于性交方式扩大解释的趋势得到了广泛的学界支持和实践认可，包括行为人使用身体其他部位或其他物品插入女性性器官的行为，但对于本罪是否应采用扩大解释理解"性关系"不应是孤立的，应与强奸罪中性行为认定保持一致，目前采用狭义的插入说。如果将来强奸罪中性行为的认定标准发生扩张，对特殊职责人员性侵罪的认定亦可随之扩张。

3. 主体

本罪的行为主体仅限于对已满14周岁不满16周岁的未成年女性负有监护、收养、看护、教育、医疗等特殊职责的人员。但本法条并未进行完全性列举，即除了法律明确列明的这几种特殊职责关系的人员外，具有相当性的其他职责关系的人员也有可能构成本罪。行为人处于支配性的"优势地位"，被照护的未成年人对行为人具有物质、精神等方面的依赖性，行为人怠于履行对该未成年人的保护责任并实施性侵，是划定本罪行为主体范围强调的重点。对于本罪犯罪主体的认定可以以相关法律的规定和社会认知作为一定的依据和参考，如法律、法规规定的监护关系、法律和事实上的收养关系等。在认定主体范围时需要注意以下两点：(1) 本罪所称职责的认定应当以行为时对被害人的相对具体职责为准，以医院为例，并不能因为医院对病人负有诊疗职责，就因此将医院内所有医生、护士一概认定为负有照护职责的特殊人员；(2) 特殊职责以"责任"为重点加以理解。

4. 罪过

本罪在主观上是故意，且行为人对被害人属于已满14周岁不满16周岁的未成年女性有认识，需要行为人认识到对方的年龄与性别，同时应合理推定行为人对于未成年女性的年龄属于"明知"状态。针对本罪而言，行为人入罪必须满足对未成年受害人负有特殊职责，而负有特殊职责的人由于其特殊的主体身份下所能获取的信息中对于受害人的年龄应具有相对清晰的认知，如果肯定行为人与被害人之间形成了稳固的依赖关系，往往可以推定行为人为对于被害人的情况和信息具有相当程度熟悉性的可能，从而认定行为人具备主观上的罪过。负有照护职责人员性侵罪的规制对象具有一定的"内部性"，这与"外部第三者"

对于被害者的年龄认知不具备期待可能性不属同种情形,因此,设置行为人主观推定明知规则在负有照护职责人员性侵罪中具备合理性和可行性。

(二) 本罪的认定

1. 本罪与强奸罪的关系

负有照护职责人员性侵罪和强奸罪属于法条竞合中的交互竞合类型。负有照护职责人员性侵罪的行为模式有两种:一种是负有特殊职责的人员在未使用不正当手段,即被害人在自愿情形下与之发生性行为的情形,此时由于不符合强奸罪的"违背意志"的构成要件,因此仅构成负有照护职责人员性侵罪;另一种是特殊职责人利用非正当手段强迫该年龄段未成年女性与其发生性行为,这一情况下才会同时符合负有照护职责人员性侵罪与强奸罪第1款的犯罪构成的规定,按照负有照护职责人员性侵罪第2款的规定,①该行为同时构成负有照护职责人员性侵罪与强奸罪,以强奸罪定罪处罚。

本罪和强奸罪不需要借助具体事实的联结,仅通过对构成要件的分析就可以肯定两个法条之间存在竞合关系。另外,从整体体系来分析将本罪与强奸罪评价为交叉类型的法条竞合关系可以为该罪名设置为"之一"条款而非另增新条款提供合理性解释。负有照护职责人员性侵罪保护的法益是14—16周岁的未成年女性的性自主权,因此该罪名保护的法益与强奸罪保护的法益实质上是一致的,都是女性的性自主权,而该罪名相对于强奸罪的保护范围有所收窄,因此设置其为"之一"条款是有章可循的。

2. 本罪中"情节恶劣"的理解

本罪虽然规定情节恶劣应适用加重的量刑幅度,但并未对情节恶劣的具体要素加以明确。目前我国司法实践中对性犯罪情节恶劣的认定主要考虑主体、场所、手段、对象、人数次数、行为后果、前科劣迹等七个方面。据此可以结合实际情况对如下情形考虑认定为本罪"情节恶劣"的情形:(1) 性侵害未成年女性多次或性侵害多名未成年女性的,即负有照护职责的特殊人员对其照护的已满14周岁不满16周岁的同一名未成年女性多次实施性侵害行为,或者对其照护的多名未成年女性实施性侵害行为;(2) 负有照护职责人员在公共场所与未成年女性实施性行为的,如学生宿舍等;(3) 造成严重的危害后果的,如负有照护职责人员与未成年女性发生性关系,导致该名未成年女性丧失生育能力、自杀等其他严重后果。

(三) 本罪的处罚

犯本罪的,根据《刑法》第236条之一的规定,处三年以下有期徒刑;情节恶

---

① 即:"有前款行为,同时又构成本法第二百三十六条规定之罪的,依照处罚较重的规定定罪处罚。"

劣的,处三年以上十年以下有期徒刑。需要注意的是,同时又构成强奸罪的,依照处罚较重的规定定罪处罚。

三、强制猥亵、侮辱罪

(一) 概念及构成要件

本罪为《刑法修正案(九)》所修订。强制猥亵、侮辱罪是指以暴力、胁迫或其他方法强制猥亵他人或者侮辱妇女的行为。本罪法益是已满14周岁自然人的性的自我决定权,具体包括性的自愿选择、对性的厌恶感、羞耻感以及正常的性感情。

1. 行为

本罪行为表现为行为人采取暴力、胁迫或其他方法,强制猥亵他人或者侮辱妇女。猥亵行为的对象是"他人",即年满14周岁的男性和女性,强制猥亵未满14周岁儿童(幼男或幼女)的,成立猥亵儿童罪。侮辱行为的对象仅限于妇女。行为人故意杀害被害妇女后,再针对尸体实施猥亵、侮辱行为的,不应认定为强制猥亵、侮辱罪,而应认定为故意杀人罪与侮辱尸体罪,实行数罪并罚。

该罪行为是复合行为,包括方法行为和结果行为。方法行为表现为以暴力、胁迫或其他手段。所谓暴力手段,是指针对他人实施的,使得他人对于性行为①不敢、不能或不知反抗的不法有形力。暴力的下限为最轻微的人身强制(但必须达到足以使被害人难以反抗的程度),上限为轻伤害,即不包括重伤,更不包括致人死亡的暴力。如果行为人先故意重伤他人后进行猥亵、侮辱的,应以故意伤害罪处理。所谓胁迫手段,是指对他人威胁、恫吓,进行精神上的强制,使他人对于性行为不敢反抗的手段。如以实施暴力、揭发隐私、毁坏财产、加害亲属相威胁等。胁迫的方式不限,既可以当面胁迫,也可以请人转达胁迫;既可以是口头直接胁迫,也可以是通过写信、发送电子邮件或打电话间接胁迫。所谓其他手段,是指除了暴力、胁迫以外的,带有强制性质的其他一切猥亵、侮辱他人的手段。如利用他人处于重病状态,因而对于性行为不能反抗而猥亵的,即属于以其他手段构成本罪。不论是暴力、胁迫还是其他手段,都必须具有"强制"的特性。利用他人处于醉酒、熟睡、昏迷等状态而实施的猥亵行为可以构成本罪。

本罪的结果行为表现为猥亵与侮辱两种形式。猥亵他人的行为方式不限,只要能够侵犯他人性的自主权即可。猥亵的方式包括:一是直接对他人实施猥亵行为,或迫使他人容忍行为人或第三人对之实施猥亵行为;二是迫使他人对行为人或第三者实施猥亵行为;三是强迫他人自行实施猥亵行为;四是强迫他人观

---

① 本罪中的"性行为",特指除性交行为以外的一切性行为。

看他人的猥亵行为。① 侮辱行为只针对妇女,与猥亵具有行为内容的同一性。也有观点认为,猥亵与侮辱在程度上有所不同,前者需接触性敏感区,后者则更为宽泛。

2. 主体

本罪主体为一般主体,女性也可以单独构成本罪。尽管猥亵不以"公然"作为条件,但公然猥亵配偶的,也会侵害到配偶的性决定权和性羞耻感(配偶同意的除外)。因此,配偶在特定情形下也可以成为本罪主体。

3. 罪过

本罪罪过为故意。即行为人明知自己的行为违背了他人意志,侵犯了他人性的自主权,并且希望危害结果发生。除了要求行为人具有故意之外,本罪主观方面是否还要求行为人内心必须具有刺激或满足性欲的倾向?对此在理论上存在争议。部分观点认为,要求满足或刺激性欲的倾向因素有利于区分本罪与侮辱罪。我们认为,本罪与侮辱罪的区分在于法益侵害类型的不同,在打击报复等其他动机因素作用下的强制猥亵、侮辱行为,仍然可能构成本罪。因此,本罪的成立不需要行为人主观上具有出于刺激或者满足性欲的内心倾向。

(二) 本罪的认定

1. 本罪与强奸罪的界限

本罪行为表现为行为人以暴力、胁迫或其他强制方法对他人实施性交以外的性行为(猥亵行为),而强奸行为则表现为行为人以暴力、胁迫或其他手段对妇女实施性交行为。但在强奸妇女未遂的情况下,是构成本罪还是强奸未遂,往往容易混淆。强奸未遂与猥亵妇女较为相似:行为对象都是妇女,行为人都采用了暴力、胁迫或其他方法,都没有与妇女发生性交行为;同时,在强奸妇女的过程中,往往伴随着猥亵妇女的行为。这些相似性有可能为某些强奸犯避重就轻将强奸说成是猥亵提供便利,也可能使司法人员将猥亵当成强奸来处理。因此,必须严格区分本罪与强奸罪(未遂),无强奸故意的按照前者处理,反之则按照后者处理。

2. 一罪与数罪的界限

在强制猥亵、侮辱的案件中,需要正确认定罪数问题。如果行为人出于强奸的意图,在强奸过程中猥亵妇女的,猥亵行为为强奸行为所包容,对于猥亵行为可以作为强奸罪的实行行为的有机组成部分来理解,故行为人只构成强奸罪。但在强奸行为完成后,行为人另起犯意猥亵被害人的,猥亵行为既不为先前的强奸行为所包容,也不是强奸行为的必然延伸,故此时应对行为人以强奸罪与本罪

---

① 参见张明楷:《猥亵罪探疑》,载马俊驹主编:《清华法律评论》(第3辑),清华大学出版社2000年版,第137页以下。

进行数罪并罚。

当行为人采取暴力手段强制猥亵他人或者侮辱妇女时,如果暴力手段导致他人轻伤的,行为人只构成本罪;但若暴力致人重伤的,只要不存在杀人故意,则属于想象竞合犯,从一重罪处断。在猥亵他人或者侮辱妇女行为实施完毕之后,行为人出于报复、灭口等动机,又故意伤害或杀害被害人的,应以本罪和故意伤害罪或故意杀人罪,实行数罪并罚。

(三) 本罪的处罚

根据《刑法》第237条的规定,以暴力、胁迫或者其他方法强制猥亵他人或者侮辱妇女的,处5年以下有期徒刑或者拘役;聚众或者在公共场所当众犯罪的,或者有其他恶劣情节的,处5年以上有期徒刑。在校园、游泳馆、儿童游乐场等公共场所对未成年人实施强奸、猥亵犯罪,只要有其他多人在场,不论在场人员是否实际看到,均属在公共场所的"当众"情形。

四、猥亵儿童罪

(一) 概念及构成要件

本罪为《刑法修正案(十一)》所修订。猥亵儿童罪是指猥亵不满14周岁的儿童的行为。本罪法益是儿童的性的不可侵犯权。儿童对与性相关的事项缺乏认知,针对儿童实施与性相关的行为会妨害儿童的身心健康,皆为法律所禁止。

1. 行为

猥亵儿童的行为不要求具有强制性。行为人没有采用暴力、胁迫手段而是通过引诱、欺骗等方法征得儿童同意后实施猥亵行为的,或者行为人面对儿童主动对其实施猥亵行为而不加阻止的,都构成本罪。猥亵儿童可以通过非身体接触的方式实施,要求儿童拍摄裸体、敏感部位照片、视频等供其观看的行为严重侵害儿童的人格尊严和心理健康,成立猥亵儿童罪。①

2. 主体

本罪主体为一般主体,犯罪成立对于主体的身份、性别等均无特殊要求。行为主体的某些特殊身份会在量刑时被作为从重情节,如对未成年人负有特殊职责的人员、与未成年人有共同家庭生活关系的人员猥亵儿童的,应当依法从严惩处。

3. 罪过

本罪在主观方面是故意。行为人明知对方是不满14周岁的儿童而加以猥亵的,具有猥亵故意。明知是指明确知道或者可能知道对方是儿童并实施猥亵行为的情形。猥亵儿童罪的成立不要求具备满足性刺激的特定目的,行为人是

---

① 参见最高人民检察院第十一批指导性案例之"骆某猥亵儿童案"(检例第43号)。

否具有刺激或满足性欲的内心倾向并不影响其猥亵行为对儿童性的不可侵犯权的侵害。

(二) 本罪的认定

1. 猥亵儿童罪和强奸罪的界限

针对幼童实施性交行为的,依据幼童的性别差异,分别构成强奸罪和猥亵儿童罪。针对不满14周岁的女童实施性交行为的,属于奸淫幼女,构成强奸罪。针对不满14周岁的男童实施性交行为的,成立猥亵儿童罪。性交行为在本质上属于最严重的猥亵行为,针对幼女实施奸淫行为必然同时成立猥亵儿童罪。因此,对于主观上具有奸淫幼女的故意,客观上未达到奸淫幼女既遂标准的,不能直接认定为猥亵儿童罪,而应成立强奸罪未遂和猥亵儿童罪的想象竞合犯。

2. 猥亵儿童罪和故意伤害罪、故意杀人罪的界限

根据《惩治性侵未成年人犯罪意见》,实施猥亵儿童犯罪,造成儿童轻伤以上后果,同时符合《刑法》第234条或者第232条的规定,构成故意伤害罪、故意杀人罪的,依照处罚较重的规定定罪处罚。猥亵儿童造成儿童伤害后果的,对其处罚应适用5年以上有期徒刑。在与他罪成立想象竞合犯的场合,要依据猥亵儿童罪升格后的法定刑从一重罪处断。在猥亵行为之后故意伤害或故意杀人的,应当数罪并罚。

(三) 本罪的处罚

根据《刑法》第237条第3款的规定,猥亵儿童罪的,处5年以下有期徒刑;有下列情形之一的,处5年以上有期徒刑:(1) 猥亵儿童多人或者多次的;(2) 聚众猥亵儿童的,或者在公共场所当众猥亵儿童,情节恶劣的;(3) 造成儿童伤害或者其他严重后果的;(4) 猥亵手段恶劣或者有其他恶劣情节的。

第一,"猥亵儿童多人或者多次的",需要注意区分这一情节是否已经被评价为猥亵儿童罪的基本犯的构成事实。一些较轻微的猥亵行为本身达不到入罪标准,结合多人多次的情节之后构成猥亵儿童罪。在这种情形下,猥亵儿童多人或多次已经被评价为基本犯的构成事实,因而不能被重复评价为加重情节。只有在猥亵儿童基本犯罪已经构成的前提下,另外具有猥亵儿童多人或者多次情形的,才能被处以5年以上有期徒刑。

第二,"聚众猥亵儿童的"不需要另外满足"情节恶劣"的条件,第2项中"情节恶劣"的程度要求仅针对在公共场所当众猥亵儿童的情形。在对"公共场所当众"情节是否恶劣进行判断时,可以依据公共场所人数的多少、被在场他人实际看到或者被感知到的可能性大小予以综合考察。学校中的教室、集体宿舍、公共厕所、集体洗澡间等,是不特定未成年人活动的场所,在这些场所实施强奸、猥

亵未成年人犯罪的,应当认定为在"公共场所当众"实施犯罪。① 这种发生于儿童聚集场所的猥亵行为被在场他人,尤其是被在场其他儿童感知到的可能性较大,可被认定为情节恶劣。

第三,"造成儿童伤害"要求达到轻伤以上的伤害结果,"其他严重后果"包括伤害结果以外的由猥亵行为导致儿童身心严重受损的情形。

第四,在认定"猥亵手段恶劣或者有其他恶劣情节"时,对"恶劣"的判断标准应当是严重损害儿童的身心健康,使儿童遭受严重的身体痛苦或者精神折磨。猥亵手段恶劣主要是指猥亵行为本身的恶劣(如侵入型的猥亵方式),也包括猥亵过程中的伴随行为,如对儿童实施严重的凌辱或者恐吓行为。

第四节 侵犯自由的犯罪

一、非法拘禁罪

(一) 概念及构成要件

本罪是指非法拘禁他人或以其他方法非法剥夺他人人身自由的行为。本罪法益是人的身体活动的自由。如何理解身体活动自由的内容,存在"可能的自由说"与"现实的自由说"的争议。可能的自由说认为,本罪法益是只要想活动身体就可以活动的自由。现实的自由说认为,本罪法益是在被害人打算现实地活动身体时就可以活动的自由。上述观点的对立,主要体现在当被害人完全没有意识到自己被拘禁或本来也不打算离开的场合,按照现实的自由说,只有当被害人打算离开而不可得的时候,才构成非法拘禁罪;按照可能的自由说,即使被害人没有认识到拘禁状况或不打算离开时,也构成非法拘禁罪。本书采取"现实的自由说",即本罪侵害的是他人现实的身体活动自由。所谓"现实的",是指犯罪对象对自己的行为自由有一定的认识,知道自己人身自由被强制性地剥夺和限制。

1. 行为

本罪行为表现为非法拘禁他人或以其他方法非法剥夺他人的人身自由。行为对象在范围上没有限制,包括合法公民,也包括非法公民。非法拘禁行为的本质是无合法依据剥夺他人人身自由,拘禁具有强制性、非法性和持续性的特征。

剥夺人身自由的方法没有限制,如非法逮捕、拘留、监禁、扣押、办封闭式"学习班""隔离审查",均包括在内。概言之,非法剥夺人身自由包括两类:一类是直接拘束他人的身体,剥夺其身体活动自由。本罪法益是人的身体移动自由,

---

① 参见最高人民检察院第十一批指导性案例之"齐某强奸、猥亵儿童案"(检例第42号)。

用手铐拘束他人双手的,由于他人仍然有身体移动自由,因此不成立非法拘禁罪。另一类是间接拘束人的身体,剥夺其身体活动自由,如将他人监禁于一定场所,使其不能或明显难以离开、逃出。剥夺人身自由的方法既可以是有形的,也可以是无形的,如将妇女洗澡时的换洗衣服拿走,使其基于羞耻心无法走出浴室的行为。此外,无论是以暴力、胁迫方法拘禁他人,还是利用他人的恐惧心理予以拘禁(如使被害人进入货车车厢后高速行驶,使之不敢轻易跳下车),均不影响本罪的成立。非法拘禁还可能由不作为成立,即负有使被害人离开一定场所的法律义务的人,故意不履行义务的,也可能成立非法拘禁罪。如对于有犯罪事实和重大嫌疑的人,发现不应拘捕时,借故不予释放,继续羁押的,或故意超期羁押的,应认定为非法拘禁罪。①

剥夺人身自由的行为必须具有非法性。司法机关根据法律规定剥夺人身自由的,公民将正在实行犯罪或犯罪后及时被发觉的、通缉在案的、越狱逃跑的、正在被追捕的人,依法扭送至司法机关的,阻却违法性。依法收容精神病患者的,也不成立犯罪(将精神正常的人收容于精神病院的,属于非法拘禁)。为了防止凶暴的醉汉危害他人的生命或身体,不得已拘束其身体的行为的,不构成犯罪。司法实践中,对于那些堵截上访者将其关押扣留的行为,不具有合法根据,应认定为非法拘禁罪。

剥夺人身自由必须具有一定的持续性。虽然《刑法》第238条并没有明确要求本罪在时间上具有持续性,但是根据结果无价值论的实质立场,时间过短的非法拘禁行为比如关押仅几分钟,显然违法性程度过低,不具有可罚性。至于持续的时间达到多久才能构成犯罪,则需结合非法拘禁的手段、场合、次数等综合考虑。换言之,拘禁时间上的持续性不是构成本罪的充分条件,只是前提条件之一。

2. 主体

本罪主体是一般主体。虽然已满14周岁不满16周岁的人不能成为本罪主体,但是其参与非法拘禁,并使用暴力致人伤残、死亡的,根据《刑法》第238条第2款的规定,依照故意伤害罪、故意杀人罪定罪处罚。

3. 罪过

本罪罪过为故意,至于动机则可以多样,如故意报复、索取债务等。虽然动机不是本罪的构成要件,但并不意味着无论出于何种动机都构成本罪。出于出卖或勒索财物的动机非法拘禁妇女、儿童的,构成拐卖妇女、儿童罪或绑架罪。

---

① 参见周道鸾、张军主编:《刑法罪名精释》(第四版)(上),人民法院出版社2013年版,第540页。

(二) 本罪的认定

1. 罪与非罪的界限

构成本罪虽然不以情节严重为要件,但对于拘禁时间短暂、情节一般、危害不大的非法拘禁行为,不认为是犯罪。根据2006年7月26日最高检《关于渎职侵权犯罪案件立案标准的规定》(以下简称《渎职案件立案标准》)的规定,国家机关工作人员利用职权非法拘禁,涉嫌下列情形之一的,应予立案:(1)非法剥夺他人人身自由24小时以上的;(2)非法剥夺他人人身自由,并使用械具或者捆绑等恶劣手段,或者实施殴打、侮辱、虐待行为的;(3)非法拘禁,造成被拘禁人轻伤、重伤、死亡的;(4)非法拘禁,情节严重,导致被拘禁人自杀、自残造成重伤、死亡,或者精神失常的;(5)非法拘禁3人次以上的;(6)司法工作人员明知是没有违法犯罪事实的人而非法拘禁的;(7)其他非法拘禁应予追究刑事责任的情形。国家机关工作人员利用职权非法拘禁他人,其危害性重于一般公民非法拘禁他人,既然前者只有具有上述情形的才予以立案,那么,一般公民非法拘禁他人,也必须是达到上述情形才能立案。

2. 非法拘禁中的暴力行为及其后果

《刑法》第238条第1款后句规定"具有殴打、侮辱情节的,从重处罚",是指在尚未引起重伤、死亡后果的情况下适用本款,第2款前句规定"犯前款罪,致人重伤、死亡",是指非法拘禁行为本身致被害人重伤、死亡。行为人对重伤、死亡结果必须具有预见可能性。重伤、死亡结果与非法拘禁行为之间必须具有直接的因果关系,缺乏直接因果关系的行为导致被害人重伤、死亡的,不宜认定为结果加重犯。例如,甲非法拘禁乙,在拘禁过程中,因长时间捆绑,致乙呼吸不畅窒息死亡,甲的行为构成本罪的结果加重犯,但若乙在被拘禁过程中自杀、自残而造成死亡、伤残结果的,因与非法拘禁行为之间缺乏直接因果关系,不能将该结果归责给行为人。本罪第2款后句规定"使用暴力致人伤残、死亡"中的暴力是指非法拘禁行为之外的暴力。

丁欠甲30万元,屡催不还。甲遂纠集乙、丙二人开车前往丁家中,将丁五花大绑后,装进麻袋,塞入后备箱内,驶往邻省一朋友家中,欲以此为要挟,向丁家人索还债务。车至中途时,发现丁已经窒息而死。三人害怕至极,遂投尸河中。本案中,被害人在被非法拘禁行为过程中因捂得过紧窒息而死,三人的行为成立非法拘禁罪(致人死亡)。①

3. 索债型非法拘禁罪

《刑法》第238条第3款规定:"为索取债务非法扣押、拘禁他人的,依照前两款的规定处罚。"另外,2000年7月13日最高法《关于对为索取法律不予保护

---

① 参见北京万国学校教研中心组编:《刑法》,中国法制出版社2014年版,第330页。

的债务非法拘禁他人行为如何定罪问题的解释》规定,行为人为索取高利贷、赌债等法律不予保护的债务,非法扣押、拘禁他人的,依照非法拘禁罪定罪处罚。由此可见,这里的"债务",既包括合法债务,也包括法律不予保护的债务。

4. 一罪与数罪的界限

非法拘禁行为往往同其他犯罪相关联,因此需要正确认定罪数。有些犯罪行为,本身就含有非法剥夺人身自由的性质,实施这些犯罪行为时,直接以所实施之罪一罪定罪处罚即可。如以拘禁的方法勒索财物的,构成绑架罪;以出卖为目的拘禁妇女、儿童的,构成拐卖妇女、儿童罪。本罪与其他犯罪存在牵连、想象竞合等关系的,应从一重罪处断。如以暴力方法非法拘禁国家机关工作人员以阻碍其依法执行职务的,行为人同时触犯本罪和妨碍公务罪,应从一重罪处断;以拉设电网和布置守卫人员的方式强迫他人劳动的,按照非法拘禁罪与强迫劳动罪的想象竞合犯从一重罪处断。

甲承包经营某矿井采矿业务,为降低成本、提高开采量,甲动员当地矿工和村民将子女带到矿井上班,并许诺高工资。矿工和村民纷纷将他们的子女带到矿井上班,从事井下采矿作业,其中有20余人为10周岁至16周岁的未成年人。后因甲所承诺的高工资未兑现,20余名童工表示不想再干,要求离开矿井。甲不同意,并在矿井周围布上电铁丝网,雇用数十名守卫,禁止所有的矿工包括这20余名童工离开矿井,强制他们为其采矿,其中一名年约12岁的童工因体质瘦弱而累死在井下。本案中,主要涉及强迫劳动罪、雇用童工从事危重劳动罪以及它们与非法拘禁罪之间的关系。行为人通过非法拘禁的方式来实施这两个犯罪的,在刑法理论上属于想象竞合犯,应择一重罪处断。而甲先后实施了两个行为(雇用童工和强迫劳动),应该认定为数罪,实行数罪并罚。

非法拘禁行为和其他犯罪行为不存在刑法上的牵连关系或其他关系的,应进行数罪并罚。如收买被拐卖的妇女、儿童又非法剥夺其人身自由的,应以收买被拐卖的妇女、儿童罪和非法拘禁罪实行数罪并罚。

(三) 本罪的处罚

犯本罪的,根据《刑法》第238条的规定,处3年以下有期徒刑、拘役、管制或者剥夺政治权利。具有殴打、侮辱情节的,从重处罚。犯非法拘禁罪,致人重伤的,处3年以上10年以下有期徒刑;致人死亡的,处10年以上有期徒刑。使用暴力致人伤残、死亡的,依照《刑法》第234条、第232条的规定定罪处罚。为索取债务非法扣押、拘禁他人的,依照前述规定处罚。国家机关工作人员利用职权犯罪的,从重处罚。

根据2021年6月16日"两高"《关于常见犯罪的量刑指导意见(试行)》的规定,构成非法拘禁罪的,根据下列情形在相应的幅度内确定量刑起点:(1) 犯罪情节一般的,在1年以下有期徒刑、拘役幅度内确定量刑起点;(2) 致1人重伤的,在3年至5年有期徒刑幅度内确定量刑起点;(3)致1人死亡的,在10年至13年有期徒刑幅度内确定量刑起点。在量刑起点的基础上,根据非法拘禁人数、拘禁时间、致人伤亡后果等其他影响犯罪成立的犯罪事实增加刑罚量,确定基准刑。非法拘禁多人多次的,以非法拘禁人数作为增加刑罚量的事实,非法拘禁次数作为调节基准刑的量刑情节。有下列情节之一的,增加基准刑的10%—20%:(1)具有殴打、侮辱情节的;(2)国家机关工作人员利用职权非法扣押、拘禁他人的。

二、绑架罪

(一) 概念及构成要件

本罪为《刑法修正案(九)》所修订。本罪是指利用被绑架人的近亲属或其他人对被绑架人安危的忧虑,以勒索财物或满足其他不法要求为目的,使用暴力、胁迫或麻醉方法劫持或以实力控制他人的行为。从类型上,包括勒索型绑架、人质型绑架、偷盗型绑架三种类型。本罪法益存在着人身自由权利的单一法益、人身自由与他人财产权利的复合法益之争。① 我们认为,本罪以人身自由权和安全为刑法所保护的法益,不以行为人实现不法利益或获得财物为要件。即使经过监护人的同意,若绑架行为对被绑架者的自由或身体安全造成侵害的,也成立绑架罪。

1. 行为

本罪的行为表现为,使用暴力或者其他强制手段(偷盗婴幼儿以及能将他人身体置于行为人自己的实力控制之下,剥夺其人身自由的方法)使被害人脱离家人、监护人的保护,失去人身自由处于行为人或第三人的支配和控制之下。自己绑架自己的行为不属于绑架"他人",伙同他人绑架自己的,同样不属于绑架"他人",不能成立绑架罪。伙同他人"绑架"自己后向自己的亲属等勒索财物的,可能成立敲诈勒索罪。绑架行为表现为行为人以暴力、胁迫、麻醉等手段对被害人形成一种实力支配、控制关系。只要足以对被害人建立起实力支配、控制关系即可。在缺乏实际的人身控制的情况下,即使提出了勒索的要求,也不构成绑架罪。

甲、乙合谋勒索丙的钱财。甲与丙及丙的儿子丁(17岁)相识。某日下午,甲将丁邀到一家游乐场游玩,然后由乙向丙打电话。乙称丁被绑架,令丙赶快送3万元现金到约定地点,不许报警,否则杀害丁。丙担心儿子的生命而没有报警,下午7点左右准备了3万元后送往约定地点。乙取得钱后通知甲,甲随后与

---

① 参见王作富主编:《刑法分则实务研究》(第五版)(中),中国方正出版社2013年版,第783页。

丁分手回家。本案中,尽管乙向丙打电话提出了勒索的要求,但是实际上丁根本没有遭到人身自由的强制性限制或剥夺,因此不构成绑架罪。

绑架罪中的暴力,包括从轻微的人身强制到最严重的故意杀人的暴力。胁迫,并不限于以暴力相胁迫,只要能够对被害人产生心理强制即可。欺诈可以成为绑架罪的手段。虽然 2009 年 8 月 27 日全国人大常委会《关于严惩拐卖、绑架妇女、儿童的犯罪分子的决定》将绑架的手段限定为"暴力、胁迫或者麻醉方法",但《刑法》第 239 条对绑架罪的手段并未作出限制,事实上行为人完全可能以暴力、胁迫或麻醉方法以外的其他方法绑架他人。如趁被害人处于昏睡、醉酒、患病等不知或不能抗拒状态将其带走的,以合伙做生意、冒充亲友认领、请吃请喝、邀请外出玩耍等手段诱骗他人,使他人陷入行为人的实力控制之下,这些行为都属于绑架行为。绑架的手段虽然不限,但并不意味着任何暴力、胁迫等手段都可以成为绑架罪的手段。作为绑架罪的手段,必须具有足以建立起实力支配、控制关系的属性。偷盗婴幼儿完全能够对婴幼儿建立起实力支配关系,故以勒索财物为目的偷盗婴幼儿的自然属于绑架行为。对于偷盗婴幼儿,不能将其狭隘地理解为秘密窃取不满 6 周岁的儿童的行为,对此应作广义理解:凡趁婴幼儿亲属或监护人疏于照看之机,用各种方法、手段将婴幼儿抱走、哄走、骗走的,均应视为偷盗婴幼儿,因为这些情形对婴幼儿都能够建立起实力支配关系。司法实践中,既存在着使未成年人的父母离开生活场所而以实力控制未成年人的情况,也存在使被害人滞留在本来的生活场所但丧失行动自由的绑架案件。因此,构成绑架行为,不以被害人离开原来的生活场所为前提。

刑法理论上存在着绑架行为是单一行为还是复合行为的争议。单一行为是指绑架罪的行为由单一的绑架行为构成。① 复合行为是指绑架罪在客观上不仅要实施绑架行为,还必须实施了勒赎行为或提出不法要求行为。② 我们认为绑架罪属于单一行为,只要行为人客观上实施了用暴力、胁迫或麻醉方法劫持或以实力控制他人的行为即可,至于勒索财物或其他目的行为是否实施,不影响本罪的既遂。

2. 主体

本罪主体为一般主体,即年满 16 周岁、具有刑事责任能力的自然人。已满 14 周岁不满 16 周岁的人绑架他人,不构成绑架罪。但是,根据 2002 年 7 月 24

---

① 从规定绑架罪的立法本意来看,行为人只要出于迫使第三人作为或不作为的目的,并在此目的支配下实施了绑架行为,就已具备了本罪的全部法定要件。与勒赎目的相对应的勒赎行为,只是犯罪情节,而非客观行为。参见丁慕英等主编:《刑法实施中的重点难点问题研究》,法律出版社 1998 年版,第 741—742 页。

② 即绑架罪的行为由绑架行为与勒索财物或提出不法要求行为两个方面构成。参见肖中华:《侵犯公民人身权利罪》,中国人民公安大学出版社 1998 年版,第 225 页。

日全国人大常委会法制工作委员会《关于已满十四周岁不满十六周岁的人承担刑事责任范围问题的答复意见》(以下简称《未成年人立法解释》)的规定,已满14周岁不满16周岁的人在绑架过程中故意杀害被绑架人的,应承担故意杀人罪的刑事责任。2003年4月18日最高检《关于相对刑事责任年龄的人承担刑事责任范围有关问题的答复》第1条规定,相对刑事责任年龄的人实施了《刑法》第17条第2款规定的行为,应当追究刑事责任的,其罪名应当根据所触犯的刑法分则具体条文认定。对于绑架后杀害被绑架人的,其罪名应认定为绑架罪。但是,2006年1月11日最高法《关于审理未成年人刑事案件具体应用法律若干问题的解释》第5条规定,已满14周岁不满16周岁的人实施《刑法》第17条第2款规定以外的行为,如果同时触犯了《刑法》第17条第2款规定的,应当依照《刑法》第17条第2款的规定确定罪名,定罪处罚。在前后两个司法解释发生冲突的情形下,以在后颁布的优先适用。据此,已满14周岁不满16周岁的人在绑架过程中对被害人实施杀害、重伤、强奸行为的,应以故意杀人、故意伤害、强奸罪论处。

3. 罪过

本罪是故意犯罪,行为人在主观上具有勒索财物或者实现其他不法要求的目的,并具有通过利用被害人家属或者其他利害关系人对被害人的关心和担忧,来实现勒索财物或其他不法要求的目的的意图。行为人不具备这一意图,在以实力控制被害人后,让被害人隐瞒被控制的事实向亲属打电话索要财物的,不成立绑架罪(视行为性质认定为抢劫、非法拘禁等罪)。另据最高法研究室的意见,构成绑架罪,无须以行为人自行或通过被绑架人向被绑架人的亲友明确告知绑架事实为要件,只要以勒索财物为目的绑架他人的,均应以绑架罪论处。[①] 在这个意义上,可以说利用第三人的担忧而加以勒索的意图属于主观的超过要素。主观上不具备这一意图,即使客观上有限制、剥夺他人人身自由的行为,也不构成绑架罪。行为人主观上以出卖为目的的,属于拐卖妇女、儿童罪中的绑架行为;行为人以杀人故意杀死被害人以后,为转移公安机关侦查视线,掩盖罪行而书写、投送勒索钱财信件的,不构成绑架罪。

刑法理论上一般认为,行为人是直接向被绑架人索要财物,还是向被绑架人之外的第三人索要财物,是区分绑架罪与抢劫罪的关键。例如,甲用暴力将乙扣押在某废弃的建筑物内,强行从乙身上搜出现金3000元和1张只有少量金额的信用卡,甲逼迫乙向该信用卡中打入10万元。乙便给其妻子打电话,谎称自己开车撞伤他人,让其立即向自己的信用卡打入10万元救治伤员并赔偿。乙妻信

[①] 参见最高人民法院研究室:《关于第三方受到勒索是否属于绑架罪构成要件问题的研究意见》,载张军主编:《司法研究与指导》(总第2辑),人民法院出版社2012年版,第124页。

以为真,便向乙的信用卡中打入 10 万元,被甲取走,甲在得款后将乙释放。① 本案中,"甲逼迫乙向该信用卡中打入 10 万元",即行为人是直接向被绑架人索要财物,因此,按上述理论,应当按抢劫罪论处。又如,甲持刀将乙逼入山中,让乙通知其母送钱赎人。乙担心其母心脏病发作,遂谎称开车撞人,需付 5 万元治疗费,其母信以为真。本案中,甲的主观意图明确,是"让乙通知其母送钱赎人",这属于利用第三人的担忧而勒索财物,因此其行为已经构成绑架罪。至于乙在通知其母时没有如实说明被绑架的事实而是表示需要治疗费用,即甲利用第三人的担忧而勒索财物的目的没有实现,这并不影响绑架罪的成立。需要注意的是,被绑架人与被勒赎的第三人之间并不需要存在亲属关系。第三人不仅包括公民个人,也包括单位、政府组织甚至国家。

(二) 本罪的认定

1. 本罪与非法拘禁罪的界限

本罪与非法拘禁罪在外观上都表现为剥夺了被害人的人身自由,具有一定相似之处。区别在于:(1) 行为目的不同。绑架罪的行为人主观上除了剥夺他人的人身自由的故意之外,还具有勒索财物的目的。而对于非法拘禁罪,一般来说行为人主观上就是为了剥夺他人的人身自由,至于具体动机在所不计。(2) 行为方式不同。绑架罪只能以作为方式实施,非法拘禁罪可以以不作为的方式实施。

2. 既遂与未遂的界限

关于绑架罪既遂与未遂的区分标准,存在争议。一般认为,只要行为人完成了绑架他人的行为,即构成绑架罪既遂。② 因此,只要向第三人提出勒赎要求、迫使第三人作为或不作为的目的,在实施限制他人人身自由的当时就已经具备,那么,这些目的是否实现对于本罪的既遂没有影响,只是量刑情节而已。行为人在绑架被害人的过程中,由于意志以外的原因而未能控制被害人的,如由于被害人的反抗或他人及时救助等原因致使绑架没有得逞,或在被绑架的途中被害人伺机逃跑成功的,都属于绑架罪未遂。

3. 一罪与数罪的界限③

在绑架中,故意伤害致使被绑架人重伤、死亡的,或杀害被绑架人的,以绑架罪一罪论处。在绑架过程中,又以暴力、胁迫等手段当场劫取同一被害人财物,构成犯罪的,择一重罪处罚;同时劫取他人财物的,应分别以绑架罪、抢劫罪定

---

① 参见北京万国学校教研中心组编:《刑法》,中国法制出版社 2014 年版,第 332 页。
② 参见赵秉志主编:《刑法新教程》,中国人民大学出版社 2001 年版,第 633 页。
③ 参见 1995 年 5 月 30 日最高法研究室《关于对在绑架勒索犯罪过程中对同一受害人又有抢劫行为应如何定罪问题的答复》、2001 年 11 月 8 日最高法《关于对在绑架过程中以暴力、胁迫等手段当场劫取被害人财物的行为如何适用法律问题的答复》。

罪,实行数罪并罚。行为人对被绑架对象进行强奸或猥亵的,应以绑架罪和强奸罪、强制猥亵罪或猥亵儿童罪,数罪并罚。为出卖妇女、儿童而绑架他人,后产生勒索财物故意的,成立绑架罪。以勒索财物为目的绑架妇女、儿童以后,没有取得财物,遂出卖妇女、儿童的,成立绑架罪和拐卖妇女、儿童罪,数罪并罚。为索取法律不予保护的债务或者单方面主张的债务,以实力支配、控制被害人后,以杀害、伤害被害人相威胁的,宜认定为绑架罪;为索取债务,而将与债务人没有共同财产关系或扶养、抚养关系的第三者作为人质的,宜认定绑架罪。

(三) 本罪的处罚

犯本罪的,根据《刑法》第239条的规定,处10年以上有期徒刑或者无期徒刑,并处罚金或者没收财产;情节较轻的,处5年以上10年以下有期徒刑,并处罚金。杀害被绑架人的,或者故意伤害被绑架人,致人重伤、死亡的,处无期徒刑或者死刑,并处没收财产。以勒索财物为目的偷盗婴幼儿的,依照前述规定处罚。

三、拐卖妇女、儿童罪

(一) 概念及构成要件

本罪是指以出卖为目的,拐骗、绑架、收买、贩卖、接送、中转妇女、儿童的行为。本罪法益为妇女、儿童的人身自由权与身体安全。

1. 行为

具体表现为以出卖为目的而实施的拐骗、绑架、收买、贩卖、接送、中转行为,以及以出卖为目的偷盗婴幼儿的行为。

本罪的对象仅限于妇女、儿童,既包括具有中国国籍的妇女与儿童,也包括具有外国国籍和无国籍的妇女与儿童。2010年3月15日"两高""两部"《关于依法惩治拐卖妇女儿童犯罪的意见》(以下简称《2010年拐卖妇女儿童解释》)第15、16条的规定,以出卖为目的强抢儿童,或者捡拾儿童后予以出卖的,或以抚养为目的偷盗婴幼儿或者拐骗儿童后予以出卖的,以非法获利为目的出卖亲生子女的,均成立本罪。最高法2016年12月21日《关于审理拐卖妇女儿童犯罪案件具体应用法律若干问题的解释》(以下简称《2016年拐卖妇女儿童解释》)第9条规定,本罪中的"儿童",是指不满14周岁的人。其中,不满1周岁的为婴儿,1周岁以上不满6周岁的为幼儿。拐卖已满14周岁的男性公民的行为,不成立本罪,符合其他犯罪构成要件的,可按其他犯罪论处。此外,现实生活中存在着拐卖两性人的案件。所谓两性人,是指由于胚胎的畸形发育而形成的具有男性和女性两种生殖器官的人。有学者认为,明知是两性人而拐卖的,不能以拐卖妇女罪论处;误以为是妇女而拐卖的,以拐卖妇女罪的未遂犯论处。①

构成本罪,行为人必须实施了拐卖行为。拐卖行为,是指以出卖为目的,实施拐骗、绑架、收买、贩卖、接送、中转妇女、儿童之一的行为。拐骗是指行为人以出卖为目的,虚构事实、隐瞒真相进行欺诈、哄骗、诱惑或胁迫妇女、儿童,使妇女、儿童置于行为人控制之下的行为。如以帮忙找工作、介绍对象、结伴旅游、外出玩耍、请吃请喝等名义,诱骗妇女、儿童上当。绑架是指以出卖为目的,采用暴力、胁迫或麻醉等手段劫持妇女、儿童,使妇女、儿童置于行为人控制之下的行为。本罪中的绑架与绑架罪中的绑架不同:前者是以出卖为目的而采用暴力、胁迫等手段控制妇女、儿童,后者则是以迫使第三人作为或不作为为目的,采用暴力、胁迫等手段控制妇女、儿童。收买是指以出卖为目的,将妇女、儿童当作商品加以收受、买进的行为。虽然多数人贩子是自拐自卖,同时具有"拐"和"卖"两个特征,但也有不少人贩子并不直接拐骗妇女、儿童,而是拐骗妇女、儿童的"二道贩子",专门收买妇女、儿童,然后伺机卖出牟利。贩卖是指行为人将妇女、儿童当作商品出售给第三人的行为。贩卖行为非常明显地体现了行为人主观上的出卖目的。贩卖的形式多样,既可以自己亲自贩卖,也可以请他人代为卖出;既可以直接收取金钱,也可以充抵债务。接送是指在共同犯罪中,接收、运送妇女、儿童的行为。中转是指在共同犯罪中,为拐卖妇女、儿童的罪犯提供中途场所的行为。接送、中转妇女、儿童的行为,在拐卖妇女、儿童罪中起了联结的作用,是联结拐骗和贩卖妇女、儿童的中间环节,故实施了接送、中转妇女、儿童的行为的,也构成本罪。总之,凡是拐卖妇女、儿童的,不论是哪个环节,只要是以出卖为目的,有拐骗、绑架、收买、贩卖、接送、中转妇女、儿童行为之一的,不论拐卖人数多少、是否获利,均应以本罪追究刑事责任。此外,以出卖为目的偷盗婴幼儿,也属于本罪的实行行为。

甲于2007年1月到9月间,多次将多名智障成年男性拐卖至某省一砖窑厂做奴隶工,非法获利20多万元。本案中,甲拐卖的是成年男性,不属于拐卖妇女、儿童罪的犯罪对象,其行为不能构成拐卖妇女、儿童罪;但是,甲的行为可以构成《刑法》第244条强迫劳动罪。②

由于本罪是侵犯妇女、儿童人身自由与身体安全的犯罪,因此,如果行为得到了妇女的同意,就阻却构成要件符合性,不应以犯罪论处。例如,征得妇女同意,将妇女带往某地使之成为人妻的,即使从对方收受了财物,也不应认定为"拐卖"行为。又如,征得妇女同意,将其介绍至卖淫场所,获取组织卖淫者给付的介绍费的,只能成立协助组织卖淫罪,而不成立拐卖妇女罪。如果未征得妇女

---

① 参见陈兴良:《规范刑法学》(第四版)(下册),中国人民大学出版社2017年版,第813页。
② 参见北京万国学校教研中心组编:《刑法》,中国法制出版社2014年版,第336页。

同意,根据《2010年拐卖妇女儿童解释》第18条的规定,将妇女拐卖给有关场所,致使被拐卖的妇女被迫卖淫或者从事其他色情服务的,以拐卖妇女罪论处。有关场所的经营管理人员事前与拐卖妇女的犯罪人通谋的,对该经营管理人员以拐卖妇女罪的共犯论处;同时构成拐卖妇女罪和组织卖淫罪的,择一重罪论处。拐卖儿童的无论儿童同意与否均不影响犯罪成立。

2. 主体

本罪主体为一般主体。行为人与被拐卖的妇女、儿童是否有血缘、婚姻等亲属关系,不影响本罪的构成。根据《未成年人立法解释》,已满14周岁不满16周岁的人不能成为本罪主体,但其在拐卖妇女、儿童的过程中,故意重伤、杀害或强奸被拐卖妇女、儿童的,应追究其故意伤害罪、故意杀人罪或强奸罪的刑事责任。《2016年拐卖妇女儿童解释》第2条规定,医疗机构、社会福利机构等单位的工作人员以非法获利为目的,将所诊疗、护理、抚养的儿童出卖给他人的,以拐卖儿童罪论处。

3. 罪过

本罪罪过为故意。构成本罪,需要行为人具有出卖妇女、儿童的目的。实践中应当注意,除贩卖行为明显表明行为人具有出卖妇女、儿童的目的外,对行为人实施拐骗、绑架、收买、接送、中转妇女、儿童的行为以及偷盗婴幼儿的,一定要查明行为人是否具有出卖的目的;不是以出卖为目的的,行为人可能构成收买被拐卖的妇女、儿童罪、绑架罪等其他犯罪,不构成本罪。

(二) 本罪的认定

1. 罪与非罪的界限

第一,应注意划清本罪与借介绍婚姻、介绍收养儿童而索取财物行为的界限。借介绍婚姻、介绍收养儿童而索取财物的行为,是一种非罪行为。在客观上行为人是否实施了拐骗行为、在主观上行为人是否具有出卖目的是区分二者的根本界限。对此,应根据行为人与妇女、儿童以及第三方之间的关系,是否存在介绍婚姻、介绍收养儿童的行为,行为人对第三人的言语内容,索取财物的数量与方式,在妇女、儿童的家庭或监护人不同意的情况下行为人的态度等全案事实,进行综合判断。《2016年拐卖妇女儿童解释》第3条规定,以介绍婚姻为名,采取非法扣押身份证件、限制人身自由等方式,或者利用妇女人地生疏、语言不通、孤立无援等境况,违背妇女意志,将其出卖给他人的,应当以拐卖妇女罪追究刑事责任。以介绍婚姻为名,与被介绍妇女串通骗取他人钱财,数额较大的,应以诈骗罪追究刑事责任。

第二,要严格区分借送养之名出卖亲生子女与民间送养行为的界限。根据《2010年拐卖妇女儿童解释》第17条的规定,区分的关键在于行为人是否具有非法获利的目的。应当通过审查将子女"送"人的背景和原因、有无收取钱财及收取钱财的多少、对方是否具有抚养目的及有无抚养能力等事实,综合判断行为人是否具有非法获利的目的。具有下列情形之一的,可以认定属于出卖亲生子女,应当以拐卖妇女、儿童罪论处:(1) 将生育作为非法获利手段,生育后即出卖子女的;(2) 明知对方不具有抚养目的,或者根本不考虑对方是否具有抚养目的,为收取钱财将子女"送"给他人的;(3) 为收取明显不属于"营养费""感谢费"的巨额钱财将子女"送"给他人的;(4) 其他足以反映行为人具有非法获利目的的"送养"行为的。不是出于非法获利目的,而是迫于生活困难,或者受重男轻女思想影响,私自将没有独立生活能力的子女送给他人抚养,包括收取少量"营养费""感谢费"的,属于民间送养行为,不能以拐卖妇女、儿童罪论处。对私自送养导致子女身心健康受到严重损害,或者具有其他恶劣情节,符合遗弃罪特征的,可以遗弃罪论处;情节显著轻微危害不大的,可由公安机关依法予以行政处罚。

第三,应注意划清本罪与买卖婚姻的界限。买卖婚姻虽然在一定程度上也具有将妇女当成商品进行出卖的意味,但买卖婚姻只是一种违反婚姻法的违法行为,与拐卖妇女罪不可同日而语。二者界限如下:第一,买卖婚姻的行为人将妇女"出卖"具有一定原因,例如家长将女儿抚养成人不容易,认为女儿嫁出去时自己应取得适当的回报;拐卖妇女、儿童罪的行为人则没有根据地要求买方支付价金,完全是将妇女当成商品进行出卖。第二,在买卖婚姻中,行为人往往不是主动"出卖"妇女,而是在操办妇女婚姻的基础上乘机索取财物;如果家长赤裸裸地将妇女出卖,并没有为妇女操办婚姻的意思,应构成拐卖妇女罪。第三,买卖婚姻的行为人基本上还关心妇女的未来生活,与妇女还保持一定的联系;拐卖妇女、儿童罪的行为人关心的只是妇女的"身价",根本不关心妇女的未来生活。

2. 此罪与彼罪的界限

(1) 本罪与绑架罪的界限。在以绑架的方式拐卖妇女、儿童时,与以妇女、儿童为对象的绑架罪在客观上有相同之处,区别在于:首先,取财方式不同。本罪是将妇女、儿童作为商品卖出,从而取得财物;绑架罪则是将妇女、儿童作为人质,迫使与妇女、儿童有一定关系的第三人交付财物。其次,主观目的不同。在本罪中,行为人是为了出卖妇女、儿童,并没有将妇女、儿童作为人质以迫使第三人作为或不作为的意思;在绑架罪中,行为人具有迫使第三人作为或不作为的目的。绑架妇女、儿童勒索财物未得逞或提出不法要求得不到满足后,将妇女、儿童出卖的,属于另起犯意,对行为人应以绑架罪和拐卖妇女、儿童罪数罪并罚。

(2) 本罪与诈骗罪的界限。本罪与诈骗罪一般不难区分:前者行为人具有出卖妇女、儿童的目的;后者则是以非法占有为目的,虚构事实、隐瞒真相,骗取他人数额较大的公私财物。实践中,对以下情形应以诈骗罪论处:其一,行为人与妇女合谋,将妇女"卖"给他人得利以后,妇女乘人不备时逃走。对此俗称"放飞鸽"。在这种情况下,行为人并未真的将妇女当作商品进行出卖,出卖其实是合谋骗财的手段,故行为人构成诈骗罪;就妇女而言,该妇女不但不是被害人,反而是害人者,属于诈骗罪的共犯。其二,行为人以"介绍对象"为名,将他人的钱财骗到手后即携款潜逃的,只构成诈骗罪,不构成本罪。

3. 既遂与未遂的界限

只要以出卖为目的,实施了拐骗、绑架、收买、贩卖、接送、中转妇女、儿童行为之一的,即为本罪既遂,至于犯罪分子是否已把受害人贩卖出去,不是判断既遂成立的标准。因为本罪属于目的犯,目的犯的既未遂不以目的是否实现为准。

李某以出卖为目的偷盗一名男童,得手后因未找到买主,就产生了自己抚养的想法。在抚养过程中,因男童日夜啼哭,李某便将男童送回家中。本案中,李某的行为主观上是以出卖为目的,并实施了拐卖的行为,同时其偷盗儿童行为已实施完毕,当然成立拐卖儿童罪既遂。①

本罪并不要求行为人一定要将被害妇女或儿童卖出或卖出后拿到钱才构成既遂,而是只要求行为人实施了拐卖的行为,就侵犯了妇女和儿童的人身不可买卖性,即可构成本罪的既遂。

4. 一罪与数罪的界限

认定拐卖妇女、儿童罪,必须分清一罪与数罪。根据《2010 年拐卖妇女儿童解释》第 24—27 条的规定:(1) 拐卖妇女、儿童,又奸淫被拐卖的妇女、儿童,或者诱骗、强迫被拐卖的妇女、儿童卖淫的,以拐卖妇女、儿童罪处罚;(2) 拐卖妇女、儿童,又对被拐卖的妇女、儿童实施故意杀害、伤害、猥亵、侮辱等行为,构成其他犯罪的,依照数罪并罚的规定处罚;(3) 拐卖妇女、儿童或者收买被拐卖的妇女、儿童,又组织、教唆被拐卖、收买的妇女、儿童进行犯罪的,以拐卖妇女、儿童罪或者收买被拐卖的妇女、儿童罪与其所组织、教唆的罪数罪并罚;(4) 拐卖妇女、儿童或者收买被拐卖的妇女、儿童,又组织、教唆被拐卖、收买的未成年妇女、儿童进行盗窃、诈骗、抢夺、敲诈勒索等违反治安管理活动的,以拐卖妇女、儿童罪或者收买被拐卖的妇女、儿童罪与组织未成年人进行违反治安管理活动罪数罪并罚。

(三) 本罪的处罚

犯本罪的,根据《刑法》第 240 条的规定,处 5 年以上 10 年以下有期徒刑,并处罚金;有下列情形之一的,处 10 年以上有期徒刑或者无期徒刑,并处罚金或者没收财产;情节特别严重的,处死刑,并处没收财产:(1) 拐卖妇女、儿童集团的首要分子;(2) 拐卖妇女、儿童 3 人以上的;(3) 奸淫被拐卖的妇女的;(4) 诱

---

① 参见北京万国学校教研中心组编:《刑法》,中国法制出版社 2014 年版,第 337 页。

骗、强迫被拐卖的妇女卖淫或者将被拐卖的妇女卖给他人迫使其卖淫的;(5) 以出卖为目的,使用暴力、胁迫或者麻醉方法绑架妇女、儿童的;(6) 以出卖为目的,偷盗婴幼儿的①;(7) 造成被拐卖的妇女、儿童或者其亲属重伤、死亡或者其他严重后果的;(8) 将妇女、儿童卖往境外的。拐卖妇女、儿童之后,对被害人实施故意杀害、伤害、猥亵、侮辱等行为,构成其他犯罪的,应当依照数罪并罚的规定处罚。第 7 项所指的"严重后果",包括通过拘禁、捆绑、虐待等直接行为导致的加重结果;因拐卖行为、拐卖中的侮辱、殴打等行为间接引起妇女、儿童及其亲属自杀、精神失常或者其他严重后果。

另外,根据《2010 年拐卖妇女儿童解释》第 28—33 条的规定,本罪刑罚适用过程中应注意以下几点:(1) 对于拐卖妇女、儿童犯罪集团的首要分子,情节严重的主犯,累犯,偷盗婴幼儿、强抢儿童情节严重,将妇女、儿童卖往境外情节严重,拐卖妇女、儿童多人多次、造成伤亡后果,或者具有其他严重情节的,依法从重处罚;情节特别严重的,依法判处死刑。拐卖妇女、儿童,并对被拐卖的妇女、儿童实施故意杀害、伤害、猥亵、侮辱等行为,数罪并罚决定执行的刑罚应当依法体现从严。(2) 对于拐卖妇女、儿童的犯罪分子,应当注重依法适用财产刑,并切实加大执行力度,以强化刑罚的特殊预防与一般预防效果。(3) 犯收买被拐卖的妇女、儿童罪,对被收买妇女、儿童实施违法犯罪活动或者将其作为牟利工具的,处罚时应当依法体现从严。收买被拐卖的妇女、儿童,对被收买妇女、儿童没有实施摧残、虐待行为或者与其已形成稳定的婚姻家庭关系,但仍应依法追究刑事责任的,一般应当从轻处罚;符合缓刑条件的,可以依法适用缓刑。收买被拐卖的妇女、儿童,犯罪情节轻微的,可以依法免予刑事处罚。(4) 多名家庭成员或者亲友共同参与出卖亲生子女,或者"买人为妻""买人为子"构成收买被拐卖的妇女、儿童罪的,一般应当在综合考察犯意提起、各行为人在犯罪中所起作用等情节的基础上,依法追究其中罪责较重者的刑事责任。对于其他情节显著轻微危害不大,不认为是犯罪的,依法不追究刑事责任;必要时可以由公安机关予以行政处罚。(5) 具有从犯、自首、立功等法定从宽处罚情节的,依法从轻、减轻或者免除处罚。对被拐卖的妇女、儿童没有实施摧残、虐待等违法犯罪行为,或者能够协助解救被拐卖的妇女、儿童,或者具有其他酌定从宽处罚情节的,可以依法酌情从轻处罚。(6) 同时具有从严和从宽处罚情节的,要在综合考察拐卖妇女、儿童的手段、拐卖妇女、儿童或者收买被拐卖妇女、儿童的人次、危害后果以及被告人主观恶性、人身危险性等因素的基础上,结合当地此类犯罪发案情况和社会治安状况,决定对被告人总体从严或者从宽处罚。

---

① 《2016 年拐卖妇女儿童解释》第 1 条规定,对婴幼儿采取欺骗、利诱等手段使其脱离监护人或者看护人的,视为"偷盗婴幼儿"。

四、收买被拐卖的妇女、儿童罪

（一）概念及构成要件

收买被拐卖的妇女、儿童罪是指不以出卖为目的，收买被拐卖的妇女、儿童的行为。本罪法益与拐卖妇女、儿童罪相同，都是妇女、儿童的人身自由权与身体安全。

1. 行为

本罪行为表现为收买被拐卖的妇女、儿童。即行为人以金钱或其他财物为对价，有偿购得被拐卖的妇女、儿童。收买的本质是以金钱、财物作为被拐卖妇女、儿童的对价，将其买归自己占有或者支配。收买不同于收养。收养表现为接受儿童为自己的家庭成员，而不是用金钱、财物买回儿童；买回儿童作为后嗣的，虽然也是接受儿童为家庭成员，但已经超出了收养的范围，属于收买儿童行为。收买行为不要求违背妇女、儿童的意志，无须被收买人的同意。只要妇女、儿童已经交付给行为人，无论是否已经交付财物给出卖人，行为人都构成本罪既遂。

《2010年拐卖妇女儿童解释》第20条规定，明知是被拐卖的妇女、儿童而收买，具有下列情形之一的，以收买被拐卖的妇女、儿童罪论处；同时构成其他犯罪的，依照数罪并罚的规定处罚：（1）收买被拐卖的妇女后，违背被收买妇女的意愿，阻碍其返回原居住地的；（2）阻碍对被收买妇女、儿童进行解救的；（3）非法剥夺、限制被收买妇女、儿童的人身自由，情节严重，或者对被收买妇女、儿童有强奸、伤害、侮辱、虐待等行为的；（4）所收买的妇女、儿童被解救后又再次收买，或者收买多名被拐卖的妇女、儿童的；（5）组织、诱骗、强迫被收买的妇女、儿童从事乞讨、苦役，或者盗窃、传销、卖淫等违法犯罪活动的；（6）造成被收买妇女、儿童或者其亲属重伤、死亡以及其他严重后果的；（7）具有其他严重情节的。

2. 主体

本罪主体为一般主体，只要行为人年满16周岁、具有刑事责任能力即可。教唆、帮助他人收买被拐卖的妇女、儿童的，构成共犯。

3. 罪过

本罪罪过为故意，即行为人明知是被拐卖的妇女、儿童，仍决意予以收买。行为人不能具有出卖的目的，否则构成拐卖妇女、儿童罪。至于行为人收买被拐卖的妇女、儿童是为了让妇女做自己的妻子、儿媳，还是让儿童传宗接代或提供奴役性劳动，不影响本罪成立。

（二）本罪的认定

1. 本罪与拐卖妇女、儿童罪的界限

拐卖妇女、儿童罪在行为上也可表现为收买妇女、儿童，包括收买被他人拐卖的妇女、儿童，因此有必要区分本罪与拐卖妇女、儿童罪的界限。二罪的区别在于主观目的不同：不以出卖为目的收买被拐卖的妇女、儿童的，构成本罪；以出卖为目的收买被拐卖的妇女、儿童的，构成拐卖妇女、儿童罪。行为人是否具有出卖妇女、儿童的目的，应以行为人的年龄大小、婚否、收买妇女、儿童过程中的表现，以及是否有拐卖妇女、儿童的前科等来综合判断。

2. 一罪与数罪的界限

行为人收买被拐卖的妇女、儿童后，往往对被拐卖的妇女、儿童实施其他犯罪行为。如行为人强奸妇女、奸淫幼女，或为防止妇女、儿童逃跑剥夺其人身自由。这些行为超出了收买被拐卖的妇女、儿童罪的构成要件，单独构成新的犯罪。对此，《刑法》第241条第2款、第3款进行了明确的提示。① 行为人收买被拐卖的妇女、儿童后对妇女、儿童又实施其他犯罪的，根据《刑法》第241条第4款的规定，对行为人应以本罪与所实施之罪进行数罪并罚。

行为人虽然开始不具有出卖妇女、儿童的目的，但在收买被拐卖的妇女、儿童后，又进行出卖的，理当属于数罪，但根据《刑法》第241条第5款，收买被拐卖的妇女、儿童后又出卖的，只以拐卖妇女、儿童罪一罪追究刑事责任。据此，行为人不以出卖为目的收买被拐卖的妇女、儿童后，对其实施强奸、非法拘禁等行为，后又将其出卖的，仅认定为拐卖妇女、儿童罪。但是，行为人收买被拐卖的妇女、儿童，间隔很长时间后又出卖的，是否只构成拐卖妇女、儿童罪一罪？对此值得研究。

行为人为收买妇女、儿童，而教唆、帮助他人实施拐卖妇女、儿童，然后，又收买了该被拐卖的妇女、儿童的，应按拐卖妇女、儿童罪和收买被拐卖的妇女、儿童罪实行数罪并罚。

甲收买被拐卖的妇女乙后，将乙锁在家中，不准出门，并强行与乙发生了性关系。某日，趁甲不在家，乙逃出甲家，甲追赶乙，并强行将乙带回家中后，将乙腿打断。本案中，甲收买乙构成收买被拐卖的妇女罪，非法剥夺乙的人身自由的行为构成非法拘禁罪，强行与乙发生性关系的行为构成强奸罪，将乙腿打断的行为构成故意伤害罪。对甲应以上述各罪实行数罪并罚。②

(三) 本罪的处罚

犯本罪的，根据《刑法》第241条的规定，处3年以下有期徒刑、拘役或者管制。收买被拐卖的妇女、儿童，对被买儿童没有虐待行为，不阻碍对其进行解救的，可以从轻处罚；按照被买妇女的意愿，不阻碍其返回原居住地的，可以从轻或者减轻处罚。《刑法修正案(九)》删除了原条文中"可以不追究刑事责任"的规

---

① 《刑法》第241条第2款、第3款是注意规定，其功能在于提示司法工作人员：行为人对被拐卖的妇女、儿童实施强奸等行为的，行为人同时构成强奸罪等犯罪。其实，即使没有《刑法》第241条第2款、第3款的规定，司法部门也应当按《刑法》第241条第4款的精神对行为人进行数罪并罚。

② 参见北京万国学校教研中心组编：《刑法》，中国法制出版社2014年版，第338页。

定,并根据儿童和妇女心智发育程度与判断能力的不同,分别设立了"可以从轻处罚"与"可以从轻或者减轻处罚"的规定。这种对收买被拐卖的妇女、儿童的行为一律追究刑事责任,不能免除处罚的新规定,体现了国家从严打击拐卖妇女、儿童犯罪的立场,对于买方具有震慑作用,有利于从源头上减少拐卖妇女、儿童行为的发生。《2016年拐卖妇女儿童解释》第4—7条规定,在国家机关工作人员排查来历不明儿童或者进行解救时,将所收买的儿童藏匿、转移或者实施其他妨碍解救行为,经说服教育仍不配合的,属于"阻碍对其进行解救"。收买被拐卖的妇女,业已形成稳定的婚姻家庭关系,解救时被买妇女自愿继续留在当地共同生活的,可以视为"按照被买妇女的意愿,不阻碍其返回原居住地"。收买被拐卖的妇女、儿童后又组织、强迫卖淫或者组织乞讨、进行违反治安管理活动等构成其他犯罪的,依照数罪并罚的规定处罚。收买被拐卖的妇女、儿童,又以暴力、威胁方法阻碍国家机关工作人员解救被收买的妇女、儿童,或者聚众阻碍国家机关工作人员解救被收买的妇女、儿童,构成妨害公务罪、聚众阻碍解救被收买的妇女、儿童罪的,依照数罪并罚的规定处罚。

五、聚众阻碍解救被收买的妇女、儿童罪

本罪是指首要分子纠集众人,阻碍国家机关工作人员解救被收买的妇女、儿童的行为。本罪的行为对象是正在依法执行解救被收买的妇女、儿童职务的国家机关工作人员,主要是公安部门、民政部门的国家机关工作人员。国家机关工作人员解救的目标是被收买的妇女、儿童。行为人阻碍国家机关工作人员解救绑架犯罪中被绑架的妇女、儿童或拐卖妇女、儿童犯罪中被拐骗的妇女、儿童的,不构成本罪,应以妨害公务罪论处。行为方式是聚众实施阻碍。所谓聚众,是指组织、纠合多人聚集在一起;构成聚众,至少是纠集3人以上。所谓阻碍,是指给解救工作设置种种障碍或形成种种阻力。阻碍的方式多样,包括对国家机关工作人员的身体本身进行打击、强制,对国家机关工作人员以杀害、伤害、毁坏财产等内容来进行胁迫,破坏解救被收买的妇女、儿童的物质设施,如砸毁警车等,进行无理纠缠或进行其他阻碍活动,如躺在警车前面不让警车通过。只有首要分子才构成本罪。所谓首要分子,是指在聚众阻碍解救活动中起组织、策划、指挥作用的犯罪分子。其他参与者使用暴力、威胁方法的,依照妨害公务罪定罪处罚。

犯本罪的,根据《刑法》第242条第2款的规定处罚。

六、诬告陷害罪

(一) 概念及构成要件

本罪是指故意捏造犯罪事实,向国家机关或有关单位告发,意图使他人受刑

事追究，情节严重的行为。

一般认为，本罪法益为公民的人身权利和司法机关的正常活动。① 但也有观点认为，本罪法益仅为公民的人身权利。② 对本罪法益的认识不同，将会导致以下问题的结论不同：第一，得到被害人承诺的诬告行为是否构成本罪？第二，诬告虚无人的行为是否构成犯罪？根据人身权利说，这两种行为都不成立犯罪，因为这两种行为要么实际上没有侵犯被害人的人身权利，要么不可能侵犯他人的人身权利。根据人身权利和司法机关正常活动说，似乎难以直接得出结论：如果认为构成本罪要求诬告陷害行为同时侵犯人身权利和司法机关的正常活动（并列说），那么上述两种行为虽然都侵犯了司法机关的正常活动，但都没有侵犯人身权利，则不构成诬告陷害罪；如果认为构成本罪只要诬告陷害行为侵犯其中一种法益，不要求同时侵犯人身权利和司法机关的正常活动（择一说），那么上述两种行为都构成诬告陷害罪，因为这两种行为虽然没有侵犯他人的人身权利，但都侵犯了司法机关的正常活动。诬告陷害罪被规定在刑法分则第四章"侵犯公民人身权利、民主权利罪"中，如果将没有侵犯人身权利的诬告行为（如得到承诺的诬告）认定为本罪，与立法精神不符；同时，很难想象诬告陷害行为只侵犯人身权利而不会侵犯司法机关的正常活动，故我们赞同本罪法益主要是公民的人身权利。本罪的构成要件如下：

1. 行为

行为本质是为了使他人受到刑事追究而故意捏造犯罪事实予以告发。首先，本罪的对象是"他人"。自我诬告的，不构成本罪。"他人"必须是特定的，如果没有特定的诬告对象，就不可能导致司法机关追查案件，就不会产生侵犯他人人身权利的后果。当然，特定对象不要求行为人指名道姓，只要根据诬告的内容能够判断出诬告的对象是谁，即认为存在特定对象。至于被诬陷的对象是守法公民还是服刑罪犯，不影响本罪的成立。"他人"包括没有达到法定年龄或者没有刑事责任能力的人。"他人"不包括单位，形式上诬告单位，但所捏造的事实导致可能追究自然人刑事责任的，仍可成立本罪。

其次，行为人捏造了犯罪事实。这里有两层含义：其一，行为人有捏造事实的行为。捏造事实，是指行为人明知他人没有犯罪，或不知道他人犯罪，却宣称他人犯罪。在实践中，捏造事实的常见手法有：无中生有、凭空捏造，即完全虚构犯罪事实；移花接木、栽赃陷害，即宣称客观上发生的某种犯罪案件是他人所为；自己假造犯罪案件，然后嫁祸于人；歪曲事实、添枝加叶，把一般违法事实渲染成

---

① 参见高铭暄、马克昌主编：《刑法学》（第十版），北京大学出版社、高等教育出版社2022年版，第480页。

② 参见张明楷：《法益初论》（增订本）（上册），商务印书馆2021年版，第266页。

犯罪事实；冒充别人的名字、模仿别人的字体或拼凑别人的字迹投寄反动信件、张贴反动宣传品，捏造危害国家安全的犯罪事实，诬告他人犯有危害国家安全罪，等等。① 其二，行为人捏造的必须是犯罪事实。既然行为人意图使他人受刑事追究，那么，所捏造的事实就必须是犯罪事实，因为捏造一般违法的事实，不足以引起刑事追诉，自然不构成本罪。所捏造事实是否是犯罪事实，是一种以《刑法》规定为衡量标准的规范评价，属于客观的判断。自以为所捏造的是犯罪事实，但实际上并非犯罪事实的，如捏造他人拐卖成年男子的，行为人不构成诬告陷害罪，对其只能予以治安处罚。无论是捏造整个犯罪事实，还是捏造部分犯罪事实，都有使他人受刑事追究的危险，都能够侵犯公民的人身权利，故捏造犯罪事实，不要求行为人捏造了完整的犯罪事实，只要行为人捏造了部分犯罪事实即可。同理，捏造犯罪事实，既不要求行为人捏造详细细节，也不要求行为人捏造、提供具体证据，只要其所捏造的犯罪事实具有足以使他人受刑事追究的危险即可。此外，行为人所捏造的犯罪事实，必须是公诉罪的犯罪事实，否则行为人不构成犯罪。② 如果行为人向司法机关告发的犯罪事实是真实的而不是捏造的，那么不论行为人出于何种动机，都不构成本罪。

再次，行为人以足以引起刑事追究的方式告发犯罪事实。捏造事实之后只有告发犯罪事实，才有可能侵犯公民的人身权利，告发是实行行为的必要组成部分。只有告发陷害才具有现实的法益侵害紧迫危险性，属于本罪的犯罪着手。告发的方式不限，既可以是口头的，也可以是书面的；既可以是具名告发，也可以是匿名告发；既可以是当面告发，也可以是信电告发。仅捏造了他人的犯罪事实，但不告发的或以不足以引起刑事追究的方式散布犯罪事实的，如行为人捏造他人盗窃的犯罪事实，并没有向司法机关告发，仅在群众中小规模散布的，由于此时不会发生刑事追究问题，行为人不构成本罪，对此可以诽谤罪论处。可见，行为人必须采取足以引起刑事追究的方式告发犯罪，才能构成本罪。所谓采取足以引起刑事追究的方式告发犯罪，是指以某种方式直接或间接地使司法机关知道某人犯有某个犯罪事实。最常见的告发方式是向司法机关或所在机关、单位或报社及其有关人员告发他人的犯罪事实。

最后，诬告陷害他人，必须情节严重。情节一般的诬告陷害不构成诬告陷害罪。所谓情节严重，一般是指诬告他人犯有性质严重的犯罪的，多次诬告他人犯罪的，为了掩盖自己的犯罪事实而诬告他人的，诬告行为导致司法机关发动刑事追诉程序的，诬告行为引起他人被采取刑事强制措施甚至被定罪量刑的，等等。

---

① 参见张国斌主编：《诬告陷害罪 报复陷害罪》，中国检察出版社1996年版，第12—13页。
② 参见肖中华：《侵犯公民人身权利罪》，中国人民公安大学出版社1998年版，第293页。

2. 主体

本罪主体为一般主体，即年满 16 周岁、具有刑事责任能力的人。国家机关工作人员犯本罪的，从重处罚。

3. 罪过

本罪罪过为故意，即行为人明知诬陷行为会发生使他人受刑事追究的危害结果，并且希望这种危害结果发生。本罪为目的犯，行为人主观上必须具有意图使他人受刑事追究的目的；没有意图使他人受刑事追究的目的而诬陷他人的，如诬陷他人通奸的，行为人只能构成诽谤罪。当然，被诬告人是否最终受到刑事追究，不影响本罪的成立。因此，这里的意图使他人受刑事追究是超过的主观要素。①

（二）本罪的认定

1. 罪与非罪的界限

《刑法》第 243 条第 3 款规定，不是有意诬陷，而是错告，或者检举失实的，不构成诬告陷害罪。因此，应注意区分本罪与错告、检举失实的界限。诬告陷害与错告、检举失实在客观上都表现为向国家司法机关或其他有关单位告发的犯罪事实与客观事实不符，但是诬告陷害与错告、检举失实有着原则性的区别。在客观上，诬告陷害者故意捏造犯罪事实，并进行告发；而错告、检举失实的人并没有凭空捏造事实，仅是对客观情况不完全了解或认识上有片面性，从而错误地举报他人。只要不是捏造事实、伪造证据，即使控告、举报的事实有出入，甚至是错告的，也不构成犯罪。在主观上，诬告陷害者具有诬陷他人、使他人受到刑事追究的目的；而错告、检举失实的行为人根本就没有诬陷他人的意思，其之所以告发主要是出于维护公共利益的考虑，是为了同违法犯罪作斗争。经得他人同意或者经他人请求而诬陷他人犯罪，不成立本罪。

2. 本罪与报复陷害罪的界限

本罪与报复陷害罪都是对他人的一种陷害，应注意划清二者的界限。第一，对象不同。本罪的对象没有特别限定，而报复陷害罪的对象仅限于控告人、申诉人、批评人、举报人。第二，行为不同。本罪表现为捏造他人犯罪的事实，向国家司法机关或其他有关单位告发，情节严重的行为，而报复陷害罪则表现为行为人滥用职权、假公济私，对控告人、申诉人、批评人、举报人实行报复陷害的行为。第三，主体不同。本罪主体为一般主体，而报复陷害罪为特殊主体，只有国家机关工作人员才能构成。第四，罪过不同。本罪行为人具有使他人受到刑事追究的目的，而报复陷害罪的行为人一般只具有报复陷害的目的，没有使他人受刑事追究的意思。国家机关工作人员为了报复陷害控告人、申诉人、批评人、举报人，

---

① 参见陈兴良：《规范刑法学》（第四版）（下册），中国人民大学出版社 2017 年版，第 822 页。

滥用职权、假公济私，诬告陷害这些人犯罪并向有关机关告发的，属于本罪与报复陷害罪的想象竞合犯，对行为人应以本罪论处。

（三）本罪的处罚

犯本罪的，根据《刑法》第 243 条的规定，处 3 年以下有期徒刑、拘役或者管制；造成严重后果的，处 3 年以上 10 年以下有期徒刑；国家机关工作人员犯本罪的，从重处罚。

七、强迫劳动罪

本罪为《刑法修正案（八）》所修订。本罪是指自然人或单位以暴力、威胁或限制人身自由的方法强迫他人劳动，或明知他人以暴力、威胁或限制人身自由的方法强迫他人劳动，而为其招募、运送人员或以其他方式协助强迫他人劳动的行为。本罪法益是他人的劳动自由。

本罪的行为分为两类：一是直接强迫劳动，二是协助强迫劳动。直接强迫劳动类型的行为内容是以暴力、威胁或限制人身自由的方法强迫他人劳动。暴力是指广义的暴力，只要求暴力针对被害人实施，而不要求直接针对被害人的身体实施，也不要求达到压制被害人反抗的程度。暴力程度很高时，可能成立本罪与故意伤害罪的想象竞合犯。[①] 威胁是指广义的胁迫，包括以恶害相通告的一切行为；对于恶害的内容、性质、通告的方法没有限制，也不要求达到压制被害人反抗的程度。限制人身自由的方法，是指将他人的人身自由控制在一定范围、一定限度内的方法，如不准他人外出，不准他人参加社交活动等。采取剥夺人身自由的方法（如将他人长时间关闭在车间里）的，则成立非法拘禁罪与本罪的想象竞合犯。强迫劳动，是指违反被害人意愿迫使其从事劳动。既包括被害人不愿意从事某一类劳动而迫使其从事该类劳动的情形，也包括被害人虽愿意从事某类劳动但不愿意从事超强度、超体力、超时间的劳动，而迫使其从事超强度、超体力、超时间的劳动的情形；既包括强迫体力劳动，也包括强迫脑力劳动。强迫行为使被害人开始从事其不愿意从事的劳动的，成立本罪的既遂。行为人是否提供劳动报酬，不影响本罪的成立。监狱强制犯人劳动的，是执行刑罚的合法行为，不成立本罪。企业、事业单位依法对职工的劳动作严格要求的，不成立本罪。行为人以限制人身自由方法强迫职工劳动，必须情节严重，如经常强迫他人无偿劳动、因强迫劳动导致职工自杀或病死等。本罪的主体包括自然人和单位。

犯本罪的，根据《刑法》第 244 条的规定处罚。

---

① 参见周光权：《刑法各论》（第四版），中国人民大学出版社 2021 年版，第 61 页。

八、雇用童工从事危重劳动罪

本罪为《刑法修正案(四)》所增设。本罪是指违反劳动管理法规,雇用未满16周岁的未成年人从事超强度体力劳动的,或从事高空、井下作业的,或在爆炸性、易燃性、放射性、毒害性等危险环境下从事劳动,情节严重的行为。本罪法益为童工生命、身体的安全。

本罪的行为表现为违反劳动管理法规,雇用童工从事超强度体力劳动的,或从事高空、井下作业的,或在爆炸性、易燃性、放射性、毒害性等危险环境下从事劳动且情节严重。本罪行为对象是未满16周岁的未成年人(童工)。所谓雇用童工,一般是指行为人以有偿支付劳动报酬的意思,雇用、招收、使用童工,但也应包括无偿使用童工在内。所谓危重劳动,专指以下劳动:(1)超强度体力劳动。即指使童工从事劳动强度超出了童工所能承受的劳动强度的劳动,如使童工从事国家规定的第4级体力劳动强度的劳动等。(2)高空、井下作业。即指使童工从事高空架设线路、空中清洗、高空建筑、井下采煤、采矿等作业。(3)在爆炸性、易燃性、放射性、毒害性等危险环境下从事劳动。行为人雇用童工从事超强度体力劳动,或从事高空、井下作业的,即构成本罪;雇用童工在爆炸性、易燃性、放射性、毒害性等危险环境下从事劳动,需要情节严重才构成本罪。"情节严重"的标准,参见《公安机关立案标准(一)》第32条的规定,是指涉嫌下列情形之一:(1)造成未满16周岁的未成年人伤亡或者对其身体健康造成严重危害的;(2)雇用未满16周岁的未成年人3人以上的;(3)以强迫、欺骗等手段雇用未满16周岁的未成年人从事危重劳动的;(4)其他情节严重的情形。

本罪主体为单位,但仅处罚"直接责任人员",是单罚制。

本罪罪过为故意。即行为人明知自己所雇用的人不满16周岁,还故意使其从事危重劳动。童工身材高大、发育早熟且有意隐瞒年龄,行为人确实不知道被雇用人不满16周岁而雇用的,不构成本罪。

犯本罪的,根据《刑法》第244条之一的规定处罚。

九、非法搜查罪

本罪是指非法搜索、检查他人的身体、住宅,侵犯他人安宁的行为。《中华人民共和国宪法》第39条规定:"中华人民共和国公民的住宅不受侵犯。禁止非法搜查或者非法侵入公民的住宅。"本罪法益是公民的身体安全与住宅的安宁。

本罪行为表现为非法搜查他人的身体或住宅。首先,本罪的对象为他人的身体或住宅。非法搜查身体、住宅以外的其他地方,如非法搜查车辆、船只、仓库、办公室等不具有住宅性质的场所,都不构成非法搜查罪。非法搜查身体,既包括搜查他人的外部衣服,也包括搜查他人的内部身体。其次,行为人实施了非法搜查行为。搜查是指以搜寻的意思有目的地对身体、住宅进行搜索、查找的行为,其本质为对身体与住宅的检查。搜查住宅的方式有检查、翻看、挖掘等,搜查身体的方式有摸索、拍打、掏翻等。① 搜查既包括有形搜查,也包括无形搜查,即利用高科技手段,在不触动他人身体、住宅的情况下对他人的身体、住宅进行检查;既可以是公开搜查,也可以是秘密搜查。从实践中看,非法搜查主要有两种情况:一种是无搜查权的人非法对他人的人身或住宅进行搜查;另一种是有搜查权的人不遵从法律规定的搜查程序进行搜查。司法工作人员依法搜查,或得到被害人真实有效承诺的搜查行为,不构成本罪。最后,非法搜查行为只有严重影响私生活的安宁的,才构成本罪。这虽非《刑法》的明文规定,却是控制处罚范围所必需的。根据《渎职案件立案标准》的规定,非法搜查罪是指非法搜查他人身体、住宅的行为。国家机关工作人员利用职权非法搜查,涉嫌下列情形之一的,应予立案:(1) 非法搜查他人身体、住宅,并实施殴打、侮辱等行为的;(2) 非法搜查,情节严重,导致被搜查人或者其近亲属自杀、自残造成重伤、死亡,或者精神失常的;(3) 非法搜查,造成财物严重损坏的;(4) 非法搜查3人(户)次以上的;(5) 司法工作人员对明知是与涉嫌犯罪无关的人身、住宅非法搜查的;(6) 其他非法搜查应予追究刑事责任的情形。显然,以上行为都严重破坏公民正常、稳定的私生活的安宁,可以作为严重影响私生活安宁的参考。国家机关工作人员利用职权非法搜查他人,其危害性要重于一般公民的非法搜查行为;既然国家机关工作人员非法搜查的只有具有上述情形的才予以立案,那么一般公民非法搜查他人,也必须是达到上述情形的,才构成本罪。本罪的主体为一般主体。司法工作人员滥用职权,犯本罪的,从重处罚。

犯本罪的,根据《刑法》第245条的规定处罚。

十、非法侵入住宅罪

(一) 概念及构成要件

本罪是指非法进入他人住宅,或经要求退出而拒绝退出,扰乱住宅安宁的行为。本罪法益为公民按照个人意愿管理、利用住宅的权利。

本罪行为表现为无合法根据进入他人住宅或要求其退出时没有合法根据拒不退出住宅。本罪的对象为他人的住宅。住宅是指公民有居住的意思,客观上供日常生活所使用的场所。住宅不仅包括一般意义的住房本身,还包括住宅周围的围绕地,如围墙、篱笆等。住宅不限于建筑物,也包括住人的窑洞、竹楼,渔民生活的船舶,牧民生活的帐篷等。即使对于实验室、研究室、农村的小商店这

---

① 参见周光权:《刑法各论》(第四版),中国人民大学出版社2021年版,第62页。

样的场所,只要客观上是供日常生活所使用的场所,且公民有居住的意思,也可以认定为住宅。但对于刚刚购买正在装修的房屋,如果尚不能供日常生活所使用,就不认为是住宅。住宅只要求是事实上供人从事日常生活所使用的场所即可,并不要求一直有人居住。住宅不要求是永久性的日常生活场所,短期、暂时居住、生活的处所,如在旅馆、饭店暂住的一个房间也是住宅。构成住宅,也不要求居住人对其拥有所有权,租赁的房屋也属于住宅。当行为人与居住人存在一定的亲属关系(如父母子女关系、夫妻关系)时,需要具体分析:对住宅不存在财产的共有关系,对方的住宅就属于"他人的住宅";虽然对于住宅存在财产的共有关系,但客观上双方处于分居状态,分居事由合理,且一方不愿与另一方一起居住的,对方的住宅应当属于"他人的住宅"。侵入住宅行为可分为积极的侵入与消极的不退出两种类型。

其一,积极的侵入,是指行为人没有合法根据积极地进入他人住宅。从形式上说,侵入住宅要求行为人进入他人住宅。但进入他人住宅并不等于侵入他人住宅,要将进入行为认定为侵入住宅的行为,还要求具备实质条件,而这种实质条件就要联系本罪的保护法益。这就是说,必须对进入行为进行实质性的把握。一般的,只要行为人没有得到居住者的同意而进入他人住宅,就可以认定为非法侵入住宅,但是客观上不妨碍居住人管理、利用住宅的进入行为,则不属于非法侵入。具有以下情形,可以肯定进入行为客观上妨碍了公民管理、利用住宅:在他人院中屋内陈尸闹事、挖坑垒坟的;使用暴力侵入他人住宅的或侵入住宅后殴打居住人的;毁损、污损、破坏或搬走他人生活用品的,如砸毁门窗、衣橱,打坏锅碗瓢盆;用粪便污损被褥、衣物的;侵入他人住宅随地大小便的;侵入他人住宅强行吃住的;侵入他人住宅使被害人流落在外无家可归的;侵入他人住宅后强行霸占房屋的;侵入他人住宅后封闭他人住宅的;侵入行为造成严重后果,如引起被害人自杀、精神失常的;等等。

其二,消极的不退出,是指行为人合法或过失进入他人住宅后,居住人要求其退出,行为人没有合法根据消极地不退出,妨碍居住人管理、利用住宅的行为。消极的不退出同积极的侵入行为一样,也妨碍了居住人管理、利用住宅的权利,故本质上也属于非法侵入住宅行为。对于消极的不退出行为,也应当从实质上去把握。并非行为人消极不退出,即成立非法侵入住宅罪;只有当消极不退出行为妨碍居住人管理、利用住宅的,才构成本罪。因此,行为人合法或过失进入他人住宅后,居住人虽然要求行为人退出,但行为人一时就是不退出但又无其他有害举动的,不宜认定为本罪。消极的不退出属于真正不作为犯,从居住人要求行为人退出时起,行为人便产生了法律上的退出义务。居住人要求行为人退出住宅必须是明示的。从居住人提出退出要求时起,经过退出所必要的合理时间,行为人仍不退出的,成立本罪。

构成本罪,要求侵入住宅行为是非法的。即未经居住者同意,或没有法律根据,或不依法定程序而进入他人住宅。一般情况下,得到居住人的承诺而进入住宅时,进入住宅就是合法的,不存在犯罪问题;但如果居住人仅仅同意行为人进入住宅的某一房间,而行为人无故侵入其他房间的,仍有成立本罪的可能。允许他人进入住宅的承诺既可以是明示的,也可以是暗示的。一般认为,只要行为人进入住宅而居住人不加以反对,就可以认为存在允许进入住宅的承诺。

(二) 本罪的认定

1. 本罪与非法搜查罪的界限

本罪与非法搜查罪同被规定在一个条文之中,都属于一般主体的故意犯罪,都可能侵犯了他人的住宅,区别如下:(1) 对象不同。本罪的对象是他人的住宅,不包括人身。非法搜查罪的对象,可以是他人的住宅,也可以是他人的人身。当非法搜查行为指向住宅时,行为人必然要实施非法侵入他人住宅的行为,在这种情况下,行为人同时触犯了非法搜查罪和非法侵入住宅罪两个罪名,其中非法侵入他人住宅的行为是非法搜查行为的方法行为,非法搜查行为是目的行为,根据牵连犯的原理应从一重处断,但两罪的法定刑相同,这时可比较非法侵入住宅行为与非法搜查行为,按照其中的主要行为定罪量刑。(2) 行为不同。本罪表现为行为人没有合法根据而积极地侵入他人住宅,或居住人要求其退出而不退出,妨碍居住人管理、利用住宅的行为。非法侵入住宅行为既可以是作为,也可以是不作为。非法搜查罪只能由作为构成,表现为非法对他人的身体、住宅进行检查、搜索,严重影响了他人私生活的安宁。

2. 一罪与数罪的界限

非法侵入住宅行为常常伴随其他犯罪一起发生,故有区分一罪与数罪的必要。行为人非法侵入他人住宅,妨碍居住人管理、利用住宅,没有其他犯罪行为的,对行为人仅定为本罪一罪。行为人非法侵入他人住宅后,临时产生毁坏他人财物的故意或抢劫他人财物的故意,并实施了毁坏或抢劫行为的,非法侵入住宅罪与后来的故意毁坏财物罪或抢劫罪属于各自独立的犯罪,此时对行为人应数罪并罚。行为人基于杀人、盗窃等目的而非法侵入他人住宅并实施了杀人、盗窃等行为的,非法侵入他人住宅是实施杀人、盗窃行为的必经步骤,属于手段行为,杀人、盗窃是目的行为,此时构成牵连犯,对行为人按照从一重处断的原则应以故意杀人罪、盗窃罪定罪量刑,无须数罪并罚。

(三) 本罪的处罚

犯本罪的,根据《刑法》第245条的规定,处3年以下有期徒刑或者拘役。司法工作人员滥用职权,犯本罪的,从重处罚。

十一、刑讯逼供罪

（一）概念及构成要件

本罪是指司法工作人员对犯罪嫌疑人、被告人使用肉刑或变相肉刑逼取口供的行为。本罪法益首先是犯罪嫌疑人、被告人的人身权利，其次是司法活动的正当性。

1. 行为

本罪行为表现为对犯罪嫌疑人、被告人使用肉刑或变相肉刑逼取口供。首先，本罪对象为犯罪嫌疑人、被告人。犯罪嫌疑人是指被公安机关、检察机关以涉嫌犯罪为由进行立案侦查，但尚未被提起公诉的人。被告人是指已被人民检察院提起公诉或已经被自诉人向人民法院起诉，要求追究其刑事责任的人。符合一定条件的已决犯可以成为本罪的对象，即对侦查余罪的罪犯，或对又犯新罪的罪犯进行刑讯逼供的，可以构成本罪。除犯罪嫌疑人、被告人以外的其他人员，如证人、其他诉讼参与人都不是本罪的对象，对这些人进行刑讯逼供的，不构成本罪，如符合故意伤害等犯罪的构成要件的，按照故意伤害等其他犯罪处理。由本罪的对象所决定，本罪只能发生在刑事诉讼过程中；在办理民事案件、行政案件或治安案件的过程中，即使有"刑讯"行为的，也不构成本罪。

李某在海钢公司矿建市场处，被他人误认为是"扒手"而被公安巡警队员抓至巡警大队，李某申辩抓错人，但仍遭受巡警队员陈某等人殴打，后又被带往矿区河北派出所。警察庄某等人认为李某嘴硬，又对李某拳打脚踢。尔后，庄某又将李某带到办公室询问，李某一再否认。庄某便打李某头部，致其左耳部受伤。经法医鉴定李某左耳伤属轻伤。本案中，庄某身为人民警察，在盘问治安案件嫌疑人时无故殴打他人致轻伤，其行为构成故意伤害罪；公诉机关指控庄某犯刑讯逼供罪，定性不妥。

其次，行为人实施了刑讯逼供的行为。刑讯，是指对犯罪嫌疑人、被告人使用肉刑或变相肉刑；逼供，是指逼取口供。刑讯与逼供是密不可分的有机整体：不以逼供为目的的刑讯属于一般殴打或故意伤害，而不以刑讯方式（如以暴力相威胁）的逼供也称不上是刑讯逼供。刑讯最常见的方式是使用肉刑，即以暴力作用于人的肌体，致使肌体损伤或机能毁损，从而使人遭受难以忍受的皮肉之苦。常见的肉刑有捆绑、吊打、毒打、针扎、电击、火灼、水灌、上"老虎凳"、跪钉板等。刑讯也可以采用变相肉刑，即不直接伤害他人的身体，但同样能够使人产生难以忍受的肉体痛苦。常见的变相肉刑有冻、饿、烤、晒、长时间不准睡觉、不准坐卧等。单纯的指供、诱供、套供虽然也是为了获取犯罪嫌疑人、被告人的供述，但由于不存在刑讯行为，故不构成本罪。

2. 主体

本罪主体为特殊主体,即只有司法工作人员才构成本罪。司法工作人员是指有侦查、检察、审判和监管职责的工作人员。企业事业单位的公安机构在机构改革过程中虽尚未列入公安机关建制,其工作人员在行使侦查职责时,亦可以成立本罪;未受公安机关正式录用,受委托履行侦查、监管职责的人员或者合同制民警,也可成立本罪。在司法机关承担侦查、检察、审判和监管职责的实习人员,可以成为本罪主体。保安公司的保安人员、基层组织聘用的联防队员并无司法职责,不能成为本罪主体。

3. 罪过

本罪罪过为故意。构成本罪,要求行为人刑讯的目的是逼取口供,即逼迫犯罪嫌疑人、被告人作出案件真相的供述或作出行为人所想要的供述;至于行为人是否得到了供述以及供述是否属实,不影响本罪的成立。如果行为人不是为了逼取口供,而是逞能逞威、报复泄愤的,则不构成本罪,构成其他犯罪的应按其他犯罪处理。本罪的动机多样,出于公心、急于破案而实施刑讯逼供的,亦构成本罪。

(二) 本罪的认定

1. 罪与非罪的界限

虽然刑法没有规定构成本罪必须情节严重,但并不表明只要给犯罪嫌疑人、被告人造成肉体痛苦,即构成本罪。打了犯罪嫌疑人、被告人两个耳光或踢了一脚,由于该行为没有严重侵犯他人的健康权和司法机关正常活动,不能认定为本罪。根据《渎职案件立案标准》的规定,司法工作人员涉嫌刑讯逼供,具有下列情形之一的,应予立案:(1) 以殴打、捆绑、违法使用械具等恶劣手段逼取口供的;(2) 以较长时间冻、饿、晒、烤等手段逼取口供,严重损害犯罪嫌疑人、被告人身体健康的;(3) 刑讯逼供造成犯罪嫌疑人、被告人轻伤、重伤、死亡的;(4) 刑讯逼供,情节严重,导致犯罪嫌疑人、被告人自杀、自残造成重伤、死亡,或者精神失常的;(5) 刑讯逼供,造成错案的;(6) 刑讯逼供3人次以上的;(7) 纵容、授意、指使、强迫他人刑讯逼供,具有上述情形之一的;(8) 其他刑讯逼供应予追究刑事责任的情形。

2. 本罪与故意伤害罪、故意杀人罪的界限

本罪与故意伤害罪有一定相似之处,如都能对被害人的身体健康造成一定伤害,但两罪的区别比较明显。(1) 对象不同。本罪对象仅限于刑事诉讼中的犯罪嫌疑人、被告人;故意伤害罪的对象无特别限制,可以是任何公民。(2) 行为不同。本罪虽表现为对被害人采用肉刑或变相肉刑,但是否给被害人的身体健康造成损害不是构成本罪的必要条件;故意伤害罪则表现为对被害人实施人身伤害,一般要求被害人的身体健康受到一定程度的损害。(3) 主体不同。本

罪主体是司法工作人员,而故意伤害罪的主体是一般主体。(4)罪过不同。本罪要求行为人具有逼取口供的特定目的,而故意伤害罪并不要求有特定的目的。

在刑讯逼供致人伤害、死亡的情况下,本罪与故意伤害罪、故意杀人罪容易混淆。《刑法》第247条后句规定:"致人伤残、死亡的,依照本法第二百三十四条、第二百三十二条的规定定罪从重处罚。"这里的"伤残"是指重伤或严重残疾。立法目的是要严厉打击刑讯逼供行为,因此,此处属于法律拟制:在刑讯逼供过程中致人伤残、死亡的,即使行为人没有相应的伤害故意或杀人故意,也应按照故意伤害罪、故意杀人罪处理。据此,刑讯逼供致人轻伤的,按照刑讯逼供罪处理;刑讯逼供致人重伤或致人严重残疾的,按照故意伤害罪处理;刑讯逼供致人死亡的,按照故意杀人罪处理。

(三) 本罪的处罚

犯本罪的,根据《刑法》第247条的规定,处3年以下有期徒刑或者拘役,致人伤残、死亡的,依照故意伤害罪、故意杀人罪的规定定罪从重处罚。

十二、暴力取证罪

(一) 概念及构成要件

本罪是指司法工作人员使用暴力逼取证人证言的行为。本罪法益首先是证人的人身权利,其次是司法活动的正当性。

1. 行为

本罪行为表现为使用暴力逼取证人证言。本罪的对象为证人。证人是指除受审的犯罪嫌疑人、被告人以外的向司法机关提供自己感受到的案件情况的诉讼参与人。从法益角度,证人宜作广义理解,包括被害人、鉴定人、不具有作证资格但被迫作证的人等。司法工作人员使用暴力逼取上述人员证言的,均侵害到公民的人身权利和司法机关的正常活动,有予以处罚的必要。

民警甲接到某旅店老板乙涉嫌组织卖淫的举报,即前往该旅店,但未见到乙,便将怀疑是卖淫女的服务员丙带回派出所连夜审讯,要其交代从事卖淫以及乙组织卖淫活动的事。由于丙拒不承认有这些事,甲便指使其他民警对丙进行多次殴打。丙于次日凌晨死于审讯室。法医鉴定为:丙患有心脏功能障碍,因受外力击打致使心力衰竭而死。本案中,丙不是犯罪嫌疑人、被告人,甲的行为不属于刑讯逼供行为,而是暴力取证行为。甲在暴力取证的过程中致人死亡,应按照故意杀人罪处理。

暴力取证行为只能发生在刑事诉讼过程中。有人认为,本罪行为既可能发生在刑事诉讼中,也可能发生在民事诉讼甚至行政诉讼过程中。我们对此持否定态度。暴力取证与刑讯逼供被规定在同一个条文中,适用相同的法定刑,这就说明,暴力取证与刑讯逼供的危害性是相当的,而民事、行政诉讼中的暴力取证行为与刑事诉讼中的暴力取证行为的危害性并不相当,故没有理由认为民事、行政诉讼中的暴力取证行为也构成本罪。

在暴力取证行为中,暴力与取证是有机联系的统一整体:不以取证为目的的暴力属于殴打或伤害的范畴;而以暴力以外的其他方式取证,如以恐吓、胁迫、欺诈等方式取证的,也称不上是暴力取证。由本罪的法定刑所决定,本罪中暴力的上限为轻伤;在取证过程中行为人实施重伤程度的暴力的,构成故意伤害罪。

2. 主体

本罪主体为特殊主体,只有司法工作人员才能构成本罪。

3. 罪过

本罪罪过为故意,要求行为人具有逼取证人证言的目的,至于行为人是否得到了证人证言以及证人证言是否属实,不影响本罪的成立。

(二) 本罪的认定

1. 罪与非罪的界限

虽然刑法没有规定构成本罪必须情节严重,但这并不表明只要使用暴力逼取证人证言的,即构成本罪。司法工作人员工作经验不足,素质不高,不注意工作作风,对证人态度蛮横粗野,偶有打骂行为的,不宜以本罪处理。根据《渎职案件立案标准》的规定,司法工作人员涉嫌暴力取证,具有下列情形之一的,应予立案:(1) 以殴打、捆绑、违法使用械具等恶劣手段逼取证人证言的;(2) 暴力取证造成证人轻伤、重伤、死亡的;(3) 暴力取证,情节严重,导致证人自杀、自残造成重伤、死亡,或者精神失常的;(4) 暴力取证,造成错案的;(5) 暴力取证3人次以上的;(6) 纵容、授意、指使、强迫他人暴力取证,具有上述情形之一的;(7) 其他暴力取证应予追究刑事责任的情形。

2. 本罪与刑讯逼供罪的界限

本罪与刑讯逼供罪在保护法益、犯罪主体方面完全相同。其区别主要在于:其一,对象不同。本罪的对象是证人,而刑讯逼供罪的对象是犯罪嫌疑人、被告人。其二,行为不同。本罪行为表现为暴力取证,以诸如胁迫等非暴力手段获取证言的,不构成暴力取证罪;而构成刑讯逼供罪,除了暴力逼供外,还包括冻饿、不准睡觉等非暴力(变相肉刑)逼供。其三,目的不同。本罪行为人意在逼取证人证言,而刑讯逼供罪的行为人则意在取得犯罪嫌疑人、被告人的供述。

(三) 本罪的处罚

犯本罪的,根据《刑法》第247条的规定处罚。

十三、虐待被监管人罪

(一) 概念及构成要件

本罪是指监狱、拘留所、看守所等监管机构的监管人员,违反国家有关监管法规,对被监管人进行殴打或体罚虐待,情节严重的行为。本罪侵害的法益是被监管人员的人身权利及监管活动的正常性。

1. 行为

本罪行为表现为违反监管法规,对被监管人进行殴打或体罚虐待,并且情节严重。首先,本罪的对象为被监管人。被监管人是指一切依法被关押处于被监管地位的人,包括在监狱、拘役所等劳改场所服刑的已决犯,在看守所羁押的犯罪嫌疑人、被告人,以及被行政拘留、司法拘留的人员等。被司法机关错误关押的人,也是本罪的对象。殴打或体罚虐待诸如刑满释放后自愿留在劳改场所就业的人员等非被监管人的,不构成本罪。

其次,行为人违反了监管法规。违反监管法规,主要是指违反《中华人民共和国监狱法》《中华人民共和国看守所条例》等监管法规。违反监管法规,是构成本罪的前提条件。依据有关监管法规剥夺被监管人的某些利益,如监狱遇有罪犯脱逃、罪犯使用暴力行为、罪犯正在押解途中等情形的,可以使用戒具(如手铐、脚镣、警棍、警绳),这些属于合法行为,不属于虐待被监管人。

再次,对被监管人进行殴打或体罚虐待。所谓殴打,是指对被监管人施以暴力,使其承受皮肉之苦,如拳打脚踢、滥施戒具等,包括故意致人轻伤在内。所谓体罚虐待,是指对被监管人进行殴打以外的肉体折磨和精神摧残,如罚跪罚站、雨淋日晒、冻饿禁闭、侮辱人格、强迫长时间超负荷劳动。本罪中的殴打、体罚虐待,不要求具有一贯性,一次性的殴打或体罚虐待,只要情节严重,就构成本罪。《刑法》第248条使用了"体罚虐待"一词,这表明纯粹精神性虐待的,如监管人员经常性地辱骂、讥讽、嘲弄被监管人而无其他殴打、体罚行为的,不构成本罪。殴打或体罚虐待既可以作为的方式来进行,也可以不作为的方式进行;既可以由监管人员亲自实施,也可以是监管人员指使他人殴打或体罚虐待被监管人。在监管人员指使被监管人殴打或体罚虐待其他被监管人的场合,实施殴打或体罚虐待的被监管人与监管人员构成本罪的共同犯罪。

最后,构成本罪必须情节严重。关于情节严重的认定,可参照《渎职案件立案标准》的规定,即涉嫌下列情形之一的,应予立案:(1) 以殴打、捆绑、违法使用戒具等恶劣手段虐待被监管人的;(2) 以较长时间冻、饿、晒、烤等手段虐待被监管人,严重损害其身体健康的;(3) 虐待造成被监管人轻伤、重伤、死亡的;(4) 虐待被监管人,情节严重,导致被监管人自杀、自残造成重伤、死亡,或者精神失常的;(5) 殴打或者体罚虐待3人次以上的;(6) 指使被监管人殴打、体罚虐待其他被监管人,具有上述情形之一的;(7)其他情节严重的情形。

2. 主体

本罪主体为特殊主体,只有监狱、拘留所、看守所等监管机构的监管人员才能构成本罪。监管机构,除了监狱、拘留所、看守所外,还包括劳动改造管教队、未成年犯管教所、拘役所等。强制隔离戒毒所监管人员殴打或者体罚虐待戒毒人员,或者指使戒毒人员殴打、体罚虐待其他戒毒人员,情节严重的,以虐待被监管人罪追究刑事责任。监管人员,是指在上述监管机构中负有监督管理职责的看守人员和管教人员。受监管机关正式聘用或委托履行监管职务的人员,违反监管法规,体罚、虐待被监管人,情节严重的,可以本罪论处。

3. 罪过

本罪罪过为故意,即明知殴打或体罚虐待被监管人的行为违反有关监管法规,侵犯了被监管人生命、身体的安全和正常的监管秩序,仍故意为之。

(二) 本罪的处罚

犯本罪的,根据《刑法》第248条的规定处罚。需要注意的是,该条中"致人伤残、死亡的,依照本法第二百三十四条、第二百三十二条的规定定罪从重处罚"的规定属于法律拟制,只要行为人殴打或体罚虐待被监管人致人伤残、死亡的,即便没有伤害故意或杀人故意,也应按照故意伤害罪、故意杀人罪处理。

第五节 侵犯人格、名誉的犯罪

一、侮辱罪

(一) 概念及构成要件

本罪为《刑法修正案(九)》所修订。侮辱罪是指使用暴力或其他方法,公然贬低他人人格,破坏他人名誉,情节严重的行为。本罪法益为公民的人格尊严和名誉。名誉是指社会对人的人格的评价,如对道德、知识、能力、容貌等的评价。

1. 行为

本罪行为表现为使用暴力或其他方法,公然贬低他人人格,破坏他人名誉。具体包括以下三点:

(1)必须有侮辱行为。所谓侮辱,是指贬低他人人格,破坏他人名誉的行为,所表示的内容通常与人的道德、知识、能力、容貌、身份状况等相关。即使行为人所表示的内容是周知的事实,只要内容贬低了他人人格,破坏了他人名誉,就属于侮辱。例如,即使周围的人都知道某人长得特别丑,行为人公然辱骂其为"丑八怪",也属于侮辱。侮辱的方式一般有以下四种:一是暴力侮辱,针对被害人的人身实施强制力的影响或使其进行一些动作,贬低被害人的人格,侵犯被害人的尊严。比如,用强力逼迫他人从自己胯下爬过,或强行将污秽物塞入他人口中等。二是非暴力的动作侮辱。例如,与某人握手后,迅速取纸巾擦拭,做厌恶状等。① 三是语言侮辱,即用语言对他人进行诋毁或辱骂。例如,称他人为"杂种""垃圾""白痴"等。四是文字侮辱,即通过报刊、书信、出版物、图片或漫画等方式损害他人名誉。1998年12月17日最高法《关于审理非法出版物刑事案件具体应用法律若干问题的解释》第6条规定,在出版物中公然侮辱他人,情节严重的,以侮辱罪定罪处罚。这就是一种文字侮辱。

（2）侮辱行为必须具有公然性。公然性是指在不特定或者多数第三人能够知悉的环境中实施。不特定进行是指可能知悉侮辱行为的人的范围并不确定。比如,在车站、公园、广场、街头进行演说,或在报纸和杂志上刊登言论。何为"多数人",仅仅指数量为多数,并没有确定的数量要求,需要联系行为的场所以及对方与被害人的关系来判断。从形式判断来讲,可能知悉的人,只要是多数,即使是特定人群也属于公然,只要是不特定的,即使是少数也是公然,因此,既是特定也是少数的情形则不属于公然。例如,在住宅内当着其家人的面侮辱被害人的,一般不具有公然性。公然不要求被害人在场。在没有第三人在场的情况下直接面对面侮辱被害人的,如果所处环境不可能被第三者知悉则不构成侮辱罪,但是,只要不特定的人或多数人可能知悉,即使现实上没有知悉,也成立本罪。此外,根据2009年8月27日全国人大常委会《关于维护互联网安全的决定》,利用互联网侮辱他人的,可以成立本罪。

（3）行为对象必须是特定的人。本罪行为对象必须是特定的自然人,可以是一人,也可以是数人。如果不是针对特定的人,而是没有特定对象的辱骂,例如,站在大街上进行无特定对象的谩骂,则不构成本罪。死者一般也不能成为本罪行为对象,但是如果行为人表面上是侮辱死者,实际侮辱到死者家属的,则应当成立侮辱罪。此外,本罪行为对象不包括国家机关、企业、事业单位和人民团体等组织。

村民张某于2003年将祖坟迁至该村北面的坟地。笪某认为,张某迁来的祖坟占了他家的祖坟地,为此两家发生纠纷。为泄私愤,笪某于2005年某日,携带钉耙等工具悄悄来到坟地,将张某迁移至此的15座祖坟挖平,并将其中5座坟中的水泥骨灰盒挖出,弃置于坟坑边。第二天,当地村民发现张某家的祖坟被人挖掘,此事很快为周边村民所知。法院经审理认定本案中笪某的行为成立侮辱罪。

（4）情节严重。情节严重主要指手段恶劣、后果严重。例如,多次实施侮辱行为的,强令被害人当众吃粪便的,或因侮辱行为导致被害人精神失常或自杀

---

① 参见林东茂:《刑法综览》(修订五版),中国人民大学出版社2009年版,第268页。

的。某日,15岁的女学生丁某未能按学校要求于当日到校补课。丁的班主任汪某打电话到丁某家中,催促她及时到校上课。当日9时许,丁某赶到学校。汪某将丁某叫到教师办公室,当着他人的面对丁某进行教育。在此过程中,汪某用木板敲打丁某,并说了"你学习不好,长得也不漂亮,连坐台都没有资格"等带有侮辱性的语言。谈话过程中,丁某在教师办公室里哭泣。丁某回到教室后,仍趴在课桌上哭泣,并写下遗书。丁某在遗书中表达了对汪某以及其家人教育方式的不满。当日12时29分左右,丁某从教学楼跳下自杀身亡。本案中,汪某的侮辱行为直接导致了丁某自杀的严重后果,成立侮辱罪。

需要说明的是,为了保护公共利益而散布有损他人名誉的真实事实的,例如,当众揭露公职人员或候选人的真实的不道德的行为,可阻却违法性。其具体要件为:第一,所散布的事实与公共利益有关,是公众行使监督权或选举权等应当知悉的事实;第二,散布行为有利于保护公共利益;第三,所散布的事实是真实的,而不是虚假的(否则可能成立诽谤罪)。如果行为人误将虚伪事实当作真实事实而散布的,因缺乏犯罪故意,不成立侮辱罪与诽谤罪。①

2. 主体

本罪主体是一般主体,即年满16周岁、具有刑事责任能力的自然人均可构成。单位不是本罪的犯罪主体。

3. 罪过

本罪罪过为故意。行为人明知自己的侮辱行为会造成贬低他人人格,破坏他人名誉的结果,并且希望或放任这种结果发生。

李某在用人粪便涂污叶某、史某的摊位时,被正在该处附近守候的叶某、史某当场抓住,二人在抓住李某后,李某极力反抗,双方在相互拉扯的过程中,李某的衣服被撕破,上身裸露,叶某的上衣也破裂,三人的身体上均涂有人粪便,并有不同程度的损伤。经法医鉴定,三人的损伤均达不到轻微伤的标准。本案中,虽然李某的衣服被撕破脱落,使其上身裸露,但这是双方在相互拉扯时所致,非叶某、史某为损害李某的人格尊严而故意造成,所以法院判决李某控告叶某、史某犯侮辱罪的罪名不成立。

(二) 本罪的认定

构成本罪,侮辱行为的对象必须是特定的。在公共场所并没有明确指明侮辱对象而进行谩骂的,如果根据具体情况,一般人可以推断出具体被害人的,构成本罪;如果一般人推断不出具体特定对象的,则不构成本罪。被害人同意行为人损害自己名誉的,依据被害人同意法理,阻却违法性,不构成本罪。在开玩笑时,因不注意分寸侮辱他人的,因不具有故意,即使造成危害结果发生,也不构成

---

① 参见张明楷:《刑法学》(第六版)(下),法律出版社2021年版,第1195页。

本罪。

(三) 本罪的处罚

犯本罪的,根据《刑法》第246条的规定,处3年以下有期徒刑、拘役、管制或者剥夺政治权利。本罪告诉的才处理,但是严重危害社会秩序和国家利益的除外。这里的"严重危害社会秩序和国家利益",根据2009年4月3日公安部《关于严格依法办理侮辱诽谤案件的通知》(以下简称《侮辱诽谤案件通知》),是指具有下列情形之一的:(1) 因侮辱、诽谤行为导致群体性事件,严重影响社会秩序的;(2) 因侮辱、诽谤外交使节、来访的外国元首、政治首脑等人员,造成恶劣国际影响的;(3) 因侮辱、诽谤行为给国家利益造成严重危害的其他情形。通过信息网络实施本罪的,被害人向人民法院告诉,但提供证据确有困难的,人民法院可以要求公安机关提供协助。

二、诽谤罪

(一) 概念及构成要件

本罪为《刑法修正案(九)》所修订。诽谤罪是指捏造并散布虚构的事实,足以损害他人人格,破坏他人名誉,情节严重的行为。本罪法益为公民的人格尊严和名誉。

1. 行为

本罪行为表现为捏造并散布虚构的事实,足以损害他人人格,破坏他人名誉。对象必须是特定的人,或指名道姓,或指出他人的明显特征,既可以是一人,也可以是数人。所谓捏造,是指无中生有,凭空编造虚假事实。行为人所传播的内容是客观事实或略有夸张的事实,损害他人人格,破坏他人名誉的,并不构成本罪,但根据具体情节有可能构成侮辱罪。所谓散布,是将捏造的贬低他人的事实到处宣扬,在社会上散布,使众人有可能知悉并误信。要构成本罪,"捏造"与"散布"必须同时具备。因此,单纯捏造事实而没有对外散布的,或只有散布而没有捏造的,均不构成本罪。本罪不要求行为实际损害了被害人的人格和名誉,只要具有足以损害被害人人格和名誉的可能性即可。构成本罪还要求情节严重,一般指手段恶劣、内容恶毒、后果严重等。

王某与李某系邻居。从2010年11月开始到2012年11月,王某六次在李某居住的楚旺镇大南洞村多家村民的房屋外墙上分别用棕色书写工具及白色、黄色粉笔书写小广告诽谤李某,捏造并散布李某与他人长期交往、生育子女的虚假事实,损害李某的人格和名誉,李某及家人身心遭到严重伤害。法院经审理认定王某捏造事实诽谤他人,情节严重,其行为已构成诽谤罪。

近年来,随着电脑与网络的普及,利用信息网络实施诽谤行为的现象比较突出。2013年9月6日"两高"《关于办理利用信息网络实施诽谤等刑事案件适用法律若干问题的解释》(以下简称《信息网络诽谤刑案解释》)规定,具有下列情形之一的,应当认定为"捏造事实诽谤他人":(1)捏造损害他人名誉的事实,在信息网络上散布,或者组织、指使人员在信息网络上散布的;(2)将信息网络上涉及他人的原始信息内容篡改为损害他人名誉的事实,在信息网络上散布,或者组织、指使人员在信息网络上散布的。明知是捏造的损害他人名誉的事实,在信息网络上散布,情节恶劣的,以"捏造事实诽谤他人"论。具有下列情形之一的,应当认定为"情节严重":(1)同一诽谤信息实际被点击、浏览次数达到5000次以上,或者被转发次数达到500次以上的;(2)造成被害人或者其近亲属精神失常、自残、自杀等严重后果的;(3)2年内曾因诽谤受过行政处罚,又诽谤他人的;(4)其他情节严重的情形。1年内多次实施利用信息网络诽谤他人行为未经处理的,诽谤信息实际被点击、浏览、转发次数累计计算构成犯罪的,应当依法定罪处罚。该解释所称信息网络,包括以计算机、电视机、固定电话机、移动电话机等电子设备为终端的计算机互联网、广播电视网、固定通信网、移动通信网等信息网络,以及向公众开放的局域网络。

2. 主体

本罪主体是一般主体,即年满16周岁、具有刑事责任能力的自然人均可构成。

3. 罪过

本罪罪过为故意。行为人明知自己所散布的是捏造的事实,且足以造成损害他人人格,破坏他人名誉的结果,并且希望或放任这种危害结果发生。因此,过失误信谣言并加以散布或误认事实批评他人而损害他人人格、名誉的,不构成犯罪。

郑某于1993年4月19日和1995年12月28日,因嫖娼先后被派出所查获并受到处罚,因而对经办案件的干警胡某、张某心怀不满,遂产生报复邪念。自1993年至1995年间,郑某采取捏造事实的手段,分别在面额1元、5元、10元的人民币背面,书写了漳州市公安局芗城分局胡某"大土匪""大吃钱官""大贪污犯""利用职权取我伍仟元没有打收款条"和东铺头派出所张某"土匪用权靠手铐""用权贪污吃钱""拿去肆仟元没有打条"等内容,后将书写过的人民币投入市场,广为流通散布。案发后,已追缴到书写有谩骂诽谤内容的人民币44张。法院经审理认定,被告人郑某为泄私愤,采用捏造事实的手段对执行公务的公安干警进行谩骂诽谤,严重损害了公安机关的整体形象,其行为构成诽谤罪。

(二) 本罪与侮辱罪的界限

二者相同之处是都属于侵害人格和名誉的犯罪,区别在于:第一,侮辱罪的方法既可以是口头、文字、图画的,也可以是用暴力和非暴力的动作,而诽谤罪则不可用暴力或动作。第二,侮辱罪所涉及的事实无具体限制,可以是真实的事实,也可以是虚假的事实,而诽谤罪则必须是捏造并散布有损他人人格、名誉的虚假事实。第三,诽谤罪以足以使他人信以为真为条件,若虚构事实不足以使他人信以为真的,不是诽谤,但可能属于侮辱。第四,侮辱罪要求公然实施,侧重于手段的公然性,通常是当众实施;而诽谤要求散布虚构事实足以破坏他人名誉,侧重于结果的公然性。

(三) 本罪的处罚

犯本罪的,根据《刑法》第246条的规定,处3年以下有期徒刑、拘役、管制或者剥夺政治权利。犯本罪的,告诉的才处理,但是严重危害社会秩序和国家利益的除外。这里的"严重危害社会秩序和国家利益",根据《侮辱诽谤案件通知》的规定,是指具有下列情形之一的:(1) 因侮辱、诽谤行为导致群体性事件,严重影响社会秩序的;(2) 因侮辱、诽谤外交使节、来访的外国元首、政治首脑等人员,造成恶劣国际影响的;(3) 因侮辱、诽谤行为给国家利益造成严重危害的其他情形。此外,根据《信息网络诽谤刑案解释》的规定,利用信息网络诽谤他人,具有下列情形之一的,应当认定为本罪所规定的"严重危害社会秩序和国家利益":(1) 引发群体性事件的;(2) 引发公共秩序混乱的;(3) 引发民族、宗教冲突的;(4) 诽谤多人,造成恶劣社会影响的;(5) 损害国家形象,严重危害国家利益的;(1) 造成恶劣国际影响的;(2) 其他严重危害社会秩序和国家利益的情形。通过信息网络实施本罪的,被害人向人民法院告诉,但提供证据确有困难的,人民法院可以要求公安机关提供协助。

三、煽动民族仇恨、民族歧视罪

本罪是指以语言、文字或其他方式向不特定人或多数人鼓动民族仇恨、民族歧视,情节严重的行为。本罪法益是民族尊严与民族和睦关系。煽动民族仇恨,是指以语言、文字或其他方式向不特定人或多数人鼓动、挑拨、教唆民族之间产生敌对、仇视情绪或进一步加深民族间的原有仇恨。煽动民族歧视,是指向不特定人或多数人宣传、鼓动不平等地对待某一民族,或某一民族优越于其他民族。构成本罪,煽动的内容必须是民族仇恨和民族歧视;行为人煽动宗教歧视、仇恨的,一般不能以本罪论处。煽动的方式不限,可以语言、文字或其他方式进行煽动。利用互联网煽动民族仇恨、民族歧视,破坏民族团结的,构成本罪。此外,构成本罪要求情节严重。情节严重,一般是指长期、一贯煽动民族仇恨、民族歧视,向多人或多次煽动民族仇恨、民族歧视,煽动数个民族之间的仇恨和歧视,引起民族纠纷、冲突乃至民族骚乱,等等。犯本罪的,根据《刑法》第249条的规定处罚。

四、出版歧视、侮辱少数民族作品罪

本罪是指在出版物中刊载歧视、侮辱少数民族的内容,情节恶劣,造成严重后果的行为。本罪法益是少数民族尊严和民族和睦关系。少数民族,应当包括长期甚至数代生活于汉族地区和汉族人民之间的少数民族公民,即使其所处的社会条件与周围的汉族人民相同,其民族风俗习惯或多或少地已经淡化。① 出版物,是指报纸、期刊、图书、音像制品、电子出版物等。手抄本、标语等非出版物中含有歧视、侮辱少数民族的内容的,不构成本罪。刊载,是指出版物中含有歧视、侮辱少数民族的内容。只要在出版物的某一部分中,以优越的眼光不平等地看待少数民族的历史、风俗习惯等一切与少数民族密切相关的事物,或故意蔑视、丑化、嘲讽、辱骂少数民族居住、饮食、服饰、婚姻、丧葬、节庆、礼仪等一切有民族特色的事物,以贬低某一少数民族的民族声誉与民族形象,即为刊载歧视、侮辱少数民族的内容。在本罪中,行为人歧视、侮辱的对象是少数民族;行为人故意针对少数民族公民个别人、个别事进行歧视、侮辱的,不能认为是对少数民族的歧视、侮辱,对此只能追究行为人侮辱罪的刑事责任。构成本罪,还要求刊载行为情节恶劣,造成严重后果。所谓情节恶劣,主要指行为人的动机极其卑鄙,刊载的内容严重歪曲事实甚至造谣诽谤、污秽恶毒等。所谓造成严重后果,主要是指严重伤害少数民族的民族感情,在少数民族群众中引起强烈反响,引起少数民族群众的集体抗议,致使产生民族矛盾或引发民族冲突,造成重大国际影响等。本罪主体为特殊主体,是出版歧视、侮辱少数民族作品的直接责任人员,包括作者、责任编辑等对在出版物中刊载歧视、侮辱少数民族的内容负有直接责任的人员。本罪罪过为故意。犯本罪的,根据《刑法》第250条的规定处罚。

第六节 侵犯民主权利的犯罪

一、非法剥夺公民宗教信仰自由罪

本罪是指国家机关工作人员非法剥夺公民的宗教信仰自由,情节严重的行为。本罪法益是公民的宗教信仰自由权利。宗教信仰自由是公民的基本权利,任何人都无权非法干涉。宗教信仰自由和迷恋邪教是有原则区别的。邪教不是宗教,禁止、干涉他人迷恋邪教的,属于正当行为,不存在剥夺公民宗教信仰自由的问题。求神问卜、驱鬼治病、看风水等属于封建迷信活动的范畴,对之加以取

---

① 参见王作富主编:《刑法分则实务研究》(第五版)(中),中国方正出版社2013年版,第841页。

缔、禁止的,也不构成犯罪。

构成本罪,行为人必须非法剥夺公民的宗教信仰自由。即行为人没有合法根据而使得被害人丧失了按照自己的意志信仰或不信仰宗教的自由。非法剥夺公民宗教信仰自由的常见形式有:其一,对被害人进行人身方面的限制、打击。如殴打、威胁信教公民或不信教公民,给信教公民或不信教公民办"学习班"进行"洗脑",非法拘禁信教公民或不信教公民。其二,对宗教信仰自由的物质设施进行破坏。如非法封闭或捣毁合法宗教场所及其他宗教设施(如宗教经书、宗教刊物等),非法撤销宗教组织。其三,禁止正常的宗教活动。正常的宗教活动是宗教信仰的表现,禁止正常的宗教活动是对他人宗教信仰自由的剥夺。只有情节严重的非法剥夺公民的宗教信仰自由的行为,才构成本罪。情节严重主要是指多次侵犯他人的宗教信仰自由的,剥夺多人的宗教信仰自由的,出于卑劣动机剥夺他人的宗教信仰自由的,引起被害人精神失常、自杀等严重后果的,引起信教或不信教公民广泛抗议或产生较大的社会影响的,等等。本罪主体为特殊主体,只有国家机关工作人员才能构成本罪。

犯本罪的,根据《刑法》第251条的规定处罚。

二、侵犯少数民族风俗习惯罪

本罪是指国家机关工作人员侵犯少数民族风俗习惯,情节严重的行为。本罪法益是少数民族保持和改革本民族的风俗习惯的权利。

少数民族的风俗习惯,是指少数民族在日常生产、生活中一贯遵循的具有广泛群众基础的为公序良俗所认可的惯例、习俗,包括饮食起居、婚丧嫁娶、岁时节日等风俗习惯。不具有广泛群众基础的个别少数民族公民的个人习性,不属于本罪的保护对象。此外,作为我国宪法所保护的少数民族的风俗习惯,一定是公序良俗所认可的风俗习惯。所谓侵犯少数民族风俗习惯,即没有合法根据而不尊重少数民族的意愿,否定、破坏、改变、干涉少数民族的风俗习惯。行为人依法执行职务的,属于正当行为,不存在侵犯少数民族的风俗习惯问题。只要是少数民族公民,即使是自己的亲属,也不得侵犯其少数民族的风俗习惯。构成本罪,往往表现为行为人以暴力、胁迫等强制性手段侵犯少数民族的风俗习惯,但是,强制性不是本罪行为所必须具有的属性。并且,只有情节严重的,才能构成本罪。所谓情节严重,主要是指一贯或多次侵犯少数民族的风俗习惯的,引起少数民族群众广泛抗议的,引起民族冲突和民族纠纷的,产生恶劣的社会影响或政治影响的,等等。本罪主体为特殊主体,只有国家机关工作人员才能构成本罪。

犯本罪的,根据《刑法》第251条的规定处罚。

三、侵犯通信自由罪

(一) 概念及构成要件

本罪是指隐匿、毁弃或非法开拆他人信件,侵犯公民通信自由权,情节严重的行为。本罪法益是公民的通信自由权。《中华人民共和国邮政法》(以下简称《邮政法》)第3条规定,公民的通信自由和通信秘密受法律保护。除因国家安全或者追查刑事犯罪的需要,由公安机关、国家安全机关或者检察机关依照法律规定的程序对通信进行检查外,任何组织或者个人不得以任何理由侵犯公民的通信自由和通信秘密。除法律另有规定外,任何组织或者个人不得检查、扣留邮件、汇款。

1. 行为

本罪行为表现为隐匿、毁弃或非法开拆他人信件,侵犯公民通信自由权,情节严重。行为对象为他人的信件,主要指普通信函和明信片。根据《关于维护互联网安全的决定》的规定,非法截获、篡改、删除他人电子邮件或者其他数据资料,侵犯公民通信自由和通信秘密,构成犯罪的,依照刑法有关规定追究刑事责任。因此,本罪中的"他人的信件"还包括他人的手机短信和电子邮件等数据资料。他人的信件既包括收信人的信件也包括寄信人的信件,不包括单位之间的公函①。行为的内容为隐匿、毁弃或非法开拆。隐匿是指将他人信件秘密隐藏起来,使权利人无法发现。毁弃是指让信件丧失其本来效用的行为,如烧毁、丢弃、让其字迹消失等。非法开拆是指未经权利人同意,也未经司法机关批准私自开启他人的信件,让信件的内容处于第三者(包括行为者)可能知悉的状态。非法开拆不仅包括有形的开拆,还包括无形的开拆,比如通过某种先进的仪器,在不开拆信件的情况下知悉信件的内容。情节严重,主要是指隐匿、毁弃或非法开拆他人信件次数多、数量大,或造成严重后果。

2. 主体

本罪主体为一般主体,年满16周岁、具有刑事责任能力的自然人均可构成。

3. 罪过

本罪罪过为故意。行为人明知是他人的信件而故意隐匿、毁弃或非法开拆。因过失而隐匿、毁弃或误拆他人信件的,不成立本罪。

(二) 本罪的认定

经权利人同意的,隐匿、毁弃或非法开拆他人信件的不成立本罪。此外,根据刑事诉讼法的规定,侦查人员经相关司法机关批准依照法定程序扣押被告人

---

① 行为对象是单位公函的,根据具体情况,有可能构成毁灭国家机关公文罪或故意泄露国家秘密罪。

信件的,阻却违法性,不成立本罪。在司法实践中,有集邮爱好者擅自撕下他人信件上邮票的行为发生,由于该行为并没有开拆他人信件,也没有将信件隐匿、毁弃,属于情节轻微、危害性不大,不能认定构成本罪。

关于非邮电工作人员非法开拆他人信件并从中窃取财物案件该如何定性的问题,根据相关司法解释按以下三种情形处理:第一,非邮电工作人员非法开拆他人信件,侵犯公民通信自由权利,情节严重,并从中窃取少量财物,或窃取汇票、汇款支票,骗取汇兑款数额不大的,定侵犯通信自由罪并从重处罚。第二,非邮电工作人员非法开拆他人信件,侵犯公民通信自由权利,情节严重,并从中窃取财物数额较大的,同时构成侵犯通信自由罪和盗窃罪,按照重罪吸收轻罪的原则,定盗窃罪并从重处罚。第三,非邮电工作人员非法开拆他人信件,侵犯公民通信自由权利,情节严重,并从中窃取汇票或汇款支票,冒名骗取汇兑款数额较大的,同时构成侵犯通信自由罪和诈骗罪,依法实行数罪并罚。

(三)本罪的处罚

犯本罪的,根据《刑法》第252条的规定,处1年以下有期徒刑或者拘役。

四、私自开拆、隐匿、毁弃邮件、电报罪

(一)概念及构成要件

本罪是指邮政工作人员私自开拆、隐匿、毁弃邮件、电报的行为。本罪法益为公民的通信自由权和邮电部门的正常运转秩序。

1. 行为

本罪行为表现为邮政工作人员私自开拆、隐匿、毁弃他人的邮件、电报。首先,行为的对象为邮件、电报,即各种信件、印刷品、包裹、汇票等。其次,行为的内容为私自开拆、隐匿、毁弃他人的邮件、电报。私自开拆是指未经任何合法授权,让邮件、电报的内容处于第三者(包括行为者)可能知悉的状态的一切行为。隐匿是指隐藏、藏匿等使权利人无法发现邮件、电报的一切行为。本罪的隐匿不包括故意延迟投送邮件、电报行为,因为《刑法》第304条已经规定邮政工作人员严重不负责任,故意延误投递邮件,致使公共财产、国家和人民利益遭受重大损失的,构成故意延误投递邮件罪。毁弃是指销毁、丢弃等让信件丧失其本来效用的一切行为。本罪为选择性罪名,只要实行上述三种行为之一的,即可成立本罪;即使同时实施这三种行为的,也只成立一罪,不数罪并罚。

2. 主体

本罪主体是特殊主体,即邮政工作人员,包括邮电部门从事邮政业务的营业员、发行员、收发员、分拣员、押运员、投递员以及主管人员等。根据《邮政法》第30条的规定,由海关对进出境的国际邮袋、邮件集装箱和国际邮递物品实施监管。所以,监管国际邮件的海关人员应该视为邮政工作人员,可以成为本罪

犯罪主体。一般单位中的专职信件收发员等非邮政工作人员,利用工作便利私自开拆、隐匿、毁弃他人信件的,只能构成侵犯通信自由罪,而不是本罪。

3. 罪过

本罪罪过为故意,即行为人明知是他人的邮件、电报而故意私自开拆、隐匿、毁弃。因过失而开拆、隐匿、毁弃的,不成立本罪,但是如果情节严重,有可能构成玩忽职守罪。

(二) 本罪的认定

经权利人授权或根据公安机关、国家安全机关或检察机关等国家有权机关的命令而开拆、隐匿、毁弃他人的邮件、电报的,阻却违法性,不构成犯罪。

本罪与侵犯通信自由罪容易发生混淆。二者的相同点在于都侵害了公民的通信自由权,而且犯罪行为的方式都是私自开拆、隐匿或毁弃。区别在于:第一,行为对象不同。侵犯通信自由罪的行为对象为信件,而本罪行为对象为邮件、电报,包括各种信件、印刷品、包裹、汇票等,显然后者的范围远大于前者。第二,主体不同。侵犯通信自由罪的主体为一般主体,而本罪主体属于特殊主体,只有邮政工作人员才能构成本罪。

(三) 本罪的处罚

犯本罪的,根据《刑法》第253条的规定,处2年以下有期徒刑或者拘役。私自开拆、隐匿、毁弃邮件、电报而窃取财物的,依照盗窃罪定罪从重处罚。

五、侵犯公民个人信息罪

(一) 概念及构成要件①

本罪为《刑法修正案(九)》所修订,《刑法修正案(九)》取消出售、非法提供公民个人信息罪和非法获取公民个人信息罪两个罪名,将这两个犯罪修改为本罪。侵犯公民个人信息罪,是指违反国家规定出售或者提供公民个人信息,情节严重,以及窃取或者以其他方法非法获取公民个人信息的行为。本罪法益是在网络信息时代作为新型权利的个人信息权。②

1. 行为

本罪的行为对象是公民个人信息。公民个人信息一般而言是指关于个人的所有信息,其外延十分广泛。刑法保护的应该是能给他人谋取正当或不正当利益提供便利且泄露后将给公民本人合法权益带来严重侵害的个人信息。所谓公民个人信息,是指以电子或者其他方式记录的能够单独或者与其他信息结合识

---

① 本罪以下相关内容,系参见2017年5月8日"两高"《关于办理侵犯公民个人信息刑事案件适用法律若干问题的解释》(以下简称《公民信息刑案解释》)而撰写。

② 参见刘艳红:《侵犯公民个人信息罪的法益:个人法益及新型权利之确证》,载《中国刑事法杂志》2019年第5期。

别特定自然人身份或者反映特定自然人活动情况的各种信息,包括姓名、身份证件号码、通信通讯联系方式、住址、账号密码、财产状况、行踪轨迹等。此外,根据有关法律规定,必须公开的个人资料也不属于本罪的犯罪对象。① "公民"不包括单位,至于是否包括死者,在理论界有不同的理解。本罪行为方式包括以下两种:

（1）违反国家有关规定,向他人出售或者提供公民个人信息,情节严重。出售是指有偿提供。提供是指使公民个人信息被他人可能知悉的一切行为。"提供公民个人信息"包括以下情形:向特定人提供公民个人信息,以及通过信息网络或者其他途径发布公民个人信息的;未经被收集者同意,将合法收集的公民个人信息向他人提供的,但是经过处理无法识别特定个人且不能复原的除外。2021年8月20日第十三届全国人大常委会第三十次会议通过《个人信息保护法》。所以,"违反国家有关规定",是指违反法律、行政法规、部门规章有关公民个人信息保护的规定,比如违反《个人信息保护法》以及《中华人民共和国护照法》《中华人民共和国居民身份证法》《中华人民共和国职业医师法》等各种法律、法规及规章中所规定的保护公民个人信息的相关规定。"情节严重",主要指出售或向他人提供公民的个人信息数量大、造成被害人人身严重危害、财产重大损失等。根据《公民信息刑案解释》第5条第1款和第6条的规定,是指具有下列情形之一的:① 出售或者提供行踪轨迹信息,被他人用于犯罪的;② 知道或者应当知道他人利用公民个人信息实施犯罪,向其出售或者提供的;③ 非法获取、出售或者提供行踪轨迹信息、通信内容、征信信息、财产信息50条以上的;④ 非法获取、出售或者提供住宿信息、通信记录、健康生理信息、交易信息等其他可能影响人身、财产安全的公民个人信息500条以上的;⑤ 非法获取、出售或者提供第3项、第4项规定以外的公民个人信息5000条以上的;⑥ 数量未达到第3项至第5项规定标准,但是按相应比例合计达到有关数量标准的;⑦ 违法所得5000元以上的;⑧ 将在履行职责或者提供服务过程中获得的公民个人信息出售或者提供给他人,数量或者数额达到第3项至第7项规定标准一半以上的;⑨ 曾因侵犯公民个人信息受过刑事处罚或者2年内受过行政处罚,又非法获取、出售或者提供公民个人信息的;⑩ 其他情节严重的情形。为合法经营活动而非法购买、收受上述第3项、第4项规定以外的公民个人信息,具有下列情形之一的,应当认定为"情节严重":① 利用非法购买、收受的公民个人信息获利5万元以上的;② 曾因侵犯公民个人信息受过刑事处罚或者2年内受过行政处

---

① 有关公民个人信息的详细范围,可参见2013年4月23日"两高"、公安部《关于依法惩处侵害公民个人信息犯罪活动的通知》和《中华人民共和国个人信息保护法》（以下简称《个人信息保护法》）。

罚,又非法购买、收受公民个人信息的;③ 其他情节严重的情形。

(2) 窃取或者以其他方法非法获取公民个人信息。"窃取公民个人信息",是指采用秘密的或不为人知的方法取得他人信息。例如,偷看或偷拍他人银行卡号及密码,或通过网络获取他人诊疗信息。"以其他方法非法获取公民个人信息",是指违反国家有关规定,通过购买、收受、交换等方式获取公民个人信息,或者在履行职责、提供服务过程中收集公民个人信息的。这里的"窃取或者以其他方法非法获取",既包括为了使本人获得而窃取或非法获取,也包括为了让第三方获得而窃取或非法获取。窃取或者以其他方法非法获取公民个人信息,本身即具有严重的社会危害性,所以不需要再具有"情节严重"的要素。

2. 主体

本罪主体是一般主体的自然人和单位。对于特殊主体,即在履行职责或者提供服务过程中获得公民个人信息的行为人,违反国家有关规定,将所获得的信息出售或者提供给他人的,从重处罚。

3. 罪过

本罪罪过为故意。相关单位或个人基于过失将公民个人信息泄露的,不能构成本罪。

(二) 本罪的认定

虽然在一些特殊情况下,司法机关等有权机关可以查阅有关公民的个人信息,但是必须履行法定的程序,在相关机关没有履行相关法定程序的情况下,向其提供公民个人信息,仍然会构成本罪。由于信息具有有用性,本罪存在不少阻却违法性事由。比如,医务人员在已经获得患者本人的口头或书面的同意的情况下,将相关的医疗信息在医疗单位系统内部流通或提供给第三者;因在法庭上作证需要而提供相关公民的个人信息;公安机关以国家安全或办案破案为由而查阅个人信息。

(三) 本罪的处罚

犯本罪的,根据《刑法》第253条之一的规定,处3年以下有期徒刑或者拘役,并处或者单处罚金;情节特别严重的,处3年以上7年以下有期徒刑,并处罚金。根据《公民信息刑案解释》第5条第2款的规定,具有下列情形之一的,应当认定为"情节特别严重":(1) 造成被害人死亡、重伤、精神失常或者被绑架等严重后果的;(2) 造成重大经济损失或者恶劣社会影响的;(3) 数量或者数额达到第5条第1款第3项至第8项规定标准10倍以上的;(4) 其他情节特别严重的情形。违反国家有关规定,将在履行职责或者提供服务过程中获得的公民个人信息,出售或者提供给他人的,从重处罚。

单位犯本罪的,对单位判处罚金,并对其直接负责的主管人员和其他直接责任人员,依照上述规定处罚。

非法获取公民个人信息后又出售或者提供的，公民个人信息的条数不重复计算。向不同单位或者个人分别出售、提供同一公民个人信息的，公民个人信息的条数累计计算。对批量公民个人信息的条数，根据查获的数量直接认定，但是有证据证明信息不真实或者重复的除外。对于侵犯公民个人信息犯罪，应当综合考虑犯罪的危害程度、犯罪的违法所得数额以及被告人的前科情况、认罪悔罪态度等，依法判处罚金。罚金数额一般在违法所得的1倍以上5倍以下。

六、报复陷害罪

（一）概念及构成要件

本罪是指国家机关工作人员滥用职权、假公济私，对控告人、申诉人、批评人、举报人实行报复陷害的行为。本罪法益是公民的控告权、申诉权、批评监督权和举报权。

1. 行为

本罪行为表现为国家机关工作人员滥用职权、假公济私，对控告人、申诉人、批评人、举报人进行报复陷害。

首先，本罪对象为控告人、申诉人、批评人、举报人。对除此之外的其他人进行报复陷害的，不构成本罪。控告人是指向司法机关或其他国家机关以及有关单位指控有关人员违法犯罪的人。申诉人是指对有关的判决、裁定或决定不服，提出申诉意见的人。批评人是指对国家机关及其工作人员提出批评建议的人。举报人是指向司法机关或其他有关机关报告、揭发、检举违法犯罪或提供相关线索的人。这里的控告人、申诉人、批评人、举报人，并不限于对实施本罪的国家机关工作人员进行控告、申诉、批评、举报的人，也不要求其控告、申诉、批评、举报的内容完全属实。行为人不直接打击报复这四种人，而是报复陷害这些人的亲属的，只要能够查明行为人是借报复陷害亲属来达到报复陷害这些人的目的的，就应认为是对控告人、申诉人、批评人、举报人本人的报复陷害，可以构成报复陷害罪。

其次，行为人滥用职权、假公济私，对控告人、申诉人、批评人、举报人实行报复陷害。滥用职权是指过分使用职权或超越权限使用职权，既包括滥用职权本身，也包括滥用本人职务上所形成的便利条件。假公济私是指行为人为其私利，滥用职权对控告人、申诉人、批评人、举报人实行报复陷害。报复陷害无须打着"为公"的旗号或以执行公务为名。只要行为人滥用职权对控告人、申诉人、批评人、举报人实行报复陷害，就是"假公"来"济私"。报复陷害是指"收拾""整治"控告人、申诉人、批评人、举报人，如克扣工资、降职降级、滥用行政或纪律处罚手段等。行为人对他人进行报复陷害并没有利用职权的，如行为人写匿名信到司法机关诬告控告人犯罪的，或在暗地里侮辱举报人的，不构成本罪，此时可能构成其他犯罪。

最后,根据《渎职案件立案标准》的规定,国家机关工作人员涉嫌报复陷害,具有下列情形之一的,应予立案:(1)报复陷害,情节严重,导致控告人、申诉人、批评人、举报人或者其近亲属自杀、自残造成重伤、死亡,或者精神失常的;(2)致使控告人、申诉人、批评人、举报人或者其近亲属的其他合法权利受到严重损害的;(3)其他报复陷害应予追究刑事责任的情形。换言之,报复陷害行为只有达到一定程度的社会危害性,才构成犯罪。因此,应注意划清报复陷害罪与一般报复陷害行为的界限。对于一般报复陷害行为,对行为人应进行批评教育或予以纪律处分。

2. 主体

本罪主体为特殊主体,只有国家机关工作人员才能构成本罪。普通主体对他人诬告陷害的,可能涉嫌诬告陷害罪或诽谤罪。

3. 罪过

本罪罪过为故意,即行为人明知自己是在滥用职权、假公济私,报复陷害控告人、申诉人、批评人、举报人,明知报复陷害行为侵犯了公民的控告权、申诉权、批评权、举报权以及国家机关的正常活动,仍故意为之。

(二) 本罪的处罚

犯本罪的,根据《刑法》第254条的规定处罚。

七、打击报复会计、统计人员罪

本罪是指公司、企业、事业单位、机关、团体的领导人,对依法履行职责、抵制违反会计法、统计法行为的会计、统计人员实行打击报复,情节恶劣的行为。本罪的对象为会计、统计人员,但并非凡是打击报复会计、统计人员的都构成本罪,只有打击依法履行职责、抵制违反会计法、统计法行为的会计、统计人员的,才构成本罪。并非因为依法履行职责而遭受打击报复,而是由于其他原因(如女会计拒绝了单位领导的性骚扰)而遭受打击报复的,行为人不构成本罪。所谓打击报复,是指故意损害会计、统计人员的合法权益,使其承受不该承受的不利。打击报复行为必须情节恶劣。仅有打击报复行为,但情节不太恶劣的,不构成本罪。所谓情节恶劣,主要是指一贯或多次打击报复的,打击报复造成恶劣影响的,引起群众公愤的,导致被害人精神失常或自杀以及造成其他严重后果的,等等。本罪主体为特殊主体,即只有公司、企业、事业单位、机关、团体的领导人才能构成本罪。

犯本罪的,根据《刑法》第255条的规定处罚。

八、破坏选举罪

(一) 概念及构成要件

本罪是指在选举各级人民代表大会代表和国家机关领导人员时,以暴力、威胁、欺骗、贿赂、伪造选举文件、虚报选举票数等手段破坏选举或妨害选民和代表自由行使选举权和被选举权,情节严重的行为。本罪法益是公民的选举权、被选举权和国家选举制度的正常性。

1. 行为

本罪行为表现为在选举各级人民代表大会代表和国家机关领导人员时,以暴力、威胁、欺骗、贿赂、伪造选举文件、虚报选举票数等手段破坏选举或妨害选民和代表自由行使选举权和被选举权,并且情节严重。

首先,行为人破坏的选举是各级人民代表大会代表和国家机关领导人员的选举。并非破坏一切选举都构成本罪,只有破坏选举各级人民代表大会代表和国家机关领导人员的选举,才构成破坏选举罪。即本罪必须发生在特定选举的特定时期。[1] 在实践中,破坏村委会选举的行为时常发生,对此不能以破坏选举罪论处。破坏党内选举,是否构成破坏选举罪,是个值得研究的问题。

其次,行为人以各种方式破坏了各级人民代表大会代表和国家机关领导人员的选举。破坏选举的方式有:(1) 以暴力、威胁、欺骗、贿赂、伪造选举文件、虚报选举票数等手段破坏选举。其中,暴力、威胁、欺骗、贿赂的对象,主要是选民、代表(含候选人)以及选举工作人员。其本质是违背或有偿改变选民、代表及选举工作人员的意愿,产生行为人所意图追求的选举结果。行为人采取暴力、贿赂等手段又触犯其他犯罪,如又构成故意伤害罪、行贿罪的,属于牵连犯,对行为人应从一重罪处断,不实行数罪并罚。伪造选举文件,是指行为人伪造选民证、选票、代表资格审查报告等关系到选举资格、选举效力及选举公正性的选举文件。伪造选举文件时行为人伪造了国家机关的公文、证件、印章的,属于本罪与伪造国家机关公文、证件、印章罪的牵连犯,对行为人应从一重罪处断。虚报选举票数,是指选举工作人员(包括监票、唱票人员)对于选举总票数以及其中的赞成票、反对票、弃权票和无效票的票数作虚假报告。破坏选举的手段不限于以上几种,一切非法的能够影响到选举的客观公正性、可能改变选举结果的手段,如伪造、更改选举结果,强行宣布合法选举无效、非法选举有效,都属于破坏选举的手段。(2) 妨害选民和代表自由行使选举权和被选举权。以暴力、威胁、欺骗、贿

---

[1] 参见王作富主编:《刑法分则实务研究》(第五版)(中),中国方正出版社2013年版,第866页。

赂、伪造选举文件、虚报选举票数等手段破坏选举,是从形式上对破坏选举的描述,妨害选民和代表自由行使选举权和被选举权是从实质上对破坏选举的描述。凡是一切妨害选民和代表自由行使选举权和被选举权的行为,诸如对候选人作拔高性的虚假介绍,故意用喝酒等手段延误选民和代表参加选举,都属于破坏选举行为,情节严重的可以构成本罪。

最后,破坏选举,必须情节严重。根据《渎职案件立案标准》的规定,国家机关工作人员涉嫌利用职权破坏选举,具有下列情形之一的,应予立案:(1)以暴力、威胁、欺骗、贿赂等手段,妨害选民、各级人民代表大会代表自由行使选举权和被选举权,致使选举无法正常进行,或者选举无效,或者选举结果不真实的;(2)以暴力破坏选举场所或者选举设备,致使选举无法正常进行的;(3)伪造选举文件,虚报选举票数,产生不真实的选举结果或者强行宣布合法选举无效、非法选举有效的;(4)聚众冲击选举场所或者故意扰乱选举会场秩序,使选举工作无法进行的;(5)其他情节严重的情形。这一规定可以作为破坏选举情节严重的参考。

2. 主体

本罪主体为一般主体。可以是一般公民,也可以是选举工作人员;可以是有选举权的公民,也可以是无选举权的公民。

3. 罪过

本罪罪过为故意。因工作过失而妨害选举的结果,如误计选举票数,误将被剥夺选举权的人列入选举名单,不构成本罪。

(二)本罪的处罚

犯本罪的,根据《刑法》第256条的规定处罚。

第七节 妨害婚姻家庭关系的犯罪

一、暴力干涉婚姻自由罪

(一)概念及构成要件

本罪是指以暴力干涉他人婚姻自由的行为。本罪法益是人的婚姻自由。

1. 行为

本罪行为表现为行为人使用暴力干涉他人的婚姻自由。婚姻自由包括结婚自由和离婚自由。无论是干涉结婚自由还是离婚自由,都可以构成本罪。如果行为人干涉的不是婚姻自由,而是其他内容,如父母不准未成年子女与异性同居,或不准男女双方搂搂抱抱,而使用暴力的,不构成本罪。构成本罪,行为人必须采取了暴力方法,即行为人对被干涉方的人身实施了捆绑、殴打、禁闭、抢掠等不法有形力;有形力非常轻微,如仅打了被害人一个耳光的,一般不能视为本罪中的暴力。行为人使用暴力的目的是干涉他人婚姻自由;如果并非为了干涉婚姻自由,不构成本罪。行为人采用暴力以外的其他方法干涉婚姻自由,如以断绝家庭关系或以暴力相威胁的,即使造成一定后果,也不构成本罪。

2. 主体

本罪主体为一般主体。实践中一般主要为父母、子女、兄弟、丈夫、族人、奸夫、情妇、干部等,其中以父母干涉子女婚姻自由为多数。①

3. 罪过

本罪罪过为故意。动机不影响本罪的成立。

(二) 本罪的认定

1. 罪与非罪的界限

在现代社会,恋爱与婚姻完全可能没有必然的联系,故干涉他人恋爱自由的,一般不构成本罪。但是,如果双方明确以婚姻的意思而恋爱的,此时的恋爱自由已经成为婚姻自由的有机组成部分,故对此进行暴力干涉的,可以构成本罪。

对于抢婚案件,应当具体情况具体分析。如果男方向女方求婚,遭到拒绝,于是纠集多人,用暴力手段将女方抢回家中成亲的,侵犯了女方的结婚自由,可构成本罪;符合非法拘禁罪的,属想象竞合犯;强行发生性关系的,构成强奸罪。如果该地区一直有抢婚的传统,如在一些少数民族聚居的地方有抢婚的风俗,对此不能以本罪论处。登记结婚以后,女方不同意与男方同居,男方把女方抢回并强行同居的,由于婚姻关系已经成立,不存在侵犯婚姻自由问题,不可能构成本罪;这属于非法拘禁与婚内强奸问题,对此应以非法拘禁罪或强奸罪(如果承认婚内强奸可以构成强奸罪)论处。

2. 此罪与彼罪的界限

暴力干涉他人婚姻自由时,有可能给他人造成一定的伤害,因此,有必要明确本罪与故意伤害罪的界限。在行为人暴力干涉婚姻自由时,仅仅造成他人轻微伤以下的伤害的,对行为人以本罪论处;造成他人轻伤的,因故意伤害罪(轻伤)的法定刑重于暴力干涉婚姻自由罪,故对行为人应以故意伤害罪论处;以故意杀人的方法干涉他人婚姻自由的,按照故意杀人罪来处理。

(三) 本罪的处罚

犯本罪的,告诉的才处理,根据《刑法》第257条的规定,处2年以下有期徒刑或者拘役。致使被害人死亡的,处2年以上7年以下有期徒刑,不适用告诉

---

① 参见周道鸾、张军主编:《刑法罪名精释》(第四版)(上),人民法院出版社2013年版,第604页。

才处理的规定。"致使被害人死亡"是指在实施暴力干涉婚姻自由行为的过程中过失导致被害人死亡，以及因暴力干涉婚姻自由而直接引起被害人自杀。

二、重婚罪

（一）概念及构成要件

本罪是指有配偶而重婚的，或明知他人有配偶而与之结婚的行为。重婚罪在形式上是对一夫一妻制的侵犯，在实质上是对公民婚姻安宁的破坏，故本罪是侵犯个人法益的犯罪。

1. 行为

本罪行为表现为有配偶而重婚，或明知他人有配偶而与之结婚。重婚罪有两种表现形式：其一，有配偶者重婚，即行为人在原有婚姻关系尚未解除的情况下，又与他人结婚建立新的婚姻关系的行为。其二，无配偶的人明知他人有配偶而与之结婚。对于无配偶的人而言，虽不存在两个以上的婚姻关系，由于是重婚的一方，在性质上与重婚者的行为完全相同，故也构成重婚罪。构成重婚罪，必须存在结婚行为。结婚是指男女双方自愿缔结夫妻关系的行为，结婚必须符合一定的条件并依据一定的程序进行，若未经过法定程序，即以夫妻名义生活，则属于事实婚姻。如果两个以上的婚姻关系中有一个婚姻关系没有履行婚姻登记手续，行为人又以夫妻名义同居生活的，是否构成重婚罪？1994年12月14日最高法《关于〈婚姻登记管理条例〉施行后发生的以夫妻名义非法同居的重婚案件是否以重婚罪定罪处罚的批复》指出，有配偶的人与他人以夫妻名义同居生活的，或者明知他人有配偶而与之以夫妻名义同居生活的，仍应按重婚罪定罪处罚。该批复已于2013年1月18日被废止，但从保护一夫一妻制的婚姻家庭关系上看，上述情形仍可构成重婚。

2. 主体

本罪主体为一般主体，分为两类：一是重婚者，即已有配偶并且婚姻关系尚未解除，又与他人登记结婚的人；二是相婚者，即明知对方有配偶而与之登记结婚的人。未达法定婚龄者，可以构成本罪。

3. 罪过

本罪罪过为故意。对于重婚者而言，其明知自己有配偶且婚姻关系尚未解除，又故意与他人结婚。行为人有合理理由认为自己的配偶已经死亡，如配偶失踪多年杳无音讯的，不构成重婚罪。对于相婚者而言，其明知他人有配偶而与之结婚；确实不知道对方有配偶而与之结婚的，即使存在过失，也不构成本罪。

（二）本罪的认定

一般认为，因遭受自然灾害外流谋生而重婚的，因配偶长期外出下落不明，造成家庭生活严重困难，又与他人结婚的，被拐卖、被绑架后再婚的，因强迫、包办婚姻而外逃重婚的，由于行为人受客观条件所迫，不能期待行为人不实施重婚行为，行为人没有罪过，故不应以重婚罪论处。

法院判决离婚以后，在离婚判决书尚未生效期间，有些人持没有生效的离婚判决与他人登记结婚的，不能一概认定为重婚罪。尤其是离婚判决以后，一方不服上诉，但没有告诉对方，对方也没有收到法院的任何上诉通知，在合理的期间之后，行为人又登记结婚的，不能认定行为人构成重婚罪；只有有证据证明行为人明知判决书尚未生效的，才可以构成本罪。

（三）本罪的处罚

犯本罪的，根据《刑法》第258条的规定，处2年以下有期徒刑或者拘役。量刑时，应主要考虑重婚的手段、动机、非法婚姻的数量、造成的结果等，同时要结合我国的现实情况。在对重婚定罪量刑的同时，应宣告解除其已形成的非法婚姻关系。

三、破坏军婚罪

（一）概念及构成要件

本罪是指明知是现役军人的配偶而与之同居或结婚的行为。本罪法益是军人的婚姻家庭关系。

1. 行为

本罪行为表现为行为人与现役军人的配偶同居或结婚。本罪的对象必须是现役军人的配偶。现役军人，是指具有军籍，正在中国人民解放军或中国人民武装警察部队服役的军人，包括中国人民解放军、中国人民武装警察部队的现役军官、文职干部、士兵等军人。现役军人的配偶，是指在法律关系上与现役军人登记结婚的人。破坏军婚的行为表现有两种：其一，与现役军人的配偶同居。所谓同居，是指与现役军人的配偶持续、稳定地共同居住的情形。同居的实质是以两性关系为基础的共同生活。同居既可以夫妻名义，也可不以夫妻名义；既可以是公开的，也可以是秘密的。通奸行为与同居行为是两类性质不同的行为，仅与现役军人的配偶通奸的，不构成犯罪。其二，与现役军人的配偶结婚，即与现役军人的配偶进行登记结婚。根据《中华人民共和国民法典》（以下简称《民法典》）第1049条，要确立夫妻关系，必须无条件地进行结婚登记（无论是事前登记还是事后补办）；没有进行结婚登记的，不论以什么名义，不论在一起生活多长时间，也不论是否生育子女，都属于非法同居关系，而不是婚姻关系。当然，没有与现役军人的配偶登记结婚，但形成事实婚姻的，虽然不属于"结婚"的范畴，但属于"同居"的范畴，故同样构成破坏军婚罪。

2. 主体

本罪主体为一般主体。可以是男性，也可以是女性；可以是现役军人，也可以是非现役军人。

3. 罪过

本罪罪过为故意,即明知对方是现役军人的配偶,仍与之同居或结婚。

(二) 本罪的认定

1. 本罪与重婚罪的界限

本罪与重婚罪一般是容易区分的:(1) 对象不同。本罪的对象只能是现役军人的配偶;而重婚罪的对象没有限制,可以是任何人。(2) 行为不同。本罪表现为与现役军人的配偶同居或结婚的行为;而重婚罪则表现为有配偶的人与他人结婚,或无配偶的人明知他人有配偶而与之结婚的行为。行为人与现役军人的配偶登记结婚的,对于行为人而言,属于破坏军婚罪与重婚罪的想象竞合犯,由于破坏军婚罪的法定刑重于重婚罪,故应认定行为人构成破坏军婚罪;对于现役军人的配偶而言,虽然不构成破坏军婚罪,但可能构成重婚罪。

2. 本罪与强奸罪的界限

本罪与强奸罪的界限是明显的:本罪为破坏军人婚姻关系的犯罪,而强奸罪则是侵犯女性性自主权的犯罪。《刑法》第259条第2款规定,利用职权、从属关系,以胁迫手段奸淫现役军人妻子的,依照强奸罪定罪处罚。有人认为,该款完全是多余的规定,应当予以删除。① 也有人认为,该款是注意规定。② 利用职权、从属关系,以胁迫手段奸淫现役军人妻子的,当然构成强奸罪。这是一种特殊的破坏军婚行为,对此实践中可能出现行为人到底构成强奸罪还是构成破坏军婚罪或者数罪并罚的定性争议,立法者在这里设立了注意规定,明确对此应以强奸罪一罪处罚。因此,《刑法》第259条第2款的规定是必要的。

(三) 本罪的处罚

犯本罪的,根据《刑法》第259条的规定,处3年以下有期徒刑或者拘役。

四、虐待罪

(一) 概念及构成要件

本罪为《刑法修正案(九)》所修订。虐待罪是指经常以打骂、冻饿等方法,对家庭成员进行肉体或精神上的摧残、折磨,情节恶劣的行为。

---

① 参见侯国云、白岫云:《新刑法疑难问题解释与适用》,中国检察出版社1998年版,第369页。

② "注意规定是在刑法已有相关规定的前提下,提示司法人员注意,以免司法人员忽略的规定;注意规定的设置并没有改变相关规定的内容,只是对相关规定内容的重申;即使没有注意规定,也存在相应的法律适用根据(即按相关规定处理)。"参见张明楷:《简论"携带凶器抢夺"》,载《法商研究》2000年第4期。

1. 行为

本罪行为表现为经常以打骂、冻饿等方法,对家庭成员进行肉体或精神上的摧残、折磨,并且情节恶劣。

首先,本罪的对象为家庭成员。家庭成员是指因婚姻关系、血缘关系、收养关系以及遗赠扶养协议等法律行为而形成的共同生活成员。虐待家庭成员以外的其他社会成员,如师傅虐待徒弟的,都不构成本罪。虐待雇用多年的老保姆,是否构成本罪,值得研究。

其次,行为人实施了虐待行为。虐待行为的实质是剥夺家庭成员平等的生活权益,使其在肉体上和精神上遭受折磨和摧残。常见的虐待方法有打骂、冻饿、有饭不给吃、有病不给医等,以致家庭成员吃不饱、穿不暖、睡不安、思不宁。虐待可以是肉体折磨、精神摧残,或二者交替使用;既可以是作为,也可以是不作为,但不能是单纯的不作为。单纯的有病不给治疗、不提供饮食的行为,构成遗弃罪。虐待行为在量上必须具有一贯性、经常性,如果不具有持续性、一贯性,只是偶尔发生打骂、冻饿等行为,属于家庭纠纷,不构成虐待罪。对于持续性、一贯性的家庭暴力,可以本罪论处。虐待罪属于继续犯,故本罪的追诉时效自虐待行为终了之日起开始计算。

最后,构成本罪,虐待行为必须情节恶劣。所谓"情节恶劣",根据2015年3月2日"两高""两部"《关于依法办理家庭暴力犯罪案件的意见》(以下简称《办理家暴案件意见》)第17条第1项的规定,是指具有下列情形之一:(1)虐待持续时间较长、次数较多;(2)虐待手段残忍;(3)虐待造成被害人轻微伤或者患较严重疾病;(4)对未成年人、老年人、残疾人、孕妇、哺乳期妇女、重病患者实施较为严重的虐待行为等。

2. 主体

本罪主体为特殊主体,只有被害人的家庭成员才能构成本罪。

3. 罪过

本罪罪过为故意,即故意剥夺家庭成员平等的生活权益,使其遭受肉体与精神的摧残与折磨。

(二)本罪的认定

1. 罪与非罪的界限

行为人是否构成虐待罪,一是取决于行为人与被害人之间的关系,只有家庭成员之间才有可能构成虐待罪。虐待者不是家庭成员或被虐待者不是家庭成员的,不能构成本罪,构成其他犯罪的,按其他犯罪处理。二是取决于虐待行为是否情节恶劣。虽有虐待行为,但只是轻微打骂,偶尔不给饭吃的,或父母教育子女的方法简单粗暴的,不构成虐待罪;只有情节恶劣的虐待行为,才能构成本罪。实践中特别需要注意的是,不能将一般的家庭纠纷认定为虐待罪。

2. 此罪与彼罪的界限

虐待行为在客观上可能造成致人伤亡的结果,因而容易和故意伤害罪、故意杀人罪发生混淆。一般而言,虐待行为与故意伤害、故意杀人行为在外观上是可以区分的:前者具有一贯性、经常性,而后者往往只具有一次性。构成虐待罪,无论是打骂冻饿还是强迫体力劳动等,虐待行为本身不具有严重损害他人身体健康或立刻剥夺他人生命的属性。虐待行为本身具有明显的严重损害他人身体健康或剥夺他人生命的属性,如用皮带没有节制地长时间地抽打被害人,致使被害人重伤或死亡的,应视具体情况认定行为人构成故意伤害罪或故意杀人罪。行为人在长期的虐待过程中,其中一次产生伤害或杀人的故意进而实施伤害或杀人行为的,构成虐待罪和故意伤害罪或故意杀人罪,实行数罪并罚。

根据《办理家暴案件意见》第17条第2项的规定,准确区分虐待犯罪致人重伤、死亡与故意伤害、故意杀人犯罪致人重伤、死亡的界限,要根据被告人的主观故意、所实施的暴力手段与方式、是否立即或者直接造成被害人伤亡后果等进行综合判断。对于被告人主观上不具有侵害被害人健康或者剥夺被害人生命的故意,而是出于追求被害人肉体和精神上的痛苦,长期或者多次实施虐待行为,逐渐造成被害人身体损害,过失导致被害人重伤或者死亡的;或者因虐待致使被害人不堪忍受而自残、自杀,导致重伤或者死亡的,属于虐待"致使被害人重伤、死亡",应当以虐待罪定罪处罚。对于被告人虽然实施家庭暴力呈现出经常性、持续性、反复性的特点,但其主观上具有希望或者放任被害人重伤或者死亡的故意,持凶器实施暴力,暴力手段残忍,暴力程度较强,直接或者立即造成被害人重伤或者死亡的,应当以故意伤害罪或者故意杀人罪定罪处罚。

蔡甲与14岁的儿子蔡乙一起生活。蔡甲酒后经常殴打蔡乙,并用烟头烫等方法虐待蔡乙。某夜,蔡甲发现蔡乙从家中往外走,遂拳击其面部,用木棒殴打其身体。次日晨,蔡乙称腹痛不能行走,被其姑母发现后送医院治疗无效死亡。经鉴定,蔡乙生前被他人以钝性致伤物(如拳脚等)伤及腹部,致十二指肠破裂,弥漫性胸、腹膜炎、感染性中毒休克死亡;蔡乙生前十二指肠破裂的伤情程度属重伤。本案中,蔡甲用暴力手段故意伤害被害人的身体,并致其死亡,其行为已构成故意伤害罪。

(三) 本罪的处罚

犯本罪的,根据《刑法》第260条的规定,处2年以下有期徒刑、拘役或者管制;致使被害人重伤、死亡的,处2年以上7年以下有期徒刑。犯本罪,告诉的才处理,但被害人没有能力告诉,或者因受到强制、威吓无法告诉的除外。

五、虐待被监护、看护人罪

（一）概念及构成要件

本罪为《刑法修正案（九）》所增设。虐待被监护、看护人罪，是指对未成年人、老年人、患病的人、残疾人等负有监护、看护职责的人虐待被监护、看护的人，情节恶劣的行为。

本罪的行为表现为虐待被监护、看护的人，情节恶劣。虐待，主要是指行为人违反监护、看护职责，对被监护、看护人进行打骂、捆绑、冻饿、限制自由、凌辱人格、强迫吃安眠药、不进行必要的看护、救助等方法，从肉体上和精神上进行摧残、折磨。虐待对象，是被监护、看护的未成年人、老年人、患病的人、残疾人等。情节恶劣，是指行为人虐待动机卑鄙、手段残酷、持续时间较长、虐待频率高、造成被害人重伤、死亡或者精神抑郁等情形。此外，对情节恶劣的认定，还要结合被害人的身体、精神状况综合考虑。

本罪的主体是特殊主体，即对未成年人、老年人、患病的人、残疾人等负有监护、看护职责的人。自然人和单位都可以构成本罪。

本罪主观方面是故意，即行为人明知自己虐待被监护、看护人的行为会造成他们肉体上和精神上损害的后果，并且希望或者放任这种后果发生。过失造成被监护、看护人损害的不构成本罪。

（二）本罪与虐待罪的界限

第一，从法益来看，本罪侵犯的是被监护人、被看护人的人身权利；而虐待罪侵害的是复杂客体，既侵害了受害者的人身权利，也侵害了家庭成员之间的亲密关系。第二，从行为人与被害人的关系来看，本罪的犯罪主体是对未成年人、老年人、患病的人、残疾人等负有监护、看护职责的非家庭成员，且单位也可以成立本罪的主体；而虐待罪的犯罪主体是同一家庭的成员，彼此之间存在一定的亲属关系或者扶养关系，且只有自然人可以成为虐待罪的犯罪主体。第三，从行为后果来看，本罪中因虐待被监护、看护人，同时构成其他犯罪的，适用想象竞合犯的一般原则，依照处罚较重的规定定罪处罚；而虐待罪中虐待家庭成员，致使被害人重伤、死亡的，还是以虐待罪定罪处罚，属于想象竞合犯的例外原则。第四，从告诉方式来看，本罪属于公诉案件，虐待罪原则上属于告诉才处理的案件。

（三）本罪的处罚

犯本罪的，根据《刑法》第260条之一的规定，处3年以下有期徒刑或者拘役。

六、遗弃罪

(一) 概念及构成要件

本罪是指对于年老、年幼、患病或其他没有独立生活能力的人,负有扶养义务而拒绝扶养,情节恶劣的行为。一般认为,遗弃罪的法益是家庭成员之间相互扶养的权利义务关系。按照这一见解,遗弃的对象必须限于家庭成员,遗弃罪的主体也必须限于负有扶养义务的家庭成员。但是,社会养老是社会发展的趋势,遗弃的对象不应当限于家庭成员之间,可以是任何年老、年幼、患病或其他没有独立生活能力的人;同时,遗弃罪的主体也不限于负有扶养义务的家庭成员,任何负有扶养义务的人均可成为本罪主体。因此,本罪法益为被遗弃人受扶养的权利。

王某为某市精神病福利院院长。王某指派该院工作人员刘某等人,将精神病福利院的28名"无家可归、无依无靠、无生活来源"公费病人遗弃在甘肃省及新疆昌吉附近。以上被遗弃的"三无"公费病人中,只有杜某安全回家,其他27名被遗弃病人均下落不明。本案中,王某等人身为福利院的工作人员,对依赖于福利院生存、救助的"三无"公费病人,负有特定扶养义务,其将被扶养的28名病人遗弃,拒绝监管和扶养,其行为均构成遗弃罪。

1. 行为

本罪行为表现为对于年老、年幼、患病或其他没有独立生活能力的人,负有扶养义务而拒绝扶养,且情节恶劣。首先,行为人必须负有扶养义务。扶养义务不限于婚姻法上的"扶养""赡养"和"抚养"义务,通过签订养老协议等方式同样能够产生扶养义务。扶养义务的实质是保证被扶养人生命、身体的安全。其次,行为人能够履行扶养义务。即行为人有能力负担起年老、年幼、患病或其他没有独立生活能力的人的正常生活。婴幼儿患有重大疾病,即使父母经济能力有限的,也不能轻易认为父母不能履行扶养义务。最后,行为人拒绝履行扶养义务。拒绝履行扶养义务的表现形式有:一是积极弃置。即以积极的方式将被遗弃人从其日常生活的安全场所移至危险场所,如父母将年幼的子女丢弃在马路边。二是消极离去。即行为人与被遗弃人原本处于同一场所,但行为人从该处所离去,如产妇在医院生产后溜走,将新生儿留在医院。三是单纯的不保护,即行为人与被遗弃人虽然没有场所上的隔离,但行为人不给被遗弃人生存所必要的保护,如不提供必要的食物、对病人不提供必要的治疗。无论是积极弃置、消极离去还是单纯的不保护,从规范的角度看,行为人都违反了应当履行扶养义务的命令性规范,故不论遗弃的方式如何,遗弃罪都属于不作为犯罪。最后,行为人拒绝履行扶养义务,必须情节恶劣。根据《办理家暴案件意见》第17条第3项的规定,"情节恶劣"是指具有下列情形之一的:(1) 对被害人长期不予照顾、不提供生活来源;(2)驱赶、逼迫被害人离家,致使被害人流离失所或者生存困难;(3)遗弃患严重疾病或者生活不能自理的被害人;(4)遗弃致使被害人身体严重损害或者造成其他严重后果等情形。

赵甲与赵乙系父女。赵乙系脑瘫患儿,生活完全不能自理,其母高某因此放弃工作,全家只能依靠赵甲的工资维持生活。后赵甲与高某的夫妻关系逐渐不睦。自1996年起赵甲开始逃避对赵乙的抚养义务,不支付生活费,也不再为其治病。2000年,赵甲突然离家出走,不再过问女儿的病情和生活。高某带着赵乙多次委托街道居委会、派出所等部门寻找赵甲,均无音信。赵乙以请求追究赵甲遗弃罪为由提起诉讼。一审法院认为,赵甲的遗弃行为不属于情节恶劣,判决宣告赵甲无罪。判决后,赵乙不服,提出上诉。二审法院认为,赵乙完全没有独立生活能力,作为其父的赵甲却离家出走长达两年多,完全放弃履行义务,其行为构成遗弃罪。

2. 主体

本罪主体是特殊主体,只能由对被遗弃者负有扶养义务的人员构成。

3. 罪过

本罪罪过为故意。动机如何,不影响本罪的成立。

(二) 本罪的认定

1. 本罪与故意杀人罪的界限

在遗弃致人死亡时,以及将没有独立生活能力的人积极弃置于危险场合时,遗弃罪与故意杀人罪不易区分。如将双目失明的老人遗弃在悬崖边,构成遗弃罪还是构成故意杀人罪,容易产生争论。遗弃罪虽然属于危害生命、身体安全的犯罪,但是,其危害生命、身体安全的危险较低,而故意杀人罪则具有危害他人生命的高度危险。因此,结合生命所面临的危险是否紧迫、生命对作为义务的依赖程度、行为人履行义务的难易程度、行为是否会立即导致他人死亡等因素来进行区分,如将双目失明的老人遗弃在悬崖边,或将婴幼儿遗弃在不能被人发现的树林中的,应按故意杀人罪论处;遗弃行为并无危害生命的高度危险,如将幼儿遗弃在医院门口的,即便出现死亡结果,也不能认定为故意杀人罪,对此应按遗弃罪论处。

根据《办理家暴案件意见》第17条第4项的规定,准确区分遗弃罪与故意杀人罪的界限,要根据被告人的主观故意、所实施行为的时间与地点、是否立即造成被害人死亡,以及被害人对被告人的依赖程度等进行综合判断。对于只是为了逃避扶养义务,并不希望或者放任被害人死亡,将生活不能自理的被害人弃置在福利院、医院、派出所等单位或者广场、车站等行人较多的场所,希望被害人得到他人救助的,一般以遗弃罪定罪处罚。对于希望或者放任被害人死亡,不履行必要的扶养义务,致使被害人因缺乏生活照料而死亡,或者将生活不能自理的被害人带至荒山野岭等人迹罕至的场所扔弃,使被害人难以得到他人救助的,应当以故意杀人罪定罪处罚。

被害人(女)在医院出生后,因胎龄不足等原因,身体发育不成熟,需要医院提供特别护理。医院因不具备护理设备,遂向被害人之父陈某告知被害人病情并建议转院治疗。陈某知悉情况后,要求自行将被害人带离。当日14时许,陈某将被害人带离医院,抛弃至石景山区福寿岭附近土山山腰路旁。次日6时许,被害人被群众发现死亡,经鉴定死亡原因系病死。法院认为,陈某对亲生子女负有扶养义务而拒绝扶养并将其遗弃,致被害人死亡,其行为已构成遗弃罪。被害人虽被遗弃在土山山腰路旁,但该山路系附近群众日常生活的一条常用道路;被害人被抛弃时间为14时左右,具有被第三人救助的较大可能性,因此,陈某的行为不构成不作为的故意杀人罪。

2. 本罪与虐待罪的界限

当被害对象为家庭成员时,遗弃罪和虐待罪有相似之处,区别在于:(1)对象不同。本罪的对象为年老、年幼、患病或其他没有独立生活能力的人,不限于家庭成员之间;虐待罪的对象必须限于家庭成员,且有独立生活能力的家庭成员也可以成为虐待罪的对象。(2)行为不同。本罪表现为行为人负有扶养义务而拒绝扶养,情节恶劣;虐待罪表现为对家庭成员从肉体上和精神上进行折磨、摧残,情节恶劣。此外,虐待行为具有一贯性和经常性,而遗弃行为不具有这一特征。

在负有扶养义务的家庭成员经常打骂、冻饿没有独立生活能力的家庭成员的场合,构成遗弃罪还是虐待罪取决于犯罪行为本身的属性:如果行为主要是不履行扶养义务的,构成遗弃罪;如果行为主要是以造成被害人肉体与精神痛苦为内容的,构成虐待罪。

(三) 本罪的处罚

犯本罪的,根据《刑法》第261条的规定,处5年以下有期徒刑、拘役或者管制。

七、拐骗儿童罪

本罪是指拐骗不满14周岁的未成年人,使其脱离家庭或监护人的行为。本罪法益为他人的家庭关系和儿童的合法权益。

拐骗行为的本质是没有征得被拐骗儿童的家庭或监护人的同意,违背其意愿,弄走儿童,故拐骗儿童不仅包括利用蒙蔽、欺骗或利诱等典型的拐骗手段弄走儿童,而且包括以秘密窃取婴幼儿、抢夺甚至抢劫等非法手段弄走儿童,也包括直接从路上抱走婴幼儿等行为。构成本罪,要求实际发生了被拐骗儿童脱离家庭或监护人的结果。至于被拐骗儿童脱离家庭或监护人的控制的时间长短,在所不问；当然时间过于短暂的，则难以认定存在拐骗儿童的行为。行为人并无拐骗儿童的行为，仅是拾到了被遗弃儿童，或把与亲人失散的儿童领回收养的，不构成犯罪。行为人拐骗儿童以后，对被拐骗儿童采取禁闭等方法防止其逃走的，或对之加以虐待甚至奸淫女童的，另构成非法拘禁罪、虐待罪或强奸罪，应进行数罪并罚。本罪主体为一般主体，即年满16周岁、具有刑事责任能力的人。本罪罪过为故意。

拐骗儿童的目的一般是收养，但也不排除其他目的（如奴役等）；以出卖为目的而拐骗儿童的，构成拐卖儿童罪；以勒索财物（债务除外）为目的而拐骗儿童的，构成绑架罪。拐骗儿童后产生出卖或勒赎目的，进而出卖儿童或者以暴力、胁迫等手段对儿童进行实力支配以勒索钱财的，应分别认定为拐卖儿童罪或绑架罪，与拐骗儿童罪实行并罚。

犯本罪的，根据《刑法》第262条的规定处罚。

八、组织残疾人、儿童乞讨罪

本罪为《刑法修正案（六）》所增设。本罪是指以暴力、胁迫手段组织残疾人或不满14周岁的未成年人乞讨的行为。

本罪的行为表现为以暴力、胁迫手段组织残疾人或不满14周岁的未成年人进行乞讨。"暴力、胁迫手段"是指使用殴打、捆绑、拘禁等方法对被害人的人身安全与自由进行强制，或采用暴力或非暴力的精神强制方法逼迫被害人屈服。无论是"暴力"还是"胁迫"都是违背被害人意志的强迫方法。"组织"是指控制、安排、指挥、领导多人从事乞讨活动。本罪的对象是"残疾人或不满14周岁的未成年人"。根据《中华人民共和国残疾人保障法》的规定，残疾人是指在心理、生理、人体结构上，某种组织、功能丧失或者不正常，全部或者部分丧失以正常方式从事某种活动能力的人，具体包括视力残疾、听力残疾、言语残疾、肢体残疾、智力残疾、精神残疾、多重残疾和其他残疾的人。本罪主体是一般主体，是残疾人、儿童乞讨活动的组织者，也就是俗称的"丐帮帮主"。罪过是故意，至于是否具有牟利目的，不影响本罪的成立。

2013年1月开始，刘某以打工为名，从陕西老家将阿飞等7名患有听力、言语残疾的老乡骗至广东，强迫他们乞讨。刘某的妻子张某，之前也是被刘某强迫乞讨的聋人，后来自愿与刘某结婚，就在乞讨组织里帮忙煮饭、洗衣服和租房子。经查，刘某等人以殴打、言语威胁、扣押身份证等方式控制这7名聋哑人，并组织他们在佛山市、东莞市等地比较繁华的地段行乞，每日乞讨得来的钱财必须全部上交。① 本案中，刘某控制、安排、指挥多名残疾人进行乞讨，严重侵犯残疾人的

---

① 参见朱香山等：《残疾人乞讨竟然有任务》，载《检察日报》2015年12月18日第4版。

人身权利,其行为构成组织残疾人乞讨罪。

犯本罪的,根据《刑法》第262条之一的规定处罚。

九、组织未成年人进行违反治安管理活动罪

本罪为《刑法修正案(七)》所增设。本罪是指组织未成年人进行盗窃、诈骗、抢夺、敲诈勒索等违反治安管理活动的行为。所谓组织,是指采用暴力、胁迫、欺骗、利诱等方式将未成年人聚集起来。组织的对象是未成年人,具体是指未满16周岁的未成年人。若是组织已满16周岁的未成年人,则可以构成共同犯罪,而不是"进行违反治安管理活动"。因此,按照当然解释立场,此处的未成年人只能未满16周岁。所谓进行违反治安管理活动,根据《治安管理处罚法》第2条的规定,是指扰乱社会秩序,妨害公共安全,侵犯人身权利、财产权利,妨害社会管理,具有社会危害性,但尚不够刑事处罚,由公安机关依法给予治安管理处罚的行为。如果组织未成年人进行犯罪活动,未成年人因为不具有刑事责任能力而不予追究的,组织者不能按照本罪处罚,而应该按照相应的犯罪的教唆犯或间接正犯处理。本罪主体为一般主体。罪过是故意,要求认识到所组织的对象是未成年人。

犯本罪的,根据《刑法》第262条之二的规定处罚。

拓展阅读

当今世界各国对安乐死的立法[①]

美国俄勒冈州是世界上第一个承认安乐死合法的地区。1994年11月,该州经过公民投票决定有条件准许安乐死,而条件是医生证实患者仅剩不到6个月的生命,且病人具有提出安乐死要求的心智能力。如果病人的情况符合条件,其将得到一张处方,凭处方购得足量致死的药物,然后自行服用。法律禁止家属或朋友帮助患者自杀,同时禁止医生使用针剂或者一氧化碳实施安乐死。2006年,美国联邦最高法院裁决通过俄勒冈州1994年准许医生协助自杀的州法。2008年11月,美国华盛顿州成为继俄勒冈之后第二个由选民投票允许安乐死的州。到目前为止,美国绝大多数州都禁止安乐死。

世界上第一个将安乐死合法化的国家是荷兰,该国议会于2001年11月29日通过安乐死法令,只有满足众多前提条件,医生才能按病人的要求为其实施安乐死。此后,比利时也立法承认安乐死合法化。另一个对安乐死持宽容态度的国家是瑞士,瑞士刑法规定,只对"出于利己的动机而唆使或帮助他人自杀的

[①] 参见杜涵:《英高等法院首判支持"求死权"》,载《法制日报》2012年3月27日第9版。

人",才追究刑事责任。瑞士医生可在满足两个前提条件的情况下,为那些希望结束自己生命的人提供所需的自杀药物与设备,而不构成犯罪:其一,该患者已被确诊没有治愈的希望,并且自杀行为是由患者自己实施;其二,医生并没有从协助自杀的行为中直接获利。相关的统计数据显示,每年约有200人在苏黎世通过安乐死的方式结束生命,其中大部分是身患绝症的外国人。

德国法院将安乐死行为进行了进一步的区分,分为(积极的)直接安乐死、(积极的)间接安乐死和消极安乐死(中止医疗)三类,并认为后两者才能够因成立紧急避险以及相关人员不具有救助义务而阻却违法。同时,德国立法者在安乐死问题上采取了严格的限制解释,唯有病人患有无论通过何种治疗手段都会导致在巨大的痛苦中死亡的疾病,且患者已经明示或者能够明确推测出病人意志之时,才能够实施安乐死。

我国早在1988年第七届全国人民代表大会上,就有关于安乐死合法化的提案。2022年全国两会期间,全国人大代表、优秀乡村医生刘贵芳建议我国法律不应回避安乐死,应当给予那些痛苦万分的绝症患者尊严死亡。2023年1月1日,我国首个将"生前预嘱"以立法形式确立的条款正式在深圳实施。按照规定,如果病人立下预嘱,要求在生命末期"不做无谓抢救、拒绝插管治疗",医院和家属要尊重其意愿让病人平静地走完余生。

安乐死在各国都或明或暗地存在着,这是不争的事实。因此,实施有条件的安乐死或许会是法治发展的必然结果。

我国学界一般认为,实施积极的安乐死的行为具有违法性,应以故意杀人罪论处,量刑可从宽处罚。我们认为,基于结果无价值论的实质刑法解释立场,如果具备下列条件,可以认为安乐死不具有违法性,因而不构成故意杀人罪:其一,从现代医学的知识和技术来看,被害者所患的是不治之症,而且死期已经临近;其二,被害者不堪忍受肉体痛苦;其三,行为人的目的是缓和被害者的死亡的痛苦;其四,在被害者的意识尚明,尚能够表明其意思的场合,应有本人真挚的同意;其五,致人死亡的方法在伦理上被认为具有妥当性。此外,对于尊严死是否构成故意杀人罪,也值得研究。

中国刑法的"去性别化"问题

在中国刑法中,女性受到特别保护。在强奸罪中,被害人只能是女性,不能是男性;加害人(行奸者)只能是男性,不能是女性。强制侮辱妇女罪的被害人只能是妇女。在拐卖妇女、儿童罪中,被害人显然也不包括年满14周岁的男性。此种以性别区分加害人与被害人的立法模式是否合理,值得研究。

在古代社会,男尊女卑,女性有着重重的(性)束缚。如果妇女稍稍表达一下自己的性感受或性需求,就可能被视为淫妇、荡妇(就是在当前,仍有部分男性持此种观念),将可能被逐出家门,甚至被家法处死。在此文化背景之下,女性处于弱势地位,更容易受到侵害,因而其人身权利受到刑法的特别保护。

然而,随着妇女地位的提高、女权主义的发展及男权至上观念的瓦解,加之社会性观念的不断解放和科技医学的发达,对性的社会包容度提高、道德批判标准降低,同性恋被社会逐步接受,继续在刑法中坚持性别差别保护的立法理念与模式,不符合社会发展的时代要求,也不利于保护男性的性的自我决定权以及人身自由权利。立法对性别的平等保护为国际公约所积极倡导。联合国《消除对妇女一切形式歧视公约》认为,对男女两性社会角色陈规定型的观念是导致男女不平等的根源。这种观念往往将女性置于附属于男性的从属地位,进而将女性视为保护的对象(客体),而不是独立自主的、和男性拥有平等地位的权利主体。刑法对女性"过度保护"背后所隐含的这种"物化"女性而不是为女性赋权的思想,其实也是一种变相的歧视。① 中国2009年12月批准加入的《巴勒莫议定书》也规定拐卖人口的对象既包括女性也包括男性。

《刑法修正案(九)》将强制猥亵、侮辱妇女罪修正为强制猥亵、侮辱罪,强制猥亵罪的保护对象从"妇女"扩大到"他人",在"去性别化"上迈出了重要一步,但其他性别立法并未改变。为此,建议在今后修订《刑法》时,应进一步取消性别立法,以充分实现刑法对男女的平等保护。

> **延伸思考**
>
> **以放火等危险方法杀人的行为能否按照故意杀人罪处理**

通说认为应定性为放火罪等危害公共安全的犯罪,不能按故意杀人罪处理。我们认为,从立法精神来看,以危险方法杀人的行为应定性为故意杀人罪。

过失致人死亡罪、故意伤害罪、过失致人重伤罪条文都明文规定"本法另有规定的,依照规定",与此不同,故意杀人罪条文并无类似规定。这不是立法者的疏漏,而是立法者有意而为之。1957年《中华人民共和国刑法草案》(第21稿)第149条第1款规定:"故意杀人的,处死刑、无期徒刑或者十年以上有期徒刑。本法另有规定的,依照规定。"刑法草案第22稿也有同样规定。但在此后的列次草案中,"本法另有规定的,依照规定"这一句均被删除。立法者的用意很明确:对于故意杀人案件,不论采用何种方法,除法律有特别规定的以外,应当一律按故意杀人罪处理。

1950年《中华人民共和国刑法大纲草案》第121条故意杀人罪规定:故意杀人者,处死刑、终身监禁或5年以上15年以下监禁。有下列情形之一者,从重处

---

① 参见刘仁文:《刑法应当去性别化》,载《南方周末》2015年8月13日第3版。

罚,"使用特别残酷或对多数人之生命具有危险性的方法杀人者……"1954年《中华人民共和国刑法指导原则草案(初稿)》第51条同样规定,"使用放火、爆炸或其他能够杀死多数人的危险方法而杀人的",按故意杀人罪从重处罚。这些草案规定清楚地表明:以危险方法杀人的,构成故意杀人罪。立法者的看法既有历史渊源,也有比较法的根据。

就比较法而言,1940年《巴西联邦共和国刑法典》第121条杀人罪之(二)下Ⅲ规定,"用毒药、放火、爆炸物、窒息、折磨或其他狡猾的或残酷的,或足以造成公共危险的手段"杀人的,处12年至30年监禁。1996年《俄罗斯联邦刑法典》第105条第2款第6项规定,杀人时"使用危害公众的方法实施的",以杀人罪处8年以上20年以下的剥夺自由,或处死刑,或处终身剥夺自由。1998年《德国刑法典》第211条谋杀罪第2款规定:"谋杀者是指出于谋杀兴趣……恶意地或残忍地或用危害公众的方法或为了能够实施或掩盖另一犯罪,而杀人者。"这些立法规定一致认为,以危险方法杀人的,构成故意杀人罪,而不是构成危害公共安全的犯罪。

非法侵入住宅罪的法益究竟是什么

通说认为,本罪的保护客体是公民住宅不可侵犯的权利。[①] 国外刑法学界非常重视对非法侵入住宅罪法益的研究。如在日本,对此存在一元说(又有旧住宅权说、住宅平安权说、住宅平稳说、新住宅权说、综合说之争)、相对化说(存在以住宅平稳说为基调的相对化说与以新住宅权说为基调的相对化说之争)与多元的法益保护论之争。[②] 如何理解本罪法益,直接关系到本罪的处罚范围。住宅是私人的神圣领土,是一个独立的王国。刑法保护住宅是形式,保护住宅背后的公民私生活的自由与安宁才是本质。因此,刑法对公民个人管理、利用住宅的意思应当予以尊重;以此作为本罪法益(新住宅权说)容易扩大处罚范围,与我国司法实践不符。对此,可以采取住宅平稳说加以补救。公民是否同意他人进入住宅,无非以他人是否会骚扰住宅的安全与安宁为取舍,故而住宅平稳说较为可取。

案例分析

1. 丈夫王某与妻子李某凌晨发生争吵。王某怕邻居听见,急忙捂住李某的嘴,李某激烈反抗,更是大喊大叫。情急之下,王某又用左手掐住李某的脖子,见

[①] 参见高铭暄、马克昌主编:《刑法学》(第十版),北京大学出版社、高等教育出版社2022年版,第482页;周道鸾、张军主编:《刑法罪名精释》(第四版)(上),人民法院出版社2013年版,第569页。

[②] 参见张明楷:《法益初论》(增订本)(下册),商务印书馆2021年版,第674—709页。

李某没了动静,王某以为自己把李某掐死了,王很害怕,便将李某的"尸体"抛到了机井里。几天后案发,经法医鉴定,死者李某系生前入水,尸体颈部正中偏左有5×1cm范围皮下出血,说明其生前颈部曾受到暴力作用。①

问题:王某的行为构成何罪?

2. 甲使用暴力将乙扣押在某废弃的建筑物内,强行从乙身上搜出现金3000元和1张只有少量金额的信用卡,甲逼迫乙向该信用卡中打入10万元。乙便给其妻子打电话,谎称自己开车撞伤他人,让其立即向自己的信用卡打入10万元救治伤员并赔偿。乙妻信以为真,便向乙的信用卡中打入10万元,被甲取走,甲在得款后将乙释放。②

问题:甲的行为是构成绑架罪还是抢劫罪?

3. 2014年2月22日23时许,陈某之妻郑某在广州某医院产下一个女婴。经诊断认为,新生儿患肺炎、腭裂、心肌损害、头颅血肿,且气管、食管明显畸形,病情危重,目前医疗水平无法医治。陈某在自身缺乏经济能力和治疗无望的情况下,出于"能让女儿多活几天"的考虑,于2月23日上午12时许,在其岳母陪同下,将患儿放于广州市儿童福利院东侧的弃婴安全岛门口,随即离开。当天13时许,弃婴被人发现并报警,医院医生赶到时,该患儿已无生命体征。③

问题:甲的行为是否构成遗弃罪?

---

① 参见陈彦桦:《将人掐昏以为死亡扔井如何定性》,载《检察日报》2013年1月15日第3版。
② 参见北京万国学校教研中心组编:《刑法》,中国法制出版社2014年版,第332页。
③ 参见钟亚雅、顾盼:《弃婴夭折在安全岛门口,父亲涉嫌遗弃罪》,载《检察日报》2014年4月29日第4版。提示:本案请结合期待可能性与值得处罚的违法性等分析出罪事由。

第五章　侵犯财产罪

第一节　侵犯财产罪概说

一、侵犯财产罪的概念及构成要件

侵犯财产罪，是指以非法占有为目的，攫取公私财物，或挪用、毁坏公私财物或破坏生产经营的行为。

（一）侵犯财产罪的法益

财产犯罪的法益包括财产所有权、他物权和债权等本权以及特定情势下的财产占有。

中国传统刑法理论将侵犯财产罪的法益表述为财产所有权，并在民法所有权的层次与范围上界定刑法的所有权概念。这种观念在财产利用形态单一化的传统社会有其合理性。然而，随着市场经济的充分发展，财产的利用形态日趋复杂化，财产除以所有权的形式被利用外，所有权与经营权、本权，甚至与其所涵括的四项权能的分离成为一种常态，在财产利用形态复杂化的情况下，再固守传统刑法理论的财产所有权观点将面临司法实践中的诸多难题。这些难题具体表现为刑法理论在面对一些具体问题时的困境，诸如，将借给他人使用的财物秘密取回的行为是否成立盗窃罪？对盗窃者实施敲诈勒索进而迫使其交出所盗窃的财物是否成立敲诈勒索罪？司法实践中对于类似案件的处理，均认定上述行为的犯罪性，这就意味着财产犯罪法益范围已经突破传统刑法所有权理论的范围，进入到一个新的发展阶段。

国外对财产犯罪的法益类型有"本权说""占有说"与"中间说"等学说。本权说认为，本罪仅以受到民事法律保护的即具有合法权限的占有（所有权等其他本权）为保护法益，且在刑事审判中，作为解决刑事责任的先决问题，仍应该首先就民事上的权利关系作出明确判断。占有说认为，所有的占有均应受到保护，包括非法占有。中间说力图在本权说与占有说之间划出中间线，认为即便是没有民事上的权源根据的占有仍然可以通过侵犯财产罪来加以保护，意在既不扩大也不缩小财产犯的处罚范围。中间说根据具体保护范围又有不同的学说。如"合理的占有""平稳的占有"。[①]

结合国外理论，我们认为，我国刑法侵犯财产罪的法益具体包括：(1) 财产

[①] 参见〔日〕西田典之：《日本刑法各论》（第七版），王昭武、刘明祥译，法律出版社2020年版，第175页。

所有权。即所有人依法对自己的财产所享有的占有、使用、收益和处分的权利，这是财产犯罪最为初始的状态。（2）作为合法占有的本权。本权包括他物权和债权等财产占有、支配的合法权利。他物权是在所有权权能与所有权人发生分离的基础上产生的，他物权人对物享有一定程度的直接支配权，包括担保物权、用益物权等。在财产所有权权能分离的情况下，合法的占有权必须受到刑法的保护，以适应财产流转关系多元化的需要。（3）特定情势下的财产占有。较之前两种财产权，特定情势下的占有并非基于合法原因而产生，而是特指基于非法原因所获得的对他人财物的支配状态。这种占有因欠缺合法性根据，不能被确认为一种权利，对这种财产占有加以保护也并非承认这种财产占有状态的合法性，其目的仅是为了使这种财产占有秩序处于一种相对稳定的状态，以便国家通过法定程序恢复权利的原始状态或者由国家直接行使相应权利。在国家行使公权力恢复或改变其占有状态之前，将这种占有作为财产犯罪的法益加以维护，有利于避免财产受到重复侵害。值得注意的是，对特定情势下占有的改变并非一定成立财产犯罪，如权利人通过合法自救行为恢复权利的本来状态的，通常不成立财产犯罪。

（二）侵犯财产罪的构成要件

1. 侵犯财产罪的对象

侵犯财产罪的对象为公私财物。根据《刑法》第91条的规定，公共财产是指国有财产、劳动群众集体所有的财产以及用于扶贫和其他公益事业的社会捐助或者专项基金的财产。在国家机关、国有公司、企业、集体企业和人民团体管理、使用或者运输中的私人财产，以公共财产论。根据《刑法》第92条的规定，公民私有财产是指公民的合法收入、储蓄、房屋和其他生活资料，依法归个人、家庭所有的生产资料，个体户和私营企业的合法财产以及依法归个人所有的股份、股票、债券和其他财产。

公私财物的表现形式多种多样，可以分为动产和不动产，既包括具有一定经济价值的有形财产，也包括电力、煤气、热能、天然气等具有经济价值的无形物质。除此之外，代表一定经济价值的货币、有价证券或有价票证，如股票、存折、支票、货物托运单、信用卡等也属于财物的范围。无主物、他人所丢弃的物品，由于没有所有权人，因此，不能成为侵犯财产罪的犯罪对象。但需要说明的是，不能把属于国家和集体所有的各种自然资源，属于国家所有的地下、地上文物，以及所有人不明的埋藏物、隐藏物视为"无主物"而任意侵犯。作为侵犯财产罪侵犯的对象，公私财产在具体认定的时候，应当具体问题具体分析，不同的侵犯财产罪，其对象范围会有所不同。

(1) 财物是否限于有体物

有体性说认为财物专指有体物,即具有容量、空间之物,只限于诸如固体物、液体物和气体物这些有体物。无体物不是刑法上的财物,不能成为财产罪的对象。因而,液化气、蒸汽等是财物,但光、热、电等不是财物。管理可能性说认为,财物不应限于有体物,还应包括其他一切具有管理可能性的财物,包括无体物。我们认为,刑法上的财物应包括有体物和无体物。在某些情况下,还包括财产性利益。随着社会的发展,许多无体物的经济价值越来越明显,无体物虽然无体,但可以对之进行管理,也可以成为所有权的对象,故应成为财产罪的对象。由于侵犯商标权、专利权、商业秘密等无形财产的行为,在刑法中已规定在相关的知识产权犯罪中,因此商标权等一般不属于财产罪的对象。①

所谓财产性利益,一般是指普通财物以外的具有经济价值的利益,包括使自己增加积极财产与减少消极财产。《刑法》第 92 条第 4 项规定私人财产包括"依法归个人所有的股份、股票、债券和其他财产",即是对股权、债权等财产性利益的确认。《刑法》第 265 条将"以牟利为目的,盗接他人通信线路、复制他人电信码号或者明知是盗接、复制的电信设备、设施而使用的"行为作为盗窃罪处罚,也是从立法上肯定了财产性利益的存在。此外,在司法实践中也确认了财产性利益。例如,对于伪造部队车辆号牌,骗免养路费的,按照诈骗罪处理;以赠送"干股"、提供旅游等特殊方式进行贿赂的,按照行贿罪、受贿罪处理。

(2) 财物是否限于有价值之物

就侵犯财产罪的本质而言,当然要求财物具有财产性价值。只是如何理解财产的价值,在理论上存在争议,主要有客观价值说和主观价值说之争。客观价值说认为财产价值指的就是经济价值,如果客观上难以衡量其经济效用,则不属于财物。主观价值说认为作为侵犯财产罪对象的财物,不一定要求其具有客观的、经济上的价值,只要所有人、占有人主观上认为该物具有价值,即使它客观上没有经济价值,也属于侵犯财产罪的对象。例如,一个家庭流传下来的早期家谱、具有纪念意义的照片等某些纪念品,本身不一定具有客观的经济价值,但对所有人来说具有重要价值,盗窃这些物品可以构成侵犯财产罪。②

财物不仅有交换价值(客观价值),也还有一定的使用价值(主观价值)。完全不考虑财物的主观价值显然不可取。但是,如果仅考虑主观价值,也存在财产数额的评价问题,特别是在我国财产犯罪大多数是数额犯的情形下,仅考虑财产的主观价值会导致司法难以操作。因此,在判断财产价值时,宜采取以客观价值为主、主观价值为辅的判断标准。

---

① 参见张明楷:《刑法学》(第六版)(下),法律出版社 2021 年版,第 1213 页。
② 参见李希慧主编:《刑法各论》,武汉大学出版社 2009 年版,第 256 页。

(3) 财物是否包括不动产

不动产是指土地及其定着物。所谓定着物,是指不加以毁弃就难以同土地相分离,或一旦分离,其固有的使用可能性就会丧失的财物。动产与不动产都是财产,均能成为财产罪对象。但由于财产罪的具体表现形式不同,不动产只能成为某些犯罪的对象。如诈骗罪、侵占罪、敲诈勒索罪、故意毁坏财物罪、破坏生产经营罪的对象既可以是动产,也可以是不动产;抢夺罪、聚众哄抢罪、挪用资金罪的对象只能是动产。有些犯罪如盗窃罪、抢劫罪、抢夺罪的对象可否包括不动产,则极富争议。总之,由于不动产是有体物并具有管理的可能性,所以成为财物是没有疑义的;然而它是否可以成为特定犯罪的对象,还是有疑问的。① 我们对此持肯定说,即认为不动产也可以成为财产犯罪的侵犯对象,其具体理由见下述抢劫罪相关内容。

(4) 财物是否包括某些特殊物品

① 违禁品。违禁品是指按照国家法律规定,禁止公民个人持有的物品,如枪支弹药、核材料、假币、毒品、淫秽物品等。违禁仅是从社会管理角度进行的评价,但不能就此否认违禁品的财产价值。根据 2005 年 6 月 8 日最高法《关于审理抢劫、抢夺刑事案件适用法律若干问题的意见》(以下简称《2005 年两抢意见》)第 7 条的规定,以毒品、假币、淫秽物品等违禁品为对象,实施抢劫的,以抢劫罪定罪;抢劫的违禁品数量作为量刑情节予以考虑。抢劫违禁品后又以违禁品实施其他犯罪的,应以抢劫罪与具体实施的其他犯罪实行数罪并罚。这表明,违禁品在刑法中是被评价为财物的。

② 非法财产。非法取得的财产,仍然属于有主物,只是因为被非法占有而暂时改变了主体属性状态,此时这些财物应由国家有关机关依法追缴,任何人不得对非法财产随意侵占、盗窃或抢夺等,非法财产是财产犯罪侵犯的对象。比如,抢劫赌场的赌资、盗窃他人贪污受贿的赃物的行为同样可以构成抢劫罪、盗窃罪。

③ 人的身体。人的身体是人格权的客体,不是所有权的客体,不是财物,不能成为财产罪的对象。但是,从人的身体上分离出来的部分,可能属于财物。例如,从人的体内抽出的血液、从人体分离出来的器官、剪下的头发等,虽然法律禁止买卖器官,但其确实具有一定的财产价值,故可能成为财产罪的对象。人体代用品,如安装在人体上作为人体一部分而使用的假肢、假牙等,应当属于财物。

④ 虚拟财产。所谓虚拟财产,是指在虚拟网络、电子信息平台中具有使用价值与交换价值的数字化、非物化的财产形式,包括网络游戏、电子邮件、网络寻

---

① 参见〔日〕木村龟二主编:《刑法学词典》,顾肖荣、郑树周译校,上海翻译出版公司 1991 年版,第 679 页。

呼等一系列信息类产品。由于目前网络游戏的盛行，虚拟财产在很大程度上就是指网络游戏空间存在的财物，包括游戏账号的等级、游戏货币、游戏人物拥有的各种装备等。虚拟财产尽管不能脱离其客观非物质性的本质，也只能存在于特定的虚拟世界(即由运营商利用其服务器构建的虚拟环境)，但随着网络时代的发展，其具有的可支配性与交易性越来越具有财产的特性。现实中，网络游戏币或游戏装备等虚拟财产往往是经过玩家辛苦练级积累起来的，并且由于网络游戏账号的相关参数是变化的，因此，持有者或玩家对这些虚拟财产完全可以通过情谊行为或各种法律行为赠予、转移、交易、转让、过户，就像现实生活中的房屋一样，通过过户使得一个 ID 的指数添加到另一个 ID。虚拟财产本身代表了一种财产性利益，更有作为财产交易的价值标准，甚至有不少民间网站提供了虚拟货币对现实货币的汇率，因此，虚拟财产也应作为财产犯罪的对象。

2. 侵犯财产罪的行为

侵犯财产罪的行为表现为以各种方式攫取公私财产或挪用、毁坏公私财物、破坏生产经营的行为。根据侵犯财产罪具体行为的表现形式，可将其分为三种情况:(1)非法占有公私财物的行为。非法占有是指使用各种非法方法将他人控制之下的财物转移到行为人的控制之下，据为己有或转归他人所有，所侵犯的是财产所有权的所有权能。这种非法占有可以是公开的方式如抢劫，也可以是秘密的方式如盗窃，具体的行为方式则多种多样。在侵犯财产罪中，客观行为表现为非法占有方式的有抢劫罪、盗窃罪、诈骗罪、抢夺罪、聚众哄抢罪、侵占罪、职务侵占罪、拒不支付劳动报酬罪(拒不支付劳动报酬表面上看似不履行债务的行为，其实质则是非法占有本应属于劳动者合法收入的财物而拒不支付，无须对该罪另外归类)。(2)非法挪用公私财物的行为。非法挪用是指擅自动用自己经手、管理的财物，非法改变财产的正常使用范围，如私自使用单位款项。挪用并不改变财产所有关系，其本质在于挪用主要侵犯的是所有权人的占有、使用、收益权，还没有在根本上侵犯所有权人的处分权。就行为人主观意愿来看，对财物的侵犯只是暂时的，具有日后归还的打算。这是它与侵犯所有权的全部职能且并不准备归还的"非法占有"型财产犯罪的重要区别(侵占罪的成立虽然不要求行为当时侵犯占有权，但变合法占有为非法所有的行为，最终仍然侵犯了占有权从而侵犯了所有权的全部权能)。(3)非法毁坏公私财物的行为。非法毁坏是指非法毁灭或损坏公私财物，使物品全部或部分丧失其价值或使用价值的行为。

在侵犯财产罪中，非法侵犯公私财物的数额大小和毁损财物的价值大小，是表明行为的社会危害性及其程度的主要判断标准。根据刑法的规定，除了抢劫罪、破坏生产经营罪外，其他侵犯财产罪一般都要求数额较大才成立犯罪。

3. 侵犯财产罪的主体

侵犯财产罪的主体只能是自然人，不能是单位。而且，其中除抢劫罪的主体是已满14周岁、具有刑事责任能力的自然人以外，其他多数犯罪主体为一般主体，少数犯罪的主体为特殊主体（如职务侵占罪、挪用资金罪、挪用特定款物罪）。

4. 侵犯财产罪的罪过

侵犯财产罪的主观罪过均为故意，过失不构成这类犯罪。侵犯财产罪都是故意犯罪，并且还要求以非法占有为目的。所谓非法占有的目的，即永远将他人财物占为己有之意。具体来说，即永久性而非暂时性地排除权利人的占有，将他人之物作为自己的所有物进行支配，往往还伴有遵从财物的用途进行利用、处分之意。不过值得注意的是，毁坏财物的犯罪，要求行为人明知自己的行为会发生使他人财物丧失或减少使用价值的危害结果，并且希望或放任这种结果发生，因此，其主观罪过可以是间接故意。本类犯罪的犯罪动机多数出于贪图钱财，也可能出于报复、陷害、泄愤等，不同的动机反映了行为人不同的主观恶性，不改变行为的性质，不影响犯罪的成立，只是量刑的考虑因素之一。

二、侵犯财产罪的种类

侵犯财产罪规定在《刑法》分则第五章，共计15个条文，包括13个罪名。具体可分为以下四类：

（1）暴力、胁迫型财产犯罪。包括：抢劫罪、抢夺罪、聚众哄抢罪、敲诈勒索罪。

（2）窃取、骗取型财产犯罪。包括：盗窃罪、诈骗罪。

（3）侵占、挪用型财产犯罪。包括：侵占罪、职务侵占罪、挪用资金罪、挪用特定款物罪、拒不支付劳动报酬罪。

（4）毁坏、破坏型财产犯罪。包括：故意毁坏财物罪、破坏生产经营罪。

第二节　暴力、胁迫型财产犯罪

一、抢劫罪

(一) 概念及构成要件

本罪是指以非法占有为目的，当场对公私财物的所有人、占有人、保管人或其他在场人使用暴力、胁迫或其他方法，强取公私财物的行为。本罪侵犯了双重法益，即财产权利和人身权利，这是抢劫罪区别于其他财产犯罪的重要标志，也是立法上将抢劫罪作为侵犯财产罪中最严重犯罪的原因。

1. 行为

本罪行为表现为对财物的所有人、占有人、保管人当场使用暴力、胁迫或其他方法,当场劫取公私财物。抢劫行为是由手段行为和目的行为构成的复合行为。暴力、胁迫或其他方法,是手段行为(强制行为);当场劫取公私财物,是目的行为(取财行为)。抢劫罪的行为构造表现为:行为人面对被害人实施强制行为,导致被害人失去财产的管理能力,进而行为人当场劫取财物。

(1) 行为人面对被害人实施强制行为。强制行为是抢劫罪的手段行为,包括以下三种形式:

一是暴力。暴力是指行为人为劫取财物而对财物的所有人、占有人、保管人或其他在场人的身体施以外在有形力的打击或强制,使被害人不能反抗,如拳打、脚踢、捆绑、伤害、禁闭甚至杀害等。暴力是许多犯罪的方法行为,但在不同犯罪中其内涵及程度存在差异,并主要表现为暴力程度上限的不同。暴力是抗税罪、暴力干涉婚姻自由罪、妨害公务罪、强迫交易罪等犯罪的方法行为,这类犯罪的"暴力"只能达到轻伤的程度,否则应转化定罪;暴力也是强奸罪的手段行为,其上限只能达到重伤的程度,以暴力剥夺被害人的生命再行奸淫行为的,应成立故意杀人罪和侮辱尸体罪;而在抢劫罪中,"暴力"的上限可以达到死亡的程度。2001年5月23日最高法《关于抢劫过程中故意杀人案件如何定罪问题的批复》(以下简称《2001年抢劫批复》)规定,"行为人为劫取财物而预谋故意杀人,或者在劫取财物过程中,为制服被害人反抗而故意杀人的,以抢劫罪定罪处罚。"这条规定确认了抢劫罪"暴力"上限的标准。暴力行为只能针对人实施,不包括对物施加暴力,并要求足以抑制对方的反抗,但不要求事实上抑制了对方的反抗,更不要求具有危害人身安全的性质。暴力的对象并不限于财物的直接持有者,只要是能成为强取财物之障碍的人即可;不必是财物的所有人或占有人(抢劫罪中人身权的受害者和财产权的受害者可以不是同一人),对有权处分财物的人以及其他妨碍劫取财物的人使用暴力的,也不影响抢劫罪的成立。

2014年11月17日,邓某骑摩托车从广西横县来到贵港市区寻找作案目标。当日19时许,邓某发现女子周某独自一人骑着电动车,且电动车踏板上还挂有一个单肩挎包,便尾随至该市西江农场泉州商会路口。邓某趁四周无人之机,用摩托车逼停周某,然后,邓某下车采取用辣椒水喷脸等暴力手段,强行抢走周某的挎包。包内有现金700元、手机、银行卡、身份证等物品。① 本案中,邓某用摩托车逼停周某、用辣椒水喷脸等手段,足以抑制被害人的反抗,属于以暴力手段构成的抢劫罪。

---

① 参见蔡新根:《为筹毒资动歪念 暴力抢劫独行女》,载《检察日报》2015年10月19日第2版。

二是胁迫。所谓胁迫,是指以当场立即实施暴力相威胁,对被害人实行精神强制,使被害人产生恐惧心理,不敢反抗。胁迫的本质是对被害人实施精神强制,以使其失去反抗的能力,需要具备以下条件:其一,胁迫内容的暴力性。若被害人不交付财物,行为人即将对其实施暴力。胁迫必须以对人身实施暴力侵害为内容,以揭发隐私、举报犯罪等相要挟的,不成立本罪。其二,暴力胁迫的当场性。"当场性"表明,被害人若不立即交付财物,行为人即当场实施暴力。虽当场进行威胁,但以将来对被害人实施暴力相要挟的,不成立本罪。其三,暴力胁迫的程度性。胁迫应达到足以抑制被害人反抗的程度。暴力行为与暴力胁迫中的足以抑制被害人反抗仍有所区别。前者抑制被害人反抗是一种外在的、有形的、物理的强制,使得被害人不能反抗;而后者是通过暴力胁迫使被害人感到恐惧而不敢反抗,即使其客观上仍有反抗能力。

三是其他方法。所谓其他方法,是指除了暴力、胁迫方法以外的其他各种手段,通常是采用药物麻醉、用酒灌醉以及将具有反抗意识与能力的被害人反锁在房间里等手段使被害人暂时丧失自由意志,不能反抗或不知反抗,然后当场劫走财物。其他方法必须在取得财物的当场实施;必须是为了劫取财物而故意实施;实施的结果是使被害人陷于不能或不知反抗的状态。下列情形不得认定为本罪中的"其他方法":一是在以强奸的故意对被害人使用麻醉致被害人昏迷后,取得其随身携带的财物;二是以杀人的故意将过量的安眠药投入被害人喝的水中,致其死亡后,取得其随身携带的财物;三是利用被害人自己饮酒过量醉卧街头之机取得其财物;四是甲使用暴力致乙昏迷后,丙非基于共同犯罪的故意取得乙随身携带的财物。对以上情形,均应认定为盗窃罪(第二种情形也有观点认为应成立侵占罪)。

甲乘坐火车时,见同座乘客乙携带巨额现金,欲据为己有。遂将随身携带的一瓶名酒掏出,殷勤劝酒,待乙大醉后将乙所携带现金拿走。① 本案中,甲以非法占有为目的,将乙灌醉后拿走其财物的行为即属于抢劫罪中以其他方法劫取财物的行为,构成抢劫罪。

(2) 行为人当场取得财物。即违背被害人的意志将财物转归自己或第三人占有或控制。取得财物的方式包括:在抑制住被害人反抗的情况下,直接从被害人手中夺取、迫使被害人将财物转归自己占有、使用暴力将被害人驱赶出去而占有财物、利用被害人因身体的强制行为所导致的注意力转移取走其财物;在使用暴力、胁迫等行为之际,被害人由于害怕而逃走,将身边财物遗留在现场,行为人当场取走该财物;等等。强制行为与取得行为之间必须存在因果关系,即因行为人的强制造成被害人不敢反抗状态的出现,从而取得被害人所占有的财物。强

---

① 参见北京万国学校教研中心组编:《刑法》,中国法制出版社 2014 年版,第 251 页。

制行为与取得财物之间缺乏因果关系的,无法成立抢劫罪或者只能成立抢劫罪的未遂。通常情况下,取得财物与强制行为之间应符合当场性的条件,对"当场"应作广义理解,不仅包括在强制行为现场取得财物,也包括在由行为人所导致的被害人不能反抗、不敢反抗的状态延续之中取得财物。使用暴力将被害人制服,发现被害人随身携带钱物极为有限,又以威逼方式将被害人带至自动取款机处从其银行卡中取出货币的,仍属当场,成立抢劫罪。

　　本罪的对象为公私财物。公私财物可以是被害人合法占有的财物,也可以是被害人非法取得的财物,即违禁品可以成为抢劫罪的对象。根据《2005年两抢意见》第7条的规定,以毒品、假币、淫秽物品等违禁品为对象,实施抢劫的,以抢劫罪定罪;抢劫的违禁品数量作为量刑情节予以考虑。抢劫赌资、犯罪所得的赃款赃物的,以抢劫罪定罪,但行为人仅以其所输赌资或所赢赌债为抢劫对象的,一般不以抢劫罪定罪处罚。构成其他犯罪的,依照刑法的相关规定处罚。

　　公私财物一般为动产,关于抢劫不动产是否构成抢劫罪存在争议,各国刑法的规定不一,我国刑法没有对此作出规定,但也没有将其排除在外。我国刑法理论通说认为,公私财物是指动产而言,不动产如房屋等,不能成为抢劫罪的对象。我们认为,抢劫不动产也能构成抢劫罪。通说的主要理由是,抢劫罪是以现场取财为特点的财产犯罪,而不动产不具有可移动性,难以实现当场占有。然而,不动产的占有包括事实占有和法律占有两种情况,前者可以通过事实上对不动产的控制而实现,后者则可以通过暴力、胁迫等手段逼迫不动产权属所有人办理转移过户等各种手续。因此,针对不动产的抢劫行为既可以是当场强行占用(即事实占有),也可以是当场签订转移过户协议从而强行取得(即法律占有)。

　　卢某为霸占张某房屋而产生杀人恶念,遂以张某有钱为名,邀约刘某抢劫杀人。2010年8月20日上午,张某约卢某外出办事,卢某、刘某与张某会合后,由卢某驾车,张某坐在副驾驶位置,刘某坐在张某背后。当日12时许,卢某和刘某在车上一起勒死被害人,并拿出事先伪造好房屋由张某转让给卢某的协议和付款收条,抓起被害人的手捺了手印。随后,从被害人包内搜取现金1000余元、手镯一支及银行卡等物。当晚,卢某、刘某将汽油洒在车上点燃,将车推下路边陡崖,伪造成交通事故假象。作案后,二人将搜取的现金1000余元和手镯销赃变现的2600余元平分。分析本案,卢某对张某使用了暴力并非法剥夺其生命,其暴力手段已经达到足以使被害人丧失反抗能力和寻求法律救济能力的程度,并凭借伪造被害人签署的转让房产的假协议从而当场攫取被害人房屋的实际控制权,其行为应以抢劫罪定罪论处。①

---

　　① 参见李文广、赵剑:《特殊情形下不动产能否成为抢劫罪犯罪对象》,载《人民检察》2012年第22期。

抢劫罪的对象包含财产性利益,所以在抢劫财产性利益时,由于压制他人的反抗,而使财产性利益在法律上或事实上发生了转移的,应认定为强取财产性利益。

2015年3月,丁某因资金周转问题向卢某借款。卢某正好手头有一笔闲钱,于是便借给了丁某23万元。2015年10月9日晚,丁某手持借条转账还款给卢某10万元,随后,丁某突然将借条撕毁,想要抛出窗外。卢某的朋友赵某等人马上伸手抢夺,只夺下一部分碎片。随后丁某便说余款到年底再付,但不肯另写借条。① 对于此类案件,最高法曾通过"(2000)刑他字第9号批复"明确:被告人以暴力、胁迫手段强行夺回欠款凭证,并让债权人在被告人已写好的收条上签字,以消灭其债务的行为,符合抢劫罪的特征,应以抢劫罪定罪处罚。本案中,丁某虽在客观上实施了抢夺、撕毁借条的行为,但根据丁某的言论以及最后主动归还了借款,可以推定其主观上并非以消灭债权为目的,故其行为不构成犯罪;若丁某坚称借款已还清,拒不履行义务,且该借条为唯一的借款凭证,那么丁某将构成抢劫罪。

2. 主体

本罪主体是一般主体,即已满14周岁、具有刑事责任能力的自然人。

3. 罪过

本罪罪过是故意,并且以非法占有为目的。行为人出于其他目的实施暴力、胁迫或其他强制行为而致人昏迷或死亡,在此之后产生非法占有目的而取走财物的,不成立抢劫罪。行为人出于其他故意,于正在实施暴力、胁迫的过程中产生夺取财物的意思,并夺取财物的,成立抢劫罪。根据《2005年两抢意见》第8条的规定,行为人在实施伤害、强奸等犯罪行为时,在被害人未失去知觉时,利用被害人不能反抗、不敢反抗的处境,临时起意劫取他人财物的,应以此前所实施的具体犯罪与抢劫罪实行数罪并罚;在被害人失去知觉或者没有发觉的情形下,以及实施故意杀人犯罪行为之后,临时起意拿走他人财物的,应以此前所实施的具体犯罪与盗窃罪实行数罪并罚。

不需要具有非法占有目的的例外情况是,《刑法》第289条规定的聚众"打砸抢"行为过程中,毁坏或者抢走公私财物的,即便没有非法占有的目的,对首要分子也应认定为抢劫罪。从盗窃、抢夺、诈骗或者其他财产犯罪人处抢回自己被其非法占有的财物的,不构成抢劫罪,但强制行为造成人身或者财产损害结果

---

① 参见王春、施海:《撕碎借条不为赖账只为恶心人》,载《法制日报》2016年1月11日第11版。此外,2002年1月9日浙江省高级人民法院、浙江省人民检察院、浙江省公安厅《关于抢劫、盗窃、诈骗、抢夺借据、欠条等借款凭证是否构成犯罪的意见》指出,债务人以消灭债务为目的,抢劫、盗窃、诈骗、抢夺合法、有效的借据、欠条等借款凭证,并且该借款凭证是确认债权债务关系存在的唯一证明,可以抢劫罪、盗窃罪、诈骗罪、抢夺罪论处。

的,应成立相应的犯罪。如以故意伤害盗窃犯罪人的方式强行抢回自己被盗财产的,虽不构成抢劫罪,但可成立故意伤害罪。

(二)准抢劫罪及成立条件①

1. 转化型抢劫

是指犯盗窃、诈骗、抢夺罪,为窝藏赃物、抗拒抓捕或者毁灭罪证而当场使用暴力或者以暴力相威胁的行为。

(1)前提条件。行为人先行实施了盗窃、诈骗、抢夺的行为。这里的"犯盗窃、诈骗、抢夺罪",主要是指行为人已经着手实施盗窃、诈骗、抢夺行为,一般不考察盗窃、诈骗、抢夺行为是否既遂。换言之,盗窃、诈骗、抢夺的行为,不是指达到《刑法》第264条盗窃罪、第266条诈骗罪、第267条抢夺罪三罪的数额标准,也不是指要成立此三罪,而是指实施了这三种犯罪的行为。但是,基于结果无价值论的实质刑法立场,司法实践掌握转化型抢劫时应该避免将数额过于微小、情节过于轻微的此三种行为转化为抢劫罪。根据司法解释的规定,转化的前提条件具体可掌握如下标准:① 盗窃、诈骗、抢夺接近"数额较大"标准的;② 盗窃、诈骗、抢夺所涉财物数额明显低于"数额较大"的标准,但是具有以下种情形之一的:入户或在公共交通工具上盗窃、诈骗、抢夺后,在户外或交通工具上当场实施上述行为的;使用暴力致人轻微伤以上后果的;使用凶器或以凶器相威胁的;具有其他严重情节的。

值得注意的是,根据2006年1月11日最高法《关于审理未成年人刑事案件具体应用法律若干问题的解释》(以下简称《未成年人刑案解释》)的规定,已满14周岁不满16周岁的人盗窃、诈骗、抢夺他人财物,为窝藏赃物、抗拒抓捕或者毁灭罪证,当场使用暴力,故意伤害致人重伤或者死亡,或者故意杀人的,应当分别以故意伤害罪或者故意杀人罪定罪处罚。根据《刑法》第17条第2款的规定,已满14周岁不满16周岁的人对抢劫罪承担刑事责任,但该司法解释实际是将转化型抢劫排除出抢劫罪之外,其合理性值得商榷。

转化型抢劫的先前行为出现了盗窃、诈骗、抢夺犯罪特别法条所规定的行为,如盗窃、抢夺枪支,为抗拒抓捕而当场使用暴力的,是定抢劫罪(转化型抢劫),还是抢劫枪支、弹药、爆炸物、危险物质罪?或者应当数罪并罚?代表性的观点认为,刑法关于准抢劫罪的规定是设置在侵犯财产罪中的,成立本罪的前提是行为人实施了改变财产占有关系的盗窃、诈骗和抢夺行为,而不是泛指行为人以窃取、骗取和抢夺的方法实施的任何犯罪,根据罪刑法定的精神对《刑法》第269条的适用范围加以限制是必要的。因而,盗窃枪支、弹药、爆炸物,抢夺国有

---

① 以下内容参见2016年1月6日最高法《关于审理抢劫刑事案件适用法律若干问题的指导意见》(以下简称《2016年抢劫意见》)、《2005年两抢意见》的相关规定。

档案,冒充国家工作人员招摇撞骗,以窃取、骗取的方式贪污公共财物等过程中为窝藏赃物、抗拒抓捕或者毁灭罪证当场使用暴力或者以暴力相威胁的,一般应按其实际实施的相应行为定罪,暴力、胁迫行为可视作犯罪情节严重的情形处理;暴力行为造成他人重伤、死亡的,则以故意伤害罪、故意杀人罪与其先前实施的犯罪数罪并罚。但是,由于金融诈骗罪和普通诈骗罪之间是法条竞合关系,二者之间具有罪质的同一性,因此,在实施金融诈骗过程中为窝藏赃物、抗拒抓捕或者毁灭罪证当场使用暴力或者以暴力相威胁的,可以转化为抢劫罪。①

(2) 行为要件。行为人当场使用暴力或者以暴力相威胁。所谓当场,是指在盗窃、诈骗、抢夺的现场以及行为人刚离开现场即被他人发现并抓捕的情形。即盗窃等前提行为与暴力等行为之间,存在时间上、场所上的接续性,必须是在盗窃等犯罪现场或盗窃等机会的持续过程中。在实施盗窃等行为后,已经离开现场一定距离,基于其他原因偶然被警察或被害人等发现的,不宜认定为"当场"。所谓使用暴力或者以暴力相威胁,是指对抓捕他的人或阻止其窝藏赃物、毁灭罪证的人实施暴力或者以暴力相威胁,并达到足以压制他人反抗的程度,但不要求事实上已经抑制了他人的反抗。对于以摆脱的方式逃脱抓捕,暴力强度较小,未造成轻伤以上后果的,可不认定为"使用暴力",不以抢劫罪论处。

2012年2月18日15时,陈某携带螺丝刀等作案工具来到广东省佛山市禅城区澜石石头后二村田边街10巷1号的一间出租屋,撬门进入房间盗走现金100元,后在客厅遇到被害人,陈某拿起铁锤威胁不让其喊叫,并逃离现场。② 本案陈某开始实施的是入室盗窃行为,当被发现后,遂拿起铁锤威胁被害人,其性质已达到使被害人产生恐惧因而不敢反抗的程度,其行为转化为抢劫罪。

(3) 主观要件。行为人使用暴力或暴力威胁是出于故意,同时具有窝藏赃物、抗拒抓捕或者毁灭罪证的主观目的。当场实施暴力或者以暴力相威胁,是为了窝藏赃物、抗拒抓捕或者毁灭罪证。所谓窝藏赃物,是指为保护赃物不被追回;抗拒抓捕,是指抗拒公安机关的逮捕和公民的扭送;毁灭罪证,是指销毁自己遗留在犯罪现场的痕迹、物品和其他证据。目的是否实现,不影响转化型抢劫的认定。使用暴力或以暴力相威胁的目的不是为了窝藏赃物、抗拒抓捕或者毁灭罪证,而是出于报复杀人或者其他目的的,不属转化型抢劫。行为人在实行盗窃、诈骗、抢夺过程中,尚未取得财物时被他人发现,为了非法取得财物,而使用暴力或者以暴力相威胁的,应直接认定为抢劫罪。③ 二人以上共同实施盗窃、诈骗、抢夺犯罪,其中部分行为人为窝藏赃物、抗拒抓捕或者毁灭罪证而当场使用

---

① 参见周光权:《刑法各论》(第四版),中国人民大学出版社2021年版,第121—124页。
② 参见最高人民检察院第五批指导性案例之"陈邓昌抢劫、盗窃,付志强盗窃案"(检例第17号)。
③ 参见张明楷:《刑法学》(第六版)(下),法律出版社2021年版,第1282页。

暴力或者以暴力相威胁的,对于其余行为人是否以抢劫罪共犯论处,主要看其对实施暴力或者以暴力相威胁的行为人是否形成共同犯意、提供帮助。基于一定意思联络,对实施暴力或者以暴力相威胁的行为人提供帮助或实际成为帮凶的,可以抢劫共犯论处。

(4) 对象要件。犯罪对象不以财物的所有人、保管人为要件。典型抢劫的行为人实施暴力、胁迫的目的是压制被害人的反抗,以取得财物,因而其暴力、胁迫的对象通常是财物的所有人、持有人或者占有人;而转化型抢劫中,行为人使用暴力、胁迫的目的是窝藏赃物、抗拒抓捕或者毁灭罪证,因而,任何人都可能成为暴力、胁迫的对象,不仅是财物的所有人、持有人或者占有人,还包括作为其他抓捕者的第三人,甚至包括行为人产生认识错误下的无关第三人。

2. 携带凶器抢夺

《刑法》第267条第2款规定:"携带凶器抢夺的,依照本法第二百六十三条的规定定罪处罚。"(其成立条件参见本书抢夺罪部分)

3. 聚众"打砸抢"毁坏或者抢走财物

《刑法》第289条规定:"聚众'打砸抢'……毁坏或者抢走公私财物的,除判令退赔外,对首要分子,依照本法第二百六十三条的规定定罪处罚。"此种类型的准抢劫罪以实施组织、策划或者指挥聚众"打砸抢"行为为前提条件,不以对他人财物的非法占有为要件,无论是毁坏财物还是劫取财物,只要发生于聚众"打砸抢"的实施过程中,即可成立准抢劫罪。只有首要分子才具备转化的条件,以抢劫罪论处。

(三) 本罪的认定

1. 罪与非罪的界限

《刑法》第263条对构成本罪并没有数额与情节方面的限制性要求。从文理解释的角度讲,只要是以非法占有为目的,实施了以暴力、胁迫或其他方法,迫使被害人当场交出财物或当场夺走其财物的行为,就可构成抢劫罪。但是,这并不表明完全不需考虑抢劫数额大小与情节轻重在出罪化方面的作用。《未成年人刑案解释》第7条规定:已满14周岁不满16周岁的人使用轻微暴力或者威胁,强行索要其他未成年人随身携带的生活、学习用品或者钱财数量不大,且未造成被害人轻微伤以上或者不敢正常到校学习、生活等危害后果的,不认为是犯罪。已满16周岁不满18周岁的人具有前述规定情形的,一般也不认为是犯罪。根据《2005年两抢意见》第7条的规定,为个人使用,以暴力、胁迫等手段取得家庭成员或近亲属财产的,一般不以抢劫罪定罪处罚,构成其他犯罪的,依照刑法的相关规定处理;教唆或者伙同他人采取暴力、胁迫等手段劫取家庭成员或近亲属财产的,可以抢劫罪定罪处罚。此外,即使是一般主体,也应当结合主客观方面综合考虑行为的社会危害性大小。例如,以胁迫手段抢得他人一包香烟,且行为人主观上也只是以占有一包香烟为目的的,则可以作为情节显著轻微的情形,不作犯罪论处。

2. 本罪与故意杀人罪的界限

对以故意杀人的方式取得他人财产的行为,应根据《2001年抢劫批复》分别情况予以认定:(1)行为人为劫取财物而预谋故意杀人(俗称"图财害命"),或者在劫取财物过程中,为制服被害人反抗而故意杀人的,以抢劫罪定罪处罚。(2)行为人实施抢劫后,为灭口而故意杀人的,以抢劫罪和故意杀人罪定罪,实行数罪并罚。此外,对于行为人因其他原因实施故意杀人行为后又产生非法占有被害人财物故意进而取得其财物的,应分别认定为故意杀人罪和盗窃罪(一种观点认为应成立侵占罪)。为继承遗产而杀害被继承人或者其他继承人的,应认定为故意杀人罪,而不能认定为抢劫罪。基于非法侵占他人特定财物故意杀害被害人取得财物后,又发现还有其他财物,一并取走的,仅成立抢劫罪一罪。当然,这种取财行为应当与杀人取财行为具有关联性以及取财意思的连续性,如果缺乏这种连续性,则在抢劫罪之外另行定罪。例如,甲持刀拦路抢劫,将受害人杀死后取走其财物。本案中,甲的行为就只构成抢劫罪一罪。又如,甲实行抢劫后,为防止被害人报案而将其杀死。本案中,甲的行为则构成抢劫罪和故意杀人罪,实行数罪并罚。①

3. 本罪与索财型绑架罪的界限

绑架罪中存在以勒索财物为目的而绑架他人的情形,抢劫罪中的暴力也可能形似绑架,因此需要予以区分。抢劫罪的本质属性在于,强制行为的对象与取财对象通常是同一对象,一般是财物的所有者、持有者或者占有者;而绑架罪中绑架与勒索财物行为通常不是同时实施,其本质属性在于,利用第三人对被绑架人的担忧从第三人处取得财物。二者的关键区别在于:(1)暴力与取财对象是否具有同一性。暴力与取财的对象具有同一性的,一般应认定为抢劫罪;不具有同一性的,一般应成立绑架罪。行为人使用暴力、胁迫手段非法扣押被害人或迫使被害人离开日常生活处所后,仍然向该被害人勒索财物的,应认定为抢劫罪。(2)取财是否具有当场性。绑架罪表现为行为人先绑架人质,然后以杀害、伤害等方式向被绑架人的亲属或其他人或单位发出威胁,索取赎金或提出其他非法要求,侵犯他人的人身权利和非法占有他人财物的行为在时间上有一定间隔,一般不发生在同一地点,劫取财物一般不具有当场性。抢劫罪表现为行为人当场使用暴力、胁迫等强制手段,当场取得财物,侵犯财产所有权和侵害被害人的人身权利一般发生在同一时间、同一地点,具有当场性。以勒索财物的故意将被害人绑架后,又当场劫取被害人随身携带的财物的,属绑架罪与抢劫罪的竞合犯,应择一

---

① 参见北京万国学校教研中心组编:《刑法》,中国法制出版社2014年版,第257页。

重罪处断;以抢劫的故意劫取被害人随身携带的财物或跟随其至家中取得财物后,又对被害人的家属进行勒索的,应以抢劫罪和绑架罪实行数罪并罚。(3) 主体责任年龄不同。抢劫罪的刑事责任年龄为14周岁,而绑架罪则为16周岁。

甲使用暴力将乙扣押在某废弃的建筑物内,强行从乙身上搜出现金3000元和1张只有少量金额的信用卡,甲逼迫乙向该信用卡中打入10万元。乙便给其妻子打电话,谎称自己开车撞伤他人,让其立即向自己的信用卡打入10万元救治伤员并赔偿。乙妻信以为真,便向乙的信用卡中打入10万元,被甲取走,甲在得款后将乙释放。① 本案中,甲使用暴力压制乙的反抗,迫使乙当场交出财物,已经构成抢劫罪。甲迫使乙向其信用卡中打入10万元,乙谎称自己受伤并要求其妻打入10万元,不符合绑架罪的构成要件,而是前面抢劫行为的后续组成部分。当然,如果甲迫使乙打电话给其妻子,称自己被绑架了,并让其准备10万元,则另外构成绑架罪,与抢劫罪构成想象竞合犯,从一重罪处断,即认定为绑架罪。

4. 本罪与强迫交易罪的界限

强迫交易罪表现为以暴力、胁迫手段强买强卖商品,或者强迫提供或者接受服务的行为。对于以给付一定数额金钱的方式占有被害人数额较大乃至数额巨大商品行为的如何定性,关键在于区分抢劫罪与强迫交易罪的界限。根据《2005年两抢意见》第9条的规定,从事正常商品买卖、交易或者劳动服务的人,以暴力、胁迫手段迫使他人交出与合理价钱、费用相差不大的钱物,情节严重的,以强迫交易罪定罪处罚;以非法占有为目的,以买卖、交易、服务为幌子采用暴力、胁迫手段迫使他人交出与合理价钱、费用相差悬殊的钱物的,以抢劫罪定罪处刑。在具体认定时,既要考虑超出合理价钱、费用的绝对数额,还要考虑超出合理价钱、费用的比例,加以综合判断。

5. 本罪与寻衅滋事罪的界限

寻衅滋事罪是严重扰乱社会秩序的犯罪,行为人实施寻衅滋事的行为时,客观上也可能表现出强拿硬要公私财物的特征。"强拿硬要"型的寻衅滋事罪与抢劫罪的区别在于:(1) 动机不同。前者在主观动机上具有逞强好胜和通过强拿硬要来填补其精神空虚的特征,后者一般只具有非法占有他人财物的动机。(2) 暴力程度不同。前者一般不以严重侵犯他人人身权利的方法强拿硬要财物,而后者则以暴力、胁迫等方式作为劫取他人财物的手段。司法实践中,对于未成年人使用或威胁使用轻微暴力强抢少量财物的行为,一般不宜以抢劫罪定罪处罚,符合寻衅滋事罪特征的,可按寻衅滋事罪定罪处罚。

---

① 参见北京万国学校教研中心组编:《刑法》,中国法制出版社2014年版,第332页。

6. 本罪与招摇撞骗罪的界限

行为人冒充正在执行公务的人民警察"抓赌""抓嫖"、没收赌资或罚款的行为,构成犯罪的,以招摇撞骗罪从重处罚;在实施上述行为中使用暴力或暴力威胁的,以抢劫罪定罪处罚。行为人冒充治安联防队员"抓赌""抓嫖"、没收赌资或罚款的行为,构成犯罪的,以敲诈勒索罪定罪处罚;在实施上述行为中使用暴力或暴力威胁的,以抢劫罪定罪处罚。

7. 既遂与未遂的界限

抢劫罪侵犯的是财产权与人身权双重法益,因而,在本罪既遂与未遂的认定上理论界有不同的主张:一是认为抢劫罪属于侵犯财产罪,应以劫得财物为既遂与未遂的标准;二是认为本罪侵犯的是财产权与人身权双重法益,财产权利和人身权利相比较,人身权利更为重要,故无论是否劫得财物,只要侵犯了被害人的人身权利就是抢劫既遂;三是认为刑法规定了两种情节,基本情节为一般抢劫罪,以劫得财物与否为既遂与未遂的标准,加重情节规定的是结果加重犯和情节加重犯,无论是否实际取得财物,均应按既遂处理,而不存在未遂问题。对于上述分歧,《2005年两抢意见》第10条进行了统一:"抢劫罪侵犯的是复杂客体,既侵犯财产权利又侵犯人身权利,具备劫取财物或者造成他人轻伤以上后果两者之一的,均属抢劫既遂;既未劫取财物,又未造成他人人身伤害后果的,属抢劫未遂。据此,刑法第二百六十三条规定的八种处罚情节中除'抢劫致人重伤、死亡的'这一结果加重情节之外,其余七种处罚情节同样存在既遂、未遂问题,其中属抢劫未遂的,应当根据刑法关于加重情节的法定刑规定,结合未遂犯的处理原则量刑。"

(四) 本罪的处罚

犯本罪的,根据《刑法》第263条的规定,处3年以上10年以下有期徒刑,并处罚金;有下列情形之一的,处10年以上有期徒刑、无期徒刑或者死刑,并处罚金或者没收财产:

1. 入户抢劫

根据2000年11月22日最高法《关于审理抢劫案件具体应用法律若干问题的解释》(以下简称《2000年抢劫解释》)第1条的规定,所谓入户抢劫,是指为实施抢劫行为而进入他人生活的与外界相对隔离的住所,包括封闭的院落、牧民的帐篷、渔民作为家庭生活场所的渔船、为生活租用的房屋等进行抢劫的行为。

根据《2005年两抢意见》第1条以及《2016年抢劫意见》第2条第1项的规定,在认定"入户抢劫"时,还应当注意以下三个问题:一是"户"的范围。"户"在这里是指住所,其特征表现为供他人家庭生活和与外界相对隔离两个方面,前者为功能特征,后者为场所特征。一般情况下,集体宿舍、旅店宾馆、临时搭建工棚等不应认定为"户",但在特定情况下,如果确实具有上述两个特征的,也可以认定为"户"。对于部分时间从事经营、部分时间用于生活起居的场所,行为人在非营业时间强行入内抢劫或者以购物等为名骗开房门入内抢劫的,应认定为"入户抢劫"。对于部分用于经营、部分用于生活且之间有明确隔离的场所,行为人进入生活场所实施抢劫的,应认定为"入户抢劫";如场所之间没有明确隔离,行为人在营业时间入内实施抢劫的,不认定为"入户抢劫",但在非营业时间入内实施抢劫的,应认定为"入户抢劫"。

二是"入户"目的的非法性。进入他人住所须以实施抢劫等犯罪为目的。抢劫行为虽然发生在户内,但行为人不以实施抢劫等犯罪为目的进入他人住所,而是在户内临时起意实施抢劫的,不属于"入户抢劫"。要注重审查行为人"入户"的目的,将"入户抢劫"与"在户内抢劫"区别开来。以侵害户内人员的人身、财产为目的,入户后实施抢劫,包括入户实施盗窃、诈骗等犯罪而转化为抢劫的,应当认定为"入户抢劫"。因访友办事等原因经户内人员允许入户后,临时起意实施抢劫,或者临时起意实施盗窃、诈骗等犯罪而转化为抢劫的,不应认定为"入户抢劫"。

三是暴力或暴力胁迫行为必须发生在户内。入户实施盗窃被发现,行为人为窝藏赃物、抗拒抓捕或者毁灭罪证而当场使用暴力或者以暴力相威胁的,如果暴力或暴力胁迫行为发生在户内,可以认定为"入户抢劫";如果发生在户外,不能认定为"入户抢劫"。对于入户诈骗、抢夺而当场使用暴力或者以暴力相威胁的,应认定为入户抢劫;行为人以入户抢劫为目的,入户后迫使被害人离开其居住地,从而强取财物的,认定为入户抢劫。入户盗窃、诈骗、抢夺后,为了窝藏赃物、抗拒抓捕或者毁灭罪证,在户内当场使用暴力或者以暴力相威胁的,构成"入户抢劫"。

2. 在公共交通工具上抢劫

如何认定在公共交通工具上的抢劫,需要注意以下几点:①

(1)"在公共交通工具上抢劫"的定义。"在公共交通工具上抢劫",既包括在处于运营状态的公共交通工具上对旅客及司售、乘务人员实施抢劫,也包括拦截运营途中的公共交通工具对旅客及司售、乘务人员实施抢劫,但不包括在未运营的公共交通工具上针对司售、乘务人员实施抢劫。以暴力、胁迫或者麻醉等手段对公共交通工具上的特定人员实施抢劫的,一般应认定为"在公共交通工具上抢劫"。在公共交通工具上盗窃、诈骗、抢夺后,为了窝藏赃物、抗拒抓捕或毁灭罪证,在公共交通工具上当场使用暴力或者以暴力相威胁的,构成"在公共交通工具上抢劫"。

(2)"公共交通工具"的范围。包括从事旅客运输的各种公共汽车,大、中

---

① 参见《2016年抢劫意见》《2005年两抢意见》《2000年抢劫解释》等司法解释的规定。

型出租车、火车、地铁、轻轨、轮船、飞机等,不含小型出租车。对于虽不具有商业营运执照,但实际从事旅客运输的大、中型交通工具,可认定为"公共交通工具"。接送职工的单位班车、接送师生的校车等大、中型交通工具,视为"公共交通工具"。

(3) 不宜认定为"在公共交通工具上抢劫"的几种情形。① 在非运营中的大、中型公共交通工具上针对司售、乘务人员抢劫的,或在小型出租车上抢劫的。这里的"公共交通工具"强调公共性与营运性。所谓公共性,是指交通工具是面向不特定的多数人提供服务的。所谓营运性,是指公共交通工具必须是投入营运并且正在营运中。② 在仅供个人或单位内部使用的交通工具上(如私人轿车、工厂或学校的班车)抢劫的。从字面含义上理解,"公共交通工具"虽然可以排除工厂或学校班车,但对在上述单位班车上实施抢劫行为的定性及量刑,仍是一个值得研究的问题。③ 公共交通工具尚未投入营运或虽已投入营运但因维修或下班而停止营运的。当然,公共交通工具在正常营运中的暂时停顿不影响对其营运性的判断。④ 小型出租车是为不特定个人提供服务的交通工具,在小型出租车上实施的抢劫行为并不具有上述特征,不宜认定为"在公共交通工具上抢劫"。⑤ "在公共交通工具上抢劫"主要是指针对在公共交通工具上的人员及所载财物实施的抢劫,一般不应当包括抢劫公共交通工具本身。抢劫公共交通工具的,如果达到了数额巨大,应当适用抢劫罪数额巨大的规定。值得注意的是,对于行为人在飞行中的民用航空器上实施的抢劫,虽然其行为可能危及飞行安全,但不论是否造成严重后果,也应当以抢劫罪论处,而不能适用《刑法》第123条暴力危及飞行安全罪,同时也不能数罪并罚,因为行为人的犯罪目的是抢劫财物,侵犯的主要法益符合抢劫罪的要件,属于牵连犯,应当择一重罪论处,而抢劫罪重于暴力危及飞行安全罪。

甲、乙等人佯装乘客登上长途车。甲用枪控制司机,令司机将车开到偏僻路段;乙等人用刀控制乘客,命乘客交出随身财物。一乘客反抗,被乙捅成重伤。财物到手下车时,甲打死司机。本案中,甲、乙等人劫持汽车并劫财的行为,同时构成劫持汽车罪和抢劫罪的加重情形(在公共交通工具上抢劫、抢劫致人重伤),属于想象竞合犯,应从一重罪论处。而在抢劫行为完成后,甲为杀人灭口开枪打死司机,则应另行构成故意杀人罪。对甲以抢劫罪与故意杀人罪数罪并罚。

3. 抢劫银行或者其他金融机构

根据《2000年抢劫解释》第3条的规定,"抢劫银行或者其他金融机构",是指抢劫银行或者其他金融机构的经营资金、有价证券和客户的资金等。明知是正在使用中的银行或其他金融机构的运钞车而抢劫的,视为"抢劫银行或其他金融机构"。这里强调的是对象的特殊性,而不是场所的特殊性。因而,不包括抢劫银行等金融机构的办公用品;运钞车中没有金融机构的经营资金、有价证券和客户的资金等的,不管是抢劫运钞车中人的财物,还是抢劫运钞车本身,都不属于抢劫银行或者其他金融机构。

4. 多次抢劫或者抢劫数额巨大

根据《2005年两抢意见》第3条的规定,所谓多次抢劫,是指抢劫3次以上。对于"多次"的认定,应以行为人实施的每一次抢劫行为均已构成犯罪为前提,综合考虑犯罪故意的产生、犯罪行为实施的时间、地点等因素,客观分析、认定。对于行为人基于一个犯意实施犯罪的,如在同一地点同时对在场的多人实施抢劫的;或基于同一犯意在同一地点实施连续抢劫犯罪的,如在同一地点连续地对途经此地的多人进行抢劫的;或在一次犯罪中对一栋居民楼房中的几户居民连续实施入户抢劫的,一般应认定为一次犯罪。至于"抢劫数额巨大"的认定标准,按照《2000年抢劫解释》第4条的规定,是参照各地确定的盗窃罪数额巨大的认定标准执行。而根据2013年4月2日"两高"《关于办理盗窃刑事案件适用法律若干问题的解释》(以下简称《2013年盗窃刑案解释》)的规定,即指价值在3万元至10万元以上(不满30万元)。对抢劫国有馆藏三级文物的,应作为抢劫数额巨大处理。

根据《2005年两抢意见》第6条的规定,抢劫信用卡后使用、消费的,其实际使用、消费的数额为抢劫数额;抢劫信用卡后未实际使用、消费的,不计数额,根据情节轻重量刑。所抢信用卡数额巨大,但未实际使用、消费或者实际使用、消费的数额未达到巨大标准的,不适用"抢劫数额巨大"的法定刑。《2016年抢劫意见》第2条规定,抢劫信用卡后,由于行为人意志以外的原因无法实际使用、消费的部分,虽不计入抢劫数额,但应作为量刑情节考虑。通过银行转账或者电子支付、手机银行等支付平台获取抢劫财物的,以行为人实际获取的财物为抢劫数额。

为抢劫其他财物,劫取机动车辆当作犯罪工具或者逃跑工具使用的,被劫取机动车辆的价值计入抢劫数额;为实施抢劫以外的其他犯罪劫取机动车辆的,以抢劫罪和实施的其他犯罪实行数罪并罚。抢劫存折、机动车辆的数额计算,参照执行《2013年盗窃刑案解释》的相关规定。

5. 抢劫致人重伤、死亡

"抢劫致人重伤、死亡",是指为抢劫财物使用暴力或其他强制方法或以故意杀人为抢劫财物的手段而造成他人重伤、死亡的行为。对于"抢劫致人重伤"的含义,学界及司法实务界一致认为既包括过失致人重伤,也包括故意致人重伤。但对"抢劫致人死亡"是否应包括故意杀人,则存在不同认识,主要有以下几种观点:一是认为,抢劫致人死亡是指因抢劫而过失致人死亡,不包括故意杀人行为。如果为占有他人财物,而当场故意致人死亡,应另定故意杀人罪,否则会轻纵罪犯。① 二是认为,抢劫致人死亡一般是故意伤害而过失致人死亡,也有可能是间接故意致人死亡,但不包括直接故意杀人。如果是为了劫取财物而直接故意杀人,则超过了抢劫的暴力范围,应分别定抢劫罪和故意杀人罪,实行并罚。三是认为,抢劫致人死亡,一般包括过失和故意致人死亡,但对于故意杀人未遂的,应当按故意杀人罪定罪处罚。② 四是认为,抢劫致人死亡,包括过失致人死亡和故意致人死亡。抢劫故意致人死亡,既可以是间接故意致人死亡,也可以是直接故意致人死亡。③

我们认为,第四种观点较为合理。抢劫罪的行为方式本身就是使用暴力、胁迫等手段劫取他人财物,杀害、伤害的暴力形式属于抢劫罪的基本构成的要件部分,其内涵就是侵犯人身自由权、健康权乃至生命权的暴力行为,其外延包括对身体强制、捆绑、殴打、伤害乃至杀害的一系列表现形式。因抢劫而过失致人死亡的自然属于"抢劫致人死亡"的情形,对于采用暴力手段排除被害人的反抗而故意杀害被害人的,也应当包含在"抢劫致人死亡"中。而且刑法也未对抢劫罪的杀害、伤害行为的罪过予以限定,因此,认为抢劫致人死亡包括故意致人死亡和过失致人死亡,包括直接故意致人死亡和间接故意致人死亡,并不违反《刑法》第263条的规定。《2001年抢劫批复》规定:"行为人为劫取财物而预谋故意杀人,或者在劫取财物过程中,为制服被害人反抗而故意杀人的,以抢劫罪定罪处罚。行为人实施抢劫后,为灭口而故意杀人的,以抢劫罪和故意杀人罪定罪,实行数罪并罚。"《2016年抢劫意见》规定,"抢劫致人重伤、死亡"也包括"在抢劫过程中故意杀害他人,或者故意伤害他人,致人死亡的"。可见,司法解释均采纳了抢劫致人死亡包括故意杀人的观点。

因而,"抢劫致人重伤、死亡"作为抢劫罪的结果加重犯,对死亡或重伤结果既可以是过失,也可以是故意,而且,即使未抢劫到财物,也应以所规定的法定刑处罚。重伤、死亡的对象并无特别限制,可以是财物的占有者、所有者、阻止行为人取得财物的人或行为人自认为会阻止自己取得财物的人。其他非"抢劫"行为所引起的重伤、死亡结果,如在抢劫行为完成以后,行为人逃离现场造成他人重伤或者死亡的,不适用结果加重犯的规定,对此,应根据犯罪主观方面内容的不同,分别认定为抢劫罪与过失致人死亡罪(或者故意杀人罪),实行数罪并罚。

6. 冒充军警人员抢劫

"冒充军警人员抢劫",是指冒充现役军人、武装警察、公安部门或国家安全机构的警察、司法警察进行抢劫的行为。"冒充"包括没有军警身份而冒充军警

---

① 参见高铭暄主编:《新编中国刑法学》(下册),中国人民大学出版社1998年版,第764页。
② 参见王作富:《认定抢劫罪的若干问题》,载中华人民共和国最高人民检察院审查起诉厅编:《刑事司法指南》(总第1辑),法律出版社2000年版,第17页。
③ 参见李萍:《"抢劫致人死亡"疑难问题探讨》,载《人民检察》2008年第17期。

身份的、军人和警察相互冒充的、此种警察或军人冒充彼种警察或军人的情形。所谓冒充,是指通过穿着军警人员的制服、出示相关虚假证件或口头宣示而让人信以为是军警人员的行为。无论被害人对这种冒充行为是以假当真还是未被蒙蔽,都不影响这一加重情形的认定。《2016年抢劫意见》第2条规定,认定"冒充军警人员抢劫",要注重对行为人是否穿着军警制服、携带枪支、是否出示军警证件等情节进行综合审查,判断是否足以使他人误以为是军警人员。对于行为人仅穿着类似军警的服装或仅以言语宣称系军警人员但未携带枪支、也未出示军警证件而实施抢劫的,要结合抢劫地点、时间、暴力或威胁的具体情形,依照常人判断标准,确定是否认定为"冒充军警人员抢劫"。军警人员利用自身的真实身份实施抢劫的,不认定为"冒充军警人员抢劫",应依法从重处罚。我们认为,该规定比较合理,对于真军警人员抢劫的,尽管其社会危害性不比冒充军警人员抢劫的行为轻,但确实没有冒充行为,不符合本项规定构成要件,否则将违反罪刑法定原则。

7. 持枪抢劫

"持枪抢劫",是指行为人使用枪支或向被害人显示持有、佩戴的枪支进行抢劫的行为。枪支的概念和范围,适用《枪支管理法》的规定。我国《枪支管理法》规定,"枪支"是指以火药或者压缩气体为动力,利用管状器具发射金属弹丸或者其他物质,足以致人伤亡或者丧失知觉的各种枪支。枪支必须对被害人至少起到了威慑作用,如果行为人既不使用枪支,也不向被害人显示枪支,换言之,被害人根本无从知道,实际上也并不知道行为人携带了枪支的,就不是这里的"持"枪抢劫。"枪"是指能发射子弹的真枪,不包括不能发射子弹的仿真手枪与其他假枪,但不要求实际装有子弹。《刑法》第267条第2款将携带枪支抢夺规定为准抢劫罪,因而,携带枪支实施抢夺行为成立抢劫罪,不应再属于"持枪抢劫"的加重情形。以抢劫故意,使用枪支胁迫被害人喝下安眠药,在被害人不省人事时取走其财物的,也属于持枪抢劫。

8. 抢劫军用物资或者抢险、救灾、救济物资

"抢劫军用物资或者抢险、救灾、救济物资",是指抢劫除军用枪支、弹药、爆炸物以外其他供军事上使用的物资,以及正在用于或将要用于抢险、救灾、救济物资的行为。"军用物资"是指武装部队(包括武警部队)使用的物资,如军用被服、军粮、药品、军事建筑材料,但不包括公安警察使用的物资,也不包括已经确定报废的军事物资;"抢险、救灾、救济物资"是指已确定用于或正在用于抢险、救灾、救济的物资,包括正处于保管、运输或使用中的物资。对于这一行为的认定,必须以行为人明知是"军用物资或者抢险、救灾、救济物资"为前提。行为人以为抢劫的是普通财物,抢得之后才发现是军用物资的,只能按照普通抢劫罪来处理。

某晚,崔某身穿警服,冒充交通民警,骗租到个体女司机何某的夏利出租车。当车行至市郊时,崔某持假枪抢走何某现金1000元,并将何某一脚踹出车外,使何某身受重伤,崔某趁机将出租车开走。本案中,崔某拦截小型的出租车后再行抢劫的行为,不属于"在公共交通工具上抢劫",持假枪抢劫的行为也不属于"持枪抢劫",但其冒充交通民警抢劫并使何某身受重伤的行为则属于"冒充军警人员抢劫"与"抢劫致人重伤"这两种抢劫罪的加重情节。

对于抢劫罪判处无期徒刑、死刑的具体标准,抢劫共同犯罪案件、累犯的刑罚适用,以及抢劫案件附带民事赔偿的处理原则等,可参见《2016年抢劫意见》。

二、抢夺罪

(一) 概念及构成要件

本罪为《刑法修正案(九)》所修订。抢夺罪是指以非法占有为目的,不使用人身强制方法,公然夺取被害人紧密控制下的数额较大的公私财物的行为。犯罪对象是他人占有的公私财物或者财产性利益(如债权凭证),不包括不动产,也不包括枪支、弹药、爆炸物以及公文、证件、印章等特定对象,侵犯这些犯罪对象的行为应当分别以抢夺枪支、弹药、爆炸物等其他犯罪论处,不成立本罪。

1. 行为

本罪行为表现为对处于他人紧密控制状态下的数额较大的财物实施暴力。抢夺罪的行为构造表现为:行为人对他人占有的财物实施暴力—被害人未及抗拒—行为人取得他人数额较大的财物。

(1) 行为人对他人占有的财物实施暴力。首先,抢夺罪的实施必须包含暴力的内容,这是抢夺罪与盗窃罪的关键区别。尽管抢夺罪包含暴力的内容,但却是对物的暴力,而非对人的暴力,这是其区别于抢劫罪的关键。抢劫罪中暴力行为与取财行为间存在手段行为与结果行为的关系,暴力只是排除被害人对财物控制的方法,取得财物是其结果行为,因而抢劫罪是复合行为犯。而在抢夺罪中,暴力行为直接改变了财物的占有关系,因而抢夺罪是单一行为犯。其次,抢夺罪暴力行为的对象是处于他人紧密控制状态下的财物。所谓紧密控制,意味着占有人对财物处于直接控制的状态,如握(拎)于手中、背(扛)在肩上等。若暴力是针对处于松弛占有状态下的财物,则不成立抢夺罪。例如,营业员将金银首饰交与顾客选购,在顾客未付款结算前,金银首饰仍处在该营业员的间接占有之下,属"松弛占有",顾客乘其不备携带首饰转身逃走,构成盗窃。再次,抢夺罪的暴力具有"公然性"。我国传统刑法理论曾将抢夺罪的特征归纳为"乘其不备、公然夺取",以区别于其他财产犯罪,但是,随着理论研究的深入,"乘其不备"的要件(或特征)已经逐渐被排除出抢夺罪"绝对化"的客观必备要件之外,[①]即使在财产所有者、持有者或者占有者有觉察、有防备的情况,也会构成抢夺罪。"公然性"不能被简单地理解为仅限于在公共场所或者当着众人的面进行抢夺,而应理解为"在财产的所有人或者保管人在场的情况下,当着财物所有人或保管人的面或者采用可以使其立即发觉的方法夺取财物"[②]。被害人虽然可以立即获知财物被转移占有的情况,但因其处于未及抗拒的状态而无法实施反抗。最后,抢夺罪的暴力应达到足以从被害人的紧密控制之下取得其占有的财物的程度,但无须达到可能导致被害人伤亡的程度。从罪名体系上看,抢夺罪是介于抢劫罪与盗窃罪之间的一种取得型财产犯罪,在确定抢夺罪的暴力程度时必须参考抢劫罪的程度要求。如前所述,抢劫罪以足以抑制被害人反抗为暴力的最低限度标准,而并非必须达到致人伤亡的程度,抢夺罪暴力程度的标准只有低于抢劫罪的程度标准,才是正当的。

2012年6月11日,杨某将假车牌装在摩托车上,载着其刚认识不久的滕某寻找作案目标。9时许,杨某和滕某在某购物广场马路边看见孟某脖子上戴着一条黄金项链,杨某立即骑摩托车靠近孟某。孟某推着婴儿车,怕摩托车碰撞到婴儿车,顺手将婴儿车往后拉了一下,没想到滕某趁机突然伸手抢了她脖子上的黄金项链。得手后,杨某加大油门迅速骑车和藤某逃离现场。[③] 本案中,杨某与藤某针对孟某脖子上的项链,利用快速行驶的摩托车从孟某旁路过的时机,在孟某没有防备的情况下,将其脖子上的金项链抢走,其行为构成抢夺罪。

(2)成立本罪要求数额较大,或者多次抢夺。2013年11月11日"两高"《关于办理抢夺刑事案件适用法律若干问题的解释》(以下简称《2013年抢夺刑案解释》)第1条规定,抢夺公私财物价值1000元至3000元以上,应当认定为"数额较大"。第2条规定,抢夺公私财物,具有下列情形之一的,"数额较大"的标准按照第1条规定标准的50%确定:① 曾因抢劫、抢夺或者聚众哄抢受过刑事处罚的;② 1年内曾因抢夺或者哄抢受过行政处罚的;③ 1年内抢夺3次以上的;④ 驾驶机动车、非机动车抢夺的;⑤ 组织、控制未成年人抢夺的;⑥ 抢夺老年人、未成年人、孕妇、携带婴幼儿的人、残疾人、丧失劳动能力人的财物的;⑦ 在医院抢夺病人或者其亲友财物的;⑧ 抢夺救灾、抢险、防汛、优抚、扶贫、移民、救济款物的;⑨ 自然灾害、事故灾害、社会安全事件等突发事件期间,在事件发生地抢夺的;⑩ 导致他人轻伤或者精神失常等严重后果的。行为人每次抢夺公私财物都未能达到数额较大,但具有多次(3次以上)抢夺情节的,也构

---

① 参见王作富主编:《刑法分则实务研究》(第五版)(中),中国方正出版社2013年版,第1130页。
② 赵秉志:《侵犯财产罪》,中国人民公安大学出版社1999年版,第221页。
③ 参见袁相峰:《抢夺还要先考察》,载《检察日报》2012年9月6日第7版。

成本罪。

2. 主体

本罪主体为一般主体,即凡是年满16周岁、具有刑事责任能力的人,都可成为本罪主体。

3. 罪过

本罪主观方面是故意,并以非法占有公私财物为目的。在本罪认识因素中,应具备明知特定财物处于他人紧密控制状态的内容。不仅如此,非法占有目的也是成立本罪的重要主观要素,发现长期不予还债的债务人紧密控制具有一定价值的物品而予以夺取的,不成立犯罪,其暴力行为导致被害人人身损害的,可成立其他相关犯罪。

(二) 携带凶器抢夺的认定

"携带凶器抢夺"是我国刑法所规定的准抢劫罪的一种类型。根据《刑法》第267条第2款的规定,携带凶器抢夺的,以抢劫罪论处。该规定属于法律拟制,意味着行为人所实施的行为不能符合抢劫罪行为构造的要求,否则可直接按照抢劫罪认定,而不需进行拟制转化。

《2000年抢劫解释》第6条规定,"携带凶器抢夺",是指行为人随身携带枪支、爆炸物、管制刀具等国家禁止携带的器械进行抢夺或者为了实施犯罪而携带其他器械进行抢夺的行为。首先,携带凶器是一种行为状态,是行为人随身带有凶器但没有实际使用凶器。使用了所携带的凶器的,直接以抢劫罪论处。其次,行为人主观上具有利用凶器作案的动机,或以凶器作为抢夺的后盾。再次,行为人携带凶器这一客观事实具有随时可能使用或当场能够及时使用的可能性。至于被害人是否产生畏惧恐慌、精神紧张等均不影响对该情形的认定。根据《2005年两抢意见》第4条的规定,行为人随身携带国家禁止个人携带的器械以外的其他器械抢夺,但有证据证明该器械确实不是为了实施犯罪准备的,不以抢劫罪定罪;行为人将随身携带凶器有意加以显示、能为被害人察觉到的,直接适用《刑法》第263条的规定定罪处罚;行为人携带凶器抢夺后,在逃跑过程中为窝藏赃物、抗拒抓捕或者毁灭罪证而当场使用暴力或者以暴力相威胁的,适用《刑法》第267条第2款的规定定罪处罚。

"凶器"的内涵与外延如何界定,也是认定"携带凶器抢夺"构成抢劫罪的关键。就现实状况而言,任何一种器具,不管是锐器还是钝器,也不管该器具是否在通常意义上被认为可以用来伤害他人,只要被人用来伤害他人,都可被认为是凶器。考虑到在携带凶器抢夺中,行为人所携带的凶器并没有被实际使用,因而在判断上,对凶器的外延应该有所限制。凶器必须是那些在性质上或用法上,能够较容易对受害人形成人身安全威胁,并足以杀伤他人的器具,如管制刀具、枪支、棍棒等。凶器并不限于固定物,具有杀伤力的液体(如硫酸)甚至凶猛动物

（藏獒），也可能被评价为凶器。但那些仅具有转化为凶器可能性的物品，如雨伞、缝衣针、铅笔刀等不能被认定是凶器；仅具有毁坏物品的特性而不具有杀伤他人机能或杀伤他人的物理性能较低的物品，也不属于凶器。

2014年5月16日晚，严某、丁某准备了鬼脸面具、仿真枪、电棍等工具置于摩托车坐垫下，至硕放街道振发五路，由严某驾驶摩托车，丁某实施抢夺，抢得朱某现金100元。后遭朱某当场反抗，严某为抗拒抓捕，用携带的仿真枪、现场捡取的木棍对朱某进行威胁，后伙同丁某弃包逃离。① 本案中，二人虽将电棍等凶器置于摩托车坐垫底下，但仍属于随身携带，处于其触手可及的可控范围内，抢夺过程中虽未向被害人显示，仍应认定为"携带凶器抢夺"，根据《刑法》第267条第2款的规定，以抢劫罪论处。

（三）抢夺罪的认定

1. 抢夺罪法条竞合的处理

我国《刑法》不仅在第267条规定以普通财物为犯罪对象的（普通）抢夺罪，还在分则第三章、第六章规定了以其他特定物品为犯罪对象的特殊抢夺罪，如《刑法》第127条第1款抢夺枪支、弹药、爆炸物、危险物质罪，第280条第1款抢夺国家机关公文、证件、印章罪等，它们之间存在包容型的法条竞合关系。行为人明知所抢夺的物品属特定物品而实施抢夺行为的，应成立特殊抢夺罪；行为人基于认识错误将特定物品当作普通财物实施抢夺的，属刑法中的认识错误，应以普通抢夺罪追究刑事责任。

2. "飞车抢夺"的性质认定

根据《2013年抢夺刑案解释》第6条规定，驾驶机动车、非机动车夺取他人财物，具有下列情形之一的，应当以抢劫罪定罪处罚：(1) 夺取他人财物时因被害人不放手而强行夺取的；(2) 驾驶车辆逼挤、撞击或者强行逼倒他人夺取财物的；(3) 明知会致人伤亡仍然强行夺取并放任造成财物持有人轻伤以上后果的。甲驾驶摩托车至某广场，乘途经该广场的乙不备，猛拽其携带的手提包，乙紧紧抓住手提包不放，甲即猛踩油门，将乙拖行数米并甩开，夺得其手提包后扬长而去。经查，手提包中共有钱物价值5000元，乙亦因被甲强拉硬拽而致手腕脱臼。对甲的行为，就应认定为抢劫罪。

3. 一罪与数罪的界限

抢夺罪是对他人紧密控制的财物实施暴力以使其脱离财产所有人、持有人或者占有人占有的行为。在抢夺罪中，作为犯罪对象的财物通常处于被害人的紧密控制状态之下，因而，抢夺罪的暴力行为经常会产生使被害人的身体遭受伤害甚至死亡的结果，行为人只实施一个暴力行为，显属刑法理论中的想象竞合

---

① （2014）新刑初字第0270号。

犯,应从一罪重罪处断。

(四)本罪的处罚

犯本罪的,根据《刑法》第267条的规定,处3年以下有期徒刑、拘役或者管制,并处或者单处罚金;数额巨大或者有其他严重情节的,处3年以上10年以下有期徒刑,并处罚金;数额特别巨大或者有其他特别严重情节的,处10年以上有期徒刑或者无期徒刑,并处罚金或者没收财产。根据《2013年抢夺刑案解释》第1条、第3—5条的规定,抢夺公私财物价值3万元至8万元以上、20万元至40万元以上的,应当分别认定为"数额巨大""数额特别巨大"。抢夺公私财物,具有下列情形之一的,属于"其他严重情节":(1)导致他人重伤的;(2)导致他人自杀的;(3)具有该解释第2条第3项至第10项规定的情形之一,数额达到上述"数额巨大"50%。抢夺公私财物,具有下列情形之一的,应当认定为"其他特别严重情节":(1)导致他人死亡的;(2)具有该解释第2条第3项至第10项规定的情形之一,数额达到上述"数额特别巨大"50%的。抢夺公私财物数额较大,但未造成他人轻伤以上伤害,行为人系初犯,认罪、悔罪、退赃、退赔,且具有下列情形之一的,可以认定为犯罪情节轻微,不起诉或者免于刑事处罚;必要时,由有关部门依法予以行政处罚:(1)具有法定从宽处罚情节的;(2)没有参与分赃或者获赃较少,且不是主犯的;(3)被害人谅解的;(4)其他情节轻微、危害不大的。

三、聚众哄抢罪

本罪是指以非法占有为目的,聚集多人,哄抢公私财物,数额较大或有其他严重情节的行为。本罪法益是公私财物的所有权和社会正常的管理秩序。犯罪对象是他人占有的财物,限于动产和不动产中可以拆卸的部分。本罪侵害的对象是财物,而不涉及被害人的人身。本罪行为表现为聚集多人公然抢夺公私财物,数额较大或有其他严重情节的行为。聚众哄抢罪是一种聚众性的必要共同犯罪,在客观方面必须同时有聚众和哄抢两个特征。所谓聚众,是指组织、策划、集合多人;所谓哄抢,是指在首要分子的鼓动、指挥下,趁财物占有人管理能力有限或无暇顾及之机,一哄而上公然哄抢财物的行为。聚众哄抢的特点是,哄抢人不使用暴力、胁迫手段,依靠人多势众取得财物。如果使用了暴力、胁迫或其他人身强制方法,应按抢劫罪论处。本罪是一种聚众性的必要共同犯罪,其主体为一般主体,且必须是首要分子和积极参加者,其他一般参与人的行为不以犯罪论处。本罪罪过是故意,即行为人明知自己的行为会发生侵犯公私财产所有权的结果,并且希望或放任这种结果发生,同时还具有非法占有公私财物的目的。

周某所在的某村部分集体土地被赵某等人承包,周某等人对该土地租金的缴纳、使用等问题存在疑问和不满。2004年9月18日,周某伙同魏某、赵某、郑某(均已判刑)等人为索回上述土地,经预谋后聚集本村部分村民,采用哄抢的手段,将赵某等人在承包田内种植的大葱、山芋、萝卜等农作物抢走。经鉴定,被抢农作物共计价值1.47万余元。① 法院经审理认为,周某伙同他人聚众哄抢他人财物,数额巨大,且系积极参加者,其行为构成聚众哄抢罪。

犯本罪的,根据《刑法》第268条的规定,对首要分子和积极参加的,处3年以下有期徒刑、拘役或者管制,并处罚金;数额巨大或者有其他特别严重情节的,处3年以上10年以下有期徒刑,并处罚金。

四、敲诈勒索罪

(一) 概念及构成要件

本罪为《刑法修正案(八)》所修订。本罪是指以非法占有为目的,对被害人使用威胁手段,强行索取数额较大的公私财物,或多次敲诈勒索的行为。本罪法益为复合法益,即财产权利(包括特定情势下的占有)和他人的人身权益。犯罪对象为公私财物,可以是动产,也可以是不动产,还可以是财产性利益。

1. 行为

本罪行为构造表现为:行为人对被害人发出威胁,导致被害人产生恐惧并基于恐惧处分财物,使得行为人取得数额较大的财产,或未达到数额较大程度但多次实施的。本罪行为成立的条件包括:

(1) 行为人实施威胁或要挟等恐吓行为。恐吓的本质是威胁,以暴力侵害、揭发隐私、侮辱贬低等内容威胁财物的管理人、所有人、占有人。本罪中的"胁迫"具有以下特点:其一,胁迫内容具有广泛性。能够使被害人产生精神恐惧,从而交付财产的胁迫,均符合本罪的条件。可以是暴力恐吓,也可以是非暴力恐吓,如可以对被害人及其亲友等其他相关第三人的生命、身体、自由、名誉等进行恐吓,一般是以侵害他人或以宣扬不利于被害人的事项相恐吓,可能涉及被害人的生命、身体和名誉,也可能涉及被害人的财物或财产性利益。胁迫不以非法性为要件,即使是以将要采取合法行为相要挟也可成立胁迫,如行为人得知他人的犯罪事实后,向司法机关告发属合法行为,但行为人以向司法机关告发进行恐吓索取财物的,成立敲诈勒索罪。胁迫内容是由行为人自己亲自实现,还是将由他人来实现,在所不问。不过,通过第三者的行为通告恐吓内容的,必须使对方知道行为人能够影响第三者,或让对方推测到行为人能影响第三者。这种情况下,不要求行为人与第三者有共谋关系。告知的恶害不可能使对方有畏惧感,而只

---

① 参见李金宝:《聚众哄抢农作物行为不端触刑律》,载《检察日报》2011年10月30日第2版。

致其陷入困惑的,不成立恐吓行为。① 其二,胁迫的形式。胁迫不以当场向被害人发出为要件,无论是以何种形式发出胁迫,只要胁迫的内容可以为被害人所知悉即可。胁迫的方法多种多样,可以是口头向被害人提出,也可以是以书面形式提出,还可以是以手势、身体动作等默示形式。此外,司法实践中也存在通过轻微暴力形式发出的胁迫。"轻微暴力"是指未达抢劫罪所要求程度的人身暴力。胁迫既可以向被害人本人提出,也可以通过第三人向被害人间接提出;既可以直截了当向被害人提出,也可以通过暗示方式使被害人了解。其三,胁迫的程度。较之胁迫型抢劫罪以足以抑制被害人反抗为程度要求的胁迫,本罪的胁迫不以达到足以抑制被害人的反抗为要件,只要达到使被害人产生精神恐惧并处分财产的程度即可。只是让对方感到困惑、为难的,不属于胁迫。根据2020年9月22日"两高"、公安部《关于依法办理"碰瓷"违法犯罪案件的指导意见》的规定,实施"碰瓷",具有下列行为之一,敲诈勒索他人财物,符合《刑法》第274条规定的,以敲诈勒索罪定罪处罚:① 实施撕扯、推搡等轻微暴力或者围困、阻拦、跟踪、贴靠、滋扰、纠缠、哄闹、聚众造势、扣留财物等软暴力行为的;② 故意制造交通事故,进而利用被害人违反道路通行规定或者其他违法违规行为相要挟的;③ 以揭露现场掌握的当事人隐私相要挟的;④ 扬言对被害人及其近亲属人身、财产实施侵害的。

(2) 对方产生恐惧而处分财产。行为人实施恐吓行为的结果,是使被害人产生恐惧心理,为了保护自己某种被恐吓的利益而处分其数额较大的财产,从而使行为人或行为人指定的第三人取得财产。恐吓行为与陷入恐惧进而交付财产之间须存在因果关系。被害人处分财产,并不限于被害人直接交付财产,也可以是因为恐惧而默许行为人取得财产,还可以是与被害人有特别关系的第三者基于被害人的财产处分意思交付财产。交付的对方,多是恐吓行为的行为人本人,但也可以是非恐吓人本人的第三人。但作为交付对象的第三人,必须与恐吓行为的行为人实际上存在某种特别关系,而不包括双方毫无关系的情形。交付财物行为并不要求在恐吓的当场实现,交付时间与交付地点与恐吓行为之间存在不同时空的,并不影响交付的成立。处分财产的本质是转移占有,既包括合法所有财产的转移占有,也包括非法占有的财物转移占有,如盗窃犯将其盗窃的财物交付给敲诈勒索者占有。

(3) 交付财物数额较大或多次实施敲诈勒索行为。构成敲诈勒索罪,在客观上还要求达到数额较大或多次实施敲诈勒索行为。根据2013年4月23日"两高"《关于办理敲诈勒索刑事案件适用法律若干问题的解释》(以下简称《敲诈勒索刑案解释》)第1条、第2条的规定,所谓"数额较大",一般是指敲诈勒索

---

① 参见周光权:《刑法各论》(第四版),中国人民大学出版社2021年版,第152页。

公私财物价值2000元至5000元以上;具有下列情形之一的,"数额较大"的标准可以减半确定:① 曾因敲诈勒索受过刑事处罚的;② 1年内曾因敲诈勒索受过行政处罚的;③ 对未成年人、残疾人、老年人或者丧失劳动能力的人敲诈勒索的;④ 以将要实施放火、爆炸等危害公共安全犯罪或者故意杀人、绑架等严重侵犯公民人身权利犯罪相威胁敲诈勒索的;⑤ 以黑恶势力名义敲诈勒索的;⑥ 利用或者冒充国家机关工作人员、军人、新闻工作者等特殊身份敲诈勒索的;⑦ 造成其他严重后果的。所谓"多次敲诈勒索",是指2年内敲诈勒索3次以上的行为。

2. 主体

本罪主体是一般主体,只要年满16周岁、具有刑事责任能力的自然人即可构成。明知他人实施敲诈勒索犯罪,为其提供信用卡、手机卡、通信工具、通讯传输通道、网络技术支持等帮助的,以共同犯罪论处。

3. 罪过

本罪罪过是故意,同时具有不法所有的目的。

(二) 本罪的认定

1. 罪与非罪的界限

本罪与非罪行为的区分难点在于如何区分权利行使与敲诈勒索罪的界限。在不少情况下,行为人是为了行使自己的权利而使用胁迫手段。正确区分权利行使与敲诈勒索罪之间的关系,需要把握以下几点:

首先,要分析所实施的取得财产行为是否有事实依据。如果权利本身不正当或根本不存在,行为人无事生非,甚至故意制造所谓的侵权事实的,索取数额较大的财物或多次实施这样的取财行为,则可以追究其刑事责任。但如果确有侵权事实发生,无论提出数额多大的赔偿要求,都属于正当的权利行使行为。例如,甲到乙的餐馆吃饭,在食物中发现一只苍蝇,遂以向消费者协会投诉为由进行威胁,索要精神损失费3000元,乙迫于无奈付给甲3000元,甲的行为不构成本罪;又如,甲到乙的餐馆吃饭,偷偷在食物中投放一只事先准备好的苍蝇,然后以砸烂桌椅进行威胁,索要精神损失费3000元,乙迫于无奈付给甲3000元,甲的行为就应构成本罪。

其次,要分析所采取的行使权利的方式是否合法。如果行为人以威胁投诉、举报、通过媒体与网络曝光或起诉等手段向相对人施加压力,而索取高额赔偿,只要所行使的权利是正当存在的,就不应视为敲诈;如果侵权事实存在,但不是正当行使自己的权利,而是通过故意捏造、散布不实言论侵害相对方声誉,甚至实施或威胁实施某种非法手段要挟索赔的,则应当构成敲诈勒索,如果所实施的非法手段构成犯罪的,则应当从一重处断。以胁迫手段取得对方非法占有的自己所有的财物的,不应认定为敲诈勒索罪。例如,乙盗窃了甲的A财物,甲采取胁迫手段取回 A 财物的,不宜认定为本罪;但甲采取胁迫手段取得乙的 B 财物的,就应认定为本罪。

最后,行使权利行为的方式与权利的内容是否一致。行为人以威胁的手段向相对人施加压力而索取高额赔偿,而所威胁的内容与其正当权益无直接利害关系,缺乏关联性的,其行为可能构成敲诈勒索罪。债权人为了实现自己的到期债权,对债务人实行胁迫的,如果债权人行使的权利没有超出其本身应享有的权利的范围,且具有行使私力的必要,而且其手段行为本身并不构成刑法规定的其他犯罪的,原则上不宜认定为本罪。① 但这绝不是说,只要事出有因,就不成立本罪。如果债权本身的内容并不确定,则有可能成立本罪;以揭发对方与自己无关的犯罪为由索要钱财的,也可能成立本罪。

2010 年以来,胡某一直以举报邻里乡亲违章建房、非法取土等名义,借机向人索要钱财。2012 年 2 月,宿迁市仓集镇砖瓦厂因取土需要经过胡某家的田地,胡某借机向其索要过路费,威胁说如果不给就举报砖瓦厂非法取土,砖瓦厂因害怕胡某举报便支付其 5000 元钱。胡某尝到甜头后,又以砖瓦厂排水沟影响其种在旁边的树木生长为名要求赔偿款 1.5 万元,砖瓦厂再次向其支付钱款。2012 年 12 月,因砖瓦厂不再租用胡某的挖掘机,胡某再次找到砖瓦厂以举报相威胁阻止对方取土。无奈之下,砖瓦厂负责人报警。② 本案的实质就在于敲诈勒索罪与行使权利的区分。本案中,砖瓦厂与各被害人违章建房、非法取土等虽然属实,但是胡某每次并未真去举报,而只是以此相威胁向多名被害人勒索财物,其行为属于以非法占有为目的,采用威胁方法索取公私财物的行为,构成敲诈勒索罪。

2. 本罪与抢劫罪的界限

二罪都以非法占有为目的,不仅都可以使用威胁方法,而且都可能使用暴力方法。二者的区别在于:(1) 恐吓的内容不完全相同。抢劫罪只能是当场以暴力侵害相威胁,而敲诈勒索罪的恐吓内容则可以是暴力,也可以是毁坏名誉、揭发隐私等。(2) 手段行为的程度不同。抢劫罪的手段包括暴力、胁迫或其他方法,要求达到足以抑制他人反抗的程度;敲诈勒索罪的手段限于轻微暴力或胁迫手段,其手段不得达到足以抑制他人反抗的程度。(3) 威胁的方式不完全一样。抢劫罪的威胁方式为直接、当场向被害人提出;敲诈勒索罪的威胁方式既可以直接向被害人提出,也可以通过第三人间接向被害人提出。(4) 威胁内容的实现的时间不同。抢劫罪的威胁内容的实现具有现实性,如果不满足行为人的要求,

---

① 参见张明楷:《刑法学》(第六版)(下),法律出版社 2021 年版,第 1334 页;陈兴良:《论财产犯罪的司法认定》,载《东方法学》2008 年第 3 期。

② 参见王苏洁、郭健:《威胁举报索钱财 敲诈勒索被公诉》,载《检察日报》2014 年 5 月 21 日第 2 版。

则当场实现威胁内容,即实施暴力;敲诈勒索罪的威胁内容的实现不具有现实性,如果不满足行为人的要求,威胁的内容将在以后的某个时间实现。(5)恐吓要求交出财物的时间不同。抢劫罪只能要求被害人当场交付财物,敲诈勒索罪则既可以要求被害人当场交出财物,也可以在以后的某个时间交出财物。根据《2005年两抢意见》第9条的规定,行为人冒充治安联防队员"抓赌""抓嫖"、没收赌资或者罚款的行为,构成犯罪的,以敲诈勒索罪定罪处罚;在实施上述行为中使用暴力或者以暴力相威胁的,以抢劫罪定罪处罚。

3. 本罪与索财型绑架罪的界限

敲诈勒索罪与索财型绑架罪之间存在诸多相似之处,比如两罪都侵犯了他人的财产权利与人身权利;两罪中侵犯他人人身权利的行为与获取他人财物的行为基本是不同步的,即敲诈勒索罪中的恐吓行为、绑架罪中的绑架行为都与非法索取他人财物存在时间上的差异;并且在罪过上都具有非法占有他人财物的目的。二者之间的区别关键在于是否实际上绑架了他人。如果绑架了他人然后向被绑架者的近亲属勒索财物,应认定为绑架罪;如果以将要实施绑架相威胁但并没有实际绑架他人而勒索财物,则应认定为敲诈勒索罪。

甲、乙合谋勒索丙的钱财。甲与丙及丙的儿子丁(17岁)相识。某日下午,甲将丁邀到一家游乐场游玩,然后由乙向丙打电话。乙称丁被绑架,令丙赶快送3万元现金到约定地点,不许报警,否则杀害丁。丙担心儿子的生命而没有报警,下午7点左右准备了3万元送往约定地点。乙取得钱后通知甲,甲随后与丁分手回家。甲、乙二人虽声称绑架了丁,但事实上并未实施绑架行为,也没打算绑架丁,所以不符合绑架罪的构成要件,不成立绑架罪。甲、乙的行为性质属于敲诈勒索。

4. 既遂与未遂的界限

被害人基于恐惧心理处分财产,行为人取得财产为既遂。恐吓行为没有使被害人产生恐惧,或者被害人非基于恐惧而出于其他原因,如怜悯或为配合警察逮捕行为而交付财产的,为未遂。

(三) 本罪的处罚

犯本罪的,根据《刑法》第274条的规定,处3年以下有期徒刑、拘役或者管制,并处或者单处罚金;数额巨大或者有其他严重情节的,处3年以上10年以下有期徒刑,并处罚金;数额特别巨大或者有其他特别严重情节的,处10年以上有期徒刑,并处罚金。根据《敲诈勒索刑案解释》第1条、第4条和第8条的规定,3万元至10万元以上、30万元至50万元以上的,应当分别认定为"数额巨大""数额特别巨大"。敲诈勒索公私财物,具有该解释第2条第3项至第7项规定的情形之一,数额达到前述"数额巨大""数额特别巨大"80%的,可以分别认定为"其他严重情节""其他特别严重情节"。对犯敲诈勒索罪的被告人,应当在2000元以上、敲诈勒索数额的 2 倍以下判处罚金；被告人没有获得财物的，应当在 2000 元以上 10 万元以下判处罚金。

根据《敲诈勒索刑案解释》第 5 条和第 6 条的规定，敲诈勒索数额较大，行为人认罪、悔罪、退赃、退赔，并具有下列情形之一的，可以认定为犯罪情节轻微，不起诉或者免予刑事处罚，由有关部门依法予以行政处罚：(1) 具有法定从宽处罚情节的；(2) 没有参与分赃或者获赃较少且不是主犯的；(3) 被害人谅解的；(4) 其他情节轻微、危害不大的。敲诈勒索近亲属的财物，获得谅解的，一般不认为是犯罪；认定为犯罪的，应当酌情从宽处理。被害人对敲诈勒索的发生存在过错的，根据被害人过错程度和案件其他情况，可以对行为人酌情从宽处理；情节显著轻微危害不大的，不认为是犯罪。

第三节　窃取、骗取财产型犯罪

一、盗窃罪

(一) 概念及构成要件

本罪为《刑法修正案(八)》所修订。本罪是指以非法占有为目的，窃取他人占有的数额较大的财物，或多次盗窃、入户盗窃、携带凶器盗窃、扒窃的行为。

1. 行为对象

盗窃罪的犯罪对象是他人占有的财物。

(1) 对"财物"的理解。本罪对象可以是无体物，如电信码号、电力、煤气、信用卡、增值税专用发票、长途电话账号等。《刑法》第 265 条就明确规定，以牟利为目的，盗接他人通信线路、复制他人电信码号或者明知是盗接、复制的电信设备、设施而使用的，以盗窃罪定罪处罚。但是，盗窃枪支、弹药、爆炸物、国家机关公文、证件、印章、国有档案等已被刑法特别规定为特别盗窃罪对象的财物的，不再成立普通盗窃罪。盗窃毒品等违禁品，应当按照盗窃罪处理的，根据情节轻重量刑。盗窃代表其他合法权益的财物，如盗伐代表环境资源关系的树木，不成立盗窃罪，构成犯罪的，应以盗伐林木罪论处；盗窃技术成果等商业秘密的，按照侵犯商业秘密罪论处。

甲系某股份制电力公司下属某供电所抄表组抄表员。在一次抄表时，甲与某金属加工厂承包人乙合谋少记载该加工厂用电量，并将电表上的数字回拨，使加工厂少交 3 万元电费。事后甲从乙处索取好处费 1 万元。① 本案中，甲系抄表员，不具有让乙少交电费的职权，其伙同乙将电表数字回拨的行为，使得电力公

---

① 参见 2008 年国家司法考试真题延考区卷二第 62 题。

司因电力被使用所产生的财产性利益(电费这种债权)丧失,成立盗窃罪的共同犯罪;甲索取乙的好处费,因其不具有国家工作人员身份,其行为成立非国家工作人员受贿罪,乙的行为则构成对非国家工作人员行贿罪。

(2)对"占有"的理解。他人占有的财物不仅包括他人基于所有权、本权而合法占有的财物,也包括基于非法原因而占有的财物(如通过盗窃、诈骗或者其他违法、犯罪所得的财物)。自己占有的即使属他人所有的财物,也不能成为盗窃罪的对象;即使是自己的财物,在他人基于合法原因占有时,或者基于约定或者法定事由由他人保管时,也属他人占有的财物。所谓占有,是指事实上的支配,不仅包括物理支配范围内的支配,而且包括社会观念上可以推知财物的支配人的占有状态。基于刑法上的占有是一种事实上的支配的观念,我们认为,"他人占有的财物"包括四种基本类型:

一是现实的直接占有。即处于占有人物理支配力量所及的绝对排他性的占有,占有人可在特定空间内绝对支配财物。直接的现实占有包括对财物的合法占有和非法占有。根据占有紧密程度的不同,对直接占有可作紧密占有与非紧密占有的区分。前者如占有人提在手上、背在背上、穿在身上、装在口袋里的财物;后者如置于自家房屋内的家用电器、货币等财物,乘坐火车旅行时乘客置放于座位上方行李架上的行李。如果是他人短暂遗忘或短暂离开的小型物品,只要财物还处于他人支配力所能涉及的范围,也应认定为他人占有。如甲在餐馆就餐时,将提包放在座位上,去卫生间时没有拿提包,仍应认定甲占有着自己的提包。

二是现实的间接占有。现实的间接占有,是指占有人不具有绝对的排他性支配,但在可预见的范围内仍拥有支配权的占有。常见的间接占有存在于所有人与管理人之间,包括:① 旅馆所提供的浴衣等,即使由住宿者使用,也属于旅馆主占有。② 在存在上下级共同管理的场合,如店主和店员共同经营的场合,店员只是辅助占有,通常必须听从店主的命令,真正的占有人是店主,虽然店主不在店中,但其仍保持对店中财物的占有。但如果是在规模较大的私人商店、超市、公司,雇员不再仅仅处于单纯的监视者或占有辅助者的地位,雇主必须基于信赖关系,赋予雇员对相关财物的共同占有权。③ 顾客在商店购买商品时,营业员交与顾客挑选的商品,如营业员应顾客要求将4只金质首饰交与顾客挑选,此时尽管顾客直接控制该首饰,但其占有人应为营业员而非顾客。在间接占有中,占有人的原始控制力相对较弱,存在占有灭失的可能。

甲路过某自行车修理店,见有一辆名牌电动自行车(价值1万元)停在门口,欲据为己有。甲见店内货架上无自行车锁便谎称要购买,催促店主去50米之外的库房拿货。店主临走时对甲说:"我去拿锁,你帮我看一下店。"店主离店后,甲骑走电动自行车。① 本案中,店主只是让甲照看一下店,并没有将财物处分给甲,电动自行车的占有状态并没有发生转移,而是仍然由店主占有。即使承认甲对电动自行车的占有,但是由于甲与店主之间并不存在高度的信赖关系,甲仅仅处于占有辅助者的地位,其对自行车转移占有的这种侵犯仍然构成盗窃罪,而非侵占罪。

三是观念的明知占有。观念占有是指在社会一般观念下形成的可以推知占有人的占有。观念的明知占有,是指虽然不在占有人直接支配下,或没有明确的间接占有的情况下,但根据一般的社会认知观念,占有人明知对物有占有权的占有状态。如居民停在楼下无人看管的公共停车场内的汽车、牧民放牧在草原上的自家饲养的牲畜、村民散养的具有回归饲主身边习性的动物、被去餐车车厢用餐的旅客置放于座位上方的行李架上的行李。此类占有只要求占有人有概括的、抽象的支配意思即可,而且该意思既可能有明确的支配意识,也可以是潜在的,甚至推定的支配意思。

四是观念的未知占有,是指虽然基于一般的社会认知,确定物归某占有人占有,但占有人不具有明知占有的意思的占有状态。例如,本人外出旅游期间由快递员置放于本人住宅前的大宗商品或者置放于个人邮箱内的小件昂贵物品;再如,甲乘坐出租车,下车时不慎将手提包遗忘在后排座椅上(司机并未发觉),此时财物处于一个较为封闭、排他性较强的空间之内,则应当认为是转归为该场所的管理人占有,尽管司机不知甲丢失手提包,但根据社会一般观念,司机仍然为该手提包的占有人。

属于上述四种占有类型之下的财物,均有可能成为盗窃罪的犯罪对象。

(3)对"他人"的理解。"他人"包括自然人和单位。自然人的精神是否健康和民事行为能力是否具备,不影响"他人"的成立,但是,受文化传统影响,行为人与占有人之间是否具有家庭成员关系,则会影响到刑事责任的承担。《2013年盗窃刑案解释》第8条规定,偷拿家庭成员或者近亲属的财物,获得谅解的,一般可不认为是犯罪;追究刑事责任的,应当酌情从宽。此外,"他人"是否包括死者,仍值得研究。行为人以其他犯罪目的杀害被害人后,又产生非法占有目的进而占有财物的,或者与行为人无任何关联关系的第三人发现死者死亡后,取得死者身上财物的,是定盗窃罪,还是侵占罪?刑法理论上尚存争议。《2005年两抢意见》第8条规定:"行为人实施伤害、强奸等犯罪行为,在被害人未失去知觉,利用被害人不能反抗、不敢反抗的处境,临时起意劫取他人财物的,应以此前所实施的具体犯罪与抢劫罪实行数罪并罚;在被害人失去知觉或者没有发觉的情形下,以及实施故意杀人犯罪行为之后,临时起意拿走他人财物的,

---

① 参见2007年国家司法考试真题卷二第15题。

应以此前所实施的具体犯罪与盗窃罪实行数罪并罚。"该司法解释肯定了"他人"包括死者。

2. 行为

本罪行为表现为违反他人意志,将他人占有的财物转移为自己或者第三者(包括单位)占有。具体表现为:

(1) 窃取财物,数额较大。首先,行为人实施了盗窃行为。所谓盗窃,是指行为人违反占有人的意思,采取平和手段(非暴力胁迫手段)排除占有人的占有,将财物转移为自己或第三者占有的行为。通说认为,盗窃罪中的窃取应当是"秘密窃取",是指行为人主观上自认为采取的是不被被害人发觉的方法并且占有公私财物的行为。秘密窃取的实质在于行为人自认为行为是隐秘的、暗中的,至于事实上是否隐秘、暗中,不影响行为的性质。① 一般而言,通说的解释无疑是正确的,但在一些极端的例子下,按照通说观点,可能出现对公然盗窃的处罚真空。如将楼上住户掉落在楼下的物品捡到后,不顾物品主人呼喊,转身逃走的行为,出租车司机趁乘客下车搬运其他物品时,迅速发动汽车离去,将其放在车上的物品占为己有的行为,因为没有采用对财物的暴力夺取的方法,很难说能构成抢夺罪,仍然应成立盗窃罪。这种情况下,行为人的窃取财物行为,往往都是在占有人有所觉察时实施的,而并非所谓的隐秘或秘密。窃取行为通常具有秘密性,但事实上也存在公开盗窃的情况。因此,有必要弱化盗窃的秘密性。据此,盗窃罪的窃取行为可归纳为三种基本形式:一是绝对秘密的取得,即不为行为人以外的任何人察觉的财产取得行为;二是相对秘密的取得,即虽为财产的占有人察觉,但行为人自认为未被察觉的财产取得行为;三是公开的取得,即行为人明知为财产占有人察觉而以平和手段取得财物的行为。

盗窃的手段与方法没有限制,甚至还包括欺骗手段。以欺骗手段造成占有者的财物支配力松懈,违反其意思取得财物,而不是由占有者自愿交付的,不是诈骗而是盗窃。如装扮成顾客到服装店试衣服将其穿走,到珠宝店试戴首饰,趁机用假首饰偷换真首饰("调包"类型),或行为人将他人从室内骗至室外,然后入室窃取财物("调虎离山"类型)的,都是窃取行为。

甲与乙一起乘火车旅行。火车在某车站仅停 2 分钟,但甲欺骗乙说:"本站停车 12 分钟。"乙信以为真,下车购物。乙刚下车,火车便发车了。甲立即将乙的财物转移至另一节车厢,然后在下一站下车后携物潜逃。② 本案中,行为人甲虽然具有欺骗行为,但这种欺骗行为仅仅导致被害人对财物的弛缓占有,被害人并没有基于这种认识错误而处分财物,该财物也并没有脱离被害人的控制,行为

---

① 参见高铭暄、马克昌主编:《刑法学》(第十版),高等教育出版社 2022 年版,第 506 页。
② 参见 2008 年国家司法考试真题延考区卷二第 15 题。

人甲利用被害人的弛缓占有财物的空隙,采用平和的手段取得了非属于被害人自愿交付的财物,构成盗窃罪。

其次,对他人占有的财物建立新的支配关系。盗窃罪的成立不仅要求具有转移占有的行为,还以行为人对转移占有的财物建立新的支配关系为要件,仅实施对他人占有财物的转移行为,不建立新的支配关系的,不构成盗窃罪。例如,乘人不备将他人一只价值8000元的鸟从笼中放出,因并未建立新的支配关系,只能成立故意毁坏财物罪。又如,商店营业员因受到批评而默许不相识的顾客从店内拿走商品的,也不能成立盗窃罪。

最后,普通盗窃还要求数额较大。根据《2013年盗窃刑案解释》第1条和第9条的规定,盗窃公私财物"数额较大",以1000元至3000元为起点。盗窃国有馆藏一般文物的,应当认定为"数额较大"。"数额较大"是一个相对的概念。一是相对于地区而言,由于我国地域辽阔,各地经济发展不平衡,故各省、自治区、直辖市高级人民法院、人民检察院可以根据本地区经济发展状况,并考虑社会治安状况,在上述数额幅度内,分别确定本地区执行的具体数额标准。二是相对于情节而言,如果其他方面情节严重,数额要求则应相对低一些。根据该解释第2条的规定,具有下列情形之一,"数额较大"的标准则可以按照上述数额标准减半确定:① 曾因盗窃受过刑事处罚的;② 1年内曾因盗窃受过行政处罚的;③ 组织、控制未成年人盗窃的;④ 自然灾害、事故灾害、社会安全事件等突发事件期间,在事件发生地盗窃的;⑤ 盗窃残疾人、孤寡老人、丧失劳动能力人的财物的;⑥ 在医院盗窃病人或者其亲友财物的;⑦ 盗窃救灾、抢险、防汛、优抚、扶贫、移民、救济款物的;⑧ 因盗窃造成严重后果的。

(2) 多次盗窃。根据《2013年盗窃刑案解释》第3条第1款的规定,在数额未达较大时,2年内盗窃3次以上的,应当认定为"多次盗窃"。这里的"次",应当是指在同一时间、同一地点,针对同一被害人所实施的盗窃。多次盗窃不应以每次盗窃既遂为前提,也不要求行为人实施的每一次盗窃都达到数额较大的程度。而且,多次盗窃不以行为人具有盗窃的惯常性为前提,既不要求客观上达到所谓"惯窃"的程度,也不要求行为人具有盗窃的习癖。对"多次盗窃"行为是否以盗窃罪论处,首先考虑行为是否可能盗窃值得刑法保护的财物;其次考虑窃取行为犯罪主观方面的情况,对于明显欠缺盗窃犯罪故意或主观恶性程度极低的,应给予否定成立犯罪的评价;最后综合考虑行为的时间、对象、方式,以及已经窃取的财物数额等。行为人以窃取较大数额财物为目的或者多次窃取财物而未果的,宜认定为盗窃罪;反之不宜认定为本罪。另外,这里的"盗窃",不应当包括入户盗窃、携带凶器盗窃、扒窃在内,而应当是指在餐厅、网吧、工厂、宾馆、酒店等公共场所盗窃他人管理松懈的财物。

(3) 入户盗窃。所谓"入户盗窃",是指非法进入供他人家庭生活,与外界相对隔离的住所盗窃的行为。所谓"供他人家庭生活,与外界相对隔离的住所",应当与"入户抢劫"中的"户"作相类似的理解,即包括功能与场所两个特征的私人住所、为家庭生活租用的房屋、牧民的帐篷、渔民作为家庭生活场所的渔船等场所。一般情况下,进入集体宿舍、旅店宾馆、临时搭建的工棚盗窃,不能视为入户盗窃,但如果上述场所具备功能与场所特征,也可以认定为户;进入集生活、经营于一体的处所,在经营时间内进行盗窃的,也不能视为入户盗窃。另外,"入户"的认定一般而言,应当在目的上具有非法性。进入他人住所须以实施盗窃等犯罪为目的。盗窃行为虽然发生在户内,但行为人不以实施盗窃等犯罪为目的进入他人住所,而是在户内临时起意实施盗窃的,不属于入户盗窃。对入户盗窃而言,尽管没有数额要求,但不应将邻里之间进入他人住宅后盗窃价值低廉的财物的小偷小摸行为认定为入户盗窃,也不宜认定为犯罪。

2014年3月13日下午2时许,蔡某以招工为名窜至河南省南阳市新区白河办事处杨官营机械厂宿舍内,趁杜某外出干活之机,将其衣服内现金人民币2200元、越南币200元、身份证和银行卡等物品盗走,并通过网上转账的方式将杜某银行卡内320元现金盗走;将于某放在杜某房间裤子内的现金300元盗走。① 本案中,蔡某在下午2点左右以招工为名进入机械厂宿舍,在时间上、理由上具有合理性,符合合法形式要求,可以判定其不构成"入户盗窃",只能根据盗窃罪其他认定标准予以定罪量刑。此外,需要说明的是,"入户盗窃"不同于"入户抢劫",前者涉及入罪问题,后者仅涉及量刑问题,对"入户盗窃"应坚持更严格的认定标准,应坚持法无明文规定不为罪,不应采取类推适用的方式。而且从威胁程度上看,行为人以抢劫为目的,采用欺骗手段入户的方式与犯罪危害紧密相连,入户行为和抢劫行为具有方法行为与目的行为的牵连关系,统一于抢劫犯意的支配之下,对户内居民的人身和财产安全构成严重威胁,因此宜采取目的说。但对"入户盗窃"而言,在行为人以合法形式进入住所的情况下,不管其进入前是否具有盗窃的目的,盗窃都要以秘密方式进行,其威胁程度并未提高。

(4) 携带凶器盗窃。所谓"携带凶器盗窃",是指携带枪支、爆炸物、管制刀具等国家禁止个人携带的器械盗窃,或为了实施违法犯罪携带其他足以危害他人人身安全的器械盗窃的行为。这一含义表明:① 携带凶器是一种行为状态,是行为人随身带有凶器但没有实际使用凶器。② 行为人主观上具有利用凶器作案的动机,或以凶器作为盗窃的后盾。入户盗窃具有明显的目的性,故意携带具有威慑力的器械入户,就足以危及被害人的人身安全,进而相对容易实现犯罪目的。"凶器"的内涵与外延的界定,也可参照"携带凶器抢夺"的有关认定方

---

① 参见肖新征、秦柯:《"入户盗窃"之非法进入的认定》,载《人民法院报》2015年1月22日第7版。

法。"凶器"的字面含义是指行为人行凶时所用的器具。只要该器械足以使人产生危险感即可，不必具有明显的杀伤力。就现实状况而言，任何一种器具，不管是锐器还是钝器，也不管该器具是否在通常意义上被认为可以用来伤害他人，只要被人用来伤害他人，都可被认为是凶器。但行为人为方便扒窃而携带尺寸很小的刀片的，应当不认定为携带凶器盗窃。携带凶器盗窃不要求行为人显示或暗示凶器，更不要求使用凶器，否则，即成立抢劫罪，若"携带凶器"与"取得财物"之间存在直接因果关系，即构成抢劫既遂。

（5）扒窃。在公共场所或公共交通工具上盗窃他人随身携带的财物的，应当认定为"扒窃"。即扒窃是指行为人以非法占有为目的，在公共场所或公共交通工具上从被害人身上或携带的包（袋）中直接窃取财物。扒窃的特点包括：盗窃行为在公共场所或公共交通工具上实施，近身盗窃，窃取的是对方紧密控制的财物。扒窃所窃取的财物应是值得刑法保护的财物。此外，扒窃不要求行为人具有惯常性，也不要求秘密窃取，扒窃不排除在众目睽睽之下进行。

扒窃是否必须针对"随身携带"的财物？[①] 通说认为，窃取被害人随身携带的财物是界定扒窃概念的关键。从"随身"的语义，或目前流行的一些法律解释来看，用"随身"来界定扒窃都存在很大的疑问。从汉语语义分析，"随身"是指带在身边、跟在身旁。由此出发，有学者提出，扒窃所窃取的应是他人随身携带的财物，亦即他人带在身上或置于身边附近的财物。由此一来，扒窃概念的内涵和外延就极为不清晰，并将产生三个难题：第一，在实践中无法为扒窃范围提供明确的标准；第二，无法将那些不可能构成扒窃的行为排除在外；第三，在理论上无法自洽。无论是身体附近还是远离身体，财物都属于被害人占有，这是构成盗窃罪的基本前提。

2011年5月，马某在成都市某菜市场水果摊附近，趁63岁的被害人陈某不备，用随身携带的镊子盗走其1.5元，后被抓获。该案由公安机关直接移送到成都市金牛区检察院审查起诉，法院最后以盗窃罪判处马某有期徒刑6个月。[②] 本案即属于扒窃型盗窃罪。

3. 主体

本罪主体为一般主体，即年满16周岁、具有刑事责任能力的自然人，单位不能构成本罪。根据2002年8月9日最高检《关于单位有关人员组织实施盗窃行为如何适用法律问题的批复》，单位有关人员为谋取单位利益组织实施盗窃行为，情节严重的，应当以盗窃罪追究直接责任人员的刑事责任。《2013年盗窃刑案解释》第13条规定，单位组织、指使盗窃，符合《刑法》第264条及本解释有关

[①] 参见车浩：《"扒窃"入刑：贴身禁忌与行为人刑法》，载《中国法学》2013年第1期。
[②] 参见秦莹等：《"扒窃"定罪 争议也不小》，载《检察日报》2011年9月14日第5版。

规定的,以盗窃罪追究组织者、指使者、直接实施者的刑事责任。

4. 罪过

本罪罪过故意,并且具有非法占有公私财物的目的。在普通盗窃的情形下,还需要对财物数额较大有明知。行为人误以为属价值低微的财物而予以占有,实为数额较大财物的,因欠缺犯罪主观方面的内容,不得认定为盗窃罪。在非法占有目的方面,要求具备排除他人支配以及建立新的支配利用的意思。以单纯毁坏、隐匿财物目的窃取财物的,不构成盗窃。此外,盗接他人通信线路、复制他人电信码号或明知是盗接、复制的电信设备、设施而使用的,必须具有"以牟利为目的",才成立盗窃罪。所谓"以牟利为目的",是指为了出售、出租、自用、转让等牟取经济利益的行为。

(二) 本罪的认定

1. 罪与非罪的界限

从《刑法》和《2013年盗窃刑案解释》的相关规定来看,区分盗窃罪与一般盗窃行为的界限,主要在于数额的大小和情节的轻重。普通盗窃行为,构罪的数额较大标准以盗窃公私财物价值1000元至3000元为起点。至于情节轻重,也有相应的司法解释作出了明确规定。如《2013年盗窃刑案解释》第9条规定,盗窃公私财物数额较大,行为人认罪、悔罪、退赃、退赔,且具有下列情形之一,情节轻微的,可以不起诉或者免予刑事处罚;必要时,由有关部门予以行政处罚:(1) 具有法定从宽处罚情节的;(2) 没有参与分赃或者获赃较少且不是主犯的;(3) 被害人谅解的;(4) 其他情节轻微、危害不大的。

根据《2013年盗窃刑案解释》第8条的规定,偷拿家庭成员或者近亲属的财物,获得谅解的,一般可不认为是犯罪;追究刑事责任的,应当酌情从宽。已满16周岁不满18周岁的人盗窃自己家庭或者近亲属财物,或者盗窃其他亲属财物但其他亲属要求不予追究的,可不按犯罪处理。

刘某(男)与张某(女)系恋爱中的男女双方。自2010年10月,二人经热恋后保持同居关系。2012年11月,刘某在没有告知张某的情况下,私自拿走对方价值6340元的黄金首饰并卖掉,拿到钱后,刘某用所得的钱款到某市一家游戏室大肆玩耍。本案中,刘某与张某系恋爱同居关系,不属于《中华人民共和国刑事诉讼法》(以下简称《刑事诉讼法》)第108条规定的"夫、妻、父、母、子、女、同胞兄弟姊妹"的近亲属关系,故刘某盗窃张某财产的行为,不能适用《2013年盗窃刑案解释》第8条的规定,刘某的行为仍然成立盗窃罪。①

已满16周岁不满18周岁的人实施盗窃行为未超过3次,盗窃数额虽已达

---

① 参见张胜利等:《"偷盗近亲属不按犯罪处理"不适用于同居关系》,载《检察日报》2013年6月22日第3版。

到"数额较大"标准,但案发后能如实供述全部盗窃事实并积极退赃,且具有下列情形之一的,可以认定为"情节显著轻微危害不大",不认为是犯罪:(1) 又聋又哑的人或者盲人;(2) 在共同盗窃中起次要或者辅助作用,或者被胁迫;(3) 具有其他轻微情节的。已满16周岁不满18周岁的人盗窃未遂或者中止的,可不认为是犯罪。

2. 既遂与未遂的界限

根据《2013年盗窃刑案解释》第12条的规定,盗窃未遂具有以下三种情形之一的,应当依法追究刑事责任:以数额巨大的财物为盗窃目标的;以珍贵文物为盗窃目标的;其他情节严重的情形。这就存在一个如何认定盗窃罪的既遂未遂的问题。

(1) 着手的认定。盗窃行为的着手认定,应考虑财物的性质、形状、行为的方式、实施行为的时间与场所等因素,在行为具有使他人丧失财物而转移到自己或第三人占有之下的现实性危险时,即可认定为盗窃实行行为的着手。至于何时产生该危险,需要根据盗窃类型具体判断。通常以行为人接触财物为着手,或以入户、入户后开始实施具体的物色财物行为,即为着手。如对于入户盗窃型盗窃而言,应以开始物色财物时为着手;对于扒窃型盗窃而言,应以行为人的手或用于窃取财物的工具接触到被害人的口袋或提包外侧为着手;对于侵入无人看守的仓库的盗窃而言,应以开始侵入仓库时为着手。

甲到乙的办公室送文件,乙不在。甲看见乙办公桌下的地上有一活期存折(该存折未设密码),便将存折捡走。乙回办公室后找不着存折,但看见桌上的文件,便找到甲问是否看见其存折,甲说没看到。甲下班后去银行将该存折中的5000元取走。① 本案中甲盗窃存折仅仅是实施盗窃的预备行为,利用存折取走5000元钱的行为才是盗窃罪的实行行为。

(2) 盗窃罪的既遂标准。理论上存在接触说、转移说、隐匿说、失控说、控制说、失控加控制说之间的争议,②实践中多采取控制说。③ 我们认为,盗窃行为的既遂未遂问题,应当采取失控说,在失控无法判断时以控制说作为既遂标准。盗窃罪是转移占有的犯罪,实现对他人占有财物的占有转移,即应成立盗窃罪的既遂,占有转移即指对他人占有的财物形成一种新的支配状态。破坏原有的支配关系与建立新的支配关系,可能在同一行为中完成,也可能在稍有先后的不同时间阶段分别完成,应该通过综合考察财物的性质、形状、体积大小、运出的难易程度、是否处于他人的支配领域之内、社会日常生活的见解等因素之后再作判断。

---

① 参见2005年国家司法考试真题卷二第11题。
② 参见赵秉志主编:《侵犯财产罪研究》,中国法制出版社1998年版,第196—197页。
③ 参见周加海:《最高人民法院研究室关于入户盗窃但未窃得财物应如何定性问题的研究意见》,载江必新主编:《司法研究与指导》(总第3辑),人民法院出版社2013年版,第151—154页。

体积细小且重量轻微之物,一般行为人一经掌握,即可视为财产占有人丧失了对财物的支配控制,并且建立了新的财物支配持有关系。如将他人的首饰、手表、钱币以及其他细小轻便之物出于非法占有的意思放入自己口袋、手提包或藏入怀中,或藏于别人不易发现的隐蔽场所的,即可视为盗窃既遂。即使行为人尚未离开现场或正准备离开现场,当时被被害人或其他人发现,而加以扭获的,也成立盗窃既遂。

在装有防盗设备的超市、商场的情形下,还需进一步分析。行为人在超市里实施盗窃,将超市商品放入自己背包之中,尽管在形式上占有了财产,但商品条形码、监控摄像头等防盗措施的存在,表明行为人尚不能对财产进行有效的控制和支配,在未离开超市之前被发现的,不能认定为盗窃既遂。对于重量巨大而难以移动之物,也需要考虑行为人是否能够有效控制。行为人以非法占有为目的,从火车上将他人财物扔到偏僻的轨道旁,打算下车后再捡回该财物的,不管行为人事后是否捡回了该财物,均应认定为犯罪既遂。在这种情况下,被害人已经完全失去了对财物的支配和控制。

3. 一罪与数罪的界限

盗窃既遂之后,行为人所实施的处分等行为可能构成其他犯罪,这就涉及罪数的问题。行为人携带凶器入户盗窃或扒窃数额较大财物的,只成立一个盗窃罪,但可能评价为"有其他严重情节"。而行为人一次携带凶器盗窃,一次入户盗窃,或者一次扒窃、一次盗窃数额较大的,则属于同种数罪,按照同种数罪的处理原则认定。盗窃既遂后,行为人使用、毁坏该财物的行为以及掩饰、隐瞒犯罪所得、犯罪所得收益的行为属于不可罚的事后行为,不另外构成他罪;以此财物作担保骗取他人财物的,成立盗窃罪和诈骗罪,数罪并罚。明知是假币而盗窃,再持有或使用的,属于吸收犯,成立盗窃罪;误将假币作为真币盗窃,知道真相后继续持有、使用的,成立盗窃罪与持有、使用假币罪,数罪并罚。

甲潜入乙家中行窃,被发现后携所窃赃物(价值900余元)逃跑,乙紧追不舍。甲见杂货店旁有一辆未熄火摩托车,车主丙正站在车旁吸烟,便骑上摩托车继续逃跑。次日,丙在街上发现自己的摩托车和甲,欲将甲扭送公安局,甲一拳将丙打伤,后经法医鉴定为轻伤。① 本案中,甲的行为构成入户盗窃,之后骑上丙的摩托车逃跑的行为构成抢夺罪,第二天为抗拒抓捕打伤丙的行为不符合《刑法》第269条关于转化抢劫罪的规定,而应当按照故意伤害罪处理,因此,本案中甲的行为应当按照盗窃罪、抢夺罪和故意伤害罪数罪并罚。

4. 本罪与其他犯罪的界限

(1) 根据《刑法》第196条(信用卡诈骗罪)第3款的规定,盗窃信用卡并使用

---

① 参见2003年国家司法考试真题卷二第62题。

的,以盗窃罪定罪处罚,盗窃数额应当根据行为人盗窃信用卡后使用的数额认定。

(2) 盗窃广播电视设施、公用电信设施价值数额不大,但是构成危害公共安全犯罪的,依照《刑法》第124条的规定定罪处罚;盗窃广播电视设施、公用电信设施同时构成盗窃罪和破坏广播电视设施、公用电信设施罪的,择一重罪处罚。

(3) 盗窃使用中的电力设备,同时构成盗窃罪和破坏电力设备罪的,择一重罪处罚。

(4) 偷开他人机动车的,按照下列规定处理:偷开机动车,导致车辆丢失的,以盗窃罪定罪处罚;为盗窃其他财物,偷开机动车作为犯罪工具使用后非法占有车辆,或将车辆遗弃导致丢失的,被盗车辆的价值计入盗窃数额;为实施其他犯罪,偷开机动车作为犯罪工具使用后非法占有车辆,或将车辆遗弃导致丢失的,以盗窃罪和其他犯罪数罪并罚;将车辆送回未造成丢失的,按照其所实施的其他犯罪从重处罚。

(5) 盗窃公私财物并造成财物损毁的,按照下列规定处理:采用破坏性手段盗窃公私财物,造成其他财物损毁的,以盗窃罪从重处罚;同时构成盗窃罪和其他犯罪的,择一重罪从重处罚;实施盗窃犯罪后,为掩盖罪行或报复等,故意毁坏其他财物构成犯罪的,以盗窃罪和构成的其他犯罪数罪并罚;盗窃行为未构成犯罪,但损毁财物构成其他犯罪的,成立其他犯罪。

(6) 本罪与抢夺罪的界限。行为是否具有秘密性,以及行为人的行为是否乘人不备公然夺取,不是区分二者的关键。二者之间的根本性区别在于,抢夺行为有对物的暴力性行为,而盗窃行为只能是采取平和手段取财,即抢夺行为是具有致人伤亡的可能性的行为,而盗窃行为不使用暴力,没有致人伤亡的可能性。二者的区别具体表现为:一是犯罪对象的状态不同。尽管二罪的对象都是他人占有之下的财物,但盗窃罪的对象并不要求他人对财物的占有状态是紧密控制状态还是松懈控制状态,而抢夺罪的对象只能是他人紧密控制状态下的公私财物。二是行为方式有所不同。抢夺罪采用的是对财物实施强力的方式获取他人财物,而盗窃罪只能是采取平和的非暴力手段获取他人财物。如扒窃他人衣服口袋内的钱包的行为,由于十分平和,而不是迅速瞬间性的对物暴力,因而只能认定为盗窃,而不能评价为抢夺。

(三) 本罪的处罚

犯本罪的,根据《刑法》第264条的规定,处3年以下有期徒刑、拘役或者管制,并处或者单处罚金;数额巨大或者有其他严重情节的,处3年以上10年以下有期徒刑,并处罚金;数额特别巨大或者有其他特别严重情节的,处10年以上有期徒刑或者无期徒刑,并处罚金或者没收财产。根据《2013年盗窃刑案解释》第1条的规定,3万元至10万元以上、30万元至50万元以上的,应当分别认定为"数额巨大""数额特别巨大"。该解释第6条规定,盗窃公私财物,具有本解释

第 2 条第 3 项至第 8 项规定情形之一，或者入户盗窃、携带凶器盗窃，数额达到本解释第 1 条规定的"数额巨大""数额特别巨大"50%的，可以分别认定为"其他严重情节"或者"其他特别严重情节"。该解释第 14 条规定，因犯盗窃罪，依法判处罚金刑的，应当在 1000 元以上盗窃数额的 2 倍以下判处罚金；没有盗窃数额或者盗窃数额无法计算的，应当在 1000 元以上 10 万元以下判处罚金。该解释第 2 条规定，具有下列情形之一的，"数额较大"的标准可以按照上述数额标准减半确定：(1) 曾因盗窃受过刑事处罚的；(2) 1 年内曾因盗窃受过行政处罚的；(3) 组织、控制未成年人盗窃的；(4) 自然灾害、事故灾害、社会安全事件等突发事件期间，在事件发生地盗窃的；(5) 盗窃残疾人、孤寡老人、丧失劳动能力人的财物的；(6) 在医院盗窃病人或者其亲友财物的；(7) 盗窃救灾、抢险、防汛、优抚、扶贫、移民、救济款物的；(8) 因盗窃造成严重后果的。根据 2015 年 12 月 30 日"两高"《关于办理妨害文物管理等刑事案件适用法律若干问题的解释》的规定，盗窃一般文物、三级文物、二级以上文物的，应当分别认定为"数额较大""数额巨大""数额特别巨大"。盗窃文物，无法确定文物等级，或者按照文物等级定罪量刑明显过轻或者过重的，按照盗窃的文物价值定罪量刑；采用破坏性手段盗窃古文化遗址、古墓葬以外的古建筑、石窟寺、石刻、壁画、近代现代重要史迹和代表性建筑等其他不可移动文物的，以盗窃罪论处。

在确定盗窃罪的刑事责任时，正确地认定盗窃公私财物的数额具有重要的意义。根据《2013 年盗窃刑案解释》第 4 条、第 5 条和第 9 条的规定，盗窃数额应根据被盗物品的具体情况进行计算：(1) 被盗财物有有效价格证明的，根据有效价格证明认定；无有效价格证明，或者根据价格证明认定盗窃数额明显不合理的，应当按照有关规定委托估价机构估价。(2) 盗窃外币的，按照盗窃时中国外汇交易中心或者中国人民银行授权机构公布的人民币对该货币的中间价折合成人民币计算；中国外汇交易中心或者中国人民银行授权机构未公布汇率中间价的外币，按照盗窃时境内银行人民币对该货币的中间价折算成人民币，或者该货币在境内银行、国际外汇市场对美元汇率，与人民币对美元汇率中间价进行套算。(3) 盗窃电力、燃气、自来水等财物，盗窃数量能够查实的，按照查实的数量计算盗窃数额；盗窃数量无法查实的，以盗窃前 6 个月月均正常用量减去盗窃后计量仪表显示的月均用量推算盗窃数额；盗窃前正常使用不足 6 个月的，按照正常使用期间的月均用量减去盗窃后计量仪表显示的月均用量推算盗窃数额。(4) 明知是盗接他人通信线路、复制他人电信码号的电信设备、设施而使用的，按照合法用户为其支付的费用认定盗窃数额；无法直接确认的，以合法用户的电信设备、设施被盗接、复制后的月缴费额减去被盗接、复制前 6 个月的月均电话费推算盗窃数额；合法用户使用电信设备、设施不足 6 个月的，按照实际使用的月均电话费推算盗窃数额。(5) 盗接他人通信线路、复制他人电信码号出售的，按照销赃数额认定盗窃数额。盗窃行为给失主造成的损失大于盗窃数额的,损失数额可以作为量刑情节考虑。(6)盗窃有价支付凭证、有价证券、有价票证的,按照下列方法认定盗窃数额:盗窃不记名、不挂失的有价支付凭证、有价证券、有价票证的,应当按票面数额和盗窃时应得的孳息、奖金或者奖品等可得收益一并计算盗窃数额;盗窃记名的有价支付凭证、有价证券、有价票证,已经兑现的,按照兑现部分的财物价值计算盗窃数额;没有兑现,但失主无法通过挂失、补领、补办手续等方式避免损失的,按照给失主造成的实际损失计算盗窃数额。(7)盗窃民间收藏的文物的,根据第1项的规定认定盗窃数额。

在跨地区运行的公共交通工具上盗窃,盗窃地点无法查证的,盗窃数额是否达到"数额较大""数额巨大""数额特别巨大",应当根据受理案件所在地省、自治区、直辖市高级人民法院、人民检察院确定的有关数额标准认定。

另外,根据《刑法》第253条第2款的规定,邮政工作人员私自开拆或者隐匿、毁弃邮件、电报而窃取财物的,依照盗窃罪定罪从重处罚。

二、诈骗罪

(一)概念及构成要件

本罪是指以非法占有为目的,用虚构事实或隐瞒真相的方法,骗取数额较大的公私财物的行为。本罪法益是财产权利,包括财产所有权、本权(他物权和债权)以及特定情势下的占有。诈骗罪的犯罪对象是他人占有的财物、财产性利益(如以债权凭证形式表示的债权)。财物既包括他人合法占有的财物,也包括他人通过犯罪或者违法行为所获得的财物。从财物的物质形态看,包括动产和不动产,以欺诈手段骗取他人信任从而获取其不动产产权转让证明的,应成立诈骗罪。根据《刑法》第210条第2款的规定,使用欺骗手段骗取增值税专用发票或者可以用于骗取出口退税、抵扣税款的其他发票的,依照本罪定罪处罚。《货币犯罪解释(二)》第5条规定,以使用为目的,伪造停止使用的货币,或者使用伪造的停止流通的货币的,以诈骗罪定罪处罚。

1. 行为

本罪行为表现为行为人通过虚构事实或隐瞒真相的方法,使得财物的所有人、管理人或持有人陷入认识错误并基于认识错误"自愿"处分财物,导致行为人取得数额较大的财物。

(1)行为人实施了欺诈行为。对于"欺诈"行为的认定,应当掌握以下方面:一是欺诈的对象必须是自然人。物或机器不存在智力思维,对其进行的"欺诈"不成立诈骗罪。例如,以假币投入自动售货机获得数额较大的财物,只能成立盗窃罪。同样,单位组织为拟制人格,对其也无法实施欺诈,但以单位具体工作人员为欺诈对象,骗取其信任以取得财物的,成立诈骗罪。作为欺诈对象的自然人须具有处分人资格,包括具有处分权和处分能力,对无处分权人或者不具有处分能力的未成年人和精神智障者实施欺诈以取得财物的,不构成诈骗罪。例如,欺骗锁匠帮助自己打开他人房屋门锁,取得财物,或对独立在家的幼童谎称受其父之托取其家中财物,两类情况均因欠缺对象的合格性,不成立诈骗罪,只能以盗窃罪论处。二是欺诈的形式是虚构事实、隐瞒真相。"虚构"和"隐瞒"是就行为方法而言的,"事实"和"真相"是就行为内容而言的。虚构事实,是指捏造根本不存在的事实"无中生有",诱使他人上当受骗。虚构事实可以是无中生有、全部虚构,也可以是在部分事实的基础上渲染夸张、部分虚构。隐瞒真相则是指隐瞒客观存在的某种事实,欺骗被害人,如将镀金首饰冒充黄金饰品出售。虚构事实与隐瞒真相往往相互交织。欺诈的形式多样,可以是语言欺骗,也可以是文字欺骗,还包括特定情况下以举动的方式所进行的欺骗,如伪造、涂改单据、公文证件或其他领款领物凭证,编造谎言,假冒身份或谎称受他人之托,以帮助他人看管、提拿、代购、代卖为名,以恋爱、结婚为诱饵等骗取钱财。欺骗行为的方式可以是作为,也可以是不作为。在消极不作为的场合,必须是行为人负有告知某种事实的义务,但故意不履行告知义务,从而使对方陷入认识错误或继续陷入认识错误之中,行为人利用这种认识错误取得财产。三是欺诈的目的是使对方自愿作出财产处分行为。行为人对被害人使用欺诈方法,目的并不是使对方自愿作出财产处分行为的,不成立诈骗罪。例如,用力敲碎甲置放于门外的车窗玻璃诱骗甲从室内出来,然后进入室内取得财物的,尽管也存在欺诈行为,但因欠缺行为目的要件不成立诈骗罪。其四,欺诈的内容应达到使被害人信以为真并自愿处分财产的程度。

丙是乙的妻子。乙上班后,甲前往丙家欺骗丙说:"我是乙的新任秘书,乙上班时好像忘了带提包,让我来取。"丙信以为真,甲从丙手中得到提包(价值3300元)后逃走。① 本案是典型的三角诈骗。由于丙是乙的妻子,按照社会的一般观念,其对提包具有处分权限,丙基于认识错误而将提包交给甲,是一种自愿的处分行为,虽然被害人是乙,被骗人是丙,但不影响甲的行为构成诈骗罪;如果丙不是乙的妻子或丙不具有处分权限,那么,利用那些没有处分权限的人而获得财物,则属于盗窃罪的间接正犯,无处分权限的人成了行为人盗窃罪的利用工具。

甲在某银行存折上有4万元存款。某日,甲将存款全部取出,但由于银行职员乙工作失误,未将存折底卡销毁。半年后,甲又去该银行办理存储业务,乙对甲说:"你的4万元存款已到期。"甲听后灵机一动,对乙谎称存折丢失。乙为甲

---

① 参见2008年国家司法考试真题延考区卷二第59题。

办理了挂失手续,甲取走4万元。① 本案中,甲原来的款项已经取走,对于新的款项并不具有占有权,不存在从合法占有转变为非法占有的行为。行为人甲在明知对方已经陷入认识错误的情况下,有义务告知对方某种真实事实,而故意不告知,并通过谎称存折丢失这一积极的举动进一步强化了对方的认识错误,进而导致被骗人乙基于这种认识错误而"自愿"交付款项给甲,而且,作为银行职员的乙具有处分银行财物的权限和地位,因此甲的行为构成诈骗罪。

(2)欺骗行为使对方产生认识错误。"认识错误"的认定涉及:其一,产生认识错误的主体是财产的处分人。具有处分财产的权限或处于可以处分财产地位的人,不要求一定是财物的所有人或占有人。非财产处分人即使产生认识错误也不成立诈骗罪。其二,认识错误关涉财产处分的内容,与财产处分无关的认识错误,不成立诈骗罪。其三,认识错误的基本类型,包括:① 财产身份关系错误,被害人误将行为人当成财产处分的对象;② 财产所有关系错误,被害人基于欺诈误将自己所有的财物当作行为人的财物交出;③ 财产价值关系错误,如被害人受骗以5万元购得行为人提供的镀金"金元宝"。值得注意的是,对于文物、古董、书画的交易,只要行为人没有实施积极的欺骗行为,即使没有告诉对方真相的,也不成立诈骗。因为该领域需要从事交易的人自身具备相应的专业知识,对方没有提醒并告知真相的义务。

(3)被害人基于认识错误自愿处分财产。"自愿处分"的认定涉及:一是自愿的形式性。这里的"自愿"并非被害人的本意,不是建立在对客观事实真正了解的基础之上,而是为行为人制造的假象所迷惑,陷入认识错误之后处分财产。二是处分的多样性,包括直接交付财物的积极处分以及承诺或减免被害人债务的消极处分。三是处分的意思性。占有转移的处分是基于受骗者的存在瑕疵的意思表示,若占有转移行为违背了受骗者的意思,或者受骗者根本没有作出财产处分的意思,则不构成诈骗罪。例如,谎称试驾而让人同意其单独驾驶一段时间,对方的同意就是处分行为,构成诈骗罪;被允许试衣者乘店员不注意而携衣逃走的行为,由于没有发生基于受骗者意思的占有的终局性移转,因而仅构成盗窃罪。② 四是认识错误与自愿处分的因果性。对方不是因欺骗行为产生认识错误,而是基于怜悯、不堪烦扰等原因交付财物,或为抓住诈骗者的把柄而主动有意识交付财物的,欺骗行为和财物转移之间欠缺因果关系,最多只能构成诈骗罪未遂。

处分行为是指受骗者将财产转移为行为人或者第三者占有,行为人或者第

---

① 参见2008年国家司法考试真题延考区卷二第14题。
② 〔日〕西田典之:《日本刑法各论》(第七版),王昭武、刘明祥译,法律出版社2020年版,第230—231页。

三者对财产取得了事实上的控制和支配,包括自己直接与通过他人间接交付两种。被骗者的财产处分行为不限于民法上的法律行为,因而处分者并不必具有财产处分的行为能力。在法律行为的场合,其法律行为在民法上是否有效或是否可以撤销,均不影响诈骗罪的成立。受骗者处分财产时的处分意识,只要求认识到自己将某种财产转移给行为人或第三者占有,而不要求对财产的数量、价格等具有完全的认识。

(4) 行为人取得数额较大的财物。其一,"数额较大"的司法认定标准。根据 2011 年 3 月 1 日"两高"《关于办理诈骗刑事案件具体应用法律若干问题的解释》(以下简称《诈骗刑案解释》)的规定,所谓"数额较大",是指诈骗公私财物价值在 3000 元至 1 万元以上。其二,"取得"也包括了消极财产的减少,如免除或减少行为人的债务。其三,诈骗财物的交付对象,不限于行为人本人,具有特别关系的第三人也可以成为交付对象。其四,须使被害人遭受财产损失。没有财产损失的,一般不成立诈骗罪。对享有财产请求权的人,使用欺诈手段取得应当得到的财物,不成立诈骗罪。甲拖欠乙的货款长期不还,乙使用欺诈手段将货款骗回,因甲并未受到财产损失,不成立犯罪。通过欺骗方法使他人免除非法债务的,因不存在财产损失,不成立诈骗罪。例如,行为人谎称事后付钱而欺骗卖淫女提供性服务,之后逃避支付嫖资的,或采取欺骗手段使对方免收嫖资的,因卖淫行为有违公序良俗,其本身并不存在值得法律保护的财产性利益,故应当认为,通过实施欺骗行为逃避付款的,并未造成财产上的损失,而不成立诈骗罪。① 但是,行为人向卖淫者支付了嫖资后,使用欺骗手段骗回嫖资的,则成立诈骗罪。在有交易对价的情形下,一般不存在损失,难以成立诈骗罪。在市场经济条件下,在欺骗他人但同时给付价值相当的对价物品的场合,交易关系事实上存在,即使被害人因为受到欺骗而交付了财物,也很难说造成了其较大的实质上的财产损害。行为的实质不是侵犯了其财物所有权,而是违反了商业道德,扰乱了商品交换的正常秩序。这是本罪与销售伪劣产品罪的区分关键。"如果只考虑被骗者交付财产这一面,以此作为判断财产损害的根据,完全不看行为人同时向其支付了价值相当的财物这一面,这是不公平合理,也不能为社会公众所接受的。"② 其五,行为人取得财物是判断诈骗罪既遂的标准。

2. 主体

本罪主体为一般主体。明知他人实施诈骗犯罪,为其提供信用卡、手机卡、通信工具、通信传输通道、网络技术支持、费用结算等帮助的,以共同犯罪论处。

---

① 参见〔日〕西田典之:《日本刑法各论》(第七版),王昭武、刘明祥译,法律出版社 2020 年版,第 250 页。

② 刘明祥:《财产罪比较研究》,中国政法大学出版社 2001 年版,第 246 页。

3. 罪过

本罪罪过是故意,并具有非法占有公私财物的目的。

(二) 特殊诈骗的类型

1. 赌博诈骗

赌博诈骗是指通过设立虚假的赌局骗取他人财产的行为。赌博属射幸行为,具有输赢的不确定性,而赌博诈骗因赌具、参赌人员的原因,已使输赢不再具有偶然性,赌博即转化为赌博诈骗。在诈赌的场合,行为人采取的是实质上输赢没有偶然性但却伪装成具有偶然性的形似赌博的行为,诱使对方参与这种所谓的赌博,从而不法取得对方的财物,这种情形下,如果没有行为人的诈骗行为,被害人不可能产生认识错误,也不可能处分自己的财产。即使认为被害人参与赌博是违法行为,但由于诈骗罪的成立并不要求对方的财产处分行为出于特定动机,因此,赌博诈骗同样成立诈骗罪。2020 年 10 月 16 日"两高"、公安部《办理跨境赌博犯罪案件若干问题的意见》第 4 条规定,使用专门工具、设备或者其他手段诱使他人参赌,人为控制赌局输赢,构成犯罪的,依照刑法关于诈骗罪的规定定罪处罚。根据该条规定,赌博诈骗成立诈骗罪。

2. 三角诈骗

常态的诈骗犯罪发生于行为人与被害人之间,表现为行为人向被害人实施欺诈行为,被害人作出财产处分行为,被害人与被骗人具有同一性。但是,在某些特殊的诈骗犯罪中,却存在被害人与被骗人非为同一人的情况,从而形成行为人—被骗人(财产处分人)—被害人(财产的实际损害者)的关系,此为三角诈骗。三角诈骗仅是诈骗罪的对象主体发生了变化,属于非构成要件要素的变化,不影响诈骗罪的认定。需要明确的是,在三角诈骗中,被诈骗人与被害人可以不同,但被骗人与财产处分人必须为同一人,否则,则会因欠缺作为诈骗罪本质要素的基于认识错误而实施的处分行为,无法成立诈骗罪。

2012 年 7 月,唐某把自己的 QQ 号码(包括密码、密保问题、密保邮箱)以 3300 元的价格卖给李某,其后又通过腾讯网站进行申诉,将该已转让的 QQ 号码申请取回。本案最终由二审法院以诈骗罪判处唐某有期徒刑 6 个月。[①] 本案中,腾讯公司是财产即 QQ 号码的实际占有人,李某只是 QQ 号码的实际持有人,QQ 号码本身并无多少价值,它的使用价值主要体现在附着其上的一些信息,而这些信息必须通过腾讯公司才能实现。唐某的行为使腾讯公司产生了认识错误并为唐某办理了账号申诉取回手续,导致 QQ 号码实际持有人李某损失 3300 元,唐某的行为即属于诈骗罪。

[①] 参见蒋义红、唐晓萍:《盗窃间接正犯与三角诈骗之辨析》,载《中国检察官》2015 年第 10 期。

3. 诉讼诈骗

诉讼诈骗是三角诈骗在司法领域中的一种特殊表现形式。所谓诉讼诈骗,是指以虚假的诉讼证据对享有裁判职权的法官实施欺诈行为,使之产生认识错误,并基于认识错误作出对行为人有利的判决、裁定,使对方遭受财产损失的行为。诉讼诈骗多发生于民事诉讼之中,其基本表现形式是行为人向法院提供虚假、伪造的证据材料,欺骗法官以这些证据为基础,作出对自己有利的判决,诉讼诈骗完全符合诈骗罪的本质特征,应以诈骗罪追究行为人的刑事责任。

2002年10月24日最高检法律政策研究室《关于通过伪造证据骗取法院民事裁判占有他人财物的行为如何适用法律问题的答复》规定:以非法占有为目的,通过伪造证据骗取法院民事裁判占有他人财物的行为所侵害的主要是人民法院正常的审判活动,可以由人民法院依照民事诉讼法的有关规定作出处理,不宜以诈骗罪追究行为人的刑事责任。如果行为人伪造证据时,实施了伪造公司、企业、事业单位、人民团体印章的行为,构成犯罪的,应当依照《刑法》第280条第2款的规定,以伪造公司、企业、事业单位、人民团体印章罪追究刑事责任;如果行为人有指使他人作伪证行为,构成犯罪的,应当依照《刑法》第307条第1款的规定,以妨害作证罪追究刑事责任。该答复显然是否定诈骗罪的成立,但其合理性是值得研究的;同时,即便在该答复颁发之后,司法实践中也仍然存在将诉讼诈骗以诈骗罪定罪的做法。

张某经常从事民间放贷,陆先生与母亲周女士通过张某向他人借款15万元,2008年9月还清全部欠款。但张某在明知陆先生和周女士还清欠款的情况下,仍伪造内容为"今收借款现金拾陆万元整,限期一年还清,逾期按2分利/日结算"的"欠条"。2010年5月,张某以此为主要证据,向常熟市人民法院起诉陆先生和周女士"追债",被常熟市法院驳回。张某不服提起上诉,苏州市中级人民法院在审理期间,经苏州同济司法鉴定所鉴定,确定"欠条"系张某伪造而成。[①] 本案中,行为人张某实质上是以非法占有为目的虚构事实骗取他人财物,虽然借助了诉讼的形式,但不妨碍以诈骗罪定罪处罚。

4. 社会保障诈骗

社会保险是指国家为了预防和分担年老、失业、疾病以及死亡等社会风险,实现社会安全,而强制社会多数成员参加的,具有所得重分配功能的非营利性的社会安全制度。近些年来,大量出现了骗取社会保险金或其他社会保障待遇的现象,如开着豪车领低保、住着豪宅申请保障房等。为保障社会保险基金安全和公共福利,2014年4月24日全国人大常委会《关于〈刑法〉第二百六十六条的解释》明确规定,以欺诈、伪造证明材料或者其他手段骗取养老、医疗、工伤、失业、

---

① 参见黄晓梦:《苏州首例虚假诉讼诈骗入刑》,载《江苏法制报》2015年1月13日第A04版。

生育等社会保险金或者其他社会保障待遇的，属于《刑法》第266条规定的诈骗公私财物的行为。在此类诈骗犯罪中，诈骗对象较为特殊，为国家管理机关，诈骗行为不仅侵害到个人财产法益，也侵害到社会福利法益，但其他方面与普通诈骗并无不同。

（三）本罪的认定

1. 罪与非罪的界限

本罪与非罪的界限包括两种情况：一是本罪与一般违法行为的界限。根据《刑法》的规定，诈骗公私财物数额较大的，才成立诈骗罪，骗取的公私财物的数额尚未达到较大的，不应以犯罪论处，而只能按一般违法行为处理。数额较大，其标准为个人诈骗公私财物3000元至1万元以上，否则属于一般违法行为，而且也不是所有的达到数额较大标准的诈骗行为都按犯罪处理。二是本罪与民事财产、债务纠纷的界限。所谓财产、债务纠纷，是指基于借贷、借用及其他合同关系，债权债务没有及时履行，在债权人与债务人之间产生的纠纷。在民事法律关系中，经常存在借贷到期不能偿还、拖欠货款、经营亏损躲债的情况，诈骗罪与民事财产、债务纠纷的关键区别在于，正常的借贷行为没有非法占有的目的。具体认定时要考虑行为人的借贷动机、目的、原因、用途、久拖不还的原因、有无归还能力等因素。如行为人以高息为诱饵骗取财物，加以挥霍，然后久拖不还，百般掩饰，应认定为诈骗罪。如行为人因正常用途而借贷，虽然在取得财物时编造了谎言，但没有非法占有的目的，也没有任意挥霍和赖账，未归还只是因为客观原因无法如期偿还债务、如期履行合同，应当认定为正常的民事纠纷，不宜认定为诈骗罪。

2. 本罪与其他特殊诈骗罪的界限

《刑法》除规定了本罪之外，同时还根据诈骗行为的侵犯法益、行为对象、行为手段的不同特征规定了其他一些特殊诈骗罪，如第192条至第200条规定的各种金融诈骗罪，以及第204条骗取出口退税罪、第224条合同诈骗罪等。这些特殊诈骗罪与本罪的根本区别在于行为对象和行为手段等方面的不同，但无论怎样不同的诈骗对象与诈骗行为手段，也都是一种诈骗犯罪。因此，规定这些特殊诈骗罪的法条与规定普通诈骗罪的第266条是特别法条与普通法条的关系，根据特别法条优于普通法条的原则，对符合特殊诈骗罪构成要件的行为，应认定为特殊诈骗罪。《刑法》第266条也明确了这一原则："本法另有规定的，依照规定。"但同时也得充分考虑特别法条与普通法条的"重法优于轻法"这一处理原则，因为在某些特殊领域下的诈骗行为，可能没有达到特殊诈骗罪的构成要求，但却达到了普通诈骗罪的构成条件，如果不按犯罪处理，显然会导致法律适用上的不公平，就应以本罪论处。如行为人实施信用卡诈骗行为，诈骗金额没有达到该罪所规定的5000元数额较大的立案标准，但达到了普通诈骗罪的 3000 元数额较大的立案标准,如果符合诈骗罪的构成要件,就应当按照诈骗罪定罪处罚。

3. 本罪与盗窃罪的界限

本罪与盗窃罪的界限体现为:(1) 在被害人具备处分人资格的情况下,是否存在被害人基于认识错误自愿处分财产的行为,欠缺被害人自愿处分行为取得他人财产的,只能认定为盗窃罪。处分行为的有无,划定了诈骗罪与盗窃罪的基本界限。如以借打手机为名进而非法占有的行为,虽然含有欺骗的因素,但这种欺骗不能使被害人作出行为人所希望的财产处分,即自愿将财物交付行为人,而是为实施盗窃所打的掩护,为了盗窃能够顺利实施,实际上也属于盗窃,而非诈骗。(2) 行为人对欠缺处分人资格的人即使实施了欺诈手段取得财物,因欠缺处分人资格,应一律认定为盗窃罪。如从没有处分能力的幼儿、高度精神病患者那里取得财产的,不成立诈骗罪,只成立盗窃罪。(3) 盗窃罪中财产占有关系的改变无须被害人的协助,完全是由取财行为人自行完成;而诈骗罪是被害人基于行为人的欺诈行为,而在"自由意志"支配下自愿处分财产的行为,财产占有关系的变化需要被害人的积极协助。

乙女听说甲男能将 10 元变成 100 元,便将家里的 2000 元现金交给甲,让甲当场将 2000 元变成 2 万元。甲用红纸包着 2000 元钱,随后"变"来"变"去,趁机调换了红纸包,然后将调换过的红纸包交给乙,让乙 2 小时后再打开看。乙 2 小时后打开,发现红纸包内是餐巾纸。本案容易被认定为诈骗罪。问题是被害人乙女虽然受骗,但并没有处分其财产的意思表示。乙女交付财物的行为,并非自愿地使财物脱离自己的占有而放弃财物由他人排他性地占有,相反是基于贪财的心理,希望行为人甲帮其变出更多的钱财,显然不符合诈骗罪的基本特征。甲的所有行为都是其实施盗窃行为的一个幌子,先是迷惑被害人,然后利用被害人的不注意(被害人占有的弛缓)而秘密窃取被害人的财物,符合盗窃罪的构成要件。

4. 准确认定共同犯罪与主观故意①

(1) 3 人以上为实施电信网络诈骗犯罪而组成的较为固定的犯罪组织,应依法认定为诈骗犯罪集团。对组织、领导犯罪集团的首要分子,按照集团所犯的全部罪行处罚。对犯罪集团中组织、指挥、策划者和骨干分子依法从严惩处。对犯罪集团中起次要、辅助作用的从犯,特别是在规定期限内投案自首、积极协助抓获主犯、积极协助追赃的,依法从轻或减轻处罚。对犯罪集团首要分子以外的主犯,应当按照其所参与的或者组织、指挥的全部犯罪处罚。全部犯罪包括能够查明具体诈骗数额的事实和能够查明发送诈骗信息条数、拨打诈骗电话人次数、

---

① 参见"两高"、公安部 2016 年 12 月 19 日《关于办理电信网络诈骗等刑事案件适用法律若干问题的意见》(以下简称《电信网络诈骗刑案解释》)。

诈骗信息网页浏览次数的事实。

（2）多人共同实施电信网络诈骗，犯罪嫌疑人、被告人应对其参与期间该诈骗团伙实施的全部诈骗行为承担责任。在其所参与的犯罪环节中起主要作用的，可以认定为主犯；起次要作用的，可以认定为从犯。

（3）明知他人实施电信网络诈骗犯罪，具有下列情形之一的，以共同犯罪论处，但法律和司法解释另有规定的除外：① 提供信用卡、资金支付结算账户、手机卡、通信工具的；② 非法获取、出售、提供公民个人信息的；③ 制作、销售、提供"木马"程序和"钓鱼软件"等恶意程序的；④ 提供"伪基站"设备或相关服务的；⑤ 提供互联网接入、服务器托管、网络存储、通讯传输等技术支持，或者提供支付结算等帮助的；⑥ 在提供改号软件、通话线路等技术服务时，发现主叫号码被修改为国内党政机关、司法机关、公共服务部门号码，或者境外用户改为境内号码，仍提供服务的；⑦ 提供资金、场所、交通、生活保障等帮助的；⑧ 帮助转移诈骗犯罪所得及其产生的收益，套现、取现的。上述规定的"明知他人实施电信网络诈骗犯罪"，应当结合被告人的认知能力，既往经历，行为次数和手段，与他人关系，获利情况，是否曾因电信网络诈骗受过处罚，是否故意规避调查等主客观因素进行综合分析认定。

（4）负责招募他人实施电信网络诈骗犯罪活动，或者制作、提供诈骗方案、术语清单、语音包、信息等的，以诈骗共同犯罪论处。

（5）部分犯罪嫌疑人在逃，但不影响对已到案共同犯罪嫌疑人、被告人的犯罪事实认定的，可以依法先行追究已到案共同犯罪嫌疑人、被告人的刑事责任。

（四）本罪的处罚①

犯本罪的，根据《刑法》第266条的规定，处3年以下有期徒刑、拘役或者管制，并处或者单处罚金；数额巨大或者有其他严重情节的，处3年以上10年以下有期徒刑，并处罚金；数额特别巨大或者有其他特别严重情节的，处10年以上有期徒刑或者无期徒刑，并处罚金或者没收财产。诈骗公私财物价值3万元至10万元以上、50万元以上的，应当分别认定为这里的"数额巨大""数额特别巨大"。各地可以结合本地区经济社会发展状况，以此标准为依据确定执行数额。

诈骗公私财物达到本罪要求的数额标准，具有下列情形之一的，可以依照本罪规定酌情从严惩处：(1) 通过发送短信、拨打电话或者利用互联网、广播电视、报纸杂志等发布虚假信息，对不特定多数人实施诈骗的；(2) 诈骗救灾、抢险、防汛、优抚、扶贫、移民、救济、医疗款物的；(3) 以赈灾募捐名义实施诈骗的；(4) 诈骗残疾人、老年人或者丧失劳动能力人的财物的；(5) 造成被害人自杀、

---

① 参见《电信网络诈骗刑案解释》《诈骗刑案解释》有关内容。

精神失常或者其他严重后果的。诈骗数额接近"数额巨大""数额特别巨大"的标准,并具有上述情形之一或者属于诈骗集团首要分子的,应当分别认定为"其他严重情节""其他特别严重情节"。

实施电信网络诈骗犯罪,达到相应数额标准,具有下列情形之一的,酌情从重处罚:(1)造成被害人或其近亲属自杀、死亡或者精神失常等严重后果的;(2)冒充司法机关等国家机关工作人员实施诈骗的;(3)组织、指挥电信网络诈骗犯罪团伙的;(4)在境外实施电信网络诈骗的;(5)曾因电信网络诈骗犯罪受过刑事处罚或者2年内曾因电信网络诈骗受过行政处罚的;(6)诈骗残疾人、老年人、未成年人、在校学生、丧失劳动能力人的财物,或者诈骗重病患者及其亲属财物的;(7)诈骗救灾、抢险、防汛、优抚、扶贫、移民、救济、医疗等款物的;(8)以赈灾、募捐等社会公益、慈善名义实施诈骗的;(9)利用电话追呼系统等技术手段严重干扰公安机关等部门工作的;(10)利用"钓鱼网站"链接、"木马"程序链接、网络渗透等隐蔽技术手段实施诈骗的。

实施诈骗行为构成犯罪的,具有下列情形之一,且行为人认罪、悔罪的,可以不起诉或者免予刑事处罚:(1)具有法定从宽处罚情节的;(2)一审宣判前全部退赃、退赔的;(3)没有参与分赃或者获赃较少且不是主犯的;(4)被害人谅解的;(5)其他情节轻微、危害不大的。

实施电信网络诈骗犯罪,犯罪嫌疑人、被告人实际骗得财物的,以诈骗罪(既遂)定罪处罚。诈骗数额难以查证,但具有下列情形之一的,应当认定为"其他严重情节",以诈骗罪(未遂)定罪处罚:(1)发送诈骗信息5000条以上的,或者拨打诈骗电话500人次以上的;(2)在互联网上发布诈骗信息,页面浏览量累计5000次以上的。具有上述情形,数量达到相应标准10倍以上的,应当认定为"其他特别严重情节",以诈骗罪(未遂)定罪处罚。上述"拨打诈骗电话",包括拨出诈骗电话和接听被害人回拨电话。反复拨打、接听同一电话号码,以及反复向同一被害人发送诈骗信息的,拨打、接听电话次数、发送信息条数累计计算。因犯罪嫌疑人、被告人故意隐匿、毁灭证据等原因,致拨打电话次数、发送信息条数的证据难以收集的,可以根据经查证属实的日拨打人次数、日发送信息条数,结合犯罪嫌疑人、被告人实施犯罪的时间、犯罪嫌疑人、被告人的供述等相关证据,综合予以认定。

诈骗未遂,以数额巨大的财物为诈骗目标的,或者具有其他严重情节的,应当定罪处罚。诈骗既有既遂,又有未遂,分别达到不同量刑幅度的,依照处罚较重的规定处罚;达到同一量刑幅度的,以诈骗罪既遂处罚。

使用非法获取的公民个人信息,实施电信网络诈骗犯罪行为,构成数罪的,应当依法予以并罚。冒充国家机关工作人员实施电信网络诈骗犯罪,同时构成诈骗罪和招摇撞骗罪的,依照处罚较重的规定定罪处罚。非法持有他人信用卡,没有证据证明从事电信网络诈骗犯罪活动,符合妨害信用卡管理罪规定的,以该罪追究刑事责任。

诈骗近亲属的财物,近亲属谅解的,一般可不按犯罪处理。诈骗近亲属的财物,确有追究刑事责任必要的,具体处理也应酌情从宽。

第四节 侵占、挪用型财产犯罪

一、侵占罪

(一)概念及构成要件

本罪是指以非法占有为目的,将代为保管的他人财物非法占为己有,数额较大,拒不退还的行为,或将他人的遗忘物或埋藏物非法占为己有,数额较大,拒不交出的行为。本罪法益是他人的公私财物所有权。

1. 行为对象

本罪行为对象是行为人持有的他人财物,分为两类:一类是代为保管物,即行为人代为保管的他人财物;一类是脱离占有物,即他人的遗忘物、埋藏物。

(1)代为保管物的认定。代为保管物既可以是动产,也可以是不动产;既可以是有形物,也可以是无形物;既可以是私人托管的财物,也可以是单位托管的财物;既包括狭义的"受他人委托暂时代为保管或看护财物"[1],也包括广义上的"行为人对他人财物的事实占有"。即以行为人占有财物为前提,并由此派生出保管义务,主要包括受财物所有人、持有人委托,或基于保管合同关系以及其他对财物具有的事实上或法律上的支配关系,对他人的财物代为保存、管理,如基于委托、租赁、借用、担保、居间关系、雇佣关系等而代为保管他人财物。事实上的占有,只要行为人对财物具有事实上的支配即可,不要求事实上持有该财物;辅助占有因不具有对财物的事实支配关系,不属于事实占有。例如在车站、码头帮乘客搬运随身行李的人,对搬运中的财物并没有事实占有。法律上的占有,是指行为人虽然没有事实上占有财物,但在法律上对财物具有支配力。如不动产的名义登记人占有不动产,提单等有价证券的持有人占有提单等有价证券所记载的财物。[2]

此外,代为保管也包括基于无因管理、不当得利代为管理他人财物的情形。无因管理,是指未受委托,又无法律上的义务,为避免他人的利益受损失而自愿为他人管理事务或提供服务的事实行为。不当得利,是指没有法律或合同上的

---

[1] 高铭暄、马克昌主编:《刑法学》(第十版),北京大学出版社、高等教育出版社2022年版,第514页。

[2] 参见张明楷:《刑法学》(第六版)(下),法律出版社2021年版,第1261页。

根据,使他人受到损害而获得某种利益的事实行为。无因管理和不当得利属于法律不禁止的财物占有。我们认为,侵占罪的实质是由合法持有变为非法占有,持有他人财物是成立侵占罪的前提,"代为保管的他人财物"不仅包括基于合法保管关系而产生的对他人财物的占有关系,也包括基于其他法律或事实原因而产生的对他人财物的占有关系,后一占有关系并不被法律所禁止。

(2)脱离占有物的认定。脱离占有物包括遗忘物与埋藏物两种。遗忘物是指财物的所有人或持有人将所持财物放在某处,非基于本意而因疏忽忘记失去占有、控制,偶然被行为人发现、占有的财物。因刑法与民法在立法规定中分别使用了"遗忘物"(《刑法》第270条)与"遗失物"(如《民法典》第312、314条)的用语,本罪中的"遗忘物"是否即为民法上的"遗失物",在刑法理论界存在争议。区分必要说主张,应严格区分遗忘物与遗失物:遗忘物是指"本应携带因遗忘而没有带走的财物",一般是刚刚遗忘,随即想起的财物,遗忘者还记得财物被遗忘的具体地点与时间,拾得者一般也知道失主是谁;遗失物一般为失主大意丢失的财物,失主不知道财物丢失的具体时间和地点,且失去财物的时间相对较长,拾得者一般也不知道失主具体是谁。对于侵占遗失物的,不构成犯罪。① 区分不要说则认为,遗忘物与遗失物本身就是同一物,尽管立法者想以遗忘物区别于遗失物,但是,这种区分不仅事实上不可能,而且会造成以财产所有人的主观想象来决定行为人行为是否成立犯罪的结果,"一种行为是否构成犯罪不是取决于本人的行为和本人的主观意图,而是取决于一个偶然因素",显然是欠缺正当性的。② 我们认为,由侵占罪的本质所决定,无论是非法占有他人所有的数额较大的遗忘物,还是非法占有他人数额较大的遗失物,均存在刑法保护的客观需要,因而,应将刑法中的"遗忘物"理解为,非基于财物所有人本人的财产处分意志而脱离占有的财物,以及其他所有人不明的财物。

所谓埋藏物,是指长期埋于地下或藏于他物之中,所有人不明或应由国家所有的财物,且并未被他人(包括国家、单位)占有,偶然由行为人发现、占有的财物。就埋藏物的性质而言,一般均应为他人所有的财物。作为本罪犯罪对象的"埋藏物",是指掩埋于地下或者其他物品之中,由特定主体(包括国家、单位或者公民)享有所有权而并未实际占有,由行为人偶然发现的财物。若是他人有意埋藏于特定地下,且具有占有意思的财物,属于他人占有的财物,而非埋藏物。行为人明知是他人有意埋藏的物品而窃取的,构成盗窃罪;明知某古墓埋藏了古代珍贵文物,以非法占有为目的进行挖掘,将所有财物据为己有的,构成盗掘古

---

① 参见周道鸾、张军主编:《刑法罪名精释》(第四版)(下),人民法院出版社2013年版,第658页。
② 陈兴良:《口授刑法学》(第二版),中国人民大学出版社2017年版,第372页。

墓葬罪。

2. 行为

本罪行为表现为,行为人占有他人财物并拒不交出,数额较大。

(1) 作为侵占罪成立前提的占有。侵占罪的前提是对他人所有的财物的占有,包括:一是基于合法原因的占有,如基于合法的委托关系、租赁关系、借用关系、担保关系、承揽关系、运输关系而取得对他人财物的占有;二是基于不违法原因的占有,如基于无因管理、不当得利等民事行为,以及基于拾得、发现他人遗忘物、埋藏物等而取得对他人财物的占有。

(2) 非法占为己有,拒不退还或拒不交出。侵占行为的本质是由不违法占有变为不法所有。在侵占罪中,"占有"行为与"不法所有"行为的对象未发生变化,但由于行为人的主观内容已经发生转变,产生了非法占有的目的,并在其支配下实施了具有不法所有意图的行为,即非法占为己有,拒不退还或拒不交出,从而使得侵占行为具有了危害行为的性质。在侵占罪中,"非法占为己有"和"拒不退还或拒不交出"表达了相同的含义:将自己原来占有的财物变为自己所有的财物,可以表现为消费、出卖、赠予、抵偿债务及拒绝归还。

基于侵占对象的不同,可分为普通侵占和侵占脱离占有物。普通侵占的行为对象是自己代为保管的他人财物,以财物的所有人与行为人之间存在委托关系作为前提;行为内容是将自己暂时占有的他人财物不法转变为自己所有的财物,不退还或者以财物所有人自居。侵占脱离占有物的行为对象是他人的遗忘物、埋藏物(须为所有人不明或应由国家所有的财物)。侵吞不法委托、给付的财物,如将代为保管的行贿罪的对象、盗窃后的赃物,在保管或者代为销售后据为己有的,不成立本罪。行为内容是将特定对象非法占有,拒不交出。

所谓拒不退还,是指权利人根据约定,要求代为保管人退还所代管的财物时,代为保管人无法律根据地拒绝退还代管的财物。拒不交出,是指对他人的遗忘物、埋藏物在明确权利人之后,经有关国家机关要求交出而拒绝交出。司法实践认为,拒不退还或拒不交出的意思表示方式并无任何限制,无论行为人是否以语言明确表示其拒不退还或拒不交出的意思,只要行为人的行为在客观上足以表现其拒不退还或拒不交出的意思即可。[①] 如果行为人同意交出或未明确拒绝,但事后擅自处分了财物导致无法归还的,也应当认定为拒不交出或拒不退还。同时,拒不交出或拒不退还也不要求客观上行为人是否有能力归还,无论行为人有无退还的能力,只要事实上"拒不退还",就已经属于"侵占"行为。如果行为人只是要求延期退还或交出,而不是拒绝退还或交出,由此引起纠纷的,则一般不应认定为拒不退还或拒不交出。

---

① 参见刘志伟:《侵占犯罪的理论与司法适用》,中国检察出版社2000年版,第107页。

行为人最初表示拒不退还或交出，随后又基于某种原因而将他人的财物退还或交出的，是否构成这里的"拒不退还或拒不交出"，这涉及时间标准问题。侵占罪作为告诉才处理的案件，应当说只要行为人在判决宣告前退还或交出了侵占物，就仍有充足的征得被害人谅解进而实际免受刑事追究的机会。在这种情况下，原告撤回告诉的，人民法院应当撤销案件，不宜再按犯罪处理；原告不撤回告诉的，仍按侵占罪处理，但在量刑时可以酌情考虑。本罪以侵占他人的财物数额较大为犯罪成立的要件，如果侵占的财物数额较小，则不以犯罪论处。

周某于2006年欠下本县个体户陆某3400元。到期后周某以建材存在质量问题为由一直未付。2008年6月12日，周某因临时有事外出将自己的一辆价值6000元的摩托车存放在陆某处。几天后，当周某外出回来欲骑走自己的摩托车时，发现摩托车不见了。陆某坦承摩托车已被他另存他处，并称以此车抵消周某此前欠下的建材款3400元及其相应利息，一直拒绝归还。2008年10月22日，周某将陆某起诉至法院。① 对于本案，法院最终判决认为，陆某将代为保管的他人财物非法占为己有，数额较大，拒不退还，其行为已构成侵占罪。

3. 主体

本罪主体为一般主体。

4. 罪过

本罪罪过是故意，并具有非法占有的目的。

(二) 本罪的认定

1. 罪与非罪的界限

首先，侵占罪要求行为人侵占自己代为保管的他人财物或他人的遗忘物和埋藏物，数额较大。侵占数额较小的上述财物的，不成立侵占罪。但何谓数额较小，目前并无明确的标准。根据罪责刑相适应的原则，侵占罪数额较大的标准应高于盗窃罪数额较大的标准。

其次，要正确区分侵占行为与借贷纠纷。一般认为，借用关系可以分为两种情况，即借用特定物与借用种类物。借用特定物拒不退还的，可以构成侵占罪，借用种类物不偿还的纯属民事纠纷。这是因为，种类物是具有共同特征的物，可以用同种类、同质量的物代替。借用种类物，行为人已取得了对种类物的所有权，只不过同时负有偿还同种类、等质量物的义务。而借用特定物的情况，由于特定物的所有权并未转移，因此行为人在借用后只是合法地占有该物，并负有返还原物的义务。如果行为人拒不返还，则可以构成侵占罪。

最后，要特别注意区分侵占行为与不当得利。所谓不当得利，是指无法律依

---

① 参见钟文春、朱炳辉：《你欠债，我扣车，小心构成侵占罪》，载《检察日报》2009年3月21日第3版。

据使他人的合法权益受到损害而自己受益的情况。侵占行为与不当得利,在客观上都表现为非法占有他人财物,区别如下:(1) 占有他人财物的故意形成的时间不同。侵占罪行为人非法占有他人财物的故意一般产生于侵占行为的实施之前,而不当得利的受益人,其占有的故意在取得财物之前根本没有产生。(2) 行为人占有财物的过程不同。侵占罪的行为人积极主动促成非法占有他人财物的事实,而不当得利的行为人并没有主动造成占有的事实,其之所以获得不当得利,在于受损人的疏忽、过错,也就是说,在获得不当得利这一点上,受益人是被动的。(3) 行为性质和法律后果不同。侵占数额较大的公私财物,触犯了刑法,构成侵占罪,依法应被追究刑事责任。而不当得利行为是一种轻微的民事违法行为,不当得利人只需承担返还不当所得利益的民事责任。如果不当得利的行为人,在经财物的所有人或占有人讨要之后而拒不退还的,就可能构成侵占罪;但在具体案件的认定上,应以值得处罚的法益侵害行为这一实质要件为前提,严格掌握入罪标准。

2012 年 7 月 12 日上午,张某去某银行柜台取现金 10 万元,银行工作人员李某马虎大意将桌上的另外 2 万元也一同交给了张某,张某回到家后方才发现多拿了 2 万元,但他并没有通知银行。当日下午,银行下班前工作人员核对现金时发现缺少 2 万元,于是调用监控录像发现是李某失误多支付给了张某,故联系张某返还。张某拒不返还。① 本案中,张某取得 2 万元属于没有合法依据的不当利益,依法应当返还给银行。虽然张某拒不返还,但是这种拒不返还并非在银行尝试了所有救济途径之后的"拒绝"。换言之,银行完全可以根据民法的相关规定起诉张某,要求返还,而并没有上升到刑事处罚的必要。同时,银行也有过失,且全案金额也并不大。综合分析,张某的行为不构成侵占罪。

2. 本罪与盗窃罪的界限

侵占罪与盗窃罪都属于侵犯财产罪,其不同主要表现在:一是行为方式及条件不同。侵占罪中,对财物的控制和接触是合法的,且与时间长短无关,表现为对特定财物排除其他人占有而自己独立占有,并在对财物合法控制之后,通过拒不返还的行为加以非法侵吞;在盗窃罪中,行为人控制或者接触财物本身即具有非法性,即根本不存在合法持有财物的前提条件。二是罪过不完全相同。侵占罪以非法所有为目的,若以一时的利用为目的而擅自使用他人之物或以毁弃、隐匿为目的而侵犯他人财物使用权、处分权的,并不是侵占罪的故意;盗窃罪以非法占有为目的,既包括永久剥夺财物所有权,也包括为一时的利用目的而侵犯他人的使用权之意图,或为毁弃、隐匿目的而侵犯他人的处分权之意图。因为在盗

---

① 参见王杰:《不当得利拒不返还与侵占罪关系分析》,http://court.gmw.cn/html/article/201304/18/125844.shtml,2015 年 12 月 30 日访问。

窃罪的成立要件中，不以行为人拒不返还盗窃的财物为要件。有些情况下盗窃行为人经权利人索要被盗物时，愿意返还被盗物；也有些情况下，行为人为了使用、隐匿而盗窃，但具有返还的意思。由于财物的暂时使用也会给被害人造成重大利益损失，因此，也应当把为一时使用之目的或为毁弃、隐匿的目的作为盗窃罪的意志因素。三是故意形成的时间不同。侵占罪的非法占为己有行为实行之前，已经持有他人财物，犯罪故意产生于持有他人财物之后；盗窃罪的犯罪故意产生于占有他人财物之前，由此支配而实施窃取的行为。四是侵占罪实行告诉才处理，而盗窃罪则没有这一限制性要求。

3. 本罪与诈骗罪的界限

一是犯罪对象不完全相同。侵占罪的犯罪对象仅限于侵占行为实施之前，行为人已经持有的代为保管的他人财物或遗忘物、埋藏物；诈骗罪的犯罪对象并无此限制，并且在诈骗行为实施之前，行为人并没有实际掌握控制他人财物。二是犯罪故意的内容和产生的时间不同。侵占罪行为人认识到自己是以非暴力手段将自己已经持有的他人财物非法占为己有，犯罪故意只能产生于持有他人财物之后；诈骗罪行为人认识到自己是以欺骗的手段将自己并不持有的他人财物从他人掌握控制中骗取过来，犯罪故意只能产生于持有他人财物之前。三是客观行为不同。侵占罪行为人的犯罪行为表现为将自己持有的他人财物非法占为己有，且拒不返还或拒不交出。如果行为人在一定时间内将持有的他人之物予以返还则不构成犯罪。而诈骗罪行为人以虚构事实或隐瞒事实真相的方法将他人的财物非法转归自己所有，即使行为人实施返还或交出他人之物的行为，并不影响诈骗行为的成立。

一般而言，侵占罪与诈骗罪比较容易区分。需要注意的是，他人向行为人表达了委托其保管财物的意思而尚未交付委托物，行为人即产生了将他人财物非法占有的故意的，应以诈骗罪论处。尽管行为人并没有采用任何欺骗手段主动地骗取他人的委托，但行为人隐瞒了自己欲将尚未交付占有的委托物占为己有的意图，使委托人误以为行为人真心地替其保管财物，行为人实质上是通过一种消极的欺骗手段而取得委托保管的占有，应以诈骗罪论处。同时，在侵占罪中，行为人有时是通过欺诈的手段将自己所持有的他人的财物非法转归自己所有。例如，行为人对委托人谎称其委托代为保管物被盗或被抢。由于行为人不是通过欺骗的手段而获得他人财物的占有，因此应定侵占罪。例如，甲冒充乙的新同学到乙家，欺骗乙的母亲丙，称乙让其来帮忙取包。丙信以为真将装有现金的包交给了甲。此时甲构成诈骗罪。如果乙确实是让甲来帮忙取包，甲取走后占为己有拒不返还的行为构成的则是侵占罪。[①]

[①] 参见肖怡：《侵占罪、诈骗罪与盗窃罪的构成辨析与实务难点》，载《人民司法（应用）》2012年第21期。

（三）本罪的处罚

犯本罪的，根据《刑法》第270条第1款的规定，处2年以下有期徒刑、拘役或者罚金；数额巨大或者有其他严重情节的，处2年以上5年以下有期徒刑，并处罚金。本罪属于告诉才处理的犯罪。如果侵占的是国家所有的财物，则应由检察院提起公诉。

二、职务侵占罪

（一）概念及构成要件

本罪为《刑法修正案（十一）》所修订。本罪是指公司、企业或其他单位的工作人员，利用职务上的便利，将本单位财物非法占为己有，数额较大的行为。本罪法益是公司、企业或其他单位的财物所有权。犯罪对象是行为人所属公司、企业或其他单位的财物，可以是动产，也可以是不动产，可以是有体物也可以是无体物。公司是指有限责任公司和股份有限公司；企业是指除上述公司以外依法成立的从事生产、经营的经济组织；其他单位是指除公司、企业以外的群众团体、管理公益事业的单位、群众自治组织等。

1. 行为

本罪行为表现为行为人利用职务上的便利，将数额较大的单位财物非法占为己有。构成本罪，首先，行为人利用了职务上的便利。所谓利用职务上的便利，是指行为人利用自己主管、管理、经营、经手单位财物的便利条件。如公司保管员利用管理财物的便利，出纳利用管理现金的便利等。如果不是利用职务上的便利，而是仅仅利用熟悉单位环境和机会上的便利，实施的窃取行为不能认定为职务侵占罪。其次，实施了非法占有本单位财物的行为。非法占有的方法表现为侵吞、窃取、骗取或其他方法。侵吞是指行为人利用职务上的便利，将自己合法管理、使用、经手的本单位财物非法占为己有的行为，即行为人以财物所有者自居在执行职务、经手财物时加以截留并任意使用和处理财物。如将本单位财物转卖或擅自赠送他人。窃取是指行为人利用职务上的便利，以违反单位意思的窃取的方法，自己合法管理、使用的本单位财物非法占有的行为，也即常说的"监守自盗"行为。如售货员偷拿货款，仓库保管员窃取自己保管的财物等。骗取是指行为人利用职务上的便利，通过虚构事实、隐瞒真相的办法，非法占有公司、企业财物的行为。如利用伪造、涂改单据、发票等方式多领钱款等。其他手段，是指侵吞、窃取、骗取以外的利用职务上的便利非法占有本单位财物的行为。如利用回扣非法占有公司款项，与他人恶意串通利用合同侵占本单位财物等。"非法占为己有"，不限于行为人所有，还包括使第三者所有。最后，非法占有数额较大的单位财物。根据《公安机关立案标准（二）》第76条的规定，"数额较大"以3万元为起点。

2. 主体

本罪主体是特殊主体,由公司、企业或者其他单位的工作人员构成。除此之外,还包括:(1)村民小组组长①;(2)在国有资本控股、参股的股份有限公司中从事管理工作,但不属于受国家机关、国有公司、企业、事业单位委派从事公务的人员。② 国有公司、企业或者其他国有单位中从事公务的人员和国有公司、企业或者其他国有单位委派到非国有公司、企业以及其他单位从事公务的人员,利用职务上的便利,侵占公共财物的,应认定为贪污罪。

公司保安甲在休假期内,以"第二天晚上要去医院看望病人"为由,欺骗保安乙,成功和乙换岗。当晚,甲将看管的公司仓库内价值5万元的财物运走变卖。③ 本案中,甲在运走变卖公司仓库财物时的身份是值班保安,利用职务上的便利,将其看管的财物运走变卖,构成职务侵占罪。

2004年4月30日最高法研究室《关于对行为人通过伪造国家机关公文、证件担任国家工作人员职务并利用职务上的便利侵占本单位财物、收受贿赂、挪用本单位资金等行为如何适用法律问题的答复》规定:行为人通过伪造国家机关公文、证件担任国家工作人员职务以后,又利用职务上的便利实施侵占本单位财物、收受贿赂、挪用本单位资金等行为,构成犯罪的,应当分别以伪造国家机关公文、证件罪和相应的贪污罪、受贿罪、挪用公款罪等追究刑事责任,实行数罪并罚。

3. 罪过

本罪罪过为故意,并且具有非法占有单位财物的目的。

(二)本罪的认定

1. 本罪的共犯问题

在身份关系上需要具体区分:(1)国有公司、企业或者其他国有单位中从事公务的人员和国有公司、企业或者其他国有单位委派到非国有公司、企业以及其他单位从事公务的人员,利用职务上的便利,侵占公共财物的,应认定为贪污罪。(2)国家机关、国有公司、企业、事业单位中并未从事公务的非国家工作人员,可成为本罪行为主体。(3)在国有资本控股、参股的股份有限公司中从事管理工作的人员,除受国家机关、国有公司、企业、事业单位委派从事公务的以外,不属

---

① 1999年6月25日最高法《关于村民小组组长利用职务便利非法占有公共财物行为如何定性问题的批复》规定:对村民小组组长利用职务上的便利,将村民小组集体财产非法占为己有,数额较大的行为,应以职务侵占罪定罪处罚。

② 2001年5月23日最高法《关于在国有资本控股、参股的股份有限公司中从事管理工作的人员利用职务便利非法占有本公司财物如何定罪问题的批复》规定:在国有资本控股、参股的股份有限公司中从事管理工作的人员,除受国家机关、国有公司、企业、事业单位委派从事公务的以外,不属于国家工作人员。对其利用职务上的便利,将本单位财物非法占为己有,数额较大的,应以职务侵占罪定罪处罚。

③ 参见2014年国家司法考试真题卷二第17题。

于国家工作人员。对其利用职务上的便利,将本单位财物非法占为己有,数额较大的,应认定为本罪。(4)村民委员会等村基层组织人员,利用职务便利侵吞集体财产的,以本罪论处;在协助人民政府从事行政管理工作时,利用职务上的便利侵占公共财物的,成立贪污罪。(5)对村民小组组长利用职务上的便利,将村民小组集体财产非法占为己有,数额较大的行为,应认定为本罪。

2000年6月30日最高法《关于审理贪污、职务侵占案件如何认定共同犯罪几个问题的解释》第2条规定,行为人与公司、企业或者其他单位的人员勾结,利用公司、企业或者其他单位人员的职务便利,共同将该单位财物非法占为己有,数额较大的,以职务侵占罪共犯论处。第3条规定,公司、企业或者其他单位中,不具有国家工作人员身份的人与国家工作人员勾结,分别利用各自的职务便利,共同将本单位财物非法占为己有的,按照主犯的犯罪性质定罪。

2. 本罪与侵占罪的界限

两罪同属于侵犯财产的犯罪,主观上都以非法占有为目的。二者区别如下:一是犯罪对象不同,本罪的犯罪对象是公司、企业或其他单位的财物,而侵占罪的犯罪对象则是代为保管的他人财物或他人的遗忘物、埋藏物;二是行为与后果要求不同,本罪行为表现为利用职务上的便利,侵吞、窃取、骗取本单位的财物,而侵占罪行为与职务无关,表现为将自己占有的他人财物,非法据为己有,拒不退还或拒不交出的行为;三是主体不同,本罪主体为公司、企业或其他单位不具有国家工作人员身份的人,侵占罪的主体为一般主体。二者区分的关键就在于将自己占有的他人财物非法占为己有是否利用了职务上的便利。

3. 本罪与盗窃罪、诈骗罪的界限

本罪与盗窃罪、诈骗罪同属于侵犯财产的犯罪,主要区别如下:一是主体不同,本罪主体是特殊主体,只有公司、企业和其他单位的人员才能构成,而后两罪的主体为一般主体;二是行为不同,本罪行为表现为利用职务上的便利,侵吞、窃取、骗取或通过其他方法非法获取本单位的财物,在行为手段上,除了窃取或骗取以外,还包括侵吞或其他方法,同时要求行为人实施行为时利用了职务上的便利,而后两罪的行为表现为窃取或骗取公私财物,对于行为人不要求"利用职务上的便利";三是犯罪对象不同,本罪的犯罪对象是公司、企业和其他单位的财物,而后两罪的犯罪对象则没有这方面的限制;四是非法占为己有的财物数额对成立犯罪而言所起作用不同。对于盗窃罪而言,多次盗窃、入户盗窃、扒窃、携带凶器盗窃的,即使没有达到数额较大的程度,也可构成犯罪;而成立本罪和诈骗罪必须涉及财物数额较大,才能成立犯罪。

(三)本罪的处罚

犯本罪的,根据《刑法》第271条第1款的规定处罚。数额较大的,处3年以下有期徒刑或者拘役,并处罚金;数额巨大的,处3年以上10年以下有期徒刑,并处罚金;数额特别巨大的,处 10 年以上有期徒刑或者无期徒刑,并处罚金。根据 2016 年 4 月 18 日"两高"《关于办理贪污贿赂刑事案件适用法律若干问题的解释》(以下简称《贪贿犯罪解释》)第 11 条第 1 款的规定,这里的"数额较大""数额巨大"的数额起点,按照该解释关于贪污罪、受贿罪相对应的数额标准的 2 倍、5 倍执行。即犯本罪,数额在 15 万元以上不满 100 万元的,为"数额较大";数额在 100 万元以上不满 1500 万元的,为"数额巨大"。

三、挪用资金罪

(一) 概念及构成要件

本罪为《刑法修正案(十一)》所修订。本罪是指公司、企业或其他单位的工作人员,利用职务上的便利,挪用本单位资金归个人使用或借贷给他人使用,数额较大、超过 3 个月未还的,或虽未超过 3 个月,但数额较大、进行营利活动的,或进行非法活动的行为。本罪法益是公司、企业或其他单位的财产使用权。本罪的对象是单位资金,因此,挪用单位资金以外的财物的,不成立本罪。

1. 行为

本罪行为表现为利用职务上的便利,挪用本单位资金归个人使用或借贷给他人。具体包括以下三点:

(1) 行为人利用了职务上的便利,即其在公司、企业或其他单位中具有的主管、管理、经手单位资金的便利条件。

(2) 挪用本单位资金归个人使用或借贷给他人使用。挪用是指未经合法批准,擅自动用主管、管理、经手的单位资金,但并非永久占有,而是暂时使用并准备日后归还。根据《公安机关立案标准(二)》第 77 条第 2 款的规定,"归个人使用"包括以下三种情形:一是将本单位资金供本人、亲友或者其他自然人使用的;二是以个人名义将本单位资金供其他单位使用的;三是个人决定以单位名义将本单位资金供其他单位使用,谋取个人利益的。挪用可以是借贷给其他自然人,也可以借贷给其他单位。根据有关司法解释,公司、企业或者其他单位的非国家工作人员,利用职务上的便利,挪用本单位资金归本人或者其他自然人使用,或者挪用人以个人名义将所挪用的资金借给其他自然人和单位,属于这里的挪用行为;筹建公司的工作人员在公司登记注册前,利用职务上的便利,挪用准备设立的公司在银行开设的临时账户上的资金,归个人使用或者借贷给他人,也属于本罪的挪用行为。[①]

[①] 参见 2000 年 7 月 20 日最高法《关于如何理解刑法第二百七十二条规定的"挪用本单位资金归个人使用或者借贷给他人"问题的批复》;2000 年 10 月 9 日最高检《关于挪用尚未注册成立公司资金的行为适用法律问题的批复》。

（3）具体的挪用行为表现为三种情况。一是挪用单位资金用于营利活动与非法活动以外的诸如旅游、购买物品等活动的，必须数额较大、超过3个月未还。这里的"数额较大"，以5万元为起点。挪用资金数额较大，未超过3个月的，或挪用资金数额较小，超过3个月没有归还的，均不构成本罪。二是挪用单位资金进行营利活动，虽未超过3个月，但数额较大的。这里的"营利活动"，是合法的营利活动，如将单位资金存入银行、用于集资、购买股票等，数额较大也以5万元为起点。三是挪用单位资金进行诸如走私、非法经营、赌博等非法活动的。对于此类情形，凡数额在3万元以上的，应追究刑事责任。尽管对挪用单位资金的时间没有特别要求，但是挪用时间特别短暂的，根据实质可罚性立场与结果无价值论，不宜认定为犯罪。另外，这里的"不退还"是指客观上没有退还。

2. 主体

本罪主体是特殊主体，即必须是公司、企业或其他单位的工作人员，但不包括国有公司、企业或其他国有单位中从事公务的人员和国有公司、企业或其他国有单位委派到非国有公司、企业以及其他单位从事公务的人员。非国有银行或其他金融机构的工作人员，利用职务上的便利，挪用本单位或客户资金的，依照挪用资金罪定罪处罚。受国家机关、国有公司、企业、事业单位、人民团体委托，管理、经营国有财产的非国家工作人员，利用职务上的便利挪用国有资金归个人使用构成犯罪的，以挪用公款罪定罪处罚。

孙某系某村民小组组长。2008年年底，他从政府有关部门领走石（家庄）武（汉）高速铁路客运专线占用该村民小组土地的补偿款11.6万余元。2009年年初，孙某的亲戚王某做生意急需用钱，就唆使孙某挪用土地征收补偿费。孙某便将其中的6.5万元挪给王某，几个月后，王某生意亏损，无力偿还。2010年7月，村民在向孙某多次追要补偿费未果后报案。① 本案中，孙某是村民小组组长，其身份属于村基层组织人员，他在履行协助政府从事土地征用补偿费用的管理工作时，属于"其他依照法律从事公务的人员"，应当以国家工作人员论。孙某在王某的唆使下，利用职务之便，将国家拨给村民小组的土地征收补偿费用中的6.5万元挪给王某用于做生意，其行为已构成挪用公款罪。

3. 罪过

本罪罪过是故意。具体是指暂时占有、使用单位资金的故意，而没有不法所有的目的。如果行为人以非法占有为目的，则构成职务侵占罪。开始对挪用资金能否归还持放任态度，后来由于行为人使用挪用的资金进行违法犯罪活动或进行股票、期货等高风险投资或肆意挥霍致使资金不能退还的，以及携带数额较

---

① 参见孙明放：《村民小组长挪用征地补偿款如何定性》，载《人民法院报》2011年1月6日第7版。

大资金潜逃的,应当认定其主观上具有"非法占有本单位财物"的故意,按照职务侵占罪定罪处罚。

(二) 本罪与职务侵占罪的界限

(1) 侵犯的法益不完全相同。挪用资金罪侵犯的法益是本单位资金的占有权、使用权、收益权;职务侵占罪是将单位财物据为己有,因而侵犯了单位财物的所有权整体。(2) 对象不完全相同。挪用资金罪的对象仅限于本单位资金;职务侵占罪的对象是单位财物,除了本单位资金外,还可以是其他财物。(3) 行为方式不同。挪用资金罪没有改变资金的所有关系,只是将本单位资金挪用归个人使用或借贷给他人;职务侵占罪表现为通过侵吞、窃取、骗取等手段,非法占有本单位的财物。(4) 故意内容不同。挪用资金罪的行为人只是暂时占有、使用本单位资金,主观上没有非法占有的目的;职务侵占罪的行为人出于非法占有的故意,不具有归还的意图。

(三) 本罪的处罚

犯本罪的,根据《刑法》第272条的规定处罚。数额较大、超过3个月未还的,或者虽未超过3个月,但数额较大、进行营利活动的,或者进行非法活动的,处3年以下有期徒刑或者拘役;数额巨大的,处3年以上7年以下有期徒刑;数额特别巨大的,处7年以上有期徒刑。如果行为人挪用单位资金后,由于某种原因转化为主观上不愿意归还,则行为性质转化为职务侵占罪;挪用单位资金进行非法活动构成其他犯罪的,应当实行数罪并罚。根据《贪贿刑案解释》第11条第2款的规定,本罪中的数额标准,按照该解释关于挪用公款罪"数额较大""情节严重"以及"进行非法活动"的数额标准规定的2倍执行。

四、挪用特定款物罪

(一) 概念及构成要件

本罪是指违反国家财经管理制度,挪用用于救灾、抢险、防汛、优抚、扶贫、移民、救济的款物,情节严重,致使国家和人民利益遭受重大损害的行为。本罪法益是公共财产所有权和国家对特定款物的财经管理秩序。

本罪的挪用,是指未经合法批准,擅自将自己经管的专项款物调拨、使用于其他方面,改变特定款物的特别用途。本罪的犯罪对象包括:(1) 用于救灾、抢险、防汛、优抚、扶贫、移民、救济的款物;(2) 失业保险基金、下岗职工基本生活保障资金;①(3) 用于预防、控制突发传染病疫情的款物。② 在客观方面表现为

---

① 参见2003年1月28日最高检《关于挪用失业保险基金和下岗职工基本生活保障资金的行为适用法律问题的批复》。

② 参见2003年5月14日"两高"《关于办理妨害预防、控制突发传染病疫情等灾害的刑事案件具体应用法律若干问题的解释》第14条第2款。

擅自将具有特定用途的款物,挪作他用,情节严重,致使国家和人民群众利益遭受重大损害的行为。本罪中的"挪作他用"限于单位使用,不包括将特定款物挪作个人使用。挪用行为情节严重,致使国家和人民群众利益遭受重大损害的,才成立犯罪。本罪为单位犯罪,其犯罪主体为特殊主体,只能由掌管、经手特定款物的单位构成;采用单罚制,只处罚直接责任人员。本罪的犯罪主观方面是故意。

2006年3月,陈某利用担任襄城县范湖乡朱湖村党支部书记的职务便利,违反特定款物专门使用的财务管理制度,将襄城县水利局拨付给本村的4万元排涝款挪作建校、修路等使用。① 经审理,本案有证人郭某等的证言、关于范湖乡除涝工程建设所需资金的请示、规划报告、河南省财政厅、水利厅文件、记账凭证、收款收据、排涝减灾款收支情况统计表及相关账册、范湖乡受灾情况报告、灾情报告、襄城县气象局证明等证据证实,本案被告人陈某已构成挪用特定款物罪。

(二) 本罪的认定

本罪与挪用资金罪同属于侵犯财产犯罪,其行为都表现为挪用,罪过均为故意并具有挪用的目的。两罪的主要区别如下:一是侵犯法益不完全相同,本罪侵犯的法益是公共财产的使用权和国家对特定款物的专款专用财经管理秩序,而挪用资金罪侵犯的法益是单位财产所有权中的占有、使用、收益权;二是行为对象不同,本罪行为对象是用于救灾、抢险、防汛、优抚、扶贫、移民、救济的款物,既包括资金又包括其他财物,而挪用资金罪的犯罪对象是本单位的资金;三是挪用的用途不同,本罪挪用的用途只限于公用,例如将救灾款用于为单位修建宾馆、饭店,而后者的用途是归个人使用或借贷给他人;四是对犯罪结果的要求不同,本罪要求在客观上情节严重、致使国家和人民利益遭受重大损害,而后者则没有这方面的要求,只是根据挪用的三种不同情况在挪用时间、数额上有不同的要求;五是主体不同,本罪属单位犯罪,而挪用资金罪是自然人犯罪。

(三) 本罪的处罚

犯本罪的,根据《刑法》第273条的规定,对直接责任人员,处3年以下有期徒刑或者拘役;情节特别严重的,处3年以上7年以下有期徒刑。

五、拒不支付劳动报酬罪

(一) 概念及构成要件

本罪为《刑法修正案(八)》所增设。本罪是指以转移财产、逃匿等方法逃避支付劳动者的劳动报酬或有能力支付而不支付劳动者的劳动报酬,数额较大,经

---

① 襄检刑诉〔2010〕257号。

政府有关部门责令支付仍不支付的行为。本罪法益为劳动者的财产权。本罪规定在刑法分则第五章侵犯财产罪中,该章罪的保护法益为公民的财产权,这表明拒不支付劳动报酬罪侵犯的法益应该是劳动者根据其付出的劳动获得劳动报酬的财产权益。

1. 行为

本罪表现为拒不支付劳动报酬,数额较大,经政府有关部门责令支付仍不支付的行为。结合2013年1月16日最高法《关于审理拒不支付劳动报酬刑事案件适用法律若干问题的解释》(以下简称《拒不支付劳动报酬刑案解释》),可以从以下四点理解本罪行为:

(1) 所谓劳动报酬,是指因劳动者就业而由用人单位或雇主直接或间接以现金或实物向其支付的常规的包括工资或薪金、任何附加报酬在内的全部劳动所得。

(2) 行为方式有两种:一是以转移财产、逃匿等方法逃避支付劳动者的劳动报酬,具体有四种方式:① 隐匿财产、恶意清偿、虚构债务、虚假破产、虚假倒闭或以其他方法转移、处分财产的;② 逃跑、藏匿的;③ 隐匿、销毁或篡改账目、职工名册、工资支付记录、考勤记录等与劳动报酬相关的材料的;④ 以其他方法逃避支付劳动报酬的。根据2014年12月23日"两高"、人力资源和社会保障部、公安部《关于加强涉嫌拒不支付劳动报酬犯罪案件查处衔接工作的通知》(以下简称《拒不支付劳动报酬案件查处通知》)第1条第2项的规定,行为人拖欠劳动者劳动报酬后,人力资源社会保障部门通过书面、电话、短信等能够确认其知悉的方式,通知其在指定的时间内到指定的地点配合解决问题,但其在指定的时间内未到指定的地点配合解决问题或明确表示拒不支付劳动报酬的,视为"以逃匿方法逃避支付劳动者的劳动报酬"。但是,行为人有证据证明因自然灾害、突发重大疾病等非人力所能抗拒的原因造成其无法在指定的时间内到指定的地点配合解决问题的除外。二是有能力支付而不支付劳动者的劳动报酬。即在劳动者或其他有关机关或个人要求行为人支付劳动报酬时,行为人直接采用欺骗、暴力、威胁或耍无赖等手段拒不支付应当支付劳动者的劳动报酬,或用人单位在无正当理由的情况下,通过各种方式扣减劳动者劳动报酬的情形。

(3) 成立本罪要求数额较大,其具体标准为:① 拒不支付1名劳动者3个月以上的劳动报酬且数额在5000元至2万元以上的;② 拒不支付10名以上劳动者的劳动报酬且数额累计在3万元至10万元以上的。

(4) 经政府有关部门责令支付仍不支付。一是指经人力资源社会保障部门或政府其他有关部门依法以限期整改指令书、行政处理决定书等文书责令支付劳动者的劳动报酬后,在指定的期限内仍不支付的,但有证据证明行为人有正当理由未知悉责令支付或未及时支付劳动报酬的除外。二是指行为人逃匿,无法将责令支付文书送交其本人、同住成年家属或所在单位负责收件的人的。有关部门已通过在行为人的住所地、生产经营场所等地张贴责令支付文书等方式责令支付,并采用拍照、录像等方式记录的,应当视为"经政府有关部门责令支付"。

2. 主体

本罪主体是负有向他人支付劳动报酬义务的个人和单位。根据《拒不支付劳动报酬刑案解释》第7、8条的规定,不具备用工主体资格的单位或者个人,违法用工且拒不支付劳动者的劳动报酬,数额较大,经政府有关部门责令支付仍不支付的,以本罪追究刑事责任。用人单位的实际控制人实施拒不支付劳动报酬行为,构成犯罪的,应当依照本罪追究刑事责任。

胡某于2010年12月分包了位于四川省某景观部分施工工程,之后聘用多名农民工入场施工。施工期间,胡某累计收到发包人支付的工程款51万余元,已超过结算时确认的实际工程款。2011年6月5日工程完工后,胡某以工程亏损为由拖欠李某等20余名农民工工资12万余元。6月9日,双流县人力资源和社会保障局责令胡某支付拖欠的农民工工资,胡某却于次日早上乘飞机逃匿。6月30日,四川锦天下园林工程有限公司作为工程总承包商代胡某垫付农民工工资12万余元。胡某后被抓获,并被判决构成拒不支付劳动报酬罪,判处有期徒刑1年,并处罚金2万元。① 分析本案,胡某虽不具有合法用工资格,又属没有相应建筑工程施工资质而承包工程项目,且违法招用农民工进行施工,但这些情况不影响成立本罪。胡某逃匿后,工程总承包企业按照有关规定清偿了胡拖欠的农民工工资,这一垫付行为虽然消减了拖欠行为的社会危害性,但并不能免除胡某应当支付劳动报酬的责任,对胡某仍应以本罪追究刑事责任。

根据《拒不支付劳动报酬案件查处通知》第1条第3项的规定,企业将工程或业务分包、转包给不具备用工主体资格的单位或个人,该单位或个人违法招用劳动者不支付劳动报酬的,人力资源社会保障部门应向具备用工主体资格的企业下达限期整改指令书或行政处罚决定书,责令该企业限期支付劳动者劳动报酬。对于该企业有充足证据证明已向不具备用工主体资格的单位或个人支付了劳动者全部的劳动报酬,该单位或个人仍未向劳动者支付的,应向不具备用工主体资格的单位或个人下达限期整改指令书或行政处理决定书,并要求企业监督该单位或个人向劳动者发放到位。

3. 罪过

本罪罪过是故意。

---

① 参见最高人民法院第七批指导性案例之"胡克金拒不支付劳动报酬案"(指导案例28号)。

(二) 本罪的处罚

犯本罪的,根据《刑法》第276条之一规定,处3年以下有期徒刑或拘役,并处或单处罚金;造成严重后果的,处3年以上7年以下有期徒刑,并处罚金。根据《拒不支付劳动报酬刑案解释》第5条的规定,具有下列情形之一的,应当认定为"造成严重后果":(1) 造成劳动者或者其被赡养人、被扶养人、被抚养人的基本生活受到严重影响、重大疾病无法及时医治或者失学的;(2) 对要求支付劳动报酬的劳动者使用暴力或者进行暴力威胁的;(3) 造成其他严重后果的。单位犯本罪的,对单位判处罚金,并对其直接负责的主管人员和其他直接责任人员,依照上述规定处罚。

拒不支付劳动者的劳动报酬,尚未造成严重后果,在刑事立案前支付劳动者的劳动报酬,并依法承担相应赔偿责任的,可以认定为情节显著轻微危害不大,不认为是犯罪;在提起公诉前支付劳动者的劳动报酬,并依法承担相应赔偿责任的,可以减轻或者免除刑事处罚;在一审宣判前支付劳动者的劳动报酬,并依法承担相应赔偿责任的,可以从轻处罚。对于免除刑事处罚的,可以根据案件的不同情况,予以训诫、责令具结悔过或者赔礼道歉。

第五节 毁坏、破坏型财产犯罪

一、故意毁坏财物罪

(一) 概念及构成要件

本罪是指故意非法地毁灭或损坏公私财物,数额较大或情节严重的行为。本罪法益是公私财物所有权。其对象是公私财物,包括动产和不动产。但是,这里的"公私财物"不包括刑法另外规定的特定财物。例如,破坏交通工具、交通设施、破坏电力煤气设备、易燃易爆设备、广播电视设施、公用电信设施、破坏界碑、界桩、破坏永久测量标志、破坏耕地、矿产资源、林木、故意毁损文物、名胜古迹、破坏武器装备、军事设施、军用通信的,应分别按照刑法规定的相关犯罪处理。另外,毁灭自己所有的财物也不构成故意毁坏财物罪。

本罪行为表现为毁坏公私财物,数额较大或情节严重的行为。毁坏,是指毁灭或损坏。所谓毁灭,是指使财物完全丧失其价值和效用,如砸毁电器;所谓损坏,是指使物品受到破坏,从而部分丧失其价值和效用,如拆卸机器零件,使机器不能正常运转。在理解毁坏公私财物的具体内涵时,有一种情形应当注意,即行为人的行为虽然没有使物品的价值和使用价值全部或部分地丧失,但从事实上、感情上判断仍然属于有害于物品的本来效用的,也应当认为是毁坏公私财物的行为。如在他人的餐具中投入粪便,使他人鱼池中的鱼流走,都属于故意毁坏财物的行为。① 因此,毁坏包括从物理上变更或消灭财物的形体,以及丧失或减少财物之效用的一切行为。例如,将他人的一幅名画撕毁后抛弃的,就属于毁弃;将手机放在水里使其电板短路,破坏财物的使用机能的就属于损坏。毁灭和损坏的方法可以是多种形式的,如砸毁、烧毁、撕毁、扔入海中或扔下悬崖,将他人鱼塘决口放走鱼等,均可以成为毁损的方法。但用放火、爆炸等危险方法毁灭、损坏财物,危害到公共安全的,应当对行为人以放火罪、爆炸罪等相关的危害公共安全犯罪处理。毁坏耕地或进行破坏性采矿的,成立其他犯罪,不成立本罪;毁坏交通工具、交通设施、易燃易爆等设备,危害公共安全的,成立危害公共安全的犯罪,也不成立本罪。成立本罪,要求毁坏财物数额较大或有其他严重情节的。本罪主体是一般主体,罪过是故意。

李某家附近开了一家游戏厅,其子经常出入该游戏厅。一日,李某到游戏厅找儿子,发现游戏厅竟有多台老虎机,其子在里面正玩得不亦乐乎。李某非常恼火,一怒之下将3台老虎机砸毁。经鉴定,被砸财物共价值2万余元。② 分析本案,有观点认为,国家法律保护的是公民的合法财产,本案中被砸毁的老虎机系非法财产,不应受到法律保护,李某的行为不构成犯罪。这种观点是错误的。刑法是为了保护社会财富不受任何非法侵犯,非法取得的财产也应当是侵犯财产罪的对象,李某故意毁坏财物,数额巨大,已构成故意毁坏财物罪,应当依法承担刑事责任。

(二)本罪的处罚

犯本罪的,根据《刑法》第275条的规定处罚。

二、破坏生产经营罪

(一)概念及构成要件

本罪是指由于泄愤报复或其他个人目的,毁坏机器设备、残害耕畜或以其他方法破坏生产经营的行为。本罪法益是公私财物所有权与国家、集体或个人正常的生产经营秩序。本罪的犯罪对象是生产经营中正在使用的机器设备、设施、牲畜或与生产经营有直接联系的其他公私财物。

本罪行为表现为采用毁坏机器、残害耕畜或其他类似方法破坏生产经营的

---

① 参见张明楷:《外国刑法纲要》(第三版),法律出版社2020年版,第597页。
② 参见张园萍:《毁坏非法财物构成故意毁坏财物罪》,载《检察日报》2013年2月19日第3版。

行为。其中的生产经营,包括一切经济形式的生产经营,不问其所有制性质。其他方法常见的有破坏农业机械、切断生产经营用电的电源、毁坏设计图纸、控制系统、数据,毁坏种子、育苗、庄稼等。不过,行为人毁坏机器设备、残害耕畜必须与生产经营存在密切关系,即上述各该物品是正在生产经营中使用或正准备投入使用,但由于行为人的破坏无法正常或如期投入使用。行为人破坏了未使用的处于闲置或保存中的生产工具或设备,不影响生产经营活动正常进行的,不能认为是破坏生产经营罪的行为方式。在这里,要将过失引起的技术事故、一般责任事故与破坏生产经营的行为区分开来。同时,本罪所破坏的"生产经营"必须具有合法性,对于破坏非法生产经营活动,如对生产、销售伪劣商品的地下工厂或"黑店"进行破坏的,如果行为人明知是生产、销售伪劣产品的工厂、商店而予以破坏,造成数额较大公私财物损失的,应以故意毁坏财物罪定罪处罚,不以本罪论处;如果行为人并不知道其所破坏的工厂、商店是在进行非法生产经营活动,主观上有破坏生产经营故意的,应当按照本罪的未遂犯处理,造成财物毁坏的,应当从重处罚。由于本罪实质上是通过毁坏财物而达到破坏生产经营的效果,而不是单纯地毁坏财物,因而成立本罪不以数额较大、情节严重为前提。但是,并非任何破坏生产经营的行为即构成本罪,结合罪刑法定原则、刑罚法规的妥当性以及《刑法》第13条犯罪概念"但书"的规定,只有达到值得处罚的法益侵害行为的破坏生产经营行为,才能构成本罪。

某县政府为建设工业园区,对陈某所在村进行征地拆迁,陈某对土地征用不满未签订安置补偿协议。2014年5月施工开始后,施工方将弃土堆放于与陈某承包地相邻的地块,部分弃土滚落到陈某的承包地内。2014年5月28日至6月5日期间,陈某与其家人数次前往工地,以阻挡施工设备和车辆运行的方式,禁止施工人员将弃土倒在其承包地相邻地块,致施工方无法施工,造成一定的经济损失。① 一种意见认为,陈某的行为构成破坏生产经营罪。理由是客观方面,陈某阻止施工并造成经济损失的行为,属于"以其他方法"破坏生产经营,主观方面,陈某存在不满赔偿标准而报复泄愤等个人目的,故符合破坏生产经营罪的主客观要件。我们认为,陈某虽然采取阻挡施工的方式影响到施工方无法施工并造成了一定经济损失,但是,该种破坏行为手段并不恶劣,其后果也不严重,从实质可罚性衡量,以及基于结果无价值论的立场,陈某的行为并未达到值得处罚的法益侵害性,其违法程度过于轻微,不构成破坏生产经营罪。

---

① 参见徐贤飞:《该阻止施工行为不构成破坏生产经营罪》,载《人民法院报》2015年3月26日第7版。

本罪主体是一般主体。本罪罪过表现为故意,并出于泄愤报复或其他个人目的。只要没有正当理由,即可直接认定为"出于个人目的"。

(二)本罪的处罚

犯本罪的,根据《刑法》第276条的规定处罚。

> **拓展阅读**

财产犯罪对象——"财物"的时代审视①

财产的准确分类是研究财产犯罪的基本前提。

(1) 有形财产与无形财产。刑法中的财产应首先进行有形与无形的划分,在此基础之上,才能对有形财产作进一步的划分。将刑法中的财产概念直接分为财物和财产性利益或动产和不动产的方法都是不科学的。知识产权是无形财产在刑法理论界基本上达成了共识,但无形财产的概念是否等同于知识产权则尚存争议。为了使刑法分则中的知识产权犯罪与财产犯罪在侵犯对象上能够划清界限,无形财产的范围应当进行严格限制,不应超出现行法律规定的知识产权的种类。热能、电力等物应当属于无体物的范畴,是财物的下位概念,虽然在表现形式上也不能为人所直接感知,但毕竟是一种客观存在物,与知识产权这种主观的智力成果具有本质的差别。

(2) 财物与财产性利益。财产犯罪对象仅仅限于财物,理由是:① 财物和财产性利益是两个不相容的概念,是有形财产的不同表现形式;② 财物的范围如果包含财产性利益就会出现如何区分财产性利益和无体物之间的关系问题;③ 即便在考虑处罚必要性的前提下,对于侵犯财产性利益的行为并非只有适用财产犯罪一种选择;④ 财产性利益的法律定位必须通过立法完善来解决,基于现实需要而任意对财物作出不恰当解释的做法,破坏了罪刑法定原则。

(3) 有体物与无体物。民法中无体物与刑法中无体物存在着较大差异:前者的范围一般要广于后者,往往包括债权、虚拟财产,而后者则包括电、热、气等各种常见新型能源。二者不必完全统一,对前者根据惩治犯罪的合理性要求可以进行必要的限制或者扩张,理由是:① 无体物归属于财物系刑法解释中的扩大解释,并无违反罪刑法定原则的嫌疑;② 无体物的具体范围如何确定现今仍无定论,解决这一难题的前提条件是无体物和其他财产形式的界限必须予以充分明确。

(4) 动产与不动产。在将财物首先分为有体物和无体物的基础上,再将有体物分为动产和不动产,同时,不动产应该成为所有财产犯罪的侵犯对象,理由

---

① 参见陈烨:《刑法中的特殊财产类型研究》,厦门大学出版社2015年版,第20页以下。

是:① 我国刑法确实没有明确规定财产犯罪的对象包括不动产,但也没有明确排除侵夺不动产的行为构成财产犯罪;② 实践中确实很少发生盗窃、抢劫不动产的犯罪案件,但并不意味着不可能发生;③ 行为人实施侵夺他人不动产的意图也并不在于是否能够获得法律上的承认,只要达到事实控制的目的即可;④ 社会普遍价值观念是否认同盗窃、抢劫不动产的行为成立犯罪是一个难以证明的问题,以此作为成立犯罪与否的根据过于牵强。

盗窃罪法益:立法变迁与司法抉择[①]

通过对入罪判断起决定作用的目的论解释以及谨守出罪的实质解释,法益概念发挥着重要的解释论机能。对盗窃罪构成要件的解释,离不开法益观念的指导。"扒窃""入户盗窃"和"携带凶器盗窃"等新型盗窃行为入罪表明,盗窃罪的保护法益已经由一元的财产法益走向多元的"财产+人身"法益。盗窃罪保护法益的多元化必然会现实地改变其犯罪构成要件之该当。构成要件保护法益的辅助性还要求必须对构成要件进行实质判断,"使符合犯罪构成要件的行为的法益侵害性已然达到值得科处刑罚的程度,从而将'情节显著轻微危害不大的'行为排除在犯罪圈外"。这便进一步从实质(定量)上限定了具体罪刑规范的适用范围,实现了刑罚处罚范围的合理性。可见,通过对入罪判断起决定作用的目的论解释(以符合文义解释为前提)以及谨守出罪的实质解释,法益概念发挥着重要的解释论机能。

在我国刑法中,盗窃罪属于典型的侵财类犯罪,盗窃犯罪的本质历来都被认为是侵犯他人对财物的本权或占有,盗窃罪的保护法益无可争议地归结为所有权、占有权等财产权益。然而,自"入户盗窃""携带凶器盗窃""扒窃"等新型盗窃行为入罪后,盗窃罪的保护法益已经超出了单纯的本权、占有等财产权益范畴,而转向了人身及其相关权利范畴。简言之,盗窃罪的保护法益已经由一元的财产法益走向多元的"财产+人身"法益。根据法益的解释论机能,盗窃罪保护法益的多元化必然会现实地影响其犯罪构成要件的解释,进而影响盗窃罪的司法适用。因此,具体探讨"扒窃""入户盗窃"和"携带凶器盗窃"三种新型盗窃行为侵害法益的内容(即除了侵犯值得刑法保护的财产权益外,还侵犯何种法益),对于盗窃罪的司法适用而言,是一个极其重要且始终绕不过去的前置性问题。

---

① 参见熊亚文:《盗窃罪法益:立法变迁与司法抉择》,载《政治与法律》2015年第10期。

延伸思考

许霆案提出的刑法理论和实践以及法律制度问题①

2006年4月21日,广州青年许霆与朋友郭安山利用ATM机故障漏洞取款,许霆取出17.5万元,郭安山取出1.8万元。事发后,郭安山主动自首被判处有期徒刑一年,而许霆潜逃一年落网。2007年12月一审,许霆被广州市中级人民法院判处无期徒刑。2008年2月22日,案件发回广州中院重审,改判5年有期徒刑。

许霆案以一种高度浓缩的方式对当代中国法治实践和主流法学提出了非常尖锐并且相当深厚的挑战。引发的问题之一:作为一种民事法律关系,银行为什么可以动用警力,动用公共权力,来快速追回损失甚至还要追究当事人的刑事责任?并通过这种公权,来保护他们的过错?为什么银行在这个事件中没有任何责任?问题之二:在许霆案的五份法院公文中,推理论证最弱的其实是广东省高级人民法院的二审判决书,它只用"事实不清,证据不足"八个字,就打发了一审判决。但民众和法学界都尊重了这一判决,很多人为之庆幸。其背后体现了何种民意与民主?问题之三:许霆的恶意取款行为固然具有社会危害性,但是否构成盗窃罪则存在疑问。为什么刑法学者基本上一边倒认为许霆应该构成犯罪(盗窃罪或侵占罪),而对我国司法机关"霸王硬上弓"式的司法类推无人反思?问题之四:如何防范"司法类推"及其危害?在不受罪刑法定原则约束的情况下,司法官员对某一具有社会危害性的行为一旦产生先入为主的有罪认定,就可能机械地理解犯罪构成要件理论,将该项行为强行套到某一罪名上,并为此不惜作出违背经验和常识的推断;法官一旦将社会危害性等同于"犯罪的成立",剩下的工作就是寻找一项最适合被告人行为情况的罪名。被告人的行为按照最接近的罪名予以定罪,也就是通常所说的"司法类推",就成为中国法院的惯常做法。

非法获取虚拟财产的行为性质②

随着网络的发达,非法获取他人虚拟财产的案件不断增加。对这类行为如何处理,刑法理论上存在不同观点,司法实践中存在不同判决。例如,有的判决将窃取Q币、游戏点卡等虚拟财产的行为认定为盗窃罪,有的判决则否认了盗

---

① 参见苏力:《法条主义、民意与难办案件》,载《中外法学》2009年第1期;陈瑞华:《脱缰的野马——从许霆案看法院的自由裁量权》,载《中外法学》2009年第1期;等等。

② 参见张明楷:《非法获取虚拟财产的性质》,载《法学》2015年第3期。

窃罪的成立,而将其认定为计算机犯罪(主要是非法获取计算机信息系统数据罪与破坏计算机信息系统罪)。(1)问题是,对于非法获取他人虚拟财产的行为,将其认定为计算机犯罪的观点与做法,既可能形成处罚漏洞,也可能导致罪刑不相适应,因而存在明显的局限性。(2)虚拟财产也属于刑法上作为财产犯罪对象的财物。但是并不是任何虚拟产品都是刑法上的财物,因为虚拟财产仅是虚拟产品中的一种。虚拟财产类型很多,刑法理论上没有必要定义虚拟财产的概念,只要在个案中判断行为人侵害的虚拟财产是否具有管理可能性、转移可能性与价值性即可。(3)行为人非法获取网络服务商的虚拟财产时,在具备数额较大(可以按官方价格计算)或者其他成立犯罪所必需的条件(如多次盗窃虚拟财产)的前提下,按情节量刑而不按数额量刑。在判断情节是否严重时,应综合考虑行为的次数、持续的时间、非法获取虚拟财产的种类与数量、销赃数额等,同时,原则上应当尽可能避免适用情节特别严重的法定刑。

案例分析

2011年腊八,张某、李某、赵某依约来到集市行窃,在熙熙攘攘的人流中锁定一名妇女尾随其后,当被害人停在一摊位前挑选年货时,张某等3人趁机贴近被害人,其中张某用事先准备好的报纸遮挡住妇女视线与其纠缠,李某、赵某便开始下手从被害人挎包中翻找财物,被害妇女很清楚眼前3人的行为,却因张某等3人平时横行乡里心生恐惧,怕日后报复而不敢反抗,仅仅躲闪避免伤害。张某等3人顺利从妇女挎包里翻得2000多元现金及手机一部。①

问题:张某、李某、赵某公然"扒窃"构成何罪?

---

① 参见李铭锦:《公然"扒窃"构成何罪》,载《检察日报》2012年10月23日第3版。

第六章 妨害社会管理秩序罪

第一节 妨害社会管理秩序罪概述

一、妨害社会管理秩序罪的概念及构成要件

妨害社会管理秩序罪,是指故意或过失妨害国家机关或其他有关机构对日常社会生活的管理活动,破坏社会秩序,情节严重的行为。

所谓社会管理秩序,可以从不同层次进行理解。其中,广义的社会管理秩序,是国家机关或有关机构对社会方方面面进行管理而形成的整个社会有序的状态;中间意义的社会管理秩序,是除政治秩序、经济秩序以外的社会秩序;狭义的社会管理秩序,是国家机关或有关机构对日常社会生活进行管理所形成的有序状态。在社会管理法规中,有一部分是由道德规范上升为法律规范的,是基于社会公序良俗的考虑。本书所指的社会管理秩序是狭义的社会管理秩序。狭义的社会管理秩序能充分体现立法者将社会管理秩序作为一类罪共同侵犯的社会关系与其他犯罪客体区别开来的立法意图,并有效划清破坏社会管理秩序罪与刑法分则其他类罪的界限。妨害社会管理秩序罪的构成要件如下:

(1) 行为。表现为行为人违反社会管理法规,妨害国家机关或其他有关机构的管理活动,破坏社会秩序,且情节严重。国家机关或其他有关机构对社会的管理活动都是以国家颁布的各项社会管理法规为依据,并由各有关机关或机构实施的。因此,妨害社会管理秩序的犯罪行为,首先违反了国家的各项社会管理法规。应注意的是,在本类罪所违反的社会管理法规中,有一部分是由道德规范上升为法律规范的,是基于社会公序良俗的规定。因此,这一类罪中既有传统型的自然犯罪,如盗窃、侮辱、故意毁坏尸体、尸骨、骨灰罪,又有现代型的法定犯,如非法集会、游行、示威罪。其次,这一类罪核心在于妨害了国家机关或其他机构对日常社会生活的管理活动。管理活动的多样性,导致这一类罪的犯罪行为的具体内容和表现形式多种多样。最后,情节严重是这一类罪的必备要件,是划分妨害社会管理秩序行为人的一般违法行为和犯罪行为的重要标准。情节是否严重,则应根据行为的手段、后果,结合各个具体犯罪加以确定。

(2) 主体。多数为一般主体,也有少数为特殊主体。例如,医疗事故罪的主体只能是医务人员。值得一提的是,虽然本类罪一般主体多是已满16周岁、具

有刑事责任能力的自然人，但对贩卖毒品罪而言，已满14周岁未满16周岁也可以成立该罪；多数犯罪的主体只限于自然人，也有少数犯罪既可以由自然人构成，也可以由单位构成，还有个别犯罪的主体只能是单位，如非法采集、供应血液、制作、供应血液制品罪。

（3）罪过。绝大多数表现为故意，也有少数犯罪表现为过失。在故意犯罪中，有的还要求具有特定的犯罪目的，如赌博罪、倒卖文物罪。

二、妨害社会管理秩序罪的种类

妨害社会管理秩序的犯罪，由刑法分则第六章规定，共计108个条文，包括146个罪名，是刑法分则十章犯罪中罪名最多的一章。具体可分为如下九类：

（1）扰乱公共秩序罪。包括：妨害公务罪、袭警罪、煽动暴力抗拒法律实施罪、招摇撞骗罪、伪造、变造、买卖国家机关公文、证件、印章罪、盗窃、抢夺、毁灭国家机关公文、证件、印章罪、伪造公司、企业、事业单位、人民团体印章罪、伪造、变造、买卖身份证件罪、使用虚假身份证件、盗用身份证件罪、冒名顶替罪、非法生产、买卖警用装备罪、非法获取国家秘密罪、非法持有国家绝密、机密文件、资料、物品罪、非法生产、销售专用间谍器材、窃听、窃照专用器材罪、非法使用窃听、窃照专用器材罪、组织考试作弊罪、非法出售、提供试题、答案罪、代替考试罪、非法侵入计算机信息系统罪、非法获取计算机信息系统数据、非法控制计算机信息系统罪、提供侵入、非法控制计算机信息系统程序、工具罪、破坏计算机信息系统罪、拒不履行信息网络安全管理义务罪、非法利用信息网络罪、帮助信息网络犯罪活动罪、扰乱无线电通讯管理秩序罪、聚众扰乱社会秩序罪、聚众冲击国家机关罪、扰乱国家机关工作秩序罪、组织、资助非法聚集罪、聚众扰乱公共场所秩序、交通秩序罪、投放虚假危险物质罪、编造、故意传播虚假恐怖信息罪、编造、故意传播虚假信息罪、高空抛物罪、聚众斗殴罪、寻衅滋事罪、催收非法债务罪、组织、领导、参加黑社会性质组织罪、入境发展黑社会组织罪、包庇、纵容黑社会性质组织罪、传授犯罪方法罪、非法集会、游行、示威罪、非法携带武器、管制刀具、爆炸物参加集会、游行、示威罪、破坏集会、游行、示威罪、侮辱国旗、国徽、国歌罪、侵害英雄烈士名誉、荣誉罪、组织、利用会道门、邪教组织、利用迷信破坏法律实施罪、组织、利用会道门、邪教组织、利用迷信致人重伤、死亡罪、聚众淫乱罪、引诱未成年人聚众淫乱罪、盗窃、侮辱故意毁坏尸体、尸骨、骨灰罪、赌博罪、开设赌场罪、组织参与国（境）外赌博罪、故意延误投递邮件罪。

（2）妨害司法罪。包括：伪证罪、辩护人、诉讼代理人毁灭证据、伪造证据、妨害作证罪、妨害作证罪、帮助毁灭、伪造证据罪、虚假诉讼罪、打击报复证人罪、泄露不应公开的案件信息罪、披露、报道不应公开的案件信息罪、扰乱法庭秩序罪,窝藏、包庇罪,拒绝提供间谍犯罪、恐怖主义犯罪、极端主义犯罪证据罪,掩饰、隐瞒犯罪所得、犯罪所得收益罪,拒不执行判决、裁定罪,非法处置查封、扣押、冻结的财产罪,破坏监管秩序罪,脱逃罪,劫夺被押解人员罪,组织越狱罪,暴动越狱罪,聚众持械劫狱罪。

（3）妨害国(边)境管理罪。包括:组织他人偷越国(边)境罪,骗取出境证件罪,提供伪造、变造的出入境证件罪,出售出入境证件罪,运送他人偷越国(边)境罪,偷越国(边)境罪,破坏界碑、界桩罪,破坏永久性测量标志罪。

（4）妨害文物管理罪。包括:故意损毁文物罪,故意损毁名胜古迹罪,过失损毁文物罪,非法向外国人出售、赠送珍贵文物罪,倒卖文物罪,非法出售、私赠文物藏品罪,盗掘古文化遗址、古墓葬罪,盗掘古人类化石、古脊椎动物化石罪,抢夺、窃取国有档案罪,擅自出卖、转让国有档案罪。

（5）危害公共卫生罪。包括:妨害传染病防治罪,传染病菌种、毒种扩散罪,妨害国境卫生检疫罪,非法组织卖血罪,强迫卖血罪,非法采集、供应血液、制作、供应血液制品罪,采集、供应血液、制作、供应血液制品事故罪,非法采集人类遗传资源、走私人类遗传资源材料罪,医疗事故罪,非法行医罪,非法进行节育手术罪,非法植入基因编辑、克隆胚胎罪,妨害动植物防疫、检疫罪。

（6）破坏环境资源保护罪。包括:污染环境罪,非法处置进口的固体废物罪,擅自进口固体废物罪,非法捕捞水产品罪,危害珍贵、濒危野生动物罪,非法狩猎罪,非法猎捕、收购、运输、出售陆生野生动物罪,非法占用农用地罪,破坏自然保护地罪,非法采矿罪,破坏性采矿罪,危害国家重点保护植物罪,非法引进、释放、丢弃外来入侵物种罪,盗伐林木罪,滥伐林木罪,非法收购、运输盗伐、滥伐的林木罪。

（7）走私、贩卖、运输、制造毒品罪。包括:走私、贩卖、运输、制造毒品罪,非法持有毒品罪,包庇毒品犯罪分子罪,窝藏、转移、隐瞒毒品、毒赃罪,非法生产、买卖、运输制毒物品、走私制毒物品罪,非法种植毒品原植物罪,非法买卖、运输、携带、持有毒品原植物种子、幼苗罪,引诱、教唆、欺骗他人吸毒罪,强迫他人吸毒罪,容留他人吸毒罪,非法提供麻醉药品、精神药品罪,妨害兴奋剂管理罪。

（8）组织、强迫、引诱、容留、介绍卖淫罪。包括:组织卖淫罪,强迫卖淫罪,协助组织卖淫罪,引诱、容留、介绍卖淫罪,引诱幼女卖淫罪,传播性病罪。

（9）制作、贩卖、传播淫秽物品罪。包括:制作、复制、出版、贩卖、传播淫秽物品牟利罪,为他人提供书号出版淫秽书刊罪,传播淫秽物品罪,组织播放淫秽音像制品罪,组织淫秽表演罪。

第二节 扰乱公共秩序罪

一、妨害公务罪

(一) 概念及构成要件

本罪为《刑法修正案(九)》所修订。妨害公务罪是指以暴力、威胁方法阻碍国家机关工作人员、人大代表依法执行职务,或在自然灾害和突发事件中阻碍红十字会工作人员依法履行职责,或虽未使用暴力、威胁方法,但故意阻碍国家安全机关、公安机关依法执行国家安全工作任务,造成严重后果的行为。

1. 行为

本罪行为表现为行为人以暴力、威胁方法阻碍国家机关工作人员、人大代表依法执行职务,或在自然灾害和突发事件中阻碍红十字会工作人员依法履行职责,或虽未使用暴力、威胁方法,但严重影响了国家安全机关、公安机关正常的国家安全工作。

首先,犯罪行为针对的对象必须是依法执行职务的人,这是对职务活动合法性的判断。合法是指执行者执行职务的行为在实体与程序上双重合法,即不但实质上合法,而且形式上合法。具体而言,符合以下条件的才认为是依法执行职务:(1)主体应当具有合法性。依法执行职务的主体也就是本罪行为对象,它包括国家机关工作人员、人大代表、红十字会工作人员、国家安全机关与公安机关工作人员。应当注意的是,国家机关在从事正常公务活动时常常委托其他人员进行公务活动,这时受委托人也应视为国家机关工作人员。2000年4月24日最高检《关于以暴力威胁方法阻碍事业编制人员依法执行行政执法职务是否可对侵害人以妨害公务罪论处的批复》规定,对于以暴力、威胁方法阻碍国有事业单位工作人员依照法律、行政法规的规定执行行政执法职务的,或者以暴力、威胁方法阻碍国家机关中受委托从事行政执法活动的事业编制人员执行行政执法职务的,可以对侵害人以妨害公务罪追究刑事责任。2020年2月6日"两高""两部"《关于依法惩治妨害新型冠状病毒感染肺炎疫情防控违法犯罪的意见》(以下简称《惩治疫情犯罪意见》)规定,以暴力、威胁方法阻碍国家机关工作人员(含在依照法律、法规规定行使国家有关疫情防控行政管理职权的组织中从事公务的人员,在受国家机关委托代表国家机关行使疫情防控职权的组织中从事公务的人员,虽未列入国家机关人员编制但在国家机关中从事疫情防控公务的人员)依法履行为防控疫情而采取的防疫、检疫、强制隔离、隔离治疗等措施的,依照《刑法》第277条第1款、第3款的规定,以妨害公务罪定罪处罚。(2)职务行为应当属于主体的权限范围。这里的权限范围指抽象的职务权限或一般的职务权限。(3) 职务行为应当具有合法性。职务行为要合法,必须符合法律规定的重要条件、方式和程序。如公安机关实施侦查活动,必须符合刑事诉讼法规定的条件、方式和程序。应当注意的是,对于法律的一些任意规定,执行主体在执行职务时违反的,不应认为是非法执行职务。只有违反了法律规定的必须遵守的条件、方式和程序时,才能认定为非法执行职务。

其次,犯罪行为针对的对象必须是正在执行职务或履行职责,这是对职务活动的时间限制。从立法精神,即保护依法执行职务的角度进行考虑,执行职务不仅包括正在执行职务的过程,而且包括将要开始执行职务的准备过程以及与执行职务密切联系的待机状态。

最后,行为人实施了暴力、威胁的方法,或虽未实施暴力、威胁的方法,但严重影响了国家安全工作。所谓暴力,是指对国家工作人员的身体实行打击或强制。所谓威胁,是指以口头或书面的形式,对国家工作人员的生命权、身体权、自由权、名誉权、财产权进行恶害通告或事实上的临近侵害,阻碍实施公务。暴力、威胁行为只要足以阻碍国家工作人员执行职务即可。所谓严重后果,是指犯罪嫌疑人逃跑,侦查线索中断,犯罪证据灭失,犯罪现场遭到严重破坏,赃款赃物被转移、挥霍等情况。

2. 主体

本罪主体为一般主体。

3. 罪过

本罪罪过是故意。

(二) 本罪的认定

1. 罪与非罪的界限

对于人民群众同国家工作人员的违法乱纪活动作斗争的行为,不能认定为本罪,还要给予保护和鼓励。对于人民群众的合理要求没有得到满足而与国家工作人员发生轻微冲突的行为,正确疏导即可,不能认定为本罪。应当注意的是,国家工作人员的亲属和亲友能否成为本罪的犯罪对象问题。对此,理论上有两种观点:一是肯定说,认为国家工作人员的亲属和亲友与国家工作人员休戚相关,为阻碍国家工作人员执行公务而对其亲属和亲友实施暴力、威胁的,应认定为本罪。因此,国家工作人员的亲属和亲友应当成为本罪的犯罪对象。二是否定说,认为亲属和亲友从人身上和行为上都是独立的,对他们的侵害虽然也可能影响与之相关的国家工作人员的情绪和行为,但不能将侵犯其亲属和亲友的行为以妨害公务罪论处。基于本罪的立法现状及精神,我们持否定说的立场。

2. 此罪与彼罪的界限

根据《刑法》第 242 条第 1 款的规定,以暴力、威胁方法阻碍国家机关工作人员解救被收买的妇女、儿童的,依照妨害公务罪进行定罪处罚。但该条第 2 款又规定了聚众阻碍解救被收买的妇女、儿童罪。此二罪的区别是:(1) 公务的范围不同。后者的公务是特定的,即国家机关工作人员解救被收买的妇女、儿童的行为。前者除此之外还有其他的公务活动。(2) 行为方式不同。后者必须是聚众进行,前者无此要求。(3) 主体不同。后者只处罚首要分子,前者为一般主体。

3. 本罪的其他问题

(1) 既遂标准问题。根据《刑法》第 277 条的规定,妨害公务罪只要客观上实施了暴力、威胁的行为,就可构成既遂。是否造成公务行为的放弃或不能实施,不影响既遂的构成。但是,该条第 4 款规定①以"造成严重后果"为构成要件,因此,该款规定的妨害公务罪不存在未遂问题。

(2) 一罪与数罪的界限。本罪的暴力行为如触犯了其他罪名,如暴力行为致人重伤或死亡,应视为想象竞合犯,从一重罪处断。如果阻碍国家工作人员依法执行职务的行为成为其他犯罪的手段,通常从一重罪处断,但刑法有特别规定的,应当按照特别规定处理。例如,以暴力、胁迫方法抗拒缉私的,应以走私罪和本罪实行数罪并罚。

(三) 本罪的处罚

犯本罪的,根据《刑法》第 277 条第 1 款的规定,处 3 年以下有期徒刑、拘役、管制或者罚金。

二、袭警罪

(一) 概念及构成要件

本罪为《刑法修正案(十一)》所增设的罪名,是指以暴力袭击正在依法执行职务的人民警察的行为。本罪法益是警察依法执行的公务与警察的人身权利,行为对象是正在依法执行职务的人民警察。

1. 行为

本罪中的暴力是指广义的暴力,即使用有形力直接或间接对警察实施人身侵害,不要求达到足以压制警察反抗的程度。本罪中暴力的性质仅限于"硬暴力"而不包括"软暴力";仅包括以对警察的人身安全造成侵害或者威胁为目的的暴力。② 有学者认为,对物暴力不能认定本罪,只有直接针对警察人身实施袭击行为的,才能认定为本罪。③ 我们认为,一般情况下,对物暴力不应当成立本罪,但是当对物暴力是为了对警察造成损害,或者对物暴力已然能够对警察造成损害时,该种行为就属于袭警行为。例如行为人被带上警车后,为了泄愤用手摇

---

① 《刑法》第 277 条第 4 款规定,"故意阻碍国家安全机关、公安机关依法执行国家安全工作任务,未使用暴力、威胁方法,造成严重后果的,依照第一款的规定处罚。"
② 参见刘艳红:《袭警罪中"暴力"的法教义学分析》,载《法商研究》2022 年第 1 期。
③ 参见张明楷:《刑法学》(第六版)(下),法律出版社 2021 年版,第 1356 页。

打和用脚踢警车玻璃,硬拽警车车门,致使警车车门拉手损坏的,因为并没有袭击人民警察的行为,不应当成立本罪;但是警察正在警车中,行为人在车外面突然实施砸车行为,或者使用车辆撞击警车,则能够成立本罪。本罪中的暴力应当达到一定的程度,如推搡或者普通的殴打、脚踢、拉扯等极其轻微的暴力不能成立本罪。

(1)"依法"的理解。"依法"应当与妨害公务罪中的"依法"作相同理解。一般而言,警察从事的活动,均在其职责范围内,但相关规范明确排除或者法律规定只能由特定人士履行的职责除外。如公安部《2011年公安机关党风廉政建设和反腐败工作意见》严禁公安机关参与土地房屋的征地拆迁活动,参与拆迁显然不是警察的职务范围。此种情形下,行为人不构成袭警罪,在并未超过必要限度的情况下反而能够成立正当防卫,但在明显超过必要限度造成重大损害时可能构成其他犯罪,如故意伤害罪等。

(2)"正在执行职务"的理解。《中华人民共和国人民警察法》第19条规定:人民警察在非工作时间,遇有其职责范围内的紧急情况,应当履行职责。从这条规定理解,警察作为一个特殊执法主体,无论是在工作期间还是非工作期间遇到其职务范围内规定的任何情况,都应该毫不犹豫地认真履行职务,也就是说,警察在非工作期间也可以进行执行职务活动。因此,袭击在非工作期间履行职责的警察,也能适用本规定。

(3)"人民警察"的理解。本罪的人民警察,既指依照警察法的规定,取得执法资格的人民警察,也包括警察的辅助人员(辅警、临时工等)。有学者认为,依照警察法的规定,取得执法资格的人民警察不包括警察的辅助人员(辅警、临时工等),因此,在警察的辅助人员单独执行任务时对其进行妨害的,并不构成本罪。但是,在人民警察在场时,即便仅对协助警察执行职务的辅警等实施暴力袭击,也是对人民警察依法执行职务的妨碍,可以构成本罪。[①] 根据公务说,当上述辅助人员执行公务时,理应将其视为人民警察。无论认为本罪保护的法益是否包括警察的人身权利,都应当得出此结论,否则会出现对于辅助人员的法益差别对待的现象,有违宪法平等保护原则。

2. 主体

本罪的主体为一般主体。

3. 罪过

本罪的罪过为故意。行为人只要认识到其以暴力袭击正在依法执行职务的人民警察,即可成立本罪。

[①] 参见周光权:《刑法各论》(第四版),中国人民大学出版社2021年版,第390页。

(二) 本罪的认定

1. 本罪的性质

本罪是抽象危险犯,只要行为人实施的暴力、威胁行为可能给人民警察的公务造成抽象的危险即可成立本罪,并不要求其切实地妨害了警察的职务行为。

2. 本罪与其他犯罪的关系

本罪与妨害公务罪是特别法与一般法的关系,成立本罪必然符合妨害公务罪的构成要件,当行为人并未使用严重暴力袭击正在依法执行职务的人民警察,虽然不能够成立本罪,但可能成立妨害公务罪。

行为人对民警执行职务期间的暴力袭击行为同时构成其他犯罪的,成立本罪与其他犯罪的想象竞合犯,从一重罪处断。有学者认为,行为人使用枪支、管制刀具等袭警,严重危及警察的人身安全,但仅造成警察轻伤的,仍应按袭警罪处罚,而非按故意伤害罪处罚。[①] 但行为人此举不仅妨害了职务行为,更严重危及人民警察的生命身体安全,应当认为同时成立故意杀人罪或故意伤害罪与本罪的想象竞合犯。又如,行为人通过驾车撞击等手段阻碍执法,严重危及警察及周围其他人的人身安全的,构成本罪和以危险方法危害公共安全罪的想象竞合犯。

(三) 本罪的处罚

犯本罪的,根据《刑法》第277条第5款的规定,犯袭警罪的,处3年以下有期徒刑、拘役或者管制;使用枪支、管制刀具,或者以驾驶机动车撞击等手段,严重危及其人身安全的,处3年以上7年以下有期徒刑。

三、煽动暴力抗拒法律实施罪

本罪是指行为人故意挑动、蛊惑群众用暴力抗拒国家法律、行政法规的实施,扰乱社会秩序的行为。本罪主体为一般主体,罪过是故意。犯本罪的,根据《刑法》第278条的规定处罚。

四、招摇撞骗罪

(一) 概念及构成要件

本罪是指冒充国家机关工作人员进行招摇撞骗的行为。本罪在行为上表现为冒充国家机关工作人员招摇撞骗。冒充军人招摇撞骗的,成立冒充军人招摇撞骗罪。所谓冒充,是指不具备某种职级、职衔的人,假冒具有某种职级、职衔的国家机关工作人员。具体表现通常有三种:(1) 非国家机关工作人员冒充国家机关工作人员;(2) 下级国家机关工作人员冒充上级国家机关工作员;(3) 此国

[①] 参见张明楷:《刑法学》(第六版)(下),法律出版社2021年版,第1356页。

家机关工作人员冒充彼国家机关工作人员。所谓招摇撞骗，是指行为人利用人们对国家机关工作人员的信任进行炫耀，骗取钱财、爱情、职位、资格等。本罪主体为一般主体，罪过是故意。

2013年9月25日晚，章某、李某、胡某三人购买了警用制服、警官证、手铐等物品，在某洗浴中心门口尾随被害人叶某、艾某，当来到僻静处时，亮出"警官证"表明身份，后又强行用手铐将二人铐住带到事先租好的民宅内。三人以"抓嫖"为名"审问"被害人，要求对方各交1万元罚款。艾某同意交罚款并主动告知银行卡密码。次日，章某、李某在附近一台取款机内取款6900元。① 本案中，三名行为人冒充正在执行公务的警察"抓嫖"，并收取被害人罚款，其行为已构成招摇撞骗罪。

（二）本罪的认定

认定本罪要注意区分它与诈骗罪的界限。二者的主要区别在于：(1) 法益不同。前者侵犯的法益是国家机关的正常活动，后者侵犯的法益是公私财产所有权。(2) 犯罪行为方式不同。前者只能是冒充国家机关工作人员行骗，后者可以采取多种方法。(3) 对数额的要求不同。前者无数额的限制，后者以行为人诈骗所得财物数额较大为构成要件。

对于行为人冒充国家机关人员实施诈骗犯罪的，理论上存在争议。第一种观点认为此种情形属于法条竞合，应当按照法条竞合的原则来解决行为人的定罪量刑问题。② 问题是：当特别法与重法不一致时，将导致法条适用的含混，冒充国家机关人员实施诈骗犯罪恰恰属于此种情形，其典型特征是对行为人的惩处出现罪刑不均衡现象。第二种观点认为，冒充国家机关工作人员实施诈骗犯罪属于择一关系的法条竞合，适用重法优于轻法原则。③ 由此造成的疑问是：诈骗罪条文中"本法另有规定的，依照规定"不适用于择一关系的法条竞合的依据究竟是什么？第三种观点认为，冒充国家机关工作人员实施诈骗犯罪属于想象竞合犯。④ 我们赞同第三种意见。2011年3月1日"两高"《关于办理诈骗刑事案件具体应用法律若干问题的解释》第8条对于冒充国家机关工作人员实施诈骗犯罪的定罪量刑进行了明确化，采纳了想象竞合犯的立场。

2013年3、4月，柏某某化名杨某某，冒充中国人民解放军54781部队营长和陈某相识，并为陈某办理假军官证以骗取其信任。2013年5月底，柏某某以给

---

① 参见仇征、刘扬：《假冒警察去抓嫖 招摇撞骗罪难逃》，载《检察日报》2014年4月11日第2版。

② 参见高铭暄、马克昌主编：《刑法学》（第十版），北京大学出版社、高等教育出版社2022年版，第533页。

③ 参见陈兴良：《判例刑法学》（上卷），中国人民大学出版社2009年版，第510页。

④ 参见张明楷：《刑法学》（第六版）（下），法律出版社2021年版，第1358页。

部队办理团险为由,让陈某拿15万元给部队领导送礼。2013年5月30日,在宜阳县金海岸饭店,柏某某让他人冒充部队团长"张峰"答应给陈某办理团险,陈某将15万元存折交给柏某某。2013年6月2日,柏某某将15万元取出后潜逃。案发后,柏某某家属将15万元退还给陈某并赔偿陈某经济损失5万元。本案中,柏某某的行为构成冒充军人招摇撞骗罪,同时也构成诈骗罪,属想象竞合犯,应按从一重罪的处断原则来定罪量刑。结合两罪的法定刑和犯罪的实际情况,本案中被告人诈骗数额15万元,应属数额巨大,量刑应在有期徒刑3年以上10年以下,并处罚金。冒充军人招摇撞骗罪的法定刑为3年以下有期徒刑、拘役、管制或者剥夺政治权利;情节严重的,处3年以上10年以下有期徒刑。案发后柏某某家属积极退赔了被害人的经济损失,未造成严重的经济损失,也没有造成恶劣的社会影响、损害军队的声誉及正常活动,不应属情节严重。故本案中诈骗罪的量刑明显高于冒充军人招摇撞骗罪,柏某某的行为应以诈骗罪论处。①

(三)本罪的处罚

犯本罪的,根据《刑法》第279条的规定处罚。

五、伪造、变造、买卖国家机关公文、证件、印章罪

本罪为《刑法修正案(九)》所修订,是指伪造、变造、买卖国家机关公文、证件、印章的行为。本罪法益是国家机关公文、证件、印章的公共信用。

本罪行为表现为行为人伪造、变造、买卖国家机关公文、证件、印章。所谓伪造,既包括无权制作者非法制作国家机关公文、证件、印章,又包括有权制作者超越权限制作与事实不符的公文、证件、印章。所谓变造,是指对真实的国家机关公文、证件、印章进行加工,改变其非本质内容的行为,否则就属于伪造的范畴。所谓买卖,是指购买或销售应当由国家机关制作的公文、证件、印章的行为。本罪属于选择性罪名,实施上述行为之一的,即可成立本罪,但同时实施两个或两个以上行为的,只认定为一罪,不实行数罪并罚。此外,伪造、变造、买卖国家机关的公文、证件、印章后,又利用该公文、证件、印章实施其他犯罪的,一般从一重罪处断,不实行数罪并罚。但是,2004年3月20日最高法研究室《关于对行为人通过伪造国家机关公文、证件担任国家工作人员职务并利用职务上的便利侵占本单位财物、收受贿赂、挪用本单位资金等行为如何适用法律问题的答复》规定:行为人通过伪造国家机关公文、证件担任国家工作人员职务以后,又利用职务上的便利实施侵占本单位财物、收受贿赂、挪用本单位资金等行为,构成犯罪的,应当分别以伪造国家机关公文、证件罪和相应的贪污罪、受贿罪、挪用公款罪

---

① 参见赵振江、张金涛:《冒充军人招摇撞骗罪与诈骗罪的界定》,http://www.chinacourt.org/article/detail/2014/06/id/1312214.shtml,2015年12月20日访问。

等追究刑事责任,实行数罪并罚。本罪主体为一般主体,罪过是故意。

犯本罪的,根据《刑法》第280条第1款的规定,处3年以下有期徒刑、拘役、管制或者剥夺政治权利,并处罚金;情节严重的,处3年以上10年以下有期徒刑,并处罚金。

六、盗窃、抢夺、毁灭国家机关公文、证件、印章罪

本罪为《刑法修正案(九)》所修订,是指盗窃、抢夺、毁灭国家机关公文、证件、印章的行为。本罪在行为上表现为盗窃、抢夺、毁灭国家机关公文、证件、印章。本罪主体为一般主体,罪过是故意。本罪的处罚与伪造、变造、买卖国家机关公文、证件、印章罪相同。

七、伪造公司、企业、事业单位、人民团体印章罪

本罪为《刑法修正案(九)》所修订,是指没有制作权限的人,伪造公司、企业、事业单位、人民团体印章的行为。本罪在行为上表现为伪造公司、企业、事业单位、人民团体印章。本罪主体为一般主体,罪过是故意。2001年7月3日"两高"《关于办理伪造、贩卖伪造的高等院校学历、学位证明刑事案件如何适用法律问题的解释》规定,伪造高等院校印章制作学历、学位证明的行为,应当以伪造事业单位印章罪定罪处罚。明知是伪造高等院校印章制作的学历、学位证明而贩卖的,以伪造事业单位印章罪的共犯论处。犯本罪的,根据《刑法》第280条第2款的规定,处3年以下有期徒刑、拘役、管制或者剥夺政治权利,并处罚金。

八、伪造、变造、买卖身份证件罪

本罪为《刑法修正案(九)》所修订,是指伪造、变造、买卖居民身份证、护照、社会保障卡、驾驶证等依法可以用于证明身份的证件的行为。本罪在行为上表现为行为人伪造、变造、买卖身份证件。"伪造""变造"的含义参见伪造、变造、买卖国家机关公文、证件、印章罪。行为对象不限于居民身份证,还包括护照、社会保障卡、驾驶证等依法可以用于证明身份的证件。本罪主体为一般主体,罪过是故意。犯本罪的,根据《刑法》第280条第3款的规定,处3年以下有期徒刑、拘役、管制或者剥夺政治权利,并处罚金;情节严重的,处3年以上7年以下有期徒刑,并处罚金。

九、使用虚假身份证件、盗用身份证件罪

本罪为《刑法修正案(九)》所增设,是指在依照国家规定应当提供身份证明的活动中,使用伪造、变造的或者盗用他人的居民身份证、护照、社会保障卡、驾

驶证等依法可以用于证明身份的证件,情节严重的行为。犯本罪的,根据《刑法》第 280 条之一的规定,处拘役或者管制,并处或者单处罚金。同时构成其他犯罪的,依照处罚较重的规定定罪处罚。

十、冒名顶替罪

(一) 概念及构成要件

本罪为《刑法修正案(十一)》所增设的罪名,是指盗用、冒用他人身份,顶替他人取得的高等学历教育入学资格、公务员录用资格、就业安置待遇或者组织、指使他人实施前述行为的行为。本罪法益是高等学历教育入学、公务员录用以及就业安置的公正性。

本罪行为表现为盗用、冒用他人身份,并顶替他人取得高等学历教育入学资格、公务员录用资格、就业安置待遇。盗用是指未经得他人同意,违背被害人意愿使用他人身份;冒用是指取得他人同意之后,以他人身份接受高等教育、参加公务员考试、取得就业安置待遇等行为。因为本罪并不是保护个人法益,而是社会法益,故被害人承诺并不会影响犯罪成立。本罪的主体为一般主体,罪过为故意。行为人只要认识到其盗用、冒用他人身份,顶替他人取得的高等学历教育入学资格、公务员录用资格、就业安置待遇,或者组织、指使他人实施前述行为即可成立本罪。

(二) 本罪的认定

1. 本罪的性质

本罪是实害犯,当行为人盗用、冒用他人身份,顶替他人取得了高等学历教育入学资格、公务员录用资格、就业安置待遇或者行为人组织、指使他人实施上述行为并得逞,便已经侵犯了高等学历教育入学、公务员录用以及就业安置的公正性,成立本罪的既遂犯,并不要求其真正从中获利。

2. 本罪的罪数

行为人伪造了身份证件的,伪造身份证件罪与使用虚假身份证件罪构成包括的一罪,以伪造身份证件罪论处。伪造身份证件罪与冒名顶替罪构成牵连犯,从一重罪处断,按伪造身份证件罪的法定刑计算追诉时效。

行为人为了冒名顶替,实施了伪造国家机关公文、证件、印章等行为的,则与本罪构成包括的一罪,从一重罪处断;盗用、冒用他人身份,顶替他人取得的就业安置待遇并获取财物的,构成本罪和诈骗罪的想象竞合犯,从一重罪处断。

(三) 本罪的处罚

根据刑法第 280 条之二的规定,犯本罪的,处 3 年以下有期徒刑、拘役或者管制,并处罚金。组织、指使他人实施前述行为的,从重处罚。国家工作人员参与实施冒名顶替行为,又有受贿、滥用职权等罪的,数罪并罚。

十一、非法生产、买卖警用装备罪

本罪是指非法生产、买卖人民警察制式服装、车辆号牌等专用标志、警械,情节严重的行为。犯本罪的,根据《刑法》第281条的规定处罚。

十二、非法获取国家秘密罪

(一) 概念及构成要件

本罪是指以窃取、刺探、收买方法,非法获取国家秘密的行为。本罪行为表现为行为人窃取、刺探、收买国家秘密。所谓窃取,是指暗中盗窃国家秘密;所谓刺探,是暗中打听国家秘密;所谓收买,是指用金钱、权色等利益相诱惑而获取国家机密。国家秘密是指依国家保密法有关规定,基于国家安全和利益的考虑,在一定时间内只限于一定范围的人员知悉的事项。《保守国家秘密法》对国家秘密的基本范围作了规定。本罪主体为一般主体,罪过是故意。

(二) 本罪的认定

1. 本罪与间谍罪的界限

两罪在行为上有相似之处,都可以表现为以窃取、刺探、收买方法获取国家机密。区别在于:(1) 行为表现存在差异。本罪只表现为以窃取、刺探、收买方法非法获取国家机密,后者则包括参加间谍组织、接受间谍组织及其代理人派遣的任务,或为敌人指示轰击目标的行为,获取国家机密只是其非法职能之一。(2) 主观目的不同。后者包含将秘密提供给敌对机构的目的,而本罪行为人没有此目的,否则以危害国家安全的有关犯罪处罚。

2. 本罪与为境外窃取、刺探、收买、非法提供国家秘密、情报罪的界限

二罪区别在于:(1) 法益不同,前者侵犯的是国家保密制度,后者则是国家安全。(2) 犯罪对象不同。前者仅为国家秘密,后者除国家秘密外还包括不属于国家秘密的情报。(3) 行为表现不同。前者将获取的国家秘密提供给国内组织或个人,后者则是提供给国外的组织机构或个人。(4) 主观目的不同,前者不要求行为人有特定目的,后者一般要求行为人有危害国家安全的目的。

(三) 本罪的处罚

犯本罪的,根据《刑法》第282条第1款的规定处罚。

十三、非法持有国家绝密、机密文件、资料、物品罪

本罪是指非法持有属于国家绝密、机密的文件、资料或其他物品,拒不说明来源与用途的行为。本罪主体为一般主体,罪过是故意。犯本罪的,根据《刑法》第282条第2款的规定处罚。

十四、非法生产、销售专用间谍器材、窃听、窃照专用器材罪

本罪为《刑法修正案(九)》所修订,是指非法生产、销售专用间谍器材或者窃听、窃照专用器材的行为。"非法生产"具体来讲包括两个方面:一是行为人的生产行为未获得国家有关部门授权;二是行为人虽获得授权,却超范围、超指标生产。所谓专用间谍器材,依《中华人民共和国反间谍法实施细则》第18条的规定,包括:(1)暗藏式窃听、窃照器材;(2)突发式收发报机、一次性密码本、密写工具;(3)用于获取情报的电子监听、截收器材;(4)其他专用间谍器材。本罪的行为对象除了间谍专用器材外,还包括窃听、窃照专用器材。本罪主体为一般主体,既可以是自然人,也可以是单位。本罪罪过是故意。犯本罪的,根据《刑法》第283条的规定,处3年以下有期徒刑、拘役或者管制,并处或者单处罚金;情节严重的,处3年以上7年以下有期徒刑,并处罚金。

十五、非法使用窃听、窃照专用器材罪

本罪是指非法使用窃听、窃照专用器材,造成严重后果的行为。行为人既非法生产窃听、窃照专用器材,又非法使用窃听、窃照专用器材的行为如何处理,应具体分析:(1)以非法使用窃听、窃照专用器材为目的进行生产行为的,成立牵连犯,从一重罪处断;(2)行为人的两次行为出自两个故意,二者之间无手段、目的关系,则应实行数罪并罚。本罪主体为一般主体,罪过是故意。犯本罪的,根据《刑法》第284条的规定处罚。

十六、组织考试作弊罪

本罪为《刑法修正案(九)》所增设,是指在法律规定的国家考试中,组织作弊的行为。对这里所讲的"法律规定的国家考试",必须作限制解释。2019年9月2日"两高"《关于办理组织考试作弊等刑事案件适用法律若干问题的解释》规定,"法律规定的国家考试"仅限于全国人民代表大会及其常务委员会制定的法律所规定的考试。根据有关法律规定,下列考试属于"法律规定的国家考试":(1)普通高等学校招生考试、研究生招生考试、高等教育自学考试、成人高等学校招生考试等国家教育考试;(2)中央和地方公务员录用考试;(3)国家统一法律职业资格考试、国家教师资格考试、注册会计师全国统一考试、会计专业技术资格考试、资产评估师资格考试、医师资格考试、执业药师职业资格考试、注册建筑师考试、建造师执业资格考试等专业技术资格考试;(4)其他依照法律由中央或者地方主管部门以及行业组织的国家考试。前述规定的考试涉及的特殊类型招生、特殊技能测试、面试等考试,属于"法律规定的国家考试"。需要注意的是,《刑法》第284条之一第2款规定,为他人实施组织考试作弊罪提供作弊器

材或者其他帮助的,按照组织考试作弊罪的规定处罚。犯本罪的,根据《刑法》第284条之一第1款的规定,处3年以下有期徒刑或者拘役,并处或者单处罚金;情节严重的,处3年以上7年以下有期徒刑,并处罚金。

十七、非法出售、提供试题、答案罪

本罪为《刑法修正案(九)》所增设,是指为实施考试作弊行为,向他人非法出售或者提供法律规定的国家考试的试题、答案的行为。犯本罪的,根据《刑法》第284条之一第3款的规定,处3年以下有期徒刑或者拘役,并处或者单处罚金;情节严重的,处3年以上7年以下有期徒刑,并处罚金。

十八、代替考试罪

本罪为《刑法修正案(九)》所增设,是指代替他人或者让他人代替自己参加法律规定的国家考试的行为。本罪的处罚与非法出售、提供试题、答案罪相同。

十九、非法侵入计算机信息系统罪

(一)概念及构成要件

本罪是指违反国家规定,侵入国家事务、国防建设、尖端科学技术领域的计算机信息系统的行为。本罪行为表现为行为人违反国家规定,非法侵入国家事务、国防建设和尖端科学技术领域的计算机信息系统。首先,行为必须违反国家规定,主要包括《中华人民共和国计算机信息系统安全保护条例》《中华人民共和国计算机信息网络国际联网管理暂行规定》《中国公用计算机互联网国际联网管理办法》等。其次,行为人的行为侵入了国家事务、国防建设、尖端科学技术领域的计算机信息系统。侵入即指行为人凭借其计算机技术,通过破解计算机密码而擅自闯入该三个领域的计算机信息系统。本罪属于行为犯,一旦行为人非法侵入计算机信息系统,即成立犯罪。当然,侵入其他领域计算机系统并且进行其他犯罪行为,造成严重后果的,可以构成其他犯罪。本罪主体为一般主体,罪过是故意。

(二)本罪的认定

1. 罪与非罪的界限

关于这一问题需要注意:第一,并非所有侵入计算机信息系统的行为都构成犯罪,只有侵入国家事务、国防建设、尖端科学技术领域的计算机信息系统的行为,才可以本罪论处,即侵入领域的特定性。第二,只有行为人故意侵入上述领域的才能按本罪论处。行为人误入国家事务、国防建设、尖端科学技术领域的计算机信息系统的,不以本罪论处。

2. 一罪与数罪的界限

行为人以其他犯罪目的而非法侵入国家事务、国防建设、尖端科学技术领域的计算机信息系统的,成立牵连犯,从一重罪处断。例如,行为人为获取国家秘密提供给国外间谍组织或国外机构而侵入有关计算机系统,则构成本罪与为境外窃取、刺探、收买、非法提供国家秘密、情报罪的牵连犯,应以一重罪论处。

(三)本罪的处罚

犯本罪的,根据《刑法》第285条第1款的规定处罚。

二十、非法获取计算机信息系统数据、非法控制计算机信息系统罪

本罪为《刑法修正案(七)》所增设。本罪是指违反国家规定,侵入国家事务、国防建设、尖端科学技术领域的计算机信息系统以外的计算机信息系统或采取其他技术手段,获取计算机信息系统中存储、处理或传输的数据,或对计算机信息系统实施非法控制,情节严重的行为。情节严重的标准,根据2011年8月1日"两高"《关于办理危害计算机信息系统安全刑事案件应用法律若干问题的解释》(以下简称《计算机刑案解释》)的规定执行。本罪主体为一般主体,罪过是故意。犯本罪的,根据《刑法》第285条第2款的规定处罚。

二十一、提供侵入、非法控制计算机信息系统的程序、工具罪

本罪为《刑法修正案(七)》所增设。本罪是指提供专门用于侵入、非法控制计算机信息系统的程序、工具,或明知他人实施侵入、非法控制计算机信息系统的违法犯罪行为而为其提供程序、工具,情节严重的行为。根据《计算机刑案解释》的规定,"专门用于侵入、非法控制计算机信息系统的程序、工具"是指:(1)具有避开或者突破计算机信息系统安全保护措施,未经授权或者超越授权获取计算机信息系统数据功能的;(2)具有避开或者突破计算机信息系统安全保护措施,未经授权或者超越授权对计算机信息系统实施控制的功能的;(3)其他专门用于侵入、非法控制计算机信息系统、非法获取计算机信息系统数据的程序、工具。"情节严重"的标准,根据《计算机刑案解释》第3条的规定执行。本罪主体为一般主体,罪过是故意。犯本罪的,根据《刑法》第285条第3款的规定处罚。

二十二、破坏计算机信息系统罪

本罪为《刑法修正案(九)》所修订,是指违反国家规定,对计算机信息系统功能进行删除、修改、增加、干扰,造成计算机信息系统不能正常运行,以及对计算机信息系统中存储、处理或传输的数据和应用程序进行删除、修改、增加的操作,或故意制作、传播计算机病毒等破坏性程序,影响计算机系统正常运行,后果

严重的行为。

本罪在行为上表现为破坏计算机信息系统。其具体表现形式有三种：(1) 行为人违反国家规定,对计算机信息系统功能进行删除、修改、增加、干扰,造成计算机信息系统不能正常运行的;(2) 行为人违反国家规定,对计算机信息系统中存储、处理或传输的数据和应用程序进行删除、修改、增加的操作,后果严重的;(3) 行为人故意制作、传播计算机病毒等破坏性程序,影响计算机系统正常运行,后果严重的。构成本罪还要求造成严重后果。"严重后果"主要是指：(1) 破坏计算机信息系统而导致大规模供电、供水、电讯等中断的;(2) 破坏计算机信息系统导致较大财产损失的;(3) 制作、传播计算机病毒导致众多计算机信息系统被破坏等。本罪主体为一般主体,即可以是自然人,也可以是单位。本罪罪过是故意。

认定本罪应注意区分与非法侵入计算机信息系统罪的界限。(1) 法益不同。前者侵犯的是一切计算机信息系统,后者则只限于非法侵入国家事务、国防建设、尖端科学技术领域的计算机信息系统。(2) 行为表现形式不同。前者的三种行为表现都是为了破坏计算机信息系统,后者的行为人只是"非法侵入",一般并无破坏行为。(3) 犯罪成立标准不同。前者以"严重后果"为要件,后者为行为犯,不要求发生特定后果。

犯本罪的,根据《刑法》第 286 条的规定处罚。

二十三、拒不履行信息网络安全管理义务罪

本罪为《刑法修正案(九)》所增设,是指网络服务提供者不履行法律、行政法规规定的信息网络安全管理义务,经监管部门责令采取改正措施而拒不改正,情节严重的行为。本罪法益是信息网络安全管理制度。

本罪的行为方式是不作为,即不履行法律、行政法规规定的信息网络安全管理义务。一般来说,网络服务提供者的义务来源于与用户之间的法律行为或者其他法律法规的规定。例如,当个人或单位通过注册等法律行为成为网络平台的用户以后,平台提供者就有义务保证个人或单位的信息不被泄漏或者滥用。同时,我国的一些法律法规也明确规定了网络服务提供者的法律义务。例如,2011 年 1 月 8 日国务院《互联网信息服务管理办法》第 16 条规定："互联网信息服务提供者发现其网站传输的信息明显属于本办法第十五条所列内容之一的,应当立即停止传输,保存有关记录,并向国家有关机关报告。"2012 年 12 月 28 日全国人大常委会《关于加强网络信息保护的决定》第 5 条规定："网络服务提供者应当加强对其用户发布的信息的管理,发现法律、法规禁止发布或者传输的信息的,应当立即停止传输该信息,采取消除等处置措施,保存有关记录,并向有关主管部门报告。"2014 年 8 月 7 日国家互联网信息办公室《即时通信工具公众信息服务发展管理暂行规定》第5条明确了平台提供者的责任:即时通信工具服务提供者应当落实安全管理责任,及时处理公众举报的违法和不良信息。概括起来,网络服务提供者的义务包括:(1) 一般性的注意义务,即依一般公众的识别能力对信息的表面用语进行审查的义务;(2) 安全保障义务,即保障交易安全、账户安全、系统安全、隐私安全及信息安全的义务;(3) 知识产权保护义务,如对知识产权权利信息及相关信息的审查义务,保存资料、数据及协助调查的义务;(4) 隐私或者个人信息保护义务;(5) 审慎作为义务。[①]

违反信息网络安全管理义务,还需要具有下列情形之一,才能成立犯罪:(1) 致使违法信息大量传播的;(2) 致使用户信息泄露,造成严重后果的;(3) 致使刑事案件证据灭失,情节严重的;(4) 有其他严重情节的。

需要注意的是,并非网络服务提供者不履行信息网络安全管理义务就构成犯罪,否则就会严重限制网络的发展。尤其是云储存服务的提供者,很难保证所储存、传播的信息都是合法的。因此,本罪的成立还需要"经监管部门责令采取改正措施而拒不改正"这一客观条件。2019年10月21日"两高"《关于办理非法利用信息网络、帮助信息网络犯罪活动等刑事案件适用法律若干问题的解释》(以下简称《信息网络刑案解释》)第2条规定,"监管部门责令采取改正措施",是指网信、电信、公安等依照法律、行政法规的规定承担信息网络安全监管职责的部门,以责令整改通知书或者其他文书形式,责令网络服务提供者采取改正措施。认定"经监管部门责令采取改正措施而拒不改正",应当综合考虑监管部门责令改正是否具有法律、行政法规依据,改正措施及期限要求是否明确、合理,网络服务提供者是否具有按照要求采取改正措施的能力等因素进行判断。网络服务提供者不履行相关的安全管理义务即具有违法性,经监管部门责令采取改正措施而拒不改正则进一步加剧了该违法性。

本罪的主体是"网络服务提供者",网络服务提供者既可以是自然人也可以是单位。如何界定网络服务提供者的范围,是一个值得商榷的问题。狭义的观点认为,网络服务提供者(ISP)与网络内容提供者(ICP)有着显著区别:后者自己创作、选择、编辑信息内容,并通过网络提供、传播给他人;而前者网络系统上的信息内容是由网络用户产生和提供的,网络服务提供者仅仅为这些内容的存储、接入、搜索、链接、传播及分享提供技术支持和便利条件,网络服务提供者不提供内容,只提供服务。[②] 广义的观点认为,网络服务提供者(ISP)包括三种类型:一是网络连接服务提供者(IAP),其专门为用户提供互联网接入服务,如中

---

① 参见彭玉勇:《论网络服务提供者的权利和义务》,载《暨南学报(哲学社会科学版)》2014年第12期。

② 参见熊文聪:《避风港中的通知与反通知规则——中美比较研究》,载《比较法研究》2014年第4期。

国电信、网通等;二是网络内容提供者(ICP),即自己组织信息通过互联网络向公众传播的主体;三是网络平台提供者(IPP),其地位和作用介于第一类和第二类网络服务提供者之间,提供的网络服务兼有前两者的性质,例如微博社交平台、淘宝电子商务平台、微信即时通信平台。① 实际上,狭义的网络服务提供者就是指广义的网络服务提供者中的第一种和第三种类型;广义的网络服务提供者包括狭义的网络服务提供者与网络内容提供者。

我们认为,本罪的主体是狭义的网络服务提供者,即包括网络连接服务提供者和网络平台提供者,但不能是网络内容提供者。《信息网络刑案解释》第 1 条规定,提供下列服务的单位和个人,应当认定为"网络服务提供者":(1) 网络接入、域名注册解析等信息网络接入、计算、存储、传输服务;(2) 信息发布、搜索引擎、即时通讯、网络支付、网络预约、网络购物、网络游戏、网络直播、网站建设、安全防护、广告推广、应用商店等信息网络应用服务;(3) 利用信息网络提供的电子政务、通信、能源、交通、水利、金融、教育、医疗等公共服务。本罪主体既可以是自然人,也可以是单位。本罪的罪过是故意。

犯本罪的,根据《刑法》第 286 条之一的规定,处 3 年以下有期徒刑、拘役或者管制,并处或者单处罚金。同时构成其他犯罪的,依照处罚较重的规定定罪处罚。

二十四、非法利用信息网络罪

本罪为《刑法修正案(九)》所增设,是指利用信息网络实施违法犯罪活动,情节严重的行为。本罪法益是信息网络的安全管理制度。本罪客观方面表现为,利用信息网络实施下列行为之一,情节严重:(1) 设立用于实施诈骗、传授犯罪方法、制作或者销售违禁物品、管制物品等违法犯罪活动的网站、通讯群组的;②(2) 发布有关制作或者销售毒品、枪支、淫秽物品等违禁物品、管制物品或者其他违法犯罪信息的;③(3) 为实施诈骗等违法犯罪活动发布信息的。④ 本罪的主体是广义的网络服务提供者,既包括网络连接服务提供者和网络平台提供者,也包括网络内容提供者;既可以是自然人,也可以是单位。本罪的罪过为

---

① 参见皮勇:《网络服务提供者的刑事责任问题》,载《光明日报》2005 年 6 月 28 日。
② 《信息网络刑案解释》第 8 条规定:"以实施违法犯罪活动为目的而设立或者设立后主要用于实施违法犯罪活动的网站、通讯群组,应当认定为刑法第二百八十七条之一第一款第一项规定的'用于实施诈骗、传授犯罪方法、制作或者销售违禁物品、管制物品等违法犯罪活动的网站、通讯群组'。"
③ 《信息网络刑案解释》第 9 条规定,"利用信息网络提供信息的链接、截屏、二维码、访问账号密码及其他指引访问服务的,应当认定为刑法第二百八十七条之一第一款第二项、第三项规定的'发布信息'。"
④ 《信息网络刑案解释》第 7 条规定,"刑法第二百八十七条之一规定的'违法犯罪',包括犯罪行为和属于刑法分则规定的行为类型但尚未构成犯罪的违法行为。"

故意。

犯本罪的,根据《刑法》第 287 条之一的规定,处 3 年以下有期徒刑或者拘役,并处或者单处罚金。同时构成其他犯罪的,依照处罚较重的规定定罪处罚。例如,设立用于实施非法获取、出售或者提供公民个人信息违法犯罪活动的网站、通讯群组,情节严重的,以非法利用信息网络罪定罪处罚;同时构成侵犯公民个人信息罪的,依照侵犯公民个人信息罪定罪处罚。① 利用信息网络,设立用于实施传授制造毒品、非法生产制毒物品的方法,贩卖毒品,非法买卖制毒物品或者组织他人吸食、注射毒品等违法犯罪活动的网站、通讯群组,或者发布实施前述违法犯罪活动的信息,情节严重的,应当以非法利用信息网络罪定罪处罚。实施非法利用信息网络罪的行为,同时构成贩卖毒品罪、非法买卖制毒物品罪、传授犯罪方法罪等犯罪的,依照处罚较重的规定定罪处罚。②

二十五、帮助信息网络犯罪活动罪

本罪为《刑法修正案(九)》所增设,是指明知他人利用信息网络实施犯罪,为其犯罪提供帮助,情节严重的行为。本罪法益是信息网络的安全管理制度。本罪客观方面是,为他人利用信息网络实施犯罪提供互联网接入、服务器托管、网络存储、通讯传输等技术支持,或者提供广告推广、支付结算等帮助,情节严重。《信息网络刑案解释》第 13 条规定,被帮助对象实施的犯罪行为可以确认,但尚未到案、尚未依法裁判或者因未达到刑事责任年龄等原因依法未予追究刑事责任的,不影响帮助信息网络犯罪活动罪的认定。本罪的主体是狭义的网络服务提供者,既可以是自然人也可以是单位。本罪罪过是故意,要求行为人"明知"他人利用信息网络实施犯罪,这里的"明知"包括实际知道与推定知道,但不包括应当知道。《信息网络刑案解释》第 11 条规定,为他人实施犯罪提供技术支持或者帮助,具有下列情形之一的,可以认定行为人明知他人利用信息网络实施犯罪,但是有相反证据的除外:(一) 经监管部门告知后仍然实施有关行为的;(二) 接到举报后不履行法定管理职责的;(三) 交易价格或者方式明显异常的;(四) 提供专门用于违法犯罪的程序、工具或者其他技术支持、帮助的;(五) 频繁采用隐蔽上网、加密通信、销毁数据等措施或者使用虚假身份,逃避监管或者规避调查的;(六) 为他人逃避监管或者规避调查提供技术支持、帮助的;(七) 其他足以认定行为人明知的情形。

犯本罪的,根据《刑法》第 287 条之二的规定,处 3 年以下有期徒刑或者拘

---

① 参见 2017 年 5 月 8 日"两高"《关于办理侵犯公民个人信息刑事案件适用法律若干问题的解释》第 8 条。
② 参见 2016 年 4 月 6 日最高法《关于审理毒品犯罪案件适用法律若干问题的解释》第 14 条。

役,并处或者单处罚金。同时构成其他犯罪的,依照处罚较重的规定定罪处罚。"两高"、公安部2016年12月19日《关于办理电信网络诈骗等刑案适用法律若干问题的意见》规定,在实施电信网络诈骗活动中,非法使用通信基站(以下简称"伪基站")、无线电广播电台(以下简称"黑广播"),干扰无线电通讯秩序,以扰乱无线电通讯管理秩序罪追究刑事责任。同时构成诈骗罪的,依照处罚较重的规定定罪处罚。

二十六、扰乱无线电通讯管理秩序罪[①]

本罪为《刑法修正案(九)》所修订,是指违反国家规定,擅自设置、使用无线电台(站),或者擅自使用无线电频率,干扰无线电通讯秩序,情节严重的行为。

本罪行为表现为违反国家规定,擅自设置、使用无线电台(站),或者擅自使用无线电频率,干扰无线电通讯秩序,情节严重的行为。本罪行为具体体现为如下几种:(1)未经批准设置"黑广播",非法使用广播电视专用频段的频率的;(2)未经批准设置"伪基站",强行向不特定用户发送信息,非法使用公众移动通信频率的;(3)未经批准使用卫星无线电频率的;(4)非法设置、使用无线电干扰器的;(5)其他擅自设置、使用无线电台(站),或者擅自使用无线电频率,干扰无线电通讯秩序的情形。这里"情节严重"的认定标准,是指具有以下情形之一的:(1)影响航天器、航空器、铁路机车、船舶专用无线电导航、遇险救助和安全通信等涉及公共安全的无线电频率正常使用的;(2)自然灾害、事故灾难、公共卫生事件、社会安全事件等突发事件期间,在事件发生地使用"黑广播""伪基站"的;(3)举办国家或者省级重大活动期间,在活动场所及周边使用"黑广播""伪基站"的;(4)同时使用三个以上"黑广播""伪基站"的;(5)"黑广播"的实测发射功率500瓦以上,或者覆盖范围10公里以上的;(6)使用"伪基站"发送诈骗、赌博、招嫖、木马病毒、钓鱼网站链接等违法犯罪信息,数量在5000条以上,或者销毁发送数量等记录的;(7)雇用、指使未成年人、残疾人等特定人员使用"伪基站"的;(8)违法所得3万元以上的;(9)曾因扰乱无线电通讯管理秩序受过刑事处罚,或者2年内曾因扰乱无线电通讯管理秩序受过行政处罚,又实施扰乱无线电通讯管理秩序的行为的;(10)其他情节严重的情形。本罪主体包括自然人和单位,罪过是故意。

犯本罪的,根据《刑法》第288条的规定,处3年以下有期徒刑、拘役或者管制,并处或者单处罚金;情节特别严重的,处3年以上7年以下有期徒刑,并处罚金。具有下列情形之一的,应当认定为"情节特别严重":(1)影响航天器、航空

[①] 本罪以下内容参见《刑法修正案(九)》、"两高"2017年6月27日《关于办理扰乱无线电通讯管理秩序等刑事案件适用法律若干问题的解释》的有关规定。

器、铁路机车、船舶专用无线电导航、遇险救助和安全通信等涉及公共安全的无线电频率正常使用,危及公共安全的;(2)造成公共秩序混乱等严重后果的;(3)自然灾害、事故灾难、公共卫生事件和社会安全事件等突发事件期间,在事件发生地使用"黑广播""伪基站",造成严重影响的;(4)对国家或者省级重大活动造成严重影响的;(5)同时使用10个以上"黑广播""伪基站"的;(6)"黑广播"的实测发射功率3000瓦以上,或者覆盖范围20公里以上的;(7)违法所得15万元以上的;(8)其他情节特别严重的情形。为合法经营活动,使用"黑广播""伪基站"或者实施其他扰乱无线电通讯管理秩序的行为,构成扰乱无线电通讯管理秩序罪,但不属于"情节特别严重",行为人系初犯,并确有悔罪表现的,可以认定为情节轻微,不起诉或者免于刑事处罚;确有必要判处刑罚的,应当从宽处罚。

二十七、聚众扰乱社会秩序罪

本罪为《刑法修正案(九)》所修订,是指聚众扰乱社会秩序,情节严重,致使工作、生产、营业或教学、科研、医疗无法进行,造成严重损失的行为。

本罪行为主要表现在以下几方面:(1)聚众扰乱社会秩序。聚众是指首要分子纠集多数人于特定时间、特定地点,以求共同行为。至于人数,一般而言,应为3人以上。扰乱是指干扰、破坏国家机关、企业、事业单位、人民团体、社会团体等单位的正常秩序。具体表现形式多种多样,可分为暴力性扰乱和非暴力性扰乱两种。(2)情节严重。从《刑法》条文的表述来看,此处"情节严重"指的是实施聚众扰乱行为导致工作、生产、营业或教学、科研、医疗无法进行,造成严重损失。严重损失一般是指:行为人的聚众扰乱社会秩序的行为导致生产、经营等部门较长时间不能正常生产或营业,从而造成了经营损失;导致行政部门不能正常办公,从而造成不良社会影响;严重阻碍教学、科研、医疗活动的正常进行。本罪主体是一般主体,但只限于首要分子和积极参与者。本罪罪过是故意。

本罪与破坏生产经营罪的区别如下:(1)法益不同。本罪侵犯的是国家的社会管理秩序,后者则是公私财产权。(2)行为表现不同。本罪表现为以"聚众"形式扰乱生产经营秩序,后者则表现为"毁坏"机器设备、"残害"耕畜或以其他方法破坏生产经营的行为。(3)罪过内容不同。本罪成立不要求特定的目的和动机,后者的成立则要求行为人出于泄愤、报复或其他个人目的。

犯本罪的,根据《刑法》第290条第1款的规定处罚。

二十八、聚众冲击国家机关罪

本罪是指聚众冲击国家机关,致使国家机关工作无法进行,造成严重损失的行为。本罪主体为一般主体,只对首要分子和积极参加者予以处罚,罪过是故意。犯本罪的,根据《刑法》第290条第2款的规定处罚。

二十九、扰乱国家机关工作秩序罪

本罪为《刑法修正案(九)》所增设,是指多次扰乱国家机关工作秩序,经行政处罚后仍不改正,造成严重后果的行为。本罪的主体为一般主体,罪过为故意。犯本罪的,根据《刑法》第290条第3款的规定,处3年以下有期徒刑、拘役或者管制。

三十、组织、资助非法聚集罪

本罪为《刑法修正案(九)》所增设,是指多次组织、资助他人非法聚集,扰乱社会秩序,情节严重的行为。本罪的主体为一般主体,罪过为故意。犯本罪的,根据《刑法》第290条第4款的规定,处3年以下有期徒刑、拘役或者管制。

三十一、聚众扰乱公共场所秩序、交通秩序罪

本罪是指聚众扰乱车站、码头、民用航空站、商场、公园、影剧院、展览会、运动场或其他公共场所秩序,聚众堵塞交通或破坏交通秩序,抗拒、阻碍国家治安管理工作人员依法执行职务,情节严重的行为。本罪主体为一般主体,只处罚聚众扰乱公共场所秩序、交通秩序的首要分子。罪过是故意。犯本罪的,根据《刑法》第291条的规定处罚。

三十二、投放虚假危险物质罪

本罪为《刑法修正案(三)》所增设。本罪是指投放虚假的爆炸性、毒害性、放射性、传染病病原体等物质,严重扰乱社会秩序的行为。本罪主体为一般主体,罪过是故意。犯本罪的,根据《刑法》第291条之一第1款的规定处罚。

三十三、编造、故意传播虚假恐怖信息罪

本罪为《刑法修正案(三)》所增设。本罪是指编造爆炸威胁、生化威胁、放射威胁等恐怖信息,或明知是编造的恐怖信息而故意传播,严重扰乱社会秩序的行为。本罪主体为一般主体,罪过是故意。犯本罪的,根据《刑法》第291条之一第1款的规定处罚。

三十四、编造、故意传播虚假信息罪

本罪为《刑法修正案(九)》所增设,是指编造虚假的险情、疫情、灾情、警情,在信息网络或者其他媒体上传播,或者明知是上述虚假信息,故意在信息网络或者其他媒体上传播,严重扰乱社会秩序的行为。本罪主体为一般主体,罪过是故

意。犯本罪的,根据《刑法》第291条之一第2款的规定处罚。

三十五、高空抛物罪

(一) 概念及构成要件

本罪为《刑法修正案(十一)》所增设的罪名,是指从建筑物或者其他高空抛掷物品,情节严重的行为。本罪法益是公共秩序。

高空抛物是指从建筑物或者其他高空抛掷物品,情节严重的行为。高空抛物是一个相对的概念,应当结合物品的体积大小、重量轻重综合判断是否属于高空抛物。《刑法》第244条之一雇用童工从事危重劳动罪中规定了"高空、井下作业",国家标准GB/T 3608—93《高处作业分级》规定,凡在坠落高度基准面2米以上(含2米)有可能坠落的高处进行作业称为高处作业。考虑到本罪法益以及前述规定,大致可以认为,上下落差达到2米便可以属于高空。当然此处的2米是指最低需要达到2米的高度,如低于2米则无论抛掷何种物品均不成立本罪。构成本罪还需要满足"情节严重"的要求,对此应当根据行为人所抛掷物品的数量、重量、危险程度,高度,地点等情况综合判断,至少要能够造成公共场所秩序被破坏的,如从高空抛下较重的矿泉水瓶、易拉罐、鸡蛋等,若仅仅抛出一团揉起来的纸则无论如何都不可能属于高空抛物。由于本罪保护的法益并不是生命或身体安全,故高空抛物的行为并不要求达到足以给他人造成身体损害的程度,只要能够让人受到惊吓,感觉此处不安全,从而破坏了公共秩序即可成立本罪。如某人因不堪其扰,从高处朝楼下跳广场舞或吃夜宵的人泼冷水也可能成立本罪。与之相对,如果某一高空抛物行为不会对人身安全产生危险,也不会产生强烈的不安全感,如从二楼往下抛掷一本薄的杂志或一叠报纸,既不会对人身产生伤亡的危险,也不至于形成公众的恐惧感,就没有必要认定成立本罪。成立本罪并不要求行为人处于高空,行为人采用其他手段如控制无人机将物品送至高空,然后使其坠落,或者用力将砖头扔至高空后坠落的,也应成立本罪。本罪也可以由不作为构成,如行为人在台风来临之际,经物业提醒,仍然不将花盆等危险物品搬离导致物品坠落的,倘有确实的证据加以证明,仍然得以成立本罪。[①] 本罪的主体为一般主体,罪过为故意。只要行为人明知自己处于相对的高空,故意实施了抛物行为就可以成立本罪。

(二) 本罪的认定

1. 本罪的性质

本罪是侵害公共秩序的实害犯,只要行为人从建筑物或者其他高空抛掷物品,造成下方人员的恐慌,进而引起公共秩序混乱即可成立本罪。因为本罪放置

[①] 参见林维:《高空抛物罪的立法反思与教义适用》,载《法学》2021年第3期。

在妨害社会管理秩序罪一章,故并不要求危及民众的生命或身体安全。若认为高空抛物的行为至少要有造成伤害的可能,则无异于变相处罚给身体造成具体甚至抽象危险的行为,与我国司法实践中不处罚轻伤的未遂/轻微存在抵牾。因为本罪保护的法益是公共秩序,故成立本罪至少要有损害公共秩序的可能。例如,行为人在事前曾经多次查看、实施了一定提醒行为的,或者在夜深人静的时候实施抛物行为,或者在周围设置警戒线、安排人员防止他人靠近的,可以认为其并没有侵害公共秩序的故意,不应当成立本罪,若此时造成刑法规定的后果,也只能认定成立过失犯罪。

2. 本罪与其他犯罪的关系

在司法实践中需要注意,仅仅构成高空抛物罪的情况是极为罕见的,在绝大多数情况下,高空抛物的行为都会同时构成其他犯罪,属于想象竞合犯,应当从一重罪处断。

(1)故意从高空抛掷燃烧物或者爆炸物,足以或者已经引起火灾或者爆炸,危害公共安全的,应当认定为放火罪、爆炸罪。

(2)故意从高空抛掷燃烧物或者爆炸物,过失引起火灾或者爆炸,危害公共安全的,应当认定为失火罪、过失爆炸罪。

(3)故意从高空抛掷易碎物品,如将用塑料袋包裹的铁钉、一大块玻璃等从高空抛下,导致物品在落地后分裂,危及公共安全的,应当认定为以危险方法危害公共安全罪。如果行为人一次丢下多个足以致人死亡的物品,但该物品不具有扩散性(如哑铃、铅球等不会弹起的物品),则应当认定为多个故意杀人罪。

(4)在明知或应当知道高空下有人的情形下,故意实施高空抛物行为,若抛掷物品足以致人死亡或重伤的,应当认定为故意杀人罪、故意伤害罪。

(5)在能够预见到高空下有人的情形下,故意实施高空抛物行为,致人死亡或重伤的,应当认定为过失致人死亡罪、过失致人重伤罪。

(6)故意将物品扔向他人,虽未造成伤害结果但情节恶劣的,或者故意将物品扔在他人周围,意图拦截、恐吓他人,情节恶劣的,应当认定为寻衅滋事罪。

(7)故意实施的高空抛物行为不符合上述各罪的成立条件,没有导致他人身体伤害的危险,也没有损害公共秩序的,不能认定为犯罪。

(三)本罪的处罚

犯本罪的,根据《刑法》第291条之二的规定,处1年以下有期徒刑、拘役或者管制,并处或者单处罚金。

三十六、聚众斗殴罪

本罪是指聚集多人进行斗殴的行为。本罪表现为聚众斗殴,即首要分子聚集众人并实施斗殴行为。对于一般打群架的行为,如果没有使用器械,又没有造成人身伤亡、财产损失或其他严重后果,情节显著轻微危害不大的,不作犯罪处理。对于斗殴方式,是否持有凶器不影响本罪成立,徒手斗殴,也可以构成本罪。本罪主体为一般主体,罪过是故意。

本罪与聚众扰乱社会秩序罪的界限:(1)行为表现不同。本罪行为人实施的是聚众斗殴的行为,后者行为人实施的是聚众扰乱社会秩序的行为。(2)行为对象不同。本罪的对象是互相斗殴的双方或群众,而后者的对象则是不特定的党政机关、企业、事业单位、人民团体等。(3)犯罪形态不同。本罪属于行为犯,而后者属于结果犯。

犯本罪的,根据《刑法》第292条第1款的规定处罚。

三十七、寻衅滋事罪

(一)概念及构成要件

本罪是指肆意挑衅、无事生非、起哄闹事,进行骚扰破坏,影响社会秩序,情节恶劣的行为。

1. 行为

本罪行为有四种表现形式:(1)随意殴打他人,情节恶劣的。2013年7月15日"两高"《关于办理寻衅滋事刑事案件适用法律若干问题的解释》(以下简称《寻衅滋事刑案解释》)第2条规定,这里的"情节恶劣"包括七种情形:① 致1人以上轻伤或者2人以上轻微伤的;② 引起他人精神失常、自杀等严重后果的;③ 多次随意殴打他人的;④ 持凶器随意殴打他人的;⑤ 随意殴打精神病人、残疾人、流浪乞讨人员、老年人、孕妇、未成年人,造成恶劣社会影响的;⑥ 在公共场所随意殴打他人,造成公共场所秩序严重混乱的;⑦ 其他情节恶劣的情形。

(2)追逐、拦截、辱骂、恐吓他人,情节恶劣的。根据《寻衅滋事刑案解释》第3条的规定,这里的"情节恶劣"包括六种情形:① 多次追逐、拦截、辱骂、恐吓他人,造成恶劣社会影响的;② 持凶器追逐、拦截、辱骂、恐吓他人的;③ 追逐、拦截、辱骂、恐吓精神病人、残疾人、流浪乞讨人员、老年人、孕妇、未成年人,造成恶劣社会影响的;④ 引起他人精神失常、自杀等严重后果的;⑤ 严重影响他人的工作、生活、生产、经营的;⑥ 其他情节恶劣的情形。2013年9月6日"两高"《关于办理利用信息网络实施诽谤等刑事案件适用法律若干问题的解释》规定,利用信息网络辱骂、恐吓他人,情节恶劣,破坏社会秩序的,依照《刑法》第293条第1款第2项的规定,以寻衅滋事罪定罪处罚。

(3)强拿硬要或者任意损毁、占用公私财物,情节严重的。根据《寻衅滋事刑案解释》第4条的规定,这里的"情节严重"包括六种情形:① 强拿硬要公私财物价值1000元以上,或者任意损毁、占用公私财物价值2000元以上的;② 多次强拿硬要或者任意损毁、占用公私财物,造成恶劣社会影响的;③ 强拿硬要或者任意损毁、占用精神病人、残疾人、流浪乞讨人员、老年人、孕妇、未成年人的财物,造成恶劣社会影响的;④ 引起他人精神失常、自杀等严重后果的;⑤ 严重影响他人的工作、生活、生产、经营的;⑥ 其他情节严重的情形。

(4) 在公共场所起哄闹事,造成公共场所秩序严重混乱的。至于是否"造成公共场所秩序严重混乱",应当根据公共场所的性质、公共活动的重要程度、公共场所的人数、起哄闹事的时间、公共场所受影响的范围与程度等因素进行综合判断。

较为明确的是,根据2013年9月6日"两高"《关于办理利用信息网络实施诽谤等刑事案件适用法律若干问题的解释》第5条的规定,编造虚假信息,或者明知是编造的虚假信息,在信息网络上散布,或者组织、指使人员在信息网络上散布,起哄闹事,造成公共秩序严重混乱的,以寻衅滋事罪定罪处罚。《惩治疫情犯罪意见》规定,编造虚假信息,或者明知是编造的虚假信息,在信息网络上散布,或者组织、指使人员在信息网络上散布,起哄闹事,造成公共秩序严重混乱的,以寻衅滋事罪定罪处罚。

行为人只要实施了上述寻衅滋事罪的四种行为之一,即可构成本罪。

2. 主体

本罪主体为一般主体。已满16周岁不满18周岁的人出于以大欺小、以强凌弱或寻求精神刺激等动机,随意殴打其他未成年人、多次对其他未成年人强拿硬要或任意损毁公私财物,扰乱学校及其他公共场所秩序,情节严重的,以本罪定罪处罚。

3. 罪过

本罪罪过是故意。

(二) 本罪的认定

(1) 本罪与聚众扰乱公共场所秩序、交通秩序的界限。由于两罪都侵犯公共秩序,而且有些寻衅滋事罪也是聚众进行的,因此二者有共同之处。但又存在显著区别:其一,犯罪目的和动机不同。本罪多是寻求精神刺激,发泄低级情趣而破坏公共秩序;后者则多是破坏公共秩序,以满足个人的不合理要求。其二,犯罪形式不同。本罪不限于聚众犯罪,而后者只限于聚众形式。其三,犯罪主体不同。对本罪的共同犯罪者,都要依法追究刑事责任,而后者只处罚首要分子。

(2) 寻衅滋事致人死亡、重伤、侮辱人身、限制他人自由的,完全可能同时成立过失致人死亡罪、过失致人重伤罪、侮辱罪、非法拘禁罪,对此应依据想象竞合犯原理从一重处断。

(3) 本罪与故意毁坏财物罪的界限。二者的主要区别在于:其一,法益不同。本罪既侵犯了公共秩序,又可能同时侵犯了公民人身权与公私财产权,而后者侵犯的只是公私财产权。其二,罪过表现形式不同。本罪没有要求特定的目的,而后者要求行为人具有明确的毁坏特定公私财物的目的。其三,犯罪成立标准不同。本罪中任意损毁公私财物的情形,"情节严重的"才构成犯罪,但"情节严重"是以行为人行为造成的社会影响的恶劣程度来判断,与被毁坏财物价值大小无必然因果关系,而后者则要求行为人故意毁坏的公私财物属于"数额较大"。

（4）行为人以聚众方式强拿硬要、任意占用公私财物的,可能同时成立聚众哄抢罪,对此应依据想象竞合犯原理从一重处断。

（三）本罪的处罚

犯本罪的,根据《刑法》第293条的规定处罚。《刑法修正案（八）》在修订寻衅滋事罪罪状的同时,也将本罪的法定最高刑提升到10年有期徒刑,即增设第2款:"纠集他人多次实施前款行为,严重破坏社会秩序的,处五年以上十年以下有期徒刑,可以并处罚金。"

三十八、催收非法债务罪

（一）概念及构成要件

本罪为《刑法修正案（十一）》所增设的罪名,是指催收高利放贷等产生的非法债务,情节严重的行为。虽然本罪规定在妨害社会管理秩序罪一章,但条文并没有将扰乱公共秩序规定为构成要件结果,也没有要求行为发生在公共场所,且本罪的行为只是针对特定的个人,而不是针对不特定的人,难以认为本罪法益包括公共秩序,因此我们认为,本罪法益是公民私生活的安宁。[①]

1. 行为

本罪的实行行为具体表现为以下列手段催收高利贷等产生的非法债务:（1）使用暴力、胁迫方法。此处的暴力、胁迫是指最广义的暴力、胁迫,只要使被害人产生恐惧感即可。（2）限制他人人身自由或者侵入他人住宅。此处的限制他人人身自由或者侵入他人住宅,不要求达到《刑法》第238条非法拘禁罪中的非法剥夺他人人身自由的程度,也不要求达到《刑法》第245条非法侵入住宅罪的程度。（3）恐吓、跟踪、骚扰他人。此处的恐吓是指以所有对被害人不利的事实进行威吓,如发送"当心火灾"之类的信息内容给被告人。跟踪是指紧跟在他人身后,以达到对其心理施加压力的行为,并不要求对他人的行动自由形成一定程度的限制,但必须让他人知晓。骚扰是指一切搅扰被害人正常生活的行为。

行为人催收的必须是高利放贷等产生的具有事实依据的非法债务,主要包括超过国家规定的利息部分或赌债,既不包括合法债务（如高利放贷中的本金

[①] 参见张明楷:《催收非法债务罪的另类解释》,载《政法论坛》2022年第2期。

与合法利息），也不包括不具有任何事实依据的非法债务。如行为人捏造债务并进行催收的，或者在具有事实依据的非法债务外另行索取财物的，可视其手段成立敲诈勒索罪甚至抢劫罪。

有学者认为，"非法债务"就表明债务本身不是合法的，而不是指合法本息。即使行为人高利放贷后仅催收其中的本金与相关规定认可的民间借贷利息，只要采取上述暴力、胁迫、恐吓、跟踪等手段且情节严重的，也成立催收非法债务罪的既遂犯。例如，甲向乙高利放贷 100 万元，约定一个月后还款，月息为 20 万元。一个月过后，甲采取暴力、胁迫等方法要求乙还款 100 万元本金以及 4800 元的合法利息，不要求乙归还合法本息之外的高额利息，但其采取暴力、胁迫等行为情节严重的，也构成催收非法债务罪。① 我们认为，但此种情况下，甲催收的是其享有债权的合法债务，并不符合本罪的构成要件，故不应当成立本罪。其行为侵害了乙的其他法益的，应当成立相应的犯罪。若认为一旦债务本身不合法便不得进行催收，无异于使债权人应当享有的债权得不到保护，考虑到我国"老赖"众多的社会事实及民众"厌诉"的心理，不允许私力救济势必导致许多债权人因本罪而锒铛入狱，无故增添社会不稳定因素。

2. 主体

本罪的主体为一般主体。

3. 罪过

本罪的罪过为故意。只要行为人明知自己催收的是非法债务，故意实施了催收行为就可以成立本罪。

（二）本罪的认定

1. 本罪的性质

本罪是实害犯，只要行为人实施了条文规定的行为，即可以认为其给被害人生活的安宁造成了现实的损害，应当成立本罪。

2. 本罪与寻衅滋事罪的界限

《寻衅滋事刑案解释》第 1 条第 3 款规定，行为人因婚恋、家庭、邻里、债务等纠纷，实施殴打、辱骂、恐吓他人或者损毁、占用他人财物等行为的，一般不认定为"寻衅滋事"，但经有关部门批评制止或者处理处罚后，继续实施前列行为，破坏社会秩序的除外。可见在我国司法实践中，行为人基于债务纠纷而实施恐吓、辱骂等不当讨债行为的，不应当认定为寻衅滋事罪。

此外，虽然通说认为成立寻衅滋事罪无须"逞强好胜、发泄情绪、起哄捣乱、逞强耍横、破坏社会秩序"等心理，但上述心理其实折射出，寻衅滋事罪中行为人所持的是一种"无事生非"的态度，此时虽然看似侵犯的是个人法益，但实际

---

① 参见张明楷：《催收非法债务罪的另类解释》，载《政法论坛》2022 年第 2 期。

引得社会上人人自危,所以才将之放在妨害社会管理秩序罪一章中。而在本罪中,行为人是事出有因,其侵犯的法益与寻衅滋事罪完全不同。

3. 本罪与其他犯罪之间的竞合关系

在催收高利放贷产生的债务过程中,如果手段符合其他犯罪的构成要件,则同时成立其他犯罪。例如,行为人的暴力达到了故意伤害的程度,则成立故意伤害罪与催收非法债务罪的想象竞合犯,从一重处断;胁迫的行为达到了足以压制对方反抗的程度,则成立抢劫罪与本罪的想象竞合犯,从一重处断;在催收过程中非法强行闯入他人住宅,或者经要求退出仍拒绝退出,严重影响他人正常生活和居住安宁的,成立非法侵入住宅罪与本罪的想象竞合犯,从一重处断;在催收过程中对他人实施侮辱诽谤行为,严重影响他人名誉的,成立侮辱诽谤罪与本罪的想象竞合犯,从一重处断。

(三) 本罪的处罚

犯本罪的,根据《刑法》第293条之一的规定,处3年以下有期徒刑、拘役或者管制,并处或者单处罚金。

三十九、组织、领导、参加黑社会性质组织罪

(一) 概念及构成要件

本罪为《刑法修正案(八)》所修订。本罪是指组织、领导或积极参加以暴力、威胁或其他手段,有组织地进行违法犯罪活动,称霸一方,为非作恶,欺压、残害群众,严重破坏经济、社会生活秩序的黑社会性质组织的行为。

本罪在行为上表现为组织、领导、积极参加黑社会性质组织。根据2002年4月28日全国人大常委会《关于〈刑法〉第二百九十四条第一款的解释》,"黑社会性质的组织"应当同时具备以下特征:(1) 形成较稳定的犯罪组织,人数较多,有明确的组织者、领导者,骨干成员基本固定;(2) 有组织地通过违法犯罪活动或者其他手段获取经济利益,具有一定的经济实力,以支持该组织的活动;(3) 以暴力、威胁或者其他手段,有组织地多次进行违法犯罪活动,为非作恶,欺压、残害群众;(4) 通过实施违法犯罪活动,或者利用国家工作人员的包庇或者纵容,称霸一方,在一定区域或行业内,形成非法控制或者重大影响,严重破坏经济、社会生活秩序。该规定为《刑法修正案(八)》第43条所吸收,成为组织、领导、参加黑社会性质组织罪条文中增设的条款,由此,黑社会性质的组织之特征的明确,由法律解释的层面上升为刑法典条文层面。[1]

---

[1] 相关认定的司法解释可以参见"两高""两部"2018年1月16日《办理黑恶势力犯罪意见》、2019年2月28日《关于办理恶势力刑事案件若干问题的意见》、2019年《关于办理实施"软暴力"的刑事案件若干问题的意见》等。

2002年5月13日最高检《关于认真贯彻执行全国人民代表大会常务委员会〈关于刑法第二百九十四条第一款的解释〉和〈关于刑法第三百八十四条第一款的解释〉的通知》指出,黑社会性质组织是否有国家工作人员充当"保护伞",即是否要求国家工作人员参与犯罪或者为犯罪活动提供非法保护,不影响黑社会性质组织的认定,对于同时具备上述黑社会性质组织四个特征的案件,应依法予以严惩,以体现"打早打小"的立法精神。这一精神同样为《刑法修正案(八)》所吸纳。

2018年1月16日"两高""两部"《关于办理黑恶势力犯罪案件若干问题的指导意见》(以下简称《办理黑恶势力犯罪意见》)第4条和第5条规定,发起、创建黑社会性质组织,或者对黑社会性质组织进行合并、分立、重组的行为,应当认定为"组织黑社会性质组织";实际对整个组织的发展、运行、活动进行决策、指挥、协调、管理的行为,应当认定为"领导黑社会性质组织"。黑社会性质组织的组织者、领导者,既包括通过一定形式产生的有明确职务、称谓的组织者、领导者,也包括在黑社会性质组织中被公认的事实上的组织者、领导者。知道或者应当知道是以实施违法犯罪为基本活动内容的组织,仍加入并接受其领导和管理的行为,应当认定为"参加黑社会性质组织"。没有加入黑社会性质组织的意愿,受雇到黑社会性质组织开办的公司、企业、社团工作,未参与黑社会性质组织违法犯罪活动的,不应认定为"参加黑社会性质组织"。参加黑社会性质组织并具有以下情形之一的,一般应当认定为"积极参加黑社会性质组织":多次积极参与黑社会性质组织的违法犯罪活动,或者积极参与较严重的黑社会性质组织的犯罪活动且作用突出,以及其他在组织中起重要作用的情形,如具体主管黑社会性质组织的财务、人员管理等事项。

本罪主体为一般主体,罪过是故意。

(二) 本罪的认定

处理本罪时,要把黑社会性质组织与一般犯罪集团相区别。所谓"黑社会性质组织",根据《刑法》第294条的规定,是指以暴力、威胁或其他手段,有组织地进行违法犯罪活动,称霸一方,为非作恶,欺压、残害群众,严重破坏经济、社会生活秩序的犯罪组织。《办理黑恶势力犯罪意见》第3条规定,黑社会性质组织应同时具备《刑法》第294条第5款中规定的"组织特征""经济特征""行为特征"和"危害性特征"。由于实践中许多黑社会性质组织并非这"四个特征"都很明显,在具体认定时,应根据立法本意,认真审查、分析黑社会性质组织"四个特征"相互间的内在联系,准确评价涉案犯罪组织所造成的社会危害,做到不枉不纵。所谓"犯罪集团",根据《刑法》第26条第2款的规定,是指3人以上共同实施犯罪而组成的较为固定的犯罪组织。组织、领导一般犯罪集团,其具体罪名要根据行为人所具体实施的行为内容来确定,对于组织、领导者,应作为共同犯罪的主犯处理。

(三) 本罪的处罚

犯本罪的,根据《刑法》第294条第1款和第4款的规定处罚。根据2000年12月5日最高法《关于审理黑社会性质组织犯罪的案件具体应用法律若干问题的解释》(以下简称《黑社会犯罪解释》)的规定,对于黑社会性质组织的组织者、领导者,应当按照其所组织、领导的黑社会性质组织所犯的全部罪行处罚;对于黑社会性质组织的参加者,应当按照其所参与的犯罪处罚。对于参加黑社会性质的组织,没有实施其他违法犯罪活动的,或者受蒙蔽、胁迫参加黑社会性质的组织,情节轻微的,可以不作为犯罪处理。对黑社会性质组织和组织、领导、参加黑社会性质组织的犯罪分子聚敛的财物及其收益,以及用于犯罪的工具等,应当依法追缴、没收。

四十、入境发展黑社会组织罪

本罪是指我国境外的黑社会组织人员到我国境内发展组织成员的行为。本罪在行为上表现为进入我国境内发展黑社会组织成员。根据《黑社会犯罪解释》的规定,"发展组织成员",是指将境内、外人员吸收为该黑社会组织成员的行为。对黑社会组织成员进行内部调整等行为,可视为"发展组织成员"。港、澳、台黑社会组织到内地发展组织成员的,以本罪定罪处罚。本罪的犯罪地点仅限于我国境内,主要指我国内地。本罪主体为特殊主体,即行为人必须是境外的黑社会组织人员。本罪罪过是故意。犯本罪的,根据《刑法》第294条第2款和第4款的规定处罚。

四十一、包庇、纵容黑社会性质组织罪

本罪是指国家机关工作人员包庇黑社会性质的组织,或纵容黑社会性质的组织实行违法犯罪活动的行为。本罪行为表现在两个方面:一是包庇黑社会性质的组织;二是纵容黑社会性质的组织进行违法犯罪活动。根据《黑社会犯罪解释》的规定,这里的"包庇",是指国家机关工作人员为使黑社会性质组织及其成员逃避查禁,而通风报信、隐匿、毁灭、伪造证据,阻止他人作证、检举揭发,指使他人作伪证、帮助逃匿,或者阻挠其他国家机关工作人员依法查禁等行为。"纵容",是指国家机关工作人员不依法履行职责,放纵黑社会性质组织进行违法犯罪活动的行为。本罪主体为特殊主体,即国家机关工作人员。对于国家机关工作人员接受贿赂后实施上述行为的,需要区别对待:(1) 如果国家机关工作人员受贿后包庇、纵容黑社会性质组织,但未参加黑社会性质组织的,实行本罪与受贿罪的数罪并罚;(2) 如果国家工作人员是黑社会性质组织成员,受贿钱财是该组织成员既得的不法利益,则应按组织、领导、参加黑社会性质组织罪论处。

显然,本罪主体必须是未参加黑社会性质组织的国家工作人员。本罪罪过是故意,即明知是黑社会性质的组织、黑社会性质的组织所进行的违法犯罪活动,而故意予以包庇、纵容。

犯本罪的,根据《刑法》第294条第3款的规定,处5年以下有期徒刑;情节严重的,处5年以上有期徒刑。根据《黑社会犯罪解释》的规定,"情节严重"是指具有下列情形之一的:(1)包庇、纵容黑社会性质组织跨境实施违法犯罪活动的;(2)包庇、纵容境外黑社会组织在境内实施违法犯罪活动的;(3)多次实施包庇、纵容行为的;(4)致使某一区域或行业的经济、社会生活秩序遭受黑社会性质组织特别严重破坏的;(5)致使黑社会性质组织的组织者、领导者逃匿,或者致使对黑社会性质组织的查禁工作严重受阻的;(6)具有其他严重情节的。

四十二、传授犯罪方法罪

本罪为《刑法修正案(八)》所修订。本罪是指向他人传授犯罪方法的行为。本罪在行为上表现为使用各种手段将犯罪方法传授给他人,比如口头传授与书面传授、公开传授与秘密传授、直接传授与间接传授。犯罪方法是指实施犯罪的一切经验、技巧、手段等。本罪主体为一般主体,罪过是故意。

2009年11月26日和2010年4月19日,冯某在朝阳区黑庄户乡家中,先后两次使用"但它"的用户名,在百度网文库栏目中发布《恐怖分子手册》电子文档,向他人传授各种炸药、燃烧剂、汽油弹、炸弹、燃烧弹等的配方及制作方法,后被查获。本案中,冯某无视国法,在互联网上传电子文档,教授他人制作各式炸弹、爆炸物供实施恐怖活动之用,其行为构成传授犯罪方法罪。[①]

在实践中,需要注意本罪与教唆犯罪的区分。二者的主要区别在于:(1)前者侵犯的是社会管理秩序,后者侵犯的法益则取决于被教唆者的犯罪性质;(2)前者是将犯罪方法传授给他人,后者则是为了引起他人犯罪意图;(3)前者属于单独犯罪,后者则属于共同犯罪范畴;(4)前者对被传授对象没有限定,后者则要求教唆达到法定年龄,且具有刑事责任能力的人;(5)前者有独立的罪名和法定刑,后者的罪名和法定刑则取决于被教唆犯罪的罪名和法定刑;(6)前者只要有传授犯罪方法的行为就成立既遂,不存在未遂,后者则有既遂和未遂之分。

对于实践中存在的教唆犯罪与传授犯罪方法相结合或相竞合的情况,有学者认为:(1)对同一犯罪内容同时实施教唆行为与传授犯罪方法的行为,或用传授犯罪方法的手段使他人产生犯罪决意的,应按照吸收原则,从一重罪论处;

[①] 参见曹作和:《发布〈恐怖分子手册〉传授犯罪方法》,载《检察日报》2010年9月25日第2版。

(2) 分别对不同的对象进行教唆行为与传授犯罪方法,或对同一对象教唆此罪而传授彼罪的犯罪方法的,应按所教唆的罪与传授犯罪方法罪实行数罪并罚。我们持相同意见。

犯本罪的,根据《刑法》第 295 条的规定处罚。

四十三、非法集会、游行、示威罪

本罪是指举行集会、游行、示威,未依照法律规定申请或申请未获许可,或未按照主管机关许可的起止时间、地点、路线进行集会、游行、示威,又拒不服从解散命令,严重破坏社会秩序的行为。本罪主体为特殊主体,即参加集会、游行、示威的负责人。本罪罪过是故意。犯本罪的,根据《刑法》第 296 条的规定处罚。

四十四、非法携带武器、管制刀具、爆炸物参加集会、游行、示威罪

本罪是指违反法律规定,携带武器、管制刀具、爆炸物参加集会、游行、示威的行为。本罪主体为一般主体,罪过是故意。犯本罪的,根据《刑法》第 297 条的规定处罚。

四十五、破坏集会、游行、示威罪

本罪是指扰乱、冲击或以其他方法破坏依法举行的集会、游行、示威,造成公共秩序混乱的行为。本罪主体为一般主体,罪过是故意。犯本罪的,根据《刑法》第 298 条的规定处罚。

四十六、侮辱国旗、国徽、国歌罪

(一) 概念及构成要件

本罪为《刑法修正案(十)》所增设的罪名,是指在公共场合故意采取焚烧、毁损、涂划、玷污、践踏等方式侮辱中华人民共和国国旗、国徽的行为,以及在公共场合,故意篡改中华人民共和国国歌歌词、曲谱,以歪曲、贬损等方式奏唱国歌,或者以其他方式侮辱国歌,情节严重的行为。

1. 行为

本罪行为表现为通过焚烧、毁损、涂划、玷污、践踏等方式侮辱中华人民共和国国旗、国徽。焚烧是指使国旗、国徽燃烧;毁损是指从物理上毁损国旗、国徽;涂划是指将色彩、颜料等附着在国旗、国徽上,或者在国旗、国徽上刻印不应有的文学、图形、符号等;玷污是指使用污物损害国旗、国徽的外观;践踏是指通过脚踩、车碾等方式侮辱国旗、国徽。除此之外,通过其他类似方法侮辱国旗、国徽的行为,也构成本罪。侮辱国歌是指通过篡改歌词、曲谱,以歪曲、贬损方式奏唱

国歌,或者以其他方式侮辱国歌的行为。侮辱国歌的行为,只有情节严重的,才构成犯罪。此外,对于在网络等虚拟环境中通过涂划、玷污等方式侮辱国旗、国徽的行为是否构成本罪,主要涉及对两个要素的解释:一是国旗、国徽是否仅限于物理形态的国旗、国徽？对此,从实质上来看,无论物理形态的国旗国徽,还是虚拟环境中的国旗国徽,只要是与中华人民共和国国旗、国徽一样的存在对象,皆应理解为中华人民共和国国旗、国徽。二是对于网络等虚拟环境是否属于公共场合？我们持肯定态度。同时,行为人在非公众场合故意篡改国歌歌词、曲谱,或者以歪曲、贬损方式奏唱国歌,录音或者录像后在网络等虚拟环境中传播的,也应认定为在公共场合侮辱国歌。

2. 主体

本罪主体为一般主体,对象仅限于中华人民共和国国旗、国徽与国歌。侮辱行为须发生在公共场合,包括悬挂国旗、国徽的公共场所、机构所在地,以及其他不特定人或者多数人在场的场合。

3. 罪过

本罪的罪过形式为故意,过失行为不构成犯罪。即在主观上没有认识到是中华人民共和国国旗、国徽、国歌而实施上述行为的,或者过失焚烧、毁损国旗、国徽的,以及过失唱错国歌歌词、曲谱的,不成立犯罪。行为人只要实施上述行为之一,即可构成本罪,同时实施上述行为或者同时侮辱国旗、国徽、国歌的,仅成立一罪。实施本罪行为同时,触犯故意毁坏财物等罪名的,应从一重罪处断。

(二) 本罪的处罚

犯本罪的,根据《刑法》第299条的规定,处3年以下有期徒刑、拘役、管制或者剥夺政治权利。在公共场合,故意篡改中华人民共和国国歌歌词、曲谱,以歪曲、贬损方式奏唱国歌,或者以其他方式侮辱国歌,情节严重的,依照上述规定处罚。

四十七、侵害英雄烈士名誉、荣誉罪

(一) 概念及构成要件

本罪为《刑法修正案(十一)》所增设的罪名,是指侮辱、诽谤或者以其他方式侵害英雄烈士的名誉、荣誉,损害社会公共利益,情节严重的行为。本罪法益是英雄烈士的名誉权与荣誉权。侮辱、诽谤英雄烈士的实质目的是动摇我党的执政根基和否定中国特色社会主义制度。抹黑这些代表性的英烈群体人物,否定我国近现代历史,既是对社会主义核心价值观与革命英雄主义精神的否定和瓦解,也容易对群众尤其是年轻人的价值取向造成恶劣影响、冲击。这些行为不仅构成对英雄烈士人格利益的侵害和对英雄烈士近亲属合法利益的侵害,同时由于英雄烈士的事迹和精神已经成为社会公共利益的重要组成部分,也给社会公共利益造成损害。

1. 行为

本罪的实行行为具体表现为以下列行为侵害英雄烈士的名誉、荣誉：(1) 侮辱，是指对英雄烈士予以轻蔑的价值判断的表示。侮辱不一定需要使用言词，也可以使用动作。前者如对英雄烈士进行诋毁、谩骂等，后者如将粪便等涂抹在雕像上等。(2) 诽谤，是指捏造并散布足以贬损他人人格的虚构的事实，侵害英雄烈士的名誉、荣誉。例如将反击战争描述为侵略战争，将英勇就义贬低为在逃跑中被督战队射杀等。(3) 其他方式，包括损害烈士陵园、毁损纪念设施等侵害英雄烈士的名誉、荣誉，损害社会公共利益的行为。仅仅否定英雄烈士事迹和精神，如宣称某战斗英雄并没有英勇事迹不属于侮辱诽谤，而属于其他方式，因为其并未虚构事实或予以轻蔑价值判断。仅仅对英雄烈士的事迹提出质疑的，并不成立本罪；对英雄烈士的事迹进行考察，在有真凭实据的情况下揭示历史真相的不成立本罪。

2. 行为对象

有学者认为，本罪的对象既包括活着的英雄，也包括已经逝世的烈士。如果英雄烈士已经牺牲，本罪的保护法益就是活着的人不希望英雄烈士被不当对待的期待或社会情感；如果英雄尚且健在，本罪的保护法益就是其本人的名誉、荣誉。① 此种观点明显有违立法者将本罪规定在妨害社会管理秩序罪一章中的用意。我们认为，本罪的对象仅包括已经逝去的英雄烈士。《关于〈刑法修正案（十一）（草案）〉的说明》明确指出："维护社会主义核心价值观，保护英雄烈士名誉，与英雄烈士保护法相衔接，将侮辱、诽谤英雄烈士的行为明确规定为犯罪。"故根据法秩序统一性原理，应当根据英雄烈士保护法中的规定理解刑法中的"英雄烈士"。《关于〈中华人民共和国英雄烈士保护法（草案）〉的说明》特别指出："现实中的英雄模范人物和群体……不适用本法。"《中华人民共和国英雄烈士保护法》第2条第2款明确规定："近代以来，为了争取民族独立和人民解放，实现国家富强和人民幸福，促进世界和平和人类进步而毕生奋斗、英勇献身的英雄烈士，功勋彪炳史册，精神永垂不朽。"故根据立法解释、语义解释、体系解释的方法均可得出，英雄烈士应当仅包括已经逝去的烈士。②

3. 主体

本罪的主体为一般主体。

---

① 参见周光权：《刑法各论》（第四版），中国人民大学出版社2021年版，第439页。

② 参见刘艳红：《法秩序统一原理下侵害英雄烈士名誉、荣誉罪的保护对象研究》，载《法律科学》2021年第5期。

4. 罪过

本罪的罪过为故意。只要行为人知晓其侮辱、诽谤或者以其他方式侵害的对象是英雄烈士即可成立本罪。

(二) 本罪的认定

1. 本罪的性质

本罪是抽象危险犯,只要行为人实施了侮辱、诽谤或者以其他方式侵害英雄烈士名誉、荣誉的行为,即可认为对烈士的名誉荣誉造成了抽象的危险,足以成立本罪。不要求英雄烈士的名誉、荣誉遭受现实的损害。

2. 本罪与其他犯罪的界限

本罪的对象是已经逝去的英雄烈士,如果行为人侮辱诽谤的是健在的英雄且情节严重,则应成立侮辱诽谤罪。

(三) 本罪的处罚

犯本罪的,根据《刑法》第299条之一的规定,处3年以下有期徒刑、拘役、管制或者剥夺政治权利。

四十八、组织、利用会道门、邪教组织、利用迷信破坏法律实施罪[①]

本罪为《刑法修正案(九)》所修订,是指组织、利用会道门、邪教组织或利用迷信破坏国家法律、行政法规实施的行为。会道门是一种迷信组织,比单纯的迷信具有更强的组织性、更大的欺骗性和社会危害性,如"哥老会""大刀会""九宫道"等。邪教组织是指冒用宗教、气功或者以其他名义建立,神化、鼓吹首要分子,利用制造、散布迷信邪说等手段蛊惑、蒙骗他人,发展、控制成员,危害社会的非法组织。迷信是一种信奉鬼神的唯心主义宿命论。本罪主体为一般主体,罪过是故意。

犯本罪的,根据《刑法》第300条第1款的规定,处3年以上7年以下有期徒刑,并处罚金;情节特别严重的,处7年以上有期徒刑或者无期徒刑,并处罚金或者没收财产;情节较轻的,处3年以下有期徒刑、拘役、管制或者剥夺政治权利,并处或者单处罚金。本罪追究刑事责任的标准以及情节认定标准,参见《邪教刑案解释》第2—6条的相关规定。

犯本罪,又有煽动分裂国家、煽动颠覆国家政权或者侮辱、诽谤他人或者奸淫妇女、诈骗财物等犯罪行为的,依照数罪并罚的规定定罪处罚。组织、利用邪教组织,制造、散布迷信邪说;组织、策划、煽动、胁迫、教唆、帮助其成员或者他人实施自杀、自伤的,以故意杀人罪或者故意伤害罪定罪处罚。邪教组

---

① 参见2017年1月25日"两高"《关于办理组织、利用邪教组织破坏法律实施等刑事案件适用法律若干问题的解释》(以下简称《邪教刑案解释》)。

织人员以自焚、自爆或者其他危险方法危害公共安全的,以放火罪、爆炸罪、以危险方法危害公共安全罪等定罪处罚。明知他人组织、利用邪教组织实施犯罪,而为其提供经费、场地、技术、工具、食宿、接送等便利条件或者帮助的,以共同犯罪论处。

四十九、组织、利用会道门、邪教组织、利用迷信致人重伤、死亡罪

本罪为《刑法修正案(九)》所修订,是指组织、利用会道门、邪教组织或利用迷信蒙骗他人,致人重伤、死亡的行为。《邪教刑案解释》第7条规定,组织、利用邪教组织,制造、散布迷信邪说,蒙骗成员或者他人绝食、自虐等,或者蒙骗病人不接受正常治疗,致人重伤、死亡的,应当认定为本罪中的组织、利用邪教组织"蒙骗他人,致人重伤、死亡"。本罪为结果犯,即以上述行为造成"致人重伤、死亡"的结果为构成要件。本罪主体为一般主体,罪过是故意。犯本罪的,根据《刑法》第300条第2款的规定处罚。

五十、聚众淫乱罪

本罪是指聚众进行淫乱活动的行为。聚众,一般指三人或三人以上。本罪主体为一般主体,主要是指首要分子和多次参加聚众淫乱分子。本罪罪过是故意。

2014年9月10日,民警在东城区某小区一单元楼内将进行卖淫嫖娼活动的王某某、吕某某当场抓获,二人对违法事实供认不讳。经审查,王某某通过手机招嫖信息联系到吕某某,当晚6时许,二人在王某某的工作室进行卖淫嫖娼活动,后王某某付给吕某某800元作为嫖资。警方进一步查明,王某某于8、9、10日连续三次嫖娼,其中9日他同时与两名女子进行卖淫嫖娼活动。分析本案,有观点认为,王某某的行为构成聚众淫乱罪。另一种观点认为,聚众淫乱罪是指公然藐视国家法纪和社会公德,聚集男女多人集体进行淫乱的行为。王某某似乎确有同时与两名女子进行卖淫嫖娼活动的情节,但是,从客观要件分析,聚众淫乱罪表现为多人聚集在一起进行乱交、滥交的淫乱行为,具有行为对象的非专一性特征。从主观要件分析,本罪属于故意犯罪,且主观上不但要求首要分子或积极实施的分子具有聚众淫乱目的,而且要求参加者中至少要有三人以上具有聚众淫乱的目的。因此,对于多名女子同时向一人卖淫的行为,虽然看似具有聚众淫乱的特点,但结合聚众淫乱罪的主客观要件来看,并不符合本罪的构成。①

犯本罪的,根据《刑法》第301条第1款的规定处罚。

---

① 参见蔡正华:《王全安招嫖不构成聚众淫乱罪》,载《上海法治报》2014年9月29日B05版。

五十一、引诱未成年人聚众淫乱罪

本罪是指引诱未成年人参加聚众淫乱活动的行为。本罪主体为一般主体，罪过是故意。犯本罪的，根据《刑法》第301条第2款的规定处罚。

五十二、盗窃、侮辱、故意毁坏尸体、尸骨、骨灰罪

本罪为《刑法修正案（九）》所修订，是指盗窃、侮辱、故意毁坏尸体、尸骨、骨灰的行为。本罪主体为一般主体，罪过是故意。犯本罪的，根据《刑法》第302条的规定处罚。违背本人生前意愿摘取其尸体器官，或者本人生前未表示同意，违反国家规定，违背其近亲属意愿摘取其尸体器官的，依照本罪定罪处罚。

2011年10月，李某趁夜色来到秦某的墓地，用螺丝刀撬开墓门，将骨灰盒盗走，后带着骨灰盒到外地兜售，但是盗来的骨灰盒竟无人问津。2012年春节，秦某家人在扫墓时发现骨灰盒被盗，于是报警，李某最终被缉拿归案。经鉴定，被盗骨灰盒价值7500元。本案中，李某盗窃骨灰盒的行为已构成盗窃骨灰罪。[①]

五十三、赌博罪

本罪为《刑法修正案（六）》所修订。本罪是指以营利为目的聚众赌博或以赌博为业的行为。

本罪行为表现为聚众赌博或以赌博为业。（1）聚众赌博，是指行为人为了营利而聚众赌博、组织、纠集他人参加赌博，自己从中渔利的行为。至于行为人是否亲自参与赌博在所不问。根据2005年5月11日"两高"《关于办理赌博刑事案件具体应用法律若干问题的解释》（以下简称《赌博刑案解释》）的规定，"聚众赌博"是指具有下列情形之一的：① 组织3人以上赌博，抽头渔利数额累计达到5000元以上的；② 组织3人以上赌博，赌资数额累计达到5万元以上的；③ 组织3人以上赌博，参赌人数累计达到20人以上的；④ 组织中华人民共和国公民10人以上赴境外赌博，从中收取回扣、介绍费的。[②]（2）以赌博为业，是指以赌博所得为主要生活来源。实施上述两种行为之一的，即可构成本罪。

本罪主体为一般主体。根据《赌博刑案解释》第4条的规定，明知他人实施赌博犯罪活动，而为其提供资金、计算机网络、通讯、费用结算等直接帮助的，以赌博罪的共犯论处。

---

① 参见王慧、邹学卫：《盗取村民骨灰盒 六旬老翁进牢房》，载《检察日报》2013年7月6日第2版。

② 关于跨境赌博的认定，可以参见2020年10月16日"两高"、公安部《办理跨境赌博犯罪案件若干问题的意见》。

本罪罪过是故意,且行为人具有营利的目的。根据《赌博刑案解释》第9条的规定,不以营利为目的,进行带有少量财物输赢的娱乐活动,以及提供棋牌室等娱乐场所只收取正常的场所和服务费的经营行为等,不以赌博论处。

2013年5月,王某、石某和周某建造了一个简易的环形跑道,吸引附近"狗友"提供一种奔跑能力强的细犬,在每周二、周四定时进行比赛,累计组织周边200余人下注,每次比赛投注资金一般为3000元至5000元不等,三人从赌资中抽头渔利,至案发获利3万余元。[①] 本案中,王某等三人以营利为目的,以建造环形跑道、赛狗的形式组织、招引200余人下注,聚众不特定多人赌博,构成赌博罪。

犯本罪的,根据《刑法》第303条第1款和《赌博刑案解释》第5条的规定处罚。

五十四、开设赌场罪

本罪为《刑法修正案(六)》所增设。本罪是指行为人为了营利而提供赌博的物理性场所或虚拟性平台,供他人赌博的行为。就物理性场所而言,赌场的临时性或长期性不是本罪成立的要素。就虚拟性平台而言,根据《赌博刑案解释》第2条的规定,以营利为目的在计算机网络上建立赌博网站,或者为赌博网站担任代理,接受投注的,属于"开设赌场"。2010年8月31日"两高"、公安部《关于办理网络赌博犯罪案件适用法律若干问题的意见》对"开设赌场"的定罪量刑进行了调整细化。即利用互联网、移动通讯终端等传输赌博视频、数据,组织赌博活动,具有下列情形之一的,属于"开设赌场"行为:(1)建立赌博网站并接受投注的;(2)建立赌博网站并提供给他人组织赌博的;(3)为赌博网站担任代理并接受投注;(4)参与赌博网站利润分成的。犯本罪的,根据《刑法》第303条第2款和上述意见的规定处罚。

五十五、组织参与国(境)外赌博罪

本罪为《刑法修正案(十一)》所增设。本罪是指组织中华人民共和国公民参与国(境)外赌博,数额巨大或者有其他严重情节的行为。近年来,国(境)外赌场和网络赌博集团大肆招揽我国公民参与赌博活动,跨国(境)赌博违法犯罪活动日益猖獗,严重妨碍社会管理秩序,严重危害我国经济安全和社会稳定。与此同时,网络黑灰产的"野蛮生长"也助推线下赌博向网络空间迁移,跨国(境)网络赌博违法犯罪活动呈高发态势,危害性剧增。从赌博违法犯罪产业链来看,

---

[①] 参见张楠、高吟:《赵海洋赛狗怎么还"赛出"了赌博罪》,载《检察日报》2013年12月21日第3版。

具有严重危害性的组织参赌人员行为决定着国(境)外赌博机构的生存发展,失去客源,开设赌场活动也将难以为继。因此,刑法有必要从源头对组织参赌人员行为予以规制。

本罪是将开设赌场罪的帮助犯予以正犯化,行为方式表现为组织我国公民参与国(境)外赌博活动。这里的"组织"并不要求形成犯罪集团或其他形式的共同犯罪,主要是指通过引诱、游说、号令等方式招揽我国公民参与国(境)外赌博的行为,目的在于为他人开设的赌场拉拢赌客。所谓参与国(境)外赌博,既包括实地前往开设在国(境)外的赌场参与赌博,也包括在国(境)内通过电信网络等方式参与跨国(境)赌博活动。

本罪的主体为一般主体,主要是国(境)外赌场经营人、实际控制人、投资人,境外赌场管理人员,受国(境)外赌场指派、雇用的人,以及在国(境)外赌场包租赌厅、赌台的人等。本罪的罪过为故意。

犯本罪的,根据《刑法》第303条第3款的规定处罚。

五十六、故意延误投递邮件罪

本罪是指邮政工作人员严重不负责任,故意延误投递邮件,致使公共财产、国家和人民利益遭受重大损失的行为。本罪主体为特殊主体,即邮政工作人员。本罪罪过是故意。犯本罪的,根据《刑法》第304条的规定处罚。

本罪立法经历了由过失犯罪到故意犯罪的转变。1986年12月2日颁布的《邮政法》规定:邮政工作人员拒不办理依法应当办理的邮政业务,故意延误投递邮件,给予行政处分;邮政工作人员玩忽职守,致使公共财产、国家和人民利益遭受重大损失的,依照1979年《刑法》第187条规定以玩忽职守罪追究刑事责任。1990年6月20日最高检、邮电部《关于查处邮电工作人员渎职案件的暂行规定》规定,邮电工作人员渎职案件,主要是指利用职务之便,侵犯公民的通信自由权利,泄露通信秘密,贪污用户财物,收受贿赂,玩忽职守等案件,即邮政工作人员延误投递邮件承担的是过失刑事责任。1997年《刑法》修订时,鉴于犯罪主体和客体的变化,此类犯罪行为不再列入渎职罪,为了保护正常的邮政管理活动,刑法增设了本罪,行为人的主观罪过由过失改为故意。同时,为了保持与刑法的衔接,2009年修订后的《邮政法》明确规定:邮政企业从业人员故意延误投递邮件的,由邮政企业给予处分。构成犯罪的,依法追究刑事责任。可以看出,本罪的主观罪过是故意,而不是过失。①

本罪主观方面从过失到故意的变化,表明了在时代背景下,本罪惩罚面仅限于故意,其处罚范围越来越小。我们认为,在互联网时代,受电子交往方式以及

---

① 参见蒋毅:《故意延误投递邮件罪构成要件宜修改》,载《人民检察》2012年第7期。

物流行业兴盛的冲击,邮政部门的重要性日益降低,其邮件投递工作的范围与工作量均在缩小与减少,此罪可以说已失去了现实意义,晚近以来基本没有本罪的现实案例,建议今后刑法修改时废除本罪。

第三节 妨害司法罪

一、伪证罪

(一) 概念及构成要件

本罪是指在刑事诉讼中,证人、鉴定人、记录人、翻译人对与案件有重要关系的情节,故意作虚假证明、鉴定、记录、翻译,意图陷害他人或隐匿罪证的行为。

1. 行为

本罪行为主要表现为在刑事诉讼中作伪证。首先,行为必须发生在刑事诉讼过程中,包括侦查、起诉、审判整个过程。其次,行为人作了虚假证明、鉴定、记录、翻译。"虚假"主要包括两种情况:一是无中生有;二是将有说成无。对于如何判断虚假证明中的"虚假",主观说认为,应以证人的主观记忆为标准,所谓虚假陈述,是指做不同于自己的体验、经历的陈述,只要证人依据自己记忆进行陈述,即便该陈述有违客观事实,也不构成伪证罪。客观说认为,只要陈述内容有违客观事实,就属于虚假陈述,即便证言与证人的记忆相反,倘若最终符合客观事实,也不属于伪证罪。① 这两种学说看似对立,实则是从不同角度分析了何为"虚假"。事实上,如果行为人出于"表达虚假事实的故意",但"歪打正着"表述的恰恰是真实的事实,违法性便可阻却,不成立伪证罪;如果行为人出于"表达真实事实的故意",但与客观事实的确相违背,则有责性可以阻却,也不能成立伪证罪;只有行为人出于"表达虚假事实的故意",并与客观事实的确相违背,犯罪才能成立。因此,从探讨何为"虚假"的角度分析本罪行为的做法,事实上是将伪证罪的客观违法构成要件与主观有责构成要件人为分离后产生的问题。换言之,何为"虚假",是应该联系本罪构成要件符合性、违法性与有责性一起探讨予以解决的问题。在构成要件符合性阶段对于"如何判断虚假证明中的虚假"的探讨,是构成要件符合性过分被实质化的结果,这种做法会导致对违法性与有责性的架空,需要警惕。

2. 主体

本罪主体为特殊主体,即刑事诉讼中的证人、鉴定人、记录人、翻译人。《刑事诉讼法》第 62 条第 1 款规定:"凡是知道案件情况的人,都有作证的义务。"因

---

① 参见〔日〕西田典之:《日本刑法各论》(第七版),王昭武、刘明祥译,法律出版社 2020 年版,第 521 页。

此,证人是指知道案件情况并且作证的人。鉴定人、记录人、翻译人则是指依照《刑事诉讼法》规定对刑事案件的侦查、审讯等工作进行鉴定、记录和翻译的工作人员。犯罪嫌疑人、被告人作虚假陈述的,因为欠缺期待可能性而不成立犯罪,所以不是本罪主体。

3. 罪过

本罪罪过是故意,且具有陷害他人或隐匿罪证的意图。行为人是否有陷害他人或隐匿罪证的意图是区分本罪与非罪的关键。行为人因记忆错误、业务水平低下或粗心大意导致证明、鉴定、记录或翻译出现差错的,不能认定为本罪。

(二) 本罪与诬告陷害罪的界限

两罪区别如下:(1) 法益不同。前者的法益是司法机关的正常活动秩序,而后者是公民的人身法益。(2) 发生的时间不同。前者发生在刑事诉讼的过程中而后者发生在立案侦查之前,而且往往是立案的原因。(3) 主体不同。前者主体为特殊主体,而后者则为一般主体。(4) 罪过表现形式不同。前者主观上既可以是意图陷害他人,也可以是为他人开脱罪责,而后者是意图使他人受刑事处分。(5) 具体行为内容不同。前者是对与刑事案件有重要关系的情节作虚假证明、鉴定、记录和翻译,而后者是捏造犯罪事实。

1999年10月23日晚,蔡某在金某家盗窃现金5000元。案发后,金某向公安机关谎报被盗6.52万元,并唆使其妻赵某、证人安某向公安机关提供虚假证言。后检察院以金某涉嫌伪证罪将其起诉至法院。法院判决金某构成诬告陷害罪,该判决值得商榷。本案中,蔡某盗窃的犯罪事实已经存在,金某并非捏造一个新的犯罪事实,只是在原有犯罪事实的基础上予以夸大,恰是对"与案件有重要关系的情节"作虚假陈述。且金某主观上并非意图使他人受刑事追究,而是加重他人的刑事责任,其行为属于对与案件有关系的重要情节作虚假证明。从主体分析,金某作为被害人,也属于证人的范畴,广义的证人是指除受审的犯罪嫌疑人、被告人以外的向司法机关提供自己感受到的案件情况的诉讼参与人。因此,金某的行为构成伪证罪,赵某、安某与金某一起成立伪证罪的共犯。[①]

(三) 本罪的处罚

犯本罪的,根据《刑法》第305条的规定处罚。

二、辩护人、诉讼代理人毁灭证据、伪造证据、妨害作证罪

本罪是指在刑事诉讼中,辩护人、诉讼代理人毁灭、伪造证据,帮助当事人毁灭、伪造证据,威胁、引诱证人违背事实改变证言或作伪证的行为。本罪行为表现为:(1) 行为人毁灭、伪造证据;(2) 行为人帮助当事人毁灭、伪造证据;

---

① 参见孔永才:《此案应定伪证罪还是诬告陷害罪》,载《人民检察》2001年第8期。

（3）行为人威胁、引诱证人违背事实改变证言或作伪证。本罪主体为特殊主体，即辩护人、诉讼代理人。本罪罪过是故意。犯本罪的，根据《刑法》第306条的规定处罚。

三、妨害作证罪

本罪是指以暴力、威胁、贿买等方法阻止证人作证或指使他人作伪证的行为。本罪行为表现为行为人以暴力、威胁、贿买等方法阻止证人作证或指使他人作伪证。本罪的发生时间为诉讼过程中，诉讼可以为刑事诉讼、民事诉讼或行政诉讼。本罪主体为一般主体，罪过是故意。

本罪与伪证罪有很多相同之处，但也存在明显区别：(1) 主体不同。前者的主体为一般主体，而后者的主体仅限于证人、鉴定人、记录人、翻译人。(2) 行为表现不同。前者表现为以暴力、威胁、贿买等方法阻止证人作证或指使他人作伪证，而后者表现为在刑事诉讼中对与案件有重要关系的情节作虚假陈述。(3) 发生的时间不同。前者可以发生在刑事诉讼、民事诉讼或行政诉讼开始之前或诉讼进行中，而后者只能发生在刑事诉讼进行之中。

犯本罪的，根据《刑法》第307条第1款、第3款的规定处罚。

四、帮助毁灭、伪造证据罪

本罪是指帮助当事人毁灭、伪造证据，情节严重的行为，本罪行为表现为行为人帮助毁灭、伪造证据，并且情节严重。所谓情节严重，一般是指犯罪动机卑鄙、手段恶劣，或者严重妨碍了司法机关正常的诉讼活动等。本罪主体为一般主体，罪过是故意。犯本罪的，根据《刑法》第307条第2款、第3款的规定处罚。

五、虚假诉讼罪

本罪为《刑法修正案（九）》所增设，是指以捏造的事实提起民事诉讼，妨害司法秩序或者严重侵害他人合法权益的行为。本罪法益是司法秩序。客观行为是以捏造的事实提起民事诉讼。2018年9月26日"两高"《关于办理虚假诉讼刑事案件适用法律若干问题的解释》第1条规定，采取伪造证据、虚假陈述等手段，实施下列行为之一，捏造民事法律关系，虚构民事纠纷，向人民法院提起民事诉讼的，应当认定为"以捏造的事实提起民事诉讼"：(1) 与夫妻一方恶意串通，捏造夫妻共同债务的；(2) 与他人恶意串通，捏造债权债务关系和以物抵债协议的；(3) 与公司、企业的法定代表人、董事、监事、经理或者其他管理人员恶意串通，捏造公司、企业债务或者担保义务的；(4) 捏造知识产权侵权关系或者不正当竞争关系的；(5) 在破产案件审理过程中申报捏造的债权的；(6) 与被执行人恶意串通，捏造债权或者对查封、扣押、冻结财产的优先权、担保物权的；(7) 单方或者与他人恶意串通，捏造身份、合同、侵权、继承等民事法律关系的其他行为。隐瞒债务已经全部清偿的事实,向人民法院提起民事诉讼,要求他人履行债务的,以"以捏造的事实提起民事诉讼"论。向人民法院申请执行基于捏造的事实作出的仲裁裁决、公证债权文书,或者在民事执行过程中以捏造的事实对执行标的提出异议、申请参与执行财产分配的,属于"以捏造的事实提起民事诉讼"。第2条规定,以捏造的事实提起民事诉讼,有下列情形之一的,应当认定为"妨害司法秩序或者严重侵害他人合法权益":(1) 致使人民法院基于捏造的事实采取财产保全或者行为保全措施的;(2) 致使人民法院开庭审理,干扰正常司法活动的;(3) 致使人民法院基于捏造的事实作出裁判文书、制作财产分配方案,或者立案执行基于捏造的事实作出的仲裁裁决、公证债权文书的;(4) 多次以捏造的事实提起民事诉讼的;(5) 曾因以捏造的事实提起民事诉讼被采取民事诉讼强制措施或者受过刑事追究的;(6) 其他妨害司法秩序或者严重侵害他人合法权益的情形。主体是一般主体,既可以是自然人也可以是单位,司法工作人员属于加重处罚的身份。本罪罪过是故意。

本罪与以虚假诉讼手段实施的诈骗罪容易混淆。二者均属用诈骗手段实施的犯罪行为,但本罪侵犯的是正常的司法秩序,诈骗罪侵犯的是财产法益。如果行为人以非法占有他人财物为目的,使用虚假诉讼的方式骗取他人财物的,则属于想象竞合犯,既构成虚假诉讼罪,又构成诈骗罪,应从一重罪处断。例如,本书第五章诈骗罪相关内容中"苏州首例虚假诉讼诈骗入刑"一案,如果该案发生在《刑法修正案(九)》颁布之后,那么,张某伪造陆先生和周女士欠款6万元的借据并提起诉讼的行为,则既构成虚假诉讼罪,又构成诈骗罪。根据虚假诉讼罪的处罚规定,应为3年以下有期徒刑;根据2011年3月1日"两高"《关于办理诈骗刑事案件具体应用法律若干问题的解释》的规定,3万元至10万元以上为"数额巨大",应适用《刑法》第266条诈骗罪第二量刑档次。张某一案的诈骗金额为16万元,应按此解释适用第二量刑档次,即3至10年有期徒刑。因此,在张某一案构成的虚假诉讼罪和诈骗罪两罪中,应从一重罪即按照诈骗罪论处。

犯本罪的,根据《刑法》第307条之一的规定,处3年以下有期徒刑、拘役或者管制,并处或者单处罚金;情节严重的,处3年以上7年以下有期徒刑,并处罚金。

六、打击报复证人罪

本罪是指故意对证人进行打击报复的行为。本罪行为表现为对证人进行打击报复,行为对象是证人。本罪中的"证人"与前述伪证罪中的"证人"并不相同:后者是严格根据《刑事诉讼法》第62条规定知道案情并且作证的人,本罪中的"证人"范围要广得多,包括刑事诉讼、民事诉讼和行政诉讼中的证人。具体包括:庭前提供证言者,应属证人之列;当事人、鉴定人、刑事诉讼中的侦查人员和民事、行政诉讼中依职权进行勘验检查的人员,以及上述活动中的见证人等其他诉讼参与人,如当事人、法定代理人、诉讼代理人、辩护人、证人、鉴定人和翻译人员等。

2009年1月15日,天津市河北区人民法院在开庭审理被告人赵某某(未成年)等10人盗窃一案中,因该案共同被告人齐某某当庭指证赵某某等人的犯罪行为,且齐某某在案件侦破过程中有立功表现(揭发同案犯其他犯罪行为并协助公安机关抓获被告人郭某某),从而引起被告人赵某某、郭某某、陈某某、刘某某(未成年)等人不满。当日中午庭审结束后,齐某某与赵某某等人一同被押解回到天津市河北区看守所内,被告人赵某某、郭某某、陈某某、刘某某趁机共同殴打齐某某,致其鼻骨骨折,经法医鉴定损伤程度为轻伤。① 本案中,被殴打致伤的被害人齐某某系盗窃团伙成员之一,虽然是赵某某的同案犯,但是同案犯作为知道案件情况的人,当其指认同伙的罪行时,则意味着其同时具有了证人身份,对之进行打击报复的,构成打击报复证人罪。

本罪主体为一般主体,罪过是故意。犯本罪的,根据《刑法》第308条的规定处罚。

七、泄露不应公开的案件信息罪

本罪为《刑法修正案(九)》所增设,是指司法工作人员、辩护人、诉讼代理人或者其他诉讼参与人,泄露依法不公开审理的案件中不应当公开的信息,造成信息公开传播或者其他严重后果的行为。本罪的主体是特殊主体。本罪罪过是故意,过失泄漏案件信息的不构成本罪。行为人犯本罪,同时故意或者过失泄漏了国家秘密的,以故意泄漏国家秘密罪或者过失泄漏国家秘密罪处罚。犯本罪的,根据《刑法》第308条之一第1款的规定,处3年以下有期徒刑、拘役或者管制,并处或者单处罚金。

八、披露、报道不应公开的案件信息罪

本罪为《刑法修正案(九)》所增设,是指公开披露、报道依法不公开审理的案件中不应当公开的信息,情节严重的行为。本罪的主体是一般主体,既可以是自然人又可以是单位。罪过是故意,过失披露案件信息的行为不构成本罪。犯本罪的,根据《刑法》第308条之一第1款的规定处罚。

九、扰乱法庭秩序罪

本罪为《刑法修正案(九)》所修订,是指扰乱法庭秩序,情节严重的行为。

---

① 参见高治:《殴打指证罪行的同案犯亦可构成打击报复证人罪》,载《人民司法(案例)》2010年第4期。

客观方面有四种表现:(1)聚众哄闹、冲击法庭;(2)殴打司法工作人员或者诉讼参与人;(3)侮辱、诽谤、威胁司法工作人员或者诉讼参与人,不听法庭制止,严重扰乱法庭秩序;(4)有毁坏法庭设施,抢夺、损毁诉讼文书、证据等扰乱法庭秩序行为,情节严重。本罪主体为一般主体,罪过是故意。犯本罪的,根据《刑法》第309条的规定处罚。行为人聚众冲击法庭,毁坏公共财物,数额较大的,或殴打司法工作人员造成重伤或死亡结果的,应按照想象竞合犯从一重罪处断。

十、窝藏、包庇罪

(一) 概念及构成要件

本罪是指明知是犯罪的人,而为其提供隐藏处所、财物,帮助其逃匿或作假证明包庇的行为。

本罪行为表现为窝藏、包庇犯罪分子。具体包括:(1)为犯罪分子提供隐藏处所或财物,帮助其逃匿。其行为特点是使司法机关不能或难以发现犯罪的人,因此帮助逃匿的行为除包括提供隐藏的住所和财物之外,还包括向犯罪分子通报侦查或追捕的动静,为其提供化装工具等。(2)为犯罪分子作假证明以掩盖其犯罪事实。如假冒证人提供虚伪的证人证言,假冒被害人或指使他人假冒被害人作虚伪陈述,编造犯罪人逃跑的路线、方向及地点等。

本罪主体为一般主体。行为人与"犯罪的人"事前通谋的,不构成本罪,而以"犯罪的人"所犯之罪的共犯论处。

本罪罪过是故意,即明知是犯罪的人而实施窝藏、包庇行为。

(二) 本罪的认定

1. 罪与非罪的界限

主要应区分本罪与知情不举行为的界限,二者的关键区别在于:窝藏、包庇罪的行为人的意图明显,态度积极,其目的就是为了帮助犯罪分子逃避刑事制裁;而知情不报者没有这种目的,只是消极地不提供信息,属于一般的纪律问题或道德问题,不构成犯罪。

2. 本罪与伪证罪的界限

(1)主体不同。本罪主体为一般主体,伪证罪为特殊主体,即只限于证人、鉴定人、记录人、翻译人。(2)实施犯罪的时间不同。本罪的发生时间没有限制,伪证罪只能发生在刑事诉讼中。(3)罪过内容不尽相同。本罪意图使犯罪分子逃避刑事责任,伪证罪包括陷害他人或隐匿罪证包庇他人。(4)本罪的对象既可以是未决犯,也可以是已决犯,伪证罪的对象只能是已决犯。

(三) 本罪的处罚

犯本罪的,根据《刑法》第310条第1款的规定处罚。

十一、拒绝提供间谍犯罪、恐怖主义犯罪、极端主义犯罪证据罪

本罪为《刑法修正案(九)》所修订,是指明知他人有间谍犯罪或者恐怖主义、极端主义犯罪行为,在司法机关向其调查有关情况、收集有关证据时,拒绝提供,情节严重的行为。本罪主体为一般主体,但必须是"明知他人有犯罪行为"的人。本罪罪过是故意。犯本罪的,根据《刑法》第311条的规定处罚。

十二、掩饰、隐瞒犯罪所得、犯罪所得收益罪

(一) 概念及构成要件

本罪为《刑法修正案(六)》《刑法修正案(七)》所修订。本罪是指行为人明知是犯罪所得及其产生的收益而掩饰、隐瞒其来源和性质的行为。

两部刑法修正案先后对本罪作出修改,其意图在于打击对洗钱罪的七种上游犯罪之外其他犯罪的违法所得予以掩饰、隐瞒的严重违法行为。具体修改如下:将本罪的犯罪对象由"犯罪所得的赃物"扩大为"犯罪所得及其产生的收益";将本罪行为由"窝藏、转移、收购、销售"改为"窝藏、转移、收购、代为销售或者以其他方法掩饰、隐瞒"。修改之后的《刑法》第312条,行为性质和犯罪对象都不再同于以往的规定,因此罪名不宜再使用"窝藏、转移、收购、销售赃物罪"。同时,修改后的《刑法》第312条与《刑法》第191条洗钱罪是法条竞合的关系。洗钱罪的犯罪对象为毒品犯罪、黑社会性质的组织犯罪、恐怖活动犯罪、走私犯罪、贪污贿赂犯罪、破坏金融管理秩序犯罪、金融诈骗罪七种犯罪的所得及其产生的收益;而本罪的犯罪对象是除了洗钱罪规定的七种犯罪之外的其他任何犯罪的所得及其产生的收益。可以说,《刑法》第312条是普通洗钱罪,第191条是特殊洗钱罪。但是,也不宜将修改后的《刑法》第312条的罪名定为洗钱罪。洗钱罪的上游犯罪为特定的严重犯罪,违法所得数额巨大,侵犯的法益是金融管理秩序和金融安全;本罪上游犯罪往往为一般犯罪,较之洗钱罪,其违法所得数额要小得多,侵犯的法益主要是司法机关追缴赃款物及其收益的正常活动。

1. 行为

本罪行为表现为窝藏、转移、收购、代为销售或以其他方法掩饰、隐瞒犯罪所得及其产生的收益。掩饰是指掩盖事实真相不让他人知晓;隐瞒是指在司法机关询问调查有关犯罪所得及其产生的收益的情况时,自己明明知道,而有意对司法机关进行隐瞒。掩饰、隐瞒的方法则有窝藏、转移、收购、代为销售或其他方法。窝藏是指行为人为犯罪分子藏匿犯罪所得及其产生的收益,使司法机关不能或难以发现;转移是指行为人改变犯罪所得及其产生的收益的存放地;收购是指行为人购买犯罪分子犯罪所得及其产生的收益;销售是指行为人代犯罪分子将犯罪所得及其产生的收益卖出或居间买卖;其他方法指除了窝藏、转移、收购、

代为销售之外的任何方法,比如提供资金账户、协助将赃款转换为有价证券等。违禁品是否属于犯罪所得的赃物,学界存有争议。有学者认为,《刑法》第64条规定:"犯罪分子违法所得的一切财物,应当予以追缴或者责令退赔;对被害人的合法财产,应当及时返还;违禁品和供犯罪所用的本人财物,应当予以没收……"由于供犯罪使用的本人财物不是赃物,所以与其并列的违禁品也不属于赃物。另有学者认为,违禁品也是赃物。对于窝藏、代销违禁品的行为应区别对待:法律有特别规定的,依照特别规定,如私藏枪支、弹药罪;没有特别规定的,则应认定为本罪。① 我们认为,第二种观点较为可取:首先,所谓赃物,是指犯罪所得的财物。违禁品为财物的一种,故犯罪所得的违禁品也应属于赃物。比如,明知是盗窃犯罪所得的油气或者油气设备,而予以窝藏、转移、收购、加工、代为销售或者以其他方法掩饰、隐瞒的,以本罪定罪处罚。② 明知是盗窃、抢劫、诈骗、抢夺的机动车,而买卖、介绍买卖、典当、拍卖、抵押或者用其抵债的;拆解、拼装或者组装的;修改发动机号、车辆识别代号的;更改车身颜色或者车辆外形的;提供或者出售机动车来历凭证、整车合格证、号牌以及有关机动车的其他证明和凭证的;提供或者出售伪造、变造的机动车来历凭证、整车合格证、号牌以及有关机动车的其他证明和凭证的,也以本罪定罪处罚。③ 当然,实施上述犯罪行为,事前通谋的,则以盗窃犯罪的共犯定罪处罚。其次,从行为的社会危害性来分析,窝藏、转移、收购、销售违禁品的社会危害性比一般的财物更大。对于属于一般性财物的赃物尚能定此罪,从罪刑相适应的角度考虑,也应将违禁品列入本罪的处罚范围。

2021年4月13日最高法《关于审理掩饰、隐瞒犯罪所得、犯罪所得收益刑事案件适用法律若干问题的解释》第8条规定,认定掩饰、隐瞒犯罪所得、犯罪所得收益罪,以上游犯罪事实成立为前提。上游犯罪尚未依法裁判,但查证属实的,不影响掩饰、隐瞒犯罪所得、犯罪所得收益罪的认定。上游犯罪事实经查证属实,但因行为人未达到刑事责任年龄等原因依法不予追究刑事责任的,不影响掩饰、隐瞒犯罪所得、犯罪所得收益罪的认定。

2. 主体

本罪主体为一般主体。《刑法修正案(七)》增设单位为本罪主体。

3. 罪过

本罪罪过是故意,即行为人明知是犯罪所得或其产生的收益而掩饰、隐瞒其

---

① 参见马克昌等主编:《刑法学全书》,上海科学技术文献出版社1993年版,第388页。
② 参见2007年1月15日"两高"《关于办理盗窃油气、破坏油气设备等刑事案件具体应用法律若干问题的解释》第5条第1款。
③ 参见2007年5月9日"两高"《关于办理与盗窃、抢劫、诈骗、抢夺机动车相关刑事案件具体应用法律若干问题的解释》第1条。

来源和性质。对于"明知"的含义,学界有不同理解。在我国,有确定说和可能说之分。确定说认为,"明知"指行为人明知肯定是犯罪所得及其产生的收益,对于不确定的认识,不能认为是明知;可能说认为,行为人只要认识到可能是犯罪所得及其产生的收益即为"明知",这既包括确定地知道是犯罪所得及其产生的收益,也包括认识到可能是犯罪所得及其产生的收益。基于中国的现实和世界各国的立法例,我们认为,对明知应采取较宽泛的认定标准,即采"可能说"的观点。

2009年11月4日最高法《关于审理洗钱等刑事案件具体应用法律若干问题的解释》第1条规定,《刑法》第191条、第312条规定的"明知",应当结合被告人的认知能力,接触他人犯罪所得及其收益的情况,犯罪所得及其收益的种类、数额,犯罪所得及其收益的转换、转移方式以及被告人的供述等主、客观因素进行认定。具有下列情形之一的,可以认定被告人明知系犯罪所得及其收益,但有证据证明确实不知道的除外:(1)知道他人从事犯罪活动,协助转换或者转移财物的;(2)没有正当理由,通过非法途径协助转换或者转移财物的;(3)没有正当理由,以明显低于市场的价格收购财物的;(4)没有正当理由,协助转换或者转移财物,收取明显高于市场的"手续费"的;(5)没有正当理由,协助他人将巨额现金散存于多个银行账户或者在不同银行账户之间频繁划转的;(6)协助近亲属或者其他关系密切的人转换或者转移与其职业或者财产状况明显不符的财物的;(7)其他可以认定行为人明知的情形。

2016年12月19日"两高"、公安部《关于办理电信网络诈骗等刑事案件适用法律若干问题的意见》规定,明知是电信网络诈骗犯罪所得及其产生的收益,以下列方式之一予以转账、套现、取现的,以掩饰、隐瞒犯罪所得、犯罪所得收益罪追究刑事责任,但有证据证明确实不知道的除外:(1)通过使用销售点终端机具(POS机)刷卡套现等非法途径,协助转换或者转移财物的;(2)帮助他人将巨额现金散存于多个银行账户,或在不同银行账户之间频繁划转的;(3)多次使用或者使用多个非本人身份证明开设的信用卡、资金支付结算账户或者多次采用遮蔽摄像头、伪装等异常手段,帮助他人转账、套现、取现的;(4)为他人提供非本人身份证明开设的信用卡、资金支付结算账户后,又帮助他人转账、套现、取现的;(5)以明显异于市场的价格,通过手机充值、交易游戏点卡等方式套现的。实施上述行为,事前通谋的,以共同犯罪论处。实施上述行为,电信网络诈骗犯罪嫌疑人尚未到案或案件尚未依法裁判,但现有证据足以证明该犯罪行为确实存在的,不影响掩饰、隐瞒犯罪所得、犯罪所得收益罪的认定。实施上述行为,同时构成其他犯罪的,依照处罚较重的规定定罪处罚。

(二) 本罪的认定

1. 本罪与共同犯罪的区别

如果共同犯罪人中负责窝藏、转移、收购、销售或以其他方法掩饰、隐瞒犯罪所得及其收益的人与其他共同犯罪人事前有通谋,只是分工不同而已,构成共同犯罪;本罪行为人虽然明知自己掩饰、隐瞒的是犯罪所得及其收益,但没有与其他犯罪人事前通谋。

2. 本罪中的窝藏行为与窝藏、包庇罪中的窝藏行为的界限

两者最关键的区别是犯罪对象不同。前者的犯罪对象是犯罪所得及其产生的收益,而后者则是犯罪的人。

3. 本罪与洗钱罪的关系

本罪与《刑法》第191条洗钱罪是法条竞合的关系。洗钱罪的犯罪对象为毒品犯罪、黑社会性质的组织犯罪、恐怖活动犯罪、走私犯罪、贪污贿赂犯罪、破坏金融管理秩序犯罪、金融诈骗罪等七种犯罪的所得及其产生的收益;而本罪的犯罪对象是除了洗钱罪规定的七种犯罪之外的其他任何犯罪的所得及其产生的收益。同时,由于洗钱罪的上游犯罪为特定的严重犯罪,违法所得数额巨大,因而其侵犯的法益是金融管理秩序和金融安全;而本罪的上游犯罪往往为一般犯罪,较之洗钱罪,其违法所得数额要小得多,因而其侵犯的法益主要是司法机关的正常活动(追缴赃款赃物及其收益)。

(三) 本罪的处罚

犯本罪的,根据《刑法》第312条的规定处罚。

十三、拒不执行判决、裁定罪

(一) 概念及构成要件

本罪为《刑法修正案(九)》所修订,是指对人民法院的判决、裁定有能力执行而拒不执行,情节严重的行为。

1. 行为

本罪行为表现为有能力执行而拒不执行人民法院的判决、裁定,且情节严重。其行为特点有:

(1) 行为人拒不执行的是人民法院依法作出的具有执行内容的并已发生法律效力的判决、裁定,包括刑事、民事、行政、经济判决和裁定。根据2002年8月29日全国人大常委会《关于〈刑法〉第三百一十三条的解释》的规定,这里所说的"人民法院的判决、裁定",是指人民法院依法作出的具有执行内容并已发生法律效力的判决、裁定。人民法院为依法执行支付令、生效的调解书、仲裁裁决、公证债权文书等所作的裁定属于该规定的裁定。

(2) 行为人有能力执行而拒不执行,情节严重。根据《关于〈刑法〉第三百

一十三条的解释》的规定,"有能力执行而拒不执行,情节严重"是指下列情形之一:① 被执行人隐藏、转移、故意毁损财产或者无偿转让财产、以明显不合理的低价转让财产,致使判决、裁定无法执行的;② 担保人或者被执行人隐藏、转移、故意毁损或者转让已向人民法院提供担保的财产,致使判决、裁定无法执行的;③ 协助执行义务人接到人民法院协助执行通知书后,拒不协助执行,致使判决、裁定无法执行的;④ 被执行人、担保人、协助执行义务人与国家机关工作人员通谋,利用国家机关工作人员的职权妨害执行,致使判决、裁定无法执行的;⑤ 其他有能力执行而拒不执行,情节严重的情形。

根据 2020 年 12 月 29 日最高法《关于审理拒不执行判决、裁定刑事案件适用法律若干问题的解释》第 2 条的规定,具有下列之一的,属于上述立法解释中规定的"⑤ 其他有能力执行而拒不执行,情节严重的情形":① 具有拒绝报告或者虚假报告财产情况、违反人民法院限制高消费及有关消费令等拒不执行行为,经采取罚款或者拘留等强制措施后仍拒不执行的;② 伪造、毁灭有关被执行人履行能力的重要证据,以暴力、威胁、贿买方法阻止他人作证或者指使、贿买、胁迫他人作伪证,妨碍人民法院查明被执行人财产情况,致使判决、裁定无法执行的;③ 拒不交付法律文书指定交付的财物、票证或者拒不迁出房屋、退出土地,致使判决、裁定无法执行的;④ 与他人串通,通过虚假诉讼、虚假仲裁、虚假和解等方式妨害执行,致使判决、裁定无法执行的;⑤ 以暴力、威胁方法阻碍执行人员进入执行现场或者聚众哄闹、冲击执行现场,致使执行工作无法进行的;⑥ 对执行人员进行侮辱、围攻、扣押、殴打,致使执行工作无法进行的;⑦ 毁损、抢夺执行案件材料、执行公务车辆和其他执行器械、执行人员服装以及执行公务证件,致使执行工作无法进行的;⑧ 拒不执行法院判决、裁定,致使债权人遭受重大损失的。

2. 主体

本罪主体包括应当执行人民法院判决、裁定义务的义务人和具有协助人民法院执行裁判义务的义务人,既可以是自然人也可以是单位。根据《关于〈刑法〉第三百一十三条的解释》的规定,国家机关工作人员与被执行人、担保人、协助执行义务人通谋,利用国家机关工作人员的职权妨害执行,致使判决、裁定无法执行的,以本罪共犯追究其刑事责任。国家机关工作人员收受贿赂或者滥用职权,实施前述行为,同时又构成《刑法》第 385 条受贿罪、第 397 条滥用职权罪或玩忽职守罪的,依照处罚较重的规定定罪处罚。

3. 罪过

本罪罪过是故意。

(二) 本罪的认定

行为人以暴力、威胁等方法拒不执行判决、裁定,并造成司法机关执行人员身体伤害时,应分不同情况来认定。行为人以暴力、威胁等方法妨害或抗拒执行判决、裁定,造成司法机关执行人员轻伤的,以本罪论处;行为人以暴力、威胁等方法妨害或抗拒执行判决、裁定,并造成司法机关执行人员严重伤害的,应按照处理想象竞合犯的原则,从一重罪处断。

行为人以暴力、威胁方法阻碍法院执行工作的,既构成拒不执行法院判决、裁定罪,又构成妨害公务罪,属于法条竞合,应按照特别法优于普通法的原则,按本罪处理。行为人以暴力、威胁方法妨害法院的其他活动的,如妨害司法工作人员的调查取证活动的,在这种情况下应定妨害公务罪。

(三) 本罪的处罚

犯本罪的,根据《刑法》第 313 条的规定处罚。

十四、非法处置查封、扣押、冻结的财产罪

本罪是指隐藏、转移、变卖、故意毁损已被司法机关查封、扣押、冻结的财产,情节严重的行为。本罪主体为一般主体,罪过是故意。犯本罪的,根据《刑法》第 314 条的规定处罚。

十五、破坏监管秩序罪

本罪是指依法被关押的罪犯,故意破坏监管秩序,情节严重的行为。根据我国有关法律的规定,承担监管罪犯职责的机关主要包括:(1) 监狱。监狱主要负责监管被判处死刑缓期 2 年执行、无期徒刑、有期徒刑的罪犯。(2) 劳动改造管教队。本罪行为具体表现为:(1) 殴打监管人员;(2) 组织其他被监管人破坏监管秩序;(3) 聚众闹事,扰乱正常监管秩序;(4) 殴打、体罚或指使他人殴打、体罚其他被监管人。行为人只要实施了前述四种行为之一,且达到情节严重的,即构成本罪。所谓情节严重,主要是指行为人当众殴打监管人员,产生恶劣影响的;殴打监管人员多人的;多次组织多人抗拒、破坏监管秩序的,等等。总之,情节是否严重应从行为的手段、次数、对象、结果、影响和动机等方面进行综合分析。行为人殴打或指使他人殴打监管人员,致其重伤或死亡的,按故意伤害罪或故意杀人罪定罪处罚。本罪主体为特殊主体,即只有依法被关押的人员才能成为本罪主体。本罪罪过是故意。

犯本罪的,根据《刑法》第 315 条的规定处罚。

十六、脱逃罪

（一）概念及构成要件

本罪是指依法被关押的罪犯、被告人、犯罪嫌疑人从被关押的处所逃逸的行为。

本罪行为表现为行为人从被关押的处所脱逃。所谓脱逃，是指行为人从关押机关逃逸，既可以是从看守所、监狱逃走，也可以是从其他临时被关押的场所或从被押解的交通工具逃走。逃逸的方法多种多样，既可以是秘密逃走，也可以是乘人不备而逃走，或是采取暴力、威胁的方法逃走。

本罪主体为特殊主体，即依法被关押的罪犯、被告人、犯罪嫌疑人。对于本罪主体，应从实体和程序两个方面考察。依据事实和法律应当被关押的罪犯、被告人、犯罪嫌疑人是本罪主体；未被关押的人教唆帮助罪犯、被告人、犯罪嫌疑人脱逃的，构成本罪共犯。

本罪罪过是故意，其目的是逃避监管机关的监管。

（二）既遂与未遂的界限

关于本罪的既遂，刑法理论有以下几种观点：一种认为，应以行为人是否从被关押的处所逃出为准；另一种认为，应以行为人是否逃出了监管人员的控制范围为准；还有观点认为应以行为人是否摆脱了监管机关和监管人员的实力支配为标准。最后一种观点更为可取。监管应体现在受特定的监管机关和特定监管人员的支配。如果行为人仍处于监管机关内，虽然暂时脱离了监管人员的控制，但并未逃离监管机关和监管人员的实力支配，则应认为是未遂。而且逃出监管机关的并不都摆脱了监管机关和监管人员的实力支配。行为人逃脱之后，只要仍处于司法机关的追捕过程中的，就应当认定为逃脱未遂。

（三）本罪的处罚

犯本罪的，根据《刑法》第316条第1款的规定处罚。

十七、劫夺被押解人员罪

本罪是指劫夺押解途中的罪犯、被告人、犯罪嫌疑人的行为。被劫夺的是被押解的罪犯、被告人、犯罪嫌疑人，如果劫夺的是行政拘留人员、劳教人员等，不构成本罪。本罪主体为一般主体，罪过是故意。犯本罪的，根据《刑法》第316条第2款的规定处罚。

十八、组织越狱罪

本罪是指依法被关押的犯罪分子、犯罪嫌疑人、被告人相互组织起来进行越狱的行为。本罪行为表现为组织起来进行越狱。越狱行为的有组织性是本罪和脱逃罪的最重要的区别。具体包括:(1)参加越狱脱逃的人数众多;(2)有实施组织、策划的首要分子。越狱中的"狱"是指一切关押犯罪分子、犯罪嫌疑人、被告人的场所。本罪主体为特殊主体,即依法被关押的犯罪分子、犯罪嫌疑人、被告人。本罪罪过是故意。犯本罪的,根据《刑法》第317条第1款的规定处罚。

十九、暴动越狱罪

本罪是指在押的犯罪分子、犯罪嫌疑人、被告人相互勾结,使用暴力手段集体越狱逃跑的行为。本罪属于必要的共同犯罪,即须3人以上才构成本罪。本罪主体是特殊主体,即在押的犯罪分子、犯罪嫌疑人、被告人。本罪罪过是故意。犯本罪的,根据《刑法》第317条第2款的规定处罚。

二十、聚众持械劫狱罪

本罪是指聚集多人持械劫夺狱中在押犯罪分子、犯罪嫌疑人、被告人的行为。本罪行为表现为聚众持械劫夺狱中在押犯罪分子、犯罪嫌疑人、被告人。所谓聚众,是指首要分子组织多人(一般指3人以上)实施犯罪。所谓持械,是指行为人手拿具有杀伤力的器械实施劫狱行为,如刀剑、枪支等,只要能达到劫狱目的的器具均可认定为持械的"械"。本罪主体为一般主体,罪过是故意。本罪处罚与暴动越狱罪相同。

第四节 妨害国(边)境管理罪

一、组织他人偷越国(边)境罪

(一)概念及构成要件

本罪是指违反国家出入境管理法规,非法组织他人偷越国(边)境的行为。本罪法益是国家对国(边)境的正常管理秩序。这里的国(边)境,既指国境,即我国与外国的疆界,又指边境,即我国大陆与台、港、澳地区在行政区划上的交界。

本罪行为表现为非法组织他人偷越国(边)境。所谓非法,是指行为人擅自组织他人偷越国(边)境的行为违反了国(边)境管理法规。国(边)境管理法规,主要是指《中华人民共和国出境入境管理法》。所谓组织他人偷越国(边)境,包括组织境内人员偷渡至境外和组织境外人员偷渡至境内两种行为。2012年12月12日"两高"《关于办理妨害国(边)境管理刑事案件应用法律若干问题的解释》[以下简称《妨害国(边)境管理刑案解释》]规定,领导、策划、指挥他人偷越国(边)境或者在首要分子指挥下,实施拉拢、引诱、介绍他人偷越国(边)境等行为的,应当认定为"组织他人偷越国(边)境"。以组织他人偷越国(边)境为目的,招募、拉拢、引诱、介绍、培训偷越国(边)境人员,策划、安排偷越国(边)境行为,在他人偷越国(边)境之前或者偷越国(边)境过程中被查获的,应当以组织他人偷越国(边)境罪(未遂)论处。本罪主体为一般主体,罪过是故意。

(二) 一罪与数罪的界限

根据《刑法》规定,在犯本罪的过程中,造成被组织人重伤、死亡的,或剥夺或限制被组织人人身自由的,或以暴力、威胁方法抗拒检查的,都只成立本罪一罪。但是,行为人在犯本罪的过程中,对被组织人有杀害、伤害、强奸、拐卖等犯罪行为,或者对检查人员有杀害、伤害等犯罪行为的,依照数罪并罚的规定处罚。

(三) 本罪的处罚

犯本罪的,根据《刑法》第318条的规定,处2年以上7年以下有期徒刑,并处罚金;有下列情形之一的,处7年以上有期徒刑或者无期徒刑,并处罚金或者没收财产:(1)组织他人偷越国(边)境集团的首要分子;(2)多次组织他人偷越国(边)境或者组织他人偷越国(边)境人数众多的;(3)造成被组织人重伤、死亡的;(4)剥夺或者限制被组织人人身自由的;(5)以暴力、威胁方法抗拒检查的;(6)违法所得数额巨大的;(7)有其他特别严重情节的。

二、骗取出境证件罪

本罪是指以劳务输出、经贸往来或其他名义,弄虚作假,骗取护照、签证等出境证件,为组织他人偷越国(边)境使用的行为。本罪法益是国家对出境证件的管理制度。出境证件,包括护照或代替护照使用的国际旅行证件,中华人民共和国海员证,中华人民共和国出入境通行证,中华人民共和国旅行证,中国公民往来香港、澳门、台湾地区证件,边境地区出入境通行证、签证、签注,出国(境)证明、名单,以及其他出境时需要查验的资料。为组织他人偷越国(边)境,编造出境事由、身份信息或相关的境外关系证明的,构成本罪。本罪主体包括自然人和单位。本罪罪过是故意,且具有在组织他人偷越国(边)境过程中使用所骗取的出境证件的意图。犯本罪的,根据《刑法》第319条的规定处罚。

三、提供伪造、变造的出入境证件罪

本罪是指为他人提供伪造、变造的护照、签证等出入境证件的行为。本罪主体为一般主体,罪过是故意。犯本罪的,根据《刑法》第320条的规定处罚。

四、出售出入境证件罪

本罪是指向他人出售护照、签证等出入境证件的行为。本罪主体为一般主体。罪过是故意,且行为人一般具有营利的目的。犯本罪的,根据《刑法》第320

条的规定处罚。

五、运送他人偷越国(边)境罪

本罪是指违反国家国(边)境管理规定,运送他人偷越国(边)境的行为。本罪法益是国家的国(边)境管理制度。本罪行为表现为使用车辆、船只等交通工具将偷越国(边)境的人运送出、入国(边)境。所谓运送,是指使用运输工具或徒步带领等方法将他人非法送出或接入国(边)境的行为。如果行为人既组织又运送他人偷越国(边)境,即运送行为是组织行为的组成部分,则只认定组织他人偷越国(边)境罪。如果运送行为不是组织行为的一部分,则应分别定罪,实行数罪并罚。本罪主体为一般主体,罪过是故意。

犯本罪的,根据《刑法》第321条的规定,处5年以下有期徒刑、拘役或者管制,并处罚金。有下列情形之一的,处5年以上10年以下有期徒刑,并处罚金:(1)多次实施运送行为或者运送人数众多的;(2)所使用的船只、车辆等交通工具不具备必要的安全条件,足以造成严重后果的;(3)违法所得数额巨大的;(4)有其他特别严重情节的。在运送他人偷越国(边)境中造成被运送人重伤、死亡,或者以暴力、威胁方法抗拒检查的,处7年以上有期徒刑,并处罚金。犯本罪,对被运送人有杀害、伤害、强奸、拐卖等犯罪行为,或者对检查人员有杀害、伤害等犯罪行为的,依照数罪并罚的规定处罚。

六、偷越国(边)境罪

本罪为《刑法修正案(九)》所修订,是指违反国(边)境管理法规,偷越国(边)境,情节严重的行为。"情节严重"的标准,参见《妨害国(边)境管理刑案解释》。本罪主体为一般主体,罪过是故意。犯本罪的,根据《刑法》第322条的规定,处1年以下有期徒刑、拘役或者管制,并处罚金;为参加恐怖活动组织、接受恐怖活动培训或者实施恐怖活动,偷越国(边)境的,处1年以上3年以下有期徒刑,并处罚金。

七、破坏界碑、界桩罪

本罪是指明知是国家边境的界碑、界桩而故意进行破坏的行为。本罪主体为一般主体,罪过是故意。犯本罪的,根据《刑法》第323条的规定处罚。

八、破坏永久性测量标志罪

本罪是指明知是永久性测量标志而故意进行破坏的行为。本罪主体为一般主体,罪过是故意。犯本罪的,根据《刑法》第323条的规定处罚。

第五节　妨害文物管理罪

一、故意损毁文物罪

本罪是指故意损毁国家保护的珍贵文物或被确定为全国重点文物保护单位、省级文物保护单位的文物的行为。本罪法益是国家的文物管理制度。犯罪对象是国家保护的珍贵文物或被确定为全国重点文物保护单位、省级文物保护单位的文物。根据我国《文物保护法》的规定，文物是指具有历史、艺术、科学价值的遗址或遗物。包括：(1) 具有历史、艺术、科学价值的古文化遗址、古墓葬、古建筑、石窟寺和石刻、壁画；(2) 与重大历史事件、革命运动或者著名人物有关的以及具有重要纪念意义、教育意义或者史料价值的近代现代重要史迹、实物、代表性建筑；(3) 历史上各时代珍贵的艺术品、工艺美术品；(4) 历史上各时代重要的文献资料以及具有历史、艺术、科学价值的手稿和图书资料等；(5) 反映历史上各时代、各民族社会制度、社会生产、社会生活的代表性实物。具有科学价值的古脊椎动物化石和古人类化石同文物一样受国家保护。本罪行为表现为损毁上述特定的文物。损毁包括部分破损或完全毁灭。其具体表现形式多种多样，如污损、刻画、焚烧、爆炸、烧毁。本罪主体为一般主体，罪过是故意。

根据《刑法》第 324 条第 1 款和 2015 年 12 月 30 日"两高"《关于办理妨害文物管理等刑事案件适用法律若干问题的解释》(以下简称《妨害文物管理刑案解释》) 的规定，故意损毁国家保护的珍贵文物或者被确定为全国重点文物保护单位、省级文物保护单位的文物，具有下列情形之一的，应当认定为"情节严重"：(1) 造成 5 件以上三级文物损毁的；(2) 造成二级以上文物损毁的；(3) 致使全国重点文物保护单位、省级文物保护单位的本体严重损毁或者灭失的；(4) 多次损毁或者损毁多处全国重点文物保护单位、省级文物保护单位的本体的；(5) 其他情节严重的情形。实施前述行为，拒不执行国家行政主管部门作出的停止侵害文物的行政决定或者命令的，酌情从重处罚。

二、故意损毁名胜古迹罪

本罪是指故意损毁国家保护的名胜古迹，情节严重的行为。本罪法益是国家名胜古迹的管理制度。犯罪对象是名胜古迹，即具有重大历史、艺术、科学价值，并被核定为国家或地方重点文物保护单位的风景区或与名人事迹、历史事件有关而值得后人登临凭吊的胜地和建筑物。本罪行为表现为损毁国家保护的名胜古迹，且情节严重。所谓损毁，是指行为人明知是名胜古迹而加以毁坏，其表现形式多种多样，如炸毁、污损、刻画、砸烂、拆卸、挖掘、焚烧。所谓情节严重，一般是指多次损毁名胜古迹的,或造成名胜古迹损毁,无法恢复原状的,或损毁特别贵重的名胜古迹的,等等。本罪主体为一般主体,罪过是故意。根据《刑法》第 324 条第 2 款和《妨害文物管理刑案解释》的规定,故意损毁国家保护的名胜古迹,具有下列情形之一的,应当认定为"情节严重":(1)致使名胜古迹严重损毁或者灭失的;(2)多次损毁或者损毁多处名胜古迹的;(3)其他情节严重的情形。实施前述行为,拒不执行国家行政主管部门作出的停止侵害文物的行政决定或者命令的,酌情从重处罚。故意损毁风景名胜区内被确定为全国重点文物保护单位、省级文物保护单位的文物的,以故意损毁文物罪定罪量刑。

三、过失损毁文物罪

本罪是指过失损毁国家保护的珍贵文物或被确定为全国重点文物保护单位、省级文物保护单位的文物,造成严重后果的行为。本罪法益是国家的文物管理制度。犯罪对象是国家保护的珍贵文物或被确定为全国重点文物保护单位、省级文物保护单位的文物。本罪行为表现为过失损毁珍贵文物,且造成严重后果。本罪主体为一般主体,罪过是过失。犯本罪的,根据《刑法》第 324 条第 3 款的规定处罚。

四、非法向外国人出售、赠送珍贵文物罪

本罪是指违反文物保护法规,将收藏的国家禁止出口的珍贵文物私自出售或私自赠送给外国人的行为。本罪主体包括自然人和单位,罪过是故意。犯本罪的,根据《刑法》第 325 条的规定处罚。

五、倒卖文物罪

本罪是指以牟利为目的,倒卖国家禁止经营的文物,情节严重的行为。本罪法益是国家的文物管理制度。

本罪行为表现为倒卖国家禁止经营的文物,且情节严重。具体表现为:(1)行为人违反了国家文物经营管理法规,即违反我国《文物保护法》等法律法规。(2)行为人实施了倒卖文物的行为。所谓倒卖,即为了营利而买进或卖出。(3)倒卖行为必须达到情节严重的程度。"情节严重"必须根据倒卖文物的等级、数量、次数、获利数额等进行综合判断。一般包括:倒卖三级以上文物的,多次倒卖或倒卖多件文物的,因倒卖文物受到行政处罚而继续倒卖的,非法获利数额较大的,等等。本罪主体为一般主体,包括自然人和单位。本罪罪过是故意,且具有牟利的目的。

认定本罪应注意区分与非法向外国人出售、赠送珍贵文物罪的界限。(1)犯罪对象不同。前者的犯罪对象是国家禁止经营的一切文物,包括珍贵文

物和一般文物,后者的犯罪对象限于单位或个人收藏的且国家禁止出口的珍贵文物。(2)售卖对象不同。前者的售卖对象可以为中国人或外国人,后者的售卖对象只能是外国人。(3)罪过的具体内容不同。前者的成立必须以牟利为目的,后者则没有要求。(4)犯罪主体不同。前者的主体是没有经营权的单位或个人,后者的主体是收藏文物的单位或个人。如果行为人将自己收藏的国家禁止出口的文物倒卖给外国人的,就属于本罪与非法向外国人出售珍贵文物罪的想象竞合犯,应从一重罪处断。

根据《刑法》第326条和《妨害文物管理刑案解释》的规定,倒卖国家禁止经营的文物,具有下列情形之一的,应当认定为"情节严重":(1)倒卖三级文物的;(2)交易数额在5万元以上的;(3)其他情节严重的情形。实施前述行为,具有下列情形之一的,应当认定为"情节特别严重":(1)倒卖二级以上文物的;(2)倒卖三级文物5件以上的;(3)交易数额在25万元以上的;(4)其他情节特别严重的情形。

六、非法出售、私赠文物藏品罪

本罪是指国有博物馆、图书馆等单位,违反文物保护法规,将国家保护的文物藏品出售或私自赠送给非国有单位或个人的行为。本罪主体为特殊主体,只能是国有博物馆、图书馆等国有单位,非国有单位和个人不能成为本罪主体。本罪罪过是故意。单位犯本罪的,根据《刑法》第327条的规定处罚。

七、盗掘古文化遗址、古墓葬罪

本罪是指盗掘具有历史、艺术、科学价值的古文化遗址、古墓葬的行为。《刑法修正案(八)》对本罪作了修改,取消了死刑的规定。本罪法益是国家对古文化遗址、古墓葬的管理制度和国家对古文化遗址、古墓葬的所有权。

本罪行为表现为未经国家文化行政管理部门批准,盗掘古文化遗址、古墓葬。所谓盗掘,是指未经国家有关主管部门批准而擅自挖掘,集盗掘和损毁为一体。至于挖掘行为是否秘密进行在所不问。在司法实践中有秘密发掘的,也有公开掘取的,还有聚众掘取的。具体表现为:(1)未经任何部门批准,私自挖掘。(2)超过国家批准的发掘范围进行发掘。所谓古文化遗址、古墓葬,是指清代和清代以前的具有历史、艺术、科学价值的古文化遗址、墓葬以及辛亥革命以后与著名历史事件有关的名人墓葬、遗址和纪念地。本罪属行为犯,只要行为人实施了盗掘古文化遗址、古墓葬的行为,不论是否挖到文物,都成立本罪。本罪主体为一般主体。本罪罪过是故意,行为人的目的与动机不影响本罪的成立。

认定本罪应注意区分与故意损毁珍贵文物罪的界限。(1)犯罪对象不同。前者的犯罪对象是古文化遗址、古墓葬,后者的犯罪对象是国家保护的珍贵文物或被确定为全国重点文物保护单位、省级文物保护单位的文物。(2) 行为内容不同。前者的行为表现为"盗掘",后者的行为表现为"损毁"。(3) 罪过的具体内容不同。前者罪过的具体内容是非法占有文物,后者罪过的具体内容是损毁珍贵文物。

犯本罪的,根据《刑法》第 328 条第 1 款的规定处罚。

八、盗掘古人类化石、古脊椎动物化石罪

本罪指盗掘国家保护的具有科学价值的古人类化石、古脊椎动物化石的行为。本罪主体为一般主体,罪过是故意。犯本罪的,根据《刑法》第 328 条第 2 款的规定处罚。

九、抢夺、窃取国有档案罪

本罪是指抢夺、窃取国有档案的行为。本罪主体为一般主体,罪过是故意。犯本罪的,根据《刑法》第 329 条第 1 款、第 3 款的规定处罚。

十、擅自出卖、转让国有档案罪

本罪是指违反档案法的规定,擅自出卖、转让国有档案,情节严重的行为。本罪主体为一般主体,罪过是故意。犯本罪的,根据《刑法》第 329 条第 2 款、第 3 款的规定处罚。犯本罪同时又构成刑法规定的其他犯罪的,依照处罚较重的规定定罪处罚。

第六节 危害公共卫生罪

一、妨害传染病防治罪

(一) 概念及构成要件

本罪为《刑法修正案(十一)》所修订。本罪是指违反《传染病防治法》的规定,引起甲类传染病以及依法确定采取甲类传染病预防、控制措施的传染病传播或者有传播严重危险的行为。

1. 行为

根据法条,本罪的构成要件行为包括五种类型:(1) 供水单位供应的饮用水不符合国家规定的卫生标准的;(2) 拒绝按照疾病预防控制机构提出的卫生要求,对传染病病原体污染的污水、污物、场所和物品进行消毒处理的;(3) 准许或者纵容传染病病人、病原携带者和疑似传染病病人从事国务院卫生行政部门规定禁止从事的易使该传染病扩散的工作的;(4) 出售、运输疫区中被传染病病原体污染或者可能被传染病病原体污染的物品,未进行消毒处理的;(5) 拒绝执

行县级以上人民政府、疾病预防控制机构依照传染病防治法提出的预防、控制措施的。例如，拒不按照县级以上人民政府、疾病预防控制机构要求的隔离措施，或者未履行有关行程、接触史报告义务的，都可能构成本罪。本类型中的防疫措施应当是合法的，如果县级以上人民政府、疾病预防控制机构提出的预防、控制措施并不符合《传染病防治法》或者其他更高位阶法律的规定，则拒绝执行的行为不构成犯罪。

此处的甲类传染病，是指依照《传染病防治法》和国务院有关规定确定的鼠疫、霍乱。依法确定采取甲类传染病预防、控制措施的传染病，是指虽然不属于甲类传染病，但由国务院依法确定采取甲类传染病预防、控制措施的传染病。

2. 主体

本罪的主体为一般主体。

3. 罪过

本罪的罪过为故意。只要行为人明知自己的行为具有引起甲类传染病以及依法确定采取甲类传染病预防、控制措施的传染病传播的严重危险，并且希望或放任这种危险发生即可成立本罪。通说认为本罪的责任形式是过失。[1] 但是，将本罪确定为过失犯罪，有违《刑法》第 15 条第 2 款"过失犯罪，法律有规定的才负刑事责任"之要求[2]，故我们认为本罪属于故意犯罪。

有学者认为，"引起甲类传染病以及依法确定采取甲类传染病预防、控制措施的传染病传播"是本罪的客观超过要素，既不需要行为人明知该结果的发生（但要求有认识的可能性），也不需要行为人希望或放任其发生。[3] 此种观点会使得本罪沦为纯粹的行为犯，有违法益保护原则。我们认为，成立本罪仍然需要行为人认识到其行为具有引起传染病传播的危险，但在一般情况下，只要行为人实施了本罪的构成要件行为，就能够认定行为人知道或者应当知道其行为具有"引起甲类传染病以及依法确定采取甲类传染病预防、控制措施的传染病传播"的危险。

（二）本罪的认定

1. 本罪的性质

本罪既是实害犯，也是抽象危险犯，只要行为人实施了引起甲类传染病或者依法确定采取甲类传染病预防、控制措施的传染病传播或者有传播严重危险的行为就可以构成本罪。

---

[1] 参见周光权：《刑法各论》（第四版），中国人民大学出版社 2021 年版，第 480 页。

[2] 参见张明楷：《罪过形式的确定——刑法第 15 条第 2 款"法律有规定"的含义》，载《法学研究》2006 年第 3 期。

[3] 参见张明楷：《刑法学》（第六版）（下），法律出版社 2021 年版，第 1468 页。

2. 本罪与其他犯罪的关系

在司法实践中需要注意本罪与其他罪名的区分。"两高""两部"《关于依法惩治妨害新型冠状病毒感染肺炎疫情防控违法犯罪的意见》规定,故意传播新型冠状病毒感染病原体,具有下列情形之一,危害公共安全的,以危险方法危害公共安全罪定罪处罚:(1)已经确诊的新型冠状病毒感染病人、病原携带者,拒绝隔离治疗或者隔离期未满擅自脱离隔离治疗,并进入公共场所或者公共交通工具的;(2)新型冠状病毒感染疑似病人拒绝隔离治疗或者隔离期未满擅自脱离隔离治疗,并进入公共场所或者公共交通工具,造成新型冠状病毒传播的。其他拒绝执行卫生防疫机构依照传染病防治法提出的防控措施,引起新型冠状病毒传播或者有传播严重危险的,以妨害传染病防治罪定罪处罚。

此种规定在毒株病毒携带量大、缺少疫苗、致死率高的疫情暴发初期尚有一定道理,但在如今毒株病毒携带量大为降低、绝大多数民众均接种了疫苗、致死率极地的情况下,已经不具有与防火、爆炸、投毒等行为同样的危害性,因而不成立以危险方法危害公共安全罪。

行为人使用暴力阻碍国家卫生行政管理机关工作人员进行传染病防治工作,同时构成本罪和妨害公务罪的想象竞合犯,应从一重罪处断;国家机关工作人员工作严重不负责任,导致传染病传播或流行的,因主观上为过失,故并不构成本罪,而构成传染病防治失职罪。

(三)本罪的处罚

犯本罪的,根据《刑法》第330条的规定,处3年以下有期徒刑或者拘役;后果特别严重的,处3年以上7年以下有期徒刑。单位犯本罪的,对单位判处罚金,并对其直接负责的主管人员和其他直接责任人员,依照上述规定处罚。

二、传染病菌种、毒种扩散罪

本罪是指从事实验、保藏、携带、运输传染病菌种、毒种的人员违反国务院卫生行政部门的有关规定,造成传染病菌种、毒种扩散,后果严重的行为。本罪主体必须是从事实验、保藏、携带、运输传染病菌种、毒种的人员,因此,本罪是身份犯。本罪罪过应是过失,即应当预见自己的行为可能造成传染病菌种、毒种扩散,后果严重的危害结果,因为疏忽大意而没有预见或已经预见而轻信能够避免。犯本罪的,根据《刑法》第331条的规定处罚。

三、妨害国境卫生检疫罪

本罪是指自然人或单位违反国境卫生检疫规定,引起检疫传染病传播或有传播严重危险的行为。本罪行为内容根据《中华人民共和国国境卫生检疫法》的规定,包括下列两种行为:一是逃避检疫,向国境卫生检疫机关隐瞒事实真相;

二是入境人员未经国境卫生检疫机关的许可，擅自上下交通工具，或者装卸行李、货物、邮包等物品，不听劝阻。检疫传染病，是指鼠疫、霍乱、黄热病以及国务院确定和公布的其他传染病。引起检疫传染病传播，是指实际造成检疫传染病传播的后果，使他人感染上此种疾病，但不要求发生死亡等严重后果。严重危险，是指虽然尚未实际造成检疫传染病传播，但极有可能造成这类疾病传播的情况。本罪主体既可以是自然人，也可以是单位。本罪罪过为过失。犯本罪的，根据《刑法》第332条的规定处罚。

四、非法组织卖血罪

本罪是指违反法律规定，组织他人出卖血液的行为。违反法律规定，是指没有采集血液的合法资格，未经国家有关机关批准而组织他人出卖血液。医疗机构为满足抢救病人和从事科学实验的需要开展的无偿献血活动，不具有非法性。组织的方式可能多种多样，如动员、串联、拉拢、制订计划、下达命令等。至于血液卖往何处，行为人是否具有出卖牟利的目的，以及是否将血液卖出，均不影响本罪的成立。

《刑法》第333条第2款中的"伤害"，在对象上指卖血者，不包括输入血液者；"伤害"在范围上不包括轻伤。理由是：故意伤害罪（轻伤）的法定刑是3年以下有期徒刑、拘役或管制，而本罪的法定刑是5年以下有期徒刑，并处罚金，为避免刑罚"倒挂"而使本罪成为鼓励犯罪的立法例，这里的"伤害"在范围上仅指重伤以上程度的实害结果。在此意义上，因非法组织卖血而引起非法组织卖血罪与故意伤害罪的想象竞合时，"从一重处断"原则能够得到切实贯彻。

犯本罪的，根据《刑法》第333条的规定处罚。

五、强迫卖血罪

本罪是指以暴力、威胁方法强迫他人出卖血液的行为。强迫的具体手段包括暴力和胁迫，即违背他人意志地采用殴打、禁闭、捆绑、折磨、恐吓等剥夺或限制人身自由的方式，以及威胁方法，迫使其出卖血液。威胁行为既可以对被害人本人实施，也可以对被害人之外的利害关系人实施。成立本罪不以强迫多人为条件，强迫特定个人出卖血液的，也可以成立本罪。使用暴力组织他人出卖血液成立非法组织卖血罪与强迫卖血罪的想象竞合时，从一重处断以本罪定罪处罚。因强迫卖血而导致伤害，就普通重伤而言，故意伤害罪的法定刑为3年以上10年以下有期徒刑，强迫卖血罪的法定刑为5年以上10年以下有期徒刑，并处罚金。因此，强迫卖血罪是重罪，故意伤害罪（普通重伤）是轻罪。强迫卖血造成特别重伤的，依据想象竞合犯从一重处断，以故意伤害罪（特别重伤）定罪处罚。

犯本罪的，根据《刑法》第333条的规定处罚。

六、非法采集、供应血液、制作、供应血液制品罪

本罪是指非法采集、供应血液或制作、供应血液制品,不符合国家规定的标准,足以危害人体健康的行为。本罪行为表现为非法采集、供应血液或制作、供应不符合国家规定的标准的血液制品,足以危害人体健康。本罪属于具体危险犯。所谓非法,不仅指违反操作规定,而且指未经国家主管部门批准,不具有采集、供应血液或制作、供应血液制品的资格。所谓血液,是指用于临床的全血、成分血和用于血液制品生产的原料血浆。所谓血液制品,是各种人血浆蛋白制品,包括人血丙种球蛋白、人胎盘血白蛋白、人胎盘血丙种球蛋白、冻干健康人血浆等。根据 2008 年 9 月 22 日"两高"《关于办理非法采供血液等刑事案件具体应用法律若干问题的解释》(以下简称《非法采供血液刑案解释》),所谓"不符合国家规定的标准,足以危害人体健康",是指采集供应的血液含有病毒等。本罪主体为一般主体。本罪罪过是故意,不要求出于特定的目的。

犯本罪的,根据《刑法》第 334 条第 1 款和《非法采供血液刑案解释》的规定处罚。

七、采集、供应血液、制作、供应血液制品事故罪

本罪是指经国家主管部门批准采集、供应血液或制作、供应血液制品的部门,不依照规定进行检测或者违背其他操作规定,造成危害他人身体健康后果的行为。

本罪行为表现为采集、供应血液或制作、供应血液制品时,不依照规定进行检测或违反其他操作规定,导致危害他人身体健康的后果。"不依照规定进行检测或者违背其他操作规定"的情形参见《非法采供血液刑案解释》第 5 条。所谓"造成危害他人身体健康后果",是指:(1)造成献血者、供血浆者、受血者感染艾滋病病毒、乙型肝炎病毒、丙型肝炎病毒、梅毒螺旋体或者其他经血液传播的病原微生物的;(2)造成献血者、供血浆者、受血者重度贫血、造血功能障碍或者其他器官组织损伤导致功能障碍等身体严重危害的;(3)造成其他危害他人身体健康后果的。

本罪主体为特殊主体,即经国家部门批准采集、供应血液或制作、供应血液制品的部门,主要是指医院、血站等承担血液采集、供应或血液制品的制作、供应的单位。本罪罪过为过失。

本罪与非法采集、供应血液、制作、供应血液制品罪的区别主要是:(1)行为不同。本罪实施采集、供应血液或制作、供应血液制品的一系列行为均是合法而为之,只是没有依照操作规定;后者以行为的非法性为前提。(2)主体不同。本罪为特殊主体,后者为一般主体。(3)罪过不同。本罪为过失,后者是故意。

(4) 犯罪形态不同。本罪是实害犯，只有造成危害他人身体健康之后果才能构成此罪；后者为危险犯，行为人只要实施了非法采集、供应血液或制作、供应血液制品，足以危害人体健康的行为，即构成犯罪。

犯本罪的，根据《刑法》第334条第2款和《非法采供血液刑案解释》的规定处罚。

八、非法采集人类遗传资源、走私人类遗传资源材料罪

本罪为《刑法修正案（十一）》所增设的罪名。本罪是指违反国家有关规定，非法采集我国人类遗传资源或者非法运送、邮寄、携带我国人类遗传资源材料出境，危害公众健康或者社会公共利益，情节严重的行为。

本罪行为表现为非法采集人类遗传资源，以及非法运送、邮寄、携带人类遗传资源材料出境，即走私行为。国家有关规定主要是指，全国人民代表大会及其常务委员会制定的法律和决定，国务院制定的行政法规、规定的行政措施、发布的决定和命令，如《中华人民共和国生物安全法》（以下简称《生物安全法》）、《中华人民共和国人类遗传资源管理条例》等。《生物安全法》第85条第8项规定："人类遗传资源，包括人类遗传资源材料和人类遗传资源信息。人类遗传资源材料是指含有人体基因组、基因等遗传物质的器官、组织、细胞等遗传材料。人类遗传资源信息是指利用人类遗传资源材料产生的数据等信息资料。"需要注意的是，非法采集行为的对象是人类遗传资源，而走私行为的对象是人类遗传资源材料。

本罪的犯罪主体为一般主体，对主体身份没有特殊规定。本罪的罪过形式为故意，即明知采集人类遗传资源的行为和运送、邮寄、携带人类遗传资源材料出境的行为违反国家有关规定，会危害公众健康或者社会公共利益，并且希望或放任该危害结果的发生。

犯本罪的，根据《刑法》第334条之一的规定，处3年以下有期徒刑、拘役或者管制，并处或者单处罚金；情节特别严重的，处3年以上7年以下有期徒刑，并处罚金。

九、医疗事故罪

（一）概念及构成要件

本罪是指医务人员在医务工作中由于严重不负责任，造成就诊人死亡或严重损害就诊人身体健康的行为。

本罪行为表现为严重不负责任，造成就诊人死亡或严重损害就诊人身体健康。具体而言，包括以下两个方面：(1) 医务人员在诊疗护理中有严重不负责任的行为。严重不负责任，是指在诊疗护理工作中违反规章制度和诊疗护理常规，

这里的规章制度,是指与保障就诊人的生命、健康安全有关的诊疗护理方面的规章制度,包括诊断、处方、麻醉、手术、输血、护理、化验、清毒、医嘱、查房等各个环节的规程、规则、守则、制度、职责要求等。严重不负责任的行为既可以是作为,也可以是不作为,前者如护理人员打错针、发错药,后者如值班医生擅离职守。(2)上述严重不负责任的行为,造成了就诊人死亡或严重损害就诊人身体健康的后果。"严重损害就诊人身体健康",是指造成就诊人严重残疾、重伤、感染艾滋病等难以治愈的疾病或其他严重损害就诊人身体健康的后果。本罪是结果犯。

本罪主体必须是医务人员,即直接从事诊疗护理事务的人员,包括国家、集体医疗单位的医生、护士、药剂人员、防疫人员,以及经主管部门批准开业的个体行医人员。医疗单位中的工程技术人员、工勤人员和党政管理人员不能成为本罪主体。本罪罪过是过失。

(二)本罪的认定

1. 罪与非罪的界限

(1)本罪与医疗意外事故的界限。这里所说的医疗意外事故,是指由于医务人员不能预见或不可抗拒的原因而导致就诊人死亡或严重损害就诊人身体健康的事故。在医疗意外事故的情况下,医务人员主观上没有罪过,因此,不能构成犯罪。(2)本罪与医疗技术事故的界限。医疗技术事故一般是指医务人员因技术水平不高、缺乏临床经验等技术上的失误所导致的事故。实践中导致医疗事故的原因往往很复杂,技术原因占主导地位的是技术事故,责任原因占主导地位的是责任事故。

2. 此罪与彼罪的界限

(1)本罪与重大责任事故罪的界限。区别在于:第一,行为不同。本罪行为发生在医务人员的护理诊疗过程中,后者的行为发生于生产作业过程中。第二,主体不同。本罪主体是医务人员,后者主体是直接从事生产和领导、指挥生产的人员。(2)本罪与玩忽职守罪的界限。主要区别在于:第一,行为不同。本罪表现为在诊疗护理工作中违反规章制度或诊疗操作常规;后者表现为在行政管理中严重不负责任,不履行或不正确履行自己的职责。第二,主体不同。本罪主体是医务人员,后者主体为国家机关工作人员。第三,危害后果不同。本罪的危害后果仅限于就诊人死亡或身体健康严重受损;后者的危害后果既可以是人员伤亡,也可以是财产损失,还可以是恶劣的政治影响。

(三)本罪的处罚

犯本罪的,根据《刑法》第335条的规定处罚。

十、非法行医罪

本罪是指未取得医生执业资格的人非法行医,情节严重的行为。

本罪行为表现为非法行医。行医的判断标准有两条:一是行为人开展了医疗活动,二是行为人通过诊疗活动收取了费用。医疗活动,是指出于医疗目的,只能由医师根据医学知识和技能实施,否则会对人体产生危险的行为。[①] 本罪是典型的常业犯,刑法规定的构成要件包括了行为人反复非法行医的行为,因此,不管非法行医时间多长,也只能认定为一罪。[②] 依据2016年12月16日最高法《关于审理非法行医刑事案件具体应用法律若干问题的解释》的规定,"未取得医生执业资格的人非法行医"是指:(1)未取得或者以非法手段取得医师资格从事医疗活动的;(2)被依法吊销医师执业证书期间从事医疗活动的;(3)未取得乡村医生执业证书,从事乡村医疗活动的;(4)家庭接生员实施家庭接生以外的医疗活动的。"情节严重"是指:(1)造成就诊人轻度残疾、器官组织损伤导致一般功能障碍的;(2)造成甲类传染病传播、流行或者有传播、流行危险的;(3)使用假药、劣药或不符合国家规定标准的卫生材料、医疗器械,足以严重危害人体健康的;(4)非法行医被卫生行政部门行政处罚两次后,再次非法行医的;(5)其他情节严重的情形。"严重损害就诊人身体健康"是指:(1)造成就诊人中度以上残疾、器官组织损伤导致严重功能障碍的;(2)造成3名以上就诊人轻度残疾、器官组织损伤导致一般功能障碍的。

本罪主体必须是未取得医生执业资格的人。根据上述司法解释第1条的规定,具有下列情形之一的,应认定为《刑法》第336条第1款规定的"未取得医生执业资格的人非法行医":(1)未取得或者以非法手段取得医师资格从事医疗活动的;(2)被依法吊销医师执业证书期间从事医疗活动的;(3)未取得乡村医生执业证书,从事乡村医疗活动的;(4)家庭接生员实施家庭接生以外的医疗行为的。本罪罪过是故意。

本罪与医疗事故罪的区别在于主体不同,本罪的主体是没有医生职业资格的人,医疗事故罪的主体是有医生职业资格的医务人员。

犯本罪的,根据《刑法》第336条第1款的规定,处3年以下有期徒刑、拘役或者管制,并处或者单处罚金;严重损害就诊人身体健康的,处3年以上10年以下有期徒刑,并处罚金;造成就诊人死亡的,处10年以上有期徒刑,并处罚金。非法行医行为系造成就诊人死亡的直接、主要原因的,应认定为"造成就诊人死

[①] 参见〔日〕小松进:《医师法》,载〔日〕平野龙一等编:《注解特别刑法(第5卷)(医事·药事编)》,青林书院1992年版,第10页。

[②] 参见〔日〕前田雅英:《刑法总论讲义》(第七版),日本东京大学出版会2019年版,第393页。

亡";反之,可不认定,但根据案件情况,可以认定为"情节严重"。

十一、非法进行节育手术罪

本罪是指未取得医生执业资格的人,擅自为他人进行节育复通手术、假节育手术、终止妊娠手术或摘取宫内节育器,情节严重的行为。未取得医生执业资格的人,非法行医情节严重,同时又实施本罪行为情节严重的,应实行数罪并罚。犯本罪的,根据《刑法》第 336 条第 2 款的规定处罚。

2015 年 12 月 27 日全国人大常委会表决通过了《中华人民共和国人口与计划生育法》修正案,2021 年 8 月 20 日又进行了一次修正,取消一对夫妻只生一个孩子的计划生育政策,放开三胎。随着三孩政策的落实,可以预见,为我国计划生育国策服务的非法进行节育手术罪,可能会被出罪化,或者至少在司法适用中实际地被出罪化。

十二、非法植入基因编辑、克隆胚胎罪

本罪为《刑法修正案(十一)》所增设的罪名。本罪是指将基因编辑、克隆的人类胚胎植入人体或者动物体内,或者将基因编辑、克隆的动物胚胎植入人体内,情节严重的行为。本罪旨在保护人类基因科学技术应用的安全性与伦理性。

本罪的行为方式包括,将基因编辑、克隆的人类胚胎植入人体或者动物体内,或者将基因编辑、克隆的动物胚胎植入人体内。需要注意的是,本法所禁止的是有关人类的非法基因编辑和非法克隆行为,将基因编辑、克隆的动物胚胎植入动物体内的,不构成本罪。所谓基因编辑,又称基因组编辑、基因组工程,它是基因工程的一种,指的是在活体基因组中进行 DNA 插入、删除、修改或替换的一项技术。所谓克隆,一般是指利用生物技术由无性生殖产生与原个体有完全相同基因组之后代的过程,克隆一个生物体意味着创造一个与原先的生物体具有完全一样遗传信息的新生物体。本罪的犯罪主体为一般主体。本罪的罪过形式为故意,通常为直接故意。

犯本罪的,根据《刑法》第 336 条之一的规定,处 3 年以下有期徒刑或者拘役,并处罚金;情节特别严重的,处 3 年以上 7 年以下有期徒刑,并处罚金。

十三、妨害动植物防疫、检疫罪

本罪为《刑法修正案(七)》所修订。本罪是指自然人或单位违反有关动植物防疫、检疫的国家规定,引起重大动植物疫情的,或有引起重大动植物疫情危险,情节严重的行为。本罪主体为一般主体,包括自然人和单位。本罪的罪过是过失,行为人对拒绝或逃避接受检疫违反相关法律规定有明知,但对引起重大动植物疫情的结果出于过失。如果行为人对引起重大动植物疫情的结果持故意的

态度,可能构成以危险方法危害公共安全罪。犯本罪的,根据《刑法》第337条的规定处罚。

第七节　破坏环境资源保护罪

一、污染环境罪

(一) 概念及构成要件

本罪为《刑法修正案(十一)》所修订。本罪是指,违反国家规定,排放、倾倒或者处置有放射性的废物、含传染病病原体的废物、有毒物质或者其他有害物质,严重污染环境的行为。

我国刑法对污染环境罪的规定经历了两次修正。1997年《刑法》第338条对重大环境污染事故罪的规定为:"违反国家规定,向土地、水体、大气排放、倾倒或者处置有放射性的废物、含传染病病原体的废物、有毒物质或者其他危险废物,造成重大环境污染事故,致使公私财产遭受重大损失或者人身伤亡的严重后果的,处三年以下有期徒刑或者拘役,并处或者单处罚金;后果特别严重的,处三年以上七年以下有期徒刑,并处罚金。"2011年《刑法修正案(八)》将"向土地、水体、大气排放、倾倒或者处置有放射性的废物、含传染病病原体的废物、有毒物质或者其他危险废物,造成重大环境污染事故,致使公私财产遭受重大损失或者人身伤亡的严重后果的"修改为"排放、倾倒或者处置有放射性的废物、含传染病病原体的废物、有毒物质或者其他有害物质,严重污染环境的",不再以造成严重后果作为本罪的入罪条件,从而大大降低了入罪门槛,罪名也随之修正为"污染环境罪"。《刑法修正案(十一)》继续强化对污染环境罪的打击力度,将"后果特别严重的,处三年以上七年以下有期徒刑,并处罚金"修改为"情节严重的,处三年以上七年以下有期徒刑,并处罚金",降低了污染环境罪的加重处罚条件,加重了对本罪的处罚;同时,还增加了"七年以上有期徒刑,并处罚金"这一档法定刑,特别强调了对特定区域生态环境的保护,明确规定了竞合犯的处理原则。

1. 法益

对于污染环境罪的法益,存在人类中心主义法益观和生态中心主义法益观的争议。前者认为,保护环境的最终目的在于保护人类的生命、健康和财产,只有对环境的破坏侵害或者威胁到人的生命、健康和重大财产利益时才构成犯罪;而后者认为,污染环境罪所保护的法益在于环境本身,即对动物、植物、水、大气以及土壤的保护。上述两种观点均有其理论缺陷,人类中心主义忽略了环境自身的价值,以对人的法益侵害性来确定入罪标准,会导致对环境的保护过分迟滞,也不符合现行法律的规定,而如果采取生态中心主义的法益观,由于人类对生态造成的破坏难以准确衡量,会导致入罪边界模糊进而扩张刑法处罚范围,况且用刑法过度保护集体性和弥散性的法益也有违刑法谦抑性。从立法沿革考察,污染环境罪的法益随着刑法的历次修正呈现出一系列变化。1997年《刑法》第338条规定的重大环境污染事故罪以"造成重大环境污染事故,致使公私财产遭受重大损失或者人身伤亡的严重后果"为构成要件要素,表明本罪是典型的结果犯,偏重于保护人类的生命健康和重大财产利益,体现了人类中心主义法益观。而《刑法修正案(八)》对本罪的罪状进行了修改,将"造成重大环境污染事故,致使公私财产遭受重大损失或者人身伤亡的严重后果"修改为"严重污染环境",可以看出,修正后的刑法不以直接损害人身或财产权益为入罪标准,也不再将环境利益当作人的附属利益加以保护,开始直接关注环境自身的价值。可见,我国刑法对污染环境犯罪的规制的确呈现出从人类中心主义逐渐向生态中心主义立场的转变。但是,为了充分发挥这两种法益观的优势、规避各自的理论缺陷,应当将二者结合起来。应以环境法益为基础,并主张对法益危害性的判断与人的利益相贯通,将污染环境罪的保护法益回归到人的生存利益和生活利益上,当环境对于人的基本生存和生活产生影响时就值得刑法保护。谨防生态中心主义法益观在风险刑法的推动下走得太远,由此恪守刑法的谦抑性。[1]

2. 行为

本罪行为表现为违反国家规定,排放、倾倒或者处置有放射性的废物、含传染病病原体的废物、有毒物质或者其他有害物质。违反国家规定,即违反《中华人民共和国环境保护法》《中华人民共和国水污染防治法》《中华人民共和国大气污染防治法》《中华人民共和国海洋环境保护法》《中华人民共和国固体废物污染环境防治法》等一系列有关环境保护的法律法规的规定。根据2023年8月18日"两高"《关于办理环境污染刑事案件适用法律若干问题的解释》(以下简称《环境污染刑案解释》)的有关规定,所谓危险废物,是指列入国家危险废物名录,或者根据国家规定的危险废物鉴别标准和鉴别方法认定的,具有危险特性的固体废物。对国家危险废物名录所列的废物,可以依据涉案物质的来源、产生过程、被告人供述、证人证言以及经批准或者备案的环境影响评价文件、排污许可证、排污登记表等证据,结合环境保护主管部门、公安机关等出具的书面意见作出认定。对于危险废物的数量,依据案件事实,综合被告人供述,涉案企业的生产工艺、物耗、能耗情况,以及经批准或者备案的环境影响评价文件等证据作出认定。"有毒物质"包括:危险废物,《关于持久性有机污染物的斯德哥尔摩公

---

[1] 参见刘艳红、杨楠:《企业管理人员刑事法律风险及防控路径——以JS省企业管理人员犯罪大数据统计为样本》,载《武汉大学学报(哲学社会科学版)》2019年第6期。

约》附件所列物质,重金属含量超标的污染物,以及其他具有毒性,可能污染环境的物质。

3. 主体

本罪的犯罪主体为一般主体,自然人和单位均可构成本罪。

4. 罪过

本罪的罪过形式为故意,即明知自己排放、倾倒或者处置有放射性的废物、含传染病病原体的废物、有毒物质或者其他有害物质的行为会严重污染环境,并且希望或放任这种危害结果发生。同时,由于本书不采取纯粹的人类中心主义法益观,因此只要求行为人对污染环境的结果有认识,不要求其对危害人的生命健康和重大财产这一结果持希望或者放任态度。

(二) 本罪的认定

根据《环境污染刑案解释》的规定,"严重污染环境"是指:(1) 在饮用水水源保护区、自然保护地核心保护区等依法确定的重点保护区域排放、倾倒、处置有放射性的废物、含传染病病原体的废物、有毒物质的;(2) 非法排放、倾倒、处置危险废物3吨以上的;(3) 排放、倾倒、处置含铅、汞、镉、铬、砷、铊、锑的污染物,超过国家或者地方污染物排放标准3倍以上的;(4) 排放、倾倒、处置含镍、铜、锌、银、钒、锰、钴的污染物,超过国家或者地方污染物排放标准10倍以上的;(5) 通过暗管、渗井、渗坑、裂隙、溶洞、灌注、非紧急情况下开启大气应急排放通道等逃避监管的方式排放、倾倒、处置有放射性的废物、含传染病病原体的废物、有毒物质的;(6) 2年内曾因在重污染天气预警期间,违反国家规定,超标排放二氧化硫、氮氧化物等实行排放总量控制的大气污染物受过2次以上行政处罚,又实施此类行为的;(7) 重点排污单位、实行排污许可重点管理的单位篡改、伪造自动监测数据或者干扰自动监测设施,排放化学需氧量、氨氮、二氧化硫、氮氧化物等污染物的;(8) 2年内曾因违反国家规定,排放、倾倒、处置有放射性的废物、含传染病病原体的废物、有毒物质受过2次以上行政处罚,又实施此类行为的;(9) 违法所得或者致使公私财产损失30万元以上的;(10) 致使乡镇集中式饮用水水源取水中断12小时以上的;(11) 其他严重污染环境的情形。

行为人有污染环境的行为,同时又构成其他犯罪的,依照处罚较重的规定定罪处罚。

(三) 本罪的处罚

犯本罪的,根据《刑法》第338条之一的规定,处3年以下有期徒刑或者拘役,并处或者单处罚金;情节严重的,处3年以上7年以下有期徒刑,并处罚金。有下列情形之一的,处7年以上有期徒刑,并处罚金:(1) 在饮用水水源保护区、自然保护地核心保护区等依法确定的重点保护区域排放、倾倒、处置有放射性的废物、含传染病病原体的废物、有毒物质,情节特别严重的;(2) 国家确定的重要江河、湖泊水域排放、倾倒、处置有放射性的废物、含传染病病原体的废物、有毒物质,情节特别严重的;(3) 致使大量永久基本农田基本功能丧失或者遭受永久性破坏的;(4) 致使多人重伤、严重疾病,或者致人严重残疾、死亡的。

根据《环境污染刑案解释》的规定,具有下列情形之一的,应当从重处罚:(1) 阻挠环境监督检查或者突发环境事件调查,尚不构成妨害公务等犯罪的;(2) 在医院、学校、居民区等人口集中地区及其附近,违反国家规定排放、倾倒、处置有放射性的废物、含传染病病原体的废物、有毒物质或者其他有害物质的;(3) 在突发环境事件处置期间或者被责令限期整改期间,违反国家规定排放、倾倒、处置有放射性的废物、含传染病病原体的废物、有毒物质或者其他有害物质的;(4) 具有危险废物经营许可证的企业违反国家规定排放、倾倒、处置有放射性的废物、含传染病病原体的废物、有毒物质或者其他有害物质的;(5) 实行排污许可重点管理的企业事业单位和其他生产经营者未依法取得排污许可证,排放、倾倒、处置有放射性的废物、含传染病病原体的废物、有毒物质或者其他有害物质的。

实施了刑法规定的污染环境的行为,行为人认罪认罚,积极修复生态环境,有效合规整改的,可以从宽处罚;犯罪情节轻微的,可以不起诉或者免予刑事处罚;情节显著轻微危害不大的,不作为犯罪处理。

单位犯本罪的,对单位判处罚金,并对其直接负责的主管人员和其他直接责任人员,依照相应规定处罚。

二、非法处置进口的固体废物罪

本罪是指违反国家规定,将境外固体废物进境倾倒、堆放、处置的行为。本罪主体为一般主体,包括自然人和单位。本罪的罪过是故意。对于违反国家规定,排放、倾倒、处置含有毒害性、放射性、传染病病原体等物质的污染物,同时构成本罪和污染环境罪、投放危险物质罪等犯罪的,依照处罚较重的犯罪定罪处罚。犯本罪的,根据《刑法》第339条第1款和第346条的规定处罚。

三、擅自进口固体废物罪

本罪是指未经国务院有关主管部门许可,擅自进口固体废物用作原料,造成重大环境污染事故,致使公私财产遭受重大损失或严重危害人体健康的行为。本罪主体为一般主体,包括自然人和单位。本罪的罪过是故意。犯本罪的,根据《刑法》第339条第2款和第346条的规定处罚。

四、非法捕捞水产品罪

本罪是指违反保护水产资源法规,在禁渔区、禁渔期或使用禁用的工具、方法捕捞水产品,情节严重的行为。本罪法益为国家保护水产资源的管理制度。非法捕捞水产品的行为具体包括:(1)在禁渔区捕捞水产品;(2)在禁渔期捕捞水产品;(3)使用禁用的工具捕捞水产品;(4)使用禁用的方法捕捞水产品。行为人只要实施上述四行为之一的,即可构成本罪;同时实施上述行为的,也只构成一罪。本罪主体为一般主体,包括自然人和单位。本罪的罪过是故意。犯本罪的,根据《刑法》第340条和第346条的规定处罚。

五、危害珍贵、濒危野生动物罪

本罪是指非法猎捕、杀害国家重点保护的珍贵、濒危野生动物或者非法收购、运输、出售国家重点保护的珍贵、濒危野生动物及其制品的行为。本罪主体为一般主体,包括自然人和单位。本罪罪过是故意,行为人必须明知是国家重点保护的珍贵、濒危野生动物,但不要求认识到野生动物的具体级别与名称。使用爆炸、投放危险物质、设置电网等危险方法破坏野生动物资源,构成本罪,同时又构成《刑法》第114条或第115条规定之罪的,依照处罚较重的规定定罪处罚。实施本罪,同时又以暴力、威胁方法抗拒查处,构成其他犯罪的,依照数罪并罚的规定处罚。犯本罪的,根据《刑法》第341条第1款和第346条的规定处罚。

2022年4月6日"两高"《关于办理破坏野生动物资源刑事案件适用法律若干问题的解释》(以下简称《野生动物刑案解释》)第4条规定,"国家重点保护的珍贵、濒危野生动物"包括:(1)列入《国家重点保护野生动物名录》的野生动物;(2)经国务院野生动物保护主管部门核准按照国家重点保护的野生动物管理的野生动物。第13条规定,实施本解释规定的相关行为,在认定是否构成犯罪以及裁量刑罚时,应当考虑涉案动物是否系人工繁育、物种的濒危程度、野外存活状况、人工繁育情况、是否列入人工繁育国家重点保护野生动物名录,行为手段、对野生动物资源的损害程度,以及对野生动物及其制品的认知程度等情节,综合评估社会危害性,准确认定是否构成犯罪,妥当裁量刑罚,确保罪责刑相适应;根据本解释的规定定罪量刑明显过重的,可以根据案件的事实、情节和社会危害程度,依法作出妥当处理。涉案动物系人工繁育,具有下列情形之一的,对所涉案件一般不作为犯罪处理;需要追究刑事责任的,应当依法从宽处理:(1)列入人工繁育国家重点保护野生动物名录的;(2)人工繁育技术成熟、已成规模,作为宠物买卖、运输的。

六、非法狩猎罪

本罪是指违反狩猎法规,在禁猎区、禁猎期或使用禁用的工具、方法进行狩猎,破坏野生动物资源,情节严重的行为。本罪法益是国家对野生动物的保护制度。犯罪对象是珍贵、濒危野生动物以外的其他野生动物。非法狩猎行为具体包括:(1) 在禁猎区狩猎;(2) 在禁猎期狩猎;(3) 使用禁用的工具狩猎;(4) 使用禁用的方法狩猎。另外,只有非法狩猎的行为达到"情节严重的",才可构成本罪。具有下列情形之一的,属于"情节严重":(1) 非法狩猎野生动物20只以上的;(2) 违反狩猎法规,在禁猎区或禁猎期使用禁用的工具、方法狩猎的;(3) 具有其他严重情节的。使用爆炸、投放危险物质、设置电网等危险方法破坏野生动物资源,构成本罪,同时又构成《刑法》第114条或第115条规定之罪的,依照处罚较重的规定定罪处罚。非法狩猎行为同时触犯盗窃罪的,成立想象竞合犯,从一重处断。实施本罪,同时又以暴力、威胁方法抗拒查处,构成其他犯罪的,依照数罪并罚的规定处罚。本罪主体为一般主体,包括自然人和单位。本罪罪过是故意。

犯本罪的,根据《刑法》第341条第2款和第346条的规定处罚。

七、非法猎捕、收购、运输、出售陆生野生动物罪

(一) 概念及构成要件

本罪为《刑法修正案(十一)》所增设的罪名。本罪是指违反野生动物保护管理法规,以食用为目的非法猎捕、收购、运输、出售《刑法》第341条第1款规定以外的在野外环境自然生长繁殖的陆生野生动物,情节严重的行为。本罪的增设体现了刑法对生物安全风险积极预防的立场。[①] 增设本罪不仅为了保护野生动物,也出于防止滥食引发公共卫生风险的需要。

1. 行为

本罪行为表现为违法猎捕、收购、运输、出售《刑法》第341条第1款规定以外的陆生野生动物,情节严重。违反野生动物保护管理法规是指,违反《中华人民共和国野生动物保护法》《中华人民共和国陆生野生动物保护实施条例》等法律法规。本罪的保护对象具有特定性,即《刑法》第341条第1款规定的珍贵、濒危野生动物以外的陆生野生动物。犯罪对象系野外环境自然生长繁殖,亦即野外种群,不包括人工繁育的陆生野生动物、水生野生动物以及已经死亡的野生动物。根据《野生动物刑案解释》第8条的规定,本罪的"情节严重"包括:(1) 非法猎捕、收购、运输、出售有重要生态、科学、社会价值的陆生野生动物或者地方重点保护陆生野生动物价值1万元以上的;(2) 非法猎捕、收购、运输、出售第1项规定以外的其他陆生野生动物价值5万元以上的;(3) 其他情节严重的情形。

2. 主体

本罪的犯罪主体为一般主体,自然人和单位均可构成本罪。

---

① 刘艳红:《化解积极刑法观正当性危机的有效立法——〈刑法修正案(十一)〉生物安全犯罪立法总置评》,载《政治与法律》2021年第7期。

3. 罪过

本罪的罪过形式为故意,且需要以食用为目的。本罪的成立应以食用非法捕获、收购、运输和出售的特定陆生野生动物为前提,是目的犯。基于科研、展示等其他目的进行的非食用性利用行为,不构成本罪。根据《野生动物刑案解释》第 11 条的规定,对于"以食用为目的",应当综合涉案动物及其制品的特征,被查获的地点,加工、包装情况,以及可以证明来源、用途的标识、证明等证据作出认定。具有下列情形之一的,可以认定为"以食用为目的":(1) 将相关野生动物及其制品在餐饮单位、饮食摊点、超市等场所作为食品销售或者运往上述场所的;(2) 通过包装、说明书、广告等介绍相关野生动物及其制品的食用价值或者方法的;(3) 其他足以认定以食用为目的的情形。

(二) 本罪的处罚

犯本罪的,根据《刑法》第 341 条第 3 款和第 346 条规定,处 3 年以下有期徒刑、拘役、管制或者罚金;单位犯本罪的,对单位判处罚金,并对其直接负责的主管人员和其他直接责任人员,依照上述规定处罚。

八、非法占用农用地罪

本罪为《刑法修正案(二)》所修订。本罪是指违反土地管理法规,非法占用耕地、林地等农用地,改变被占用土地用途,数量较大,造成耕地、林地等农用地大量毁坏的行为。本罪法益是国家土地管理制度。本罪行为表现为违反土地管理法规,非法占用耕地、林地等农用地,改变被占用土地用途,数量较大,造成耕地、林地等农用地大量毁坏。根据 2009 年 8 月 27 日全国人大常委会《关于〈中华人民共和国刑法〉第二百二十八条、第三百四十二条、第四百一十条的解释》的规定,"违反土地管理法规",是指违反土地管理法、森林法、草原法等法律以及有关行政法规中关于土地管理的规定。"非法占用农用地",表现为未经国家土地管理部门批准而擅自占用耕地、林地等农用地,采取欺骗的方式骗取批准而占用耕地、林地等农用地或超过批准的权限和数量占用耕地、林地等农用地;"改变被占用土地用途",是指行为人擅自将土地管理部门批准专用的土地改变用途。此外,构成本罪要求情节严重,即占用的耕地、林地等农用地数量较大或造成被占用的耕地、林地大量毁坏的。非法占用耕地"数量较大",是指非法占用基本农田 5 亩以上或非法占用基本农田以外的耕地 10 亩以上;"造成耕地大量毁坏",是指行为人非法占用耕地建窑、建坟、建房、挖沙、采石、采矿、取土、堆放固体废弃物或进行其他非农业建设,造成基本农田 5 亩以上或基本农田以外的耕地 10 亩以上种植条件严重毁坏或严重污染。本罪主体为一般主体,包括自然人和单位。本罪罪过是故意。

犯本罪的,根据《刑法》第 342 条和第 346 条的规定处罚。

九、破坏自然保护地罪

（一）概念及构成要件

本罪为《刑法修正案（十一）》所增设的罪名。本罪是指违反自然保护地管理法规，在国家公园、国家级自然保护区进行开垦、开发活动或者修建建筑物，造成严重后果或者有其他恶劣情节的行为。

1. 行为

本罪的行为表现为违反自然保护地管理法规，在国家公园、国家级自然保护区进行开垦、开发活动或者修建建筑物，造成严重后果或者有其他恶劣情节。

（1）本罪必须违反自然保护地管理法规，在国家公园、国家级自然保护区进行开垦、开发活动或者修建建筑物。"违反自然保护地管理法规"，主要是指违反《中华人民共和国自然保护区条例》《自然保护区土地管理办法》等法规关于国家公园、国家级自然保护区的规定。开垦，是指对土地进行开辟、垦荒；开发活动，是指对土地进行各类利用活动，比如种植经济作物、出租等；修建建筑物，是指修建各类房屋和场所。

（2）成立本罪要求造成严重后果或者有其他恶劣情节。这主要是指对国家公园或者国家级自然保护区造成重大污染或者破坏性事故，难以修复或者损害严重的行为。

2. 主体

本罪的主体是一般主体。

3. 罪过

本罪的罪过是故意。

（二）本罪的认定

1. 本罪和非法占用农用地罪的界限

首先，本罪侵害的对象是国家公园和国家级自然保护区，非法占有农地罪侵犯的对象是农用地，主要包括耕地和林地。其次，本罪的行为主要表现为开垦、开发活动或者修建建筑物三种行为，而非法占有农用地罪的行为表现为非法占用，即未经批准擅自占用，或采取欺骗的方式占用或者超过批准的权限占用。

2. 本罪和污染环境罪的界限

本罪与污染环境罪的区别主要在于行为方式不同，本罪表现为违反自然保护地管理法规，在国家公园、国家级自然保护区进行开垦、开发活动或者修建建筑物，造成严重后果或者有其他恶劣情节的行为；污染环境罪则是违反国家规定，排放、倾倒或者处置有放射性的废物、含传染病病原体的废物、有毒物质或者其他有害物质，严重污染环境的行为。违规在国家公园或者国家自然保护区开发利用活动中，排放、倾倒或者处置有放射性的废物、含传染病病原体的废物、有毒物质或者其他有害物质,严重污染环境的,成立想象竞合犯,从一重处断。

(三) 本罪的处罚

犯本罪的,根据《刑法》第 342 条之一和第 346 条的规定处罚。

十、非法采矿罪

本罪为《刑法修正案(八)》所修订。本罪是指违反矿产资源法的规定,未取得采矿许可证擅自采矿的,擅自进入国家规划矿区、对国民经济具有重要价值的矿区和他人矿区范围采矿的,或者擅自开采国家规定实行保护性开采的特定矿种,情节严重的行为。为严惩非法采矿犯罪行为,保护矿产资源,《刑法修正案(八)》第 47 条对本罪进行了修订。本罪法益是国家的矿产资源保护制度。

根据"两高"2016 年 11 月 28 日《关于办理非法采矿、破坏性采矿刑事案件适用法律若干问题的解释》的规定,"未取得采矿许可证"包括下列情形:(1) 无许可证的;(2) 许可证被注销、吊销、撤销的;(3) 超越许可证规定的矿区范围或者开采范围的;(4) 超出许可证规定的矿种的(共生、伴生矿种除外);(5) 在河道管理范围内采砂,依据相关规定应当办理河道采砂许可证,未取得河道采砂许可证的;或者依据相关规定应当办理河道采砂许可证和采矿许可证,既未取得河道采砂许可证,又未取得采矿许可证的;或者严重影响河势稳定,危害防洪安全的;(6) 未取得海砂开采海域使用权证,且未取得采矿许可证,采挖海砂的;(7) 其他未取得许可证的情形。在采矿许可证被依法暂扣期间擅自采矿的,视为未取得采矿许可证擅自采矿。本罪中的"情节严重"是指具有下列情形之一的:(1) 开采的矿产品价值或者造成矿产资源破坏的价值在 10 万元至 30 万元以上的;(2) 在国家规划矿区、对国民经济具有重要价值的矿区采矿,开采国家规定实行保护性开采的特定矿种,或者在禁采区、禁采期内采矿,开采的矿产品价值或者造成矿产资源破坏的价值在 5 万元至 15 万元以上的;(3) 2 年内曾因非法采矿受过两次以上行政处罚,又实施非法采矿行为的;(4) 造成生态环境严重损害的;(5) 其他情节严重的情形。对于违反矿产资源法的规定,非法开采石油、天然气资源的,依照本罪追究刑事责任。

本罪主体为一般主体,包括自然人和单位,对受雇用为非法采矿、破坏性采矿犯罪提供劳务的人员,除参与利润分成或者领取高额固定工资的以外,一般不以犯罪论处,但曾因非法采矿、破坏性采矿受过处罚的除外。本罪罪过是故意。

对于违反矿产资源法的规定,非法采矿造成重大伤亡事故或其他严重后果,同时构成本罪和《刑法》第 134 条、第 135 条规定的犯罪的,依照数罪并罚的规定处罚。

犯本罪的,根据《刑法》第 343 条第 1 款和第 346 条的规定处罚。

十一、破坏性采矿罪

本罪是指违反矿产资源法的规定,采取破坏性的方法开采矿产资源,造成矿产资源严重破坏的行为。本罪法益是国家的矿产资源保护制度。"采取破坏性的开采方法开采矿产资源",是指行为人违反地质矿产主管部门审查批准的矿产资源开发利用方案开采矿产资源,并造成矿产资源严重破坏的行为。对于违反矿产资源法的规定,破坏性开采石油、天然气资源的,依照本罪追究刑事责任。本罪主体为特殊主体,即取得采矿许可证的个人或单位,这是本罪与非法采矿罪最重要的区别。本罪罪过是故意。

对于采取破坏性的开采方法开采矿产资源,造成重大伤亡事故或其他严重后果,同时构成本罪和《刑法》第 134 条、第 135 条规定的犯罪的,依照数罪并罚的规定处罚。此外,对于违反安全生产管理规定,非法采矿、破坏性采矿或排放、倾倒、处置有害物质严重污染环境,造成重大伤亡事故或其他严重后果,同时构成危害生产安全犯罪和破坏环境资源保护犯罪的,依照数罪并罚的规定处罚。

犯本罪的,根据《刑法》第 343 条第 2 款和第 346 条的规定处罚。

十二、危害国家重点保护植物罪

本罪为《刑法修正案(四)》所修订。本罪是指违反国家规定,非法采伐、毁坏珍贵树木或国家重点保护的其他植物,或者非法收购、运输、加工、出售珍贵树木或国家重点保护的其他植物及其制品的行为。本罪主体为一般主体,包括自然人和单位。本罪罪过是故意。

2020 年 3 月 19 日"两高"《关于适用〈中华人民共和国刑法〉第三百四十四条有关问题的批复》规定,古树名木以及列入《国家重点保护野生植物名录》的野生植物,属于本罪规定的"珍贵树木或者国家重点保护的其他植物"。根据《中华人民共和国野生植物保护条例》的规定,野生植物限于原生地天然生长的植物。人工培育的植物,除古树名木外,不属于本罪规定的"珍贵树木或者国家重点保护的其他植物"。非法采伐、毁坏或者非法收购、运输人工培育的植物(古树名木除外),构成盗伐林木罪、滥伐林木罪或非法收购、运输盗伐、滥伐的林木罪等犯罪的,依照相关规定追究刑事责任。

犯本罪的,根据《刑法》第 344 条的规定,处 3 年以下有期徒刑、拘役或者管制,并处罚金;情节严重的,处 3 年以上 7 年以下有期徒刑,并处罚金;单位犯本罪的,对单位判处罚金,并对其直接负责的主管人员和其他直接责任人员,依照上述规定处罚。根据 2023 年 8 月 13 日最高法《关于审理破坏森林资源刑事案件适用法律若干问题的解释》(以下简称《破坏森林资源刑案解释》)第 2 条第 2 款的规定,具有下列情形之一的,属于非法采伐、毁坏珍贵树木行为"情节严重":(1)危害国家一级保护野生植物 5 株以上或者立木蓄积 5 立方米以上的;(2)危害国家二级保护野生植物 10 株以上或者立木蓄积 10 立方米以上的;(3)危害国家重点保护野生植物,数量虽未分别达到前两项规定标准,但按相应比例折算合计达到有关标准的;(4)涉案国家重点保护野生植物及其制品价值 20 万元以上的;(5)其他情节严重的情形。

十三、非法引进、释放、丢弃外来入侵物种罪

(一)概念及构成要件

本罪为《刑法修正案(十一)》所增设的罪名。本罪是指违反国家规定,非法引进、释放或者丢弃外来入侵物种,情节严重的行为。

1. 行为

本罪的行为表现为违反国家规定,非法引进、释放或者丢弃外来入侵物种,情节严重。

(1)本罪的对象是外来入侵物种。所谓外来入侵物种,是指通过有意或无意的人类活动而被引入一个非本源地区域,在当地的自然或人造生态系统中形成了自我再生能力,并给当地的生态系统或地理结构造成明显损害或影响的某种生物。由于外来入侵物种易给当地的生态系统造成较为严重的损害,因此许多国家都以立法形式对外来物种入侵进行规制。

(2)本罪的行为是违反国家规定,非法引进、释放或者丢弃外来物种。"违反国家规定",主要是指违反《生物安全法》和外来物种管理的相关规定。非法引进,是指未经批准将外来物种携带入境,具体方式包括随身携带、邮寄等;释放,是指未经允许将所持有的外来物种放置在当地生态系统之中;丢弃,是指将外来物种抛弃以致其缺乏管控的行为。

(3)本罪的成立要求情节严重,主要是从外来入侵物种的数量以及对当地生态环境的影响等方面予以考量。

2. 主体

本罪的主体是一般主体。

3. 罪过

本罪的罪过是故意。

(二)本罪的处罚

犯本罪的,根据《刑法》第 344 条之一和第 346 条的规定处罚。

十四、盗伐林木罪

（一）概念及构成要件

本罪是指盗伐森林或其他林木，数量较大的行为。本罪法益是国家林业管理制度和国家、集体或公民个人对林木的所有权。

1. 行为

本罪行为表现为盗伐森林或其他林木，且数量较大。所谓盗伐林木，是指以不法所有为目的，擅自砍伐森林或其他林木的行为，根据《破坏森林资源刑案解释》第3、4条的规定，具体包括：(1) 未取得采伐许可证，擅自采伐国家、集体或者他人所有的林木的；(2) 违反《森林法》第56条第3款的规定，擅自采伐国家、集体或者他人所有的林木的；(3) 在采伐许可证规定的地点以外采伐国家、集体或者他人所有的林木的。盗伐林木必须数量较大才构成本罪。所谓数量较大，是指：(1) 立木蓄积5立方米以上的；(2) 幼树200株以上的；(3) 数量虽未分别达到前两项规定标准，但按相应比例折算合计达到有关标准的；(4) 价值2万元以上的。对于1年内多次盗伐少量树木未经处罚的，累计其盗伐的数量，构成犯罪的，应依法追究其刑事责任。

2. 主体

本罪主体为一般主体，包括自然人和单位。

3. 罪过

本罪罪过是故意，并且行为人具有非法占有的目的。

（二）本罪的认定

1. 本罪与盗窃罪中盗窃树木行为的界限

两罪存在相似之处，区别主要在于：(1) 法益不同。本罪侵犯的法益虽然也包括国家、集体或公民个人对林木的所有权，但主要法益还是国家的林业管理制度；而盗窃罪中盗窃树木的行为侵犯的法益仅为公私财产所有权。(2) 犯罪对象不同。本罪犯罪对象是森林和小面积的树林及零星树木，但不包括农村农民房前屋后归个人所有的零星树木。根据《破坏森林资源刑案解释》第11条的规定，下列行为，符合《刑法》第264条规定的，以盗窃罪定罪处罚：(1) 盗窃国家、集体或者他人所有并已经伐倒的树木的；(2) 偷砍他人在自留地或者房前屋后种植的零星树木的。非法实施采种、采脂、掘根、剥树皮等行为，符合《刑法》第264条规定的，以盗窃罪论处。在决定应否追究刑事责任和裁量刑罚时，应当综合考虑对涉案林木资源的损害程度以及行为人获利数额、行为动机、前科情况等情节；认为情节显著轻微危害不大的，不作为犯罪处理。

2. 本罪与非法采伐、毁坏国家重点保护植物罪的关系

盗伐珍贵树木或国家重点保护的其他植物的行为，实际上触犯了本罪与非

法采伐、毁坏国家重点保护植物罪两个罪名,对此应从一重论处。对于盗伐普通林木数额较大,同时另有盗伐珍贵树木、国家重点保护的其他植物行为的,应实行数罪并罚。

(三) 本罪的处罚

犯本罪的,根据《刑法》第345条第1款、第4款和第346条的规定处罚。

十五、滥伐林木罪

本罪是指违反森林法的规定,滥伐森林或其他林木,数量较大的行为。本罪法益是国家的森林资源保护制度。本罪行为表现为违反国家保护森林的法律法规,未经林业行政主管部门及法律规定的其他主管部门批准并核发采伐许可证,或者虽持有采伐许可证,但违背采伐证所规定的地点、数量、树种、方式而任意采伐本单位所有或管理的,以及本人自留山上的森林或者其他林木的行为;犯罪对象是森林和其他林木。根据《破坏森林资源刑案解释》第5、6条的规定,林木权属存在争议,一方未取得采伐许可证擅自砍伐的,以滥伐林木论处。滥伐森林或者其他林木,涉案林木具有下列情形之一的,应当认定为《刑法》第345条第2款规定的"数量较大":(1)立木蓄积20立方米以上的;(2)幼树1000株以上的;(3)数量虽未分别达到前两项规定标准,但按相应比例折算合计达到有关标准的;(4)价值5万元以上的。达到前四项规定标准5倍以上的,应当认定为《刑法》第345条第2款规定的"数量巨大"。本罪主体为一般主体,包括自然人和单位。本罪罪过是故意。滥伐珍贵树木同时触犯《刑法》第344条、第345条的,依照处罚较重的规定定罪处罚。

犯本罪的,根据《刑法》第345条第2款、第4款和第346条的规定处罚。

十六、非法收购、运输盗伐、滥伐的林木罪

本罪为《刑法修正案(四)》所修订。本罪是指非法收购、运输明知是盗伐、滥伐的树木,情节严重的行为。为了更好地保护日益稀缺的林木资源,《刑法修正案(四)》第7条对本罪进行了修订,删去了"以牟利为目的"这一要件。本罪中所谓的明知,是指知道或应当知道。具有下列情形之一的,可视为应当知道,但有证据证明确属被蒙骗的除外:(1)在非法的木材交易场所或销售单位收购木材的;(2)收购以明显低于市场价格出售的木材的;(3)收购违反规定出售的木材的。

犯本罪的,根据《刑法》第345条第3款和第346条的规定处罚。

第八节 走私、贩卖、运输、制造毒品罪

一、走私、贩卖、运输、制造毒品罪[①]

(一) 概念及构成要件

本罪是指违反毒品管理法规,走私、贩卖、运输、制造毒品的行为。本罪法益是国家对毒品的管理制度。

1. 行为

本罪行为表现为走私、贩卖、运输、制造毒品。其行为对象是毒品,包括鸦片、海洛因、甲基苯丙胺(冰毒)、吗啡、大麻、可卡因以及国家规定管制的其他能够使人形成瘾癖的麻醉药品和精神药品。所谓麻醉药品,是指连续使用后易产生生理依赖性、能成瘾癖的药品。所谓精神药品,是指直接作用于中枢神经系统,使之兴奋或抑制,连续使用能产生依赖性的药品。

(1) 走私毒品,是指明知是毒品而非法将其运输、携带、寄递进出国(边)境的行为。所谓运输,是指使用交通工具运载、输送。所谓携带,是指利用自己或他人的身体或行李提携、夹带。所谓寄递,是指通过邮政部门以邮件形式寄发。直接向走私人非法收购走私进口的毒品,或在内海、领海、界河、界湖运输、收购、贩卖毒品的,以走私毒品罪立案追诉。

(2) 贩卖毒品,是指明知是毒品而非法销售或以贩卖为目的而非法收买的行为。

(3) 运输毒品,是指明知是毒品而采用携带、寄递、托运、利用他人或使用交通工具等方法非法运送毒品的行为。只要明知是毒品而运输,不论采取何种方式、是否获利、是否到达目的地,均构成犯罪。此外,运输毒品应仅限于我国境内,否则属于走私毒品。

2001年12月至2007年1月,刘某单独或伙同他人组织多人到云南省芒市、瑞丽市,采用人体藏毒等方式向河南省郑州市、广东省广州市等地运输海洛因9次,每次运输海洛因50克到976克不等,共计运输海洛因2666.62克。2005年7

[①] 本罪名以下内容写作,参见并结合了有关司法解释的规定,由于涉及司法解释条文较多,故不一一标明。这些司法解释主要有:2007年12月18日"两高"、公安部《办理毒品犯罪案件适用法律若干问题的意见》,2009年8月17日最高法研究室《关于被告人对不同种毒品实施同一犯罪行为是否按比例折算成一种毒品予以累加后量刑的答复》,2012年6月18日"两高"、公安部《关于办理走私、非法买卖麻黄碱类复方制剂等刑事案件适用法律若干问题的意见》,2013年5月21日"两高"、公安部、农业部、食品药品监管总局《关于进一步加强麻黄草管理严厉打击非法买卖麻黄草等违法犯罪活动的通知》,2012年5月16日最高检、公安部《关于公安机关管辖的刑事案件立案追诉标准的规定(三)》。

月至2008年4月,刘某在广州市向童某贩卖海洛因1次92.1克,向王某贩卖海洛因1次10克,在郑州市向苏某贩卖海洛因10次共889.7克,共计贩卖海洛因12次991.8克。法院经审理认为,刘某明知是毒品而贩卖、运输,其行为已构成贩卖、运输毒品罪。

(4)制造毒品,是指非法利用毒品原植物直接提炼或用化学方法加工、配制毒品,或以改变毒品成分和效用为目的,用混合等物理方法加工、配制毒品的行为。为了便于隐蔽运输、销售、使用、欺骗购买者,或为了增重,对毒品掺杂使假,添加或去除其他非毒品物质,不属于制造毒品的行为。为了制造毒品而采用生产、加工、提炼等方法非法制造易制毒化学品的,以制造毒品罪(预备)论处。购进制造毒品的设备和原材料,开始着手制造毒品,尚未制造出毒品或半成品的,以制造毒品罪(未遂)论处。明知他人制造毒品而为其生产、加工、提炼、提供醋酸酐、乙醚、三氯甲烷等制毒物品的,以制造毒品罪的共犯论处。

走私、贩卖、运输、制造毒品罪是选择性罪名,对同一宗毒品实施了两种以上犯罪行为,不实行数罪并罚;在量刑时,毒品数量也不重复计算;如果所涉及的毒品种类不同的,比如走私甲基苯丙胺,贩卖美沙酮,运输三唑仑,制造麻黄碱类复方制剂,则应当将案件涉及的不同种类毒品按照一定比例折算后予以累加进行量刑。

2. 主体

本罪主体为一般主体,包括自然人和单位。根据《刑法》第17条第2款的规定,已满14周岁不满16周岁具有刑事责任能力的人实施贩卖毒品的行为,以贩卖毒品罪论处,走私、运输、制造毒品罪的主体则必须是已满16周岁具有刑事责任能力的人。

3. 罪过

本罪罪过是故意,即明知是毒品,而故意走私、贩卖、运输和制造。其中"明知",是指行为人知道或应当知道所实施的是走私、贩卖、运输、制造毒品行为。对此,不能仅凭被告人供述,而应当依据被告人实施毒品犯罪行为的过程、方式、毒品被查获时的情形等证据,结合被告人的年龄、阅历、智力等情况,进行综合分析判断。具有下列情形之一的,结合行为人的供述和其他证据综合审查判断,可以认定其"应当知道",但有证据证明确属被蒙骗的除外:(1)采用伪报、伪装、藏匿或者绕行进出境等手段逃避海关、边防等检查,并在其携带、运输、寄递、藏匿或丢弃的物品中查获毒品的;执法人员在口岸、机场等检查站点检查时,要求行为人申报携带、运输、寄递的物品和其他疑似毒品物,并告知其法律责任,而行为人未如实申报的;执法人员检查时,有逃跑、丢弃携带物品或逃避、抗拒检查等行为的;体内或贴身隐秘处藏匿毒品的;采用高度隐蔽的方式携带、运输物品的;采用高度隐蔽的方式交接物品,明显违背合法物品惯常交接方式的;行程路线故意绕开检查站点的;以虚假身份、地址或其他虚假方式办理托运、寄递手续的。(2)购置了专门用于制造毒品的设备、工具、制毒物品或者配制方案的;在偏远、隐蔽场所制造,或采取措施对制造设备进行伪装等方式制造物品,经检验是毒品的;(3)提供相关帮助行为获得的报酬不合理,如为获取不同寻常的高额或不等值的报酬为他人携带、运输、寄递、收取物品或者制造毒品的;(4)此前实施过同类违法犯罪行为;(5)有其他证据足以证明行为人应当知道的。

(二) 本罪的认定

1. 罪与非罪的界限

国家对麻醉药品和精神药品实行管制。为加强麻醉药品和精神药品的管理,保证麻醉药品和精神药品的合法、安全、合理使用,防止流入非法渠道,2005年8月3日国务院出台《麻醉药品和精神药品管理条例》。[①] 该条例对麻醉药品和精神药品的种植、实验研究、生产、经营、使用、储存、运输等活动作了详细规定。据此,凡是根据医疗、教学、科研需要,经国家有关主管部门依法特许从事生产、运输、管理、使用以及进出口麻醉药品、精神药品活动,属于合法行为,不能以犯罪论处。

2. 此罪与彼罪的界限

盗窃、抢夺、抢劫毒品的,应当分别以盗窃罪、抢夺罪或抢劫罪定罪,但不计犯罪数额,根据情节轻重予以定罪量刑。盗窃、抢夺、抢劫毒品后又实施其他毒品犯罪的,对盗窃罪、抢夺罪、抢劫罪和所犯的具体毒品犯罪分别定罪,依法数罪并罚。如果行为人在一次走私活动中,既走私毒品又走私其他货物、物品的,应按走私毒品罪和其所犯的其他走私罪分别定罪,实行数罪并罚。

3. 本罪与诈骗罪的界限

行为人以骗取他人财物为目的,制造假毒品出售,或明知是假毒品而冒充真毒品贩卖的,如果数额较大,以诈骗罪定罪处罚。不知道是假毒品而当作毒品走私、贩卖、运输、窝藏的,应当以走私、贩卖、运输、窝藏毒品犯罪(未遂)定罪处罚。

4. 本罪的共犯问题

审理毒品共同犯罪案件应当注意以下几方面问题:(1)要正确区分主犯和从犯。区分主犯和从犯,应当以各共同犯罪人在毒品共同犯罪中的地位和作用为根据。要从犯意提起、具体行为分工、出资和实际分得毒赃多少以及共犯之间相互关系等方面,比较各个共同犯罪人在共同犯罪中的地位和作用。在毒品共同犯罪中,为主出资者、毒品所有者或起意、策划、纠集、组织、雇用、指使他人参

[①] 2013年12月7日《国务院关于修改部分行政法规的决定》第一次修改,2016年2月6日《国务院关于修改部分行政法规的决定》第二次修改。

与犯罪以及其他起主要作用的是主犯;起次要或辅助作用的是从犯。受雇用、受指使实施毒品犯罪的,应根据其在犯罪中实际发挥的作用具体认定为主犯或从犯。对于确有证据证明在共同犯罪中起次要或辅助作用的,不能因为其他共同犯罪人未到案而不认定为从犯,甚至将其认定为主犯或按主犯处罚。只要认定为从犯,无论主犯是否到案,均应依照刑法关于从犯的规定从轻、减轻或免除处罚。(2)要正确认定共同犯罪案件中主犯和从犯的毒品犯罪数量。对于毒品犯罪集团的首要分子,应按集团毒品犯罪的总数量处罚;对一般共同犯罪的主犯,应按其所参与的或组织、指挥的毒品犯罪数量处罚;对于从犯,应当按照其所参与的毒品犯罪的数量处罚。(3)要根据行为人在共同犯罪中的作用和罪责大小确定刑罚。不同案件不能简单类比,一个案件的从犯参与犯罪的毒品数量可能比另一案件的主犯参与犯罪的毒品数量大,但对这一案件从犯的处罚不是必然重于另一案件的主犯。共同犯罪中能分清主从犯的,不能因为涉案的毒品数量特别巨大,就不分主从犯而一律将被告人认定为主犯或实际上都按主犯处罚,一律判处重刑甚至死刑。对于共同犯罪中有多个主犯或共同犯罪人的,处罚上也应做到区别对待。应当全面考察各主犯或共同犯罪人在共同犯罪中实际发挥作用的差别、主观恶性和人身危险性方面的差异,对罪责或人身危险性更大的主犯或共同犯罪人依法判处更重的刑罚。

(三)本罪的处罚

犯本罪的,根据《刑法》第347条和最高法2016年4月6日《关于审理毒品犯罪案件适用法律若干问题的解释》(以下简称《毒品犯罪解释》)的规定处罚。利用、教唆未成年人走私、贩卖、运输、制造毒品,或者向未成年人出售毒品的,从重处罚。对多次走私、贩卖、运输、制造毒品,未经处理的,毒品数量累计计算。在实施走私、贩卖、运输、制造毒品犯罪的过程中,携带枪支、弹药或者爆炸物用于掩护的,应当认定为《刑法》第347条第2款第3项规定的"武装掩护走私、贩卖、运输、制造毒品"。在实施走私、贩卖、运输、制造毒品犯罪的过程中,以暴力抗拒检查、拘留、逮捕,造成执法人员死亡、重伤、多人轻伤或者具有其他严重情节的,应当认定为《刑法》第347条第2款第4项规定的"以暴力抗拒检查、拘留、逮捕,情节严重"。另外,根据《刑法》第349条第2款的规定,缉毒人员或者其他国家机关工作人员掩护、包庇走私、贩卖、运输、制造毒品的犯罪分子的,依照本罪从重处罚;根据《刑法》第356条的规定,因犯本罪和非法持有毒品罪被判过刑,又犯《刑法》分则第六章第七节规定之罪的,从重处罚。

二、非法持有毒品罪

(一)概念及构成要件

本罪是指明知是毒品而非法持有并且数量较大的行为。本罪法益是国家对毒品的管理制度。

1. 行为

本罪行为表现为非法持有数量较大的毒品。2012年5月16日最高检、公安部《关于公安机关管辖的刑事案件立案追诉标准的规定(三)》(以下简称《公安机关立案标准(三)》)第2条规定,"非法持有"是指违反国家法律和国家主管部门的规定,占有、携带、藏有或者以其他方式持有毒品。这表明:(1)行为人持有的必须是毒品。(2)持有行为具有非法性,即违反了《麻醉药品和精神药品管理条例》等有关禁止个人持有毒品的规定。(3)行为人实施了持有毒品的行为。所谓持有毒品,即对毒品事实上的控制和支配,行为人与毒品之间存在着一种事实上的支配与被支配关系。第一,持有具体表现为占有、携带、藏有或以其他方法实际支配毒品。第二,持有不限于物理上的握有,即不要求行为人时刻将毒品握在手中、放在口袋里或身上,只要行为人认识到毒品存在且能实际支配和控制即可。第三,持有不具有排他性,因而不限于单独持有,二人以上共同持有毒品的,也成立本罪。第四,持有毒品并不要求行为人对毒品具有所有权,即使是他人"所有""占有"的毒品,只要事实上处于行为人的支配之下,也属于持有毒品。第五,持有是一种持续行为。并非行为人一接触毒品就立刻构成持有,只有当毒品在一定时间内由行为人支配时,才构成持有。(4)持有毒品必须数量较大。非法持有鸦片200克以上不满1000克,海洛因或甲基苯丙胺10克以上不满50克或其他毒品数量较大的,才构成本罪。"其他毒品数量较大"的标准,参照《毒品犯罪解释》第5条的相关规定。

2. 主体

本罪主体为一般主体。

3. 罪过

本罪罪过是故意,即明知是毒品而非法持有。

(二) 非法持有毒品罪的认定

1. 罪与非罪的界限

(1) 正确认定合法行为。依照《麻醉药品和精神药品管理条例》等法律法规而控制、支配一定数量的麻醉药品、精神药品的,属于合法持有行为,不能以犯罪论处。例如,上述条例第10条规定,以医疗、科学研究或者教学为目的,有保证实验所需麻醉药品和精神药品安全的措施和管理制度,单位及其工作人员2年内没有违反有关禁毒的法律、行政法规规定的行为,经国务院药品监督管理部门批准,相关单位及其工作人员可以开展麻醉药品和精神药品实验研究活动。据此,工作人员为实验而持有毒品的行为,就是合法行为,不构成本罪。(2) 正确认定一般违法行为与犯罪行为之间的界限。非法持有毒品的数量达到《刑法》所规定的数额,才构成本罪,否则应认定为一般违法行为,不作犯罪处理。

2. 本罪与走私、贩卖、运输、制造毒品罪的界限

行为人持有毒品并不一定都构成非法持有毒品罪,只有当没有证据证明行为人实施了走私、贩卖、运输、制造毒品或者其他毒品犯罪行为时,才能认定为非法持有毒品罪;反之,只能认定为走私、贩卖、运输、制造毒品罪或者其他毒品犯罪。行为人在走私、贩卖、运输、制造毒品的过程中必然会伴有非法持有毒品的行为,只能认定为走私、贩卖、运输、制造毒品一罪。

3. 吸毒者与代购者持有毒品行为的定性

对于吸毒者实施的毒品犯罪,在认定犯罪事实和确定罪名时要慎重。根据《公安机关立案标准(三)》第 1 条的规定,(1)吸毒者在购买、运输、存储毒品过程中被查获的,如没有证据证明其是为了实施贩卖等其他毒品犯罪行为,毒品数量未超过本罪的最低数量标准的,一般不定罪处罚;但查获毒品数量达到较大以上的,应以其实际实施的毒品犯罪行为定罪处罚。(2)对于以贩养吸的被告人,其被查获的毒品数量应认定为其犯罪的数量,但量刑时应考虑被告人吸食毒品的情节,酌情处理;被告人购买了一定数量的毒品后,部分已被其吸食的,应当按能够证明的贩卖数量及查获的毒品数量认定其贩毒的数量,已被吸食部分不计入在内。(3)有证据证明行为人不以牟利为目的,为他人代购仅用于吸食的毒品,毒品数量超过本罪的最低数量标准的,对托购者、代购者以非法持有毒品罪定罪。代购者从中牟利,变相加价贩卖毒品的,对代购者应以贩卖毒品罪定罪。明知他人实施毒品犯罪而为其居间介绍、代购代卖的,无论是否牟利,都应以相关毒品犯罪的共犯论处。

供自己吸食、注射而持有毒品的,我们认为,不构成非法持有毒品罪。行为人自己吸毒的,若不允许吸毒者持有毒品,这不具有期待可能性,因此吸毒者持有少量毒品的不能构成非法持有毒品罪。而且,如果将吸毒者持有少量供自己吸食毒品的行为定性为非法持有毒品罪,这无异于变相将吸毒行为犯罪化了,只不过罪名不是"吸毒罪"而是非法持有毒品罪而已,这种做法不符合毒品犯罪的立法规定,违背了罪刑法定原则。

(三)本罪的处罚

犯本罪的,根据《刑法》第 348 条的规定处罚。另据《刑法》第 356 条的规定,因犯走私、贩卖、运输、制造毒品罪和本罪被判过刑,又犯《刑法》分则第六章第七节规定之罪的,从重处罚。

三、包庇毒品犯罪分子罪

本罪是指明知是走私、贩卖、运输、制造毒品的犯罪分子而包庇的行为。本罪法益是国家司法机关同毒品犯罪作斗争的正常活动。本罪主体为一般主体,罪过是故意。根据《公安机关立案标准(三)》第 3 条的规定,涉嫌下列情形之一

的,应予立案追诉:(1)作虚假证明,帮助掩盖罪行的;(2)帮助隐藏、转移或者毁灭证据的;(3)帮助取得虚假身份或者身份证件的;(4)以其他方式包庇犯罪分子的。实施前述行为,事先通谋的,以走私、贩卖、运输、制造毒品罪的共犯立案追诉。犯本罪的,根据《刑法》第 349 条、第 356 条以及《毒品犯罪解释》的规定处罚。

四、窝藏、转移、隐瞒毒品、毒赃罪

本罪是指明知是走私、贩卖、运输、制造毒品的犯罪分子的毒品及其犯罪所得的财物,而予以窝藏、转移、隐瞒的行为。本罪主体为一般主体,罪过是故意。犯本罪的,根据《刑法》第 349 条、第 356 条以及《毒品犯罪解释》的规定处罚。

五、非法生产、买卖、运输制毒物品、走私制毒物品罪

本罪为《刑法修正案(九)》所修订,是指非法生产、买卖、运输、走私制毒物品,情节严重的行为。本罪的对象是醋酸酐、乙醚、三氯甲烷或者其他用于制造毒品的原料、配剂。行为方式是生产、买卖、运输这些制毒物品,或者携带这些制毒物品进出境。本罪主体为一般主体,包括自然人和单位。本罪罪过是故意,走私制毒物品要求行为人主观上是"明知",认定时结合以下情形综合判断:(1)改变产品形状、包装或使用虚假标签、商标等产品标志的;(2)以藏匿、夹带、伪装或其他隐蔽方式运输、携带易制毒化学品逃避检查的;(3)抗拒检查或在检查时丢弃货物逃跑的;(4)以伪报、藏匿、伪装等蒙蔽手段逃避海关、边防等检查的;(5)选择不设海关或边防检查站的路段绕行出入境的;(6)以虚假身份、地址或其他虚假方式办理托运、寄递手续的;(7)以其他方法隐瞒真相,逃避对易制毒化学品依法监管的。本罪立案标准参见《公安机关立案标准(三)》第5条。为了走私制毒物品而采用生产、加工、提炼等方法非法制造易制毒化学品的,以走私制毒物品罪(预备)立案追诉。犯本罪的,根据《刑法》第 350 条、第 356 条以及《毒品犯罪解释》的规定处罚。

六、非法种植毒品原植物罪

本罪是指违反国家规定,非法种植罂粟、大麻等毒品原植物,情节严重的行为。本罪法益是国家毒品原植物种植管理制度。本罪行为表现为非法种植罂粟、大麻等毒品原植物,情节严重。根据《公安机关立案标准(三)》第7条的规定,这里的"种植",是指播种、育苗、移栽、插苗、施肥、灌溉、割取津液或者收取种子等行为。非法种植毒品原植物的株数一般应以实际查获的数量为准。因种植面积较大,难以逐株清点数目的,可以抽样测算每平方米平均株数后按实际种植面积测算出种植总株数。非法种植罂粟或其他毒品原植物,收获前自动铲除

的,可不予立案追诉。本罪主体为一般主体,罪过是故意。非法种植毒品原植物后,利用自己种植的原植物制造毒品的,认定为制造毒品罪,不实行数罪并罚。既非法种植毒品原植物,又利用其他毒品原植物制造毒品的,应数罪并罚。本罪立案标准参见《公安机关立案标准(三)》第7条。犯本罪的,根据《刑法》第351条、第356条以及《毒品犯罪解释》的规定处罚。

七、非法买卖、运输、携带、持有毒品原植物种子、幼苗罪

本罪是指非法买卖、运输、携带、持有数量较大的未经灭活的罂粟等毒品原植物种子或幼苗的行为。本罪法益是国家对毒品原植物种子、幼苗的监管制度。犯罪对象是未经灭活的毒品原植物种子和幼苗,即未经杀死而可以用于种植的毒品原植物种子和幼苗。本罪行为表现为违反国家规定,未经国家主管部门批准而买卖、运输、携带、持有未经灭活的罂粟等毒品原植物种子或幼苗,并且数量较大。本罪主体为一般主体,罪过是故意。本罪立案标准参见《公安机关立案标准(三)》第8条。犯本罪的,根据《刑法》第352条和第356条的规定处罚。

八、引诱、教唆、欺骗他人吸毒罪

本罪是指引诱、教唆、欺骗他人吸食、注射毒品的行为。本罪法益是国家对毒品的管制制度以及他人的身心健康权利。本罪主体为一般主体,罪过是故意。犯本罪的,根据《刑法》第353条第1款、第3款、第356条以及《毒品犯罪解释》的规定处罚。

九、强迫他人吸毒罪

本罪是指违背他人意志,以暴力、胁迫或其他强制手段,迫使他人吸食、注射毒品的行为。本罪法益是国家对毒品的管制制度以及他人的身心健康权利。犯罪对象是任何不愿意吸食、注射毒品的人。本罪行为具体表现为违背他人意愿,使用暴力、胁迫或其他强制手段,迫使他人吸食、注射毒品。本罪主体是一般主体,罪过是故意。犯本罪的,根据《刑法》第353条第2款、第3款、第356条以及《毒品犯罪解释》的规定处罚。

十、容留他人吸毒罪

(一) 概念及构成要件

本罪是指提供场所,容留他人吸食、注射毒品的行为。本罪法益是国家对毒品的管制制度以及他人的身心健康权利。

本罪行为表现为提供场所,容留他人吸食、注射毒品。(1)"场所"的理解。吸毒行为作为一种违法行为,一般吸毒者都会寻求僻静安全的空间吸毒;容留他

人吸毒之所以具有社会危害性也就在于其为吸毒行为提供了庇护,从而使吸毒行为难以被发现,逃避相关部门的处理。因此,对本罪中"场所"的理解既不能同于侵入他人住宅罪中的专供居民居住的房屋即住宅(狭义),也不同于供生活所用与外界相对隔离的住所即"户"(广义),凡是能与外界隔离并相对封闭的空间场地所在均为这里的"场所"(最广义)。不过,容留者必须对其场所有"控制权",这种控制权是基于事实的控制权,而不完全是民事权利中的所有权,它可以是所有权,也可以是管理权或使用权等,至于对场所的控制权是永久的还是暂时的,不影响本罪的成立。(2)"容留"的理解。容留,即容许他人留待某处。本罪是一种徐行犯,因此,应该有一定的容留人数、次数及时间要求。《毒品犯罪解释》第12条规定,具有下列情形之一的,以本罪定罪处罚:(1) 1次容留多人吸食、注射毒品的;(2) 2年内多次容留他人吸食、注射毒品的;(3) 2年内曾因容留他人吸食、注射毒品受过行政处罚的;(4) 容留未成年人吸食、注射毒品的;(5) 以牟利为目的容留他人吸食、注射毒品的;(6) 容留他人吸食、注射毒品造成严重后果的;(7) 其他应当追究刑事责任的情形。分析本罪法条,本罪为行为犯,但是司法解释有限地结合容留行为的人数、次数等情节,设立了本罪的立案标准,有效杜绝了司法实践中只要容留他人吸毒即构成犯罪的不当做法,有利于本罪的合理适用。然而,司法解释设置的兜底条款即"其他应当追究刑事责任的情形"又为本罪的适用埋下了隐患。基于结果无价值论及实质可罚性的立场,比如,因碍于情面偶尔且仅一次被动地在自己家中容留亲友吸毒,其行为侵犯法益程度显然较轻,可罚程度较低,不宜构成本罪。因此,对于"其他应当追究刑事责任"的容留行为,应结合其行为特点加以合理限缩解释。

本罪主体为一般主体,罪过是故意。

(二) 本罪的认定

本罪认定中的难点在于准确掌握罪与非罪的界限。根据《公安机关立案标准(三)》第11条的规定,涉嫌下列情形之一的,应予立案追诉:(1) 容留他人吸食、注射毒品2次以上的;(2) 1次容留3人以上吸食、注射毒品的;(3) 因容留他人吸食、注射毒品被行政处罚,又容留他人吸食、注射毒品的;(4) 容留未成年人吸食、注射毒品的;(5) 以牟利为目的容留他人吸食、注射毒品的;(6) 容留他人吸食、注射毒品造成严重后果或者其他情节严重的。

近年来,随着新型毒品和新的制毒方法的出现,司法实践中容留他人吸毒罪高发,在全国很多地区已经成为仅次于贩卖毒品罪的第二大类毒品犯罪案件。然而,该类案件频发还有另一个重要原因:司法实践中对于本罪的认定没有严格按照《公安机关立案标准(三)》的规定办理,将一些不具有值得处罚的法益侵害行为也认定为本罪,从而不当扩大了本罪的处罚范围。比如,偶尔一次容留他人吸毒、出租车司机没有制止乘客的吸毒行为、吸毒者与"毒友"共处一室吸毒。

歌手李某自 2014 年 3 月初至 3 月 18 日，在其位于北京市朝阳区三里屯的暂住地内多次容留卢某、郑某、郝某等人吸食甲基苯丙胺类毒品。检察机关认为，李某为他人吸食毒品提供场所，实施了容留他人吸食毒品的行为，构成容留他人吸毒罪。①

最近几年，我国出现了许多类似的案件，均表现为吸毒者与好友"共吸一室"，此时将吸毒者提供场地的行为定性为容留他人吸毒罪，值得商榷。(1)"共吸"行为发生在某位吸毒者的家中便将该吸毒者定性为容留他人吸毒罪，这种将偶然性的、纯事后的事实作为定罪基础，不具有规范性与合理性。(2) 如果将提供场地的吸毒者定性为容留他人吸毒罪，对"共吸"者不定罪，就会导致通过容留他人吸毒罪变相将吸毒行为犯罪化了。(3) 不具有可罚程度的有责性。将吸毒者提供场地的行为定性为容留他人吸毒罪，这种做法意味着，吸毒者必须独立吸毒，不可以有"毒友"，如果有"毒友"也不能在其中任何一人有控制权的场地内吸毒，只能到室外或荒郊野外进行，对行为人而言，这不具有期待可能性，不具有值得处罚的可责性。(4) 从预防和打击毒品犯罪的角度分析，对于吸毒者与"毒友"共吸并提供场地的行为定容留他人吸毒罪，无法实现刑法的一般预防与特殊预防效果，只有将不吸毒的人提供场地供他人吸毒的行为定本罪的，才有一般预防效果；对于吸毒者提供场所定本罪的，根本没有任何威慑效应，因为吸毒者在毒瘾面前往往罔顾场所。对吸毒者而言，只要不戒掉吸毒恶习，随时可能又构成本罪，由此一来，特殊预防效果也难以实现。(5) 不符合司法解释有关精神。前述《公安机关立案标准(三)》对本罪的定罪标准的规定表明，对于本罪立案标准，应该严格掌握，严防扩大化。必须从次数、社会危害性、容留吸毒的违法记录、特殊群体利益(如未成年人)的考量、主观恶性等综合考虑。与"毒友"在自家房屋内"同吸"的行为无论从社会危害性还是主观恶性等综合考虑，均不同于不吸毒者给其他吸毒的人提供场地吸毒行为的性质，不宜以本罪论处。同时，在《高检院公安部有关部门负责人就〈立案追诉标准(三)〉答记者问》中明确指出："根据刑法规定，只要实施了容留吸毒行为即可定罪。但刑法同时规定，对于犯罪情节轻微不需要判处刑罚的，可以免予刑事处罚，可以由主管部门予以行政处罚。……对于容留他人吸毒行为是否定罪，应区分行为情节、后果，不宜一律作犯罪处理。"当然，如何进一步从理论和实务中规范掌握本罪的入罪标准，尚需进一步研究。

(三) 本罪的处罚

犯本罪的，根据《刑法》第 354 条和第 356 条的规定处罚。2021 年 6 月 16 日

---

① 参见贾阳：《李代沫涉嫌容留他人吸毒罪被检察机关依法批捕》，载《检察日报》2014 年 4 月 17 日第 1 版。

"两高"《关于常见犯罪的量刑指导意见(试行)》规定,犯本罪的,在1年以下有期徒刑、拘役幅度内确定量刑起点;在量刑起点的基础上,根据容留他人吸毒的人数、次数等其他影响犯罪构成的犯罪事实增加刑罚量,确定基准刑。向他人贩卖毒品后又容留其吸食、注射毒品,或者容留他人吸食、注射毒品并向其贩卖毒品,符合本罪的定罪条件的,以贩卖毒品罪和容留他人吸毒罪数罪并罚。容留近亲属吸食、注射毒品,情节显著轻微危害不大的,不作为犯罪处理;需要追究刑事责任的,可以酌情从宽处罚。

十一、非法提供麻醉药品、精神药品罪

本罪是指依法从事生产、运输、管理、使用国家管制的麻醉药品、精神药品的个人和单位,违反国家规定,向吸食、注射毒品的人员提供国家规定管制的能够使人形成瘾癖的麻醉药品、精神药品的行为。本罪主体为特殊主体,即只有依法从事生产、运输、管理、使用国家管制的麻醉药品、精神药品的单位和个人才能构成本罪。本罪罪过是故意,不要求有牟利目的。犯本罪的,根据《刑法》第355条、第356条以及《毒品犯罪解释》的规定处罚。

十二、妨害兴奋剂管理罪

(一)概念及构成要件

本罪为《刑法修正案(十一)》所增设的罪名。本罪是指引诱、教唆、欺骗运动员使用兴奋剂参加国内、国际重大体育竞赛,或者明知运动员参加上述竞赛而向其提供兴奋剂,情节严重的行为,或者组织、强迫运动员使用兴奋剂参加国内、国际重大体育竞赛的行为。

1. 行为

本罪的行为表现为引诱、教唆、欺骗运动员使用兴奋剂参加国内、国际重大体育竞赛,或者明知运动员参加上述竞赛而向其提供兴奋剂,情节严重的行为。

(1)本罪中所规定的兴奋剂,根据《奥林匹克宪章》的规定,是指经营或使用在国际奥委会医疗委员会起草的清单上列为禁用的药物类别和方法。按照物质的药理作用可以将兴奋剂大致分为七大类:刺激剂、麻醉止痛剂、合成类固醇类、利尿剂、β-阻断剂、内源性肽类激素、血液兴奋剂。由于在体育竞赛中使用兴奋剂严重影响了竞赛的公平性,因而为世界各国所禁止。

(2)本罪的行为主要有三类。其一是引诱、教唆、欺骗运动员使用兴奋剂的行为。引诱是指使用物质利益或者其他利益诱惑和劝导他人使用兴奋剂参赛。教唆是指唆使、怂恿运动员使用兴奋剂参赛。欺骗是指隐瞒真相,使不知情的运动员使用兴奋剂参赛。因此,引诱、教唆运动员使用兴奋剂的行为,运动员对于所使用的兴奋剂是知情的,至于是否使用兴奋剂的决定权在运动员自身。但对

于受欺骗使用兴奋剂的运动员而言,其对兴奋剂的使用是不知情的,也无法决定是否使用兴奋剂。其二是非法提供兴奋剂的行为。所谓提供,是一种帮助行为,即为运动员使用兴奋剂给予方便和帮助,既包括有偿提供也包括无偿提供。引诱、教唆、欺骗运动员使用兴奋剂以及非法提供兴奋剂的行为要构成本罪,要求情节严重。这里的"情节严重",主要从兴奋剂使用的次数、数量、造成的危害和不良影响等方面进行综合判断。其三是组织、强迫运动员使用兴奋剂的行为。组织,是指有目的、有计划地安排运动员使用兴奋剂的行为。强迫,是指以暴力、胁迫或者其他方法,违背运动员意志使其使用兴奋剂的行为。

(3) 成立本罪要求在国内、国际重大体育竞赛中使用兴奋剂。根据《中华人民共和国体育法》的相关规定,国内、国际重大体育竞赛一般是指国家级、国际级比赛。因此在一般性国内、国际体育竞赛中或者其他领域使用兴奋剂的行为不成立本罪。

2. 主体

本罪主体是一般主体。

3. 罪过

本罪罪过是故意。

(二) 本罪的认定

本罪与非法提供麻醉药品、精神药品罪的区别主要在于:其一,对象不同。本罪使用的是兴奋剂,并且应当在国内、国际重大体育竞赛中使用;后者的对象是国家管制的麻醉药品和精神药品。其二,行为方式不同。本罪涉及引诱、教唆、欺骗以及非法提供等多种行为方式,后者仅限于非法提供这一行为方式。其三,犯罪主体不同。本罪的犯罪主体只能是自然人,后者的犯罪主体包括自然人和单位。

(三) 本罪的处罚

犯本罪的,根据《刑法》第355条之一的规定,处3年以下有期徒刑或者拘役,并处罚金。

第九节 组织、强迫、引诱、容留、介绍卖淫罪

一、组织卖淫罪

(一) 概念及构成要件

本罪为《刑法修正案(九)》所修订,是指以招募、雇用、引诱、容留等方式组织他人卖淫的行为。本罪法益是国家对社会风尚的管理秩序。

本罪行为表现为组织他人卖淫,即指以招募、雇用、引诱、容留等手段,控制

多人从事卖淫的行为。2017年7月21日"两高"《关于办理组织、强迫、引诱、容留、介绍卖淫刑事案件适用法律若干问题的解释》（以下简称《卖淫刑案解释》）规定，以招募、雇用、纠集等手段，管理或者控制他人卖淫，卖淫人员在3人以上的，应当认定为"组织他人卖淫"。组织卖淫者是否设置固定的卖淫场所、组织卖淫者人数多少、规模大小，不影响组织卖淫行为的认定。一般包括下述两类情形：（1）设置专门的卖淫场所或变相的卖淫场所，组织他人从事卖淫活动。如以开设酒店、洗浴中心等为名，纠集、控制多人从事卖淫。（2）虽然没有固定的场所，但通过控制卖淫人员，有组织地进行卖淫活动。这里的"他人"，既可以是女性，也可以是男性，但都是自愿卖淫者，如果以强制手段迫使不愿卖淫者卖淫的，则应认定为强迫卖淫罪。

本罪主体为一般主体。本罪只处罚组织者，因此对一般参与卖淫者则不以犯罪论处，而是按违反《治安管理处罚法》的行为来处理。旅馆业、饮食服务业、文化娱乐业、出租汽车业等单位的人员或负责人，利用本单位的条件，组织他人卖淫的，应认定为本罪。

本罪罪过是故意，不需要有营利的目的。

（二）本罪的认定

1. 本罪与卖淫者自动结伙卖淫行为的界限

自动结伙卖淫，是指卖淫者之间互传信息、互为掩护，共同从事卖淫的行为。由于此种情况下结伙人都是卖淫者，他们没有固定的组织关系，对此一般不应以犯罪论处，而应以违反《治安管理处罚法》的行为论处。如果行为人自己参与卖淫，同时又组织他人卖淫的，应当以组织卖淫罪论处。

2. 本罪罪数的认定

《卖淫刑案解释》规定，在组织卖淫犯罪活动中，对被组织卖淫的人有引诱、容留、介绍卖淫行为的，依照处罚较重的规定定罪处罚。但是，对被组织卖淫的人以外的其他人有引诱、容留、介绍卖淫行为的，应当分别定罪，实行数罪并罚。

（三）本罪的处罚

犯本罪的，根据《刑法》第358条的规定，处5年以上10年以下有期徒刑，并处罚金；情节严重的，处10年以上有期徒刑或者无期徒刑，并处罚金或者没收财产。组织未成年人卖淫的，从重处罚。组织他人卖淫，并有杀害、伤害、强奸、绑架等犯罪行为的，依照数罪并罚的规定处罚。

二、强迫卖淫罪

本罪为《刑法修正案（九）》所修订，是指以暴力、胁迫等手段迫使他人卖淫的行为。本罪法益是国家对社会风尚的管理秩序和公民的人身权利。本罪行为表现为以暴力、胁迫或其他强制手段，迫使他人卖淫。所谓暴力，是指使用殴打、捆绑、拘禁等方法对他人人身安全与自由进行直接强制。所谓胁迫,是指用暴力或非暴力的精神强制方法迫使他人屈服。所谓其他强制手段,是指除暴力、胁迫以外的对他人具有强制作用的方法,如麻醉等。本罪对象既包括女性,也包括男性。本罪主体是一般主体,罪过是故意。是否具有营利目的,不影响本罪的成立。

本罪与组织卖淫罪虽然都有"卖淫"的内容,但也存在明显区别:(1) 法益不完全相同。本罪法益既包括国家对社会风尚的管理秩序,又包括公民的人身权利;组织卖淫罪的法益仅为国家对社会风尚的管理秩序。(2) 行为的具体内容不同。本罪表现为迫使没有卖淫意愿者卖淫,组织卖淫罪是将自愿卖淫者组织起来进行卖淫。

犯本罪的,根据《刑法》第358条的规定,处5年以上10年以下有期徒刑,并处罚金;情节严重的,处10年以上有期徒刑或者无期徒刑,并处罚金或者没收财产。强迫未成年人卖淫的,从重处罚。强迫他人卖淫,并有杀害、伤害、强奸、绑架等犯罪行为的,依照数罪并罚的规定处罚。

三、协助组织卖淫罪

本罪为《刑法修正案(八)》所修订。本罪是指为组织卖淫的人招募、运送人员或有其他协助组织他人卖淫的行为。为严厉打击组织卖淫犯罪,将招募、运送、转移、窝藏或接收卖淫人员的行为规定为犯罪,《刑法修正案(八)》第48条对本罪进行了修订。本罪法益是国家对社会风尚的管理秩序。本罪行为包括为组织卖淫者招募、运送人员或其他协助组织他人卖淫的行为。招募,是指为组织卖淫者雇用、招聘、募集人员;运送,是指为组织卖淫者提供交通工具用以接送、运输所招募人员的行为;其他方法,是指在组织卖淫的犯罪活动中,充当保镖、打手、管账人等,起帮助作用的行为。《卖淫刑案解释》规定,明知他人实施组织卖淫犯罪活动而为其招募、运送人员或者充当保镖、打手、管账人等的,以协助组织卖淫罪定罪处罚,不以组织卖淫罪的从犯论处。在具有营业执照的会所、洗浴中心等经营场所担任保洁员、收银员、保安员等,从事一般服务性、劳务性工作,仅领取正常薪酬,且无前述所列协助组织卖淫行为的,不认定为协助组织卖淫罪。本罪主体为一般主体,根据《公安机关立案标准(一)》第77条的规定,在组织卖淫的犯罪活动中,帮助招募、运送、培训人员3人以上,或者充当保镖、打手、管账人等,起帮助作用的,应予立案追诉。本罪罪过是故意。

犯本罪的,根据《刑法》第358条第4款的处罚。

四、引诱、容留、介绍卖淫罪

本罪是指引诱、容留、介绍他人卖淫的行为。本罪法益是国家对社会风尚的管理秩序。本罪行为表现为以金钱、物质或其他利益诱使他人卖淫，或为他人卖淫提供场所，或为卖淫进行介绍的行为。所谓引诱，是指行为人以金钱、物质或其他利益为诱饵，拉拢、引导无卖淫意愿的人从事卖淫行为。所谓容留，是指为卖淫者卖淫提供场所或方便的行为。所谓介绍，是指在卖淫者与嫖客之间牵线搭桥，相互介绍，实行卖淫嫖娼。本罪对象既包括女性，也包括男性，但引诱行为的对象不包括幼女。主体为一般主体。本罪罪过是故意，不要求具备营利目的。本罪是选择性罪名，不论是同时实施几种行为还是只实施其中一种行为，均构成本罪，不实行数罪并罚。《卖淫刑案解释》规定，引诱、容留、介绍他人卖淫，具有下列情形之一的，以本罪定罪处罚：(1) 引诱他人卖淫的；(2) 容留、介绍2人以上卖淫的；(3) 容留、介绍未成年人、孕妇、智障人员、患有严重性病的人卖淫的；(4) 1年内曾因引诱、容留、介绍卖淫行为被行政处罚，又实施容留、介绍卖淫行为的；(5) 非法获利人民币1万元以上的。《公安机关立案标准（一）》第78条规定，引诱、容留、介绍他人卖淫，涉嫌下列情形之一的，应予立案追诉：(1) 引诱、容留、介绍2人次以上卖淫的；(2) 引诱、容留、介绍已满14周岁未满18周岁的未成年人卖淫的；(3) 被引诱、容留、介绍卖淫的人患有艾滋病或者患有梅毒、淋病等严重性病；(4) 其他引诱、容留、介绍卖淫应予追究刑事责任的情形。

犯本罪的，根据《刑法》第359条第1款的规定处罚。

五、引诱幼女卖淫罪

本罪是指引诱不满14周岁的幼女卖淫的行为。本罪法益是国家对社会风尚的管理秩序和幼女的身心健康权利。犯罪对象仅限于不满14周岁的幼女。本罪行为表现为引诱幼女卖淫。单纯容留、介绍幼女卖淫的，仅成立容留、介绍卖淫罪。引诱幼女卖淫，同时又容留、介绍其卖淫的，应分别认定为引诱幼女卖淫罪和容留、介绍卖淫罪，实行数罪并罚。本罪主体为一般主体，罪过是故意。构成本罪并不要求行为人确知幼女的真实年龄或肯定地知道对方为幼女，只要行为人明知或应当知道被引诱者是不满14周岁的幼女而引诱其卖淫即可。

犯本罪的，根据《刑法》第359条第2款的规定处罚。

六、传播性病罪

本罪是指明知自己患有梅毒、淋病等严重性病而卖淫或嫖娼的行为。本罪法益是国家对社会风尚的管理秩序和公民的人身健康权利。本罪行为表现为患有梅毒、淋病等严重性病而卖淫或嫖娼的行为。所谓卖淫，是指以营利为目的，与不特定对象发生性关系的行为。所谓嫖娼，是指以金钱或其他财物为代价，使其他人满足自己性欲的行为。行为人实施的不是卖淫或嫖娼行为，而是通过其他方式将性病传播给他人的，不构成本罪。本罪为抽象危险犯，只要行为人实施了"卖淫"或"嫖娼"行为即可,至于行为是否造成现实的严重性病传播的结果或严重性病传播的具体危险,不影响本罪的成立。本罪主体为特殊主体,即已满16周岁、具有刑事责任能力,且患有梅毒、淋病或其他严重性病的人。中国公民和外国人均可成为本罪主体。《卖淫刑案解释》规定,"严重性病"包括梅毒、淋病等。其他性病是否认定为"严重性病",应当根据《中华人民共和国传染病防治法》《性病防治管理办法》的规定,在国家卫生健康委员会规定实行性病监测的性病范围内,依照其危害、特点与梅毒、淋病相当的原则,从严掌握。本罪罪过是故意,即明知自己患有梅毒、淋病等严重性病而卖淫或嫖娼的行为。如果行为人只是知道自己患有性病,但是却不知自己患的是严重性病时,不成立本罪。《卖淫刑案解释》规定,明知自己患有艾滋病或者感染艾滋病病毒而卖淫、嫖娼的,以传播性病罪定罪,从重处罚。具有下列情形之一,致使他人感染艾滋病病毒的,认定为《刑法》第95条第3项"其他对于人身健康有重大伤害"所指的"重伤",以故意伤害罪定罪处罚:(1) 明知自己感染艾滋病病毒而卖淫、嫖娼的;(2) 明知自己感染艾滋病病毒,故意不采取防范措施而与他人发生性关系的。《公安机关立案标准(一)》第80条规定,具有下列情形之一的,可以认定为"明知":(1) 有证据证明曾到医疗机构就医,被诊断为患有严重性病的;(2) 根据本人的知识和经验,能够知道自己患有严重性病的;(3) 通过其他方法能够证明是"明知"的。

犯本罪的,根据《刑法》第360条的规定处罚。

第十节 制作、贩卖、传播淫秽物品罪

一、制作、复制、出版、贩卖、传播淫秽物品牟利罪

本罪是指以牟利为目的,制作、复制、出版、贩卖、传播淫秽物品的行为。本罪法益是国家对与性道德风尚有关的文化市场的管理秩序。

本罪行为表现为制作、复制、出版、贩卖、传播淫秽物品。所谓淫秽物品,根据《刑法》第367条的规定,是指具体描绘性行为或者露骨宣扬色情的诲淫性的书刊、影片、录像带、录音带、图片及其他淫秽物品。根据2010年2月2日"两高"《关于办理利用互联网、移动通讯终端、声讯台制作、复制、出版、贩卖、传播淫秽电子信息刑事案件具体应用法律若干问题的解释(二)》的规定,下列行为属于传播淫秽物品牟利行为:(1) 以牟利为目的,网站建立者、直接负责的管理者明知他人制作、复制、出版、贩卖、传播的是淫秽电子信息,允许或者放任他人在自己所有、管理的网站或者网页上发布的;(2) 电信业务经营者、互联网信息

服务提供者明知是淫秽网站,为其提供互联网接入、服务器托管、网络存储空间、通讯传输通道、代收费等服务,并收取服务费的;(3)明知是淫秽网站,以牟利为目的,通过投放广告等方式向其直接或者间接提供资金,或者提供费用结算服务的。本罪主体为一般主体,包括自然人和单位。本罪罪过是故意,且具有牟利的目的。是否具有牟利目的,要从行为人制作、复制、出版、贩卖淫秽物品的数量,向他人传播淫秽物品的人次与组织播放的次数,以及获利的数额等方面进行判断。犯本罪的,根据《刑法》第363条第1款和第366条的规定处罚。

二、为他人提供书号出版淫秽书刊罪

本罪是指违反国家书刊出版管理法规,为他人提供书号,出版淫秽书刊的行为。本罪法益是国家书刊出版管理制度和国家对社会风尚的管理秩序。本罪行为表现为为他人提供书号,出版淫秽书刊。这里的书号,包括中国标准书号、中国标准刊号、中国标准版号。本罪主体为一般主体,包括自然人和单位。本罪罪过是过失。行为人故意为他人出版淫秽书刊提供书号、刊号的,依照《刑法》第363条第1款的规定,以出版淫秽物品牟利罪定罪处罚。犯本罪的,根据《刑法》第363条第2款和第366条的规定处罚。

三、传播淫秽物品罪

本罪是指传播淫秽的书刊、影片、音像、图片或其他淫秽物品,情节严重的行为。本罪法益是国家对与性道德风尚有关的文化市场的管理秩序。本罪行为表现为传播淫秽物品且情节严重。本罪主体为一般主体,包括自然人和单位。本罪罪过是故意,即明知是淫秽物品而故意传播,但行为人主观上必须没有牟利目的,否则成立传播淫秽物品牟利罪。犯本罪的,根据《刑法》第364条第1款、第4款和第366条的规定处罚。

四、组织播放淫秽音像制品罪

本罪是指组织播放淫秽的电影、录像等音像制品的行为。本罪法益是国家对与性道德风尚有关的文化娱乐活动的管理秩序。本罪行为表现为组织播放淫秽的电影、录像等音像制品。本罪主体为一般主体,包括自然人和单位。本罪罪过是故意,即明知是淫秽音像制品而组织播放,但必须没有牟利目的。犯本罪的,根据《刑法》第364条第2—4款和第366条的规定处罚。

五、组织淫秽表演罪

本罪是指组织进行淫秽表演的行为。本罪法益是国家对文艺演出活动的管理秩序。本罪行为表现为组织他人进行淫秽表演。本罪主体为一般主体,包括自然人和单位。本罪罪过是故意,即明知所组织的是淫秽表演而进行组织。是否出于牟利目的,不影响本罪的成立。犯本罪的,根据《刑法》第365条和第366条的规定处罚。

拓展阅读

如何从实质角度解释毒品犯罪构成要件以严格掌握毒品犯罪的入罪标准？
——以一起贩卖、运输经过取汁的罂粟壳废渣的行为
是否构成贩卖、运输毒品罪为例展开分析说明[①]

杨某某于2007年年底租赁某民房并准备了有关设施,2008年9月27日至11月22日,杨某某雇人从成都某货运部将从贵阳发运给其本人的罂粟壳384件运至民房内,随后进行加工后装袋。同年11月,公安人员现场查获罂粟壳及碎片粉末状罂粟壳5223公斤,经鉴定吗啡含量为0.01%。同年12月,杨某某被抓获归案。成都市中级人民法院一审以贩卖、运输毒品罪判处被告人杨某某有期徒刑15年,并处没收财产10万元。

四川省高级人民法院对杨某某是否构成贩卖、运输毒品罪存在不同意见,并向最高法提出请示。最高法认真研究并征求院内各业务部门的意见,在《答复》中认为:根据四川省高级人民法院提供的情况,对本案被告人不宜以贩卖、运输毒品罪论处。理由是：

(1)毒品作为国家明文规定进行管制的对象,危害性极大,刑法对此也规定了严厉的刑罚措施。据专业检验机构认定,本案所涉罂粟壳废渣已不能作为药品使用。另外,从技术和成本来看,经过取汁的罂粟壳废渣已基本不可能用于提取吗啡,不具有作为毒品管制的罂粟壳的基本特征。因此,从慎重适用毒品犯罪规定的角度来看,经过取汁的罂粟壳废渣与罂粟壳在物理属性上差异甚大,不宜认定为罂粟壳,不宜认定为毒品。

(2)判断一种物质是否属于刑法规定的毒品,不仅应从其物理属性来分析,还需从其法律属性、处理措施等方面来考虑。对于毒品,国家规定了严格的管制措施,不仅从来源上进行严格管制,而且从后续处理上作了严格要求。而《罂粟壳管理暂行规定》对经过取汁的罂粟壳并无明文予以管制,从四川省高级人民法院提供的情况看,实践中有关制药企业也未按照管制药品对其进行相应处理,而是连同其他药渣一起拉到垃圾场处理,垃圾场一般将这些废渣混合泥土后制成花肥。这说明经过取汁的罂粟壳废渣的危害性不大,不宜认定为毒品。

---

① 参见2010年9月27日最高法研究室《关于贩卖、运输经过取汁的罂粟壳废渣是否构成贩卖、运输毒品罪的答复》(以下简称《答复》)。

（3）经过取汁的罂粟壳废渣"吗啡含量极低",不同于大量掺假造成的"毒品含量低"。在适用中应当注意,《答复》仅针对经过取汁的罂粟壳废渣案件的处理,而不适用于犯罪嫌疑人大量掺假造成的"毒品含量低"案件的定性处理。大量掺假造成的"毒品含量低",往往是犯罪分子逃避查处的一种手段,一般还可进行毒品的提纯。根据《刑法》第357条第2款的规定,"毒品的数量以查证属实的走私、贩卖、运输、制造、非法持有毒品的数量计算,不以纯度折算",大量掺假造成的"毒品含量低",不影响依法追究刑事责任。而罂粟壳经过取汁形成的废渣"吗啡含量极低",则是药品生产过程中形成的一种结果,其中残余的吗啡提纯难度和成本都很大,基本失去使用价值,故药厂才会将其作为垃圾处理。

（4）毒品犯罪的认定,要求被告人具有犯罪故意,即明知是毒品而实施犯罪行为。在不能证明行为人有实施毒品犯罪故意的情况下,不能认定为毒品犯罪。该案中杨某某供述,他是认识到罂粟壳废渣是取过汁的没有危害才进行加工。从四川省高级人民法院提供的情况看,无证据证明杨某某购买、加工经过取汁的罂粟壳废渣是为了将其当作毒品出售,具有贩卖、运输毒品的故意。

当然,虽然贩卖、运输经过取汁的、吗啡含量极低的罂粟壳废渣不宜认定为贩卖、运输毒品罪,但是如果查明行为人有将罂粟壳废渣作为制售毒品原料予以利用的故意,则说明被告人具有一定的主观恶性,即使不追究其刑事责任,也可以建议由公安机关予以治安处罚。

延伸思考

《刑法》第360条第2款嫖宿幼女罪为什么被废除

原《刑法》第360条第2款规定,嫖宿不满14周岁幼女的,处5年以下有期徒刑,并处罚金。该条即为嫖宿幼女罪的规定。《刑法修正案(九)》第43条规定:"删去刑法第三百六十条第二款。"这意味着,就嫖宿幼女罪持续近20年的存废之争终于以废除该罪而结束。回顾法学界与司法实务界多年的争议,废除本罪大致是基于以下理由:

其一,嫖宿幼女罪在刑罚的设置上与强奸罪相比其最高刑过低,导致该罪被犯罪男性所利用而成为免受强奸罪(最高刑死刑)处罚,只受最高刑15年处罚的现实性的"免死通道"之罪名。与最低刑为3年有期徒刑的强奸罪相比,嫖宿幼女罪的最低刑为5年有期徒刑,打击力度确实更大。但最高刑仅为15年有期徒刑,比强奸罪最高可处死刑、无期徒刑的刑罚要低。这导致其遭遇舆论强烈批评,认为有轻罪化的倾向。同时,实践中该罪的量刑起点也没有执行原《刑法》第360条第2款的5年有期徒刑。2013年12月23日最高法《关于常见犯罪的量刑指导意见》(已废止)规定,奸淫幼女一人的,量刑起点为4年至7年有期徒刑。而在2010年9月13日最高法《人民法院量刑指导意见(试行)》(已废止)中,量刑起点则为3年至5年有期徒刑。贵州习水嫖宿幼女案等媒体曝光的案件中,很多被告人都是政府官员或商人,也让人们担心会存在法律上的漏洞,让这些权势人物有机会干预司法,在实践中将"强奸"做成"嫖娼",将本可以定死刑的行为最多判处法定刑15年,不当地减轻了他们的法律责任。[1]

其二,最高司法机关曾经颁布的一个极不恰当的司法解释则将该罪的存废之争推向了高潮。2003年1月17日最高法《关于行为人不明知是不满十四周岁的幼女双方自愿发生性关系是否构成强奸罪问题的批复》(已废止)规定,"行为人确实不知对方是不满十四周岁的幼女,双方自愿发生性关系,未造成严重后果,情节显著轻微的,不认为是犯罪"。北京大学教授朱苏力对该批复提出质疑,他担心那些嫖宿的男性,可能是一些有钱或有势的人,还可能是腐败的政府官员,他们更容易以各种方式诱使幼女"自愿"。[2] 这样的"担心"随着一系列案件浮出水面,演变成现实。贵州习水的5名公职人员和1名县人大代表、浙江临海的气象局副局长、云南曲靖的法官……"这还只是曝光的案件",回顾这些年办过的案子,吕孝权律师感慨万千,"从实践效果看,嫖宿幼女罪所产生的负面效应正在放大"。

其三,嫖宿幼女罪的存在表明,幼女似乎有独立的性承诺能力:同意性行为的定嫖宿罪,不同意性行为的定强奸罪。问题是,原《刑法》第236条第2款奸淫幼女行为以强奸论处的规定表明,我国刑法是不承认幼女有独立的性承诺能力的。显然,嫖宿幼女罪折射出刑法对幼女是否具有独立的性承诺能力自相矛盾的尴尬立场。

其四,嫖宿幼女罪对幼女的污名化。[3] 该罪名将嫖宿方定性为嫖客,将幼女则定性为卖淫女性;而在公共视野中,强奸是重的,嫖娼是轻的,强奸罪施害方遭谴责,而嫖宿幼女罪双方被鄙视。这对幼女及其家人而言,是非常严重甚至一生也难以洗刷的污名化耻辱。

其五,与此同时,司法实践中性侵儿童的行为高发不降。《2014年儿童防性侵教育及性侵儿童案件统计报告》显示,2014年全年,被媒体曝光的性侵儿童案件高达503起,平均每天曝光1.38起,是2013年同期的4.06倍。因而,实践中也需要强有力的法律打击性侵未成年人犯罪。

---

[1] 参见吴晓杰、殷泓:《嫖宿幼女罪的存废之争》,载《光明日报》2015年8月25日第5版。
[2] 参见苏力:《司法解释、公共政策和最高法院——从最高法院有关"奸淫幼女"的司法解释切入》,载《法学》2003年第8期。
[3] 参见吴晓杰、殷泓:《嫖宿幼女罪的存废之争》,载《光明日报》2015年8月25日第5版。

以上种种问题使得法学理论界强烈呼吁废除嫖宿幼女罪。《刑法修正（九）》废除该罪可以说顺应了民意，体现了我国刑事立法的科学性和进步性。

案例分析

1. 陈某向王某声称要购买80克海洛因，王某便从外地购买了80克海洛因。到达约定交货地点后，陈某掏出仿真手枪威胁王某，从王某手中夺取了80克海洛因。此后半年内，因没有找到买主，陈某一直持有80克海洛因。半年后，陈某将80克海洛因送给其毒瘾很大的朋友刘某，刘某因过量吸食海洛而死亡。[1]

问题：本案陈某、王某应该如何定性处理？

2. 2011年7月，理发店店主李某等雇女子为客人提供"打飞机"等色情服务，被以涉嫌组织卖淫刑事拘留，一审法院以组织卖淫罪判处李某等人有期徒刑5年不等。被告人上诉，检方以"不应追究被告人刑事责任"为由撤诉，被告人无罪释放。佛山市中级人民法院认定一审判决认定事实不清，适用法律不当。[2]

问题：李某等人的行为是否构成组织卖淫罪？手淫、口淫行为是否属于刑法中的"卖淫"行为？

---

[1] 参见2007年国家司法考试真题卷二第16题。
[2] 参见南方周末编辑部：《发廊提供手淫服务是否算卖淫？》，载《南方周末》2013年7月11日第F32版。

第七章　危害国防利益罪

第一节　危害国防利益罪概述

一、危害国防利益罪的概念及构成要件

危害国防利益罪，是指违反国防法律、法规，故意或过失危害国防利益的行为。为了加强刑法与国防方面法律、法规的衔接，充分运用刑法手段来保障有关军事法律的实施，现行刑法增加了本章犯罪。本章犯罪侵犯的法益是国家的国防利益。本章犯罪的构成要件如下：

(1) 行为。本章犯罪行为表现为违反国防法律、法规，拒绝或逃避履行国防义务，危害作战和军事行动，危害国防物质基础和国防建设活动，妨害国防管理秩序，损害部队声誉等。

(2) 主体。本章犯罪主体多为一般主体，即年满 16 周岁、具有刑事责任能力的自然人，且一般都是非军人。

(3) 罪过。本章犯罪罪过多为故意，有的犯罪还要求行为人具有营利的目的，只有少数犯罪的罪过为过失。

二、危害国防利益罪的种类

危害国防利益犯罪，共计 14 个条文，包括 23 个罪名。具体可分为以下两类：

(1) 平时危害国防利益的犯罪。包括：阻碍军人执行职务罪，阻碍军事行动罪，破坏武器装备、军事设施、军事通信罪，过失损坏武器装备、军事设施、军事通信罪，故意提供不合格武器装备、军事设施罪，过失提供不合格武器装备、军事设施罪，聚众冲击军事禁区罪，聚众扰乱军事管理区秩序罪，冒充军人招摇撞骗罪，煽动军人逃离部队罪，雇用逃离部队军人罪，接送不合格兵员罪，伪造、变造、买卖武装部队公文、证件、印章罪，盗窃、抢夺武装部队公文、证件、印章罪，非法生产、买卖武装部队制式服装罪，伪造、盗窃、买卖、非法提供、非法使用武装部队专用标志罪。

(2) 战时危害国防利益的犯罪。包括：战时拒绝、逃避征召、军事训练罪，战时拒绝、逃避服役罪，战时故意提供虚假敌情罪，战时造谣扰乱军心罪，战时窝藏

逃离部队军人罪、战时拒绝、故意延误军事订货罪、战时拒绝军事征收、征用罪。

第二节 本章重点罪名

一、阻碍军人执行职务罪

本罪是指以暴力、威胁方法阻碍军人依法执行职务的行为。本罪法益是军人依法执行职务的活动。依法执行职务，是指军人依照上级合法军事命令而执行的职务。本罪行为表现为以暴力、威胁方法，妨碍、阻挠军人依法执行职务。本罪主体为一般主体，罪过为故意。以暴力方法阻碍军人执行职务的，如果暴力行为致军人重伤或死亡的，是本罪与故意伤害罪、故意杀人罪的想象竞合犯，应从一重论处。犯本罪的，根据《刑法》第368条第1款的规定处罚。

二、破坏武器装备、军事设施、军事通信罪

本罪是指故意破坏武器装备、军事设施、军事通信，危害国防利益的行为。本罪法益是军队战斗力物质保障的管理制度。本罪行为表现为对武器装备、军事设施、军事通信进行破坏。2007年6月26日最高法《关于审理危害军事通信刑事案件具体应用法律若干问题的解释》规定，故意实施损毁军事通信线路、设备，破坏军事通信计算机信息系统，干扰、侵占军事通信电磁频谱等行为的，依照本罪论处。本罪主体为一般主体，罪过为故意。

根据上述司法解释第6条的规定，需要注意区分本罪与相关犯罪的界限。第一，破坏、过失损坏军事通信，并造成公用电信设施损毁，危害公共安全，同时构成《刑法》第124条规定之罪和本罪的，依照处罚较重的规定定罪处罚。第二，盗窃军事通信线路、设备，不构成盗窃罪，但破坏军事通信的，依照本罪定罪处罚；同时构成《刑法》第124条、第264条规定之罪和本罪的，依照处罚较重的规定定罪处罚。第三，违反国家规定，侵入国防建设、尖端科学技术领域的军事通信计算机信息系统，尚未对军事通信造成破坏的，依照《刑法》第285条的规定罪处罚；对军事通信造成破坏，同时构成《刑法》第285条、第286条规定之罪和本罪的，依照处罚较重的规定定罪处罚。第四，违反国家规定，擅自设置、使用无线电台、站，或者擅自占用频率，经责令停止使用后拒不停止使用，干扰无线电通讯正常进行，构成犯罪的，依照《刑法》第288条的规定定罪处罚；造成军事通信中断或者严重障碍，同时构成《刑法》第288条规定之罪和本罪的，依照处罚较重的规定定罪处罚。

犯本罪的，根据《刑法》第369条第1款的规定处罚。

三、过失损坏武器装备、军事设施、军事通信罪

本罪为《刑法修正案（五）》所增设。本罪是指过失破坏武器装备、军事设施、军事通信，危害国防利益，造成严重后果的行为。本罪主体是一般主体，罪过为过失。建设、施工单位直接负责的主管人员、施工管理人员，忽视军事通信线路、设备保护标志，指使、纵容他人违章作业，致使军事通信线路、设备损毁，构成犯罪的，以过失损坏军事通信罪定罪处罚。过失损坏军事通信，并造成公用电信设施损毁，危害公共安全，同时构成《刑法》第124条规定之罪和本罪的，依照处罚较重的规定定罪处罚。犯本罪的，根据《刑法》第369条第2款的规定处罚。

四、冒充军人招摇撞骗罪

本罪是指冒充军人身份进行招摇撞骗的行为。本罪法益是军队的良好威信及其正常活动。本罪行为表现为冒充军人进行招摇撞骗。本罪主体为一般主体，罪过为故意。本罪与《刑法》第279条招摇撞骗罪是法条竞合的关系，冒充军人招摇撞骗的，以本罪定罪处罚。犯本罪的，根据《刑法》第372条的规定处罚。

五、非法生产、买卖武装部队制式服装罪

本罪为《刑法修正案（七）》所修订。本罪是指非法生产、买卖武装部队制式服装，情节严重的行为。本罪法益为武装部队制式服装的管理秩序。行为内容包括非法生产、买卖武装部队制式服装，即根据国家和军队相关法律法规，无权生产、买卖的单位和个人违法、违规从事武装部队制式服装的生产和买卖。本罪主体为一般主体，包括自然人和单位，罪过为故意。犯本罪的，根据《刑法》第375条第2款的规定处罚。

六、伪造、盗窃、买卖、非法提供、非法使用武装部队专用标志罪

本罪为《刑法修正案（七）》所增设。本罪是指伪造、盗窃、买卖、非法提供、非法使用武装部队车辆号牌等专用标志，情节严重的行为。本罪法益是武装部队专用标志的管理秩序。行为对象是伪造部队车辆号牌、军旗、军徽等专用标志。本罪主体是一般主体，包括自然人和单位，罪过为故意。犯本罪的，根据《刑法》第375条第3款的规定处罚。

第三节 本章其他罪名

一、阻碍军事行动罪

本罪是指故意阻碍武装部队军事行动,造成严重后果的行为。犯本罪的,根据《刑法》第368条第2款的规定处罚。

二、故意提供不合格武器装备、军事设施罪

本罪是指个人或者单位明知是不合格的武器装备、军事设施而提供给武装部队的行为。犯本罪的,根据《刑法》第370条第1款的规定处罚。

三、过失提供不合格武器装备、军事设施罪

本罪是指个人或者单位因过失不知道是不合格的武器装备、军事设施而提供给武装部队的行为。犯本罪的,根据《刑法》第370条第2款的规定处罚。

四、聚众冲击军事禁区罪

本罪是指聚众冲击军事禁区,严重扰乱军事禁区秩序的行为。犯本罪的,根据《刑法》第371条第1款的规定处罚。

五、聚众扰乱军事管理区秩序罪

本罪是指聚众扰乱军事管理区秩序,情节严重,致使军事管理区工作无法进行,造成严重损失的行为。犯本罪的,根据《刑法》第371条第2款的规定处罚。

六、煽动军人逃离部队罪

本罪是指煽动军人逃离部队,情节严重的行为。犯本罪的,根据《刑法》第373条的规定处罚。

七、雇用逃离部队军人罪

本罪是指明知是逃离部队的军人而雇用,情节严重的行为。犯本罪的,根据《刑法》第373条的规定处罚。

八、接送不合格兵员罪

本罪是指在征兵工作中徇私舞弊,接送不合格兵员,情节严重的行为。犯本罪的,根据《刑法》第374条的规定处罚。

九、伪造、变造、买卖武装部队公文、证件、印章罪

本罪是指伪造、变造、买卖武装部队公文、证件、印章的行为。犯本罪的,根据《刑法》375条第1款的规定处罚。

十、盗窃、抢夺武装部队公文、证件、印章罪

本罪是指盗窃、抢夺武装部队公文、证件、印章的行为。犯本罪的,根据《刑法》375条第1款的规定处罚。

十一、战时拒绝、逃避征召、军事训练罪

本罪是指预备役人员战时拒绝、逃避征召或者军事训练,情节严重的行为。犯本罪的,根据《刑法》第376条第1款的规定处罚。

十二、战时拒绝、逃避服役罪

本罪是指公民战时拒绝、逃避服役,情节严重的行为。犯本罪的,根据《刑法》第376条第2款的规定处罚。

十三、战时故意提供虚假敌情罪

本罪是指战时故意向武装部队提供虚假敌情,造成严重后果的行为。犯本罪的,根据《刑法》第377条的规定处罚。

十四、战时造谣扰乱军心罪

本罪是指战时造谣惑众,扰乱军心的行为。犯本罪的,根据《刑法》第378条的规定处罚。

十五、战时窝藏逃离部队军人罪

本罪是指战时明知是逃离部队的军人而为其提供隐蔽处所、财物,情节严重的行为。犯本罪的,根据《刑法》第379条的规定处罚。

十六、战时拒绝、故意延误军事订货罪

本罪是指单位战时拒绝或者故意延误军事订货,情节严重的行为。犯本罪的,根据《刑法》第380条的规定处罚。

十七、战时拒绝军事征收、征用罪

本罪是指战时拒绝军事征收、征用,情节严重的行为。犯本罪的,根据《刑法》第381条的规定处罚。

第八章 贪污贿赂罪

第一节 贪污贿赂罪概述

一、贪污贿赂罪的概念及构成要件

贪污贿赂罪是指国家工作人员或国有单位利用职务上的便利,贪污、挪用、私分公共财产,受贿,不履行法定财产申报义务等侵害职务行为廉洁性的行为,以及其他人员或单位实施的与受贿具有对向性或关联性的行为。

本章犯罪侵犯的法益是国家公务人员职务行为的廉洁性。贪污、挪用、私分公共财产等犯罪都是利用职务上的便利非法获取公共财物的行为,这些犯罪在侵害职务行为的廉洁性之外,还侵害了公共财产法益;贿赂犯罪表现为以职务上的便利交换财物的行为,侵害了国家工作人员的不可收买性;巨额财产来源不明罪、隐瞒不报境外存款罪,不仅侵犯了国家工作人员的廉洁性,还侵害了国家工作人员应尽的申报和说明义务。贪污贿赂罪的构成要件如下:

(1) 行为。本章犯罪行为表现为侵犯职务行为的廉洁性,具体可分四类:一是对公共财物侵吞、挪用的行为。二是使用职权或其影响力非法换取财物过程中的受贿及对向性和关联性的行为,其共同点是贿赂相关行为。其中,受贿行为包括国家工作人员受贿、单位受贿、利用影响力受贿、介绍贿赂;受贿对向性行为是指行贿行为,包括自然人和单位行贿、对有影响力的人行贿以及对单位行贿。三是违反财产申报与说明义务的行为,其共同点是对申报说明义务的违反,包括不能说明巨额财产来源合法性及隐瞒境外存款。四是私分公共财产的行为,包括私分国有资产、私分罚没财物的行为。

(2) 主体。本章犯罪的主体一般是国家工作人员,如贪污罪、受贿罪等;有的是一般主体,如行贿罪、介绍贿赂罪;有的是单位犯罪主体,如单位受贿罪等。

(3) 罪过。本章犯罪的罪过形式是故意。

二、贪污贿赂罪的种类

贪污贿赂的犯罪,共计17个条文,包括14个罪名。具体可分为以下四类:

(1) 贪污犯罪。包括:贪污罪、挪用公款罪。此处的贪污是广义的,是指通过侵害公共财产权利来对公共财产进行侵吞、挪用的犯罪,而非指狭义的非法所有型贪污。

（2）贿赂犯罪。包括：受贿罪、单位受贿罪、利用影响力受贿罪、行贿罪、对有影响力的人行贿罪、对单位行贿罪、介绍贿赂罪以及单位行贿罪。这类罪都是在贿赂过程中发生的受贿、行贿及其关联行为。

（3）违反财产申报、说明义务的犯罪。包括：巨额财产来源不明罪、隐瞒境外存款罪。

（4）私分公共财产的犯罪。包括：私分国有资产罪、私分罚没财物罪。

第二节　贪污犯罪

一、贪污罪

（一）概念及构成要件

本罪为《刑法修正案（九）》所修订，是指国家工作人员利用职务上的便利，侵吞、窃取、骗取或以其他手段非法占有公共财物的行为。此外，根据《刑法》第382条第2款的规定，受国家机关、国有公司、企业、事业单位、人民团体委托管理、经营国有财产的人员，利用职务上的便利，侵吞、窃取、骗取或以其他手段非法占有国有财物的，以贪污论。

本罪侵犯的是复合法益。一方面本罪侵害的是职务行为的廉洁性，即国家对国家工作人员运用职权时应履行的廉洁职守、克己奉公等廉洁性义务的要求；另一方面本罪亦侵害了公共财产法益，即公共财产的所有权。根据《刑法》第91条的规定，公共财产包括国有财产、劳动群众集体所有的财产、用于扶贫和其他公益事业的社会捐助或者专项基金的财产，以及在国家机关、国有公司、企业、集体企业和人民团体管理、使用或者运输中的私人财产。

1. 行为

本罪行为表现为利用职务上的便利，侵吞、窃取、骗取或以其他手段非法占有公共财物的行为。

（1）必须利用了职务上的便利。贪污罪中的"利用职务上的便利"，是指利用职务上主管、管理、经手公共财物的权力及方便条件，既包括利用本人职务上主管、管理公共财物的职务便利，也包括利用职务上有隶属关系的其他国家工作人员的职务便利。主管，是指负责调拨、处置及其他决定性支配公共财物的职务活动；管理，是指负责保管、处理及其他保护性支配公共财物的职务活动；经手，是指按照指示领取、入账或支出公共财物等经办性职务活动。理解"利用职务上的便利"时需要注意：第一，主管和管理的职务便利并不限于对公共财物拥有直接权力，还包括基于主管和管理地位形成的对公共财物的间接控制性权力。

利用主管下级单位事务形成的对下级单位的公共财物的支配性权力而非法将下级单位公共财物非法占为己有的,亦可以构成贪污罪。第二,利用与职务有关的熟悉作案环境和可以进入作案场所等方便条件非法占有公共财物的,仍属于"利用职务上的便利",成立贪污罪。

杨某某在其担任义乌市人大常委会副主任和国际商贸城指挥部总指挥期间,与妻妹王某某及妹夫合谋,由后者在义乌市稠城街道共和村(因杨某某得知该村将列入拆迁和旧村改造范围)购买旧房,并利用职务便利,要求兼任国际商贸城建设指挥部分管土地确权工作的副总指挥、义乌市国土资源局副局长吴某某和指挥部确权报批科人员,对妻妹拆迁安置、土地确权予以关照,并按丈量结果认定其占地面积64.7平方米。随后,杨某某又疏通国际商贸城建设指挥部与义乌市国土资源局的关系,使得其岳父及王某某多得90平方米建设用地。杨某某先后利用其职务之便,伙同王某某等人,骗取国有土地使用权,非法占有公共财物,其行为已构成贪污罪。①

本案争议之一是杨某某是否利用了职务上的便利。经查,义乌国际商贸城指挥部系义乌市委、市政府为确保国际商贸城建设工程顺利进行而设立的机构,指挥部下设确权报批科,工作人员从国土资源局抽调,负责土地确权、建房建设用地的审核及报批工作,分管该科的副总指挥吴某某也是国土资源局的副局长。确权报批科作为指挥部下设机构,同时受指挥部的领导,作为指挥部总指挥的杨某某具有对该科室的领导职权。杨某某正是利用担任义乌市委常委、义乌市人大常委会副主任和兼任指挥部总指挥的职务便利,给下属的土地确权报批科人员及其分管副总指挥打招呼,才使得王某某等人虚报的拆迁安置得以实现。总之,无论直接利用别人职务便利,或是间接利用职务上有隶属关系的其他国家工作人员的职务便利,均属利用职务上的便利。

(2)必须有侵吞、窃取、骗取或以其他手段非法占有公共财物的行为。侵吞是指行为人将自己因主管、经手等职务便利而占有的公共财物据为己有或使第三者所有。如将自己合法经手的公共款项不入账而据为己有,或执法收取的罚没款项隐匿不交而据为己有等行为。根据《刑法》第394条的规定,国家工作人员在国内公务活动或者对外交往中接受礼物,依照国家规定应当交公而不交公,数额较大的,以贪污罪论处。窃取是指违反占有者的意思,利用职务上的便利,将他人占有的公共财物据为己有或使第三者所有。如在工作期间,财务人员将与其他同事共同经手的、其他同事临时放在桌上的公共款项取走占为己有。侵吞与窃取的不同在于:行为人将自己独自经手、管理的财产占为己有的,应视为侵吞的情形;而将他人占有的公共财物据为己有的,则是窃取。因此"监守自

---

① 参见最高人民法院第三批指导性案例之"杨延虎等贪污案"(指导案例11号)。

盗"严格来说应视为侵吞而非窃取。骗取是指行为人利用职务上的便利,采取虚构事实和隐瞒真相的方式,使公共财产的处分人产生认识错误而将财产据为己有或第三者所有。根据《刑法》第183条第2款的规定,国有保险公司工作人员和国有保险公司委派到非国有保险公司从事公务的人员利用职务上的便利,故意编造未曾发生的保险事故进行虚假理赔,骗取保险金归自己所有的,以贪污罪定罪处罚。其他手段是指除上述侵吞、窃取、骗取之外的利用职务之便非法占有公共财物的手段,如挪用公款并携款潜逃。

这里的"非法占有"包括法律上和事实上的不法占有及处分。在理解"非法占有"时,应注意两点:一是占有不限于事实上的占有,还可表现为行为人在法律上不法占有公共财物,如将公共房屋登记为自己所有。二是占有不限于归自己所有,也可能表现为行为人在法律上或事实上处分了公共财物,如将公共财物赠予他人,将公共财物变卖转换为金钱等。

我国国有企业改制过程中存在着国家工作人员利用改制漏洞中饱私囊、侵吞国有财产进行贪污的风险,而企业改制过程往往比较复杂,因而对企业改制过程中的违法行为需要加以特别认定。根据2010年11月26日"两高"《关于办理国家出资企业中职务犯罪案件具体应用法律若干问题的意见》(以下简称《国家出资企业职务犯罪意见》)的规定,国家工作人员或者受国家机关、国有公司、企业、事业单位、人民团体委托管理、经营国有财产的人员利用职务上的便利,在国家出资企业改制过程中故意通过低估资产、隐瞒债权、虚设债务、虚构产权交易等方式隐匿公司、企业财产,转为本人持有股份的改制后公司、企业所有,应当依法追究刑事责任的,以贪污罪定罪处罚。贪污数额一般应当以所隐匿财产全额计算;改制后公司、企业仍有国有股份的,按股份比例扣除归于国有的部分。所隐匿财产在改制过程中已为行为人实际控制,或者国家出资企业改制已经完成的,以犯罪既遂处理。在企业改制过程中未采取低估资产、隐瞒债权、虚设债务、虚构产权交易等方式故意隐匿公司、企业财产的,一般不应当认定为贪污;造成国家资产重大损失,依法构成《刑法》第168条或第169条规定的犯罪的,依照该规定定罪处罚。此外,国家出资企业中的国家工作人员在公司、企业改制或者国有资产处置过程中徇私舞弊,将国有资产低价折股或者低价出售给特定关系人持有股份或者本人实际控制的公司、企业,致使国家利益遭受重大损失的,以贪污罪定罪处罚。贪污数额以国有资产的损失数额计算。

根据2003年5月14日"两高"《关于办理妨害预防、控制突发传染病疫情等灾害的刑事案件具体应用法律若干问题的解释》第14条第1款的规定,贪污、侵占用于预防、控制突发传染病疫情等灾害的款物或者挪用归个人使用,构成贪污罪的,以本罪定罪,依法从重处罚。

(3) 行为的对象必须是公共财物。公共财物不是个人或单位私有的财物,但不限于国有财物。根据《刑法》第91条的规定,公共财产包括国有财产、劳动群众集体所有的财产、用于扶贫和其他公益事业的社会捐助或者专项基金的财产,以及在国家机关、国有公司、企业、集体企业和人民团体管理、使用或者运输中的私人财产。在理解公共财物的内涵时需要注意:一是公共财物不限于各种可以以财产价值衡量估算的有形物和无形物,还包含可以以财产价值计算的各种财产性利益。根据最高法《关于发布第三批指导性案例的通知》(指导案例11号),土地使用权具有财产性利益,可以成为贪污的对象。二是作为贪污罪对象的财物既可以是主体所在单位合法占有的财物,也可以是非法获取但事实占有的财物,例如国家工作人员贪污的是行政机关非法征收、罚没的款物,仍可以成立贪污罪。

根据《刑法》第382条第2款的规定,受国家机关、国有公司、企业、事业单位、人民团体委托管理、经营国有财产的人员,利用职务上,侵吞、窃取、骗取或者以其他手段非法占有国有财产的,以贪污论。其行为对象只能是国有财物。

2. 主体

本罪主体是国家工作人员。根据《刑法》第93条的规定,国家工作人员包括在国家机关中从事公务的人员,国有公司、企业、事业单位、人民团体中从事公务的人员,国家机关、国有公司、企业、事业单位委派到非国有公司、企业、事业单位、社会团体从事公务的人员,以及其他依照法律从事公务的人员。国家工作人员主要有两个特征:一是必须是国家机关、国有公司、企业、事业单位、人民团体中的人员或上述机关、单位委派到其他单位的人员;二是必须是依照法律从事公务的人员。"依照法律",是指行为人的任用、职位以及公务行为等具有法律上的根据。"从事公务",是指从事国家机关、公共机构或其他法定的公共团体的事务。公务的特点是关系到多数人或不特定人的利益,具有裁量、判断、决定性质,由国家机关或其他法定的公共机构或公共团体组织或安排。具体可分四类:

(1) 国家机关工作人员。根据2006年7月26日最高检《关于渎职侵权犯罪案件立案标准的规定》的规定,"国家机关工作人员",是指在国家机关中从事公务的人员,包括在各级国家权力机关、行政机关、司法机关和军事机关中从事公务的人员。在依照法律、法规规定行使国家行政管理职权的组织中从事公务的人员,或者在受国家机关委托代表国家行使职权的组织中从事公务的人员,或者虽未列入国家机关人员编制但在国家机关中从事公务的人员,在代表国家机关行使职权时,视为国家机关工作人员。在乡(镇)以上中国共产党机关、人民政协机关中从事公务的人员,视为国家机关工作人员。①

(2) 国有公司、企业、事业单位、人民团体中从事公务的人员。"从事公务"如前所述是指从事国家机关、公共机构或其他法定的公共团体的事务管理,一般涉及多数人或不特定人的利益,表现为裁量性、判断性和决定性的事务。一般技术性事务不是公务,因此在医院从事诊疗工作的医生、在学校进行教学的老师不能视为从事公务的国家工作人员。

(3) 国家机关、国有公司、企业、事业单位委派到非国有公司、企业、事业单位和社会团体从事公务的人员。所谓委派,根据《审理经济犯罪案件纪要》的规定,即委托、派遣,可采取如任命、指派、提名、批准等多种形式。接受委派的人本身并不必然要求具有国家机关工作人员身份,只要是接受国家机关、国有公司、企业、事业单位的委托,代表国家机关、国有公司、企业、事业单位从事组织、领导和管理等公务的工作,即可以国家工作人员论。《刑法》第271条第2款规定,国有公司、企业或者其他国有单位中从事公务的人员和国有公司、企业或者其他国有单位委派到非国有公司、企业以及其他单位从事公务的人员利用职务上的便利,将本单位财物非法占为己有,以贪污论处。因此,国家机关、国有公司、企业、事业单位委派到国有控股或参股的股份有限公司中从事领导、组织和管理等工作的人员,应当以国家工作人员论。此外,根据《刑法》第183条第2款的规定,国有保险公司工作人员和国有保险公司委派到非国有保险公司从事公务的人员利用职务上的便利,故意编造未曾发生的保险事故进行虚假理赔,骗取保险金归自己所有的,以贪污罪定罪处罚。

关于国家出资企业中国家工作人员的认定,根据《国家出资企业职务犯罪意见》的规定,经国家机关、国有公司、企业、事业单位提名、推荐、任命、批准等,在国有控股、参股公司及其分支机构中从事公务的人员,应当认定为国家工作人员。具体的任命机构和程序,不影响国家工作人员的认定。经国家出资企业中负有管理、监督国有资产职责的组织批准或者研究决定,代表其在国有控股、参股公司及其分支机构中从事组织、领导、监督、经营、管理工作的人员,应当认定为国家工作人员。国家出资企业中的国家工作人员,在国家出资企业中持有个人股份或者同时接受非国有股东委托的,不影响其国家工作人员身份的认定。"国家出资企业",包括国家出资的国有独资公司、国有独资企业,以及国有资本控股公司、国有资本参股公司。是否属于国家出资企业不清楚的,应遵循"谁投资、谁拥有产权"的原则进行界定。企业注册登记中的资金来源与实际出资不

---

① 该解释的这一规定,实际上涵盖了一个立法解释(2002年12月28日全国人大常委会《关于〈刑法〉第九章渎职罪主体适用问题的解释》)和一个司法解释(2003年11月13日最高法《全国法院审理经济犯罪案件工作座谈会纪要》(以下简称《审理经济犯罪案件纪要》)第1条)的规定,因此本书对后两个解释相关内容不再重赘。

符的,应根据实际出资情况确定企业的性质。企业实际出资情况不清楚的,可以综合工商注册、分配形式、经营管理等因素确定企业的性质。国家工作人员利用职务上的便利,在国家出资企业改制过程中隐匿公司、企业财产,在其不再具有国家工作人员身份后将所隐匿财产据为己有的,以贪污罪定罪处罚。

李某被聘在国有公司担任职务,后因该国有公司与某外商企业合资,国有公司占10%的股份,李某被该国有公司委派到合资企业担任副总经理。在任职期间,李某利用职务上的便利将合资企业价值5万元的财物非法据为己有。李某是国有公司委派到合资企业中从事领导工作即公务的人员,应视为国家工作人员。按照《刑法》第271条第2款的规定,国有公司、企业或者其他国有单位中从事公务的人员和国有公司、企业或者其他国有单位委派到非国有公司、企业以及其他单位从事公务的人员利用职务上的便利,将本单位财物非法占为己有,以贪污罪论处。因此,李某作为国家工作人员,利用职务上具有的管理职权的便利,将本单位财物据为己有的行为应构成贪污罪。

国有公司、企业改制后的公司中,只有代表国有投资主体行使监督、组织和管理职权的人可以以国家工作人员论。而对于改制前后国家工作人员主体身份发生变化的情况,应根据主体身份的不同分别论处。国家工作人员在国家出资企业改制前利用职务上的便利实施犯罪,在其不再具有国家工作人员身份后又实施同种行为,依法构成不同犯罪的,应当分别定罪,实行数罪并罚。

(4) 其他依照法律从事公务的人员。根据《审理经济犯罪案件纪要》的规定,"其他依照法律从事公务的人员"应当具备两个特征:一是在特定条件下行使国家管理职能,二是依照法律规定从事公务。具体包括:① 依法履行职责的各级人民代表大会代表;② 依法履行审判职责的人民陪审员;③ 协助乡镇人民政府、街道办事处从事行政管理工作的村民委员会、居民委员会等农村和城市基层组织人员;④ 其他由法律授权从事公务的人员。此外,还有一种情形存在明确的立法解释,即根据2000年4月29日全国人大常委会《关于〈刑法〉第九十三条第二款的解释》的规定,村民委员会等村基层组织人员协助人民政府从事下列行政管理工作,属于《刑法》第93条第2款规定的"其他依照法律从事公务的人员":救灾、抢险、防汛、优抚、扶贫、移民、救济款物的管理,社会捐助公益事业款物的管理,国有土地的经营和管理,土地征用补偿费用的管理,代征、代缴税款,有关计划生育、户籍、征兵工作,协助人民政府从事的其他行政管理工作。

除了《刑法》第93条规定的"国家工作人员"可构成贪污罪的主体之外,贪污罪还有其他特殊主体的规定。根据《刑法》第382条第2款的规定,受国家机关、国有公司、企业、事业单位、人民团体委托管理、经营国有财产的人员,可以成为本罪主体。受委托管理、经营国有财产,是指通过承包、租赁、临时聘用等形式经营和管理国有资产。构成这种情形的主体需满足的条件有:第一,被委托人在委托前不必是国家工作人员;第二,委托单位必须是国家机关、国有公司、企业、事业单位、人民团体;第三,委托的内容是以承包、租赁等方式管理、经营国有财产;第四,委托应体现为合法的授权。

2010年年初,村民杨某在镇政府的支持下,组织6户农民成立了农机合作社,自己任合作社董事长。同年5月,农机合作社向当地农机主管部门申请购置多台农机,并按要求与农机主管部门签合同,规定购置的农机必须用于农业生产,且5年内不得转让、出卖,所购置农机享受农机价值50%的国家农机补贴。杨某所购农机总价140万元(自投资金70万元,享受国家补贴70万元)。杨某取得农机后,并未将农机用于农业生产,而是将其以85万元低价转卖,从中牟利15万元。① 本案中,杨某成立的农机合作社与农机主管部门签订了在5年内不得转卖享受国家补贴的农机具的行政合同。从本质上来讲,农机合作社对于国家补贴部分的财产是受国家委托进行管理和经营,因此,杨某作为农机合作社董事长属于"受国家机关、国有公司、企业、事业单位、人民团体委托管理、经营国有财产的人员",即国家工作人员,符合贪污罪的主体要件,其套取农机补贴的行为构成贪污罪。

通过伪造学历证书、任命通知等国家机关公文证件等欺骗方式取得国家工作人员职务的,仍然具有国家工作人员身份,可以成为贪污罪的主体。根据2004年3月30日最高法研究室《关于对行为人通过伪造国家机关公文、证件担任国家工作人员职务并利用职务上的便利侵占本单位财物、收受贿赂、挪用本单位资金等行为如何适用法律问题的答复》,行为人通过伪造国家机关公文、证件担任国家工作人员职务以后,又利用职务上的便利实施侵占本单位财物、收受贿赂、挪用本单位资金等行为,构成犯罪的,应当分别以伪造国家机关公文、证件罪和相应的贪污罪、受贿罪、挪用公款罪等追究刑事责任,实行数罪并罚。

2000年6月30日最高法《关于审理贪污、职务侵占案件如何认定共同犯罪几个问题的解释》第1条规定,行为人与国家工作人员勾结,利用国家工作人员的职务便利,共同侵吞、窃取、骗取或者以其他手段非法占有公共财物的,以贪污罪共犯论处。第3条规定,公司、企业或者其他单位中,不具有国家工作人员身份的人与国家工作人员勾结,分别利用各自的职务便利,共同将本单位财物非法占为己有的,按照主犯的犯罪性质定罪。

3. 罪过

本罪罪过为故意,并要求具有非法占有公共财物的目的。本罪的故意是指行为人明知自己的贪污行为会发生侵害公共财产、破坏职务行为廉洁性的结果,

---

① 参见王洪君:《农民套取农机补贴如何处理》,载《检察日报》2012年5月13日第3版。

并且希望或放任这种结果发生。非法占有公共财物的目的是指具有将财物非法据为己有或给第三人所有，排除权利人行使权利并对财物进行独断使用或处分的目的。

(二) 本罪的认定

1. 罪与非罪的界限

贪污行为罪与非罪的区分有两个标准：一是犯罪情节的轻重，二是贪污数额的大小。根据《刑法》第383条第1款的规定，个人贪污数额较大的，构成本罪；即使个人贪污数额未达数额较大标准，有其他较重情节的，亦构成本罪。这表明数额并非贪污罪入罪的唯一标准。即便个人贪污数额未达数额较大标准，在情节严重的情形下仍然可以构成贪污罪。因此，贪污数额未达数额较大标准并非一概不构成贪污罪，还要考量具体情节轻重来决定贪污罪是否成立。根据1999年9月16日最高检《关于人民检察院直接受理立案侦查案件立案标准的规定（试行）》（以下简称《检察院直接侦查案件的立案标准》）的规定，个人贪污数额未达数额较大标准但可构成贪污罪的情形有：贪污救灾、抢险、防汛、防疫、优抚、扶贫、移民、救济款物及募捐款物、赃款赃物、罚没款物、暂扣款物，以及贪污手段恶劣、毁灭证据、转移赃物等情节。对于贪污公共财物数额较小，情节显著轻微的，不以贪污罪论处。

2. 既遂与未遂的界限

根据《审理经济犯罪案件纪要》的规定，贪污罪是一种以非法占有为目的的财产性职务犯罪，与盗窃、诈骗、抢夺等侵犯财产罪一样，应当以行为人是否实际控制财物作为区分贪污罪既遂与未遂的标准。对于行为人利用职务上的便利，实施了虚假平账等贪污行为，但公共财物尚未实际转移，或者尚未被行为人控制就被查获的，应当认定为贪污罪未遂。行为人控制公共财物后，是否将财物据为己有，不影响贪污罪既遂的认定。

3. 本罪与盗窃罪、诈骗罪、侵占罪的界限

贪污罪中的窃取、骗取和侵吞公共财物的行为与盗窃罪、诈骗罪和侵占罪的行为是法条竞合的特别与一般关系。贪污罪中的窃取、骗取和侵吞公共财物的行为本身也符合盗窃罪、诈骗罪和侵占罪的规定，但反之并非一定成立，这表明了贪污罪中的窃取、骗取和侵吞行为的特殊性。贪污罪中的窃取、骗取、侵吞公共财物的行为较之盗窃罪、诈骗罪和侵占罪的特殊性体现为：第一，贪污罪的主体仅限于国家工作人员；第二，贪污罪中的窃取、骗取、侵吞行为的对象仅限于公共财物，而不包括私人财物；第三，贪污罪中的窃取、骗取、侵吞行为要求必须利用职务上的便利。因此，依据法条竞合特别关系的原则，尽管符合贪污罪构成要件的窃取、骗取和侵吞公共财物的行为也同时符合盗窃罪、诈骗罪和侵占罪的构成要件，但仍应认定为构成贪污罪，而非认定为盗窃罪、诈骗罪和侵占罪。但当

国家工作人员窃取、骗取、侵吞公共财物行为未达到贪污罪的构成要件标准(如数额未达较大标准且其他情节未达较为严重)或未利用职务上的便利时,如达到盗窃罪、诈骗罪、侵占罪的构成要件标准的,可构成相应犯罪。

4. 本罪与职务侵占罪的界限

贪污罪和职务侵占罪在行为方面都表现为利用职务上的便利,将特定财物非法占为己有的行为。区别在于:第一,行为主体不同。贪污罪的主体是国家工作人员;职务侵占罪的主体是前者之外的公司、企业和其他单位的人员。第二,犯罪对象不同。贪污罪的犯罪对象是公共财物;职务侵占罪的对象只能是本单位财物,单位财物有可能是公共财物,也有可能是单位私有财物。第三,情节要求不同。贪污罪并非以数额为唯一标准,即便数额未达法定标准,其他情节严重亦可构成;职务侵占罪要求必须达到数额较大的标准。

(三) 本罪的处罚

结合《刑法修正案(九)》、《刑法》第383条、2016年4月18日"两高"《关于办理贪污贿赂刑事案件适用法律若干问题的解释》(以下简称《贪贿刑案解释》)第1—4条的规定,本罪应该根据数额大小和情节轻重予以相应处罚:

贪污数额较大或者有其他较重情节的,处3年以下有期徒刑或者拘役,并处罚金。贪污数额在3万元以上不满20万元的,应当认定为"数额较大"。贪污数额在1万元以上不满3万元,具有下列情形之一的,应当认定为"其他较重情节":(1) 贪污救灾、抢险、防汛、优抚、扶贫、移民、救济、防疫、社会捐助等特定款物的;(2) 曾因贪污、受贿、挪用公款受过党纪、行政处分的;(3) 曾因故意犯罪受过刑事追究的;(4) 赃款赃物用于非法活动的;(5) 拒不交代赃款赃物去向或者拒不配合追缴工作,致使无法追缴的;(6) 造成恶劣影响或者其他严重后果的。

贪污数额巨大或者有其他严重情节的,处3年以上10年以下有期徒刑,并处罚金或者没收财产。贪污数额在20万元以上不满300万元的,应当认定为"数额巨大"。贪污数额在10万元以上不满20万元,同时具有前述"其他较重情节"的6种情形之一的,应当认定为"其他严重情节"。

贪污数额特别巨大或者有其他特别严重情节的,处10年以上有期徒刑或者无期徒刑,并处罚金或者没收财产;数额特别巨大,并使国家和人民利益遭受特别重大损失的,处无期徒刑或者死刑,并处没收财产。贪污数额在300万元以上的,应当认定为"数额特别巨大";贪污数额在150元以上不满300万元,同时具有前述"其他较重情节"的6种情形之一的,应当认定为"其他特别严重情节"。

要严格掌握贪污罪的死刑适用标准。贪污数额特别巨大,犯罪情节特别严重、社会影响特别恶劣、给国家和人民利益造成特别重大损失的,可以判处死刑;

具有自首、立功,如实供述自己罪行,真诚悔罪,积极退赃,或者避免、减少损害结果的发生等情节,不是必须立即执行的,可以判处死刑缓期2年执行。被判处死缓的,人民法院根据犯罪情节等情况可以同时决定在其死缓执行2年期满依法减为无期徒刑后,终身监禁,不得减刑、假释。

由于终身监禁首次被写入我国刑法,因此其性质和适用问题尚需深入研究。我们认为,终身监禁不是独立的刑种,是死缓适用的一种方式;同时它只是对特别重大贪污受贿犯罪的专门处遇措施,不能适用于刑法中所有死刑罪名。

对多次贪污未经处理的,按照累计贪污数额处罚。犯贪污罪,在提起公诉前如实供述自己罪行、真诚悔罪、积极退赃,避免、减少损害结果的发生,数额较大或者有其他较重情节的,可以从轻、减轻或者免除处罚;数额巨大或特别巨大,或者有其他严重情节或特别严重情节的,可以从轻处罚。

国家工作人员出于贪污故意,非法占有公共财物、收受他人财物之后,将赃款赃物用于单位公务支出或者社会捐赠的,不影响贪污罪的认定,但量刑时可以酌情考虑。

二、挪用公款罪

(一) 概念及构成要件

本罪是指国家工作人员利用职务上的便利,挪用公款归个人使用,进行非法活动的,或挪用公款数额较大、进行营利活动的,或挪用公款数额较大、超过3个月未还的行为。本罪法益是复合法益,既侵害了职务行为的廉洁性,也侵犯了公共财产的占有、使用和收益权。

1. 行为

本罪行为表现为利用职务上的便利挪用公款归个人使用,并至少具有如下三种情形之一:一是挪用公款进行非法活动;二是挪用公款数额较大、进行营利活动;三是挪用公款进行营利活动、非法活动以外的活动,数额较大,挪用时间超过了3个月。

(1) 本罪行为必须利用了职务上的便利。利用职务上的便利,是指利用职务上主管、管理、经营和经手公共财产的权力和地位形成的方便条件。根据《审理经济犯罪案件纪要》的规定,国有单位领导利用职务上的便利指令具有法人资格的下级单位将公款供个人使用的,属于挪用公款行为,构成犯罪的,应以挪用公款罪定罪处罚。

(2) 行为人所挪用的对象必须是公款,即表现为货币或有价证券形式的公共财产,而不包括一般的公物。根据1997年10月13日最高检《关于挪用国库券如何定性问题的批复》,挪用公款的对象包括国库券。根据2003年1月28日最高检《关于挪用失业保险基金和下岗职工基本生活保障资金的行为适用法律问题的批复》，失业保险基金和下岗职工基本生活保障资金可以成为挪用公款罪的对象。2000年3月6日最高检《关于国家工作人员挪用非特定公物能否定罪的请示的批复》规定："刑法第384条规定的挪用公款罪中未包括挪用非特定公物归个人使用的行为，对该行为不以挪用公款罪论处。如构成其他犯罪的，依照刑法的相关规定定罪处罚。"可见，挪用公款罪的对象不包括非特定公物，即挪用公共物品一般不构成挪用公款罪，但需要注意两种情况：一是根据《刑法》第384条第2款，挪用特定物可以构成挪用公款罪，即挪用用于救灾、抢险、防汛、优抚、扶贫、移民、救济物的可以构成挪用公款罪。二是挪用公物加以变卖而使用变卖后的财产性利益的，可以构成挪用公款罪。挪用公款的目的是使用其财产性利益，而一般公物的财产性利益难以变现，但变卖公物后使用其财产性对价则使得其财产性利益得以实现，因此这也符合挪用公款罪的目的，应视为挪用公款的行为。

（3）本罪首先体现为挪用公款归个人使用的行为。挪用，是指未经许可、批准或私自改变用途，违反财经制度，擅自将公款挪作私用。这里的"挪用"不包括单位负责人员和直接责任人员改变款项的用途挪作单位其他用途的行为。

实践中出现了以单位名义将财产挪用归个人或其他单位使用的复杂情形。因此，挪用公款归个人使用的含义需要加以进一步明确。根据2002年4月28日全国人大常委会《关于〈刑法〉第三百八十四条第一款的解释》，有下列情形之一的，属于挪用公款"归个人使用"：① 将公款供本人、亲友或者其他自然人使用的；② 以个人名义将公款供其他单位使用的；③ 个人决定以单位名义将公款供其他单位使用，谋取个人利益的。即将公款供自然人使用的，无论何种名义都构成"归个人使用"，将公款供其他单位使用的，无论是国有或集体单位还是其他性质的单位，须以个人名义或虽以单位名义但谋取个人利益方构成"归个人使用"。根据《审理经济犯罪案件纪要》的规定，在司法实践中，对于将公款供其他单位使用的，认定是否属于"以个人名义"，不能只看形式，要从实质上把握。对于行为人逃避财务监管，或者与使用人约定以个人名义进行，或者借款、还款都以个人名义进行，将公款给其他单位使用的，应认定为"以个人名义"。"个人决定"既包括行为人在职权范围内决定，也包括超越职权范围决定。"谋取个人利益"，既包括行为人与使用人事先约定谋取个人利益实际尚未获取的情况，也包括虽未事先约定但实际已获取了个人利益的情况。其中的"个人利益"，既包括不正当利益，也包括正当利益；既包括财产性利益，也包括非财产性利益，但这种非财产性利益应当是具体的实际利益，如升学、就业等。

经单位领导集体研究决定将公款给个人使用，或者单位负责人为了单位的利益，决定将公款给个人使用的，不以挪用公款罪定罪处罚。上述行为致使单位遭受重大损失，构成其他犯罪的，依照刑法的有关规定对责任人员定罪处罚。

(4) 挪用公款归个人使用的行为至少需符合三种情形之一,根据《贪贿刑案解释》第5、6条的规定,参照1998年4月29日最高法《关于审理挪用公款案件具体应用法律若干问题的解释》(以下简称《挪用公款案件解释》)的有关内容,这些情形各自具有不同的具体含义。①

第一,挪用公款进行非法活动,构成挪用公款罪,不受数额较大和挪用时间的限制。非法活动是指挪用公款进行赌博、吸毒、嫖娼和非法经营等为国家法律、行政法规所禁止的行为,不限于犯罪活动。挪用公款给他人使用,不知道使用人将公款用于非法活动,数额较大、超过3个月未还的,构成挪用公款罪;明知使用人将公款用于非法活动的,应当认定为挪用人挪用公款进行非法活动。

第二,挪用公款数额较大、进行营利活动的,构成挪用公款罪,不受挪用时间和是否归还的限制。营利活动是指存入银行、用于集资、购买股票、国债等。所获取的利息、收益等违法所得,应当追缴,但不计入挪用公款的数额。将挪用的公款用于归还个人在经营活动中的欠款,属于进行营利活动。此外,将挪用的公款用于公司出资、注册资本验资等营利的预备活动的,也属于进行营利活动。申报注册资本是为进行生产经营活动作准备,属于成立公司、企业进行营利活动的组成部分。因此,挪用公款归个人用于公司、企业注册资本验资证明的,应当认定为挪用公款进行营利活动。在案发前部分或全部归还本息的,可以从轻处罚;情节轻微的,可以免除处罚。挪用公款给他人使用,不知道使用人将公款用于营利活动,数额较大、超过3个月未还的,构成挪用公款罪;明知使用人将公款用于营利活动的,应当认定为挪用人挪用公款进行营利活动。本情形以挪用公款5万元以上为"数额较大"的起点。根据《国家出资企业职务犯罪意见》的规定,国家出资企业的工作人员在公司、企业改制过程中为购买公司、企业股份,利用职务上的便利,将公司、企业的资金或者金融凭证、有价证券等用于个人贷款担保的,具有国家工作人员身份的,以挪用公款罪定罪处罚。行为人在改制前的国家出资企业持有股份的,不影响挪用数额的认定,但量刑时应当酌情考虑。

第三,挪用公款数额较大、超过3个月未还的,构成挪用公款罪。这是指将公款用于非法活动与营利活动以外的其他活动。"超过3个月未还",实际上是指行为人挪用公款后在3个月之内没有归还。根据《挪用公款案件解释》,挪用正在生息或者需要支付利息的公款归个人使用,数额较大,超过3个月但在案发前全部归还本金的,可以从轻处罚或者免除处罚。给国家、集体造成的利息损失应予追缴。挪用公款数额巨大,超过3个月,案发前全部归还的,可以酌情从轻处罚。

根据《审理经济犯罪案件纪要》的规定,在认定挪用公款具体行为时还需要

---

① 这两个司法解释不一致之处,以最新司法解释即《贪贿刑案解释》为准。

注意：第一，挪用金融凭证、有价证券用于质押，使公款处于风险之中，与挪用公款为他人提供担保没有实质的区别，符合刑法关于挪用公款罪规定的，以挪用公款罪定罪处罚，挪用公款数额以实际或者可能承担的风险数额认定。第二，挪用公款归还个人欠款的，应当根据产生欠款的原因，分别认定属于挪用公款的何种情形。归还个人进行非法活动或者进行营利活动产生的欠款，应当认定为挪用公款进行非法活动或者进行营利活动。第三，挪用公款后尚未投入实际使用的，只要同时具备"数额较大"和"超过三个月未还"的构成要件，应当认定为挪用公款罪，但可以酌情从轻处罚。

2. 主体

本罪主体是国家工作人员。根据《刑法》第 185 条第 2 款的规定，国有金融机构工作人员和国有金融机构委派到非国有金融机构从事公务的人员挪用本单位或客户资金的，以挪用公款罪论处。根据《挪用公款案件解释》的规定，挪用公款给他人使用，使用人与挪用人共谋，指使或者参与策划取得挪用款的，以挪用公款罪的共犯定罪处罚。

2003 年 5 月，谢某因做生意急需资金，找到某公司经理王某帮忙，因王某与某国有银行信贷科长李某较为熟悉，于是王某、谢某共同商议求李某挪用点公款供谢某做生意用。后由王某从中穿针引线，积极撮合，李某利用职务之便，挪用公款 15 万元供谢某做生意使用达一年之久。① 分析本案，李某和谢某作为使用人构成挪用公款罪的共犯没有争议，王某属于挪用人、使用人之外的第三人，是否构成挪用公款罪的共犯则有争议。检察院起诉认为，王某虽不是国家工作人员，也不是公款的使用人，但在本案中却起到了重要作用。谢某与李某本不相识，因王某从中介绍，居间撮合，才促使李某有了挪用公款的犯意，并最终将公款挪用给谢某使用。如果没有王某参与，就不会有本案的发生。因此，王某的行为属于"与挪用人共谋，指使或者参与策划取得挪用款"，应构成挪用公款罪的共犯。

3. 罪过

本罪罪过是故意，并且具有非法使用公款的目的。行为人明知自己的挪用行为会发生侵害公共财产占有、使用和收益权、破坏职务行为廉洁性的结果，并且希望或放任这种结果发生。行为人不具有将公款据为己有的目的，而仅具有非法使用并将来归还的目的。

(二) 本罪的认定

1. 本罪与贪污罪的界限

挪用公款罪和贪污罪相同之处在于都是国家工作人员利用职务上的便利侵

---

① 参见杨玉民：《挪用人、使用人之外的第三人能否成为挪用公款罪的共犯》，载《检察日报》2005 年 10 月 7 日第 3 版。

害了职务行为廉洁性和公共财产权益,但其区别亦很清晰。第一,二罪的法益有所差别。除了皆侵害了职务行为廉洁性之外,挪用公款罪侵害的是公共财产的占有、使用和收益权,而贪污罪侵害的是公共财产的所有权。第二,二罪的行为对象有所差别。挪用公款罪的对象仅为公款,不包括一般公物,例外情形为特定款物;贪污罪的对象既可以是公款,也可以是公物。第三,二罪的犯罪行为不同。挪用公款罪的行为性质是挪用,即暂时性对公款的占有、使用和收益行为,且依据挪用用途可以表现为三种不同要求的法定情形;贪污罪的行为性质是侵占所有,以侵吞、窃取、骗取或其他手段非法将公共财物占为己有或使第三者所有。第四,二罪的主体有所差别。挪用公款罪主体限于国家工作人员;贪污罪主体除了国家工作人员外,还包括受国家机关、国有公司、企业、事业单位、人民团体委托管理、经营国有财产的人员。第五,二罪的主观目的不同。挪用公款罪行为人不具有将公款据为己有的目的,而仅具有非法使用并将来归还的目的;贪污罪以行为人将财物永久据为己有或第三人所有为目的,不具有归还的想法。行为人声称自己的行为仅是挪用,但其行为体现出非法占有而非仅仅使用的目的的,应以贪污罪而非挪用公款罪论处。属于这种情形的有:(1)根据《挪用公款案件解释》,携带挪用的公款潜逃的,应以贪污罪论处;(2)挪用公款后,采取虚假冲账、平账或销毁账目不入账的手段,使挪用的公款难以在单位财务账目上反映出来的,具有非法占有的目的,应以贪污罪论处;(3)行为人截取单位收入不入账,非法占有,使所占有的公款难以在单位财务账目上反映出来,且没有归还行为的,应以贪污罪论处;(4)有证据证明行为人有能力归还挪用的公款而拒不归还并隐瞒公款去向的,应以贪污罪论处。

2. 本罪与挪用资金罪的界限

挪用公款罪与挪用资金罪在罪过和行为方面相似,区别主要有:第一,犯罪对象有差别。前者的对象是公款与特定款物;后者的对象是本单位财物,包括私有公司、企业的资金。第二,犯罪主体不同。前者的主体仅限于国家工作人员;后者的主体是除国家工作人员以外的公司、企业及其他单位的工作人员。

3. 本罪与挪用特定款物罪的界限

挪用公款罪中包括挪用用于救灾、抢险、防汛、优抚、扶贫、移民、救济等特定款物的行为,此时行为对象与挪用特定款物罪的行为对象相同。区别在于:第一,犯罪主体不同。挪用公款罪的主体是国家工作人员;挪用特定款物罪的主体是对保管、管理和使用特定款物直接负责的主管人员和其他直接责任人员。第二,挪用内涵不同。挪用公款罪的挪用是指将公款挪作个人使用的"公款私用";挪用特定款物罪是指违反专款专用的特定款物财经管理制度,将本该用于专门用途的款物挪归单位其他用途使用,只是未能"专款专用",但仍然是"公款公用"。

4. 挪用公款同时构成其他犯罪的处理

根据《挪用公款案件解释》的规定,因挪用公款索取、收受贿赂构成犯罪的,依照数罪并罚的规定处罚。挪用公款进行非法活动构成其他犯罪的,依照数罪并罚的规定处罚。

周某找到某国有企业出纳杨某,称自己公司生意困难,让杨某从其单位想办法提供点资金,并许诺给杨某好处。杨某便找机会从公司账户中拿出 10 万元借给周某。周某从中拿了 2 万元给杨某。杨某应如何定罪?国有企业出纳杨某作为国家工作人员利用职务便利,挪用本单位资金给他人使用从事商业活动。由于杨某知道周某的使用用途是从事营利活动,应认定为挪用公款数额较大、进行营利活动,构成挪用公款罪。杨某同时收受贿赂构成受贿罪。根据前述司法解释的规定,因挪用公款索取、收受贿赂构成犯罪的,依照数罪并罚的规定处罚。杨某应以挪用公款罪、受贿罪论处,实行数罪并罚。

(三)本罪的处罚

犯本罪的,根据《刑法》第 384 条的规定,处 5 年以下有期徒刑或者拘役;情节严重的,处 5 年以上有期徒刑。挪用公款数额巨大不退还的,处 10 年以上有期徒刑或者无期徒刑。挪用用于救灾、抢险、防汛、优抚、扶贫、移民、救济款物归个人使用的,从重处罚。"情节严重"的标准,参见《挪用公款案件解释》的规定。"挪用公款数额巨大不退还的",是指挪用公款数额巨大,因客观原因在一审宣判前不能退还的。多次挪用公款,挪用公款数额累计计算;多次挪用公款,并以后挪用的公款归还前次挪用的公款,挪用公款数额以案发时未还的实际数额认定。

本罪数额与情节的认定标准,根据《贪贿刑案解释》第 5、6 条的规定如下:

(1)挪用公款归个人使用,进行非法活动,数额在 3 万元以上的,应当依照《刑法》第 384 条的规定以挪用公款罪追究刑事责任。换言之,挪用公款进行非法活动虽然《刑法》第 384 条并没有设置"数额较大"的构成要件,但这并不意味着不管数额多少一律构成本罪。根据司法实践中的情况,司法解释设立了 3 万元作为刑事责任追究的起点亦即挪用公款进行非法活动的立案标准。数额在 300 万元以上的,应当认定为"数额巨大"。具有下列情形之一的,应当认定为"情节严重":① 挪用公款数额在 100 万元以上的;② 挪用救灾、抢险、防汛、优抚、扶贫、移民、救济特定款物,数额在 50 万元以上不满 100 万元的;③ 挪用公款不退还,数额在 50 万元以上不满 100 万元的;④ 其他严重的情节。

(2)挪用公款归个人使用,进行营利活动或者超过 3 个月未还,数额在 5 万元以上的,应当认定为"数额较大";数额在 500 万元以上的,应当认定为"数额巨大"。具有下列情形之一的,应当认定为"情节严重":① 挪用公款数额在 200 万元以上的;② 挪用救灾、抢险、防汛、优抚、扶贫、移民、救济特定款物,数额在

100 万元以上不满 200 万元的；③ 挪用公款不退还，数额在 100 万元以上不满 200 万元的；④ 其他严重的情节。

第三节 贿赂犯罪

一、受贿罪

（一）概念及构成要件

本罪为《刑法修正案（九）》所修订，是指国家工作人员利用职务上的便利，索取他人财物的，或非法收受他人财物为他人谋取利益的行为。

本罪法益是一个争议较大的问题。第一种观点认为，本罪法益是国家机关的正常管理活动，即正确执行国家机关对内对外职能任务的一切活动。但是，这种观点没有明确"国家机关的正常管理活动"的具体内容，因此内涵模糊，难以起到法益的指导功能。且受贿行为包含索取贿赂为他人谋取正当合法利益的情形，并非必然损害国家机关的正常管理活动。第二种观点认为，本罪法益包括国家机关、企业、事业单位、军队、团体的正常活动和公私财产所有权。但是，行贿人进行行贿的财物本身就是非法活动的组成部分，且是基于违法故意而自主决定给予受贿人，因此受贿的财物本身属于违法所得，不能视为行贿人财产权受损。第三种观点认为，以国家和社会管理公务的正常进行以及公务的声誉为基本法益，同时包含社会经济管理秩序和公私财产所有权。除前述问题外，这一观点中的社会经济管理秩序涵盖面相对不足，受贿罪并非仅对社会经济管理秩序造成侵害，其他管理领域的秩序也可能因为受贿行为受到侵害。第四种观点认为，本罪法益是国家工作人员职务行为的廉洁性。这种观点抓住了受贿罪中"权钱交易"的本质特征，是现在的通说。不过对廉洁性的内涵目前仍然存在不同的看法，廉洁性究竟是指职务行为的不可收买性还是纯洁性，这会对受贿罪的成立条件造成影响。职务行为的不可收买性是指无论其为他人谋取利益是否实施了职务行为以及所实施的职务行为是否正当，只要索取或收受与职务行为有关的不正当贿赂，就构成受贿罪；职务行为的纯洁性是指只有当公务员实施违法或不正当的职务行为，索取或收受与职务行为有关的不正当贿赂时，才构成贿赂罪。① 根据前者，不需要国家工作人员不正当地行使职权即可构成受贿罪；而根据后者，只有国家工作人员收受贿赂且不正当行使职权才能构成本罪。

本罪行为表现为索贿、收受贿赂和斡旋受贿。索贿不要求受贿人为他人谋取利益；收受贿赂虽然要求为他人谋取利益，但并非限于实施不具有正当性的职

---

① 参见张明楷：《刑法学》（第六版）（下），法律出版社 2021 年版，第 1584—1585 页。

务行为,而包括正当利益在内的谋求各种利益的职务行为;斡旋受贿则并非受贿人自身直接实施不正当的职务行为,而是请托他人实施不正当的职务行为。因此三种行为均不以公务员实施不正当或违法的职务行为为要件,因此并不直接危害职务行为的公正性本身,而是侵害了职务行为的不可收买性。结合我国受贿罪的相关规定,本罪法益中的职务行为廉洁性应指职务行为的不可收买性。

1. 行为

本罪行为表现为利用职务上的便利,索取他人财物,或非法收受他人财物为他人谋取利益的行为。

(1) 受贿罪的行为对象是贿赂,即行为人索取和收受的是与其职务行为相关联的不正当财物。这里的"不正当"并非指职务行为本身的不正当,而是指其利用可以实施的职务行为来获取财物的方式不正当,侵害了职务行为的不可收买性。根据《贪贿刑案解释》第12条的规定,这里的"财物",包括货币、物品和财产性利益。财产性利益包括可以折算为货币的物质利益如房屋装修、债务免除等,以及需要支付货币的其他利益如会员服务、旅游等。后者的犯罪数额,以实际支付或者应当支付的数额计算。不能计算为财产价值的非财产利益不属于贿赂的范围,如国家工作人员接受受托人直接提供性服务即所谓性贿赂的,对该国家工作人员不能认定受贿罪意义上的收受贿赂。但国家工作人员接受请托人支付费用提供的在色情场所的性服务的,尽管属于非法行为,但由于支付了可计算的金钱,应视为国家工作人员收受了财产性利益,属于贿赂。从受贿罪所体现的职务行为不可收买性本质特征而言,现实生活中非法同职权相交换的利益并非仅限于财产性利益,例如性贿赂、亲属入学或工作优先权贿赂等都可能损害职务行为的不可收买性,这些非财产性利益目前尚未纳入受贿罪中的贿赂内容。虽然国外有将贿赂犯罪内容扩大到非财产利益的情形,然而将来是否需要扩大受贿罪中贿赂内容的范围,需依据刑事立法和司法实践与社会刑事政策需要综合权衡。

(2) 受贿行为必须是利用了职务上的便利。"利用职务上的便利",是指利用职务上主管、管理、负责公共事务的权力和地位形成的方便条件。只要受贿行为跟行为人的职务行为构成相关性,不管未来是否会利用职务行为,都符合"利用职务上的便利"的要求。因此,"职务上的便利"是区分受贿行为与接受馈赠或报酬的重要标准。根据《审理经济犯罪案件纪要》的规定,"利用职务上的便利"既包括利用本人职务上主管、负责承办某项公共事务的职权,也包括利用职务上有隶属、制约关系的其他国家工作人员的职权。领导通过不属于自己主管的下级部门的国家工作人员的职务为他人谋取利益的,也属于利用职务上的便利。

(3) 受贿行为包括索取贿赂和收受贿赂两种基本形式。一是利用职务上的便利索取他人财物的索贿行为(索取型行为)。索贿是指行为人主动向他人索要和勒索财物。索贿行为,无论是否为他人谋取利益,都可构成受贿罪。索贿行为包括勒索贿赂的情形,如果勒索贿赂同时构成其他犯罪如敲诈勒索罪,可以按照想象竞合犯来处理。二是利用职务上的便利,非法收受他人财物为他人谋取利益的收受贿赂行为(收受型行为)。收受贿赂是指行为人被动性地接受他人给予的财物。收受贿赂只有在他人谋取利益时方成立受贿罪。根据《贪贿刑案解释》第13条的规定,"为他人谋取利益"是指具有下列情形之一的:① 实际或者承诺为他人谋取利益的;② 明知他人有具体请托事项的;③ 履职时未被请托,但事后基于该履职事由收受他人财物的。国家工作人员索取、收受具有上下级关系的下属或者具有行政管理关系的被管理人员的财物价值3万元以上,可能影响职权行使的,视为承诺为他人谋取利益。显然,司法解释延续了《审理经济犯罪案件纪要》第3条第2款的规定,即"为他人谋取利益包括承诺、实施和实现三个阶段的行为。只要具有其中一个阶段的行为,如国家工作人员收受他人财物时,根据他人提出的具体请托事项,承诺为他人谋取利益的,就具备了为他人谋取利益的要件。明知他人有具体请托事项而收受其财物的,视为承诺为他人谋取利益。"但由于《审理经济犯罪案件纪要》不是真正意义上的司法解释,至多只能称为"准司法解释",因此,《贪贿刑案解释》对"为他人谋取利益"的正式规定,对于司法实践中准确打击贿赂犯罪具有重要的意义。

据此,对"为他人谋取利益"作具体理解如下:第一,实际或者承诺为他人谋取利益的。以往我国刑法理论对于为他人谋取利益是客观还是主观构成要件要素争论不下,上述司法解释在为他人谋取利益的问题上兼容并蓄,采取了客观说+主观说,即行贿人已经从客观上获得实际利益的,以及受贿人从主观上承诺为行贿人谋取利益的,均可认定为"为他人谋取利益"。"实际为他人谋取利益"是指客观上已经实施了为他人谋取利益的行为;"承诺为他人谋取利益"是指应承允诺要为他人谋取利益但尚未实际进行,承诺既可以是真实意思表示,也可以是虚假承诺。虚假承诺是指行为人虽然具备为他人谋取利益的条件和职权,但实际上并不打算为他人谋取利益而假装承诺为他人谋取利益的行为。收受贿赂虚假承诺的行为已经侵害了职务行为的不可收买性,因此并不影响受贿罪的成立。第二,明知他人有具体请托事项的。根据2011年12月20日最高法《关于发布第一批指导性案例的通知》[①],国家工作人员明知他人有请托事项而收受其财物,视为承诺"为他人谋取利益",是否已实际为他人谋取利益或是否谋取到利益,不影响受贿的认定。显然,明知他人有具体请托事项而收受其财物的,实际是一种"暗示承诺",与之相对应,前述"实际或者承诺为他人谋取利益的"中的

---

① 参见指导案例3号,潘玉梅、陈宁受贿案。

承诺是"明示承诺"。第三，履职时未被请托，但事后基于该履职事由收受他人财物的。此种情况即属于事后受贿。根据最高法第 64 号指导案例"陈晓受贿案"①，"事后收受财物"通常具有以下特点：① 行为人利用其职务行为为他人谋取了利益；② 行为人在利用职务之便为他人谋取利益之时或者之前，没有收受财物；③ 行为人在为他人谋取利益之后收受对方财物；④ 没有充分证据证明行为人在利用职务便利为他人谋取利益时就意以后收受对方的财物，但行为人事后收受对方财物时，却明知对方送的财物是因为自己的职务行为使对方获取了利益。第四，根据《贪贿刑案解释》第 13 条第 2 款的规定，国家工作人员索取、收受具有上下级关系的下属或者具有行政管理关系的被管理人员的财物价值 3 万元以上，可能影响职权行使的，视为承诺为他人谋取利益。该规定被认为是针对实践中普遍存在的没有特定目的的上下级"感情投资"等行为而设立的认定受贿罪的入罪解释条款，它体现了我国"从严治腐"的反腐力度和决心。

"为他人谋取利益"中的"他人"不限于行贿人，还包括行贿人所指示的第三人；也不限于自然人，还包括单位。此处的"利益"包括正当利益也包括不正当利益，利益的性质并不影响收受贿赂行为对职务行为不可收买性的侵害。即便是实施合法正当的职务行为为他人谋取正当利益，国家工作人员也不能通过这种行为收受不正当的报酬和利益，这样的行为同样破坏了职务行为的不可收买性，因此为他人谋取的利益正当与否，并不影响受贿罪中收受贿赂行为的成立。

赵某在国家机关任职，陈某有求于他的职务行为，给赵某送上 5 万元的好处费。赵某答应给陈某办事，但并未实际上为陈某办事。赵某是否成立受贿罪？分析本案，赵某的行为体现为利用职务上的便利非法收受他人财物的收受贿赂行为，但收受贿赂行为成立受贿罪需认定"为他人谋取利益"；赵某答应为陈某办事，虽然并未着手实施为他人谋取利益的行为，但如前述标准，许诺为他人谋取利益亦构成"为他人谋取利益"，故赵某的行为构成受贿罪。

索取或收受贿赂，并不限于行为人将贿赂直接据为己有，而是包括明示或暗示请托人向第三者提供贿赂的情形，如国家工作人员利用职务上的便利要求请托人向自己的子女给予财物，或要求请托人将其主动给予的财物转赠给自己的亲戚，并许诺通过自己的职务行为为请托人谋取利益。国家工作人员要求请托人向第三者提供财物是满足国家工作人员的利益的一种方式，所以也是收买国家工作人员职务行为的一种形式。这种行为同样侵害了国家工作人员职务行为的不可收买性，应以受贿论处。根据《审理经济犯罪案件纪要》的规定，国家工作人员利用职务上的便利为他人谋取利益，并指定他人将财物送给其他人，构成

---

① 参见中华人民共和国最高人民法院刑事审判第一庭编：《刑事审判参考》（总第 8 辑），法律出版社 2000 年版，第 47—54 页。

犯罪的,应以受贿罪定罪处罚。

(4) 根据《刑法》第388条的规定,国家工作人员利用本人职权或者地位形成的便利条件,通过其他国家工作人员职务上的行为,为请托人谋取不正当利益,索取请托人财物或者收受请托人财物的,以受贿论处。这种构成受贿罪的特殊行为称为斡旋受贿行为。斡旋受贿是行为人利用国家工作人员的职权或地位形成的便利条件,就其他国家工作人员的职务行为进行斡旋,使其他国家工作人员利用职务上的便利为请托人谋取不正当利益,从而索取或收受贿赂的行为。

第一,行为人必须利用本人职权或地位形成的便利条件向其他国家工作人员请托而受贿,而不是国家工作人员就自身的职务索取或收受贿赂。根据《审理经济犯罪案件纪要》的规定,"利用本人职权或者地位形成的便利条件",是指行为人与被利用的国家工作人员之间在职务上虽然没有隶属、制约关系,但是行为人利用了本人职权或者地位产生的影响和一定的工作联系,如单位内部不同部门的国家工作人员之间,上下级单位没有职务上隶属、制约关系的国家工作人员之间等。如果行为人与被利用的国家工作人员之间在职务上有隶属、制约关系,行为人利用这种关系来索取或收受贿赂的,不以斡旋受贿论处,而应以前述索取贿赂或收受贿赂的行为来加以认定。

第二,行为人接受他人请托,通过其他国家工作人员实施或放弃职务上的行为,为请托人谋取不正当利益。这里的"为请托人谋取不正当利益",不需要接受委托的有特定职权国家工作人员已经着手实施或放弃特定职务行为,只要行为人认识到请托人谋取的是不正当利益,并向其他国家工作人员提出相应请求即可。受到委托的国家工作人员是否同意以及是否实施或放弃其职务行为并不影响斡旋受贿的成立。此外,根据1999年3月4日"两高"《关于在办理受贿犯罪大要案的同时要严肃查处严重行贿犯罪分子的通知》(以下简称《查处严重行贿犯罪分子通知》),"谋取不正当利益"是指谋取违反法律、法规、国家政策和国务院各部门规章规定的利益,以及要求国家工作人员或者有关单位提供违反法律、法规、国家政策和国务院各部门规章规定的帮助或者方便条件。但根据2008年11月20日"两高"《商业贿赂刑案意见》的规定,"谋取不正当利益"是指行贿人谋取违反法律、法规、规章或者政策规定的利益,或者要求对方违反法律、法规、规章、政策、行业规范的规定提供帮助或者方便条件。在招标投标、政府采购等商业活动中,违背公平原则,给予相关人员财物以谋取竞争优势的,属于"谋取不正当利益"。后一司法解释的范围相对于前者更广,认为不正当利益不仅是违反法律、法规、规章和政策的利益,还包括要求受贿方违反行业规范和公平、公正原则以谋取利益的行为。但该司法解释仅适用于商业贿赂领域。2012年12月26日"两高"《关于办理行贿刑事案件具体应用法律若干问题的解释》(以下简称《行贿刑案解释》)延续了《商业贿赂刑案意见》的广义界定,认为行贿犯罪中的"谋取不正当利益",是指行贿人谋取的利益违反法律、法规、规章、政策规定,或者要求国家工作人员违反法律、法规、规章、政策、行业规范的规定,为自己提供帮助或者方便条件。违背公平、公正原则,在经济、组织人事管理等活动中,谋取竞争优势的,应当认定为"谋取不正当利益"。不正当利益并非仅限于非法利益,违背公平、公正原则而谋取的利益应属不正当利益的应有之义。

第三,行为人必须向请托人索取财物或收受请托人的财物。索取或接受请托人财物的并非最终接受委托的国家工作人员,而是居中斡旋、代为请托的斡旋行为人。

林某的妻子在乡村小学教书,林某试图通过关系将其妻调往县城,就请县公安局局长胡某给教育局局长黄某打招呼,果然事成。事后,林某给胡某2万元钱,胡将其中1万元给黄某,剩余部分自己收下。胡某的行为应如何认定?本案中,作为国家工作人员的胡某利用自身职权形成的与黄某熟识的便利条件,为林某的妻子调动向黄某请托,让黄某利用职权帮其妻子通过关系而非正当渠道调动,为林某谋取不正当利益,然后胡某收取了请托人林某的财物,因此符合前述斡旋受贿行为的特征,构成受贿罪。胡某并未介绍林某与黄某认识,林某也未直接向黄某行贿,因此胡某并非在行贿人和受贿人之间的撮合介绍行为,胡某不构成介绍贿赂罪。

(5) 根据《刑法》第385条第2款的规定,国家工作人员在经济往来中,违反国家规定,收受各种名义的回扣、手续费,归个人所有的,以受贿论处。这是《刑法》对经济受贿行为的专门规定。收受回扣、手续费的经济受贿行为仍然需要符合前述受贿行为的索贿或收受贿赂的规定方能构成受贿罪。

2. 主体

受贿罪的主体是特殊主体,即国家工作人员。根据2007年7月8日"两高"《关于办理受贿刑事案件适用法律若干问题的意见》(以下简称《受贿刑案意见》)的规定,国家工作人员利用职务上的便利为请托人谋取利益之前或之后,约定在其离职后收受请托人财物,并在离职后收受的,以受贿论处。

不具有国家工作人员身份的自然人与国家工作人员相勾结,伙同受贿的,以受贿罪的共犯论处。非国家工作人员是否构成受贿罪共犯,取决于双方有无共同受贿的故意和行为。根据《受贿刑案意见》的规定,特定关系人与国家工作人员通谋,共同实施国家工作人员利用职务上的便利为请托人谋取利益,授意请托人以该意见所列形式,将有关财物给予特定关系人的行为,对特定关系人以受贿罪的共犯论处。特定关系人以外的其他人与国家工作人员通谋,由国家工作人员利用职务上的便利为请托人谋取利益,收受请托人财物后双方共同占有的,以受贿罪的共犯论处。"特定关系人",是指国家工作人员的近亲属、情妇(夫)以及其他有共同利益关系的人。

3. 罪过

本罪罪过是故意。行为人明知自己受贿的行为侵害了职务行为的不可收买性,即明知自己索取、收受的财物是对其职务行为的不正当报酬,并且希望或放任这种行为发生。如果行为人不知道自己收受了财物,如行贿人将财物送至行为人家中而未告知,或不知道其所获得财物是不正当的报酬,如行为人以为其所获取的是正当性对价而行贿人利用对价机会给予远超对价的大量财物,则行为人并不构成受贿罪。根据《贪贿刑案解释》第16条的规定,特定关系人索取、收受他人财物,国家工作人员知道后未退还或者上交的,应当认定国家工作人员具有受贿故意。当然行为人的认识因素的判断应以客观一般行为人标准并结合当下情势判断,而不能以行为人陈述为唯一标准。此外,受贿罪不需要行为人具有为他人谋取利益的目的,收受贿赂时要求的"为他人谋取利益"是指客观行为要素,而非主观目的要素。因此,虚假承诺为他人谋取利益而收受贿赂虽然不具备为他人谋取利益的目的,仍然成立受贿罪。

(二) 本罪的认定

1. 本罪与一般受贿行为的界限

二者的区分标准在于受贿数额大小或情节严重程度。只有受贿数额较大或者有其他较重情节的,才会构成犯罪。"其他较重情节"参照《检察院直接侦查案件的立案标准》,是指至少具备下列情形之一:(1) 因受贿行为而使国家或者社会利益遭受重大损失的;(2) 故意刁难、要挟有关单位、个人,造成恶劣影响的;(3) 强行索取财物的。

2. 本罪与取得合法报酬的界限

行为人在法律法规允许的范围内,利用业余时间通过自己的非职务劳动获取的他人给予的报酬是合法报酬,并非受贿所得。但如果行为人获得的报酬是基于利用职务上的便利为他人谋取利益,即便是在业余时间,亦构成受贿罪。

3. 本罪与接受正当馈赠的界限

国家工作人员接受出于社会关系和交往习惯的正当馈赠如接受亲友的财物赠送并非受贿行为,但实践中存在以接受正当馈赠的名义掩盖事实上的受贿行为的情形。区分是受贿罪行为还是接受正当馈赠,需根据受贿罪的构成要件进行判断:行为人是否利用职务上的便利接受馈赠的财物来为请托人谋取利益。即便国家工作人员与请托人具有社会正常馈赠交往关系如亲友间的礼尚往来关系,但如果接受亲友的财物并利用职务上的便利为亲友谋取利益,并不妨碍受贿罪的成立。密切的社会交往关系只是认定受贿罪是否成立时的考量因素之一而非决定性的否定因素。根据《商业贿赂刑案意见》第10条的规定,办理商业贿赂犯罪案件,要注意区分贿赂与馈赠的界限。主要应当结合以下因素全面分析、综合判断:(1)发生财物往来的背景,如双方是否存在亲友关系及历史上交往的情形和程度;(2)往来财物的价值;(3)财物往来的缘由、时机和方式,提供财物方对于接受方有无职务上的请托;(4)接受方是否利用职务上的便利为提供方谋取利益。

4. 本罪与一般交易、参与经济活动等行为的界限

随着受贿形式的不断复杂化,在实践中出现了通过一般交易、参与经济活动等行为掩盖受贿行为的情形,因此需要根据受贿罪的构成要件对此进行甄别。

根据《受贿刑案意见》的规定,第一,关于以交易形式收受贿赂问题。国家工作人员利用职务上的便利为请托人谋取利益,以下列交易形式收受请托人财物的,以受贿论处:(1)以明显低于市场的价格向请托人购买房屋、汽车等物品的;(2)以明显高于市场的价格向请托人出售房屋、汽车等物品的;(3)以其他交易形式非法收受请托人财物的。受贿数额按照交易时当地市场价格与实际支付价格的差额计算。前述所列市场价格包括商品经营者事先设定的不针对特定人的最低优惠价格。根据商品经营者事先设定的各种优惠交易条件,以优惠价格购买商品的,不属于受贿。

第二,关于收受干股问题。干股是指未出资而获得的股份。国家工作人员利用职务上的便利为请托人谋取利益,收受请托人提供的干股的,以受贿论处。进行了股权转让登记,或者相关证据证明股份发生了实际转让的,受贿数额按转让行为时的股份价值计算,所分红利按受贿孳息处理。股份未实际转让,以股份分红名义获取利益的,实际获利数额应当认定为受贿数额。

第三,关于以开办公司等合作投资名义收受贿赂问题。国家工作人员利用职务上的便利为请托人谋取利益,由请托人出资,"合作"开办公司或者进行其他"合作"投资的,以受贿论处。受贿数额为请托人给国家工作人员的出资额。国家工作人员利用职务上的便利为请托人谋取利益,以合作开办公司或者其他合作投资的名义获取"利润",没有实际出资和参与管理、经营的,均以受贿论处。①

第四,关于以委托请托人投资证券、期货或者其他委托理财的名义收受贿赂问题。国家工作人员利用职务上的便利为请托人谋取利益,以委托请托人投资证券、期货或者其他委托理财的名义,未实际出资而获取"收益",或者虽然实际出资,但获取"收益"明显高于出资应得收益的,以受贿论处。受贿数额,前一情形,以"收益"额计算;后一情形,以"收益"额与出资应得收益额的差额计算。

第五,关于以赌博形式收受贿赂的认定问题。根据2005年5月11日"两高"《关于办理赌博刑事案件具体应用法律若干问题的解释》第7条规定,国家

---

① 前述最高法指导案例3号潘玉梅、陈宁受贿案也表达了同样的立场。

工作人员利用职务上的便利为请托人谋取利益,通过赌博方式收受请托人财物的,构成受贿。实践中应注意区分贿赂与赌博活动、娱乐活动的界限。具体认定时,主要应当结合以下因素进行判断:(1)赌博的背景、场合、时间、次数;(2)赌资来源;(3)其他赌博参与者有无事先通谋;(4)输赢钱物的具体情况和金额大小。

第六,关于特定关系人"挂名"领取薪酬问题。国家工作人员利用职务上的便利为请托人谋取利益,要求或者接受请托人以给特定关系人安排工作为名,使特定关系人不实际工作却获取所谓薪酬的,以受贿论处。"特定关系人",是指与国家工作人员有近亲属、情妇(夫)以及其他共同利益关系的人。

第七,关于收受贿赂物品未办理权属变更问题。国家工作人员利用职务上的便利为请托人谋取利益,收受请托人房屋、汽车等物品,未变更权属登记或者借用他人名义办理权属变更登记的,不影响受贿的认定。认定以房屋、汽车等物品为对象的受贿,应注意与借用的区分。具体认定时,除双方交代或者书面协议之外,主要应当结合以下因素判断:(1)有无借用的合理事由;(2)是否实际使用;(3)借用时间的长短;(4)有无归还的条件;(5)有无归还的意思表示及行为。

此外,根据《审理经济犯罪案件纪要》的规定,国家工作人员利用职务上的便利,以借为名向他人索取财物,或者非法收受财物为他人谋取利益的,应当认定为受贿。具体认定时,不能仅仅看是否有书面借款手续,应当根据以下因素综合判定:(1)有无正当、合理的借款事由;(2)款项的去向;(3)双方平时关系如何、有无经济往来;(4)出借方是否要求国家工作人员利用职务上的便利为其谋取利益;(5)借款后是否有归还的意思表示及行为;(6)是否有归还的能力;(7)未归还的原因;等等。在受贿案件涉及股票时,应当注意:(1)国家工作人员利用职务上的便利,索取或非法收受股票,没有支付股本金,为他人谋取利益,构成受贿罪的,其受贿数额按照收受股票时的实际价格计算。(2)行为人支付股本金而购买较有可能升值的股票,由于不是无偿收受请托人财物,不以受贿罪论处。(3)股票已上市且已升值,行为人仅支付股本金,其"购买"股票时的实际价格与股本金的差价部分应认定为受贿。

5."事后受财"的认定

国家工作人员实施某种职务行为为他人谋取利益在前,事后利用这一点索取或收受他人财物的,即事后受财行为是否构成受贿罪?对此有两种不同的观点。一种观点认为事前没有贿赂的约定,由于行为人正当行使职务行为在客观上对他人形成利益,为此受益人在事后向行为人交付财物表示感谢而行为人予以收受的所谓事后受财行为,由于行为人主观上虽有收受财物的故意但没有为他人谋取利益作为交换条件而收取他人财物的故意,因此不构成受贿罪。① 另一种观点认为只要国家工作人员认识到他人交付的财物是自己职务行为的不正当报酬,就意味着认识到了自己行为的危害结果。由于索取或收受职务行为的不正当报酬的行为侵害了职务行为的不可收买性,故当国家工作人员认识到他人交付的财物是自己职务行为的不正当报酬而仍然索取或收受时,就表明行为人希望或放任职务行为的不可收买性受到侵害,因此仍可构成受贿罪。②

我们认为,由于受贿罪客观行为不同类型所成立犯罪的条件有所不同,判断"事后受财"是否成立受贿罪,需结合受贿行为不同类型及构成要素条件分别考察。一方面,就索取型受贿而言,索贿行为只要利用了职务上的便利索贿,无须同时为他人谋取利益即可成立受贿罪,因此索贿行为只要与其职务行为有直接关联就可以满足"利用职务上的便利"这一条件,无论这种职务行为的实施是在索贿之前还是之后。即便先为他人谋取利益实施了某种正当或不正当职务行为,然后又索贿,只要索取贿赂时是因实施了职务行为为他人谋取利益即可构成利用职务便利所要求的职务相关性,仍然可以成立受贿罪。此时是否存在事先约定并不影响索贿行为成立受贿罪。

另一方面,就收受型受贿罪而言,收受贿赂的行为只有同时为他人谋取利益方能成立。因此,需分成两种情形来认定:一是事先有约定的情形下,即国家工作人员与请托人事先约定先为请托人实施职务行为谋取利益,然后于特定的时间收受贿赂,由于双方既有收受贿赂的约定行为,又通过约定的形式为请托人谋取利益,因此主观上在实施职务行为时已经具备了收受贿赂的故意,客观行为上确定收受贿赂时承诺为他人谋取利益,符合收受型受贿罪的要求,成立受贿罪。根据 2000 年 7 月 13 日最高法《关于国家工作人员利用职务上的便利为他人谋取利益离退休后收受财物行为如何处理问题的批复》(以下简称《退休后收受财物如何处理的批复》)的规定,国家工作人员利用职务上的便利为请托人谋取利益,并与请托人事先约定,在其离退休后收受请托人的财物,构成犯罪的,以受贿罪定罪处罚。另一情形是没有如前约定的情况下,行为人实施特定职务行为为他人谋取利益时尚无收受贿赂的故意,实施特定的为他人谋取利益的职务行为也无法纳入受贿行为来评价;而在事后是被动接受他人主动给予的财物,但此时行为人收受财物时并无同时为他人谋取利益的行为,包括无同时的承诺、实施和实现的行为,因此不应构成收受型受贿罪。

根据《受贿刑案意见》的规定,国家工作人员利用职务上的便利为请托人谋取利益之前或者之后,约定在其离职后收受请托人财物,并在离职后收受的,以

---

① 参见陈兴良:《刑法疏议》,中国人民公安大学出版社 1997 年版,第 629 页。
② 参见张明楷:《刑法学》(第六版)(下),法律出版社 2021 年版,第 1596 页。

受贿论处。该规定表达出构成受贿罪的一种可能情形：国家工作人员先实施利用职务上的便利为请托人谋取利益的行为,然后再与请托人约定离职后收受财物的,以受贿论。这里的"约定"可以是在国家工作人员实施了为他人谋取利益的职务行为以后形成,与前述《退休后收受财物如何处理的批复》中所指的在实施职务行为之前或之时约定先实施为他人谋取利益的职务行为、在离职后再收受贿赂有明显不同,此时难以在理论上成立受贿罪。国家工作人员先实施利用职务上的便利为请托人谋取利益的职务行为,如果此时尚未进行离职后收受财物约定的话,在实施职务行为的同时尚不具备收受贿赂的故意,因此这种为他人谋利的职务行为尚不足以为受贿罪所评价。而在实施完此种行为之后再进行离职后收受财物的约定,则约定时已经不具备正在进行的承诺、实施和实现为他人谋利的行为,因此并不符合收受型受贿罪的成立条件。所以上述司法解释的规定比《退休后收受财物如何处理的批复》对约定受贿的认定更加宽松,实质上扩大了受贿罪的范围,值得商榷。

6. 本罪与敲诈勒索罪的界限

受贿罪中的索贿包括勒索贿赂的行为,与敲诈勒索罪的勒索财物行为有相似之处。二者的界限在于：第一,主体不同。受贿罪的主体是国家工作人员,而敲诈勒索罪是一般主体。第二,行为表现不同。受贿罪中的勒索贿赂行为必须利用了职务上的便利,即勒索贿赂是利用与国家工作人员职务相关的便利条件,而敲诈勒索罪则不需要利用职务上的便利。国家工作人员利用职务上的便利勒索贿赂的行为应认定为受贿罪与敲诈勒索罪的竞合,一般成立受贿罪。不具有国家工作人员身份或未利用职务上的便利勒索财物则不应认定成立受贿罪,符合敲诈勒索罪构成要件的可构成敲诈勒索罪。

7. 本罪与非国家工作人员受贿罪的界限

受贿罪与非国家工作人员受贿罪都表现为利用职务上的便利索取或非法收受他人财物。二者的界限在于：第一,主体不同。受贿罪的主体是国家工作人员,而非国家工作人员受贿罪的主体是国家工作人员之外的公司、企业和其他单位人员。第二,行为表现不同。受贿罪中的索取贿赂不要求为他人谋取利益,而非国家工作人员受贿罪中的索取和收受贿赂,都要求为他人谋取利益。非国家工作人员与国家工作人员通谋的如何处理的问题,本书第三章第四节中的非国家工作人员受贿罪已有论述,此不重赘。

(三) 本罪的处罚

犯本罪的,根据《刑法》第386条的规定,依照第383条贪污罪的规定处罚。对多次受贿未经处理的,按照累计受贿数额处罚。索贿的从重处罚。犯受贿罪,在提起公诉前如实供述自己罪行、真诚悔罪、积极退赃,避免、减少损害结果的发生,数额较大或者有其他较重情节的,可以从轻、减轻或者免除处罚；数额巨大或者特别巨大,或者有其他严重情节或者特别严重情节的,可以从轻处罚。犯受贿罪,被判处死刑缓期执行的,人民法院根据犯罪情节等情况可以同时决定在其死刑缓期执行2年期满依法减为无期徒刑后,终身监禁,不得减刑、假释。根据《受贿刑案意见》的规定,国家工作人员收受请托人财物后及时退还或者上交的,不是受贿。国家工作人员受贿后,因自身或者与其受贿有关联的人、事被查处,为掩饰犯罪而退还或者上交的,不影响认定受贿罪。受贿案件中赃款赃物全部或者大部分追缴的,视具体情况可以酌定从轻处罚。

根据《贪贿刑案解释》第1—4条的规定,本罪数额与情节认定标准为:

受贿数额3万元以上不满20万元的为"数额较大";受贿数额在1万元以上不满3万元的,具有下列情形之一的,应当认定为"其他较重情节":(1) 曾因贪污、受贿、挪用公款受过党纪、行政处分的;(2) 曾因故意犯罪受过刑事追究的;(3) 赃款赃物用于非法活动的;(4) 拒不交代赃款赃物去向或者拒不配合追缴工作,致使无法追缴的;(5) 多次索贿的;(6) 为他人谋取不正当利益,致使公共财产、国家和人民利益遭受损失的;(7) 为他人谋取职务提拔、调整的;(8) 造成恶劣影响或者其他严重后果的。

受贿数额20万元以上不满300万元的为"数额巨大";受贿数额在10万元以上不满20万元,具有前述8种"其他较重情节"之一的,应当认定为"其他严重情节"。

受贿数额在300万元以上的为"数额特别巨大";受贿数额在150万元以上不满300万元,具有前述8种"其他较重情节"之一的,应当认定为"其他特别严重情节"。

国家工作人员利用职务上的便利为请托人谋取利益前后多次收受请托人财物,受请托之前收受的财物数额在1万元以上的,应当一并计入受贿数额。

国家工作人员出于受贿的故意,非法占有公共财物、收受他人财物之后,将赃款赃物用于单位公务支出或者社会捐赠的,不影响受贿罪的认定,但量刑时可以酌情考虑。

二、单位受贿罪

本罪为《刑法修正案(十二)》所修订。本罪是指国家机关、国有公司、企业、事业单位和人民团体,索取、非法收受他人财物,为他人谋取利益,情节严重的行为。本罪主体限于国家机关、国有公司、企业、事业单位与人民团体,罪过为故意。犯本罪的,根据《刑法》第387条的规定,对单位判处罚金,并对其直接负责的主管人员和其他直接责任人员,处3年以下有期徒刑或者拘役;情节特别严重的,处3年以上10年以下有期徒刑。

三、利用影响力受贿罪

本罪为《刑法修正案(七)》所增设。本罪是指国家工作人员的近亲属或其他与该国家工作人员关系密切的人,通过该国家工作人员职务上的行为,或利用该国家工作人员职权或地位形成的便利条件,通过其他国家工作人员职务上的行为,为请托人谋取不正当利益,索取请托人财物或收受请托人财物,数额较大或有其他较重情节的行为;以及离职的国家工作人员或其近亲属、其他与其关系密切的人,利用该离职的国家工作人员原职权或地位形成的便利条件,为请托人谋取不正当利益,索取请托人财物或收受请托人财物,数额较大或有其他较重情节的行为。本罪法益仍为职务行为的廉洁性。

本罪行为表现为三大类:一是国家工作人员的近亲属或其他与该国家工作人员关系密切的人,通过该国家工作人员职务上的行为,为请托人谋取不正当利益,索取请托人财物或收受请托人财物的行为;二是国家工作人员的近亲属或其他与该国家工作人员关系密切的人,利用该国家工作人员职权或地位形成的便利条件,通过其他国家工作人员职务上的行为,索取请托人财物或收受请托人财物的行为;三是离职的国家工作人员或其近亲属、其他与其关系密切的人,利用该离职的国家工作人员原职权或地位形成的便利条件,为请托人谋取不正当利益,索取请托人财物或收受请托人财物的行为。前两类行为不要求国家工作人员对行为主体的行为内容知情。如果国家工作人员知情并承诺或同意为请托人谋取不正当利益,则国家工作人员成立受贿罪,其近亲属或其他与该国家工作人员关系密切的人构成受贿罪的共犯。三类行为都要求为请托人谋取的是不正当利益,也都可体现为主动索取财物或被动收受财物两种行为。

苏某系已离职的国家工作人员,请接任处长为缺少资质条件的李某办理了公司登记,收取李某10万元。苏某的行为应如何认定?本案中,苏某作为已离职国家工作人员,利用原职权或地位形成的便利条件,通过接任处长职务上的便利为不符合资质条件的李某办理公司登记,即为李某谋取违反法律的不正当利益,收受了请托人李某财物,符合前述离职国家工作人员为主体的第三类行为,因此构成利用影响力受贿罪。

本罪主体包括三类:第一,国家工作人员的近亲属或其他与该国家工作人员关系密切的人。"近亲属",根据《民法典》及其有关司法解释规定,是指配偶、父母、子女、兄弟姐妹、祖父母、外祖父母、孙子女、外孙子女和其他具有抚养、赡养关系的亲属。"其他关系密切的人"是指具有紧密联系、可以对国家工作人员的决定施加一定的影响的人,如战友关系、情人关系等。第二,离职的国家工作人员。主要是指曾经为国家工作人员,但由于离退休、辞职或辞退等原因不再担任国家工作人员职务的人。第三,离职的国家工作人员的近亲属或其他与该离职的国家工作人员关系密切的人。本罪罪过是故意,即明知自己利用影响力受贿的行为会侵害职务行为的廉洁性,并且希望或放任这种结果发生。

犯本罪的,根据《刑法》第388条之一的规定处罚;本罪定罪量刑适用标准,参照《贪贿刑案解释》关于受贿罪的规定执行。

四、行贿罪

(一) 概念及构成要件

本罪为《刑法修正案(十二)》所修订。本罪是指为谋取不正当利益,给予国家工作人员以财物的行为。本罪法益是职务行为廉洁性。

1. 行为

本罪体现为为谋取不正当利益,给予国家工作人员以财物的行为。

(1) 根据《查处严重行贿犯罪分子通知》的规定,"谋取不正当利益"是指谋取违反法律、法规、国家政策和国务院各部门规章规定的利益,以及要求国家工作人员或者有关单位提供违反法律、法规、国家政策和国务院各部门规章规定的帮助或者方便条件。根据《商业贿赂刑案意见》的规定,"谋取不正当利益",是指行贿人谋取违反法律、法规、规章或者政策规定的利益,或者要求对方违反法律、法规、规章、政策、行业规范的规定提供帮助或者方便条件。在招标投标、政府采购等商业活动中,违背公平原则,给予相关人员财物以谋取竞争优势的,属于"谋取不正当利益"。后一司法解释的范围相对于前者更广,认为不正当利益不仅是违反法律、法规、规章和政策的利益,还包括要求受贿方违反行业规范和公平、公正原则以谋取利益的行为。但该司法解释仅适用于商业贿赂领域。前述《行贿刑案解释》延续了《商业贿赂刑案意见》的相对广义界定,认为行贿犯罪中的"谋取不正当利益",是指行贿人谋取的利益违反法律、法规、规章、政策规定,或要求国家工作人员违反法律、法规、规章、政策、行业规范的规定,为自己提供帮助或方便条件。违背公平、公正原则,在经济、组织人事管理等活动中,谋取竞争优势的,应当认定为"谋取不正当利益"。不正当利益并非仅限于非法利益,违背公平、公正原则而谋取的利益应属不正当利益的应有之义,广义解释相对更符合"不正当利益"的含义。

(2) 给予国家人员财物既可以是主动给予,也可以是由于国家工作人员索取而给予。但根据《刑法》第389条第3款,因被勒索给予国家工作人员以财物,没有获得不正当利益的,不是行贿。

大学生杨某为获得公务员面试高分,送给面试官于某(某机关领导)两瓶高档白酒,于某拒绝。次日,杨某再次到于某家,偷偷将一块价值1万元的金币放在茶几上离开。于某不知情。保姆以为于某知道此事,将金币放入于某的柜子。本案中,杨某为了谋取不正当利益,给予作为国家工作人员的于某财物,符合行贿罪的特征,构成行贿罪。国家工作人员于某对杨某的行贿要么拒绝,要么不知情,其并没有收受贿赂的行为,因此不构成受贿罪。受贿罪与行贿罪虽然是对向型犯罪,但是在具体案件中并非一一对应出现。

(3)通过与国家工作人员约定的方式,以满足自身要求为条件给予国家工作人员以财物的,也构成行贿罪,但仍然要符合一般行贿罪构成要件。根据《刑法》第389条第2款的规定,在经济往来中,违反国家规定,给予国家工作人员以财物,数额较大的,或者违反国家规定,给予国家工作人员以各种名义的回扣、手续费的,以行贿论处。

2. 主体

本罪主体是一般主体,具备刑事责任能力的自然人都可以成为本罪主体。

3. 罪过

本罪罪过是故意,行为人明知行贿行为侵害了职务行为廉洁性,并且希望或放任这种结果发生。构成本罪还需具备谋取不正当利益的目的。

(二)本罪的认定

1. 本罪与一般行贿行为的界限

二者的区分标准在于行贿数额和情节。根据《贪贿刑案解释》的规定,谋取不正当利益,向国家工作人员行贿,数额在3万元以上的,以行贿罪追究刑事责任。行贿数额在1万元以上不满3万元,具有下列情形之一的,以行贿罪追究刑事责任:(1)向3人以上行贿的;(2)将违法所得用于行贿的;(3)通过行贿谋取职务提拔、调整的;(4)向负有食品、药品、安全生产、环境保护等监督管理职责的国家工作人员行贿,实施非法活动的;(5)向司法工作人员行贿,影响司法公正的;(6)造成经济损失数额在50万元以上不满100万元的。

2. 本罪与正当馈赠行为的界限

出于社会关系和交往习惯向国家工作人员馈赠,如亲友的财物赠送,并非行贿行为,但实践中存在以正当馈赠的名义掩盖事实上的行贿行为的情形。是行贿罪行为还是正当馈赠需根据行贿罪的构成要件进行判断,即行为人是否通过向国家工作人员馈赠财物来谋取不正当利益。即便国家工作人员与行为人具有社会正常馈赠交往关系如亲友间的礼尚往来关系,如果符合行贿罪的构成要件,仍然不妨碍行贿罪的成立。是否构成行贿罪应结合犯罪构成要件综合考量。密切的社会交往关系只是认定行贿罪是否成立的考量因素之一,而非决定性的否定因素。根据《商业贿赂刑案意见》的规定,办理商业贿赂犯罪案件,要注意区分贿赂与馈赠的界限。主要应当结合以下因素全面分析、综合判断:(1)发生财物往来的背景,如双方是否存在亲友关系及历史上交往的情形和程度;(2)往来财物的价值;(3)财物往来的缘由、时机和方式,提供财物方对于接受方有无职务上的请托;(4)接受方是否利用职务上的便利为提供方谋取利益。

(三) 本罪的处罚

犯本罪的,根据《刑法》第390条的规定,处3年以下有期徒刑或者拘役,并处罚金;因行贿谋取不正当利益,情节严重的,或者使国家利益遭受重大损失的,处3年以上10年以下有期徒刑,并处罚金;情节特别严重的,或者使国家利益遭受特别重大损失的,处10年以上有期徒刑或者无期徒刑,并处罚金或者没收财产。有下列情形之一的,依照前述规定从重处罚:(1) 多次行贿、向多人行贿的;(2) 国家工作人员行贿的;(3) 在国家重点工程、重大项目中行贿的;(4) 为谋取职务提拔、调整行贿的;(5) 对监察、行政执法、司法工作人员行贿的;(6) 在生态环境、财政金融、安全生产、食品药品、防灾救灾、社会保障、教育、医疗等领域行贿,实施违法犯罪活动的;(7) 将违法所得用于行贿的。行贿人谋取不正当利益的行为构成犯罪的,应当与行贿犯罪实行数罪并罚。行贿人在被追诉前主动交代行贿行为的,可以从轻或者减轻处罚。其中,犯罪较轻的,对侦破重大案件起关键作用的,或者有重大立功表现的,可以减轻或者免除处罚。

根据《贪贿刑案解释》的规定,本罪量刑中应注意掌握以下标准:

(1) "情节严重"的标准。犯行贿罪,具有下列情形之一的,应当认定为"情节严重":① 行贿数额在100万元以上不满500万元的;② 行贿数额在50万元以上不满100万元,并具有该解释第7条第2款第1项至第5项规定的情形之一的;③ 其他严重的情节。为谋取不正当利益,向国家工作人员行贿,造成经济损失数额在100万元以上不满500万元的,应当认定为"使国家利益遭受重大损失"。

(2) "情节特别严重"的标准。犯行贿罪,具有下列情形之一的,应当认定"情节特别严重":① 行贿数额在500万元以上的;② 行贿数额在250万元以上不满500万元,并具有该解释第7条第2款第1项至第5项规定的情形之一的;③ 其他特别严重的情节。为谋取不正当利益,向国家工作人员行贿,造成经济损失数额在500万元以上的,应当认定为"使国家利益遭受特别重大损失"。

(3) "犯罪较轻"的标准。根据行贿犯罪的事实、情节,可能被判处3年有期徒刑以下刑罚的,可以认定为"犯罪较轻"。

(4) "重大案件"的标准。根据犯罪的事实、情节,已经或者可能被判处10年有期徒刑以上刑罚的,或者案件在本省、自治区、直辖市或者全国范围内有较大影响的,可以认定为"重大案件"。

(5) "对侦破重大案件起关键作用"的标准。具有下列情形之一的,可以认定为"对侦破重大案件起关键作用":① 主动交代办案机关未掌握的重大案件线索的;② 主动交代的犯罪线索不属于重大案件的线索,但该线索对于重大案件侦破有重要作用的;③ 主动交代行贿事实,对于重大案件的证据收集有重要作用的;④ 主动交代行贿事实,对于重大案件的追逃、追赃有重要作用的。

五、对有影响力的人行贿罪

本罪为《刑法修正案(九)》所增设,是指为谋取不正当利益,向国家工作人员的近亲属或者其他与该国家工作人员关系密切的人,或者向离职的国家工作人员或者其近亲属以及其他与其关系密切的人行贿的行为。本罪的行为对象包括五类:(1) 国家工作人员的近亲属;(2) 其他与国家工作人员关系密切的人;(3) 离职的国家工作人员;(4) 离职的国家工作人员的近亲属;(5) 其他与离职的国家工作人员关系密切的人。本罪主体是一般主体,既可以是自然人也可以是单位。本罪的行为表现为两大类:一是为谋取不正当利益,向国家工作人员的近亲属或者其他与该国家工作人员关系密切的人行贿的行为;二是为谋取不正当利益,向离职的国家工作人员或者其近亲属以及其他与其关系密切的人行贿的行为。"谋取不正当利益"的性质和内容可参考前述行贿罪部分的相关规定和解释。行贿行为既可以是主动给予,也可以是由于被索取而被动给予。

犯本罪的,根据《刑法》第390条之一,处3年以下有期徒刑或者拘役,并处罚金;情节严重的,或者使国家利益遭受重大损失的,处3年以上7年以下有期徒刑,并处罚金;情节特别严重的,或者使国家利益遭受特别重大损失的,处7年以上10年以下有期徒刑,并处罚金。单位犯本罪的,对单位判处罚金,并对其直接负责的主管人员和其他直接责任人员,处3年以下有期徒刑或者拘役,并处罚金。本罪定罪量刑标准,参照《贪贿刑案解释》关于行贿罪的规定执行。

六、对单位行贿罪

本罪为《刑法修正案(九)》和《刑法修正案(十二)》所修订,是指个人或单位为谋取不正当利益,给予国家机关、国有公司、企业、事业单位、人民团体以财物,或在经济往来中,违反国家规定,给予各种名义的回扣、手续费的行为。本罪主体既可以是自然人,也可以是单位,而行贿罪的主体只能是自然人,这是本罪与行贿罪的区别之一。本罪罪过是故意。犯本罪的,根据《刑法》第391条的规定,处3年以下有期徒刑或者拘役,并处罚金;情节严重的,处3年以上7年以下有期徒刑,并处罚金。

七、介绍贿赂罪

本罪为《刑法修正案(九)》所修订,是指向国家工作人员介绍贿赂,情节严重的行为。本罪行为表现为向国家工作人员"介绍贿赂",即在行贿人和受贿人之间传递信息,进行介绍、沟通、撮合,促使贿赂行为得以实现。本罪是一般主体,罪过是故意。犯本罪的,根据《刑法》第392条的规定,处3年以下有期徒刑或者拘役,并处罚金。介绍贿赂人在被追诉前主动交代介绍贿赂行为的,可以减轻或者免除处罚。介绍贿赂的行为可以认为是行为人实施的帮助行贿或受贿的行为,因此行为人可能构成行贿罪或受贿罪的帮助犯,介绍贿赂罪的规定就是将这种帮助行为中沟通撮合行为者独立定罪的模式。此时应根据特殊优于一般的原则成立介绍贿赂罪。

八、单位行贿罪

本罪为《刑法修正案(九)》和《刑法修正案(十二)》所修订,是指单位为谋取不正当利益而给予国家工作人员以财物,或违反国家规定,给予国家工作人员以回扣、手续费,情节严重的行为。本罪行为对象仅限于国家工作人员,这是本罪与对单位行贿罪的区别之一。本罪主体是单位,而对单位行贿罪的主体既可以是自然人,也可以是单位,这是本罪与对单位行贿罪的另一区别。本罪罪过是故意。犯本罪的,根据《刑法》第393条的规定,对单位判处罚金,并对其直接负责的主管人员和其他直接责任人员,处3年以下有期徒刑或者拘役,并处罚金;情节特别严重的,处3年以上10年以下有期徒刑,并处罚金。

第四节 违反申明义务和私分公共财产的犯罪

一、巨额财产来源不明罪

本罪为《刑法修正案(七)》所修订。本罪是指国家工作人员的财产或支出明显超过合法收入,差额巨大,不能说明其合法来源的行为。本罪法益是职务行为的廉洁性。

本罪表现为国家工作人员的财产、支出明显超过合法收入,差额巨大,且本人不能说明来源。根据《审理经济犯罪案件纪要》的规定,"不能说明来源"有几种情形:(1) 行为人拒不说明财产来源;(2) 行为人无法说明财产的具体来源;(3) 行为人所说的财产来源经司法机关查证并不属实;(4) 行为人所说的财产来源因线索不具体等原因,司法机关无法查实,但能排除存在来源合法的可能性和合理性的。

国家工作人员田某与民办小学教师刘某是夫妻。田某、刘某支出明显超过合法收入,差额达300万元。田某、刘某拒绝说明财产来源。一审中,田某交代300万元系受贿所得,经查证属实。田某的行为应如何认定?本案一审中,田某交代差额300万元为受贿所得,并查证属实,而非不能说明来源的巨额财产,因此对田某不再认定为巨额财产来源不明罪,以其实施的违法犯罪行为性质认定,田某构成受贿罪。

本罪主体是一般主体,罪过形式是故意。

犯本罪的,根据《刑法》第395条第1款的规定,处5年以下有期徒刑或者拘役;差额特别巨大的,处5年以上10年以下有期徒刑。财产的差额部分以非法所得论,予以追缴。根据《审理经济犯罪案件纪要》的规定,"非法所得"的数额计算一般是指行为人的全部财产与能够认定的所有支出的总和减去能够证实的有真实来源的所得。在具体计算时,应注意以下问题:(1)应把国家工作人员个人财产和与其共同生活的家庭成员的财产、支出等一并计算,而且一并减去他们所有的合法收入以及确属于其共同生活的家庭成员个人的非法收入。(2)行为人所有的财产包括房产、家具、生活用品、学习用品及股票、债券、存款等动产和不动产;行为人的支出包括合法支出和不合法的支出,包括日常生活、工作、学习费用、罚款及向他人行贿的财物等;行为人的合法收入包括工资、奖金、稿酬、继承等法律和政策允许的各种收入。(3)为了便于计算犯罪数额,对于行为人的财产和合法收入,一般可以从行为人有比较确定的收入和财产时开始计算。

二、隐瞒境外存款罪

本罪是指国家工作人员违反应当申报的规定,隐瞒不报在境外的存款,且数额较大的行为。本罪主体是国家工作人员。罪过是故意,即必须是故意隐瞒不报。犯本罪的,根据《刑法》第395条第2款的规定处罚。

三、私分国有资产罪

本罪是指国家机关、国有公司、企业、事业单位、人民团体违反国家规定,以单位名义将国有资产集体私分给个人,数额较大的行为。本罪主体是国有单位,个人不能构成本罪。本罪罪过是故意。犯本罪的,根据《刑法》第396条的规定,对其直接负责的主管人员和其他直接责任人员,处3年以下有期徒刑或拘役,并处或单处罚金;数额巨大的,处3年以上7年以下有期徒刑,并处罚金。为防范国企改制过程中国有资产的不当流失,根据《国家出资企业职务犯罪意见》的规定,国有公司、企业违反国家规定,在改制过程中隐匿公司、企业财产,转为职工集体持股的改制后公司、企业所有的,对其直接负责的主管人员和其他直接责任人员,以私分国有资产罪定罪处罚。

四、私分罚没财物罪

本罪是指司法机关、行政执法机关违反国家规定,将应当上缴国家的罚没财物,以单位名义集体私分给个人的行为。本罪主体是司法机关和行政执法机关,罪过是故意。犯本罪的,根据《刑法》第396条的规定处罚。

拓展阅读

国家出资企业国家工作人员的范围及其认定[①]

国家工作人员是我国刑法中特有的一个概念,这一点与其他国家刑法的规

---

① 参见陈兴良:《国家出资企业国家工作人员的范围及其认定》,载《法学评论》2015年第4期。

定颇为不同。其他国家刑法一般都将国家工作人员称为公务员,而公务员的范围完全以公务员法的规定为准。在这种情况下,刑法中的公务员的认定根本就不成其为问题。但在我国刑法中,国家工作人员的概念是由刑法加以规定的,并且与相关法律并不衔接。《中华人民共和国公务员法》第2条第1款规定:"本法所称公务员,是指依法履行公职、纳入国家行政编制、由国家财政负担工资福利的工作人员。"由此可见,这一公务员的概念是以行政编制为根据加以界定的。当然,除了典型的公务员以外,还包括按照公务员管理的人员,例如司法工作人员等。即使如此,公务员的范围也是相对确定的。但是,我国刑法中的国家工作人员范围要广泛得多。尤其是"其他依法从事公务的人员"这一兜底性规定,使得国家工作人员的范围处于一种不确定的状态。从历史上看,随着我国社会管理体制和经济管理体制的改革,国家工作人员的含义也处于不断的变动之中。因此,国家工作人员的认定也就成为我国刑法中职务类犯罪定罪量刑中的一个难点问题。

根据《中华人民共和国企业国有资产法》和《国家出资企业职务犯罪意见》的有关规定,结合相关案例,关于国家出资企业中国家工作人员的认定,《国家出资企业职务犯罪意见》确定了两个标准,即:(1)经国家出资企业中负有管理、监督国有资产职责的组织批准或者研究决定;(2)代表其在国有控股、参股公司及其分支机构中从事组织、领导、监督、经营、管理工作。但在实际案件的认定中,真正起作用的是前者,而后者在很大程度上被虚置。

终身监禁的价值、功能与适用[①]

终身监禁具有积极的腐败治理价值与功能,应当积极尝试。第一,贪污受贿犯罪作为腐败犯罪最极端的表现形式,是腐败治理之首重,也是治理机制创新的重中之重。与此同时,我国死刑改革正在全面深化与推进中,贪污受贿犯罪在立法上是否应当继续保留死刑面临越来越多的拷问。在当前无论是基于民意,还是基于国家腐败治理的需要,死刑尚难以在立法上直接废除的情况下,终身监禁作为对特别重大贪污受贿犯罪的专门处遇措施,既能发挥死刑对腐败从严治理的宣示与惩治功能,又能进一步推进现阶段我国保留死刑并严格控制死刑适用的政策在司法层面得到贯彻实施。第二,终身监禁有效缓解了反腐机制完善的困局。当前,我国反腐败斗争正处于攻坚时期,民众对腐败治理保持高压态势,予以充分认同,严惩严重腐败犯罪分子的报应观念仍然在一定程度上支配着刑罚的选择,由此形成了腐败犯罪刑事治理中民意诉求与司法适用、腐败犯罪刑法规定与司法适用、腐败犯罪刑事判决与实际执行等多个方面现实的观念冲突与矛盾。终身监禁作为一种刑罚执行措施,其所体现的刑罚报应观念与威慑能力,

---

[①] 参见刘艳红:《终身监禁的价值、功能与适用》,载《人民法院报》2016年10月12日第2版。

适度缓解了上述冲突和矛盾,有效破解了反腐刑事机制运行与构建中的现实困局,具有积极意义。第三,终身监禁具有现实的、多元化的腐败治理功能。作为一项法定的死刑执行措施,终身监禁对特别重大腐败犯罪分子首开先河,其在腐败刑事治理中的作用显而易见,除了最为直接的刑罚特殊预防作用之外,还突出表现为:在犯罪预防上,释放出坚定的严惩腐败重拳导向;在社会观念上,释放出积极的尊重民众反腐意愿导向。第四,准确把握终身监禁的适用条件,充分发挥其刑罚执行措施特有功能。终身监禁产生于严重腐败犯罪治理的转型时期,具有明确的刑事政策导向。司法实践中要探索终身监禁的整套执行制度,充分发挥刑法特殊预防与一般预防的功能,切不可因为在执行过程中对被告人不能减刑、假释而忽视对其思想教育和人权保障。同时,"死罪可免活罪难逃"的终身监禁,其所倡导的限制死刑与加重打击巨贪巨腐的双重理念,也必须在司法实践中把握好适用尺度,杜绝将本应判决死刑的贪贿犯罪分子判处适用终身监禁,杜绝该种刑罚成为高官巨贪的"免死金牌"。

延伸思考

委派后职务产生变更的人员能否一律认定为国家工作人员[①]

我国《刑法》第93条第2款规定,国家机关、国有公司、企业、事业单位委派到非国有公司、企业、事业单位、社会团体从事公务的人员,以国家工作人员论,此类人员即为"受委派"型国家工作人员。但是,实务中,当受委派的国家工作人员职务产生变更时是否还能认定为国家工作人员,则存在较大争议。

刘某1993年调入某国有企业工作,1995年12月作为国有企业的派驻人员到该国有企业出资的某电梯制造有限公司(国有企业与日资企业成立的合资企业)进行公司筹建工作,公司成立后先后被任命为该电梯制造有限公司上海分公司、北京分公司、沈阳分公司经理。在担任北京分公司经理期间,刘某利用职务便利,伙同营业主管张某以支付相关单位决策人、经办人回扣的名义,向公司申请个人代理费,趁机高报低支或虚构名目,骗取并侵吞现金共计126万余元。2012年刘某因涉嫌贪污罪被检察机关立案侦查。本案中,刘某被委派到电梯制造有限公司工作后,被该公司任命为分公司经理,是否能认定为国家工作人员,是争议所在。对此问题,有身份说、公务说与折中说之争。

由于"从事公务"难以明晰,对于在国家机关、国有企业、事业单位、人民团体等单位的工作人员,一般国家干部身份比较明确,采用"身份说"便于司法工作人员判断。在非国有公司、企业、事业单位、社会团体中的工作人员,宜考虑"折中说",除需考量其是否受国有公司、企业、事业单位委派外,还需考量行为人是否从事监督、管理国有财产活动,而委派的形式可以是多种多样的。对于国

[①] 参见朱晓玉:《"受委派"国家工作人员的认定》,载《人民法院报》2013年7月17日第6版。

家机关、国有企业、事业单位、人民团体中不具备国家干部身份的工作人员,宜采用"公务说",考察其履行职责行为是否依据"法律",是否具有国家性。一般认为,"委派"的内容应当是明确的,即委派人员的职权范围应当是明确的。委派后职务的变更意味着职务来源发生变化,由国有单位的委派转化为所在企业的任免或聘用,受委派人员转变为对所在企业负责,因此其从职务变动之日起不再具有国家工作人员身份。但是,也不能对委派后职务发生变更的人员一概认定为非国家工作人员。有两种例外情形,一是委派人员职务的变化是国有公司、企业决定的;二是委派人员职务的变化是非国有公司、企业中负有管理、监督国有资产职责的组织批准或研究决定的。

因此,对刘某任电梯制造有限公司北京分公司经理是否属于国家工作人员,仍需具体情况具体分析,若其任命仅是非国有公司管理层基于企业经营的管理行为,则应认定为非国家工作人员;但其任命是电梯制造有限公司负有管理、监督国有资产职责的组织作出,则应认定为国家工作人员,从而构成贪污罪。

案例分析

1. 张某系某乡镇人口和计划生育助理。该乡村民周某、王某超生,张某以征收超生子女社会抚养费为名,要求周某、王某二人上交罚款 3 万元。此前,张某与周某、王某有经济往来,他们欠张某 3 万元钱,张某多次向二人索要未果。于是,张某在收取 3 万元罚款后,没有交给单位入账而是据为己有,并将此事告知了周某和王某。①

问题:张某的行为是否构成贪污罪?

2. 朱某系某村会计(村财乡管后任村报账员。在村财乡管的模式中,村委会在银行无集体账户,由报账员从街道办事处会计站取现金支票,再存入以报账员个人名义在银行开设的个人账户,按照村委提供的分配名单,由银行直接存入应收款人的账户)。2010 年 7 月某日,村主任冯某找到朱某说:许某退休后经常帮助村委开展工作,现在其女儿在邮政储蓄银行工作,揽储任务很重,希望村里帮助解决一下。为此,朱某于 7 月 21 日从街道办事处会计站取出该村土地征用补偿款 46 万余元现金支票,存入其个人账户,次日从该账户取出 40 万元,在许女工作的邮政储蓄银行存入以其姓名开设的账户中,购买邮政储蓄理财产品。7 月 26 日,朱某将 40 万元取出,存入原个人账户,其间利息 65.76 元朱某未支取,存单存放在办公室。2011 年 6 月,检察机关接到相关举报后对本案立案侦查。②

问题:朱某的行为是否构成挪用公款罪?

---

① 参见魏传治:《用职权实现债权咋定性》,载《检察日报》2014 年 4 月 13 日第 3 版。
② 参见杨晓东、赵西伟:《本案中被告人是否构成挪用公款罪》,载《人民法院报》2013 年 9 月 11 日第 6 版。

第九章 渎 职 罪

第一节 渎职罪概述

一、渎职罪的概念及构成要件

（一）渎职罪的概念

渎职罪是指国家机关工作人员在履行职务和行使职权过程中,滥用职权、玩忽职守、徇私舞弊,妨害国家机关公务的合法、公正、有效执行,致使公共财产、国家和人民利益遭受重大损失的行为。

本章犯罪侵犯的法益是国家机关的正常公务管理活动和秩序。国家机关的公务管理活动是指国家机关按照法律法规和政策的规定,履行其职责的具体活动。只有合法、公正地实施公务管理活动,才能保障国家和社会秩序的平稳和正常。而国家机关工作人员的渎职行为无疑违反了其应履行的具体职责,使得公务管理活动发生异常,打破了公务管理的正常秩序,进而对国家和社会秩序造成破坏,影响到公民的个人法益。我国造成严重经济和人身损失的社会失序问题如桥梁塌陷、有毒有害食品等经常与负有监督管理职责的国家机关工作人员渎职行为如桥梁不验收即开始使用、对有毒有害食品放之任之等有密切关系,因此,对渎职罪的追究和预防意义重大。

（二）渎职罪的构成要件

(1) 行为

渎职罪客观上表现为利用职务上的便利滥用职权、玩忽职守、徇私舞弊,致使国家和人民利益遭受重大损失的行为。一方面,本类罪行为表现为滥用职权、玩忽职守、徇私舞弊三类行为。有的犯罪如滥用职权罪表现为滥用职权行为,即故意违法决定、处理其无权决定、处理的事项,或违反规定处理公务的行为;有的犯罪如玩忽职守罪表现为过失地不履行或不正确履行应当履行的职责的行为;还有的犯罪如徇私舞弊不征、少征税款罪等除了要求某种犯罪具备滥用职权情形外,还须存在徇私舞弊的行为才能成立,即为了私情或私利弄虚作假、隐瞒情况的行为。另一方面,这些行为通常只有给国家和人民利益造成重大损失的,才成立犯罪。但破坏国家机关正常活动以及侵害公众对职务活动客观公正性的信赖,往往表现为无形结果,这就需要进行客观、全面的判断与评价。

(2) 主体

渎职罪的主体是国家机关工作人员。关于对国家机关工作人员的理解，与贪污罪中的"国家机关工作人员"相同。具体关于对各种国家(机关)工作人员的理解，参见本书第八章第二节"贪污犯罪"主体相关内容。

是否为国家机关工作人员，重点在于其是否具有从事公务的职责，而不是看其是否具有国家机关工作人员的编制。以下对特定人员能否作为渎职罪主体的司法解释，也体现了职责论的立场。① 2000 年 5 月 4 日最高检《关于镇财政所所长是否适用国家机关工作人员的批复》规定，对于属行政执法事业单位的镇财政所中按国家机关在编干部管理的工作人员，履行政府行政公务活动时，应以国家机关工作人员论。② 2000 年 10 月 9 日最高检《关于合同制民警能否成为玩忽职守罪主体问题的批复》规定，合同制民警在依法执行公务期间，属其他依照法律从事公务的人员，应以国家机关工作人员论。③ 2000 年 10 月 31 日最高检《关于属工人编制的乡(镇)工商所所长能否依照刑法第 397 条的规定追究刑事责任问题的批复》规定，经人事部门任命，但为工人编制的乡(镇)工商所所长，依法履行工商行政管理职责时，属其他依照法律从事公务的人员，应以国家机关工作人员论。④ 2002 年 4 月 29 日最高检《关于企业事业单位的公安机构在机构改革过程中其工作人员能否构成渎职侵权犯罪主体问题的批复》规定，企业事业单位的公安机构在机构改革过程中虽尚未列入公安机关建制，其工作人员在行使侦查职责时，实施渎职侵权行为的，可以成为渎职侵权犯罪的主体。⑤ 2003 年 1 月 13 日最高检《关于对海事局工作人员如何适用法律问题的答复》规定，海事局负责行使国家水上安全监督和防止船舶污染及海上设施检验、航海保障的管理职权，是国家执法监督机构。海事局及其分支机构工作人员从事上述公务活动时，应以国家机关工作人员论。⑥ 2012 年 11 月 15 日最高检《关于印发第二批指导性案例的通知》规定，一些国有公司、企业和事业单位经合法授权从事具体的管理市场经济和社会生活的工作，拥有一定管理公共事务和社会事务的职权，这些实际行使国家行政管理职权的公司、企业和事业单位工作人员，应以国家工作人员论。随着我国城镇建设和社会主义新农村建设逐步深入推进，村民委员会、居民委员会等基层组织人员协助人民政府从事行政管理工作时，应以国家机关工作人员论。①

另外，某些渎职罪还将国家机关工作人员的范围限定在特定领域，例如阻碍解救被拐卖、绑架妇女、儿童罪的主体只能是对被拐卖、绑架的妇女、儿童负有解救职责的公安、司法等国家机关工作人员。由于《刑法》分则专章规定军人违反

---

① 参见最高人民检察院第二批指导性案例之"崔某环境监管失职案"(检例第 4 号)和"陈某、林某、李甲滥用职权案"(检例第 5 号)。

职责罪,所以对于军人违反职责的犯罪,在符合《刑法》这些特别规定的情况下,适用特别规定,而不认定为本章的渎职罪。作为例外的是,渎职罪中的故意泄露国家秘密罪、过失泄露国家秘密罪的主体可以是非国家机关工作人员。

(3) 罪过

渎职罪的罪过大多数出于故意,少数出于过失,部分犯罪如徇私枉法罪需要徇私的动机。

二、渎职罪的种类

渎职罪共计 25 个条文,包括 37 个罪名。根据渎职罪主体的区别,可分为以下三类:

(1) 以一般国家机关工作人员为主体的渎职罪。包括:滥用职权罪,玩忽职守罪,故意泄露国家秘密罪,过失泄露国家秘密罪。

(2) 以司法工作人员为主体的渎职罪。包括:徇私枉法罪,民事、行政枉法裁判罪,执行判决、裁定失职罪,执行判决、裁定滥用职权罪,枉法仲裁罪,私放在押人员罪,失职致使在押人员脱逃罪,徇私舞弊减刑、假释、暂予监外执行罪。

(3) 其他国家机关工作人员渎职罪。主要是以特定机关工作人员为主体的渎职罪,包括:徇私舞弊不移交刑事案件罪,滥用管理公司、证券职权罪,徇私舞弊不征、少征税款罪,徇私舞弊发售发票、抵扣税款、出口退税罪,违法提供出口退税凭证罪,国家机关工作人员签订、履行合同失职被骗罪,违法发放林木采伐许可证罪,环境监管失职罪,食品、药品监管渎职罪,传染病防治失职罪,非法批准征收、征用、占用土地罪,非法低价出让国有土地使用权罪,放纵走私罪,商检徇私舞弊罪,商检失职罪,动植物检疫徇私舞弊罪,动植物检疫失职罪,放纵制售伪劣商品犯罪行为罪,办理偷越国(边)境人员出入境证件罪,放行偷越国(边)境人员罪,不解救被拐卖、绑架妇女、儿童罪,阻碍解救被拐卖、绑架妇女、儿童罪,帮助犯罪分子逃避处罚罪,招收公务员、学生徇私舞弊罪,失职造成珍贵文物损毁、流失罪。

三、渎职罪涉及的基本概念

(一)"徇私舞弊"的地位与内涵

渎职罪一章中,共有 14 处条文使用了"徇私舞弊"一词,此外,徇私枉法罪中还使用了"徇私""徇情"的表达,因而,理解和研究"徇私舞弊"的性质、内容及其地位对渎职罪的准确认定具有重要意义。

本章罪中的"徇私舞弊",根据 2006 年 7 月 26 日最高检《关于渎职侵权犯罪案件立案标准的规定》(以下简称《渎职侵权立案标准》)"附则"的规定,是指国家机关工作人员为徇私情、私利,故意违背事实和法律,伪造材料,隐瞒情况,弄虚作假的行为。

不同的渎职犯罪中,徇私舞弊的地位并不相同。根据《刑法》第397条第2款的规定,徇私舞弊是滥用职权罪和玩忽职守罪的加重量刑条件,因此徇私舞弊并非定罪因素,而是法定量刑因素。但在其他有"徇私舞弊"或"徇私""徇情"表述的具体徇私舞弊型渎职犯罪如徇私舞弊不移交刑事案件罪中,徇私舞弊均作为具体的罪状内容,是犯罪构成要件的要素之一。

根据2003年11月13日最高法《全国法院审理经济犯罪案件工作座谈会纪要》第6条第4项的规定,徇私舞弊型渎职犯罪的"徇私"应理解为徇个人私情、私利。国家机关工作人员为了本单位的利益,实施滥用职权、玩忽职守行为,构成犯罪的,以滥用职权罪、玩忽职守罪定罪处罚。为此,(1)徇私中的"私"不但包括个人之私,也包括单位之私,只要是与国家机关工作人员出于维护公共利益公正合理行使职权相违背的,本单位、集体的小集团利益都应视为"私"。(2)徇私包括"私情"和"私利",前者是指出于私人感情如亲情友情的动机,后者是指出于私人利益如获取金钱或收受财产利益的动机。(3)"舞弊"是指不正确履行职责,而且应具有弄虚作假或故意隐瞒的错误履行职责行为。作为构成要件要素,徇私在含义上主要是指出于私情或私利的想法或动机,舞弊本身是指具体的弄虚作假、故意隐瞒的行为,二者合起来则是主观上出于私情或私利的动机、客观上弄虚作假或故意隐瞒的不正确履行职权的行为。

(二)"经济损失"的理解与认定

根据2012年12月7日"两高"《关于办理渎职刑事案件适用法律若干问题的解释(一)》(以下简称《渎职刑案解释(一)》)第8条、《渎职侵权立案标准》"附则"的规定:

渎职罪中的"经济损失",是指渎职犯罪或者与之相关联的犯罪立案时已经实际造成的财产损失,包括为挽回渎职犯罪所造成损失而支付的各种开支、费用等。立案后至提起公诉前持续发生的经济损失,应一并计入。具体分为直接经济损失与间接经济损失:"直接经济损失"是指与行为有直接因果关系而造成的财产损毁、减少的实际价值;"间接经济损失"是指由直接经济损失引起和牵连的其他损失,包括失去的在正常情况下可以获得的利益和为恢复正常的管理活动或者挽回所造成的损失所支付的各种开支、费用等。

债务人经法定程序被宣告破产,债务人潜逃、去向不明,或者因行为人的责任超过诉讼时效等,致使债权已经无法实现的,无法实现的债权部分应当认定为渎职犯罪的经济损失。

渎职犯罪或者与渎职犯罪相关联的犯罪立案后,犯罪分子及其亲友自行挽回的经济损失,司法机关或者犯罪分子所在单位及其上级主管部门挽回的经济损失,或者因客观原因减少的经济损失,不予扣减,但可以作为酌定从轻处罚的情节。

四、渎职罪一罪与数罪问题

根据《渎职刑案解释(一)》第2条至第4条的规定,本章犯罪一罪与数罪的处理中应注意:

(1)滥用职权罪和玩忽职守罪与其他特殊的滥用职权、玩忽职守犯罪的关系。从法条规定分析,此二罪与本章其他35个罪名之间应该是一般法条与特别法条的关系,但是,本章罪名的这种法条竞合关系,只适用法条竞合中"特别法优于普通法"的处理原则,并不适用"重法优于轻法"的处理原则。因此,当国家机关工作人员实施滥用职权或者玩忽职守犯罪行为,触犯《刑法》分则第九章第398条至第419条规定的,依照该规定定罪处罚。不能构成其他特别法条之罪的,比如,国家机关工作人员滥用职权或者玩忽职守,因不具备"徇私舞弊"要件,不构成本章第402条徇私舞弊不移交刑事案件罪,如果构成滥用职权罪或者玩忽职守罪,则以滥用职权罪或者玩忽职守罪定罪处罚。

(2)负有查禁犯罪活动职责的国家机关工作人员放纵或者帮助他人实施犯罪活动的处理。此种情况是司法实践中较为复杂的一类渎职犯罪。《渎职刑案解释(一)》第4条从三个层面明确了该问题的处理意见:① 国家机关工作人员单纯放纵他人犯罪或者帮助他人逃避刑事处罚的,应以单一的渎职罪处理,而不是渎职罪和其他犯罪数罪并罚,比如查禁走私犯罪的海关缉私人员,帮助走私犯逃脱刑事处罚的,只构成本章第411条放纵走私罪,而不是放纵走私罪与走私罪(的共犯)实行数罪并罚。② 国家机关工作人员与他人共谋,利用其职务行为帮助他人实施其他犯罪的,同时构成渎职犯罪和共谋实施的其他犯罪共犯的,依照处罚较重的规定定罪处罚。③ 国家机关工作人员与他人共谋,既利用其职务行为帮助他人实施犯罪,又以非职务行为与他人共同实施其他犯罪的,应以渎职罪和该其他犯罪的共犯实行数罪并罚。

(3)渎职犯罪同时收受贿赂的处理。国家机关工作人员实施渎职犯罪并收受贿赂,同时构成受贿罪的,除刑法另有规定外,以渎职犯罪和受贿罪数罪并罚。渎职犯罪与收受贿赂犯罪之间并不存在竞合关系,应当以数罪并罚处理。

第二节 一般国家机关工作人员渎职罪

一、滥用职权罪

(一)概念及构成要件

本罪是指国家机关工作人员超越职权、违法决定、处理其无权决定、处理的事项,或者违反规定处理公务,致使公共财产、国家和人民利益遭受重大损失的行为。本罪法益是国家机关的正常管理活动和秩序。

1. 行为

本罪客观上体现为滥用职权的行为,即超越职权,违法决定、处理其无权决定、处理的事项,或违反规定处理公务,致使公共财产、国家和人民利益遭受重大损失的行为。根据《渎职侵权立案标准》,滥用职权分三类:一是超越职权的行为,即国家机关工作人员在法律规定的本职权限范围之外,违法决定、擅自决定和处理无权决定、处理的事项。超越职权包括擅自决定处理其他机关职权事项的横向越权、决定处理上级或下级有权处理事项的纵向越权以及专断决定属该单位民主决策事项的内部越权。二是玩弄职权的行为,即在自己职权范围内违反规定处理公务。三是放弃职权的行为,即故意不履行应当履行职责的行为(有义务履行职责而故意不作为的方式)。

2010 年 7 月至 2013 年 12 月 31 日期间,时任河北省衡水市污水处理费稽征所所长的李某,违反城市污水处理费缴纳规定,对已被立案查处的不安装水表、拒不缴纳污水处理费的用户,擅自决定减少征收数额,予以结案;对工程施工项目擅自决定免征污水处理费;对未查清自备井数量的公司违法采取每季度定额收费的方式征收污水处理费,致使巨额污水处理费流失,共计给国家造成经济损失 1332.2 万余元。① 本案中,李某作为国家机关工作人员玩弄职权,不认真履行职责,不严格落实法律规定,不征、少征排污费用,放任排污,导致企业和个人无限制排污,致使国家利益遭受重大损失,应构成滥用职权罪。

滥用职权的行为必须致使公共财产、国家和人民利益遭受重大损失。根据《渎职刑案解释(一)》第 1 条的规定,国家机关工作人员滥用职权,具有下列情形之一的,应认定为"致使公共财产、国家和人民利益遭受重大损失":(1) 造成死亡 1 人以上,或者重伤 3 人以上,或者轻伤 9 人以上,或者重伤 2 人、轻伤 3 人以上,或者重伤 1 人、轻伤 6 人以上的;(2) 造成经济损失 30 万元以上的;(3) 造成恶劣社会影响的;(4) 其他致使公共财产、国家和人民利益遭受重大损失的情形。根据最高检《关于印发第二批指导性案例的通知》,对滥用职权"造成恶劣社会影响的",应当依法认定为"致使公共财产、国家和人民利益遭受重大损失"。②

2. 主体

本罪主体是国家机关工作人员。

3. 罪过

本罪罪过为故意。本罪的故意不包括对致使公共财产、国家和人民利益遭

---

① 参见徐盈雁:《李来丽滥用职权案》,载《检察日报》2015 年 6 月 7 日第 2 版。
② 参见最高人民检察院第二批指导性案例之"罗甲、罗乙、朱某、罗丙滥用职权案"(检例第 6 号)。

受重大损失的发生的认识,这一要素是客观的超过要素,即在犯罪构成要件中存在的超出了故意的认识与意志内容,不要求行为人对其有认识或希望或放任的态度,甚至不需要存在与之相对应的主观内容的要素,而不是主观罪过要素。

(二) 本罪的认定

1. 本罪的司法认定

根据有关司法解释,有下列情形的以滥用职权罪或者玩忽职守罪定罪处罚:

(1) 根据2002年9月25日最高检研究室《关于买卖尚未加盖印章的空白〈边境证〉行为如何适用法律问题的答复》,国家机关工作人员实施买卖尚未加盖发证机关的行政印章或者通行专用章印鉴的空白《中华人民共和国边境管理区通行证》的行为,构成犯罪的。

(2) 根据2003年5月14日"两高"《关于办理妨害预防、控制突发传染病疫情等灾害的刑事案件具体应用法律若干问题的解释》(以下简称《传染病刑案解释》),在预防、控制突发传染病疫情等灾害的工作中,负有组织、协调、指挥、灾害调查、控制、医疗救治、信息传递、交通运输、物资保障等职责的国家机关工作人员,滥用职权或者玩忽职守,致使公共财产、国家和人民利益遭受重大损失的。

(3) 根据2003年9月4日"两高"《关于办理非法制造、买卖、运输、储存毒鼠强等禁用剧毒化学品刑事案件具体应用法律若干问题的解释》,对非法制造、买卖、运输、储存毒鼠强等禁用剧毒化学品行为负有查处职责的国家机关工作人员,滥用职权或者玩忽职守,致使公共财产、国家和人民利益遭受重大损失的。

(4) 根据2003年11月12日"两高"、公安部《关于严格执行刑事诉讼法,切实纠防超期羁押的通知》,凡违反刑事诉讼法和该通知的规定,造成犯罪嫌疑人、被告人超期羁押,情节严重的,对于直接负责的主管人员和其他直接责任人员,以滥用职权罪或玩忽职守罪追究刑事责任。

(5) 根据2007年1月15日"两高"《关于办理盗窃油气、破坏油气设备等刑事案件具体应用法律若干问题的解释》,国家机关工作人员滥用职权或者玩忽职守,超越职权范围,批准发放石油、天然气勘查、开采、加工、经营等许可证,或者违反国家规定,给不符合法定条件的单位、个人发放石油、天然气勘查、开采、加工、经营等许可证,或者违反《石油天然气管道保护条例》等国家规定,在油气设备安全保护范围内批准建设项目,或者对发现或经举报查实的未经依法批准、许可擅自从事石油、天然气勘查、开采、加工、经营等违法活动不予查封、取缔,致使公共财产、国家和人民利益遭受重大损失的。

(6) 根据2015年12月14日"两高"《关于办理危害生产安全刑事案件适用法律若干问题的解释》第15条,国家机关工作人员在履行安全生产监督管理职责时滥用职权、玩忽职守,致使公共财产、国家和人民利益遭受重大损失的。

(7) 根据2007年5月9日"两高"《关于办理与盗窃、抢劫、诈骗、抢夺机动车相关刑事案件具体应用法律若干问题的解释》，国家机关工作人员滥用职权，明知是登记手续不全或者不符合规定的机动车而办理登记手续的，或者指使他人为明知是登记手续不全或者不符合规定的机动车办理登记手续，或者违规或指使他人违规更改、调换车辆档案的，或者有其他滥用职权的行为，致使盗窃、抢劫、诈骗、抢夺的机动车被办理登记手续，数量达到3辆以上或者价值总额达到30万元以上的。

（8）根据2007年5月16日最高检《关于对林业主管部门工作人员在发放林木采伐许可证之外滥用职权玩忽职守致使森林遭受严重破坏的行为适用法律问题的批复》，林业主管部门工作人员违法发放林木采伐许可证以外的以其他方式滥用职权或者玩忽职守，致使森林遭受严重破坏的。

（9）根据2017年6月27日"两高"《关于办理扰乱无线电通讯管理秩序等刑事案件适用法律若干问题的解释》（以下简称《扰乱无线电秩序刑案解释》），负有无线电监督管理职责的国家机关工作人员滥用职权或者玩忽职守，致使公共财产、国家和人民利益遭受重大损失的。

（10）根据2019年11月18日最高法《关于审理走私、非法经营、非法使用兴奋剂刑事案件适用法律若干问题的解释》，国家机关工作人员以及依法或者受委托行使反兴奋剂管理职权的单位的工作人员，在行使反兴奋剂管理职权时滥用职权或者玩忽职守，造成严重兴奋剂违规事件，严重损害国家声誉或者造成恶劣社会影响的。

（11）根据2020年2月6日"两高""两部"《关于依法惩治妨害新型冠状病毒感染肺炎疫情防控违法犯罪的意见》（以下简称《惩治疫情犯罪意见》），在疫情防控工作中，负有组织、协调、指挥、灾害调查、控制、医疗救治、信息传递、交通运输、物资保障等职责的国家机关工作人员，滥用职权或者玩忽职守，致使公共财产、国家和人民利益遭受重大损失的。

（12）根据2020年12月17日"两高"、公安部、农业农村部《依法惩治长江流域非法捕捞等违法犯罪的意见》，对长江流域重点水域水生生物资源保护负有监督管理、行政执法职责的国家机关工作人员，滥用职权或者玩忽职守，致使公共财产、国家和人民利益遭受重大损失的。

（13）根据2022年4月6日"两高"《关于办理破坏野生动物资源刑事案件适用法律若干问题的解释》（以下简称《野生动物资源刑案解释》），负有野生动物保护和进出口监督管理职责的国家机关工作人员，滥用职权或者玩忽职守，致使公共财产、国家和人民利益遭受重大损失的。

2. 本罪与国有公司、企业、事业单位人员滥用职权罪的界限

两罪在客观上都体现为滥用职权的行为，两罪的主要区别在于主体。滥用职权罪的主体只能是国家机关工作人员，而国有公司、企业、事业单位人员滥用

职权罪的主体只能是国有公司、企业、事业单位的工作人员。

(三) 本罪的处罚

犯本罪的,根据《刑法》第397条的规定,处3年以下有期徒刑或拘役;情节特别严重的,处3年以上7年以下有期徒刑。徇私舞弊犯滥用职权罪的,处5年以下有期徒刑或拘役;情节特别严重的,处5年以上10年以下有期徒刑。根据《渎职刑案解释(一)》第1条第2款的规定,具有下列情形之一的,应当认定为"情节特别严重":(1) 造成伤亡达到第1条第1款第1项规定人数3倍以上的;(2) 造成经济损失150万元以上的;(3) 造成第1条第1款规定的损失后果,不报、迟报、谎报或者授意、指使、强令他人不报、迟报、谎报事故情况,致使损失后果持续、扩大或者抢救工作延误的;(4) 造成特别恶劣社会影响的;(5) 其他特别严重的情节。徇私舞弊是滥用职权罪的加重情形。

二、玩忽职守罪

(一) 概念及构成要件

本罪是指国家机关工作人员严重不负责任,不履行或不认真履行职责,致使公共财产、国家和人民利益遭受重大损失的行为。本罪法益是国家机关的正常管理活动和秩序。

1. 行为

玩忽职守罪表现为严重不负责任,不履行或不认真履行职责,致使公共财产、国家和人民利益遭受重大损失的行为。可分为两类:一是应该履行职责而不履行的不作为,即行为人有能力履行职责,但违背职责义务而没有履行的行为,如擅离职守行为或在岗不履行行为。二是虽然没有不履行职责,但不正确履行职责的作为行为,即没有按照法律规定的要求正确履行职责的行为。玩忽职守的行为必须致使公共财产、国家和人民利益遭受重大损失,其标准与滥用职权罪相同。

2014年7月10日16时35分许,湖南省湘潭市雨湖区响塘乡乐乐旺幼儿园驾驶员郑某驾驶湘CG52××校车在送长沙的幼儿回家途中,车辆坠入长沙市岳麓区含浦街道干子村石塘水塘,导致11人死亡,直接经济损失657万元。该校车核载7人,事故发生时却搭载11人。经查,湘潭市雨湖区教育局和交警支队雨湖大队有关人员存在严重的失职渎职问题。[①] 本案中的相关人员即属于不履行或者不认真履行校车严格按照规定人数搭载学生的管理职责,导致校车超载并发生重大事故。

---

① 参见戴佳:《2014年检察机关查办的十大责任事故典型案例》,载《检察日报》2015年2月28日第2版。

2. 主体

本罪主体是国家机关工作人员。

3. 罪过

本罪罪过是过失。

(二) 本罪的认定

(1) 本罪与其他特殊玩忽职守犯罪的关系,请参见本章第一节"四、渎职罪一罪与数罪问题"。

(2) 本罪与重大责任事故罪的界限。本罪与重大责任事故罪在罪过方面都是过失,区别在于:第一,犯罪主体不同。前者的主体是国家工作人员,后者的主体是一般主体。第二,行为的场合不同。前者发生在国家工作人员的管理活动中,后者发生在生产、作业过程中。

(3) 本罪与滥用职权罪的界限。两罪的主体都是国家工作人员,行为上都包括不履行职责的不作为或不正确履行职责的作为行为,都要求造成公共财产、国家和人民利益重大损失的结果。尽管实践中玩忽职守罪多数表现为不履行职责的不作为方式,而滥用职权罪多数表现为积极主动超越职权或玩弄职权的作为方式,但不能排除滥用职权罪行为中存在故意放弃职权的不作为方式,也不能否定玩忽职守罪中存在过失不正确履行职责的作为方式。因此,不应以行为方式区分此两种犯罪。二罪的根本区别在于罪过,玩忽职守罪的罪过是过失,即疏忽大意或过于自信而违背职责的行为,意欲因素上行为人对行为造成的危害后果持否定心态;而滥用职权罪的罪过是故意,即明知违背职责而希望或放任其行为及其危害后果的发生,意欲因素上行为人对行为及其危害后果持希望或放任的心态。

(三) 本罪的处罚

犯本罪的,根据《刑法》第397条的规定,处3年以下有期徒刑或者拘役;情节特别严重的,处3年以上7年以下有期徒刑。本罪"情节特别严重"的标准与滥用职权罪相同。

三、故意泄露国家秘密罪

本罪是指国家机关工作人员或非国家机关工作人员违反保守国家秘密法,故意使国家秘密被不应知悉者知悉,或故意使国家秘密超出了限定的接触范围,情节严重的行为。本罪法益是国家的保密制度和秩序。犯罪对象是国家秘密,包括"绝密""机密""秘密"三个级别的国家秘密。例如,未启封前的司法考试试题就属于国家秘密。

本罪行为表现为违反了《保守国家秘密法》的规定,泄露国家秘密的行为,即使得国家秘密被不应知悉者知悉,或故意使国家秘密超出了限定的接触范围。需要注意的是:第一,泄露的方式不限,可以是口头传播、书面传播或网络传播等各种被不应知悉者知悉的方式。根据 2001 年 1 月 17 日最高法《关于审理为境外窃取、刺探、收买、非法提供国家秘密、情报案件具体应用法律若干问题的解释》,将国家秘密通过互联网予以发布,情节严重的,以本罪定罪处罚。第二,本罪泄露行为必须达到情节严重的程度。情节严重的标准,参见《渎职侵权立案标准》第 1 条第 3 款。

本罪主体主要是国家机关工作人员,但由于非国家机关工作人员也可能出于某种原因知悉国家秘密,因而也可以成为本罪主体。本罪罪过是故意。

本罪与《刑法》第 111 条为境外窃取、刺探、收买、非法提供国家秘密、情报罪易混淆。二罪的行为都可能表现为泄露国家秘密的行为,区别在于:第一,前者是渎职罪,后者是危害国家安全的犯罪;第二,前者的对象只能是国家秘密,后者的对象包括国家秘密与情报;第三,前者的行为是泄露国家秘密,后者的行为是为境外的机构、组织、人员窃取、刺探、收买、非法提供国家秘密或情报;第四,前者要求情节严重,后者不要求情节严重;第五,前者罪过只要求故意,后者要求不仅有故意,还有为境外窃取、刺探、收买、非法提供国家秘密、情报的目的。行为人将国家秘密泄露给境外的机构、组织、人员的,应认定为为境外非法提供国家秘密罪。此外,非法获取国家秘密的人又故意泄露该国家秘密的,应以故意泄露国家秘密罪以及非法获取国家秘密罪,从一重罪论处。

犯本罪的,根据《刑法》第 398 条的规定处罚。

四、过失泄露国家秘密罪

本罪是指国家机关工作人员或非国家机关工作人员违反保守国家秘密法,过失泄露国家秘密,或遗失国家秘密载体,致使国家秘密被不应知悉者知悉或超出了限定的接触范围,情节严重的行为。本罪立案标准参见《渎职侵权立案标准》第 1 条第 4 款。犯本罪的,根据《刑法》第 398 条的规定处罚。

第三节 司法机关工作人员渎职罪

一、徇私枉法罪

(一) 概念及构成要件

本罪是指司法工作人员徇私枉法、徇情枉法,对明知是无罪的人而使他受追诉、对明知是有罪的人而故意包庇不使他受追诉,或在刑事审判活动中故意违背事实和法律作枉法裁判的行为。本罪法益是司法机关的正常活动和秩序。

1. 行为

本罪行为表现为在刑事诉讼活动中,违背事实和法律作枉法裁判。

（1）徇私枉法行为有三类：一是对明知是无罪的人而使他受追诉。"追诉"，包含刑事诉讼程序中为追究刑事责任而进行的各个阶段的活动。实施追诉活动环节的任何行为，包括立案、侦查、公诉、参与审判等都视为受到追诉。二是对明知是有罪的人而故意包庇不使其受追诉。放弃追诉环节的任何行为，包括立案、侦查、参与审判等都视为不追诉。三是在刑事审判活动中故意违背事实和法律作枉法裁判，即在审判过程中枉法裁判，包括把有罪的人判为无罪，把无罪的人判为有罪，轻罪重判或重罪轻判。

（2）根据《渎职侵权立案标准》第1条第5款的规定，徇私枉法行为涉嫌下列情形之一的，应予立案：①对明知是没有犯罪事实或者其他依法不应当追究刑事责任的人，采取伪造、隐匿、毁灭证据或者其他隐瞒事实、违反法律的手段，以追究刑事责任为目的立案、侦查、起诉、审判的；②对明知是有犯罪事实需要追究刑事责任的人，采取伪造、隐匿、毁灭证据或者其他隐瞒事实、违反法律的手段，故意包庇使其不受立案、侦查、起诉、审判的；③采取伪造、隐匿、毁灭证据或者其他隐瞒事实、违反法律的手段，故意使罪重的人受较轻的追诉，或者使罪轻的人受较重的追诉的；④在立案后，采取伪造、隐匿、毁灭证据或者其他隐瞒事实、违反法律的手段，应当采取强制措施而不采取强制措施，或者虽然采取强制措施，但中断侦查或者超过法定期限不采取任何措施，实际放任不管，以及违法撤销、变更强制措施，致使犯罪嫌疑人、被告人实际脱离司法机关侦控的；⑤在刑事审判活动中故意违背事实和法律，作出枉法判决、裁定，即有罪判无罪、无罪判有罪，或者重罪轻判、轻罪重判的；⑥其他徇私枉法应予追究刑事责任的情形。

2. 主体

本罪主体是司法工作人员，根据《刑法》第94条的规定，是指有侦查、检察、审判、监管职责的工作人员。根据2003年4月16日最高检法律政策研究室《关于非司法工作人员是否可以构成徇私枉法罪共犯问题的答复》，非司法工作人员与司法工作人员勾结，共同实施徇私枉法行为，构成犯罪的，应当以徇私枉法罪的共犯追究刑事责任。

3. 罪过

本罪罪过是故意，同时还需要有徇个人私情、个人私利的动机。

（二）本罪的认定

1. 本罪与包庇罪的界限

徇私枉法罪中的包庇有罪的人使其不受追诉的行为与包庇罪有相似之处。主要区别在于：第一，徇私枉法罪主体必须是司法工作人员，包庇罪不要求是司法工作人员；第二，徇私枉法罪是利用司法职务之便包庇有罪的人使其不受追诉，包庇罪是通过向司法机关作假证明包庇有罪的人；第三，徇私枉法罪包庇的是犯罪嫌疑人、被告人，包庇罪可能包庇犯罪嫌疑人、被告人与已决犯；第四，徇私枉法罪发生在侦查、起诉、审判过程中,包庇罪没有时间上的限制。

2. 本罪与诬告陷害罪的界限

徇私枉法罪中的故意使无罪的人受追诉的行为,与诬告陷害罪有相似之处。主要区别在于:第一,徇私枉法罪的主体必须是司法工作人员,诬告陷害罪的主体是一般主体;第二,徇私枉法罪中的使无罪的人受追诉,是直接追诉无罪人的行为,诬告陷害罪是一般主体通过向司法机关诬告利用司法机关追诉无罪人的行为;第三,徇私枉法罪是司法工作人员利用承办刑事案件的机会徇私枉法,诬告陷害罪是一般主体捏造犯罪事实向有关机关告发。

3. 本罪与妨害作证罪、帮助毁灭、伪造证据罪的关系

司法工作人员徇私枉法的行为可能通过以暴力、威胁、贿买等阻止证人作证或指使他人作伪证的方式实现,也可能通过帮助当事人毁灭、伪造证据的方式实现。此时应以想象竞合犯认定,以徇私枉法罪与妨害作证罪,或徇私枉法罪与帮助毁灭、伪造证据罪从一重罪论处。如果是一般公民与司法工作人员相串通,从事妨害作证的行为与帮助毁灭、伪造证据的行为,以使司法工作人员实施徇私枉法裁判行为,则该一般公民与司法工作人员构成共犯,以徇私枉法罪与妨害作证罪,或徇私枉法罪与帮助毁灭、伪造证据罪从一重罪论处。

4. 本罪与受贿罪的关系

前述表明,渎职犯罪同时收受贿赂的,除刑法另有规定外,以渎职犯罪和受贿罪数罪并罚;本罪与受贿罪的关系,即属于"刑法另有规定"的情况。根据《刑法》第399条第4款的规定,司法工作人员收受贿赂,有徇私枉法行为的,同时又构成受贿罪的,依照处罚较重的规定定罪处罚。对于国家机关工作人员实施徇私舞弊并收受贿赂,同时构成受贿罪的,依照徇私舞弊罪与受贿罪数罪并罚。

深圳市龙岗区龙平路舞王歌舞厅员工易某等5人与顾客江某等之间发生纠纷,前者殴打导致后者轻伤。舞王俱乐部负责人王某找杨某帮忙,希望能够不要追究其员工的刑事责任,王某还找到杨某之妻何某并送给其3万元,何某收钱后短信告诉了杨某。杨某明知该案不属于可以调解处理的案件,仍于2008年9月6日促成双方以赔偿11万元达成和解,并安排民警调解结案。经查,2007年9月至2008年9月,杨某利用职务便利为俱乐部负责人王某谋取好处并收受后者送给的好处费共计30万元。① 本案中,杨某明知江某等人被打案应予刑事处罚,不符合调解结案的规定,仍指示将该案件予以调解结案,构成徇私枉法罪;同时,杨某非法收受舞王俱乐部负责人王某的3万元钱财,为其谋取利益,其行为也构成受贿罪。本案最终以受贿罪一罪定罪量刑。

---

① 参见最高人民检察院第二批指导性案例之"杨某玩忽职守、徇私枉法、受贿案"(检例第8号)。

（三）本罪的处罚

犯本罪的，根据《刑法》第 399 条第 1 款的规定，处 5 年以下有期徒刑或者拘役；情节严重的，处 5 年以上 10 年以下有期徒刑；情节特别严重的，处 10 年以上有期徒刑。

二、民事、行政枉法裁判罪

本罪是指司法工作人员在民事、行政审判活动中，故意违背事实和法律作枉法裁判，情节严重的行为。本罪行为表现为在民事、行政审判活动中故意违背事实和法律作枉法裁判。本罪主体是司法工作人员，罪过是故意。本罪立案标准参见《渎职侵权立案标准》第 1 条第 6 款。犯本罪的，根据《刑法》第 399 条的规定处罚；司法工作人员收受贿赂，有民事、行政枉法裁判行为，同时又构成受贿罪的，依照处罚较重的规定定罪处罚。

三、执行判决、裁定失职罪

本罪为《刑法修正案（四）》所增设。本罪是指司法工作人员在执行判决、裁定活动中，严重不负责任，不依法采取诉讼保全措施、不履行法定执行职责，或违法采取保全措施、强制执行措施，致使当事人或其他人的利益遭受重大损失的行为。本罪主体是有执行判决、裁定职权的司法工作人员。本罪罪过是过失。本罪立案标准参见《渎职侵权立案标准》第 1 条第 7 款。犯本罪的，根据《刑法》第 399 条第 3 款的规定处罚。

四、执行判决、裁定滥用职权罪

本罪为《刑法修正案（四）》所增设。本罪是指司法工作人员在执行判决、裁定活动中，滥用职权，不依法采取诉讼保全措施、不履行法定执行职责，或违法采取保全措施、强制执行措施，致使当事人或其他人利益遭受重大损失的行为。本罪主体是执行判决、裁定职权的司法工作人员，罪过是故意。本罪立案标准参见《渎职侵权立案标准》第 1 条第 8 款。犯本罪的，根据《刑法》第 399 条第 3 款的规定处罚。

五、枉法仲裁罪

本罪为《刑法修正案（六）》所增设。本罪是指依法承担仲裁职责的人员，在仲裁活动中故意违背事实和法律作出枉法裁决，情节严重的行为。本罪主体是依法承担仲裁职责的人员，本罪罪过是故意。犯本罪的，根据《刑法》399 条之一的规定处罚。①

六、私放在押人员罪

(一) 概念及构成要件

本罪是指司法工作人员利用职务上的便利,私放在押的犯罪嫌疑人、被告人或罪犯的行为。本罪法益是司法机关的正常活动和秩序。

1. 行为

本罪行为表现为利用职务上的便利,私放在押犯罪嫌疑人、被告人或罪犯。

(1) 利用职务上的便利,是指利用了监管犯罪嫌疑人、被告人或罪犯的职权。私放,是指非法地擅自将在押人员释放使其脱离监管机关的监控范围。既包括私自释放以及给予脱逃机会等作为方式,也包括明知罪犯脱逃而故意不阻拦、不追捕的不作为方式。在押,既包括监管在看守所、监狱等固定场所,也包括监管在押解途中或在监管场所以外的劳动、作业等临时场所。

(2) 根据《渎职侵权立案标准》第1条第9款规定,具有下列情形之一的,应予立案:① 私自将在押的犯罪嫌疑人、被告人、罪犯放走,或者授意、指使、强迫他人将在押的犯罪嫌疑人、被告人、罪犯放走的;② 伪造、变造有关法律文书,以使在押的犯罪嫌疑人、被告人、罪犯脱逃的;③ 为在押的犯罪嫌疑人、被告人、罪犯通风报信、提供条件,帮助其脱逃的;④ 其他私放在押的犯罪嫌疑人、被告人、罪犯的行为。

2. 主体

本罪主体是具有监管在押人员职责的司法机关工作人员,即便仅具有临时身份和受到临时委派,只要是具有监管职责的司法机关工作人员,就可以构成本罪主体。根据2001年3月2日最高检《关于工人等非监管机关在编监管人员私放在押人员行为和失职致使在押人员脱逃行为适用法律问题的解释》,工人等非监管机关在编监管人员在被监管机关聘用受委托履行监管职责的过程中私放在押人员的,应以本罪追究刑事责任。

3. 罪过

本罪罪过必须出于故意,即明知是在押的犯罪嫌疑人、被告人或罪犯,明知自己的私放行为会使犯罪嫌疑人、被告人或罪犯逃避监管,并且希望或放任这种结果发生。

(二) 本罪的认定

1. 本罪与脱逃罪的界限

司法工作人员虽帮助在押人员脱逃,但没有利用职务之便的,应以脱逃罪的

---

① 本罪立案标准《渎职侵权立案标准》没有规定,因本罪为该解释颁发后新增的罪名。

共犯论处。司法工作人员利用职务上的便利私放在押人员的,司法工作人员构成私放在押人员罪。

2. 本罪与徇私枉法罪的界限

如果司法工作人员导致在押人员释放并非通过放弃追诉有罪的人或枉法裁判等徇私枉法行为,则构成私放在押人员罪,通过徇私枉法行为的构成徇私枉法罪。因此,司法工作人员利用职务上的便利,徇私枉法,对明知是有罪的人而故意包庇不使他受追诉或故意宣告无罪,致使罪犯被放走的,应认定为徇私枉法罪;而监管人员通过伪造文书的方式使得在押人员被释放的,应成立私放在押人员罪。

(三)本罪的处罚

犯本罪的,根据《刑法》第400条第1款的规定处罚。

七、失职致使在押人员脱逃罪

本罪是指司法工作人员由于严重不负责任,不履行或不认真履行职责,致使在押(包括在羁押场所和押解途中)的犯罪嫌疑人、被告人、罪犯脱逃,造成严重后果的行为。

本罪行为表现为严重不负责任,不履行或不认真履行职责,致使在押(包括在羁押场所和押解途中)犯罪嫌疑人、被告人、罪犯脱逃,造成严重后果的行为。本罪主体是具有监管在押人员职责的司法工作人员,即便仅具有临时身份和受到临时委派,只要是具有监管职责的司法机关工作人员,就可以构成本罪主体。根据前述2001年3月2日最高检司法解释的规定,由于严重不负责任,致使在押人员脱逃,造成严重后果的,应以本罪追究刑事责任。本罪罪过是过失,是指应当预见自己严重不负责任会使在押人员脱逃,由于疏忽大意而没有预见或已经预见而轻信能够避免,致使在押人员脱逃的心理状态。

本罪立案标准参见《渎职侵权立案标准》第1条第10款。犯本罪的,根据《刑法》第400条第2款的规定处罚。

八、徇私舞弊减刑、假释、暂予监外执行罪

本罪是指司法工作人员徇私舞弊,对不符合减刑、假释、暂予监外执行条件的罪犯予以减刑、假释、暂予监外执行的行为。本罪主体是有减刑、假释或暂予监外执行决定和执行权的司法工作人员。本罪罪过是故意,即明知不符合法定条件而希望或放任予以减刑、假释或暂予监外执行的心理状态。本罪须具有徇私情私利的动机。

本罪立案标准参见《渎职侵权立案标准》第1条第11款。犯本罪的,根据《刑法》第401条的规定处罚。

第四节 其他国家机关工作人员渎职罪

一、徇私舞弊不移交刑事案件罪

本罪是指工商行政管理、税务、监察等行政执法人员,徇私舞弊,对依法应当移交司法机关追究刑事责任的案件不移交,情节严重的行为。本罪行为表现为徇私情或私利,弄虚作假或故意隐瞒,采用不符合法律法规规定的方式,对依法应当移交司法机关追究刑事责任的案件不移交,情节严重的行为。本罪主体是行政执法人员,即指工商行政管理、税务、监察等有行政执法权的执法人员。本罪罪过是故意,须具有徇私情私利的动机。本罪立案标准参见《渎职侵权立案标准》第1条第12款。犯本罪的,根据《刑法》第402条的规定处罚。

二、滥用管理公司、证券职权罪

本罪是指工商行政管理、证券管理等国家有关主管部门的工作人员徇私舞弊,滥用职权,对不符合法律规定条件的公司设立、登记申请或股票、债券发行、上市申请予以批准或登记,致使公共财产、国家和人民利益遭受重大损失的行为,以及上级部门、当地政府强令登记机关及其工作人员实施上述行为的行为。本罪主体是工商行政管理、证券管理等国家公司、证券有关主管部门的工作人员。本罪罪过是故意,须具有徇私情私利的动机。本罪立案标准参见《渎职侵权立案标准》第1条第13款。犯本罪的,根据《刑法》第403条的规定处罚。

三、徇私舞弊不征、少征税款罪

本罪是指税务机关的工作人员徇私舞弊,不征或少征应征税款,致使国家税收遭受重大损失的行为。应征税款,是指根据法律、法规规定的税种、税率,税务机关应当向纳税人征收的税款。不征,是指违反税法规定,不向纳税人征收应征税款,如擅自免征税款的行为。少征,是指违反税法规定,降低税收额或征税率进行征收,如擅自减征税款。造成国家税收重大损失的,才成立本罪。本罪主体是税务机关的工作人员。税务机关的工作人员与逃税等犯罪人相勾结的,应以逃税罪等犯罪的共犯与本罪从一重罪论处。本罪罪过是故意。本罪立案标准参见《渎职侵权立案标准》第1条第14款。犯本罪的,根据《刑法》第404条的规定处罚。

四、徇私舞弊发售发票、抵扣税款、出口退税罪

本罪是指税务机关工作人员违反法律、行政法规的规定,在办理发售发票、

抵扣税款、出口退税工作中徇私舞弊，致使国家利益遭受重大损失的行为。本罪主体是税务机关工作人员，罪过是故意。本罪立案标准参见《渎职侵权立案标准》第1条第15款。犯本罪的，根据《刑法》第405条第1款的规定处罚。

五、违法提供出口退税凭证罪

本罪是指海关、外汇管理等国家机关工作人员违反国家规定，在提供出口货物报关单、出口收汇核销单等出口退税凭证的工作中徇私舞弊，致使国家利益遭受重大损失的行为。本罪主体是海关、外汇管理等国家机关工作人员，罪过是故意。本罪立案标准参见《渎职侵权立案标准》第1条第16款。犯本罪的，根据《刑法》第405条第2款的规定处罚。

六、国家机关工作人员签订、履行合同失职被骗罪

本罪是指国家机关工作人员在签订、履行合同过程中，因严重不负责任，不履行或不认真履行职责被诈骗，致使国家利益遭受重大损失的行为。本罪主体是国家机关工作人员，罪过是过失。本罪立案标准参见《渎职侵权立案标准》第1条第17款。犯本罪的，根据《刑法》第406条的规定处罚。

七、违法发放林木采伐许可证罪

本罪是指林业主管部门的工作人员违反森林法的规定，超过批准的年采伐限额发放林木采伐许可证或违反规定滥发林木采伐许可证，情节严重，致使森林遭受严重破坏的行为。本罪主体是林业主管部门的工作人员，罪过是故意。本罪立案标准参见《渎职侵权立案标准》第1条第18款。犯本罪的，根据《刑法》第407条的规定处罚。

八、环境监管失职罪

本罪是指负有环境保护监督管理职责的国家机关工作人员严重不负责任，不履行或不认真履行环境保护监管职责导致发生重大环境污染事故，致使公私财产遭受重大损失或造成人身伤亡的严重后果的行为。本罪主体是负有环境保护监督管理职责的国家机关工作人员，罪过是过失。本罪立案标准参见《渎职侵权立案标准》第1条第19款。犯本罪的，根据《刑法》第408条的规定处罚。

九、食品、药品监管渎职罪

（一）概念及构成要件

本罪为《刑法修正案（十一）》所修订。本罪是指负有食品药品安全监督管理职责的国家机关工作人员，滥用职权或者玩忽职守，造成严重后果或者有其他

严重情节的行为。

1. 行为

本罪的行为表现为滥用职权或者玩忽职守,造成严重后果或者有其他严重情节的行为。

(1) 本罪的危害行为表现为两大类:其一,玩忽职守,即负有食品药品安全监督管理职责而不履行监督管理义务;其二,滥用职权,即超越职权范围或者违背法律授权的宗旨,违反职权和程序行使职权。根据《刑法修正案(十一)》的修订,本罪的客观行为主要有下列具体方式:① 瞒报、谎报食品安全事故、药品安全事件的;② 对发现的严重食品药品安全违法行为未按规定查处的;③ 药品和特殊食品审批审评过程中,对不符合条件的申请准予许可的;④ 依法应当移交司法机关追究刑事责任不移交的;⑤ 有其他滥用职权或者玩忽职守行为的。

(2) 本罪的成立要求造成严重后果或者有其他严重情节。这里的严重后果,主要是指造成严重的食品、药品安全事故。严重情节主要包括对相关食品药品安全行为应查处但未查处、对不符合条件的申请予以批准以及应当移交追究刑事责任案件而不移交等行为。

2. 主体

本罪的主体是负有食品药品安全监督管理职责的国家机关工作人员。

3. 罪过

本罪的罪过既可以是故意,也可以是过失。

(二) 本罪的认定

根据 2021 年 12 月 30 日"两高"《关于办理危害食品安全刑事案件适用法律若干问题的解释》第 20 条的规定,负有食品安全监督管理职责的国家机关工作人员滥用职权或者玩忽职守,构成食品监管渎职罪,同时构成徇私舞弊不移交刑事案件罪、商检徇私舞弊罪、动植物检疫徇私舞弊罪、放纵制售伪劣商品犯罪行为罪等其他渎职犯罪的,依照处罚较重的规定定罪处罚。负有食品安全监督管理职责的国家机关工作人员滥用职权或者玩忽职守,不构成食品监管渎职罪,但构成前述规定的其他渎职犯罪的,依照该其他犯罪定罪处罚。负有食品安全监督管理职责的国家机关工作人员与他人共谋,利用其职务行为帮助他人实施危害食品安全犯罪行为,同时构成渎职犯罪和危害食品安全犯罪共犯的,依照处罚较重的规定定罪从重处罚。

(三) 本罪的处罚

犯本罪的,根据《刑法》第 408 条之一的规定,有下列情形之一,造成严重后果或者有其他严重情节的,处 5 年以下有期徒刑或者拘役;造成特别严重后果或者有其他特别严重情节的,处 5 年以上 10 年以下有期徒刑:(1) 瞒报、谎报食品安全事故、药品安全事件的;(2) 对发现的严重食品药品安全违法行为未按规定查处的;(3)在药品和特殊食品审批审评过程中,对不符合条件的申请准予许可的;(4)依法应当移交司法机关追究刑事责任不移交的;(5)有其他滥用职权或者玩忽职守行为的。

十、传染病防治失职罪

本罪是指从事传染病防治的政府卫生行政部门的工作人员严重不负责任,不履行或不认真履行传染病防治监管职责,导致传染病传播或流行,情节严重的行为。本罪主体是从事传染病防治的政府卫生行政部门的工作人员。《传染病刑案解释》第16条规定,在预防、控制突发传染病疫情等灾害期间,从事传染病防治的政府卫生行政部门的工作人员,或者在受其委托代表政府卫生行政部门行使职权的组织中从事公务的人员,或虽未列入政府卫生行政部门人员编制但在政府卫生行政部门从事公务的人员,在代表政府卫生行政部门行使职权时,严重不负责任,导致传染病传播或流行,情节严重的,以本罪定罪处罚。本罪罪过是过失。《惩治疫情犯罪意见》规定,卫生行政部门的工作人员严重不负责任,不履行或者不认真履行防治监管职责,导致新型冠状病毒感染传播或者流行,情节严重的,以本罪定罪处罚。本罪立案标准参见《渎职侵权立案标准》第1条第20款。犯本罪的,根据《刑法》第409条的规定,处3年以下有期徒刑或者拘役。

十一、非法批准征收、征用、占用土地罪

本罪是指国家机关工作人员徇私舞弊,违反土地管理法、森林法、草原法等法律以及有关行政法规中关于土地管理的规定,滥用职权,非法批准征用、占用耕地、林地等农用地以及其他土地,情节严重的行为。根据2009年8月27日全国人大常委会《关于〈刑法〉第二百二十八条、第三百四十二条、第四百一十条的解释》的规定,"违反土地管理法规"是指违反土地管理法、森林法、草原法等法律以及有关行政法规中关于土地管理的规定;"非法批准征收、征用、占用土地",是指非法批准征收、征用、占用耕地、林地等农用地以及其他土地。本罪主体是国家机关工作人员。本罪罪过是故意,动机是徇私。本罪立案标准参见《渎职侵权立案标准》第1条第21款。犯本罪的,根据《刑法》第410条的规定处罚。

十二、非法低价出让国有土地使用权罪

本罪是指国家机关工作人员徇私舞弊,违反土地管理法、森林法、草原法等法律以及有关行政法规中关于土地管理的规定,滥用职权,非法低价出让国有土地使用权,情节严重的行为。本罪主体是国家机关工作人员。本罪罪过是故意,须出于徇私的动机。本罪立案标准参见《渎职侵权立案标准》第1条第22款。

犯本罪的,根据《刑法》第410条的规定处罚。

十三、放纵走私罪

本罪是指海关工作人员徇私舞弊,放纵走私,情节严重的行为。本罪行为表现为徇私情徇私利弄虚作假,放纵走私且情节严重。本罪主体是海关工作人员。本罪罪过是故意,须出于徇私的动机。就放纵走私罪与其他犯罪的关系而言,根据2002年7月8日"两高"、海关总署《办理走私刑事案件适用法律若干问题的意见》第16条和《刑法》第411条的规定,负有特定监管义务的海关工作人员徇私舞弊,利用职权,放任、纵容走私犯罪行为,情节严重的,构成放纵走私罪。据此,放纵走私行为,一般是消极的不作为。如果海关工作人员与走私分子通谋,在放纵走私过程中以积极的行为配合走私分子逃避海关监管或在放纵走私之后分得赃款的,应以共同走私犯罪追究刑事责任。海关工作人员收受贿赂又放纵走私的,应以受贿罪和放纵走私罪数罪并罚。该解释对提供司法实践的明确标准有积极意义,但是该解释仅因行为的消极或积极配合就导致罪名认定上存在巨大差异的做法曲解了法律的规定。放纵并非一概理解为不作为,采取错误履行职责的方式也可能导致放纵走私。本罪立案标准参见《渎职侵权立案标准》第1条第23款。犯本罪的,根据《刑法》第411条的规定处罚。

十四、商检徇私舞弊罪

本罪是指出入境检验检疫机关、检验检疫机构工作人员徇私舞弊,伪造检验结果的行为。本罪主体是出入境检验检疫机关、检验检疫机构工作人员。本罪罪过是故意,须出于徇私的动机。本罪立案标准参见《渎职侵权立案标准》第1条第24款。犯本罪的,根据《刑法》第412条第1款的规定处罚。

十五、商检失职罪

本罪是指出入境检验检疫机关、检验检疫机构工作人员严重不负责任,对应当检验的物品不检验,或延误检验出证、错误出证,致使国家利益遭受重大损失的行为。本罪主体是出入境检验检疫机关、检验检疫机构工作人员。本罪罪过是过失,这是本罪与商检徇私舞弊罪的主要区别。本罪立案标准参见《渎职侵权立案标准》第1条第25款。犯本罪的,根据《刑法》第412条第2款的规定处罚。

十六、动植物检疫徇私舞弊罪

本罪是指出入境检验检疫机关、检验检疫机构工作人员徇私舞弊,伪造检疫结果的行为。本罪主体是出入境检验检疫机关、检验检疫机构工作人员。本罪罪过是故意,动机是徇私。本罪立案标准参见《渎职侵权立案标准》第1条第26

款。犯本罪的,根据《刑法》第413条第1款的规定处罚。

十七、动植物检疫失职罪

本罪是指出入境检验检疫机关、检验检疫机构工作人员严重不负责任,对应当检疫的检疫物不检疫,或延误检疫出证、错误出证,致使国家利益遭受重大损失的行为。本罪罪过是过失,这是本罪与动植物检疫徇私舞弊罪的主要区别。本罪立案标准参见《渎职侵权立案标准》第1条第27款。犯本罪的,根据《刑法》第413条第2款的规定处罚。

十八、放纵制售伪劣商品犯罪行为罪

本罪是指对生产、销售伪劣商品犯罪行为负有追究责任的国家机关工作人员徇私舞弊,不履行法律规定的追究职责,情节严重的行为。本罪主体是对生产、销售伪劣商品犯罪行为负有追究责任的国家机关工作人员,具体是指除司法机关工作人员之外的国家工作人员。有观点认为,放纵制售伪劣商品犯罪的对象是"生产、销售伪劣商品犯罪行为",而行政机关没有查处犯罪的职责,所以,放纵制售伪劣商品犯罪的主体不能是行政机关。对此,最高法政策研究室明确指出,"工商行政管理机关、质量技术监督管理等行政机关,属于法定的对生产、销售伪劣商品行为负有查处、追究职责的机关,而且,从刑法第414条规定的放纵制售伪劣商品犯罪的行为方式看,也只有这些机关才能成为本罪的主体。司法工作人员不依法追究生产、销售伪劣商品犯罪行为的,可按照徇私枉法罪定罪处罚。"[①]情节严重的标准,参见2001年4月9日"两高"《关于办理生产、销售伪劣商品刑事案件具体应用法律若干问题的解释》第8条和《渎职侵权立案标准》第1条第28款。本罪罪过是故意,动机是徇私。犯本罪的,根据《刑法》第414条处罚。

十九、办理偷越国(边)境人员出入境证件罪

本罪是指负责办理护照、签证以及其他出入境证件的国家机关工作人员,对明知是企图偷越国(边)境的人员,予以办理出入境证件的行为。本罪主体是负责办理护照、签证以及其他出入境证件的国家机关工作人员,罪过是故意。本罪立案标准参见《渎职侵权立案标准》第1条第29款。犯本罪的,根据《刑法》第415条的规定处罚。

二十、放行偷越国(边)境人员罪

本罪是指边防、海关等国家机关工作人员,对明知是偷越国(边)境的人员

[①] 熊选国、祝二军:《〈关于办理生产、销售伪劣商品刑事案件具体应用法律若干问题的解释〉的理解与适用》,载《人民法院报》2001年4月11日第4版。

予以放行的行为。本罪主体是边防、海关等国家机关工作人员,罪过是故意。本罪立案标准参见《渎职侵权立案标准》第1条第30款。犯本罪的,根据《刑法》第415条的规定处罚。

二十一、不解救被拐卖、绑架妇女、儿童罪

本罪是指对被拐卖、绑架的妇女、儿童负有解救职责的公安、司法等国家机关工作人员接到被拐卖、绑架的妇女、儿童及其家属的解救要求或接到其他人的举报,而对被拐卖、绑架的妇女、儿童不进行解救,造成严重后果的行为。本罪主体是对被拐卖、绑架的妇女、儿童负有解救职责的公安、司法等国家机关工作人员,罪过是故意。本罪立案标准参见《渎职侵权立案标准》第1条第31款。犯本罪的,根据《刑法》第416条第1款的规定处罚。

二十二、阻碍解救被拐卖、绑架妇女、儿童罪

本罪是指对被拐卖、绑架的妇女、儿童负有解救职责的公安、司法等国家机关工作人员利用职务阻碍解救被拐卖、绑架的妇女、儿童的行为。本罪主体是对被拐卖、绑架的妇女、儿童负有解救职责的公安、司法等国家机关工作人员,罪过是故意。本罪立案标准参见《渎职侵权立案标准》第1条第32款。犯本罪的,根据《刑法》第416条第2款的规定处罚。

二十三、帮助犯罪分子逃避处罚罪

本罪是指有查禁犯罪活动职责的司法、公安、国家安全、海关、税务等国家机关工作人员,向犯罪分子通风报信、提供便利,帮助犯罪分子逃避处罚的行为。根据1998年5月8日"两高"、公安部、国家工商行政管理局《关于依法查处盗窃、抢劫机动车案件的规定》,公安人员对盗窃、抢劫的机动车辆,非法提供机动车牌证或者为其取得机动车牌证提供便利,帮助犯罪分子逃避处罚的,以本罪论处。本罪主体是有查禁犯罪活动职责的司法、公安、国家安全、海关等国家机关工作人员,罪过是故意。《扰乱无线电秩序刑案解释》规定,有查禁扰乱无线电管理秩序犯罪活动职责的国家机关工作人员,向犯罪分子通风报信、提供便利,帮助犯罪分子逃避处罚的,以本罪追究刑事责任;事先通谋的,以共同犯罪论处。《野生动物资源刑案解释》规定,负有查禁破坏水生生物资源犯罪活动职责的国家机关工作人员,向犯罪分子通风报信、提供便利,帮助犯罪分子逃避处罚的,以本罪追究刑事责任。本罪立案标准参见《渎职侵权立案标准》第1条第33款。犯本罪的,根据《刑法》第417条的规定处罚。

二十四、招收公务员、学生徇私舞弊罪

本罪是指国家机关工作人员在招收公务员、省级以上教育行政部门组织招收学生的工作中徇私舞弊,情节严重的行为。本罪主体是招收公务员、省级以上教育行政部门组织中的国家机关工作人员。本罪罪过是故意,须出于徇私的动机。本罪立案标准参见《渎职侵权立案标准》第1条第34款。犯本罪的,根据《刑法》第418条的规定处罚。

二十五、失职造成珍贵文物损毁、流失罪

本罪是指文物行政部门、公安机关、工商行政管理部门、海关、城乡建设规划部门等国家机关工作人员严重不负责任,造成珍贵文物损毁或流失,后果严重的行为。本罪主体是文物行政部门、公安机关、工商行政管理部门、海关、城乡建设规划部门等国家机关工作人员,罪过是过失。本罪立案标准参见《渎职侵权立案标准》第1条第35款。犯本罪的,根据《刑法》第419条的规定处罚。

拓展阅读

玩忽职守罪等过失类的渎职犯罪因果关系判断为何困难?[①]

玩忽职守等过失类渎职犯罪中,因果关系的判断是一个困扰司法实践的难点和争议点。在司法实践中,到底有哪些罪名在判断因果关系时会遭遇困难?笔者收集的179个案例总共涉及了34个罪名。在这34个罪名中,有11个罪名是过失犯,其中,刑法分则第九章渎职罪涉案罪名为4个,涉案次数为23次,如玩忽职守罪、违法发放林木采伐许可证罪、环境监管失职罪等。客观层面上,侵犯了人身安全法益的犯罪较之侵犯了其他法益的犯罪更难以判断因果关系。其根本原因在于,对于侵犯人身安全法益的犯罪,行为和结果之间的关系呈现为人和人之间的关系,而人和人之间的关系比较复杂,通常容易介入其他因素,从而使得因果关系的判断比较困难。比如,环境监管失职罪中因为监管失职导致居民身体受损伤而身患重疾的。主观层面上,与故意犯的案件相比,过失犯的案件更加难以判断刑法因果关系。刑法因果关系的判断素材有客观素材和主观素材之分,绝大多数因果关系的学说都认为需要考虑行为人的主观认识状况,而主观罪过的判断也需要考虑行为人的主观认识,过失犯的案件因果关系更难判断,原因就在于此。具体来说,在行为人对客观要素有充分认识的场合,刑法因果关系容易得到肯定;而在行为人对客观要素没有认识或没有充分认识的场合,比如,

---

[①] 参见邹兵建:《刑法因果关系的司法难点——基于刑事司法判例全样本的实证研究》,载《政治与法律》2015年第12期。

本书以下"案例分析"中的案件,高某对侯明书的死亡没有认识或者认识不充分,刑法因果关系的判断就比较棘手。

延伸思考

身份犯与非身份犯的共同犯罪问题

具有国家机关工作人员身份的主体与不具有国家机关工作人员身份的主体共同实施了渎职罪规定的禁止性行为时,能否构成渎职罪的共犯?通说认为,渎职罪中的非身份犯可以通过教唆、帮助行为成为具备特殊身份主体的教唆犯和帮助犯,从而不具有国家机关工作人员身份的人可以成为渎职罪的教唆犯和帮助犯。但无身份的主体不能成为渎职罪的共同实行犯。这是因为渎职罪的主体身份表明了该主体具体的职责义务,而渎职行为正是建立在对这种职责义务的不正确履行和不履行的基础之上。不具有这种公职身份的主体无论参与实行了多么完整的渎职罪规定的禁止性行为,其不具备公职身份则表明了不具备履行职责的义务,如果对其认定犯罪和追究刑事责任,也只能是基于其帮助和教唆了具备公职身份、具有职责义务的主体渎职的行为来确定为共犯,而不能不依靠与其共同行为的公职身份主体的渎职行为,而以其实行行为独立评价,如果允许这种独立评价,其结果只能是由于其不具备职责义务前提而不构成渎职罪实行犯。上述问题体现出:国家机关工作人员在明知他人实施犯罪而滥用职权予以放纵的情况下(可以是消极的不作为也可以是积极的放纵作为),对该身份犯认定为渎职罪还是他人所犯之罪的共犯?非身份犯单独构成他罪还是渎职罪的共犯?

案例分析

2003年9月24日上午,某乡派出所接到群众举报,称乡物交会上有人低价出售自行车。主持工作的派出所指导员高某接到报案后,怀疑可能是盗窃嫌疑人在销赃,遂指派该所临时聘用人员刘某、韩某二人将卖车人侯某带到派出所内,安排刘对侯某进行问话、看管。后因刘某擅离岗位,侯某上吊死亡。[①]

问题:本案中高某的行为是否构成玩忽职守罪?

[①] 参见史学杰、蒋建民:《本案是玩忽职守还是意外事件》,载《人民法院报》2004年12月15日第4版。

第十章 军人违反职责罪

第一节 军人违反职责罪概述

一、军人违反职责罪的概念及构成要件

军人违反职责罪是指军人违反职责,危害国家军事利益,依法应当受刑罚处罚的行为。

本章犯罪侵犯的法益是国家的军事利益,即国防安全保障、武装力量建设、战争准备与实施等与军事活动有直接关系的国家利益。国家的军事利益体现在国防和军事活动中,如作战行动、备战部署、演习训练、武器装备管理、军事设施建设、军人管理、军事物资保障、军事科学研究、军工生产等。维护国家军事利益是维护国家主权、统一和领土完整与安全,巩固政权的需要。本章犯罪的构成要件如下:

(1)行为。行为人实施了法定的违反军人职责,危害国家军事利益的行为。军人职责是军人根据国家法律的规定,以自己的身份和职务所必须担负的责任,包括一般职责和具体职责。军人的一般职责,是指每一个军人都具有的职责,主要规定在《中国人民解放军内务条令(试行)》《中国人民解放军保密条例》中。

(2)主体。本章罪的犯罪主体为特殊主体,即军人。本章主体分为两类:其一,现役军人,即中国人民解放军和中国人民武装警察部队的正在服役的军官、警官、文职干部、士兵及具有军籍的学员以及文职人员。"现役军人"的资格应当从被兵役机关正式批准征集其服现役或入伍之日起,至部队批准其退出现役或因受处分被除名、开除军籍之日止。其二,执行军事任务的预备役人员和其他人员。预备役人员是指编入民兵组织或经过登记服预备役的人员;其他人员是指军内在编职工、为军事任务而临时征用或委托执行军事任务的人员等。执行军事任务是指执行与军事活动有直接关系的具体工作,如参战、参训、支前、战场救护等任务。

(3)罪过。本章罪的罪过形式既有故意,又有过失。本章还对某些故意犯罪的动机作了具体描述和限定。如战时自伤罪是出于逃避军事义务的动机。

二、军人违反职责罪的种类

军人违反职责罪共计32个条文,包括31个罪名。对这些罪名具体可作如

下分类：

（1）根据犯罪的时间，可将军人违反职责罪分为战时才构成的犯罪和平时、战时均可以构成的犯罪。前者的共同特点是法定的行为只有在战时实施才构成犯罪。根据《刑法》第451条的规定，战时是指国家宣布进入战争状态、部队受领作战任务或者遭敌突然袭击时。这是典型意义的战时。除此之外，部队执行戒严任务或者处置突发性暴力事件时，以战时论。后者对犯罪行为的实施没有时间上的限制。

（2）根据犯罪主体身份，可以将军人违反职责罪分为一般军人主体构成的犯罪和特殊军人主体构成的犯罪。前者没有对军人身份作特别限制，只要是《刑法》第450条规定的人员都可以构成。后者对军人的身份有特殊要求，如《刑法》第425条的擅离、玩忽军事职守罪和第428条的违令作战消极罪，都要求犯罪主体是军人中的指挥人员。

（3）根据犯罪所侵害的国家军事利益的内容，可以将军人违反职责罪分为：危害国防安全的犯罪，如投降罪；妨害作战秩序的犯罪，如战时违抗命令罪等；危害军队战斗力和物质基础的犯罪，如武器装备肇事罪；妨害军队管理秩序的犯罪，如逃离部队罪。

第二节 本章各罪名

一、战时违抗命令罪

本罪是指战时违抗命令，对作战造成危害的行为。本罪行为必须发生在战时，表现为拒不执行命令、故意拖延执行命令或者不按命令的内容执行等。本罪罪过为故意。犯本罪的，根据《刑法》第421条的规定处罚。

二、隐瞒、谎报军情罪

本罪是指故意隐瞒、谎报军情，对作战造成危害的行为。本罪罪过为故意。犯本罪的，根据《刑法》第422条的规定处罚。

三、拒传、假传军令罪

本罪是指拒传、假传军令，对作战造成危害的行为。本罪罪过为故意。犯本罪的，根据《刑法》第422条的规定处罚。

四、投降罪

本罪是指在战场上贪生怕死，自动放下武器投降敌人的行为。本罪罪过为故意。犯本罪的,根据《刑法》第423条的规定处罚。

五、战时临阵脱逃罪

本罪是指参战军职人员在战时贪生怕死,逃离部队或者战斗岗位的行为。本罪罪过为故意。犯本罪的,根据《刑法》第424条的规定处罚。

六、擅离、玩忽军事职守罪

本罪是指指挥人员和值班、值勤人员擅自离开正在履行职责的岗位,或在履行职责的岗位上严重不负责任,不履行或不正确履行职责,造成严重后果的行为。本罪法益是军职人员岗位责任制度。本罪在客观上表现为擅离职守、玩忽职守并造成了严重后果的行为。本罪主体是现役军人中的指挥人员或正在值班、值勤的人员。本罪为过失犯罪。犯本罪的,根据《刑法》第425条的规定处罚。

七、阻碍执行军事职务罪

本罪为《刑法修正案(九)》所修订,是指军人以暴力、威胁方法阻碍指挥人员或值班、值勤人员执行职务的行为。本罪主体为军人,罪过是故意。犯本罪的,根据《刑法》第426条的规定,处5年以下有期徒刑或者拘役;情节严重的,处5年以上10年以下有期徒刑;情节特别严重的,处10年以上有期徒刑或者无期徒刑。战时从重处罚。

八、指使部属违反职责罪

本罪是指军职人员滥用职权,指使部属进行违反职责的活动,造成严重后果的行为。本罪罪过为故意。犯本罪的,根据《刑法》第427条的规定处罚。

九、违令作战消极罪

本罪是指军队指挥人员违抗命令,临阵畏缩,作战消极,造成严重后果的行为。本罪罪过为故意。犯本罪的,根据《刑法》第428条的规定处罚。

十、拒不支援友邻部队罪

本罪是指在战场上明知友邻部队处境危急请求支援,能救援而不救援,致使友邻部队遭受重大损失的行为。本罪罪过为故意。犯本罪的,根据《刑法》第429条的规定处罚。

十一、军人叛逃罪

本罪是指军人在履行公务期间,擅离岗位,叛逃境外或者在境外叛逃,危害国家军事利益的行为。本罪罪过为故意。犯本罪的,根据《刑法》第 430 条的规定处罚。

十二、非法获取军事秘密罪

本罪是指以窃取、刺探、收买方法,非法获取军事秘密的行为。本罪罪过为故意。犯本罪的,根据《刑法》第 431 条第 1 款的规定处罚。

十三、为境外窃取、刺探、收买、非法提供军事秘密罪

本罪为《刑法修正案(十一)》所修订。本罪是指为境外机构、组织、个人窃取、刺探、收买、非法提供军事秘密的行为。本罪的罪过是故意。犯本罪的,根据《刑法》第 431 条第 2 款的规定,处 5 年以上 10 年以下有期徒刑;情节严重的,处 10 年以上有期徒刑、无期徒刑或者死刑。

十四、故意泄露军事秘密罪

本罪是指违反保守国家秘密法规,故意泄露军事秘密的行为。本罪罪过为故意。犯本罪的,根据《刑法》第 432 条的规定处罚。

十五、过失泄露军事秘密罪

本罪是指违反保守国家秘密法规,过失泄露军事秘密的行为。本罪罪过为过失。犯本罪的,根据《刑法》第 432 条的规定处罚。

十六、战时造谣惑众罪

本罪是指在战时故意造谣,散布迷惑人心的言论,动摇军心的行为。本罪罪过为故意。犯本罪的,根据《刑法》第 433 条的规定处罚。

十七、战时自伤罪

本罪是指在战时为了逃避军事义务,故意伤害自己身体的行为。所谓逃避军事义务,是指逃避临战准备、作战行动、战场勤务和其他作战保障任务等与作战有关的义务。本罪主体是参加作战的军人。本罪罪过是故意,须具有逃避军事义务的目的。

十八、逃离部队罪

本罪是指违反兵役法规,逃离部队,情节严重的行为。违反兵役法规,是指违反国防法、兵役法和军队条令条例以及其他有关兵役方面的法律规定。逃离部队,是指擅自离开部队或经批准外出逾期拒不归队。本罪法益是国家兵役制度。本罪在客观上表现为违反兵役法规,逃离部队的行为。本罪主体为现役军人,包括军官、士兵、学员和文职干部。本罪是故意犯罪,目的是逃避履行兵役义务。犯本罪的,根据《刑法》第435条的规定处罚。

十九、武器装备肇事罪

本罪是指违反武器装备使用规定,情节严重,因而发生责任事故,致人重伤、死亡或造成其他严重后果的行为。本罪法益是部队武器装备的管理和使用制度。本罪在客观上表现为违反武器装备使用规定,情节严重,因而发生责任事故,致人重伤、死亡或造成其他严重后果的行为。本罪主体是军人。本罪罪过是过失。犯本罪的,根据《刑法》第436条的规定处罚。

二十、擅自改变武器装备编配用途罪

本罪是指违反武器装备管理规定,擅自改变武器装备的编配用途,造成严重后果的行为。本罪罪过为故意。犯本罪的,根据《刑法》第437条的规定处罚。

二十一、盗窃、抢夺武器装备、军用物资罪

本罪是指以非法占有为目的,盗窃或者夺取部队的武器装备或者军用物资的行为。本罪罪过为故意。犯本罪的,根据《刑法》第438条的规定处罚。

二十二、非法出卖、转让武器装备罪

本罪是指违反部队武器装备管理规定,出卖、转让军队武器装备的行为。本罪罪过为故意。犯本罪的,根据《刑法》第439条的规定处罚。

二十三、遗弃武器装备罪

本罪是指违抗命令,遗弃武器装备的行为。本罪罪过为故意。犯本罪的,根据《刑法》第440条的规定处罚。

二十四、遗失武器装备罪

本罪是指负有保管职责的军职人员遗失武器装备,不及时报告或者有其他严重情节的行为。本罪罪过为过失。犯本罪的,根据《刑法》第441条的规定

处罚。

二十五、擅自出卖、转让军队房地产罪

本罪是指违反规定,擅自出卖、转让军队房地产,情节严重的行为。本罪罪过为故意。犯本罪的,根据《刑法》第442条的规定处罚。

二十六、虐待部属罪

本罪是指军职人员滥用职权,虐待部属,致人重伤、死亡或者造成其他严重后果的行为。犯本罪的,根据《刑法》第443条的规定处罚。

二十七、遗弃伤病军人罪

本罪是指负有直接责任的军职人员在战场上故意遗弃伤病军人,情节恶劣的行为。本罪罪过为故意。犯本罪的,根据《刑法》第444条的规定处罚。

二十八、战时拒不救治伤病军人罪

本罪是指战时在救护治疗职位上,有条件救治而拒不救治危重伤病军人的行为。本罪罪过为故意。犯本罪的,根据《刑法》第445条的规定处罚。

二十九、战时残害居民、掠夺居民财物罪

本罪是指战时在军事行动地区,残害无辜居民或者掠夺无辜居民财物的行为。犯本罪的,根据《刑法》第446条的规定处罚。

三十、私放俘虏罪

本罪是指违反规定,私自释放俘虏的行为。本罪罪过为故意。犯本罪的,根据《刑法》第447条的规定处罚。

三十一、虐待俘虏罪

本罪是指虐待俘虏,情节恶劣的行为。本罪罪过为故意。犯本罪的,根据《刑法》第448条的规定处罚。